—— 经济学名著译丛 ——

短缺经济学

〔匈〕雅诺什·科尔奈 著
赵媛媛 译

Economic of Shortage

János Kornai
ECONOMICS OF SHORTAGE
Copyright © 1980 by János Kornai
The copyright of the Chinese edition is granted by the Author
根据雅诺什·科尔奈 1980 年版本译出。由作者授权。

推荐序

三个月前，一位朋友托我为著名经济学家雅诺什·科尔奈的经典著作《短缺经济学》新中译本撰写推荐序。这项请托被我搁置至今。一方面是对这位因透辟分析社会主义经济体制而享誉世界的伟大经济学家怀有由衷的敬意，使我迟迟不敢落笔；另一方面是我一直在思考这部曾经影响中国经济学界和中国改革进程的划时代著作对当下中国经济学的意义。

《短缺经济学》于1980年首次以英文出版，1986年由经济科学出版社推出第一个中译本。这本书在中国首次面世时，迅速在中国经济学界甚至决策界流传，当时的情景至今历历在目。一本如此理论化的著作能产生如此大的影响，其一是被原有经济体制束缚的人们迫切希望知道我们问题的症结在哪里，我们更急切希望找到解决问题的药方，更主要的是作者对传统社会主义经济体制的分析力透纸背，理论深厚。科尔奈以"短缺"这一社会主义经济体制的典型特征展开理论和实证分析，深刻而理性地剖析了中央计划经济体制的弊端，为研究社会主义经济体制提供了全新的分析方法和基本框架。这本书对传统社会主义经济体制的解析，让身处计划经济体制的每个人既身临其境，又入木三分。它深刻影响了改革开放初期的整整一代经济学家，许多学者从短缺经济学的视角分析中国经济体制的特征和问题，大大提升了中国经济学的研究水平，基于短缺分析的制度改革建议也有力推动了中国的体制改革进程。

对于当下的中国经济研究而言，这本书的重译面世，仍然具有重大价值。中国经济经历了波澜壮阔的改革进程，选择了不同于苏联东欧的转型路径，成为中国取得举世瞩目经济奇迹的关键一招。中国发展的独特性为进行经济理论的原始创新提供了历史机遇，构建中国自主经济学知识体系也成为每个中国经济学人的责任。

科尔奈的《短缺经济学》提供了一个基于社会主义体制的理论原始创新和知识体系构建的范本。一是体制分析方法。科尔奈从整体角度理解社会主义经济体制的运行机制。这使他与体制既定或仅仅分析游戏规则的小制度的新古典范式区别开来。他通过体制分析，揭示了短缺的制度根源，以及由此导致的资源配置低效和生产能力的闲置与浪费。二是提炼典型事实。科尔奈从真实世界的运行，提炼出社会主义经济体制的典型特征事实。这些特征事实包括资源配置中的瓶颈、企业对投入品的强制替代、消费者排队购买商品等，经济体制运行中的短缺类型，即纵向短缺、横向短缺、内部短缺和社会产能短缺，揭示了短缺现象的普遍性和复杂性。三是创新术语。如非瓦尔拉斯均衡、短缺、软预算约束、"父爱主义"、"投资饥渴症"等概念，为分析和理解社会主义经济体制提供了新的工具，使得复杂的经济现象得到清晰的表达。四是形成原创理论。科尔奈强调，短缺现象并非偶然，而是社会主义经济体制内在机制运行的必然结果。他通过对社会主义经济体制的深入剖析，构建成体系的短缺经济学理论。五是解释和解决重大现实问题。科尔奈提出的短缺经济学为改革经济管理体制、提高资源配置和经济运行效率提供了理论支持。

中国自主经济学知识体系的构建，可以从科尔奈的研究方法中获得启示。我们必须基于中国实践提炼具有中国体制和发展独特性的特征事实，通过对中国经济体制及其变迁的整体分析，揭示中国经济运行的内在规律，在深刻揭示中国经济发展和体制特性的基础上创新具有一般性的经济学术语，利用科学的经济方法形成具有原创性的中国经济理论，进而回应时代重大关切，解决中国经济变迁中的重大理论和现实问题。

最后，作为中文世界的读者，我们应该向本书的译者赵媛媛博士表示由衷的敬意。赵媛媛是一位对经济研究充满热情的学者，她接受过系统规范的现代经济学训练，对于中国经济的转型发展也有更加直观而深刻的理解。她在翻译中能够敏锐地意识到《短缺经济学》一书对于当代中国改革开放实践和当代中国经济学研究的价值，并且运用流畅的文笔进行了重新翻译。这个译本吸取了前一个译本的优点，和将近四十年前的译本相比，她的翻译也更加接近青年一代经济学者熟悉的语言风格。期待商务印书馆《短缺经济学》译本的出版为中国经济改革和中国经济学的发展带来新的启迪。

刘守英

目　　录

序言 ·· 1
关于使用符号的说明 ·· 3
第 1 章　前言 ·· 5
　1.1　概述 ·· 5
　1.2　描述、方法、说明 ·· 10
　1.3　理论及其形式化 ·· 12
　1.4　实证支持 ·· 14
　1.5　原始资料与文献使用 ·· 15
　1.6　更进一步的限定 ·· 20

第一篇　非价格条件下的调整

导言 ··· 27
第 2 章　生产者：瞬时调整 ·· 29
　2.1　引言 ·· 29
　2.2　生产者的调整程度 ··· 30
　2.3　生产增长的约束 ·· 31
　2.4　约束的有效性与硬度 ·· 33
　2.5　资源约束型体制与需求约束型体制 ······························ 35

2.6 生产中的短缺与滞存 ············ 40
2.7 强制替代 ············ 47
2.8 强制更改产出构成 ············ 49
2.9 不同形式的瞬时强制调整同时出现 ············ 50
2.10 观察与衡量 ············ 52
2.11 生产中的正常短缺与正常滞存 ············ 58

第3章 生产者:短期调整 62
3.1 引言 ············ 62
3.2 总生产计划 ············ 63
3.3 投入组合 ············ 71
3.4 产出组合 ············ 73
3.5 计划投入和产出组合的几个共同问题 ············ 75
3.6 关于企业管理者的动机 ············ 77

第4章 买方:采购过程 81
4.1 引言 ············ 81
4.2 采购过程的开始:成功或强制替代 ············ 84
4.3 采购过程的继续:搜寻 ············ 90
4.4 采购过程的另一可选择的继续:等待 ············ 91
4.5 排队 ············ 93
4.6 争取卖方的努力 ············ 94
4.7 买方态度 ············ 97

第5章 买方:需求形成 102
5.1 引言 ············ 102
5.2 一个简单的经验法则 ············ 103

5.3　企业的物资需求函数 ……………………………… 105
　　5.4　克洛尔对需求的解释 …………………………………… 110
　　5.5　需求的观测与衡量 ……………………………………… 116
　　5.6　囤积倾向 ………………………………………………… 122
　　5.7　中央物资配给 …………………………………………… 127

第6章　卖方 ……………………………………………………… 132
　　6.1　引言 ……………………………………………………… 132
　　6.2　长期、短期和瞬时供给 ………………………………… 135
　　6.3　为库存生产和按订单生产 ……………………………… 139
　　6.4　正常的投入和产出库存、正常的未完成订单的积压 … 142
　　6.5　供给函数 ………………………………………………… 146
　　6.6　卖方态度 ………………………………………………… 150

第7章　生产和交换的正常状态 ……………………………… 153
　　7.1　引言 ……………………………………………………… 153
　　7.2　局部分析：要排队的产品市场 ………………………… 154
　　7.3　市场的正常状态：初步近似 …………………………… 158
　　7.4　正常状态的转变 ………………………………………… 161
　　7.5　局部市场命题的延伸 …………………………………… 163
　　7.6　一般相互依存关系：列昂惕夫经济模型 ……………… 166
　　7.7　持续远离瓦尔拉斯均衡 ………………………………… 171
　　7.8　植物性控制 ……………………………………………… 177
　　7.9　市场短缺和滞存指标的汇总和凝缩 …………………… 179

第8章　调整的摩擦 …………………………………………… 185
　　8.1　引言 ……………………………………………………… 185

短缺经济学

8.2	库存和强制替代的关系	186
8.3	卖方的预测误差	191
8.4	买方的动摇不定	195
8.5	买方信息不完全	199
8.6	卖方调整的延迟和刚性	206
8.7	初步综合：短缺、滞存和摩擦三者之间的关系	210
8.8	分离：摩擦与"虹吸"滞存	216
8.9	关于"短边规则"	222

第9章 投资者：制度框架 … 227

9.1	引言	227
9.2	要求者行为：扩张冲动和投资饥渴	230
9.3	分配者行为：投资计划的紧张度	235
9.4	作为生产过程的投资以及投资品市场	238
9.5	投资紧张	240
9.6	投资领域的多级控制	243
9.7	作为要求者的分配者	246
9.8	关于经济管理体制改革后的变化	248
9.9	投资紧张再生产的充分条件	251
9.10	投资周期	254

第10章 投资者：长期调整 … 260

10.1	引言	260
10.2	出发点：按照不变比例进行分配	261
10.3	基于短缺信号的选择	263
10.4	介绍性例子：作为利用函数的社会成本	264

10.5	延期的诱惑	271
10.6	容忍限度	274
10.7	"救火"的方法	276

第11章 就业 …… 280

11.1	引言	280
11.2	分类	281
11.3	需求约束型劳动力市场	285
11.4	资源约束型劳动力市场	294
11.5	劳动力短缺	301
11.6	"在职失业"	304
11.7	向纯粹资源约束型劳动力市场的过渡	308
11.8	劳动力市场的均衡	316

第12章 社会效益和社会成本：社会产能利用的函数 …… 320

12.1	引言	320
12.2	社会产能的利用	323
12.3	社会效益和社会成本：方法论评述	325
12.4	社会效益：产能利用的函数	327
12.5	生产的内部实物投入	328
12.6	外部实物损失和负担	331
12.7	政府机构的维持费	333
12.8	公众情绪	334
12.9	福利最优	337
12.10	观测与衡量任务	340
12.11	计划者的态度及其条件反射	342

12.12 体制比较 ·· 347
12.13 再谈假设 ·· 350

第二篇　价格条件下的调整

导言 ·· 357
第13章　企业：预算约束和利润 ·························· 358
　13.1　引言 ··· 358
　13.2　资金平衡表与企业预算约束：会计的相互关系 ······ 358
　13.3　硬预算约束：纯粹状态 ································ 361
　13.4　近乎硬的预算约束 ····································· 364
　13.5　软预算约束 ··· 367
　13.6　基本事件和一般行为 ·································· 371
　13.7　对资本主义经济和社会主义经济的观察 ·········· 373
　13.8　企业财务收入再分配的原因和结果 ··············· 377
　13.9　相反趋势 ·· 381
　13.10　预算约束在微观理论中的地位 ···················· 384
第14章　企业：对价格的反应 ······························ 388
　14.1　引言 ··· 388
　14.2　收入效应 ·· 390
　14.3　替代效应：瞬时初始需求 ···························· 393
　14.4　替代效应：强制替代与短期调整 ··················· 399
　14.5　假设与实证检验的可能性 ···························· 404
　14.6　产出的瞬时调整和短期调整 ························ 406

目 录

　14.7　不对称性:投入方和产出方对价格的反应 …… 409
　14.8　价格对投资决策的影响:产出 …… 412
　14.9　价格对投资决策的影响:投入 …… 416
　14.10　相对价格与短缺 …… 420
　14.11　绕道而行:非营利机构 …… 421

第15章　企业间价格的形成 …… 423
　15.1　引言 …… 423
　15.2　易于或难于管理的价格 …… 426
　15.3　行政价格、伪行政价格与合同价格 …… 430
　15.4　衡量价格水平 …… 433
　15.5　鼓励与抵消价格浮动的力量:企业利益的作用 …… 435
　15.6　短缺与成本上升的影响 …… 440
　15.7　国家对企业间价格的干预 …… 444
　15.8　关于价格理论的背景 …… 449

第16章　工资 …… 452
　16.1　引言 …… 452
　16.2　短期工资政策的确定 …… 457
　16.3　名义工资和实际工资对劳动力总需求和总供给的影响 …… 466
　16.4　相对工资对劳动力配置的影响 …… 475
　16.5　工资紧张与工资浮动 …… 480
　16.6　鼓励与抵制工资浮动的力量之间的妥协 …… 488

第17章　商品和服务在家庭之间的分配 …… 493
　17.1　引言 …… 493

17.2	免费分配、名义价格和有效价格	494
17.3	充分满足水平	497
17.4	分配方案	500
17.5	拍卖	501
17.6	配给	505
17.7	排队	511
17.8	一个思想实验：用纯粹拍卖方案进行分配的条件	512
17.9	组合方案	518
17.10	各种方案的相对范围：一般性的相互关系	523
17.11	各种方案的相对范围：历史趋势	526

第18章 家庭：消费者行为 ········ 532
18.1	引言	532
18.2	过程的开始：解决并行分配方案的两难困境	535
18.3	过程的继续：相对价格的影响	539
18.4	过程中的货币反映：强制消费或未消费的货币	542
18.5	家庭储蓄的动机	547
18.6	买方态度	553
18.7	消费品部门的短缺指标	557
18.8	消费品价格与短缺强度：初步探讨	563
18.9	消费品部门的一般状况	570
18.10	对"克洛尔-巴罗-格罗斯曼"学派的评论	574

第19章 消费品价格和消费品部门的短缺 ········ 579
| 19.1 | 引言 | 579 |
| 19.2 | 一个说明性的例子 | 582 |

目　录

19.3　其他部门的虹吸效应 ·················· 585
19.4　中央宏观消费计划:初步探讨 ·········· 588
19.5　中央宏观消费计划:进一步说明 ········ 596
19.6　几个一般性的结论 ····················· 598
19.7　产品组之间短缺强度的差异:历史起点 ··· 601
19.8　住房短缺和房租 ······················· 606
19.9　不受管理的消费品价格 ················· 616

第20章　货币:货币政策和财政政策 ············ 618
20.1　引言 ·································· 618
20.2　企业的短期融资 ······················· 621
20.3　融资投资 ······························ 625
20.4　储蓄与投资 ···························· 632
20.5　国家预算的盈余或赤字 ················· 636
20.6　凯恩斯主义与货币主义争论的回声 ······ 639

第21章　宏观相互关系:吸纳模型 ············· 643
21.1　引言 ·································· 643
21.2　第二蓄水池和水龙头 ··················· 645
21.3　第一蓄水池和抽水 ····················· 649
21.4　漏洞和塞子 ···························· 651
21.5　流入量和闸门 ·························· 653
21.6　吸纳模型:初步探讨 ···················· 654
21.7　非总量的探讨 ·························· 656
21.8　泵吸的动力 ···························· 659
21.9　短缺的分配 ···························· 666

21.10 吸纳和通货膨胀 ································· 671
第22章 父爱主义的程度 ································· 676
  22.1 引言 ··· 676
  22.2 企业在社会主义经济中的地位 ················· 677
  22.3 倾向与反倾向 ································· 680
  22.4 父爱主义与预算约束的软化 ··················· 684
  22.5 结语：有意识行动的可能性及其局限性 ········· 686

数学附录A：在市场上排队 ······························ 689
  A.1 介绍 ··· 689
  A.2 市场框架 ····································· 690
  A.3 购物算法 ····································· 691
  A.4 买方意向 ····································· 695
  A.5 买家的状态变量 ······························· 696
  A.6 供给率与有效接待流量 ························· 697
  A.7 队列 ··· 698
  A.8 模型概述：外生参数和函数 ····················· 699
  A.9 模型概述：动态关系 ··························· 700
  A.10 市场的常态：存在与唯一 ····················· 701
  A.11 市场的正常状态：稳定性 ····················· 704
  A.12 对正常状态的解释 ··························· 706
  A.13 函数和参数的变化 ··························· 707
  A.14 对供给率的依赖性 ··························· 709
  A.15 对价格的依赖性 ····························· 711

A.16　对排队和强制替代倾向的依赖性 ………… 712
　　A.17　关于命题的证明 ……………………………… 714
　　A.18　计算机模拟说明 ……………………………… 715
数学附录 B：强制替代、存货和摩擦之间的相互关系 ……… 718
　　B.1　卖家的预测误差 ……………………………… 718
　　B.2　买家的动摇不定 ……………………………… 721

参考文献 …………………………………………………… 725
人名索引 …………………………………………………… 738
名词索引 …………………………………………………… 744
译后记 ……………………………………………………… 761

序　　言

　　1976年到1977年,应斯德哥尔摩大学国际经济研究所之邀,我在瑞典度过了15个月。在此期间,我开展了一系列关于"短缺经济学"主题的讲座。本书即根据这些讲座的笔记编撰而成。

　　我从与听众、研究所同事以及其他大学和研究机构成员的讨论和争辩中获益良多。我要特别感谢阿克·E.安德森(Åke E. Anderson)、罗尔夫·埃德姆(Rolf Eidem)、斯文·格拉斯曼(Sven Grassman)、佩恩蒂·库里(Pentti Kouri)、哈维·拉潘(Harvey Lapan)、克拉克·莱斯(Clark Leith)、阿萨·林德贝克(Assar Lindbeck)、埃里克·伦德伯格(Erik Lundberg)、拉尔斯·E.O.斯文松(Lars E. O. Svensson)、约尔根·W.维布尔(Jörgen W. Weibull)和本特-克里斯蒂安·伊桑德(Bengt-Christian Ysander),他们提出了许多发人深省的问题和宝贵的意见。

　　对瑞典的东道主们,我始终怀有深深的感激之情。当我在匈牙利生活并积极投身于各种活动中时,就开始了解本书中所探讨的问题,并且,暂时远离祖国使我更容易深入思考这些问题。斯德哥尔摩研究所的慷慨支持使我能够有一长段时间专注于本书的写作。

　　借此机会,我谨向在布达佩斯家中对我最终完成手稿提供编辑和技术帮助的所有人员表示感谢,特别是玛丽安·迪克(Mariann Dicker)、兹苏扎·卡皮塔尼(Zsuza Kapitány)、玛丽亚·拉科(Maria Lackó)、埃迪特·马科(Edit Makó)、佩特·米哈伊(Péter Mihályi)、朱迪特·萨博(Judit Szabó)和特卡·齐马尼(Teca Zimányi)。

伊洛娜·卢卡奇(Ilona Lukács)和久尔吉·海杜(György Hajdu)与我合作将本书翻译成英文。这项工作大部分是由伊洛娜·卢卡奇完成的。我非常感谢他们的细心和专注。同时,我也要感谢保罗·哈雷教授(Paul Hare)和马丁·凯夫(Martin Cave,英国斯特林大学)在校订本书英文版时所提供的极其宝贵的帮助。

雅诺什·科尔奈

1977—1978年于斯德哥尔摩,布达佩斯

关于使用符号的说明

实数符号采用斜体表示,向量符号采用粗斜体表示。变量符号上加星号(*)表示该变量的**正常值**。符号上加上"ˆ"表示上限。

如果同一概念在本书的多个章节中出现,则在全书中使用相同的符号来表示。这些概念使用了部分拉丁字母和希腊字母,将在下面列出。其他拉丁字母和希腊字母在本书的不同章节中表示不同的概念,但仅表示在个别章节中独有的概念。即使在这种情况下,一个特定的符号在任何一章节中始终表示相同的概念。

下列某些符号表示有具体定义的概念,其他符号则表示**概念系列**。例如,所有种类的短缺指标都用 z 表示。在个别章节中,某些类别的短缺指标也有具体定义,但字母 z 将始终作为任何种类短缺指标的符号来使用(作为一个基本符号,也许加上一个特定符号,如 z_L,就是劳动力短缺指标的符号)。

$x \geqslant 0$ 表示向量 x 的所有分量都是非负数。$x \geq 0$ 表示向量 x 的所有分量都是非负数,但至少有一个分量是正数。

我们将使用以下缩写符号:

$$(x)_+ = \begin{cases} x, & \text{if } x \geqslant 0, \\ 0, & \text{if } x < 0, \end{cases}$$

a = 投入系数

c = 成本

d = 需求

g = 消费

p = 价格

P = 价格指数

q = 滞存

s = 供给

t = 时间

u = 产出库存

v = 投入库存

w = 摩擦

x = 生产

y = 成交额,成交量

z = 短缺

β = 预算约束的软硬程度

ζ = 刚性参数

κ = 产能利用率

μ = 强制替代倾向

ρ = 阻力参数

τ = 延迟时间

第1章 前言

1.1 概 述

本书书名中的"短缺"(shortage)一词是一大类现象的总称。这个词会使人立刻联想到生活消费品或住房的紧缺。或者,从严格意义上讲,这个词是指在面包店或肉铺前面排队,也可能是名义上的"排队",如等候安装电话或住院许可。在生产过程中也存在类似现象,例如,劳动力短缺、材料短缺、零件短缺,或者电力短缺。

一系列的经济现象显然也与上述事例有关。例如,市场上投资品紧俏,是由于经常供不应求;国际收支中的长期赤字,会随之引发外汇短缺,等等。

在经济学中,有许多名称可以用来解释这整个现象,或解释它的至少一两个重要特征。其中最重要的有:短缺经济(译自德文 Mangelwirtschaft)、卖方市场、抑制型通货膨胀、紧张的计划、冒进的计划以及经济过热。再介绍另外两种表达方式:增长中的突进(rush)和市场上的吸纳(suction)。这些名称并不完全对等,它们不仅仅是同义词。但若将它们摆在一起,则必然会引起读者的联想。

在这一章中，我并不打算对"短缺"的概念做出准确的界定。我希望先举例子，再介绍文献中使用的各种名称，这就足以使大家对本书的主题有所了解。

也许没有必要花很多时间讨论短缺现象的**重要性**，它们会从方方面面对人们的日常生活造成影响。短缺会打乱消费者的购买计划，并经常造成消费品供应困难。在手术室或商店里等待会浪费许多闲暇时间。甚至可以毫不夸张地讲，住房短缺会对一个家庭产生重大影响。也可以说，高等教育招生名额的限制，会影响一个年轻人职业生涯的起点，严重影响到他的前途。当然，人们不仅作为消费者，还作为生产者体验着短缺带来的种种后果。车间主任、工长和工人会常常面临由材料或者劳动力短缺带来的麻烦，也会面临随之而来的一切压力。归根结底，短缺会影响人与人之间的关系，即消费者与生产者、买方与卖方、定量供应的决定者与接受者之间的关系。

短缺，或是作为其他现象的成因，或是作为其结果，通过无数条纽带与经济的其他环节，如价格和工资、计划和市场、财政政策和货币政策、物质激励和精神激励等联系在一起。

尽管短缺的重要性早已为经济学家知悉，并且在成千上万的书籍和研究中得到了论述，但是我还没有看到任何一本书单独以它作为主题。本书正是对短缺经济问题进行全面考察的第一次尝试。

上述的一些短缺现象可能出现在任何一种经济制度中。在发达的资本主义国家，特别是经济繁荣时期或战争期间，种种情形并不少见。目前，一些资本主义国家的能源短缺日益加剧。预计未来也会遇到类似的困难。在非社会主义的发展中国家里,也存在着各式各样的短缺现象。然而,在本书中并不涉及这些国家,我的研究以**社会主义**经济制度为中心。

我想强调的是,我的目的不是阐述社会主义经济的**一般理论**,而是讨论在东欧已经建立起来的社会主义经济的各种类型。我主要考虑的是东欧的小国家,尽管它们与苏联的经济类似,但是苏联由于幅员辽阔,还表现出一些独特性,而本书不涉及这些"独特性"。本书也不讨论南斯拉夫,因为它的体制与其他东欧国家有本质性区别。我对亚洲、非洲和拉丁美洲的社会主义国家了解不够,因此不能肯定那里是否也存在着在东欧国家出现的类似现象。

对于非常熟悉东欧国家的专家来说,本书显然是由一位**匈牙利**作者根据匈牙利的经验撰写而成。当然,尽管不否认这一点,但是我所努力做的确实不仅仅是专门针对匈牙利的研究。本书所讨论的"社会主义经济"是一个"程式化"模式,它是从现有的匈牙利、波兰或保加利亚的特殊性中抽象出来的。

一方面,我强调该模式的抽象性;另一方面,我必须补充说,它旨在以一般形式描述历史上发展起来的和**现有的**东欧体系的一些特征。我不讨论假设的社会主义制度,也不讨论"假如社会主义经济不能像现在这样运转会是什么样子"的问题。

如果在上下文中,不加任何区别地使用"社会主义经济"一词,那么就必须始终使用上述**限制性**的意义来解释:它始终是指在东欧(除南斯拉夫外)实际运行的社会主义经济的抽象模式。

尽管缩小了考察范围,仍有必要做进一步的区分。东欧的社会主义经济体制和管理制度已经并仍在发生深刻的变化。这种趋势在匈牙利表现得尤为明显。自1968年改革以来，企业的自主权扩大了，对日常生产的计划指令取消了，市场的作用增强了。在后面的某些分析中，我将指明，它们是与改革前的**传统**社会主义经济管理体制有关，还是与**改革后**的体制有关。本书主要关注前者，没有详细描述体制改革后的情况。但是，如果谈到改革后的情况，那肯定与匈牙利在1978年之前的经验有关。

也许我的某些命题在更广的范围内也是有效的，它们同样适用于非社会主义制度。在几处地方，我对资本主义经济的某些特征做了简短的评论，主要是为了比较。本书的方法论、形式论和一些关于观察和测量的建议，也可能被证明有助于研究那些与短缺特征相反的制度，如失业和资源利用不足。① 当我得出这样的结论时，我指的是一个超出社会主义经济学研究的领域，我将视其为额外收获。但是，我眼前努力的目标要较此为小。我希望阐明的是社会主义经济（首先是匈牙利经济）中的短缺现象，及其成因与后果。

任何一个浏览本书目录的人，也许会以为他拿的是一本社会主义经济的综合手册。这是因为我们几乎涵盖了经济学的每一个重要部分：微观和宏观经济学，短期和长期决策，需求、供给、价

---

① 在不同的章节，甚至在任何一章中的不同部分，其概括程度可能会有所不同。本书进行了一些涵盖**所有**经济体的高度概括性的分析。在其他地方，我们的脑海里是没有历史和国家区别的**东欧**社会主义经济的抽象模式。在另一些地方，我们又专门讨论改革前的**传统**状态，或者只讨论**改革后**的状态。后者也许只是基于匈牙利的经验。

难以避免概括程度出现忽高忽低的变化。我们试图通过在每种情况下提请读者注意分析所涉及的领域，以便更容易理解。

格、工资、就业和货币作用,家庭与企业,等等。确实如此,但这一切都只是**从短缺的角度**出发。比如,在谈到价格时,本书并没有给出一般价格理论,也没有对价格的实际动态进行全面的实证描述,只有当价格与短缺问题密切相关时才会对它详加讨论。其他问题均将做类似处理。

我们可以通过举例说明上述观点。假如有一本1000页的书,讨论出现在各种经济制度中的短缺现象。然后,再假如有另一本2000页的书,解释了社会主义经济的每一个基本问题。目前的研究,正是包含了这1000页和2000页的两本书所共有的600页的内容。也就是说,我的主题是这两大类问题("一般短缺经济学"和"社会主义经济学")的重叠或共有部分。我希望我的读者,不论是否赞同这600页的内容,都不要期待在本书中出现我不打算讨论的那2400页中的内容。

实现充分就业,是资本主义经济的基本问题之一。在1929年的大危机中,这个问题变得极其尖锐。这就是研究资本主义的经济学家们,不得不将注意力转向失业和资源利用不足的原因。不论少数杰出的科学家,如凯恩斯,以及在他之前的瑞典学派和卡莱茨基等,做出了怎样卓越的贡献,社会问题带来的压力使"失业"这个课题成为关注的焦点。尽管在第二次世界大战之后的若干年间,许多人以为资本主义终于克服了这个难题,但它再次成为热门话题,并再次成为经济学研究资本主义的核心问题。社会主义经济的问题恰恰相反,在本章中,我在提到这一点时,可能多少有些过于简化。即不是利用不足,而是过热;不是总需求水平太低,而是太高;不是失业,而是用工荒,等等。在理解社会主义经济的诸多问题之中，短缺处于核心地位，正如失业分析在研究资本主义中所处的地位一样。正是社会主义社会当前的现实问题，迫使社会主义经济的研究者对这一现象进行理论阐述。

1.2 描述、方法、说明

我的首要任务是描述这些短缺现象本身。那些每天直接经历短缺现象的人，可能会将其中的某些方面过于简化。而那些生活在另一种社会制度下，从外部譬如根据肤浅的"游客体验"，或是靠浏览西方综合手册中关于社会主义的一个小章节，接触到这一问题的人，通常已怀有成见。我的目的正是要提供一种更为多样和完整的**描述**，以取代那些粗劣和简单的模式。

为此需要适当的工具。本书的首要主题是**短缺**，其相关的几乎同等重要的次要主题，是**经济系统论和经济控制论的方法论**。在数学形式的、直观的或语言的模型中，哪些可用来描述控制机制、信号系统，以及不同体制的行为规律？哪些变量和常量表示体制的特征，是具备现成的可观察性和可衡量性吗？大量的此类问题都属于"方法论"的范畴，由于读者现在还不熟悉概念性工具，等他们看完本书之后再来讨论这些问题，就会容易得多。

我想在此插入一点个人意见。在分析短缺时，当我发现所遇到的某些现象无法用通常的工具来充分描述时，就会感到相当不安。起先，研究人员试图强行将现实纳入传统的、现成的形式中去，但总会有些东西遗漏在外。然而迟早，让工具适应现实会比让现实适应工具更为有效。现实与描述工具之间存在矛盾，正是本书不可避免地大量讨论方法论的原因。

对现象的描述，以及对用来描述和分析的方法论的阐述，当然只是第一步。更深层次的检验，是对**解释性理论**的详细阐述。分别描述的短缺现象之间如何相互关联？它们是偶尔一起出现，还是本来就不可分割？它们是偶然事件，还是在随机波动背后存在着规律性？在理论澄清中，必须明确指出：当前的**经济政策**会造成什么后果？其中哪些是由**社会主义经济制度**或其各种具体形式导致的？最后，哪些现象是**在每种制度下**均会出现的？因果分析将在读者面前循序渐进地展开。

然而，对此我必须补充一句：揭示短缺的**原因**，并非本书的唯一目的。对我们来说，寻求解释短缺如何**影响**制度的答案更为重要。在长期短缺的情况下，经济是如何运转的？

在我的书中所提出的一些思想，已经在文献中讨论过了，或者说是"口耳相传"，即在与经济学家和管理者的谈话中交流过了。我的首要目标是要整合与短缺相关的思想碎片。在努力实现这种整合的同时，我不得不放弃对细节做详尽阐述。让我引述伟大的匈牙利作家和思想家拉斯洛·涅梅斯（László Németh）的一段话，至少为了打消我自己的疑虑：

"对科学的思考有两种方式：一种是一砖一瓦地建造一幢**建筑**，每一块小砖头只要合适就都是有价值的；它也可能是对生命和世界的**伟大解释**，是对每一代人重新燃起的某种苦恼的回答，对这种苦恼，人们要在知识的瞬时储备的基础上寻求充分的'保证'……没有一块砖头能建起一座房子；在用砖头开始建造房子之前,房子必须实际上已经在那里了;如果事先没有房子的整体设计,那么零零散散的工程所建造的不过是一个石堆。"

我认为,必须尝试制定"房子"(即解释短缺的理论)的设计,即使"砖头"(即充分的经验观测及其全面的数理统计分析、统一的形式结构等)还没有完全准备好。以牺牲对细节的详尽阐述和完整性要求,来换取思想体系的**全面性**可能带来的收获是值得的。

本章的余下部分将逐一指出缺失的"砖头",在我看来,这是本书最具特色的局限和弱点。并非我想借一张所谓的"缺点清单"来打消未来批评者的念头,只是希望读者能适当了解情况。

1.3 理论及其形式化

我希望详细阐述当前社会主义经济中的短缺现象的**理论**。然而它能否称得上理论呢?

关于理论,有种定义得到经济学家们的普遍认可。一种定义,理论是指对一组现象的相互依赖性和规律性的一般描述,是对其成因的解释。另一种定义,只有经过严格的形式化并加以数学证明的表述,才能称之为理论。我个人接受第一种定义,本书在这种情况下才称得上提供了一种理论。对于它作为理论能否站得住脚,显然是有争议的,可以通过逻辑和经验两种方式进行证实或反驳。但是,这种建立理论的努力本身是不能抹煞的:本书的目的是描述短缺现象领域的相互依存关系,分析其规律,并找出其成因。

第 1 章　前言

有些经济学家把思路没有被形式化视为他们著作的优点。我认为这不是优点，而是缺点。事实上，本书讨论的某些现象已经借助于形式化模型加以描述。我可能要引用自己的少数著作、与合作者一起完成的其他著作，或是我的布达佩斯和斯德哥尔摩同事的研究成果。[①] 我也可能引用有相似学术倾向的成果。然而，在这个问题上可能提及的每一种模型都是片面的和部分的，还没有形成一个关于整体理论的具有一致性和综合性的形式化的模型。尽管不同的局部模型相互之间不存在矛盾和不一致性，但它们各自是用不同的方法建立起来的，还没有达成形式上的整合。

这肯定会使某些读者望而却步，他们可能认为要是继续研究直至使理论获得最终的和完整的数学形式会更好。但就我而言，我并不认为有必要等待这种更高的程度。我确信，只要思路正确，就易于从目前的松散形式达到将来更严格的表述。在经济思想史上，有相当多的事例能够证明这种演替次序。

既然该理论形式化的实际状态如此，我在本书中试图呈现的是更少，而不是更多。本书的主要部分基本上是使用文字描述，少数的几处地方提供了数字和图表，以便于解释。为了说明问题，文中还提出了一些公式，用以简明地表达相互关系或比较复杂的思想路线，或者可能会有助于解释定义或测量问题。这些公式都附有文字说明。我的目标是要使非数量经济学家也能毫不费力地看懂第 2 章至第 22 章（或至少是其中大部分）的内容。本

---

① 本书和 Kornai-Martos (1979a,b) 的论文集是同一研究系列的联合产品。后者借助数学模型论述在没有价格信号下进行的数量调整理论。读者如果熟悉这两本著作，实际上可以对我们的作品有一个全面的了解。

书中有些公式,对于那些受过数学训练的读者来说,本可以很容易地用更简洁的方式来表达,但是我们采用了更为详细的形式,因为这样使我们能够更好地把文字性的经济学说明与公式中的每一项联系起来。

当第7章和第8章借助数学模型解释一些想法时,它们超越了这些限制。我试着把模型用最简单的形式表达出来,以便使那些不太精通数量经济学的读者也能毫不费力地理解它们。对模型的详细描述和对命题的数学证明,既可以在这两章所引用的文献中找到,也可以在本书后面的"数学附录"中找到,这些都是为数量经济学读者所写的。①

我在几个观点上,参考并指出了某些匈牙利和国外的研究著作,这些研究中形式化的理论可用于解释与短缺有关的现象。这样一来,本书也能算作数量经济学的学生与研究人员的一本注释书目。

1.4 实证支持

我希望使本书"充满生活气息",也希望所有亲身经历过上述(短缺)现象的人都能感受到我的陈述是真实的。同时,我必须承认,我无法依靠现有数据来明确地验证本书中的大部分论断。

我的书通常只能做到:指出这样一些变量、参数和指标,并且根据逻辑论证出它们是**可观察**和**可测量**的,然而它们大多数没有经济统计数据记录。即使做了一定的测量,也没有进行十分彻底

---

① "数学附录"的合作者是 Jörgen W. Weibull 和 András Simonovits。

的数理统计和经济计量分析。

我羡慕我的那些同事,他们能够用大量的数据来支持自己的主张,并通过经济计量测试来验证自己的假设。例如,西方经济学家对通货膨胀的争论,就有着广泛的统计和计量背景。而我自己研究课题的数据背景和对观测数据进行数理统计分析的水平,都低得无法比拟。

在谈到理论形式化时我曾说过,我认为等待是不对的。现在谈到数据和经济计量分析时,也同样可以这么说。经济学研究与统计学的历史都表明,其演替的次序有时是这样的:首先作出经济学推测,然后再进行观察、数据收集和数理统计分析,以便证实或修正这个推测。

在大多数情况下,我不得不满足于只提出**可实证检验的假设**,而不是已实证证实的理论。检验每一个假设远远超出了单个研究者的精力。别人处在我的地位,可能会满足于在一两个问题上建立假设,然后对它们进行非常彻底的检验。然而,我为自己设定的目标不止于此。我试着分析处于大量相互关系之中的短缺,以便最终得到一般性的理论分析。在这个过程中,我们得出了大量的命题,尽管在大多数情况下只是试验性的假设陈述。

无论如何,我在自己的研究中坚持,只提出可实证**检验**的假设。而且只要有可能,我也会尽力指出检验的途径。

1.5 原始资料与文献背景

本书所涵盖的问题领域相当宽泛,并且每一个问题都有大量文献。我并不自诩对这些文献了解甚多,尽管我已尽我所能从中汲取知识。即使是对所使用的参考文献和原始资料的观点做一些初步评论,应该也会有所裨益。

(1) 我无法遵循那种在其他场合得到认可和普遍期待的传统,即在讨论一个问题的同时对整个理论史进行全面的考察。因为在本书中几乎每一章都涉及经济理论,哪怕只是从一个主题出发,对理论史进行彻底的回顾本身都可独立成册。我不能这样做,也是囿于篇幅所限。为了便于读者的研究,我会尽力指明综述性著作、手册和综合调查,来弥补这一不足。

(2) 如果确切地知道某些命题的出处,我便会列出其参考文献。但是,有许多思想最早由谁提出,我并不清楚,亦无法考证以澄清其思想源头。

(3) 在大多数情况下,引经据典是为了支持或完善我的观点。除少数例外,我不与其他作者争论。我把重点放在积极解释自己的思想上。至于讨论这些思想与他人观点存在多少异同之处,将是以后工作的任务。

(4) 社会主义国家的文献,几乎均来自匈牙利作者。语言问题对我来说不算太大障碍,因为用其他社会主义国家的语言写的文献总有一些我能看得懂。可是,我总结国内的经验得出,一个人只有对酝酿争论于其中的"内部知识"有所了解,而且更为重要的是,只有对反映这些争论的经济现实的"内部知识"有所了解,他才能真正领会一篇文章或一本书。因此,我不愿难免带着任意性,去随手就读"从外部"偶尔进入我视线的文献。我希望其他社会主义国家的经济学家将会看到我的书,这样,他们就能对我的观点是否适应于他们的经济形成认识。

（5）我的书主要是为精通理论的读者写的。我假定他们比较熟悉马克思和凯恩斯,熟悉凯恩斯主义者和反凯恩斯主义者之间的争论,同时还具备一些新古典理论的知识。

（6）1978年秋,我完成了对该书手稿的校订,因此,我所研究的文献也就截至当时。1979年出版的几部著作被列入参考书目,是因为我在1978年就看到了它们的手稿。

尽管我的书在很大程度上依据已出版的文献,但我认为匈牙利的经济学家和管理者的专业"舆论"也是几乎同等重要的思想源泉。这种舆论对我的影响是多方面的。有时是在辩论中提出的实际**问题**激发了我的灵感,有时是一方或另一方的**回答**令我信服。在某些情况下,我认为答案是最终结论;在其他情况下,我认为它是接近正确方向的一种推测,而这正是我试图更清楚地表达出来,即用理论语言加以表述的东西。

因此,对本书的许多陈述,我的同事会回应:"这并不是新东西,我们以前就知道这一点。"尽管有人会略带嘲讽地如此评价,我仍会欣然接受。这正是我的目标之一,去表述这种许多人都产生过的"广为流传"的思想,并且将它们编纂成一个逻辑连贯的体系,即构建一个综合体。

在写本书之前的多年以来,研究者们进行过无数次讨论。我在这里列出的只是其观点、分析或提出问题对我产生极大影响的少数几位。在主管匈牙利经济生活的领导中,我要提到:中央统计局副处长亚诺什·阿沃伊(János Arvay)、匈牙利国家银行处长托马斯·巴奇凯(Tamás Bácskai)、国家规划局副处长阿克什·

鲍洛绍(Ákos Balassa)、国家开发银行副局长安德雷奥·戴阿克(Andrea Deák)、国家规划局副主席约瑟夫·德雷琴(József Drecin)、财政部部长拉约什·福卢韦吉(Lajos Faluvégi)、国家规划局国务秘书伊斯特万·海坦尼(István Hetényi)和国家市场研究所所长拉斯洛·萨博(László Szabó)。我认为上面提到的领导和其他许多在这里没有提到的人,花费大量时间与我进行讨论,他们对我熟悉匈牙利经济生活所提供的帮助是巨大的。

除了**领导和经济管理者**外,我也非常感谢同我进行过讨论和辩论的**科学研究人员**。首先我要提到的是匈牙利科学院经济研究所(Institute of Economics of the Hungarian Academy of Science)中多年来与我共同进行研究工作的同事:卡特林·法卡什(Katalin Farkas)、祖佐·卡皮特尼(Zsuzsa Kapitány)、马里奥·洛科(Mária Lackó)、贝洛·马托什(Béla Martos)、安德拉什·西蒙诺维茨(András Simonovits)和尤迪特·萨博(Judit Szabó)。每当我向他们征求意见或寻求在研究中实际合作时,总是能够得到他们的帮助。我要特别感谢以下诸位,通过提供材料、建议和批评意见给予了我宝贵的精神支持:匈牙利科学院经济研究所的托马斯·巴乌尔(Tamás Bauer)、安德拉什·布罗迪(András Bródy)、安德拉什·纳吉(András Nagy)、托马斯·纳吉(Tamás Nagy)、赖热·尼尔什(Rezsö Nyers)、尤迪特·里姆勒(Judit Rimler)、阿迪洛·K.肖欧什(Attila K. Soós)、阿格奈什·温格瓦斯基(Ágnes Ungvárszky)、国家规划局规划研究所的祖佐·丹尼尔(Zsuzsa Dániel)、市场研究所的亚诺什·加奇(János Gács)、米哈伊·拉基(Mihály Laki)、马顿·塔多什(Márton Tardos)、卡尔·马克思经济大学的阿蒂洛·奇干(Attila Chikán)、米克洛什·里尔斯(Miklós Riesz)和亚诺什·蒂马尔(János Timár)。

以上提到的领导和管理者以及科研人员中的许多人,都阅读过本书手稿的第一稿。我从他们那里得到了无数的宝贵意见和建议,我试图在本书的定稿阐述中加以采纳。请允许我借此机会感谢他们的帮助。

正如长长的名单已经表明的那样,我试图要进行阐述的确实是一个广泛的专业"舆论"领域。但是,在强调我的感谢的同时,我也必须声明,名单中提到的许多人与我的观点并不一致。只有作者个人才必须对本书的思想,以及对可能存在的缺点错误承担全部责任。

关于文献来源,我要指出,我将本书视为本人早期著作《经济管理中的过度集中》《反均衡论》和《突进与和谐的增长》的直接延续。[①] 如此一来,使我在写作本书时面临着两难境地。

一方面,我必须告诉读者本书与前几部著作的关系;另一方面,作为一个读者,我对那些喜欢自我引证的作者有一种反感,而我并不想犯同样的错误。最后,我选择了以下折中方案:在目前看法与过去看法不一致的地方,我将详细地引证我的早期著作(参见第5、7、8和21章)。在早期著作的经验描述能够完善并支持我现有观点的地方,我将简略地引证我以前的出版物。在这种情形下,我希望利用参考文献以避免自我重复。然而,在本书使用并进一步发展了早期著作(首先是《反均衡论》)中提出来的理

[①] 见 Kornai (1957,1959,1971a,b,1972a,b)。本书之前已经有一些局部的研究。参见 Kornai(1974,1975b,1976a,1976b)以及第7章脚注所列出的著作。

论和方法论思想的地方,我不再做任何引证。无须具体证据读者就会确信,《短缺经济学》与《反均衡论》息息相关,它尝试完成早期著作提出的一些研究任务。

1.6 更进一步的限定

至此,我已经从多个角度界定了本书主题,可能会产生这样的疑问:把它称为"**短缺经济学**",是否有点言过其实。如果前言相当坦率地声明了本书的局限性,那么在本书的标题上我也希望可以得到更多的包容。下面我简要回顾一下尚未提及的但本书亦不包括的那些主题。

(1) 本书使用同样能为外国读者所理解的方式进行阐述。这是前言中所提到的预备措施的必然结果:本书产生于为外国听众举办的一系列讲座。因此,在某些方面必然包含对匈牙利读者来说是不必要的说明。而那些想要对这些问题的**历史、社会和制度背景**全面认识的人,则需要进一步进行补充性阅读。幸好可以找到丰富的文献,并且其中大部分均使用外文出版。①

(2) 在诸多范畴的问题上,都将涉及**政治**层面。然而,我并不认为详细地分析政治与经济的关系,或政党与其他政治机构在经济控制中所起的作用会成为本书主题的一部分。

---

① 在最近讨论匈牙利经济政策的文献中,我们将列出以下著作:Berend(1974),Drecin-Hetényi(1970),Friss(1976a),Friss(1976b),Hetényi(1976),Jánossy(1969,1970),Nyers(1978)和 M. Timár(1975a,b)。

在讨论匈牙利经济管理改革的文献中提到了以下著作:Bálint(1970),Csikós-Nagy(1978a,b),Friss(1971),Gadó(1972,1976a,b),Nyers(1969a,b),Péter(1956),K. Szabó(1964,1975)和 Tardos(1975a,b)。

(3) 本书对**计划**的论述相对较少。在这方面也能找到丰富的文献。①

众所周知,在社会主义经济中,中央的、中级的和低层管理部门与企业及非营利机构之间的**纵向**关系发挥着重要作用。本书在某些章节(例如,第 3、5、9、13 和 22 章)论述了这种关系。但是除此之外,大部分篇幅是考察企业之间以及企业与家庭之间的**横向关系**,这只是由于后者尚未在现有文献中得到充分论述。

(4) 我不分析生产和交换**组织**。因此,除其他事项外,讨论忽略了以下问题,例如,在不同市场中哪种市场结构(垄断、寡头、不完全竞争)占主导地位;生产和交换的集中化达到了什么程度;以及,所有这些对短缺现象的影响等。

(5) 本书从**宏观经济学**的角度探讨某些问题(参见第 9、11、12、16、19 和 21 章)。但本书大部分内容具有**微观经济学**的性质。其主要任务是阐明宏观过程的微观基础。

(6) 我在少数章节(例如,第 9、10 和 11 章)中,分析了经济的**长期**过程。但本书主要关注**短期**调整,它将资源、制度、组织形式和系统控制机制等均视为既定;相应地,亦将惯例的行为规范和决策者特有的反应视为既定。因此问题就成为:在既定状态下,经济怎样运行?

(7) 一般来说,我不谈**对外贸易**。只是偶尔地,不求完整地涉

---

① 最新著作见 Augusztinovics(1979)和 A.Balassa(1979)。由于在我的书(Kornai,1957,1959,1973,1975a)中详细地论述过计划问题,所以我在此只做相对简略的介绍。正如我所说,我会尽量少重复我的旧作。

由 Johansen(1977)和 Blitzer-Clark-Taylor(1975)提供了关于数学规划的国际经验的综述。

及对外经济关系。

(8) 我不讨论**农业**这个特殊问题。

(9) 在讨论企业时,我们几乎专指**国营**企业。我们不讨论合作社的特殊问题。我们只在书中的个别章节(例如,第 11、16、17 和 19 章)涉及所谓**第二经济**或非正规部门的领域。① 属于这个领域的形形色色的活动,包括从通过"灰"市和"黑"市拿到官方许可经营资格的工商私企,到各种半合法和非法的服务。

之所以存在(2)至(9)中所指出的局限性,一方面是因为作者能力有限,另一方面是因为本书的主题涉及面太广,而篇幅有限,尽管最后仍然不小。我们难免要省略一些主题,不管它们本身是多么重要和有趣。

(10) 在对主题加以限定之后,还有一点必须澄清。本书只详细阐述**描述性解释性**理论,而不提供**规范性**理论。

从我的分析来看,如果这些理论被证明是正确的,就能够从中得出若干实际的经济政策结论。然而本书并没有进行挖掘,也没有就经济政策或经济机构应当做出什么变革提出实际建议。我在一些早期著作中提出了一些建议,并且还打算在今后详细阐述。但是在本书中,即使对建议的阐述已经"话到嘴边",我也三缄其口。

我越是深入本书所讨论的主题,就越是清楚地认识到我们所面临的困难和根深蒂固的问题。很容易发现,仓促拟定的建议只能带来事倍功半的效果,甚至可能导致情况进一步恶化。如果能

---

① 关于这方面的问题,只能找到少量匈牙利的研究。在 A. Hegedüs-Márkus (1974)和 Gábor (1979),以及 Gábor-Galasi (1978)中,能找到一些有价值的分析。

彻底剖析经济发展的现状,即弄清短缺现象的深层次原因及其相互关系,对经济学的发展也是一种建设性的贡献。这可能是第一步,随后可能会出现其他更实际的发展。

第一篇

非价格条件下的调整

导　言

这里将讨论经济中的三类主要微观组织。

(1)为货币收入而销售产品,并用以偿付其用于产品的全部或大部分开支的**企业**。

(2)向用户免费提供商品或服务的**非营利机构**。大多数非营利机构使用国家预算分配的资金来偿付其开支。我们讨论的正是这种情形,而不考虑那些靠捐款支撑的机构和靠会员费维持的组织。

(3)靠工作或享受其他权利取得法定收入,并用以偿付其消费支出的**家庭**。

研究者讨论社会主义经济中的短缺问题,通常从消费品市场或家庭部门的经验出发。本书不同,其出发点是对企业部门的考察。我深信问题的根源正在于此,即在**生产领域**中。

本书的第一篇几乎完全在论述企业部门。在某些地方,我也简单提及非营利机构部门出现的现象。家庭部门将在第二篇中展开全面研究。(论述就业的第 11 章除外,它也涉及家庭在劳动力供给方面的问题)。

企业的行为受到不同动机的引导,例如,它可能受到获取与增加利润的动机的影响。企业的决策受到众多投入与产出信号,如**价格**的影响,在投入价格中还包括工资。企业的活动可能受到不同因素的制约,例如可用**资金数量**。在第一篇中,我们一般不考虑**利润**、**价格**、**工资和货币**,只是偶尔谈及它们的作用。不仅**价格变化**不考虑,而且,它们对决策者的一切影响,无论是固定还是变动的,都不予考虑。对价格、工资、利润和货币的详细考察要留待第二篇。

对于第一篇不讨论价格及其相关因素,有若干考虑。最重要的一点是,在传统的社会主义经济管理体制中,这些因素的影响力实际上微乎其微,这一点将在第二篇中详加说明。而且,尽管价格、利润和货币对企业几乎没有什么影响,但企业显然仍在运行中能生存、成长,并在其运作中显示出明确的规律性。在这种情形下,如果对这些规律进行"纯粹"的理论分析,即完全不考虑价格和其他相关因素,就能更好地理解它们。[①]

这就使我们对本书结构做了第二个考虑。在社会主义经济中,非价格信号和非市场控制机制发挥着极其重要的作用,这一点从一开始就非常清楚。然而近来人们逐渐认识到,所谓的"数量"调整过程实际上在**一切**经济体系中都起着重要作用。它们发生在没有价格或固定价格的条件下(无论哪种情况,都没有永久变动和调整价格的平衡和激励效应)。第一篇希望通过对社会主义经济经验的概括总结,帮读者更好地理解**数量调整**的性质。

---

① 与企业相反,家庭总是受到价格、工资和货币的高度影响,即使在社会主义经济的传统管理体制下也不例外。这也是我们要把对它的分析留给本书第二篇的原因。

第 2 章　生产者：瞬时调整

2.1　引　言

我们首先从一般性的层面开始讨论。在第 2.1 节和 2.2 节中，暂不区分所谈到的是社会主义企业还是资本主义企业。有几个概念必须厘清，这将有助于在本章的其余部分乃至全书中，准确分析在不同制度之下运行的企业行为之间的**差异**。

在现代大型企业中，生产职能与购买投入和销售产成品的职能在组织上相分离。前者由工长、工程师和生产经理领导下的生产单位或车间完成，后者则属于采购部和销售部的工作范围。这些职能可能彼此交织甚或相互重叠，尤其是在小型工厂中。但在理论层面上，我们当然希望将它们区分开。在第 2 章和第 3 章中，企业作为**生产者**；在其后的几章中，企业将首先作为**买方**出现，然后作为**卖方**出现。生产者是进行一种**物理转换**，将实际投入通过生产转变为实际产出。另一方面，买方或卖方的任务是确保实物产品找到新的所有者，即进行**交易**。这三种职能都参与了经济的调整过程，但在这里将被分别讨论。当然，与此同时，这些职能之间的相互依赖性也会被反复提及。

2.2 生产者的调整程度

现在我们开始分析企业作为生产者的职能。生产者的调整分为三种程度。

瞬时调整是指企业为适应瞬间产生的情势变化,不断做出反应。企业的生产计划是给定的,它或是来自上级的指令,或是企业自行商议的结果。它采用的投入-产出组合也是给定的,并且不得改变。资源约束是给定的,不仅那些或多或少具有持续性的固定资本存量是如此,就是作为经常性投入所使用的产品、服务、劳动力等存量都是如此。如果这一切都是给定的,那么生产者对调整目标和可能性还有什么可供选择的余地呢?这个问题的答案就是本书第 2 章的主题。

短期调整是指企业根据预期目标,对未来几个月的生产计划进行调整。从**时间**上看,这是一种短期现象,即有效性很短(如三个月),而且从准备到开始实施之间的时间间隔也很短(几周)。同时,按马歇尔(Marshall)的解释,"短期"一词意为:所讨论的调整是在**给定固定资本**的条件下进行的调整。它有三个主要组成部分,相互联系,但在理论层面上可分离。

(a) **确定总生产计划**。这里的问题是:企业可利用的总资源与总产出之间是什么关系?

(b) **确定投入组合**。

(c) **确定产出组合**。

我们将在第 3 章讨论生产的短期调整。

长期调整是指企业根据预期目标，对未来几年的生产计划进行调整。从**时间**上讲，它与五年规划的制定有关。(本书根本不考虑**非常长期的**规划，比如 15 至 20 年，甚至更长时期)。按马歇尔的解释，"长期"一词还表明，给定的固定资本并非不能变动，而是允许改变。这主要与**投资**的分配有关，将在第 9 章和第 10 章中详细讨论。

短期和长期的调整可以解释为**学习**，取它在"适应过程的一般理论"中使用的词义。生产者通过解决瞬时调整过程中遇到的麻烦和损失来吸取经验教训，使自己能以更为根本的改变去适应持久存在的困境。

2.3 生产增长的约束

现在我们开始考察本章真正的主题：生产企业的瞬时调整。假设企业有意提高产量，我们暂不讨论其**动机**。它可能是由于上级下达了计划指令或紧绷的产量目标，或者，至少是上级主管部门期望它努力提高产量。它也可能是出于自愿，并没有任何上级指令或预期，仅仅是由于增加利润的欲望驱动，或者是由于其产品供应不足而受到用户催促。

问题在于，提高产量的过程中会受到哪些**约束**？让我们设想一个描述企业瞬时生产状况的线性规划模型。模型中会有哪些约束条件？既然我们只想说明思路而不想做运算，就不必为联立方程组的大小所困扰。我们可以毫不夸张地讲，思想实验中的约束条件与现实中的约束条件和脑海中的一样多。

主要有三类约束。

（1）**资源约束**。其一般形式如下：

$$\boxed{\text{全部生产活动中第 } i \text{ 种实际投入的数量}} \leqslant \boxed{\text{第 } i \text{ 种实际投入瞬时可用的数量}} \quad (2.1)$$

这些是**实物**约束。例如企业能够即刻获得的材料、半成品和零件的库存，现成的具备某种资格和其他特定能力的工人，能够立即投入使用的适合执行某种操作的机器和设备，等等。这些，而且只有这些，才是可以现用于生产的实物资源。

在这一点上，我们不仅要在微观层面，而且要在**亚微观层面**讨论生产的资源约束。我们要深入车间中每时每刻发生的**基本生产事件**中去。考虑到一个大企业的整体情况，存在着数以万计的亚微观层面的资源约束是完全有可能的。当我们考虑到整个国民经济时，它们的数量将以百万计。

（2）**需求约束**。其一般形式如下：

$$\boxed{\text{第 } j \text{ 种产品的销售量}} \leqslant \boxed{\text{买方对给定价格下的第 } j \text{ 种产品的需求量}} \quad (2.2)$$

由于我们现在正在研究瞬时调整，价格（如果对买方有影响的话）可以被认为是给定的。既然如此，需求也可以被看作是给定的。

需求约束对生产车间的影响只是间接的。通常是企业的销售部门与买方联系（这将在以后的章节中讨论）。销售人员把买方的需求传达给企业的领导，或者直接传达给生产经理。在任何情况下，生产车间将根据企业领导的指示或销售部门传递的信息，判断他们认为第 j 种产品的产量应当增加还是减少，或者可能完全停止生产。这样,在一定条件下,需求可能会限制增产意向的实现。

(3) **预算约束**。其一般形式如下:

$$\boxed{企业支出} \leqslant \boxed{货币存量+企业收益} \qquad (2.3)$$

我们只是粗略地描述了预算约束[①]。因此,举例来说,在不等式的左边和右边都没有划分出与信贷有关的项目。我们将在第13章中更为详细地讨论预算约束的构成和作用。

在某种制度条件下(例如在社会主义经济中),不是仅有一个,而是有若干预算约束存在。另外,可对用于工资、投资或进口的费用分别设定"标签"限制。如果不加限制性定语,那么在"预算约束"的标题下,将包括支出**总额**和可用资金**总额**。换言之,约束条件(2.3)用公式以实际的形式表示出"企业独立核算"的原则:企业必须从自己的收益中支付其支出。

预算约束即使影响生产,也是间接的。它能够制止企业购买实物资源,比如采购材料和机器,雇用工人。

2.4 约束的有效性与硬度

现在只需要在约束条件中增加一个目标函数,就可以得到一

[①] 企业、非营利机构和家庭都存在预算约束。因此,"预算"一词在这里是广义的,即作为财务支出计划的同义词。

如果我们要明确地谈论国家预算(即由财政部长提请议会批准的国家财政计划),我们应始终使用"国家"这一限定词。

个标准的线性规划问题,我们就能立刻计算出企业的最优方案。然而,我们设计这个模型不是为了咨询,也不打算让它成为运筹学课程教学的范例。这个简单的企业模型,被设计成**描述**企业的状况和行为的一个框架。我们甚至没有抛出这样的问题:企业应当做什么？或者**事前**应当怎样选择最有利的行动组合这类问题。我们是要用这个模型来描述企业**事后**的实际运作。

下面将借用数学程序设计学中的一些术语。

某些约束条件是以不等式的形式给出,而它的解在等式的形式下也成立。这意味着,生产充分地利用了一种或另一种资源,销售可能达到了需求的极限,费用可能耗尽了现有的财政资源。约束是**有效的**,因为它实际上限制了所选定的活动。假如没有有效的约束,产量会更大。也可以说,有效约束实际上**有约束力**。而对于其他约束条件,不等式在对规划问题求解时依然成立(即它们"没有用尽")。从瞬时解的角度来看,它们是**无效的**,似乎这些约束根本不存在,它们对选择毫无影响,它们是"多余的",也就是说:它们**没有限制活动**。

有效的往往是相对狭窄的约束,正是它们限制了生产的增长。相对宽泛的约束不起作用。

还有必要进一步区分。资源约束具有**物理**性质。它们表达了一个朴素的真理,那就是不可能无中生有。可以不使用第一种,而使用第二种或第三种投入-产出组合；但是,总需要某种投入组合,而这又会受到现有资源数量的限制。因此,资源约束不可逾越,它们坚若磐石。

这种情形与需求和预算约束不同,它们表达的不是实物的必要性,而是**行为**的规律性。它们由人来决定,人们也可以违反它们。一个在约束范围内的方案对决策者来说是令人满意的,并且他认为任何违反(超出范围)都是不可接受的。① 这类约束也可称作**可接受的约束**。在正常情况下,待售的产品库存都有一个容忍限度(公差限制)。然而,就算超过了这个限度,也问题不大。超过预算约束意味着破产,这也可能发生。**约束的软硬程度取决于具体的情况,即取决于强制遵守行为规则的社会关系**。行为约束的硬度分不同等级,它可以像实物约束一样硬(严格),也可以是中等硬度,或者可以是明显很软(温和),这就是说,违反它毫无麻烦或并无后果。一个严格的行为约束可能有效,但不是必然如此,这取决于其他约束是相对狭窄还是宽泛。另一方面,温和的行为约束(忽略某些特殊情况)永远不会奏效。

现在,我们必须使用工具,来帮助我们从自己的角度来描述企业的状况和行为。

2.5 资源约束型体制与需求约束型体制

企业生产中最常遇到的约束类型,即上述三种约束中哪一种有效,最能体现出一种经济体制运行的深刻特征。前两种"纯粹的"类型可以相互对比。一个是"古典"资本主义企业,我们指的是处于经常性的国家干预之前,即实行凯恩斯主义经济政策以前的时代。我们将忽略上升的峰值,而把注意力集中在周期的其他

---

① 这一点与 Simon (1955,1959) 中所谓"令人满意的"决策行为是一致的。

阶段。另一种"纯粹的"类型是指在**传统的社会主义经济管理体制下运行的企业**(以下简称**传统社会主义企业**)。它的活动受到详细的中央指令(central instructions)控制,它处于强制高速增长的氛围之中。表 2.1 概括了这两种纯粹的类型最重要的特征。

表 2.1 企业的两种纯粹类型与约束类型

约束类型	古典资本主义企业	传统社会主义企业
资源约束	几乎无效	几乎总是有效,比需求约束更有约束力
需求约束	几乎总是有效,比资源约束更有约束力	几乎无效
预算约束	硬	软
生产计划	自主的:在资源约束内,由企业在需求约束水平上制定	指令性的:在需求约束内,由上级部门在资源约束水平上规定

决定性的区别,已经在前两行揭示出来。**对古典资本主义企业有约束力的通常是需求约束,而对传统社会主义企业有约束力的则通常是资源约束**。通过简明扼要的表述(并且在一定程度上简化现实),可以形成如下对比:古典资本主义企业的运行主要受**需求约束**,而传统社会主义企业的运行主要受**资源约束**。该命题在全书的整体思想中起着核心作用。

我们必须注意准确描述情况。必须强调三个条件。

(1)我并不是说,在古典资本主义企业中,资源约束绝不可能奏效。它们有时能起作用,但并非经常如此。我也不认为,在传统社会主义企业中,需求约束绝不可能奏效。在这里同样可以说：它们有时能起作用，但并非经常如此。上述说法具有**随机性**，对不同类型的企业来说，每一类事件普遍存在的概率是不同的。

（2）如前所述，如果一个约束无效，它就是冗余的，完全可以从联立方程中省略。这也适用于瞬时调整，用于每天或每小时的生产决策。本章只涉及这一点。然而，我们必须认识到，非有效的需求约束也会间接地影响生产过程，而且可能存在滞后（这将在以后讨论生产和交换的短期和长期调整时解释）。也就是说，表 2.1 中的第二列的第二行，并不意味着传统社会主义企业的生产与需求完全无关。它仅仅意味着，当生产计划已经下达，企业下一刻的生产活动，既不受用户购买倾向的限制，也不受企业管理层和上级领导根据对需求的了解所愿意容忍的产品库存规模的限制，而主要并首先受到现有投入的约束。

（3）这里所说的一切对古典的、传统的案例都有效。今天的资本主义企业的地位与它的古典前身有很大的不同，这将在本书的后面简要讨论。而且，今天匈牙利企业的日常经营也与过去，就像 15 年前或 18 年前，不尽相同，稍后将更详细地对此展开讨论。这里所做的概括仅仅使我们能够描述企业地位发生的历史性变化。不过，目前还是让我们暂时满足于分析纯粹的案例。

我们回到表 2.1。第三行与前两行之间存在着密切关系。古典资本主义企业有严格（硬）的预算约束，如果资不抵债，它迟早会破产。它至多只能在取得未来收益之前获得信贷，随后必须还本付息。它能够购买的投入数量受到销售收入的限制，因此，它的产量不能超过预期的销售量。它自愿在需求约束的水平上决定生产计划(在某种水平上意味着企业产量的大致规模；它可能会允许产品库存有所增加,但归根结底不能偏离预期的可能的销售量太远)。

与此相反,传统社会主义企业的预算约束是软约束。即使亏损了,它也不会真正破产,即停止营业。企业总会得到外来援助,比如接受追加贷款、减免税收、获得补贴,或提高销售价格等,结果它最后总会摆脱财务困境。因此,它的需求几乎不受偿付能力的约束。作为**买方**,企业试图获得尽可能多的投入,以使短缺不妨碍生产。这一现象的另一面是,该企业作为**卖方**,面对着几乎无法满足的需求。至少对于那些买方本身就是企业的情况是这样的,这些购买方的需求几乎不可能得到满足。这种永不满足的需求,把产品从卖方企业中"抽走"。更重要的是,决定计划的上级领导也希望鼓励该企业尽可能扩大产量。最终的结果是,传统的社会主义企业的生产计划被设定在资源约束的水平上。"在资源约束的水平上"并不意味着各种资源都得到了充分利用。我们的意思是,考虑到现有资源的既定构成,并考虑到现有的"瓶颈"状态以及既定的管理能力和组织结构,不可能进行更多的生产。无论如何,这种有计划的生产水平通常都低于买方愿意接受的水平。

我们已设法在这里提前简要地概括出一条漫长而复杂的思路。稍后,我们将更深入地研究细节,我们将在若干场合重新讨论这些关系。然而,在继续描述生产之前,我们要简略谈一点与表 2.1 中所做比较有关的**经济思想史**的预备知识。

对古典资本主义企业来说,这一现象在马克思的思想中占有突出的地位。① 马克思对资本主义中存在的深刻矛盾的分析,即生产的无限扩张趋势与市场的有限吸收能力之间的矛盾,是众所周知的。

凯恩斯的注意力集中在这个问题领域。② 他研究了如何增加对商品的有效需求,以便改善资源的利用,首要是劳动力的雇用。

在20世纪20年代的苏联经济讨论中,这种反差非常显著。克里茨曼(Kritsman)在1925年撰写的研究报告中做了如下比较:"在资本主义商品经济中,存在着普遍的**滞存**,而在无产阶级自然经济中则存在着普遍的**短缺**。"③1926年,诺维斯拉夫(Novozhilov)将"普遍的生产过剩"和"普遍的短缺"进行了对比。④

卡莱茨基(Kalecki)认为资本主义和社会主义增长的本质区别在于,前者的利用参数由需求方决定,而后者由供给方决定。⑤ 从卡莱茨基的思想出发,经济学家戈德曼和库巴指出,社会主义的发展受到各种壁垒的制约,像劳动力壁垒、外贸壁垒等。⑥

这种比较也被用于发展中国家。例如,赫希曼(Hirschman)区分出了两种增长类型。一种类型是,前向关联占主导地位,生产者将用户推到前面(这类似于我们的需求约束的情形);另一种

---

① 见 Marx (1867—1894b),*Capital*。(如第Ⅲ卷第15章第Ⅱ节,有关生产扩张与现实之间的矛盾。)

② 见 Keynes (1936a,b),*The General Theory of Employment, Interest and Money*。

③ 见 Kritsman (1925,1929)。经拉斯洛·萨默伊(László Szamuely)和托马斯·巴乌尔(Tamás Bauer)提醒,克里茨曼(Kritsman)和诺维斯拉夫(Novozhilov)的著作引起了我的注意。

④ 见 Novozhilov (1926)。

⑤ 见 Kalecki (1970,1972)。

⑥ 见 Goldman-Kouba (1969,1970)。

类型是,后向关联占主导地位,用户把生产者拉到后面(就像我们的资源约束的情形那样)。①

本书所要传递的信息与这些思想密切相关。我试图朝这个方向迈进一步,我将努力对资源约束型体制提供更完整的描述和更详尽的分析。

2.6 生产中的短缺与滞存

在第 2.2—2.5 节中,我们首先描述了企业的一般模型,接着对两种体制做了比较。但在本章的剩余部分,除少数例外,我们只讨论在**传统**的社会主义经济管理体制下运行的**社会主义**企业。我们的注意力集中在资源约束上。由于我们要介绍一些在本书的后面部分中经常使用的概念,因此我们将再次以数学形式描述资源约束(2.1)。为此,我们必须提供一些符号。

我们来考察一个车间的生产,比如说一个螺钉厂的切削车间。让我们把第 t 个工作日看作生产的一个"瞬间"。为了简化起见,假定这个车间只生产单一产品:某型号螺钉,数量单位是"件"。不过这种产品可采用多种(假设为 h 种)加工工艺②进行生产。我们用 $x_j(t)$ 表示在第 t 个工作日采用第 j 种工艺生产的产品数量。

---

① 见 Hirschman (1958)。
② 这里和以下使用的工艺一词,在西方文献中,通常用技术一词来表达。那么,一个工艺将成为多项技术的集合。然而,在目前的章节中,将很少广泛地使用工艺,因此不应引起混淆。——英文编者按

第 2 章 生产者:瞬时调整

在车间里,可以利用许多(假设为 k 种)不同的资源(包括:具有不同资质工人的劳动能力、各种材料、机器,等等)。不同的加工工艺对不同资质工人的劳动要求、对不同材料和机器的种类的要求各不相同,即每一种加工工艺都与一组固定的投入系数相联系。例如,第 j 种工艺对应着系数 $a_{1j}, a_{2j}, \cdots, a_{kj}$。其中有些为正数,其余则为零,这取决于该工艺的实际特点。因此,工艺决定了生产一单位的给定产出所需要的固定**投入组合**。这样,在每种工艺的各种投入之间就存在着严格的**互补性**。

我们用 $r_j(t)$ 表示在第 t 个工作日第 i 种可用资源的数量。

$$\sum_{j=1}^{h} a_{ij} x_j(t) \quad \leqslant \quad r_i(t), \quad i=1,\cdots,k. \quad (2.4)$$

第 t 个工作日利用全部工艺进行生产时对第 i 种投入的总需求　　第 t 个工作日第 i 种可用资源的数量

现在我们能够重新表示**资源约束**:

我们假定,在工作日开始前,车间主任已经得到了当天的生产**计划**。这是由企业领导规定的,或者是由车间主任根据月度或季度计划,与企业的管理部门或其他机构共同商议制订的。每日生产计划,不仅规定了产品数量,也指定了加工工艺。我们用序号 1 表示**计划规定的工艺**,而工艺 2,3,⋯ 则表示偏离计划的投入组合。我们用符号 $x_1^{\text{plan}}(t)$ 表示该计划。根据我们的假定,车间希望超额完成任务,换言之,它将追求 $x_1(t)$ 最大化。

然而,在试图增加 $x_1(t)$ 数量的过程中会不断碰到资源约束,要么是这种或那种材料没有了,要么是某台不可或缺的机器出了故障,要么是某位必不可少的工人没有来上班。

假定车间管理不能灵活调整,而只能严格坚持原计划规定的工艺(这个假定很快就会放松)。于是,第一种工艺所要求的投入之间的严格互补性即刻得到验证。在这种情形下,相对最为稀缺的资源限制了生产。这就是所谓的瞬时生产"**瓶颈**"。按计划规定的工艺瞬间所能达到的最大产量用 $\hat{x}_1(t)$ 表示:

$$\hat{x}_1(t) = min \frac{r_i(t)}{a_{i1}}. \tag{2.5}$$

按计划规定的工艺所能达到的最大产量　　"瓶颈"许可的最大产量

通过上述分析,我们可以得出结论:在资源约束型经济中,对短缺进行瞬时调整的第一种基本形式是,根据当前的"瓶颈"对产量进行调整,即根据此刻最稀缺的资源进行调整。

当车间管理部门坚持使用计划中规定的工艺时,我们用 $z_i^{\text{plan}}(t)$ 来表示第 i 种资源的短缺:

$$z_i^{\text{plan}}(t) = \begin{cases} a_{i1}x_1^{\text{plan}}(t) - r_i(t), & 若 \quad a_{i1}x_1^{\text{plan}}(t) > r_i(t) \\ 0, & 若 \quad a_{i1}x_1^{\text{plan}}(t) \leqslant r_i(t) \end{cases} \tag{2.6}$$

短缺指标　　计划规定的投入需求　　瞬时资源量

在讨论短缺时,总会产生这样的疑问:短缺应当**与什么相比较**来进行衡量?一般性回答是:**短缺意味着无法提供实现某种严肃意向**(serious intention)**所需要的投入**。现在,我们得到了对一般性回答的第一个规定。在这种关系下,我们认为车间的**日常生产计划**是生产者的"严肃意向",它还包括计划中规定的产量和工艺。我们根据实现这一意向所需要的投入来衡量与之相关的短缺。

短缺不能仅用单个标量指标来描述。还有几种比较依据有助于揭示短缺。公式(2.6)只给出了其中一个比较依据,随后将介绍其他的依据。

现在,让我们来看看问题的另一方面。我们把暂时不能利用的资源称为**滞存**。这个概念将作为广义的集合名词来使用。过剩一词带有贬义,它表示浪费或损失。反之,储备一词含有褒义,例如,精明的管理者积累储备。滞存意味着可有可无的过剩和储备,不褒不贬。滞存增加,它可能是好事,也可能是坏事,这取决于决策者的目标和环境。一台长期不用的机器,有时可能会替换掉一台发生意外故障的机器,使它从坏的滞存变为好的滞存。相反,材料或劳动力储备,后来可能被证明是多余的。组织越好,需要的储备越少。

内部滞存和**外部**滞存是有区别的。但这种区别始终是相对的,不能从整个国民经济的角度来解释,而只能从所考察的实际经济单位来解释。在我们的例子中,被企业正式雇用并准备在自己的岗位上工作的工人,由于缺乏材料而无所事事,这就是**内部滞存**(在职失业)。与之相反,从这家企业的角度来看,在资本主义工厂外面排队找工作的失业者,被视为**外部滞存**。

与短缺一样,我们现在必须要提出有关滞存的问题:**相对于什么来讲**,资源仍未得到利用?作为一种初步的近似值,我们沿用前面的假定,即车间管理者坚持计划中规定的工艺,正如公式(2.5)所示,在这种情况下,生产碰到了最严格的资源约束,这就是当天的产量为 $\hat{x}_1(t)$ 的原因。用 $\hat{q}_i(t)$ 表示第 t 日第 i 种资源的内部滞存:

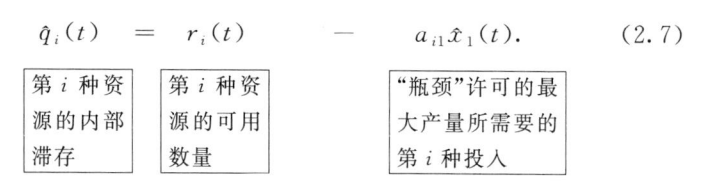

$$\hat{q}_i(t) = r_i(t) - a_{i1}\hat{x}_1(t). \tag{2.7}$$

| 第 i 种资源的内部滞存 | 第 i 种资源的可用数量 | "瓶颈"许可的最大产量所需要的第 i 种投入 |

滞存为零,存在瓶颈,其他资源为正数。正如我们所见,在量化短缺的公式(2.6)中,是资源的**计划**需求数量与资源的**实际**可用数量相比较。另一方面,在公式(2.7)量化滞存时,**实际**最大产量所需要的资源数量与实际可用的资源数量是相对的。

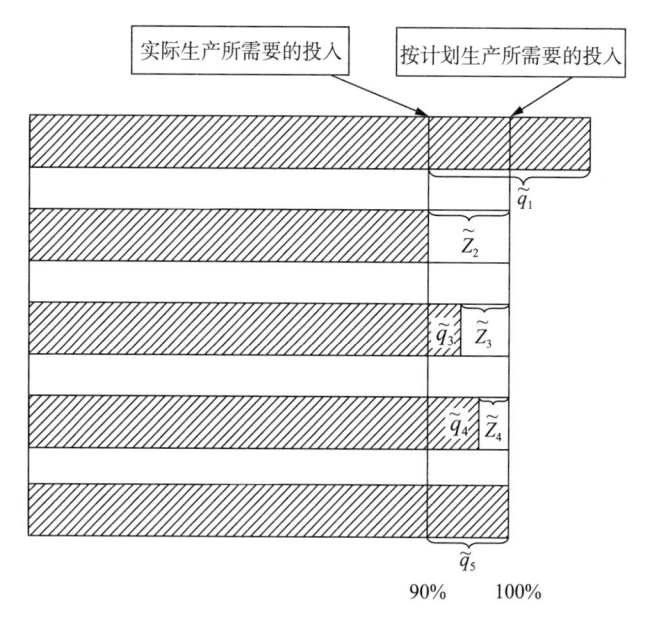

图 2.1　资源约束型生产中的短缺与滞存

图 2.1 说明了短缺与滞存。每种资源都由一条水平横带表示,图中共有五条横带。现有资源量和实际使用量的百分比都是

第 2 章 生产者:瞬时调整

给定的,按计划规定工艺完成生产计划即为 100%,它由图右方的粗垂直线表示。

100%线偏左一点的细垂直线表示实际产量;根据这一点,计划产量只能完成 90%。

每条横带的阴影部分表示可用资源数量。

我们先考虑短缺。在所有资源中,1 和 5 足够完成计划。但是其他资源均存在某种短缺,这是由无阴影区 z_2,z_3 和 z_4 表示的。

关于滞存,资源 2 被证明是"瓶颈",它不存在滞存。另一方面,其他资源出现滞存 q_1,q_3,q_4 和 q_5。

图 2.1 清楚地表明,由于互补性,短缺和滞存同时出现在同一个车间之中。

在图 2.1 中,我们展示了在完成车间生产计划的过程中遇到资源约束的情况。这种情况通常发生在资源约束型经济中,但很少在需求约束型经济中出现。需求约束型经济特征是各种资源都存在滞存。如前所述,在这里对扩大生产的有效约束不是物质资源,而是需求。为了进行比较,我们绘制了图 2.2,用来说明车间在需求约束型系统中的位置。如果产量能够增长到资源 2 许可的限度,生产就能比计划提高 5%,然而根据需求约束调整的车间每日计划不允许这样做。①

图 2.2 把滞存分为两部分。在左方可以看到即刻**可用**的滞存。资源 1 的滞存 q_1^m 能够立即被使用,因为互补投入的滞存

---

① 这里的车间计划不是从中央对企业的计划指令中产生的,而是从企业考虑销售可能性而自主制定的计划中产生的,这就提出了不属于本节的问题。

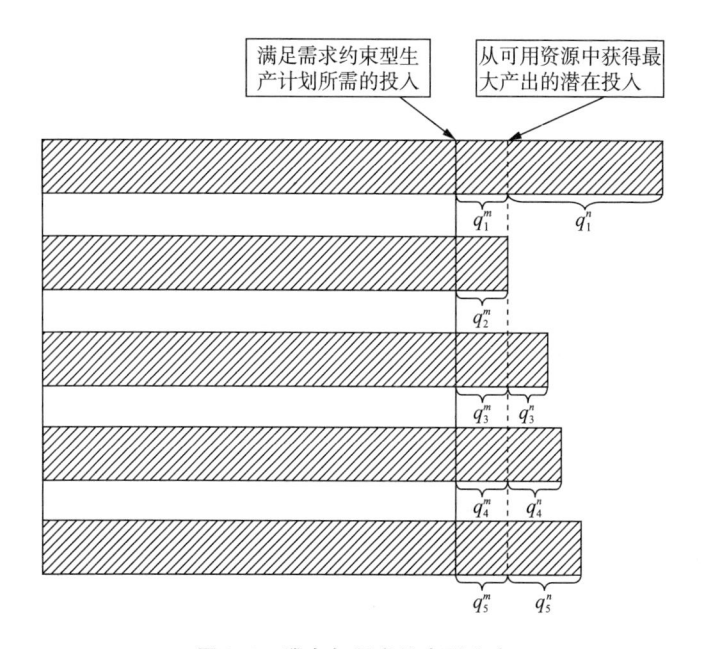

图 2.2　滞存与需求约束型生产

q_2^m, q_3^m, q_4^m 和 q_5^m 也在手边,也可以即刻动用。在右方,q_1^n, q_3^n, q_4^n 和 q_5^n 是**不可动用**的滞存,因为所需要的互补资源2没有了。①

现在我们回到图2.1,不存在即刻可用的滞存。假如无法获得互补资源2,资源1、3、4和5的滞存就无法投入使用。

从这两张图中可以再得出一个结论。各条横带的长度相等还是**不相等**,并非无关紧要。它们越是不相等,不可动用的滞存

---

① 根据本章的主题,我们在这里只处理**即刻**调整的问题。如果有一段时间可以用来调整,暂时缺乏的资源当然可以在短时间内获得。即刻可动用的内部滞存也可以由**迅速获得**的外部滞存所替代。然而,这就使我们想到了我们将在以后各章中讨论的企业之间的贸易。

就越庞大。换句话说，更大比例的滞存不能被视为储备，而必须被视为真正的、不必要的过剩，因为它们的利用会受到瓶颈的阻碍。

2.7 强制替代

我们已经解释了，如果计划的实现遇到资源约束，而企业又坚持计划中指定的投入组合，会发生什么情况。这家企业并不总是那样死板，而是会尝试以其他方式去应付短缺。我们假定螺钉厂根据某种型号螺钉的工艺标准使用 10 号钢。现在假定 10 号钢的库存已经用完，新货尚未运到。怎么办呢？例如，企业决定使用 11 号钢来代替 10 号钢。由于 11 号钢的质量更好，因此材料成本更高。如果这项额外的成本不能从买方那里收取，螺钉厂就会因此遭受损失。也可能会这样，由购买螺钉的机械厂来承受损失，不得不支付额外的费用。归根结底，决算结果都一样。如果计划中指定的工艺对材料的质量做了正确的规定，那么从社会的角度来看，使用不必要的好钢肯定是一种浪费。相反的情况也可能发生，使用 9 号钢来代替 10 号钢，螺钉就不太耐用。买方也许没有被告知，也不会注意到；或者，他即使知情也不得不买，因为他正缺少螺钉。现在，材料成本"节省"了，但是**产品质量下降了。这是短缺最有害的影响之一**。无论哪种情况，企业都偏离了最初指定的投入组合。用 2.6 节中给出的模型的术语来说，它采用另一种工艺，比如工艺 2, 3…，代替了第一种工艺。

我们把这种因短缺而改变投入组合的情况称作**强制替代**，它显然有别于**自愿**替代。如果企业从工艺 1 转换成工艺 2，是因为事实证明,后者现有较少的投入生产出同等质量的产品,或是因为相对价格变动,转换工艺可以节约成本,或是因为买方要求不同的材料组成,则该转换行为均属于**自愿替代**。但是,如果企业不是自愿转换,而仅仅是因为得不到必要投入而被迫转换,那我们讨论的就是**强制替代**。

在资源约束型经济中,强制替代是对短缺进行瞬时调整的第二种基本形式(上一节讨论了第一种基本形式,即工艺和投入组合不变,而产量减少到瓶颈所允许的水平)。可以补充的是,在短缺经济中,强制替代似乎是生产瞬时调整中最频繁和最重要的形式。遇到资源约束,生产者通常不会安于现状,他总想做点什么。例如,一名非熟练工缺勤,生产者会试着让一名熟练工人顶替他的工作;或者,一台机器突然出了故障,则考虑该项工作是否可用手工完成;又或者,由另一家工厂提供的零配件不见了,则立刻换上本厂的维修车间设法装配这个零件(以行业的规模来"自己干")等。上述各种强制替代形式的共同特点在于:避免停工,避免使一小部分的停工蔓延到企业其他车间的**特设解决办法和应急措施**。

一部分强制替代与**跨期**重新安排有关。例如,某种材料,星期一没有了,但是星期二就送到了。"让我们立刻开工。如果工作时间干不完,我们就加班!"这就是说,星期一的正常的材料用量和工作时间,被星期二的双倍材料以及正常工时加超额工时所代替。跨期强制替代的一种极端形式是在月底或季末突击工作,这样一来,原先耽误的生产用超时工作、周末加班或加夜班来弥补,甚至不惜以浪费材料和降低质量为代价。

由于强制替代,可能会造成这样一种印象,即短缺已经消除,或者根本不是那么糟。生产损失较少,一些缺失的投入从滞存中恢复过来。正如第 2.6 节所述,互补关系的绝对刚性将多少有所软化。然而,众所周知的现象并没有消失,即调整和改变工艺的时间越短,普遍存在的互补性就越强,出现替代的机会就越少。因此,在大多数情况下,短缺和滞存仍会同时出现。对于受强制替代影响的状况,也可确定适当的短缺和滞存指标。① 并且,最重要的是,**强制替代本身就是短缺最重要的指标之一**。

2.8 强制更改产出构成

在第 2.6 节的模型中,为简化起见,假设车间只生产单一产品。但是实际上一个车间通常要生产多种产品。作业计划不仅决定投入构成,还决定产出构成。

如果现在按计划规定的原产出构成所需要的某种投入出现短缺,那么产出构成就有可能会改变。例如,生产 A 型螺钉的 10 号钢没有了,就可能决定生产 B 型螺钉,因为生产它所需要的 9 号钢还有库存。在许多情况下,生产者并不生产他**应该**生产的东西,而是生产他**能够**生产的东西,即他能够利用现有的投入组合生产的东西。**在资源约束型经济中,根据现有投入强制调整产品组合,是因为短缺进行瞬时调整的第三种基本形式**(除了根据"瓶颈"调整产量和各种投入之间的强制替代以外)。

---

① 我们将不考虑它们的正式定义。它们的定义与公式(2.6)和公式(2.7)中所描述的相同,唯一的区别是,现在第 1 种工艺被描述强制替代投入组合的工艺 2 和工艺 3 所取代。

某些情况下只发生**跨期**重新安排。例如,B型螺钉的生产被提前,而 A 型螺钉要等第二天所需材料到齐才生产。如果用户对 A、B 型号都有需求,就比较幸运。此时,产出构成的改变不会带来麻烦。然而,通常情况下,用户明明想要 A,生产者偏偏生产 B。**这就是为什么这种瞬时强制调整会引起商品品种不全,与用户需求不协调**。这就是导致所谓"缺货",即产品脱销和供给不确定的过程。

2.9 不同形式的瞬时强制调整同时出现

不同形式的强制调整可能在车间里同时出现。例如,投入出现强制替代,并且,产出构成做出与计划相反的更改。换言之,迫于投入短缺的压力,而采用临时制定的、偏离原计划的投入-产出组合。

然而,强制调整的各种形式不仅可能在同一个车间里同时出现,也可能接连出现,像锁链那样环环相扣,从一个车间到下一个车间,或从一个企业到下一个企业。轧钢厂碰到"瓶颈",不能向螺钉厂提供足够的 10 号钢材(第一种基本形式),螺钉厂因此制造 B 型螺钉替代 A 型螺钉(第三种基本形式),实际上需要 A 型螺钉的机床厂被迫在机器上安装 B 型螺钉(第二种基本形式)。**短缺滋生短缺。由短缺引起的强制调整的影响,会在生产中倍增并外溢**,[①]它在传递过程中可能保留或改变其形式。后一种情况,即在强制调整的不同形式的转换过程中,短缺现象倍增,如图 2.3 所示。

---

① 部分外溢是通过企业间的贸易联系传播的。我们将在第 4 章至第 7 章中更详细地讨论这些问题。

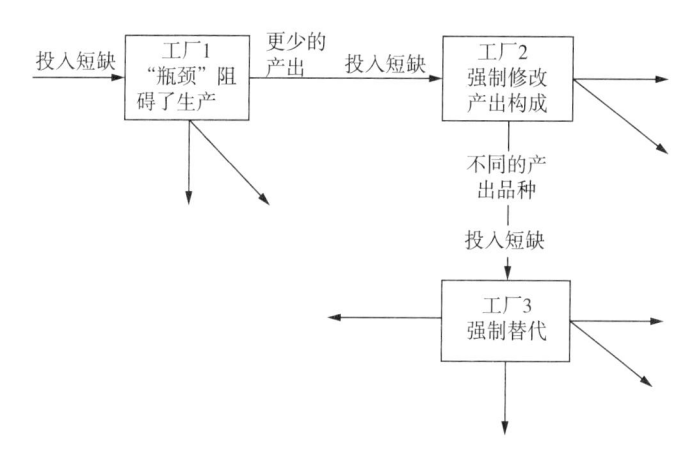

```
投入短缺 →  ┌─────────┐  更少的    ┌─────────┐
            │ 工厂1   │   产出     │ 工厂2   │
            │"瓶颈"阻 │─────────→ │强制修改 │──→
            │碍了生产 │  投入短缺  │产出构成 │
            └─────────┘            └─────────┘
                 │                       │
                 ↓                       ↓不同的产
                                          出品种
                                          投入短缺
                                          ↓
                                    ┌─────────┐
                                 ←──│ 工厂3   │──→
                                    │强制替代 │
                                    └─────────┘
                                         ↓
```

图 2.3　生产中短缺现象外溢

在许多不同的基本事件之间的连锁关系中,可能存在着无数的变化。有些短缺现象**不会**进一步蔓延。传递可能会由于生产者拥有产品库存,或用户拥有投入库存而中止,而这些库存可能会容纳最初的产能不足。强制替代也可能阻止这种蔓延。但在其他情况下,上述的倍增和外溢就会发生。人们可以说,"物质"并没有消失,只是发生了转化。这句话同样适用于物质的"反面",即材料(和其他投入)的**短缺**。它通常不会消失,而只是在工厂的**内部**或**外部**,在工厂之间的连锁关系中被转化。

第2.6—2.9节描述的强制调整要求生产管理者随时保持警惕。要求不仅仅只在车间里安排负责解决生产中断的调度员。在传统经济管理机制中,每个身负要职的领导者都应在某种程度上像调度员那样行事,通过电话或亲临现场干预生产事务,敦促交货并安排供应和交货的重新组合。

在工厂中,短缺不仅具有直接的"物质"后果,而且具有所谓的"心理"后果。工厂的工人不是随时都能产生新的投入-产出组合的计算机,而是有着敏感神经的血肉之躯。无论是死板地坚持原有的计划工艺,还是以更灵活的方式进行强制替代和重新安排产出,为适应短缺所做的持续调整,都会带来心神不宁、混乱和紧张,还伴随着争吵和压力。而且,越是频繁地碰到资源约束,压力越强烈,就越是无法集中时间和精力去应付更为重要的任务,去完成对工艺和产品质量的不断改进。

当然,我们并不只是在传统社会主义经济管理体制中才能看到对生产的持续调整。在一切体制下,生产都要根据瞬间的状况不断进行调整,无一例外。传统的**体制特有的问题是**:按什么来调整生产?是按物质上的"瓶颈",还是按用户不断变化的需求?还是按投入和产出的相对价格的变动?我们不希望把这些问题当作我们认为一种调整标准比另一种"更好"。用户可能反复无常,有时生产不符合他的需求也无关紧要。但是,如果牺牲生产的连续性,使投入-产出组合紧随相对价格的每一微小波动而变动,那就可能给社会造成损失。在这一点上,我们提出一种不加判断的观点:在资源约束型经济中,迫使生产立即进行调整的主要是短缺。

2.10 观察与衡量

在前几节中说明了为适应短缺对产量进行瞬时调整之后,现在我们继续研究如何观测与衡量这些现象。出于两方面的考虑,我们要彻底讨论观察与衡量问题(不仅在这一节,而且要在本书的以后各章中反复论述）。一方面的考虑是关于**认识论**。本书的主题是关于短缺经济的**描述性**理论。我认为至关重要的是,要澄清本书中发展的理论结构的主要概念是否具有**可操作性**。依照自然科学的惯例,一个范畴的明确定义,实际上是通过对它的观察与衡量方法的说明而给定的。由此可见,重要的事情并不在于立即着手进行观察与衡量,而在于检测能够反映该范畴的现象是否可观察与可衡量。我们的回答是肯定的:**观察和衡量本章所描述的现象可能很困难,但并非不可能**。

需要详细讨论观察与衡量问题的另一个考虑因素在于,从**实际经济决策**的角度来看,牵涉非常重要的信息。中央的、中层的和低层的管理部门以及企业自身,都需要了解何时、何地、何种产品的短缺是加剧还是缓和,以及滞存的发展情形如何。等到向决策者提供信息时,我们当然不能仍满足于研究进行观察和衡量的理论上的可能性,而是必须指出其具体实施的现实条件。

下面,不仅在本章而且在整本书中,我们都会将"**短缺指标**"作为广义集合名词来使用。我们将在其中列出一切直接或间接反映短缺情况的衡量标准。一个典型的例子是公式(2.6)中定义的指标。后面几章将提出一些补充短缺指标。

"**滞存指标**"也将作为集合名词来使用。不仅是公式(2.7)中定义的指标,还包括反映资源利用不足的其他指标。

短缺指标总是用 z 表示,滞存指标用 q 表示。在我们一般地(不做任何具体的统计规定)谈论短缺和滞存指标的情况下,就使用这些符号。**短缺指标集合**的符号是向量 z,**滞存指标集合**的符号是向量 q。当表示各种特殊的短缺和滞存指标时,将在基本符

号 z 和 q 上添加一些区别标记。当然,具体指标必须单独界定,但应始终运用下列规定。

每个短缺指标都是非负变量。如果它所反映的这组现象完全不存在短缺,其值为零。指标值反映**短缺强度**。指标所描述的一组现象中,短缺程度越高,短缺指标显示的值就越大。

同样,每个滞存指标也是一个非负变量。如果它所反映的资源得到充分利用,其值为零。资源越是利用不足,滞存指标显示的值就越大。

在对符号明确概念和描述之后,我们继续解释**衡量原则**和**衡量任务**。

(1) 在记录短缺情况时,仅观察和衡量**已执行的行动**是不够的,这在本章主题内就是工厂生产及其投入。在采取行动之前的**意向**也必须加以描述。短缺正是指计划产出与计划中规定的原有技术、资源不足的情况。

问题在于世界各国的官方统计记录主要描述了现实领域的过程:生产、投资、贸易、消费,等等。然而,短缺是**控制**领域的现象。决策者的意向(或不同形式的意向,如期望水平、计划、需求、对配给品的要求,等等)在控制经济和调控机构与组织(即体制的各组成部分)的过程中,发挥着极其重要的作用。

感知意向并不容易(尽管感知生产意向可能比感知随后要讨论的购买意向容易些),也没有通用的解决之道。在某些方面,凭借书面的计划文件是可能并奏效的。在其他方面,作为对上述办法的替代或补充,必须从口头上或书面上去发掘企业管理者的观点。这既可以在我们所考察的这个生产活动之前,也可以在其之后进行。

(2) 与前一点密切相关的任务是,我们要在亚微观层次上指出对提高产量的有效约束是什么。如果没有其他可能,那么通过询问生产经理来弄清楚:"他们为什么不生产更多的产品?是因为得不到某些物质资源吗,还是因为生产中没有可动用的滞存?如果有的话,他们为何不使用?"

这样一来,我们能够得出非常重要的短缺和滞存的衡量标准,这些指标反映了遇到资源约束的频率和可动用的滞存规模。

(3) 在计量生产短缺时,应注意因短缺引起的瞬时调整的三种基本形式。这不仅是前面已经提到的第一种形式(即遇到最紧缺的资源约束和"瓶颈"对产量所施加的限制),而且包括强制替代和强制修改产出构成。

这组现象中任何一个都不能用单一的综合指标来描述。让我们以强制替代为例。我不相信由强制替代引起的全部损失能够仅用一个综合指标来概括,反而一组指标可能更有用。首先计算一个工厂中全部强制替代的规模。例如,使用与规定的工艺不同的工艺所生产的产品所占的百分比是多少?此外,还可以衡量强制替代的主要形式的普遍性(例如,用其他人力来代替短缺的劳动力,等等)。

根据之前的解释,我们将把表示强制修改产出构成的指标归入短缺指标(z 指标)的清单中。

(4) 从本章前几节以及第(2)和第(3)点可以看出,短缺和滞存只能由**指标集合**来描述,**短缺和滞存都不是标量范畴而是向量范畴**。

(5) 短缺和滞存必须分别单独衡量。让我们仔细思考以下问题：

我们在亚微观层面上，尽可能详细地观察每时每刻的生产情况。这样，我们就可以对一项单一的初级生产活动做出描述：5月17日上午9时7分14秒，在B车间操作第三台机床的工人应当在加工10号钢。这种材料要么堆在他面前，要么没有，那么他可能在待料，要么也可能用另一种材料来代替它。换言之，材料**不是滞存就是短缺**。假设给定的规定意向(**必须加工10号钢**)与对两种状态(滞存与短缺)的"**绝对细致**"的观察结果，是相互排斥的。**然而，如果在微观层次上描述一个更大单位(几个车间，几家企业，几种投入)的总体状态，或是描述一段较长时期的全部生产活动，或是同时把这两方面结合起来(即描述一段较长时期中的一个更大的单位)，那么短缺和滞存将不再是相互排斥的状态。这样短缺和滞存就可能，甚至多半可能会同时存在。**

虽然这种思路的逻辑很容易理解，但它并不是不证自明的真理。相反，传统的经济思想认为，即使在微观和宏观层面，短缺和滞存也是相互排斥的范畴。我们将在以下几个问题上重新讨论这个问题，因为它对理论分析和经济政策都具有极其重要的意义。

如果接受前面的思想，就不难看出，对短缺和滞存做"结出净值"处理，或在衡量总量时进行加、减运算，是犯了多么严重的错误。举个简单的例子。一个车间定员为100人，星期一和星期三有90人上班，星期二和星期四有110人上班(工人都是从邻近车间来的)。如果只提供统计数字，告诉我们平均有100个工人上班,那就是完全回避这个问题。相反,至少有三项数据需要记录:劳动力短缺日和劳动力过剩日的比例,劳动力短缺日的平均短缺率(10%),以及其他时间的平均滞存率(10%)。

当然,这只是一个用来说明的简单例子。在实际计量中,往往需要比这更复杂的指标。这里只强调一个原则:**短缺统计和滞存统计必须分别进行**,它们不应当被相互抵消。

(6)短缺、滞存、强制替代、修改产出构成以及其他相关过程,时时刻刻以**数百万个亚微观层次基本事件**的形式出现。当然,无法指望通过任何观测与衡量充分描述所有这一切。事实上,能够期望的是对短缺现象的**统计描述**。正如第(4)点所解释的那样,各种指标被用来表示与短缺和滞存有关的主要事件类型,所有这些事件都可能与**概率分布**(或至少是一些近似的分布)相关。

统计描述这个词的用法与此类似。例如,物理学家谈论统计物理学。他们以随机的形式描述世界上的基本微观现象,而不是逾越到宏观物理学的大集合体。对经济体制的描述也需要类似的东西,在本书接下来的章节中将进一步阐述这一思路。

在考察了衡量的几个**主要**问题和一般任务后,我们将对观测与衡量的**实际组织**做一些补充。

有了适当的创新,我们能够以多种不同方式来衡量短缺强度、瞬间强制调整的程度和滞存规模。然而必须认识到,几乎一切衡量都需要耗费大量人力和物力进行观测。例如,由投入短缺引起的停产应当记录下来,被迫停工的原因也应当记录下来(材料短缺、电力不足、工人缺勤、机器故障,等等)。还有,强制偏离计划工艺和产出构成也必须记录下来。在讨论衡量原则时,上面曾举过几个例子。

然而,由于没有必要进行面面俱到的观察,衡量的任务在很大程度上被减轻了。只要观察一个适当选择的事件样本就足够了,它可能恰如其分代表一个企业、一个部门或整个经济状况。当然,我们并不反对把局部的衡量加总在一起,例如,把对一整个行业或一整组投入的一个或多个衡量结果加总在一起。本书的任务并不是提出涉及细节的建议。然而有一点是肯定的,即对几十项指标的系统观察及其分布情况的描述,足以刻画出整个经济的目前状况,以及生产中短缺、滞存和强制调整的动态特征。

如果这样的观测和衡量以前没有进行过,其原因不在于没有可能或费用过高。唯一的解释是,它们真正的重要性尚未得到认可,因此没有决定组织这种记录。各个资本主义国家,也是经过很长时间才开始对失业进行系统的观测和衡量。在社会主义国家,短缺问题已经成为人们关注的焦点,迟早会组织对短缺指标进行系统衡量。

2.11 生产中的正常短缺与正常滞存

让我们假定,我们掌握着衡量一国生产中所存在的短缺现象的最典型的概括性指标,经过几年的观测,就可以确定它们的跨期平均值。

在这方面,我想提出六项假设。

(1) **该系统的主要短缺与滞存指标显示了一定的稳定性。** 当系统的内部机构与外部条件大致稳定时,这些指标的跨期平均值也相当稳定。下面我们把这些跨期平均值称为这些指标的**正常值**。我将在这个意义上谈论该系统的**正常短缺和正常滞存**(正常值将标以星号)。

问题不仅仅是这些指标,就像其他任何随机变量一样,也有平均值。我们的假设是,在系统的反馈和控制机制的作用下,偏离(或高于或低于)正常状态的短缺或滞存被驱使回到正常水平。在本书的后半部分,将反复讨论这种机制。

(2)**在现实中,不存在正常短缺和正常滞存的极值均为零的系统**。不存在既无短缺又无资源利用不足的"完美无缺的"系统。

(3)尽管这些指标值肯定为正数,是一切体制的共性,但是 z^* 和 q^* 的取值,即正常短缺和正常滞存的向量值,却可以深刻地表明各个具体系统的特征。

(4)**传统社会主义企业的短缺指标的正常值,远高于古典资本主义企业的同类指标值**。根据这一假说,描述通常受到生产扩张冲击的制约条件的指标会显示出,在传统社会主义企业中,资源约束最为频繁。

(5)我们不考虑总(可动用与不可动用的加总)滞存的假设。但是,我们可以提出关于**可即刻动用的**滞存的假设:它在传统的社会主义企业生产中占比非常之小,甚至比在传统的资本主义企业中小得多。

(6)假设(1)并不意味着一个具体的系统会断然与其自身的正常短缺和正常滞存状态捆绑在一起,无法与之相脱离。**正常标**

准（norm）①（在目前的上下文中，指的是短缺和滞存的正常值）**本身就是因历史发展而产生，并由社会习俗固定下来的社会形态**。当机构和控制机制出现相当大的变化时，社会预期和习俗也会随之变化，使正常标准改变。

例如，由于匈牙利的经济管理改革和其他经济政策的改变，短缺和滞存的正常值似乎已经改变。一些短缺指标如今显示出较低的值，也就是说，20世纪70年代后半期比60年代的前半期的正常值更接近零（当然仍大于零）。

上述六项假设，符合对这些问题的逻辑思考和不完全的观察所得到的结果。② 本章前面概述的观测和衡量方法，**将使这些假设能通过实证检验**。

在这里需要对术语做一些说明。文中提到了短缺和滞存的**正常值**。我不打算抽象和笼统地定义"正常状态"这一表述。我们无须确切的定义就能领会其中的含义。存在一个系统，其外部条件与内部行为都或多或少表现出稳定的规律性，该系统主要状态变量的"正则"值可被称为"正常状态"。小范围或内部扰动都会使该系统的状态变量值偏离其正常水平，但即使存在波动，这

---

① norm一词通常有两种解释。一种解释是**普通的、非异常的**、非病态的。医学上所说的正常体温或正常白细胞数就是基于这种解释。对norm的另一种解释是**理想的或可期待的**。规范的价值判断就是基于这种理解。在本书中，我将始终使用这个词的第一种解释。

② 根据企业管理者的判断，在导致难以提高生产率的各种因素中，材料供应方面的困难以及与投入供应企业的合作问题应被视为最严重的损失来源。见Román(1973)。

在Chikán(1977)和Nemes(1976)的研究中，对于短缺与滞存形成之间的关系，有一些有价值的经验材料。

种"正常状态"也能表现出普遍趋势。

我们必须避免将任何价值判断与"正常状态"关联在一起。前资本主义社会也许已经停滞了几个世纪。显然,这就是它的正常状态。没有人会认为这种状态是"好的"。断言一个系统处于正常状态,既非褒奖,也非责难,它不是谴责,也不是宽恕。我们借用这个词仅仅是要说明,系统功能符合其自身的内在性质。对系统进行科学分析的一个极其重要的方面,就是要理解主要状态变量的正常值(或它们在一段时间中的正常发展路径)是什么。对系统进行比较,是要解答这样一个问题:一种系统的正常状态与另一种系统的正常状态有何不同?

第3章 生产者：短期调整

3.1 引　言

在上一章中，我们研究了企业如何根据当时的情况**不断**调整。现在我们继续研究**短期**调整。如第2.1节所述，我们主要想了解未来几个月（一季度或一年）计划的制订。计划者尽量考虑到预期的情况，即企业的生产潜力和用户对企业产品的需求，并根据这些情况调整生产目标。

从瞬时到短期的过程中，我们实际上跳过了一些中间阶段。即一些可能需要采取的措施，这些措施不能立即执行，而只能在一定的反应期之后执行，但又不必等待它们列入下一个季度或年度计划中。为简洁起见，我们将不讨论这些中间阶段。

第2章和第3章的主题，即瞬时调整与短期调整之间存在着紧密的联系。短期调整越成功，就越不需要即兴发挥或瞬时强制调整。相反，频繁的瞬时强制调整及其不利后果，可能成为影响下一个短期计划制订的信号。

与前一章一样，我们的注意力再次集中在**传统**社会主义经济管理体制中发挥作用的生产企业上。此外，我们还将简要介绍匈牙利改革后局势的经验。

3.2 总生产计划

我们的第一个主题,涉及制订季度或年度的总生产计划。总量通常根据某个基期的不变价格计算。

当然,总产出计划及其具体目标(少数重点产品的产出目标和投入配额)是同时制订的。但现在,处于理论分析阶段,我们只考虑确定总产出目标。在本节中即使没有明确说明,生产计划将始终表示总目标。

对传统的社会主义企业来说,上级部门决定的计划往往是紧张的(taut)。紧张的含义是什么?在给出答案之前,我们再提出两个问题。在前一章我们注意到,企业会一次又一次地遇到资源约束。这难道不意味着这些计划无法实现吗?那么,一再遇到资源约束的事实,如何能同报告中始终声称的计划已经完成相吻合呢?

让我们来区分三种不同情况。

第一种情况:企业接受了一份生产计划,并拥有足够的资源,在不受资源约束的情况下能够完成甚至超额完成产出目标。它能够通过计划中规定的工艺来实现这一切,不需要任何强制替代,也不需要对计划产出构成进行任何临时修改。上级部门后来会评定这样的计划是**松散的**。

第二种情况:企业终于完成了甚至超额完成了生产计划。但是,在完成计划的过程中,它受到了资源约束。自我调整的方式有多种,比如,反复进行强制替代,包括跨期重新整合。例如,资源紧缺时,如果没有达到每日计划规定的进度,可以靠其他时间加班,用赶工弥补。偏离了企业内部集中规定或计划的具体产出构成,生产出质量较差的产品,或者产品质量不错,但至少与原先的规定不一致。而它所做的这一切,都是为了不落后于总生产计划。上级部门会因此下评语:"该企业接受了一项**紧张但可以实现的计划**。"在传统经济管理体制中,这通常是上级部门的期望水平,他们试图为企业制订紧张但可以实现的计划。

第三种情况:企业实行了各种形式的瞬时调整,但仍然无法完成生产计划。在这种情况下,上级部门可能会责怪该企业。然而,企业内部肯定认为,生产计划相对于所分配到的资源来说**过紧了**。

考虑所有企业生产的综合结果。当处于第二和第三种情况下的企业,不断受到资源约束,第三种企业甚至已经落后于计划,但这个差额能够由第一和第二种企业超额完成计划来弥补。总的来说,整个部门或整个行业的总体规划可以完成,甚至超额完成。

这样,我们就得到了对生产计划的紧度的解释。我们并不是说我们的描述抓住了紧度概念的所有方面,但我们大概已经成功地把握了它最重要的特征之一。计划的紧度是一个随机范畴。计划越紧,企业在执行计划的过程中就越有可能受到资源约束,而实行强制替代和被迫偏离计划产出构成的可能性就越大。如果一个部门或行业内的企业接受更紧(甚至过紧)和不太紧(甚至松散)的计划服从一个适当的分布,那么该部门或整个行业的总生产计划的实现就似乎有很大的可能性。

这看上去像是一个高度复杂的随机决策问题,但在生产计划的实践中却没有任何特殊的数学工具来定期求解。**控制机制**发挥作用时,它会将计划设定在适当的紧度上。为便于解释,我们给出图 3.1。

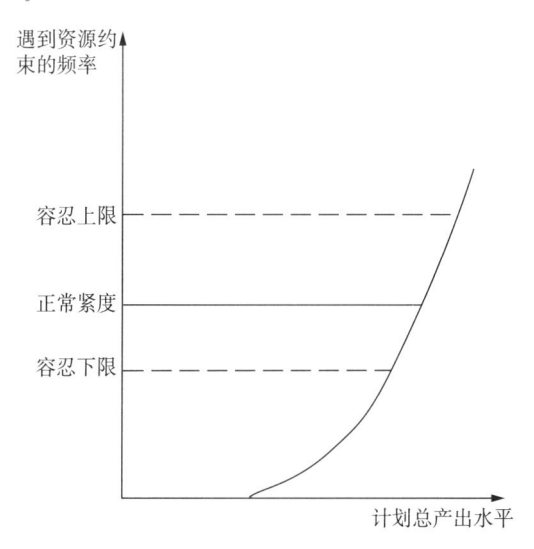

图 3.1 生产计划的紧度

让我们假设,依照计划,企业在下一季度应当得到的资源配额已经确定。当然,实际现有的资源可能会随机地偏离这个目标,而且往往是比计划的更为稀缺。问题是,**计划总产出水平**应当如何确定,这里用横轴表示。

该计划的紧度可以用不同的指标表示,一种可能性在纵轴上表示。企业在下一季度多久就遇到一次资源约束?

在一定的生产水平下,曲线沿着横轴延伸,遇到资源约束的预期频率为零。高于这个水平,曲线取正值并逐渐上升。上升曲线变得越来越陡峭,表明遇到资源约束的频率越来越高。当然,曲线的确切形状是任意选择的。然而,这并不重要,因为它只是用来说明我们的思路。

三条水平线如图 3.1 所示。中间的实线是这个计划的**正常紧度**。强制替代、产出构成的修正和其他临时调整,都有一个习惯性的水平,这对管理人员和工人来说并不奇怪。如果这些情况完全消失,生产不因短缺而出现任何困难,他们会更加惊讶。

下面一条虚线是紧度的**容忍下限**。这是决定计划的上级所能接受的限度。如果困难出现的频率在这个限度以下,他们会认为这个计划很容易完成,不费吹灰之力;这个计划"太松了",缺少足够的推动力。

上面一条虚线是紧度的**容忍上限**。这是企业可以承受的限度。如果超过了这个限度,车间的状况将变得一团糟。由短缺引起的问题变得如此频繁,以至于完全打乱了所有正常的生产秩序。

均值(表示正常紧度)和两个极值(表示容忍上、下限),是由社会惯例和实践固定下来的历史形成的量值。 调节计划紧度的机制就建立在这些基础之上。**反馈**根据下述逻辑发生作用。

(1) 如果预计遇到资源约束(或更一般的情况是,遇到由短缺和强制调整引起的问题)的频率高于正常标准,则必须调低计划;反之,则必须提高计划。

(2) 如果遇到资源约束(或其他困难)的频率超过容忍上限已迫在眉睫,则必须调低计划;如果不可能达到容忍下限,则肯定会提高计划。

第一种反馈称为**正常标准（或规范）控制**，第二种反馈称为**容忍限度（或临界值）控制**。这两种反馈机制出现在每一个经济体系的控制领域。但这两种反馈机制在控制**内容**，以及在正常标准和容忍限度的**性质**及其**形成方式**等方面，各体系均有所不同。稍后我们将详细讨论类似的控制机制，以及它们的数学模型，但在这里我们仅限于文字表述。

每种反馈机制都相应地有一个提供信息的**信号系统**。在当前的例子中，一个复杂的信号系统正在运行，其间多种类型的信息在不断流动。这些信息的共同特征在于它们都是**非价格信号**，即"数量"信号。价格没有变化，无法传达相对稀缺、短缺和滞存的变动信息。以前生产计划的完成情况是一个重要的信号，受到制订计划的上级部门关注。如果企业一再落后于这些计划，可能表明计划过紧，下次计划就必须放松。但如果企业超额完成了先前的计划，可能表明计划很容易完成，下期计划就会绷紧。企业很清楚这套反馈机制，称之为达到更高水平的计划化（planification）[1]。这正是让企业警惕的地方，尽管超额完成计划通常能得到奖金，但往这个方向上走得太远并不明智。

关于计划完成的数据以**书面报告**的形式汇总。然而，还有另一种信号，**口头语言**，即**声音（voice）**[2]作为进一步补充。甚至在

---

[1] 这个词是一个匈牙利语名词的直译，在英语中没有与之刚好相对应的词。意思是说，上一期的业绩会纳入本期计划中。——英文版编者按

[2] 我在这里借用了 Hirschman (1970) 的 *Exit, Voice and Loyalty* 一书中的术语。在这部著作中，广泛地展示了抗议、主张、由对某一过程的后果直接感兴趣的人口头提出的强有力的意见，即"声音"，可以是与许多其他沉默信号（例如，终止参加，即退出；或价格信号）同等重要和有效的信号。

最为严格的中央集权时期,计划指令也并非一边倒的命令。在计划确定之前,计划的制订部门和执行部门之间总要交换意见,这被称为"对计划讨价还价"。计划制订部门总希望企业能以更少的投入生产出更多的产品;计划执行部门则相反,总希望降低产出目标,同时提供更慷慨的投入。在讨价还价中,企业的声音警告说要有最大的容忍限度,计划远远超出正常范围;上级部门的声音则警告说要降低容忍限度,计划大大低于正常水平。正是在这两种不同的声音之间的争论中,最终达成妥协,可以这么说,这种妥协方案就企业总体而言,正好把计划**校准**到正常的可接受的紧度水平上。①

上述绷紧计划的机制,保证了在传统的社会主义企业中,总生产计划应该**在资源约束的水平**上确定。(见表 2.1 最后一行,对不同体制做了比较。)现在人们更清楚地了解,"在资源约束的水平上"的表达,并不意味着每个企业都能自始至终百分之百地利用每一种资源。绝非如此。这只意味着几乎每家企业都经常遇到一种或多种资源约束,而这些"瓶颈"会阻碍生产的瞬时增长。而计划的绷紧机制,能够促使企业的生产逼近充分利用资源的那一水平。

还有一点必须补充:**在控制方面发挥重要作用的正常标准和容忍限度是由历史决定的社会形态,它们会随着社会的深刻变动而变化。**在革命刚刚胜利时期的社会主义经济中,赶任务和节假

---

① 关于"对计划讨价还价"的经验描述,请参阅《经济管理中的过度集中》(*Overcentralization*,Kornai,1957,1959)一书。在建立"对计划讨价还价"的模型方面已经做过一些尝试;其中,Johansen(1977)的博弈论方法值得注意。另见 Dolan(1976)。

日突击生产是经常性的。而今天的车间管理人员和工人则希望物资供应更加顺畅,组织生产更加稳定。因此,若是将今天社会主义经济中紧度的正常标准和容忍限度同二三十年前相比,就会发现,今天的紧度比那时要低得多。然而,这并不妨碍我们在短期分析中考虑现有社会条件下对控制机制所**规定的**正常标准和容忍限度。

到目前为止,我们一直在讨论传统的案例,即上级决定企业的计划。但在匈牙利,自1968年改革以来,企业已经不再听命于中央计划指令在下一季度或下一年度应当生产什么产品,每个企业都有权决定自己的短期生产计划。这是一个意义重大的改变,并由此产生了许多有利影响,然而对这些影响的讨论超出了本书的范围。在这一点上,我们只想提一个问题:作为改革的结果,资源约束型生产的性质改变了吗?这个由企业自己决定的计划就不再是一个紧张的计划了吗?

我的假设是:**尽管程度稍有降低,但该计划仍然是紧张的计划。通过强制替代与其他形式的强制调整,生产提升到资源约束的水平,这就是短缺导致的瓶颈。**

这个假设可以通过**经验检验**,并且得到零星观察结果的支持。只有在极少数情况下,一个车间里的每一种补充资源都有滞存,可立即调动,它却仍不增加产量。对生产厂家来说,仅仅由于产品滞销而不扩大生产是相当特殊的。换言之,只有在特殊的情况下,即使是在很短的过渡期间,需求约束才被证明是有效的,也就是真正限制了生产活动。

在不考虑完备性的前提下,我们提出以下三个要素,它们可以促使企业生产达到资源约束所设定的限度。

（1）短缺本身会鼓励企业这样做。如果买家在门外排队（象征性地），就很难抵挡需求的拉动效应。不满意（没买到产品）的买家的**声音**越大，情况就更是如此。假如事实证明企业有能力生产更多的产品，但却没有这样做，买家就会向企业的上级或向社会政治机构提出抗议。

短缺是一种恶性循环，正如在许多其他相互关系中也会看到的那样。作为**卖家**的企业，受到不耐烦地排着队的**买家**的影响，不得不将生产提高到由瓶颈所决定的限度。由此生出一种**匮乏感**，认为是相对稀缺的资源阻碍了生产的增长。因此，现在作为**买家**，企业加入那些要求更多投入的排队者行列。

（2）在法律意义上，上级部门不能规定企业在短期应当生产什么，但他们能够非正式地向企业施加压力。例如，部里可以邀请企业负责人，说服他们提高产量，免得采取限制性政策。而且肯定会这样做，因为有一种根深蒂固的观点认为，囤积资源是一种浪费，是一种社会损失。

（3）企业也自愿争取提高产量。以后我们将解释，自从引入利润分享和其他经济激励措施以来，企业的真实利益是如何形成的。这里只有一个想法是可以预料的，如现今的匈牙利企业，迟早会将增加的生产成本转嫁给买家或国家预算。因此，即使最初边际成本的增加没有立即被边际收益的增长所抵消，达到产能的极限也是符合企业自身利益的（包括其利润动机）。

最后一个一般性结论：在社会主义经济文献和日常用语中，同紧张的计划相关的这类现象被称为**数量态度**或**数量冲动**（本书使用后一种说法)。为了澄清许多经济学著作中所描绘的现象,我们只需加上一点:**数量冲动的出现,不能仅仅用超额完成计划会使管理者们得到奖金来解释,更深层次的内在动力才使其得以非常有力地发展。**

3.3 投入组合

现在让我们来谈谈投入组合的规划。如前所述,有三个层次。

在**瞬时调整**中,企业不断调整其投入组合,以适应即时可用资源。在现在将要解释的**短期调整**中,企业对投入组合进行更为永久性的修改,以应对显然会更为持久的资源短缺,但不改变其固定资本存量。在**长期调整**中,作为对资源供应持续变动的进一步反应,企业关注资本形成,并依此改变现有工艺。

让我们以一家企业对劳动力短缺的反应为例。瞬时调整:星期一,搬运工人 X.Y. 没来上班,工长让 N.N. 加班来完成他的工作(强制替代)。短期调整:由于厂内搬运工经常短缺,现在车间进行改组,由机器操作工自己将工件递送到下一道工序。长期调整:在厂内实行物资运输机械化。

关于短期调整的假设如下所述。

针对一种或另一种资源的长期短缺,技术的持久调整迟早会发生,尽管会有滞后,并且只是作为对一再遇到资源约束的情况所做出的反应。即使投入的相对价格没有变化,新投入组合的引入也没有事先进行货币成本最小化的系统研究,这种工艺调整仍

然会发生。

这个假设需要实证检验。在我谨慎的提法中,我确信这个假设是正确的。我不能确定的是上述命题中迟早一词的含义是否具体化了。我也不确定下列哪种方法更快捷、更可靠,是基于相对价格和成本最小化的控制机制,还是基于对相对短缺的直接感知的控制机制。这可能是由于其运行的价格机制存在滞后,相对价格可能需要很长一段时间才能对不断变化的相对稀缺性做出反应,而投入组合又需要一段时间才能调整为新的相对价格。确实如此。然而,同样可以这样说,车间主任或部里的领导可能还需要很长一段时间才能认识到,与资源 B 相比,资源 A 的相对稀缺不是暂时的,而是持久的现象。而且,要根据感知来采取行动,他可能需要很长一段时间才能使自己在技术上引入更持久的变化,而不是临时的强制替代。

在比较中还涉及动机问题。利润激励可能在基于相对价格的"工艺"调整中发挥作用。我现在不想深入分析社会主义企业实行利润分享的力度有多大,这将是下一章的主题。我想在这里强调的是,即使是与利润没有直接物质利益关系的车间主任或部里的领导,对资源短缺也不会漠不关心。材料或劳动力供给的不确定性,实施强制替代的困难,以及先前采取各种临时措施所造成的紧张和焦虑,所有这一切都促使他试图找到一个更持久的解决方案。为了他自己的安宁和同事及下属的工作顺利进行,这促使他开发一种投入组合,能更好地适应更持久的资源供给比例。

很可能正是在这些相伴而生的情况下,我们发现建立在相对价格基础上的机制的优点之一,是它更不受个人影响、更客观,并且它的运作牵涉的人为压力更少,它可能更简单、更可靠。那些最终决定使用哪种工艺的人,不必依靠记忆和印象去比较遇到资源约束的相对频率;相反,他只需要做相对简单的成本计算。在比较基于相对价格的机制和基于对反复出现的短缺直接感知的机制时,我们假定工艺改进是遵循**事后信号**,即相对价格已经改变,然后才出现一项新工艺;或者,资源短缺已经显露,然后才出现一项新工艺。事实上,同样存在**事前信号**。这两个术语分别用来表示在一些事件或情况变化之后或之前的信号。为了使成本最小化,决策者试图获得关于未来价格的信息。在没有价格信号的机制中,同未来资源利用相关的计划目标,可以在当前的决策中考虑进去。从这个角度来看,制订计划有巨大的潜在优势。至于社会主义企业在实践中究竟能在多大程度上实现这些,那是另一个问题。经验表明,**激励**与相对稀缺的**信息**同样重要。人们习惯于走老路,车间主任也不例外。他只有在资源约束面前碰了壁,并确实经历了冲击,才会让自己做出重大改变。

这个问题还需要从理论和实践两方面做进一步研究。为理解本书后面的观点,现在只要知道:对经常性、长期相对短缺的感知,会使人们得到**充分的**信号;同时,避免为应付短缺的后果而采取强制性措施的愿望,为进行投入组合的短期调整提供了**充分的动机**。

3.4 产出组合

关于对企业产出组合的短期调整,我们首先要区分组织生产的两种方式:**按订单生产**和**按库存生产**。① 如果一种产品具有多种特性,那么企业只能按订单开始生产。例如,造船业以及许多大型特种工厂设备和机器。另一种方面,如果一种产品可以大批量生产,而不必事先知道用户的特殊要求,那么这种产品就可以按库存生产。

当然,这两种组织的区分不仅取决于产品特性,也取决于市场条件。在卖方市场,买方可以提前订购大批量生产的产品,以确保尽可能快地获得订单。相反,在买方市场,即使是对于那些生产者宁愿只按订单生产的产品,他也不能光等订单,而只能按库存而生产。

在确定产出组合时,生产者从产品库存变化和未完成订单积压的情况中收到重要信号。在下述情况下,为了产品 A 而牺牲产品 B,因此改变产出组合是值得的。

(1) 如果产品 A 的库存减少,而产品 B 的库存增加。或者,

(2) 如果产品 A 已经没有库存,买方甚至在产品 B 仍有库存的情况下排队订购产品 A。或者,

(3) 如果购买产品 A 和产品 B 都需要排队,但产品 A 的订单多于产品 B。

由库存和未完成订单所提供的信号可以通过声音来补充和加强。得不到满足的客户可能会抗议,并更强烈地要求上级干预。

在决算中,**反馈控制机制**在这里起作用,这与前两节中讨论

---

① 见 Belslcy (1969) "Industry Production Behavior: The Order-Stock Distinction"。这种划分,我们将在第 5 章再讨论。

的类似。即使是在高度集中的传统体制中,我们也能察觉到这种反馈的效果。诚然,企业的上级主管部门对产出组合给出了非常详细的规定。在某些地方,组合的比例是相当严格的,它们变化缓慢。然而,如果确实发生了变化,则通常是对这种反馈的响应。产出组合的变动是减少产品 B 来增加产品 A,是因为订购产品 A 的客户太多了,也因为产品 A 的短缺引起的抱怨太多太强烈了。

这些信号不仅对上级部门还会对企业本身造成影响。即使在传统的经济管理框架内,企业在决定产出组合的细节方面也有一定作用。在改革之后,企业在这方面的权力范围进一步扩大。

在强调上述反馈控制机制确实**存在**的同时,我必须补充一点,反馈控制机制的效果不是很显著,只是在有滞后的情况下才会表现出来。①

3.5 计划投入和产出组合的几个共同问题

在分别讨论了投入组合与产出组合的确定之后,我们现在简单考察一下在两者的决定过程中遇到的一两个共同问题。

我无意于混淆集中程度高低不同的管理形式与独立性大小不等的企业之间的重要差别。在传统的经济管理体制中,企业得到关于产出构成的详细指示。在许多领域,其制造工艺被精确规定。此外,大多数投入都是集中分配,企业允许购买什么及其向谁购买均由指令而定。但即使在那种情况下,在决定投入-产出

---

① 除其他外,这是指如同在第 2.5 节中所解释的,尽管在瞬时的生产控制中,需求并非有效约束,但它毕竟会影响生产。

组合上(就"最细微"之处而言),企业也有一定的自由。而且,企业的意见也能影响中央计划指令的形成。尽管在没有计划指令的情况下,高、中层管理部门仍能对投入-产出组合的选择施加重要影响,但1968年匈牙利的改革毕竟在相当程度上扩大了企业自主权。

从本章的主题出发,此刻我想强调的不是这两种经济管理体制的差异,而是二者的共性。在这两种情况下,高、中层规划部门与企业本身都会对类似的**非价格信号**做出反应。[①] 在第2.10节中这样的指标被称为**短缺指标** z 和**滞存指标** q。当然,在任何地方都没组织过对指标 z 和 q 全面、定期和正式的观察,并且是多次进行以供比较。然而,许多文字和口头的信息在上级部门与企业之间或企业与企业之间流动,实际上可以作为指标 z 和指标 q 的近似物;它们传递关于短缺强度的增减变化与滞存(包括可动用滞存)方面的信息。**这些正式的或非正式记载的、高度复杂的信息被输入一个多层次的分配机制中。这种分配机制最终将资源从短缺强度低于正常水平的地方,转移到短缺强度高于或很可能远远高于正常水平的地方。**

在强调对投入-产出组合进行短期计划方面有共性的同时,也必须注意二者之间的显著差异。在资源约束型经济中,反馈控制对于**产出组合**短期调整的影响,大大弱于对于**投入组合**短期调整的影响。从逻辑上讲,这是存在长期短缺的必然结果。解决自

---

① 价格信号在多大程度上对它们加以影响,这个问题将在本书第二篇讨论。在这一点上,我们只想说,非价格信号不仅在传统的经济管理体制中,而且在改革后的经济管理体制中都起着非常重要的作用。

己的问题正是生产者的利益所在,如果一种投入同其他投入相比,长期供给不足,生产者就会根据这种相对匮乏做出持久的调整。然而,如果产品构成不合适**并非生产者的问题**,而只是那些将其产品作为投入的企业的事。诚然,生产者企业对作为买方的用户企业的抱怨并非置若罔闻,迟早会以某种方式做出反应。但这种反应可能要比调整投入组合慢得多,并且不那么可靠。

正因为如此,对投入与产出组合进行短期调整的两种过程,虽有相似,但并不等同。**在确定投入组合时,企业相对更愿意做出调整,更灵活,会对环境做更多让步;在确定产出组合时,企业则更为僵化和保守,而且更多地对依赖它的买方发号施令。**

生产者与用户、卖方与买方之间地位的并不对称,这是在本书中反复出现的主题。我们在讨论交换(卖方市场与买方市场)、比较产出与投入库存的变动、分析对产出和投入价格的反应等问题的时候,都会谈到这一点。无论如何,我们现在已经认识到这种不对称性的一个重要表现,即投入组合比产出组合对非价格短缺信号的反应更敏感。

3.6 关于企业管理者的动机

企业行为已经分成两章篇幅描述了。我们对企业管理者的动机的观点,现在读者已越发清楚了。

人类行为背后有许多种动机。我不愿意为了追求普遍性,而把它们归结为一个单一的动机。如果我们能看到哪些动机会同时存在,以及这些动机之间可能会产生哪些冲突,将有助于理解人们的行为。

企业管理者最重要而并非唯一的行为动机,是他们**对自己工作的认同**。我不愿声称管理者为了企业利益而竭尽全力。并非他们所有人,也并非每个人在每时每刻都能这样做。然而,我也不赞成相反的言论。在一般的微观经济学中经常提到工作的负效用,它与在闲暇时消费中享受的效用相反。我认为这种描述不适用于大多数类型的工作,尤其不适合描述那些在管理岗位上工作的人的情况。在复杂的形势下指挥和决策是令人兴奋的工作。从事这份工作的人会碰到许多难题,但同时也会从中得到快乐和满足。① 归根结底,企业管理者总是**努力把工作做好**,这仅仅是因为在大多数情况下,大部分人都是这样做的,没有什么特殊的动机。

让我们再仔细研究一下对工作的认同是如何出现的。首先,在管理者努力确保由他负责的单位**能生存、能维持、有活力**。这意味着该单位的产出必须外界所**接受**。医院院长尽力保证行医工作顺利进行,以免病人及其亲属对医院不满;学校校长尽力保证教学工作有序进行,以免学生及其亲属对学校不满。同样地,工作中的"头号自然本能"也作用于生产管理者,必须保证由他们负责的企业能生存、能维持、有活力,除了其他事情之外,他们必须保证自己的产品能为市场所接受。

另一个"自然本能"是管理者希望保证自己和下属的工作过程**顺利**,他希望避免混乱和无序。如果仅仅是为了这个原因,他

---

① 见 Zs. Hegedüs-Tardos (1974)。

会努力争取最大可能的保证，获取更多的投入与维持更大的储备（在之后的章节中，我们将探讨第三个"自然本能"——扩张冲动）。社会条件、物质与精神激励、抱负与担忧、奖励与惩罚的影响都集中在这些"自然本能"上。除了所有者管理的资本家以外，每一个现代大企业的管理者都依赖于任命他的人。在现在所研究的社会主义经济中，上级部门任命企业的高层管理人员，这些高层管理人员再任命低层管理人员，从而建立起来一条垂直的依赖链。在这种情形下，企业管理者的动机是不言而喻的，他希望赢得上级的认可，避免得罪他们，并且要实现他们的期望，不仅是他们的指示，而且是他们的愿望。无论如何，中央指令、期望和各种激励措施可能会加强这种在任何情况下都可能发生（尽管可能更加无力）的行为。与产量挂钩的奖金甚至可以鼓励企业努力增产，但是这种激励还可能诱使企业管理者偏离按部就班地完成工作的基本要求（例如，他们可能不顾产品质量的下降而一味追求高产）。这种矛盾在以往的文献[①]得到了充分的论述，我们在此不必赘述。

许多人倾向于认为，数量冲动、调整僵化以及随之而来的短缺背后的动机，正是在于对这种官僚主义的依赖性。根据这一观点，所有这些现象之所以出现，都是由于中央经济政策强制增长，希望一切都服从于增长，并通过计划指令驱使企业也这样做。在我看来，虽然这些因素可能会增加其他影响，但它们**无法解释本书中考察的那些现象的主要原因**。以上列举的动机是**特殊**的，只

---

① 见 Kornai（1957，1959）以及更近期的文献 Bauer（1975a，1978）、Laki（1978a）。

能在特定的历史环境中才有存在价值。就我个人而言，我强调动机是对工作的认同，因为那是**普遍的**，在任何情况下都存在。值得注意的是，这种普遍动机**本身就足**以使企业对投入产生几乎无法满足的需求，以及不可抑制的扩张冲动。因此，我们就得出了一个比我们从传统社会主义经济管理制度的特殊激励效应来解释这些现象时更有力的论断。

事实上，关键问题不在于哪种动机**导致**了数量驱动、企业永不满足的需求和扩张冲动。主要问题在于，是否存在作用**相反**的力量，导致生产管理者自愿地**抑制**他们的投入需求和扩张冲动。本书将进一步展开，试图一步一步地找到**这个**真正重要问题的答案。

第4章 买方：采购过程

4.1 引　言

在第2章和第3章将企业作为**生产者**进行考察之后，第4章和第5章将对企业作为**买方**加以考察。

在一般的微观经济学中，采购被认为是一瞬间的行动，即买方明确地知道自己的需求，一同卖方相遇，便立即成交。我们将采购看作一个需要花费时间的**动态过程**。为了具体解释这一观点，我们陪同一位买方，去观察他的采购过程。我们**在亚微观层面上分析这个问题**，即讨论一个单一买方的一次购买行为。延续前几章的例子，我们将观察想要买钢材的螺钉厂的**采购员**。

事件以图表形式呈现。图4.1、图4.2和图4.3里给出了一个购物**算法**(algorithm)，并以流程图的形式表示出来，类似于计算机算法的描述。事实上，没有什么复杂决策是必须由一个在瞬间做出的重大选择来完成的。几乎所有的决策都是在多步骤决策**过程**中形成的，这个过程可以采用**决策算法**的形式来模拟。本章所描述的采购算法，是广义决策算法的一个特例。在图表上，菱形表示分歧点(branch points)，在这些点上，买方面临着可选择的情况或可选择的决策可能性。圆圈表示终点，买方到达该位置，则过程结束。最后，矩形表示的位置既非分歧点也非终点。

为了便于参考,图表中的各个部分均用大写字母表示。

对于企业来讲,采购是一项复杂的活动。我们有必要在以下几个方面对描述的范围加以限制。

(1)我们将只讨论当前生产所需的材料、半成品和零配件(以下简称**物资**)的采购。劳动力和投资品的分配将在后面的章节中分析。

(2)只讨论可储存的**产品**。对于购买不可储存的**服务**,在许多方面存在类似的问题,而对于它的特殊的特点,我们在此不再赘述。

(3)以下阐述的算法是**一般性**方案,它实际上可以用来描述任何经济体制中任何买方的购买过程。然而,在解释算法的每个步骤以及用公式描述说明性例子时,我们要时刻记住这里研究的是在**资源约束型经济**中的企业的购买行为。在生产资料交换中,以**吸纳**为主。① 正在经历短缺的买方尽量"汲取",也就是要将自己急需的投入"虹吸"过来;而卖方则不需费力,就能将产品推销给买方。

由于我们只是泛泛而论,所以不必要在一开始就指明所要讨论的是传统的还是改革后的社会主义经济管理体制。

生产资料的交换方式,在传统社会主义经济管理体制中和在改革后的体制中有所差别。

对传统的社会主义企业来说,相当一部分物资是集中分配的。具体的配给制度可能因国家和时期的不同而有所不同。然

---

① 市场上盛行的"吸纳"或"挤压"的概念在 Anti-Equilibrium (Kornai,1971a,b)一书中已经介绍过了。在本书中,我在几个地方重新提到了对吸纳现象的描述和解释。

第 4 章 买方:采购过程

而,即使在最高度的中央集权下,官方配给也只能决定大致的总量配额。

分配毕竟是由卖方(钢铁厂和金属贸易公司)与买方(螺钉厂)之间的商业合同来完成的。双方在合同中就具体的质量、价格、交货期限等达成一致。中央配给制度通常只涉及部分物资,而其余部分只有靠买卖双方企业之间的直接联系来实现,这一事实使企业间的协议变得更为重要。

匈牙利的改革几乎完全取消了中央物资配给制度,因此,企业间协议的作用有所增强。总之,我们在本章中只探讨企业间的横向关系,而根本不涉及纵向的中央配给,这个问题将留待下一章讨论。

根据这些导言来看,我们可以用两种不同的方式来解释这里所呈现的购物算法,**要么**我们的买方口袋里有一张有效的定量供应证明,并且该证明既没有强制性地规定采购来源,也没有详细规定买方应该购买什么;**要么**我们的买方打算购买的是一种不在中央物资分配范围内的产品。

正是这两种解释,使我们的"采购算法"同样地适用于传统的和改革后的经济管理体制。

(4) 我们暂时不分析购买意向,即进入采购过程的初始需求是怎样产生的。那将是第 5 章的主题。在本章中,我们假设初始需求是**给定的**。

(5) 价格的作用将在本书的第二篇中讨论,此处暂不涉及。采购过程需要花费时间,我们假定在整个过程中价格保持不变,因此,买方在采购过程中所做的决策不是对价格变化的反应。换句话说,我们又要研究一个"数量"的非价格调整过程。

(6)假定在销售点可供买方购买的产品(**即实物供应**)的数量和组成也是给定的。买方在购买过程中所采取的行动并不影响卖方立即可获得的货物的数量和组成。供应最终是否会对这一过程(以及其他买主同时进行的类似的购物过程,以及所有这些购物过程的不断重复)做出反应,这是另一个问题,但现在我们不考虑这一点。

(7)在第2.2节关于生产的讨论中,我们讨论了三种程度的调整。现在分析购买也将采用同样的分类方法。第4.2至4.5节考虑的是,买方在单一采购路线中发现的对供给的**瞬时调整**。买方的短期调整,将在本章第二节和第5章中进行讨论。

4.2 采购过程的开始:成功或强制替代

假定我们的买方今天的初始需求是100吨10号钢。现在他从图4.1左上角的起点框A,前往销售点1(那是直接为生产厂家服务的位置最近的钢铁厂)。框B上的问题是:今天厂里有10号钢吗?如果有,购买可以立即成功进行,初始需求得到满足。于是我们到达终点框C(见图4.1)。

然而,在吸纳经济中,所需物资经常无法随需随取,即**买方受到供给约束**。这一现象与第2章中所描述的**生产者碰到资源约束**的情形相类似。在第2章企业是作为**生产者**,在这里则是作为**买方**,无法实现其初始意图(在前一种情形下,企业是打算为生产而使用投入;在后一种情形下,企业是打算购进投入)。前者是在

第 4 章 买方:采购过程

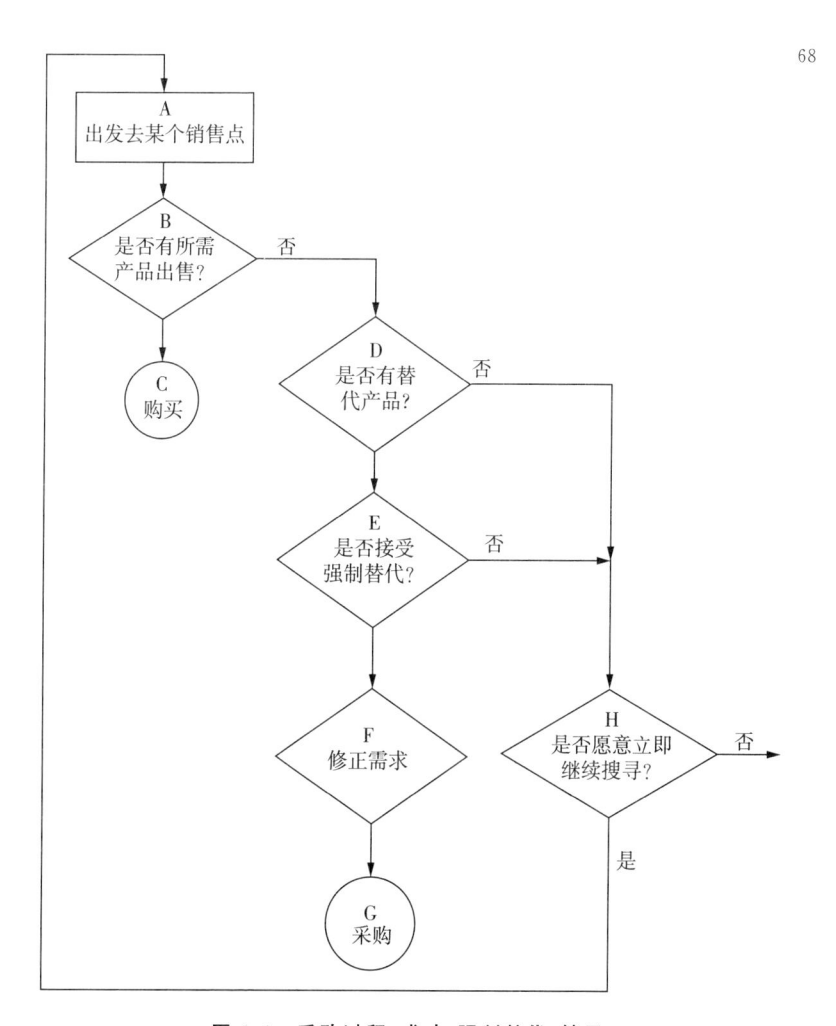

图 4.1 采购过程:成功,强制替代,搜寻

生产企业**内部**无法获得所需要的投入,这里则是在企业**之外**的销售点上买不到所需要的投入。①

如果买方在第一个销售点上不能满足初始需求,会发生什么情况呢?我们假设此刻没有10号钢,但是9号钢或11号钢有售。如果采购员买了其中一种,**强制替代**就发生了(框 D→E→F→G)。这是企业作为**买方**做出的强制替代,因为它偏离了自己的初始需求,这是否也会导致**生产**上的强制替代则是另一个问题。假如企业的10号钢库存近乎用完,这种情况就可能会出现。如果还有10号钢的库存并在短期内能得到新供货,企业就不必强制偏离计划规定"使用10号钢"的技术要求。我们记住前面所讲过的观点:生产中的强制替代,要么意味着不必要的开支,即使用了"太好"的材料;要么意味着使用了比原先规定的价格更便宜、质量更差的材料,从而有损产品的质量。强制替代总是以某种方式给**买方**企业造成损失,使得他们不得不通过接受替代品来向卖方让步。

在第2章中已经提到的自愿替代和强制替代之间的区别必须再次简要地讨论一下。如果我们观察的不是一次性购买,而是一系列经常性的、有规律的重复购买,那么在目前的情况下,我们就最能理解这种区别。让我们假设在销售点上随时都有10号钢和11号钢。如果买方过去一直购买10号钢,现在尽管两种型号都有,他却转而购买11号钢,这就是**自愿**替代。至于他转变的动机是由于相对价格的变动,还是他被说服,相信使用11号钢更

---

① 虽然碰到供给约束和碰到资源约束是平行的现象,但我们是从后者的角度来讨论整个系统的。短缺再生产的根源应当从生产领域而不应当从交换领域中找。正是可用于生产的实物资源才是该系统的最终有效约束。

好，等等，并不重要；重要的是，**替代是自愿的**，还是因为另一种选择也是实际存在的。但是如果从 10 号钢换成 11 号钢是由于根本买不到 10 号钢，那就是由于**实际缺乏其他替代物**而造成的**强制替代**。这种区别不仅是对这里所分析的狭窄的生产和贸易领域的现象具有重要意义。这两种基本情况（自愿调整和强制调整及其各种组合）在社会的许多领域和经济决策领域都会遇到。

如图 4.1 所示，强制替代的实际执行是以**初始需求的修正**为前提的。买方可能已经制定了一个**需求策略**，提前确定了几个步骤："如果有 10 号钢，就买 10 号钢；如果没有，就买 9 号钢；如果 9 号钢也没有，就买 11 号钢。"或许买方并没有这样一个明确的策略，而是打算在每次失败后临时抱佛脚，从可用的替代产品中进行选择。我们将在下一章中对此进行更详细的讨论。不过有一点很明确，**需求形成是一个动态过程**。同一个买方，在同一条采购路线上，可能在上午 9 点考虑好了一件事，却在一个小时后改变了想法。假如我们在同一时间，例如 5 月 17 日上午 9 点，观察对同一组产品感兴趣的不同买方所表现出来的**需求成熟程度**，我们会发现不同的买方之间的需求可能大不相同。第一组买方正在提出初始需求，第二组买方已经修正了需求，第三组可能已经修正了两次，等等。

现在我们回到算法上。假设买方在权衡了后果之后，决定采取强制替代。我们再一次到达了终点：尽管偏离了初始需求，但采购已经发生。

如果卖方没有向买方提供替代产品，或者虽然提供了替代品但买方不愿接受，那么事件发生的顺序就不同了。在讨论这两种可能性的共同结果之前,我们先对它们分别加以考察。

第一种情形,销售点1没有替代品(购买进程由框D向右,沿"否"的方向移动)。这句话的意思取决于把什么叫作"替代品"。假设钢铁厂的销售部根本没有8—12号钢,只有钢筋,而螺钉厂扩建办公楼也需要这种钢筋。假如那样的话,按照一般的微观经济学,钢筋将被认为是10号钢的"替代品",因为两者都对企业有用。据此,如果两者都有正边际效用的话,它们就可以彼此替代。[①] 但我的书不接受这种观点。螺钉厂不能获得钢材则无法生产螺钉,机械厂由于得不到螺钉而等得不耐烦,并不能在获知螺钉厂买到建办公楼所需材料的消息中得到安慰。更重要的是,螺钉厂也不会满意,因为材料短缺使它不能完成螺钉生产计划。

这不是术语上的吹毛求疵,问题也不在于**所谓的**替代。真正的问题是,一种优势、成功或结果是否**确实**能补偿另一种劣势、失败或损失?例如,"你的家庭遭到意外,但你买彩票中了头奖……""洪水冲走了河边的村庄,却建起了一座新工厂",这些补偿惊人的荒谬之处在于,正和负不可能相抵。无论是个人、国家还是任何社会群体的总体精神都不是口袋里的计算器,能最终计算出积极面与消极面的净差额。无论是个人或社会,都是分别体验不同事件的感觉,好的和坏的,成功和失败。这个问题把我们引向了效用论和社会福利理论的基础。稍后我们将反复探讨这些问题。现在我们只想让大家明白,我们有充分的理由坚持对替代的狭义解释。

---

① 对"一般可替代性"假说的批评,见 Hoch(1962)。Lancaster 的消费模型(Lancaster,1957,1966)也表达了类似的思想。

目前,我们需要一个务实的界定:"替代"概念的外延应该多大,它的内涵是什么,什么超出了它的范围。

如果有两种投入(或者投入组合)中的任何一种可以用于生产相同(或近似相同)的产品,则它们可以相互替代。例如,某一型号的螺钉可以用 9 号钢生产,也可以用 10 号钢生产。至于"产出"用形容词"相同的"来限定,不是没有理由的。如果使用一种投入组合生产的产品与使用另一种投入组合生产的产品并非完全相同,比如,质量上略有差别,但只要买方能被迫接受这种质量下降了的产品,这种投入就仍然是另一种投入的替代品。这个限定在某种程度上是相对的,它取决于买方和卖方的相对势力。即使不情愿,但只要机械厂能接受使用质量较差的 9 号钢制造的螺钉,那么 9 号钢就是 10 号钢的替代品;可是,如果机械厂拒绝接受这种螺钉,9 号钢就不能替代 10 号钢。

尽管上述划出界限的逻辑是清楚的,但在实践中仍会出现不确定的情形。在这种情况下,应采用以下做法,首先忘掉一般的微观经济学使我们习惯了的对"替代"一词的解释。如果是生产投入,让我们提出这样一个问题:工程师会把 B 当作 A 的替代品吗?如果它是消费品,家庭主妇会把 B 称为 A 的替代品吗?而且,如果工程师认为钢筋不是 10 号钢的替代品,家庭主妇认为戏票不能代替肉,那么我们也不能这样认为。

在第二种情形下,尽管卖方有替代品的供应,比如用 9 号钢或 11 号钢替代 10 号钢,但买方不愿意进行强制替代(于是,购买进程从 E 框向右,沿"否"的方向移动)。这证明他的行动并**不完全受环境影响**,而是仍有一些可供选择的余地。

4.3 采购过程的继续:搜寻

现在让我们回到买方,他在图 4.1 右下方指向菱形的箭头处。由于没有可能性或意愿,所以没有发生强制替代。下一个难题是,买方是否应该去另一个供应点看看符合他最初需求的产品在那里是否有货。我们假定 1 号卖方不处于垄断地位,存在着其他供货来源(例如,另一家钢铁厂位于更远的地方,或各种铁器和金属制品贸易公司的仓库等)。

买方已决定开始**搜寻**(他从框 H 向下,沿着"是"的方向移动)。在计算机算法语言中,他开始了一个新循环,返回到最上面的矩形框,它现在接收了一个新序号。买方出发去第二个销售点,在那里一切又重新开始。接下来可能有更多的循环,买方会去销售点 3、4,等等。

在某一点,他会停下来,要么是因为他终于得到了他想要的东西,要么是因为他厌倦了搜寻,最终接受了强制替代。

搜寻活动包含各种牺牲。他需要花费时间、耗费体力,或许还要有其他投入,诸如交通、邮递、电话费用,等等,更不用说神经紧张和烦恼了。[1]

现在我们来看这样一个例子,买方刚开始很固执,他在第一

---

[1] 对采购过程的描述,在这里涉及所谓"搜寻模型"的问题设置。这些模型描述了各种搜寻过程,例如,工人寻找工作(见 Phelps,1970b;Holt,1970;Lippman-McCall,1976);买方在许多地方以不同价格提供的产品中寻找最便宜的(见 Rothschild,1973),等等。在瑞典,已经为分析寻找公寓而精心设计了模型(见 Gustafsson-Hårsman-Snickars,1977)。

次,甚至可能第二次的购买尝试中都坚持自己的初始需求。但是失败可能会使他的决心软化。去到销售点 3 时,他已经有了这样的想法:"如果可能的话,我将买 10 号钢;如果那里连 10 号钢也没有,我就买 9 号钢。"这就是说,在这一次循环中,他不是以初始需求出发,而是以**修正后的**需求出发。在这里,我们可以看到与强制替代的相同之处,在对采购过程的动态解释中,不存在一个特定的"需求"。**在根据供给做瞬时调整的框架内,需求形成本身就是一个动态过程**。由于在采购过程中积累的经验,需求的初始状态可能被修改。

4.4 采购过程的另一可选择的继续:等待

图 4.2 正上方的菱形框 H 与图 4.1 右下角那个菱形框 H 表示的内容相同。买方是否愿意毫不拖延地继续搜寻? 如果是,他将返回图 4.1 所示的循环起点,即返回框 A。但如果他不准备立即搜寻,他能做什么呢? **等待**。

等待同搜寻一样需要时间。不同的是,对买方而言,搜寻是**主动**反应,而等待是被动的。

他要等待一段时间,比如一个星期(**框** I)。如果这个容忍期已经过去,他可能重新考虑自己的意见(**框** J):应该再等一个星期吗? 如果这样,他再次卷入循环,返回**框** I。但是,如果他不想再无所事事地等待下去,他会主动去询问(**框** K)所需材料是否已经运到销售点。换言之,他又从框 A 重新开始图 4.1 所示的循环。

这种**反复询问**类似于搜寻。在前面的描述中,搜寻意味着买

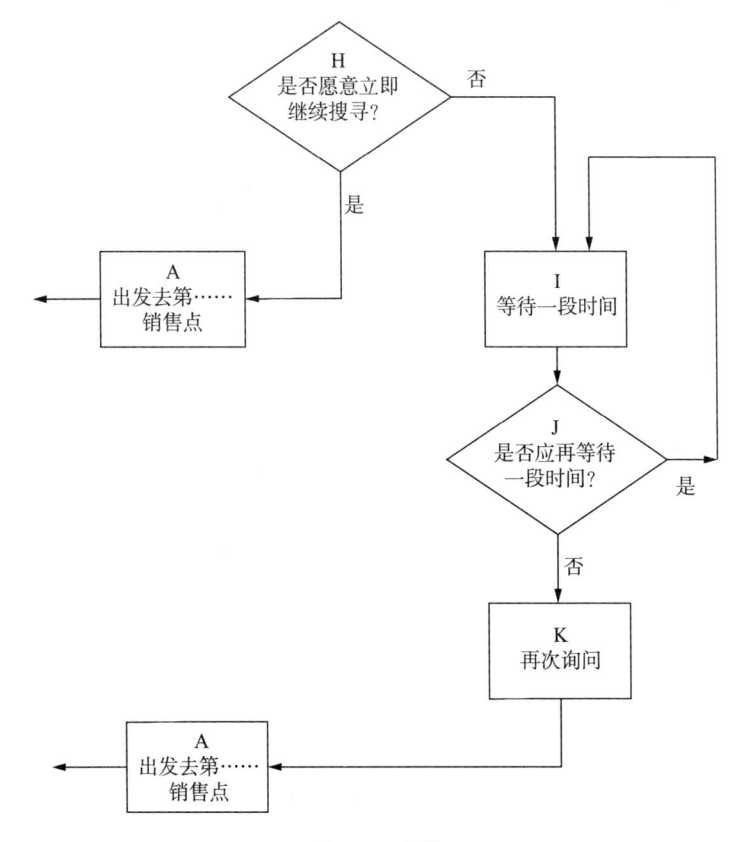

图 4.2 等待

方依次访问各个销售点。他能在短时间内做到这些,他甚至能一次打一连串的电话。与此相反,反复询问同一卖方相当于搜索一段时间。

到不同销售点搜寻和反复询问同一卖方,这两种方式有一个共同点,买方要获得**信息**。如果买方能得到所需产品的地点和时间的信息,搜寻和反复询问就会减少甚至停止。**在短缺的情况**

下,这种信息搜集活动的很大一部分落在买方身上。

4.5 排　队

排队是等待的一种特殊情况。有可能已经在第一个销售点,也就是买方先打电话的地方,人们不得不排队等候产品。因此,我们的买方如果在周一上午向卖方提出要求,当所需产品到达时,他将比其他在周一下午或周二宣布购买意向的买方更早得到供货。偶尔,排队是真实的(在物资采购中这种情况很少)。在其他情况下,排队只是虚构的,遵从先到先得的原则,越早下单,越快提货。[①] 等待**可能**同排队相结合,但并不是在任何情况下都会形成排队。当一种时有时缺、供应无保障的材料到货时,卖方会将它卖给最先露面的买方。如果这个买方运气不错(或他经常询问),他将得到这种物资;如果他运气不好或者很少光顾卖方,另一个买方就会从他手边抢走货物。

与排队相联系的等待不能视为图 4.2 中**被动**等待的分歧点。事实上,表示初始采购循环的图 4.1 要用几个附加图形加以扩展。这在图 4.3 中得以展现。图中的内容不言自明,我们只提醒大家注意一下**框** M。这个买方前面排了多少人?他预计要排多久?这些问题会显著影响这个买方是否加入队列的决定。我们将在第 7 章和第 17 章继续讨论这个问题。

---

① 排队问题有大量数学文献。例见 Cox-Smith (1961),Jaiswal (1968) 和 Knudsen (1972)。

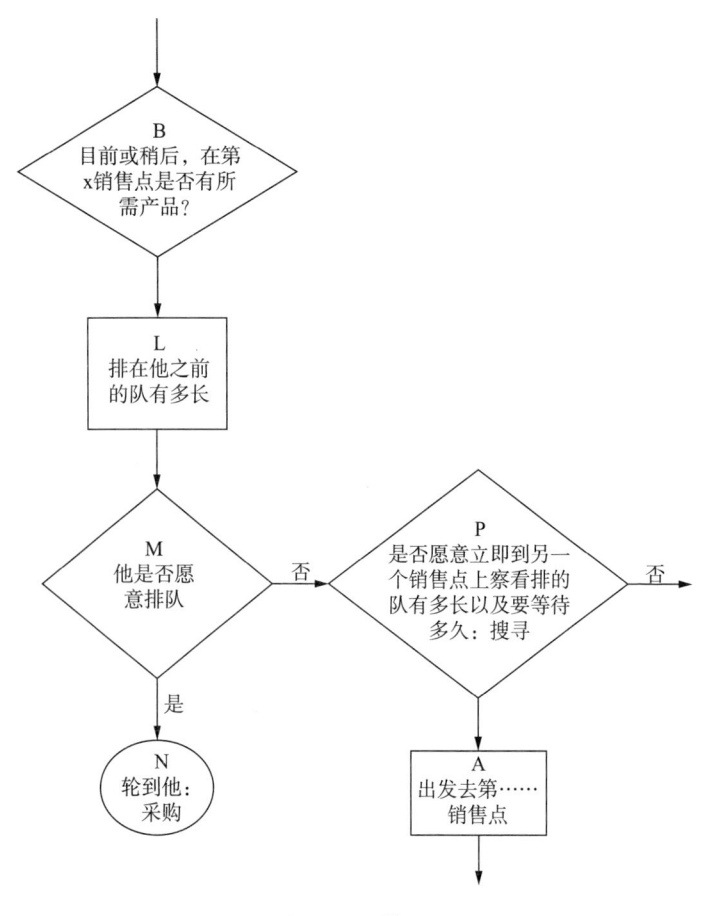

```
           ┌─────────────┐
           │      B      │
           │目前或稍后，在第│
           │x销售点是否有所│
           │   需产品？   │
           └─────────────┘
                  │
           ┌─────────────┐
           │      L      │
           │  排在他之前  │
           │  的队有多长  │
           └─────────────┘
                  │
       ┌──────┐         ┌──────────────┐
       │  M   │   否    │      P       │
       │他是否├────────→│是否愿意立即到另一│ 否
       │意愿排队│        │个销售点上察看排的├──→
       │      │         │队有多长以及要等待│
       └──────┘         │  多久：搜寻  │
          │是           └──────────────┘
       ┌──────┐                │
       │  N   │         ┌──────────────┐
       │轮到他：│         │      A       │
       │  采购 │         │  出发去第……  │
       └──────┘         │    销售点    │
                        └──────────────┘
```

图 4.3　排队

4.6　争取卖方的努力

到目前为止,我们按照决策的时间顺序对采购过程进行了调查。在讨论的过程中,暗含了一个假设,在特定的时间和地点是否有需要的产品。如果有,买方就能得到它;如果没有,则得不到。然而现实中常常会产生另一种情况,在长期短缺的吸纳经济中,卖方知道有许多买方渴望得到某种产品,因此他必须决定应该把产品卖给谁。当产品抵达销售点时,他该把到货的消息告诉谁?现实中的物资采购方式通常不是买方亲自到卖方那里去并自己提货。实际交易之前通常要有通信、电话和反复的私人讨论。卖方知道是否有许多人对该产品提出询问,以便从中筛选。**买方也知道卖方将在他们之中挑选**①,**因此,他会努力争取卖方的好感**,这样他就能比其他买方更有优势。有几种方法可以达到这个目的。

(1) 许多卖方会优先考虑老主顾,因此,买方应当尽量保持忠诚。②

(2) 卖方可能更喜欢不爱找麻烦的买方。因此,买方在向卖方的上级投诉或根据合同条款维护他们所享有的权利(例如要求支付违约金)之前,应该三思而后行。③ 他可能会在这个特殊的案件中获得公正,但下次卖方可能会采用他难以察觉的方式进行报复,使他有苦难言。(例如,卖方不通知他期待已久的产品已到货,或是将这消息先告知他的竞争对手)。更重要的是,光有"不

---

① 关于买方竞争,见 Péter(1956)的开创性研究,以及 Falus-Szikra(1974a,b,1975)和 Román(1973)后来的著作。在第 17 章中,我们重新回到特殊的"配给制"形式,在这种形式中,享有垄断地位的卖方在众买家之间分配短缺的货物。

② 我再次提到 Hirschman(1970)的 *Exit, Voice and Loyalty*(《退出、声音和忠诚》)一书。在短缺的情况下,买方试图对卖方忠诚,即使是在投诉的情况下也不利用"退出"的手段。即使另有其他卖家,在许多情况下,忍耐并利用忠诚的买家的优势,会带来更好好处。

③ 沿续 Hirschman 的思路,在一定程度上,买方不仅被剥夺了退出手段,也被剥夺了"声音"手段。

要抱怨"的被动态度是不够的,一定要有努力与卖方成为"好朋友"的主动态度。建立个人友谊是很有用的,因为这也会给业务联系带来好处。

(3) 虽然第(2)项提到了买方如何利用友好的**说辞**博得卖方好感,但同时也必须提到另一种可能性,即如何用**行动**去争取卖方。这也带来了纯粹的腐败。螺钉厂的买方贿赂钢铁厂仓库保管员,在期待已久的 10 号钢到货后立即打电话给他们。或者他付给销售人员一些钱,如果有若干买方的话,产品将不卖给别人而留给他。贿赂有时用现金,有时采取"送礼"的方式。当然这是违法的。这种腐败有时会被揭露,并受到相应的法律制裁。

但还有许多间接形式的补偿,对此不可能或几乎不可能诉诸法律。最简单的例子是买卖双方不时互换角色,今天你帮我解决钢材,明天我帮你解决螺钉。另一种情形,不是一个企业补偿其合作伙伴,而是一个负责人补偿另一个负责人。"今天你给我材料,明天我在地区医院当秘书的妻子会帮你优先就诊。"这种服务交换并非总是那么直接,往往中间隔着两三层。"我同事的同事会帮助你同事的同事……。"**每一个"买方"都是某个地方的"卖方"**。每一个在某个场合得到优惠的人都能在其他场合偿还。而且,如果互惠的链条全面建立起来,它可能会在很大程度上影响选择过程。① 这种互惠链条比常见的直接腐败更加重要。② 后者

---

① 用 Hankiss(1978)的巧妙比喻来说,那是一家"互惠发展的银行,利益集团的每一个成员都在其中存入自己的存款,并将其换成一个理想的'信用证'……这张信用证不仅可以从曾被恩惠的人处兑现,而且可以从双方所属的利益集团的每个成员处兑现"。

② K. Polányi(1944,1976)认为,互惠作为一种分配形式,在人类历史上的重要性并不亚于"为金钱而给予和索取"的市场分配形式。

容易被发现,因而风险太大。

对于伴随交易而来的一些服务,不清楚卖方还是买方应该承担责任。例如,谁负责运输货物?为了赢得卖方的好感,买方可以主动提出自己承担这些费用。

实际上,这里讨论的所有现象都是可以观察到的。观察其中一些现象可能有困难,但是善于观察的研究者能在案例研究中描绘它们。例如,揭示互惠的表现。其他的现象可以量化,这将有助于检验上述列举的假设。例如,可以收集关于买方正式提出的投诉的数据,或关于买卖双方分担运输费用的数据,等等。

以后我们将讨论与之对称的现象,即卖方为争取买方所做的努力。但在这一点上已经很清楚,在交易行为中,不仅仅是**物**的所有权的交换,而且还是**人与人之间关系的确立**。而这不仅仅是卖方 M. M. 和买方 N. N. 之间的个人关系,而是两个社会角色之间的一种永久性社会关系。这种关系完全取决于两者的相对实力如何发展,是处于卖方市场还是买方市场,交换的参与者中谁处于支配地位,谁处于服从地位。[①]

4.7 买方态度

在第 4.2 至 4.5 节,我们陪同买方进行了一次单程采购。然而,在大多数情况下,这一过程会**不断重演**。当然,我们不确定买方面临类似的两难境地是否会再次以同样的方式做出决定,但我

[①] 关于买卖双方的相对实力问题,见 Fábri (1973)。

们假设他的决定会表现出一定的随机规律性。①

让我们以图 4.1 右下角的分歧点为例。买方没有得到他所需要的物资,他不能或不愿进行强制替代。他是否应该立即着手寻找另一个销售点? 买方的**搜寻倾向**如图 4.4 所示。

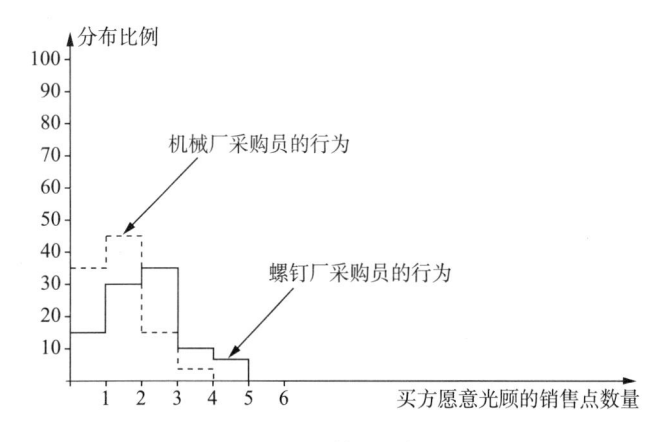

图 4.4 搜寻倾向

我们假设这个买方打算购买某个零件。横轴表示买方愿意光顾的销售店数量,而非他实际光顾的数量。举个例子,他十次有五次都幸运地在第一家销售点就买到了零件,那么对于这五次的情形而言,就无须再讨论他打算在搜寻过程中跑多少个销售点了。这里只需要讨论导致购买不成功的相关决策。有一种情形是,买方甚至跑到第三个销售点都无法得到最初想要的零件,于是决定不再往第四家跑,而是接受强制替代。在这个例子中,他

---

① 在撰写第 4.7 节时,我使用了与 Jörgen W. Weibull 共同研究过程中形成的思想,本书第 7 章和数学附录 A 中对此做了详细的说明。

的搜寻倾向值是3。纵轴表示买方的搜寻倾向取特定值的频率，用百分比表示。如图所示，用实线表示的螺钉厂采购员在15％的情形下（即100个买方中有15个）在第1个地点停下来（停止了搜寻），30％情形下在第2个地点结束搜寻，等等。

另一个买方对类似的难题有不同的反应。这个买方即图中虚线表示的机械厂采购员更没有耐心：在大部分情形下，他在第1或第2个地点就停下来，并且绝不会尝试5个地点。

这两类买方的特征可以用他们重复反应的**跨期平均数**来表示。第一个平均搜寻倾向是2.68个销售点，而更没有耐心的第二个买方的搜寻倾向仅为1.89。无论如何，如图4.4所示，通过给出替代反应的统计**分布**，可以提供更完整的描述。

搜寻倾向是**买方态度**的一个组成部分。这种态度是买方对反复出现的情况的主观反应，是各种倾向、意愿、意图和愿望。在单一的亚微观层次的一系列事件中，或沿着单一的采购路线，买方只是针对当天的供应进行瞬时调整（第一类调整）。买方态度反映了一种**更持久的**调整，即相对更恒定的行为特征，但这仍是**短期调整**（第二类调整）。**长期调整**（第三类调整），是采购环境的性质长期变化而导致的态度的逐渐改变。①

我们将更详细地列举买方态度中最重要的组成部分，但在此之前，我们要针对其性质做一些方法论上的评论。

严格来讲，我们应该使用**随机变量**来描述态度的所有分量，并用它们的联合分布来表明它的特征。但在这里，我们不想采用

---

① 需求的短期调整和长期调整将在下一章讨论。

这种描述方法，因为我们只是想说明一些一般性的想法。因此我们满足于更粗糙但更简单的确定性描述，其中只出现随机变量的期望值。

态度的一个分量可以用一个实数或一个矢量来表示。例如，用几个指标来表示搜寻倾向是一种权宜之计，买方愿意跑多少销售点，愿意搜寻多长时间，愿意支付多少搜寻费用，等等。

买方的态度变量可能会受到某些因素的影响（除了他自己的犹豫和不一致）。让我们看一个例子来说明这一点。其中一个态度变量是**排队倾向**（见图 4.3 框 M）。如前所述，这个买方的决定取决于预期的排队时间。这种关系可以表示如下：我们所讨论的态度变量是这个或那个**解释变量的函数**。

因此，归根结底，**就其数学形式而言，买方态度可以说是参数与函数的集合**。这种描述模式将在第 7 章和数学附录 A 中通过形式化的例子来说明。

现在我们总结了买方态度的一些主要成分，按照其经济内容进行排列。①

（1）**初始需求函数**。该函数中解释变量的选择，我们将在下一章进行讨论；在这里提到它只是为了使态度的调查更为全面。

（2）**强制替代倾向**。例如，可以通过指定买方愿意购买替代品的初始需求的比例来描述这一点。将该因素分解成几个变量，并区分为"小"和"大"、"近"和"远"等几类替代倾向也许会更

---

① 除了一个例外，所有的成分都由图 4.1 至 4.3 中的菱形框来表示；因为这些成分表达了买方对每一个决策的态度。例外的是第五个成分，即买方赢得卖方的努力。它并不是一个孤立的"菱形"，因为该成分伴随着整个采购过程。

有用。

这可能是搜寻初步阶段的作用，比起在起点（即第 1 个销售点）处，买方在第 5 个销售点时可能不那么固执。它也可能是初始需求投入与潜在替代品的相对价格的函数。

强制替代倾向与买方**修正**其初始需求的意愿是分不开的。也许这种修正的动态规律是可以描述的。例如，买方有一个精确的、分类细致的初始需求，如果失败，他就改为不那么精确的、更为笼统的需求（他一开始打算要买 10 号钢，后来更改为去买 9 到 11 号钢）。

（1）**搜寻倾向**。这在本节的开头作为一个说明性的例子进行了详细讨论。

（2）**排队倾向**。这可能是预期等待时间的函数。

（3）**争取卖方的努力**。这可能是搜索持续时间和队列长度的函数，等等。

我并不是说上面提到的几个成分就足以完全描述买方态度的各个方面。显然，情况还可以进一步丰富，特别是如果我们把买方对购买价格的反应纳入分析范围的话。[1]

---

[1] 其中提到了两个例子。在第 14 章中，我们将分析企业对投入价格的反应能力。在第 15 章中，我们将讨论作为买方的企业在多大程度上抵制卖方可能的涨价努力的问题。描述企业行为的这两个基本特征的指标显然属于对买方态度的描述。

第5章 买方:需求形成

5.1 引 言

在第4章的第一节中,我们陪同着一位手里拿着采购清单的买家进行了一轮采购。本章的主题是,这份给定的采购清单是如何形成的。在不断重复的采购过程中,决定初始需求的买方行为的固定特征是什么?

第4.1节中所述的大多数假设(用于界定和简化讨论)仍然有效,仍沿用相同的编号。如,假设1(我们将专门讨论材料的采购,劳动力就业和投资品的获取不包括在内);假设2(只讨论可储存的产品);假设5(不考虑投入价格的影响);假设6(供给被视为给定)都是有效的。

假设3对本章大部分内容也仍然有效。因此,从本章的观点来看,在讨论社会主义企业的需求时,将不把传统经济管理体制和后现代经济管理体制加以区别。这种区别将只在本章的最后几节加以说明。也就是说,在此之前,我们将不考虑中央物资配给和物资配额的作用。企业物资需求的概念也可以用这种方式解释。并且,如果我们满足于考察买方企业和卖方企业之间的**横向关系**,它的形成也可以用这种方式来解释。而分配物资的上级主管部门与先询问然后使用这些物资的企业之间的**纵向关系**,将在第 5.7 节中讨论。

5.2 一个简单的经验法则

我们将特意以一个尽可能简单的例子引出问题。

确定物资采购的初始需求是一项长期重复和习惯性的例行工作。在我们的例子中,螺钉厂的采购员将按照以下经验法则来编制他的采购清单。

我们尽可能多地购买每一种相关的材料,以使现有的投入库存达到**理想水平**。

需要考虑哪些材料？假设按照计划规定的工艺和计划产出进行生产,那么,首先要考虑那些预计在合理的期限内(如在 12 个月内)所使用的材料。另外,企业还将采购那些便于在规定的时间范围内进行瞬间强制调整(强制替代、修改产出构成)的材料。

投入库存的理想水平一般为三个月的材料使用量。而对于供应无保障的材料,理想水平则是六个月。

要应用上述法则,采购员必须获得关于材料预期使用情况的信息。螺钉厂的采购员首先要清楚:如果企业按计划中规定的工艺和投入-产出组合来完成计划产量,那么在未来的几个月中,10 号钢或 11 号钢的月平均使用量是多少？接下来还要考虑,如果没有 10 号钢,要多用多少 11 号钢？反过来,如果 11 号钢短缺,要多用多少 10 号钢？

这些考虑的最终结果是对材料未来使用量的**期望**①。由于采购员并不必借助某种复杂的随机库存模型来计算它,因此严格定义该数量的意义不大。它是非常粗略推算的结果,其指导思想是"让我们为最坏的情况做好准备"。我认为"对材料未来使用的预期"这一表达的意义也可以通过这种方式来理解。这是采购员与生产管理者共同做出的条件预测:如果在瞬时条件下必须使用第 i 种材料,那么大约会消耗这么多的数量。

经验法则看似简单,实际操作起来意味着执行一个三步决策算法。

第一步,拟定符合使用条件的材料清单;

第二步,确定符合使用条件的材料的预期使用量;

第三步,根据公式(5.1)计算初始需求。该公式给出了初始需求向量的第 i 个分量,这里显然假设第 i 种材料是符合使用条件的。

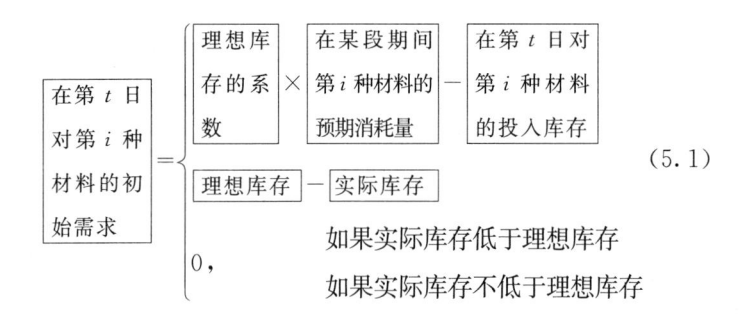

$$
\begin{Bmatrix} 在第\ t\ 日 \\ 对第\ i\ 种 \\ 材料的初 \\ 始需求 \end{Bmatrix} = \begin{cases} \boxed{\begin{array}{c}理想库\\存的系\\数\end{array}} \times \boxed{\begin{array}{c}在某段期间\\第\ i\ 种材料的\\预期消耗量\end{array}} - \boxed{\begin{array}{c}在第\ t\ 日对\\第\ i\ 种材料\\的投入库存\end{array}} \\ \boxed{理想库存} - \boxed{实际库存} \\ \qquad 如果实际库存低于理想库存 \\ 0, \\ \qquad 如果实际库存不低于理想库存 \end{cases} \tag{5.1}
$$

---

① 期望是决策者头脑中对某种未来过程的主观反映,也是决策者做出决策和采取行动的基础。

经验法则,连同描述其实施的算法,包括作为第三步的公式(5.1)的应用,共同构成了一个具体的说明性范例,我们可以更一般地称之为**企业物资需求函数**。那些习惯于新古典形式的需求函数(即需求是价格和收入的函数,并且更重要的是,作为一个精确制定和便于分析的函数)的人,可能会发现这里所描述的需求函数的形式和内容都很令人吃惊。其**内容**与新古典需求函数的比较将在后面讨论。在这一点上,我只想证明一下**术语**的正确性。

紧扣我们的例子:规则和相关算法确保在一些解释变量和被解释变量(初始需求)之间得到一个明确的关系。因此,我们无疑是在讨论一种类似函数的关系。"函数"毕竟是一个非常宽泛的范畴,它并不局限于数学分析中的函数。由于所讨论的关系在现实中相当复杂,我不会为了分析上"美观",而把它说得过于简单。

5.3 企业的物资需求函数

现在我们转而进行更一般性的讨论。上节所述的经验法则和算法的哪些特征是**偶然的**、只是说明性的,并且证明是社会主义企业的物资需求函数的**一般**特征,将逐渐显现出来。如果我们把新古典需求函数与一般均衡模型框架内的需求函数做一些比较,将有助于理解。

(1)按照一般均衡理论,企业的产量和实际的投入-产出组合都是一次**同时**形成的。考虑到投入和产出的相对价格,观察企业的预算约束,并在此基础上确定投入-产出组合,以确保企业实现利润最大化。因此,企业的物资需求是明确确定的。

与此相反,我们把生产意向和购买意向的形成和相互调整理解为一个**动态过程**。在我们抽象的理论框架中,连续而错综复杂的相互调整被划分为两个时间阶段。一个阶段是确定企业的**短期生产计划**。① 这在第 3 章进行了论述。在那里,我们讨论了影响短期总生产计划、技术工艺和产出构成的因素。② 短缺信号在其中起着特别重要作用,它影响到有关产出-投入的计划。在实际操作中,持续的供应短缺和过于频繁的供应中断使买方无法使用某些投入;将对技术和产出将针对这些长期短缺现象进行调整。

另一个阶段是企业以生产者(第 2 章)和买方(第 4 章)的双重身份,根据现有条件进行**瞬时**调整。正是在后一种身份中,企业的瞬时购买意愿才得以实现。因此,这是从主要现象(即已经给定的短期生产意向)衍生出来的**次要现象**。

(2)在新古典企业需求模型中,假设供给方面不会对需求的满足造成障碍。一般均衡模型的抽象程度很高,假设对供给可以做瞬时完善的调节。这个假设可以大致翻译成习惯的说法,即要求通常作为投入的每种产品都有产出库存。当某种产出库存耗尽时,可以很快得到新的供给。假如这种体制处于瓦尔拉斯均衡

---

① 在第 4 章和第 5 章中,讨论的是贸易以及供求问题,我们不赘述长期控制问题。

② 目前(到第 14 章为止),我们暂且不讨论相对价格在需求形成中的作用问题。它们对社会主义企业有一定的影响,在改革后的经济管理体制中,它们的影响可能会得到一定的加强。不过对我们来说,这个影响作用还很有限,以至于在目前的讨论中可以不予考虑。因此,在与新古典需求函数进行比较时,我们要强调的不是价格信号和非价格信号的问题,而是其他差异。

状态,就永远不会出现任何短缺现象。

我们不能应用这个假设。相反,我们必须准确说明长期短缺如何影响实际购买,甚至还影响购买意向。

初始需求的形成是以预期为基础的。作为买方的企业意识到预期的不确定性。它不得不考虑到,生产可能没有达到计划的产量或计划的投入-产出组合。它还要考虑到,物资供应中断的情况。这就是它制定某种**安全策略**的原因。安全策略可以采取多种形式,在前面的章节中,我们只介绍了许多不同的现有的和可观察的安全策略中的一个具体的例子。企业之间,购买的经验法则不同、适用的算法不同、用于计算实际采购清单的常数参数不同,材料采购中考虑的时间跨度也不同。在许多地方,不同的材料被归入若干不确定的类别中。计算理想的库存规模的固定系数并不是到处可用。并且即使应用类似公式(5.1)的简单线性形式,也可以用不同方式来预测未来的物资耗费。至于计算的结果,即初始需求,在某些方面并不具体到"最细致的"类别,而是为各种即兴的临时措施留有余地(如获得 9 号、10 号或 11 号钢)。或者,从一开始,它可能包含一个多步骤指令("尽量买 10 号钢;如果没有,则买 11 号钢,等等")。

我们能够进一步列举可能的变化。但是,尽管实际的采购策略各不相同,但其共同特征是,各个企业希望满足的不仅仅是生产的瞬间物资需求。它们试图通过积累充足的投入库存来确保物资供应的某种保障。物资供应的不确定性越大,它们试图积累的投入库存量就越多,这也是它们的共同特征。这种相互关系在下述公式(5.2)中加以概括,其中涉及一种材料,即第 i 种材料。

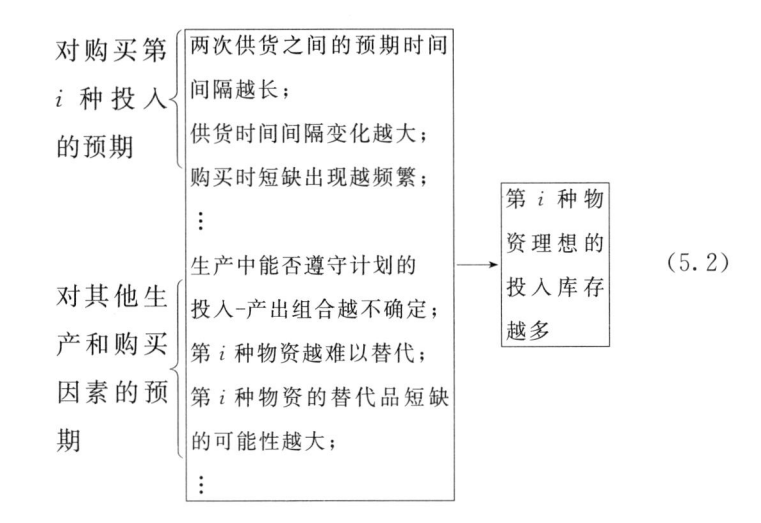

$$\left.\begin{array}{l}\text{对购买第}\\i\text{ 种投入}\\\text{的预期}\end{array}\right\{\begin{array}{l}\text{两次供货之间的预期时间}\\\text{间隔越长;}\\\text{供货时间间隔变化越大;}\\\text{购买时短缺出现越频繁;}\\\vdots\end{array}$$

$$\left.\begin{array}{l}\text{对其他生}\\\text{产和购买}\\\text{因素的预}\\\text{期}\end{array}\right\{\begin{array}{l}\text{生产中能否遵守计划的}\\\text{投入-产出组合越不确定;}\\\text{第}i\text{ 种物资越难以替代;}\\\text{第}i\text{ 种物资的替代品短缺}\\\text{的可能性越大;}\\\vdots\end{array}\longrightarrow\boxed{\begin{array}{l}\text{第}i\text{ 种物}\\\text{资理想的}\\\text{投入库存}\\\text{越多}\end{array}}\quad(5.2)$$

上述公式中的省略号表明我们列出的"不确定因素"是不完整的;此外,对增加期望库存起作用的不确定性也可能出现在其他相互关系中。在运筹学研究文献中,有一些人们熟悉的库存模型,它们决定了与某种不确定性有关的企业所需的投入库存的理想规模[1]。在这里,我们不试图对这些相互关系做出准确的描述,而只满足于对相关方向的定性描述。

公式 5.2 引入了存量-流量问题。新古典需求函数描述了将某些解释变量与作为流量变量的物资需求之间的**直接**因果关系:

$$\boxed{\text{解释变量}}\longrightarrow\boxed{\begin{array}{l}\text{物资需求}\\\text{(流量变量)}\end{array}}\quad(5.3)$$

---

[1] 例见 Prékopa (1965b)。

然而,我们描述的是一种间接因果关系,放入**存量**变量,由此给出理想的投入库存规模:

$$\boxed{\text{解释变量}} \xrightarrow{\text{第一规则}} \boxed{\begin{array}{c}\text{理想的投入}\\\text{库存量}(\textbf{存}\\\textbf{量}\text{变量})\end{array}} \xrightarrow{\text{第二规则}} \boxed{\begin{array}{c}\text{物资的初始}\\\text{需求}(\textbf{流量}\\\text{变量})\end{array}} \quad (5.4)$$

在我们看来,企业的"物资需求函数"是由两条规则构成。第一条规则描述了企业行为中的一个相对永久性特征,也就是作为买方态度的一个组成部分:企业试图建立什么样的投入库存。第二条规则表述如下:如果投入库存的期望水平已经给定,那么企业的瞬时购买意向是什么?

最后,还有一个重要区别是,在这里我们不是一般性地讨论"需求",而是明确地讨论"**初始**需求"。如果它得不到满足,买方就会进一步采取一些措施,进行强制替代、搜寻、等待,等等。

现在应该清楚的是,为什么在第4章中需求函数被称为买方态度的组成部分之一,同时强调还有一些其他重要的组成部分存在。我们用"态度"一词来表示买方行为方面(至少在随机意义上)所有持久和稳定的特征。买方在购买上的"安全策略"就其主要特性和一些参数来看是不变的。然而,这些永久性的行为模式只描述了买方的整个态度**与其他组成部分**的联系。我们还必须具体说明买方对短缺的看法有何反应,他接受强制替代的倾向可能是什么,等等。

在分析一个很少出现短缺的经济时,关注买方态度的其他组成部分就不那么重要了。换句话说,只用需求函数来描述买方也问题不大。归根结底,重要的是,如果买方准备接受卖方的要价,购买就会发生。但是,如果在短缺经济中也停留在只描述需求函数上止步不前,那我们对买方态度的描述就过于粗浅。

在关于与新古典需求函数的比较方面,我必须补充一点自我批评。在前几章中我经常用到"需求"和"供给"这两个词,并将继续使用它们。我曾在《**反均衡论**》一书中试图用新术语取代它们,在这里我放弃那本书的术语,并回到传统经济学的用法。现在我相信在这点以及其他几个概念上,《**反均衡论**》徒劳地维护一种"术语上的激进主义"。不是在措辞上,而是在我们必须说的话上,一旦有必要,我们就应当从根本上摆脱已经陈旧的东西。

我仍然坚持我在早期书中的观点,即新古典主义对"需求"和"供给"的解释缺乏理论上的明确性。一般微观经济学的静态方法,以及它对研究持续偏离瓦尔拉斯均衡状态的忽视,使得购销过程中许多方面的描述极为含糊,尤其是对其中需求和供给动态的描述也极为含糊。我们必须努力对这一切做出更确切的描述,但我们不必抛弃"需求"和"供给"这两个术语。诚然,它们中的每一个都指定了一组综合性的现象,而其中又包含一系列特殊的现象。总之,增补旧的基本概念的属性而不是动辄引入一个全新的术语,能够更好地说明问题。本书在讨论诸如**初始**需求和**修正过的**需求时,就是这样做的。

5.4 克洛尔对需求的解释

将争论局限于新古典经济学的传统说法是不恰当的。在过去的十五年间,出现了一种新思潮,一些经济学家开始探讨市场脱离瓦尔拉斯均衡时出现的现象。这一重要思潮的先驱者是克洛尔(Clower)和莱荣霍夫德(Leijonhufvud)。[1] 其中的突出阶段以巴罗(Barro)和格罗斯曼(Grossman)的著作为标志。[2] 基于这种思潮的理论方法也被许多研究者用来分析社会主义经济。[3] 在以下分析中,我称这种研究思潮为**克洛尔-巴罗-格罗斯曼学派**(**Clower-Barro-Grossman**)。[4] 我的书想要传达的信息,在许多方面都同这个学派有关。我的观点在某些方面与他们的观点非常接近,而在另一些方面却相去甚远。在各个接触点上,我们将反复指出这些相似之处和不同之处。

我们已经到达了第一个接触点。克洛尔强调,当供求不均衡时,**意向与实现可能会分离**,并提出问题:"在这种情况下会发生什么?"与总是一味探讨均衡存在的条件和均衡状态特征的传统方法相比,这是一个重要的进步。

---

[1] 见 Clower(1965)和 Leijonhufvud(1968)。在这里,我必须做一下个人声明。在写《反均衡论》(Kornai,1971a,b)时,我并不熟悉 Clower 的文章和 Leijonhufvud 的书。我的思想与他们无关,包括在偏离瓦尔拉斯均衡的状态下,不是买方的购买意向,就是卖方的销售意向成为有效约束的思想。(见 Kornai,1971b,pp.251—256.)在概括社会主义经济的经验时,我的思想与 Clower 和 Leijonhufvud 一模一样。

[2] 见 Barro & Grossman (1971,1974,1976)。

[3] 首先见 Portes-Winter (1977a,1977b,1978)等各种有价值的研究。

[4] 这里可以列出一系列重要的研究,其中包括 Drèze (1975),Grandmont (1977),Benassy (1974,1975,1977),Malinvaud (1977),Svensson (1977)等著作,以及 Schwödiauer(1978)编辑的论文集。在这个学派的几部著作中,他们的研究成果被称为非均衡论。由于随后将要解释的原因,我不愿意采用这个术语。我认为 Clower,Barro、Grossman 的名字能清楚地标志着这个学派。这里列出的每一本著作都能用这个事实简单地加以辨认,即在他们研究文献时,总是参考上述三位先驱者的著作。

然而克洛尔本人只向前迈出了一**步**。他提出,比如说,如果供给持续低于需求,那么是"短缺的一方"在起主导作用,即实际购买是在供给水平上实现的。也许是这样,但这只是故事的开始,故事的后续发展也同样重要。接下来会发生什么？会围绕强制调整发生一系列事件,比如买方进行强制替代,他搜寻、修正他的需求、等待,等等。克洛尔抓住了一个**静态的**时刻,即当买方把他的购买量提高到供给约束的时候,正处于半成功半失败的一刹那。但在实践中,问题在于瞬时调整和持续调整的**动态过程**,这在静态模型中无法体现。

我想在一个特定的背景下进一步进行这种比较,让我们考虑在意向与其可行性之间发生冲突时,强制替代的作用。为了比较的目的,一个非常简化的例子就可以了。我们将描述单个买家的行为。他买了两个替代品,i 和 j。

我们用 d_i、d_j 表示买方的初始需求；用 s_i、s_j 表示供给；用 y_i、y_j 表示实际购买。根据克洛尔的说法,实际购买量按公式(5.5)得到初步近似值:①

$$y_i(t) = \begin{cases} d_i, \text{如果 } d_i \leqslant s_i & \boxed{\text{不短缺}}, \\ s_i, \text{如果 } d_i > s_i & \boxed{\text{短缺}} \end{cases} \tag{5.5}$$

即 $y_i(t) = min(d_i, s_i)$。y_j 的确定与此类似。公式(5.5)表达

---

① 之所以加上初步近似一语,是因为克洛尔和他的追随者都详细地讨论了通过消费或储蓄溢出的派生效应(例如,工人不能出卖劳动力,导致收入减少,对消费品的需求降低,等等)。本书以后还将讨论间接影响,并将再次与克洛尔-巴罗-格罗斯曼学派的观点进行比较。然而现在我们将不考虑这种溢出效应。在这里,我们讨论给定买方**可支配收入**的情况。

了这样一个原则,总是短缺的一方占上风。下一章我将对这个原则提出质疑,在我看来,它没有充分描述真实情况。但是,为了简化讨论,我忽略这个相反意见,暂时采用短缺方占上风这一假设。

暂时我也不考虑过程为动态这一事实,首先是买方察觉到短缺,然后自觉地进行强制替代,等等。因此,我们这里研究的是剔除时间因素的购买过程的最终结果:

$$y_i = \begin{cases} d_i, & \text{如果 } d_i \leqslant s_i \text{ 和 } d_j \leqslant s_j, \\ & \quad \boxed{i \text{ 不短缺}} \quad\quad\quad \boxed{j \text{ 不短缺}} \\ d_i + \mu_{ji}(d_j - s_j), & \text{如果 } d_j > s_j, \\ \boxed{\text{对 } i \text{ 的初}\\ \text{始需求}} \boxed{\text{用强制替代补足}\\ j \text{ 短缺所要求的 } i} \quad\quad \boxed{j \text{ 短缺}} \\ \text{并且} \quad d_i + \mu_{ji}(d_j - s_j) \leqslant s_i, \\ \quad\quad\quad \boxed{\text{对 } i \text{ 的初始需求和强制替}\\ \text{代意向不能同时被满足}} \\ s_i, \text{ 如果 } d_i > s_i, \\ \boxed{\text{同初始需求有}\\ \text{关的 } i \text{ 短缺}} \\ \text{或者,如果 } d_j > s_j \text{ 并且 } d_i + \mu_{ji}(d_j - s_j) > s_i, \\ \boxed{j \text{ 不短缺}} \quad\quad \boxed{\text{对 } i \text{ 的初始需求和强制替}\\ \text{代意向能同时被满足}} \end{cases} \quad (5.6)$$

或者,简写为,$y_i(t) = \min(s_i, d_i + \mu_{ji}(d_j - s_j)_+)$。$y_j$ 的决定与此相似。

公式(5.6)中的参数 μ_{ji} 表示:在"i 替代 j"的关系中买方的

强制替代倾向。要注意的是,这与微观经济学里"边际替代率"不完全相同。后者表示的是一种自愿的替代倾向,即如果供应方既有 i 又有 j,那么有多少单位的 j 相当于 1 单位的 i。而在这里,是买方先行做出决定,并相应地确定了他的初始需求向量 $[d_i, d_j]$。参数 μ_{ji} 表示:**如果可得到的 j 不够满足初始需求 d_j。在此情形下**,买方愿意再接受多少 i?我们不考虑在购买了这个量以后,买方是否认为自己得到了补偿。大概他不认为得到了补偿,而是遭受了损失。我们严格地从描述性的角度提出以下问题:如果这种强制调节发生了,他将怎样做?因此,这是短缺条件下的**条件替代率**。它表示买方愿意在多大程度上**修正**其初始需求。

如果我们考虑到经常性采购的顺序,我们将更接近于对这一问题的解释。在这种情况下,买方对强制替代可能犹豫不决,有时接受较多,有时接受较少。参数正是这种态度变量的期间平均数。

现在我们逐行考察公式(5.6)。

上面一行表示替代品 i 或 j 不短缺。因此,实际购买可以根据初始需求进行。

中间一行表示 j 短缺,替代出现。在初始需求 d_i 的基础上,加上强制替代引致的购买意向。在认识到短缺的情况下,买方修正了他的初始需求。在中间一行所表示的情形中,这个修正需求,包括由强制替代引起的增加部分,可以得到满足。**强制替代不仅吸收了过剩的需求,而且吸收了全部或部分过剩的供给。**

下面一行分为两种情形。一种是单纯的短缺,对 i 的初始需求大于供给,因而购买发生在供给水平上。另一种是由强制替代引起的短缺。由于 j 短缺,买方试图用 i 取而代之。但是,现在 i

的供应量不足以满足因强制替代需求而增加的初始需求,结果 i 的短缺也随之而来。尽管在没有强制替代的情况下,i 的供给可能已经足够满足初始需求,但是现在其实际购买量还是受到了供给约束(最后一行的充分条件,并不排除初始供给过剩,$d_i < s_i$。)**随着进行强制替代的意向出现,短缺开始"泛滥",从产品 j 的市场溢出到产品 i 的市场。**[①] 如果从"两种产品,一个买家"的简化模型回到更复杂的现实,我们会更好地理解这个过程。买方在某个局部市场上遇到局部短缺,于是转到供应更好的市场,在那里可能会造成进一步的短缺;在该市场遇到短缺的买方,又会试图完成强制替代,等等。尽管每个买方都买到了一些东西(进行了强制替代),但其中大多数人都会有一种"匮乏感"。

公式(5.6)当然比克洛尔-巴罗-格罗斯曼学派的基本公式(5.5)更复杂,但我认为,我们必须坚持采用公式(5.6)。这个公式有助于理解短缺经济这一看似悖论的现象,尽管许多产品短缺,但买方却花掉了打算用于购买商品和服务的资金。强制替代(以及其他相关形式的强制调整)是理解短缺经济的关键之一。

我们必须对术语做进一步说明。克洛尔用"名义需求"表示受到供给约束之前的购买意向。由于他描述的是一个两步的购买算法,所以对他来说,区分出名义需求和实际需求这两个范畴就足够了。而我们把采购看作买方能多次修正需求的一个**过程**,

---

[①] 如果最初的购买或销售意向碰到了另一方的约束,那么这种影响会从第 i 种产品的市场溢出到其他市场。如前所述,克洛尔-巴罗-格罗斯曼学派对这种溢出效应进行了详细的论述。例见 Benassy (1978)和 Howitt (1978)。

需求形成的这种动态性质是用"初始需求""第一次修正的需求""第二次修正的需求"等术语表示。

由于克洛尔明确定义了与他的两步购买算法有关的概念,我觉得避免术语混淆的最好方式,是我们为相关但不相同的概念引入其他术语。我们将对克洛尔-巴罗-格罗斯曼学派的其他几个范畴做类似的处理。

5.5 需求的观测与衡量

上节中讨论的关于意向与实现之间的关系,与我们的下一个主题,即对需求的观测与衡量,密切相关。

让我们来考察只交换第 i 种产品的局部市场的情形。我们假设有 m 个卖家销售该产品,他们面对着 n 个买家。

我们在 t 日的上午开始。为简化起见,假设货物在每天早晨开始营业前运到销售点。交付到销售点 h 的产品 i 的数量,记为 $x_{ih}(t)$。每晚停止营业时的期末库存,记为 $u_{ih}(t)$。

第 k 个买方对产品 i 的初始需求,记为 $d_{ik}(t)$。买方 k 在销售点 h 上对产品的实际成交量,记为 $y_{ihk}(t)$。

首先描述两种极端情形。

$$u_{ih}(t) > 0, \quad 对每个 h 和 t. \tag{5.7}$$

<u>期末库存</u>

第一种情形,满足下述条件:

如果这个条件被满足,就清楚地证明了买方每天在所访问的每个销售点上都能满足其初始需求。如果在任何场合、任何地方

第5章 买方:需求形成

都有正的库存,就证明不可能销售更多的产品,就不存在对更多产品的初始需求。

$$d_i(t) = y(t), \quad 对每个 t. \tag{5.8}$$

初始需求量　　　实际成交总量

在这种情况下,下列等式肯定成立:

这里

$$d_i(t) = \sum_{k=1}^{n} d_{ik}(t) \quad 且 \quad y_i(t) = \sum_{h=1}^{m} \sum_{k=1}^{n} y_{ihk}(t).$$

从观察和衡量的角度看,这意味着只要观察到 $y_i(t)$,即**实际购买量**,就足以推算出 $d_i(t)$,即买方**意向**。变量 $y_i(t)$ 可以被**客观**地加以观察,因而没有必要询问买方的购买意向。

以下把公式(5.8)称为需求**客观可观测性**条件。

第二种情形满足下列条件:

$$u_{ih}(t) = 0, 对每个 h 和 t. \tag{5.9}$$

初始需求被满足了吗?**我们不知道**。条件(5.6)的满足在逻辑上与下面三种情形兼容。

(a)产品 i **不短缺**,它也没有被用于强制替代。很幸运,每天早晨的交货恰好满足当天的需求,以致一天结束没有剩余库存:

$$\sum_{j=1}^{m} x_{ih}(t) = \sum_{h=1}^{m} \sum_{k=1}^{n} y_{ihk}(t) = \sum_{k=1}^{n} d_{ik}(t). \tag{5.10}$$

交货总量　　　　　实际成交总量　　　　初始需求总量

(b)虽然对产品 i 的初始需求可以由当天的交货而得到满足,但由于人们购买产品 i 作为产品 j 的替代品,又提出了进一步的修正需求,于是对 i 的总需求就无法得到满足:

$$\sum_{k=1}^{n}\{d_{ik}(t)+\mu_{ji}[d_{jk}(t)-y_{jk}(t)]\} > \sum_{h=1}^{m}[u_{ih}(t-1)+x_{ih}(t)]. \quad (5.11)$$

对 i 的初始需求总量 ｜ 由对 j 强制替代引起的对 i 的附加需求总量 ｜ 供给总量

(c) 供给总量如此之低,甚至无法满足对 i 的初始需求,更不必说在短期供给中把它作为其他产品的强制替代品了:

$$\sum_{k=1}^{n}d_{ik}(t) > \sum_{j=1}^{m}[u_{ih}(t-1)+x_{ih}(t)]. \quad (5.12)$$

对 i 的初始需求总量 ｜ 供给总量

我们现在对 i 的初始需求和实际购买进行比较,我们能得到以下几点:

在情况(a)中:$d_i(t)=y_i(t)$,
在情况(b)中:$d_i(t)<y_i(t)$, (5.13)
在情况(c)中:$d_i(t)>y_i(t)$.

由上所述,得出以下不可能的命题。

当期末库存在每一个销售点上始终为零时,从实际成交量 $y_i(t)$（即从产品实现的客观观测中）,无法推断出初始需求 $d_i(t)$,即最初的购买意向。

我们描述了两种极端纯粹的情况。在现实中介于两者之间的情况是经常发生的:在一个销售点有库存,另一个却没有;在同一个销售点,这次有,下次没有。如果零库存是一种罕见的情况,并且在大多数时间、大多数地点都有期末库存,那么至少近似满足了需求的客观可观测性条件。在这种情况下,作为一个近似值,从 y 推断 d 是允许的。如果库存的普遍耗尽只是一个暂时性的情况,同样允许这样推断。这在图 5.1 中得到了体现。在这里,卖方的期末库存是相当稳定的,这用水平虚线来表示。虽然库存在 $[t_1, t_2]$ 间被耗尽,但后来它们又增加到了惯常的水平。不同时期的实际购买量也会临时下降,但它们不久后也会恢复到惯常的水平。在这种情况下,完全有理由假设初始需求并没有减少,而是在波动中仍未获得满足。

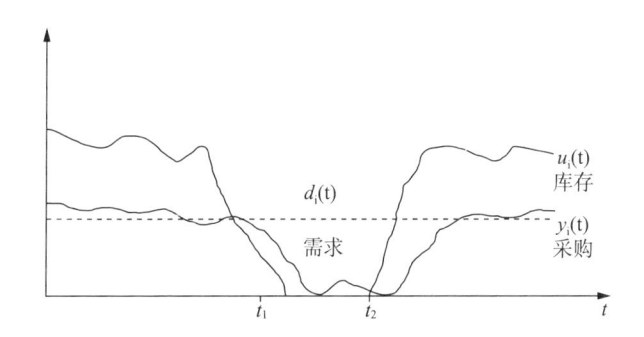

图 5.1　库存暂时用尽时的需求

就偶发性的和暂时性的短缺而言,时间序列 $y(t)$ 能否反映特定时期的需求或供给约束是一个可检验的假设。受克洛尔-巴罗-格罗斯曼学派的启发,人们开发了计量经济学来进行这种检验。[①]

如果短缺不是暂时的而是长期的,不是偶发的而是大范围的、频繁的,情况就大相径庭了。即使先前的"第二种情形"并非"纯粹"地发生,零库存也是常有的事,因此,不可能性命题就变得有效了。**从 y 推断 d 变得不可接受。**而且这是逻辑上的不可能,

---

① 见例 Goldfeld-Quandt (1975)。

任何计量经济学技术都无法改变它。① 试图检验给定的购买是否反映的是初始需求的满足、修正需求的满足,或是供给约束,都是徒劳的。

所有这些并不是要说明,在短缺经济中,无法对需求进行观测。可以有许多办法,但必须认识到,这些观察和衡量,既不客观也不十分可靠。我们可以提及观察和衡量的几种可能性。

(1)可以**采访**买方,也就是说,可以询问他的购买意向及其实现情况。这可能代价高昂且令人厌烦,但肯定非常有启发性。这在市场调查中很常见。至于买方回答的可信程度显示出相当大的差别,这是另一个问题。归根结底,对买方来说,向市场调查人员提供了不准确的答案并没有什么坏处,因此他们中的许多人说话都漫不经心。

市场调查通常是为了解对单一产品或一组产品的需求。答案是指从整个购买计划中针对这一种产品的购买意向。正因为如此,很容易出现这种意向与其他意向不一致的情况。所有买方的购买计划是否真的相互一致,并且是否与各自的消费能力一致,这是存在疑问的。

(2)某些产品需要排队等候。在这种情况下,可以观察到队列的长度。同样,也有专门按订单交付的产品,在这种情况下,可以观察到积压的未完成订单或被拒绝的订单量。

虽然这些都是非常重要的信息,但它们能否如实地反映购买意向却还存在疑问。这可能是买方在做手脚。例如,他从三个不

---

① Portes-Winter(1978)就做过这种尝试。

同的地方订购同一种材料,如果他从一个地方收到材料,他就会取消与其他两个地方的订单。他总能找到取消订单的借口。但即使必须支付罚款,在短缺的情况下,也值得通过增加订单来增加机会。

正因为如此,在排队和积压的未完成订单中,除了真正的需求以外,还存在着为便于操作而夸大的**虚构需求**。这是一种类似于囤积投入性库存以求保险的现象,随后将讨论这个问题。订单在某种意义上是"负库存"。企业不仅要积累对自己重要的投入的正库存,还要积累"负库存",即一定数量的订单。

(3)在不用排队的交易中,买卖双方至少要相互商议。让我们回顾一下搜寻现象。买方去销售点1,没有找到所需产品。他让卖方向那些主管部门(生产者、批发贸易站、上级领导机关等)报告这种产品是"短缺商品"。这样,买方的"声音"(即他对短缺的抱怨)是可以观察到的;例如,卖方可以报告这些意见。可以由此推测需求状况。

在这种情况下也可能出现信息失真,买方继续搜寻,去销售点2、3……他见人就抱怨,于是每一个卖方都报告所接收到的短缺信号。买方在搜寻中越有耐心,抱怨得越厉害,这种短缺信号就越强烈。最终,这也可能导致感知到的短缺信号成倍增加,这就是一种类似于虚构需求的现象。

在这里,我们可以观察到对短缺的感知出现了恶性循环。实际短缺越严重,买方越觉得受到刺激,要成倍增加订单量,到处发出短缺信号,增加虚构需求。而虚构需求越大,每个人就越感觉到短缺。

我们必须再做一点带有理论色彩的评价。第(1)、(2)、(3)项中关于购买意向不一致和关于虚构需求的一切说法,同时意味着**买方经常违反**现代数理经济学中所谓的"萨伊原理"。① 这一原理被理解为是指买方的购买意向不仅相互一致,还与买方的经济能力一致,即不超过买方的预算约束。根据上述规定,买方所**宣称**的意向可能是相互不一致的。而且在这一点上,实现的情况可能与意向不同。

5.6 囤积倾向

第5.2至5.5节,我们所讨论的主要是**方法论**和经济**思想**史方面的问题,即应当如何描述需求的形成,以及如何观察与衡量。在考察社会主义企业的投入需求时,的确已经提出了这些观点,并且在上述讨论中对企业行为做出了几点评述。本节将不再讨论方法论问题,而转向**描述性理论**。我们意在强调社会主义企业在物资需求的形成方面所特有的并在经验上可观测的特征。

作为买方,社会主义企业的行为存在**囤积倾向**,即企业力图聚积尽可能多的投入库存。这种倾向在传统的与改革后的经济管理体制中均有显现。② 强烈的**数量冲动**驱使企业进行囤积。出于第3章所描述的动机,企业力求增产,因此需要越来越多的投

---

① 对于萨伊原理的解释,我借用了克洛尔(1965)中的表述:这个原理指的是购买意向与资金来源的事前一致性。此外,参见 Leijonhufvud(1972)。我们在第13章还要讲到萨伊原理。

② 我们后面会看到,其他投入也有类似的倾向。企业内部的"劳动囤积"类似于物资囤积。

入。刚刚讨论过的生产和交换领域中的不确定性,进一步强化了该倾向。

然而,其相反倾向亦同时存在,作为各种约束抑制着囤积倾向。

(1) 买到的物资必须储存,而**存储能力是有限的**。通过投资的确可以增加存储能力,但是其他许多目标也需要投资资源。无论这一约束看上去如何微不足道,它都似乎是最明确的。一家精明的企业会尽可能填满它的仓库,却不会囤积到溢出。①

(2) 上级采用各种方式向企业施压,使其不致囤积过多。物资分配系统会在这方面发挥作用,我们将在本章的末尾进行讨论。并且,中央银行也能限制为物资储存提供信贷,这一因素自匈牙利改革以来得到强化。

除行政和财政措施外,上级还施加"道德压力"。过度囤积物资的企业将会在会议或报刊上受到批评。

(3) 企业可以根据自己的判断,自愿约束物资需求。

以上列举的三个因素决定了囤积倾向的容忍限度或接受约束。它们主要在制约企业**总投入**存量(也许是投入存量**和**产出存量的总和)等方面产生影响。存储能力制约着总存量。信贷拨款也关系到总存量。因此,企业的物资囤积倾向是以**选择性的形式**出现。它试图尽可能多地囤积必需的、难以替代的或是供应状况不确定的物资,而对于容易替代的或易于获取的物资则稍囤即可。

---

① 当然,有限的储存能力并不妨碍买家尽可能多地下订单。

在企业的行为中,存在着两种看似矛盾的现象。一方面,在亚微观层面上,瞬时的初始需求总是确定的、有限的;另一方面,把所有企业的投入进行加总,就长时期来看,需求无法满足并因此趋向于无穷大。

瞬时的初始需求是**确定的**,因为它是按第5.2节所描述的规则形成的。但在某种意义上,需求**永远无法满足**。鉴于生产和交换的不确定性,不受有效预算约束限制并处于数量冲动的企业,永远不会宣称:"我拥有的物资够多了,无论我能再得到多少,我都不想要了。"而且,只要企业不如此宣称,就意味着它的物资需求并未满足。

这种特殊的双重状态可以归纳为,企业对当前生产所需的物资投入几乎无法满足。"几乎"一词表明,需求并不是"真正"无限的,而只是被一种趋于无限的趋势所支配,并在一定程度上受到相反趋势和制约因素的限制。

囤积倾向以及与之相随的,对当前的生产投入几乎无法满足的需求,代表了企业从经济中"抽走"外部滞存(这里指卖方的产出存量)的基本过程之一。通过这种方式,它们有力地促进了经济短缺状态的持续再生。

我们又得到了一个短缺现象的恶性循环。企业及其上级主管部门察觉到人们对其产品的需求几乎是无法满足的。这就加剧了数量冲动。鉴于生产和交换的不确定性,囤积倾向出现了,这种倾向又扩大了物资短缺。而且,哪种物资的短缺越严重,它就被囤积得越多,其供应的不确定性就越大,结果正是在这类物资的生产过程中,数量冲动表现得最为强烈。**因此,数量冲动、囤**

积倾向和物资短缺联系在一起,形成一个相互增强、自我持续的过程。

这种思路也可以反过来。如果没有物资短缺的反复威胁,企业就用不着担心将来的物资供应。它将确信卖方总会有所需的产出库存,或者它准备根据买方的需要随时调整自己的生产,因此企业就不再竭力在自己的库房中积累投入库存。而这恰恰能阻止任何短缺的出现。

在讨论投入库存的积累时,还必须引入一个重要的分类。在实际经济生活中,对冻结库存和流动库存进行了区分。前一类是指企业长期拥有的库存,并且几乎没有任何机会在适当的时间内加以利用。事实上,用一个连续的尺度来描述库存的"冻结-流动"特性会更精确。然而,就我们的目的来说,一个更粗略的区分似乎就足以了。然而,由于我们希望把这种分类同时适用于投入和产出两个方面,并且既用于产品也用于服务,所以我们引入**生产性滞存和非生产性滞存**这一对概念。一个特殊的情况是,将上述的可储存商品划分为"冻结"库存和"流动"库存两类(在西方文献中也可以找到类似**积极**库存和**消极**库存这类术语,但我们使用生产性滞存和非生产性滞存,大概更准确。——英文编者)。

我们想强调的是,这些都是事前的分类。如果在合理的时间范围内,无论是为了原来的目的还是在密切相关的强制替代中,都没有(或可能性极小)机会利用滞存,则为非生产性滞存。

记得在第2.6节中,我们将生产者企业内部滞存的两种不同状态,区分为可动用滞存和不可动用滞存。那是瞬时调整的范畴。如果在想利用某种滞存的当下,得不到为之所必需的其中一种投入,那么这种滞存就是不可动用的。与此相反,刚才介绍的生产性滞存和非生产性滞存是**短期调整**的范畴。如果由于互补性投入的短缺,某种投入库存在可预见的将来无法动用,或者甚至可能不再需要它(例如,由于产出构成发生了变化,未来的产品将不再使用该投入),它就成为非生产性投入。

如果将某一种滞存描述为生产性的,这并不意味着我们总是赞成购置它。我们并没有说购置它是权宜之计,是可取的。提出这个问题其实已经超出了本书的主题,并引向了运筹学,解决最优库存和最优储备的问题。生产性这个属性只代表有适当的机会可适当地利用有关的滞存。

由于"生产性-非生产性"的限定是建立在**预期**的基础上,如果决策者的预期发生变化,限定就会随之改变。螺钉厂的采购员在1976年底买了100吨7号钢,因为他认为不久会需要这些钢材。两年过去了,它从来不曾被需要过,现在很明显,它以后也不会被需要。于是,这100吨钢材已经成了非生产性滞存的一部分。

现在我们又回到了囤积的问题上。短缺有时会导致**购买狂热**——"我一定要买下它,它或许能用得上。"当买方不受货币约束时,很容易用这种方式考虑问题。结果一部分不计后果地采购来的原材料、半成品和零配件就成为冻结库存,即非生产性库存。这甚至可能会加剧其他地方的投入短缺,比如正好需要这些物资的地方。

这种囤积倾向的存在是一个**经验上可检验的假设**。(我们将在下一章讲到这个问题。)

囤积倾向解释了这样一个事实,即企业认为**理想的**投入库存水平往往高于其由跨期均值发展而来的**正常**水平。公式(5.1)至(5.4)中出现的**理想的**存量是买方的**期望水平**。在**事前**开列采购清单时,他希望达到这个水平。与之相反,**正常库存**是在长期短缺和既定的供给约束下,**事后**得出的长期平均数。实际库存围绕正常库存波动。囤积倾向,以及它的表现形式(即**事前**的高期望水平),总是促使事后投入库存的正常水平上升。

5.7 中央物资配给

到目前为止,在第4章和本章中,所讨论的主题是买方和卖方之间联系的性质。事实上,在社会主义经济中,这些联系可能在相当程度上受到**中央物资配给**的影响。这一点在第4.1节中已经提到过。为了完整起见,必须重复一下那里已经讲过的内容。

各个行政主管部门,如**中央物资局**或直接控制生产的部委,都会制定物资平衡表,并规定交换的范围,即主要的投入应当从哪里流向哪里。中央物资配给在搜集买卖双方活动的信息方面发挥了重要的作用,但同时也限制了他们的决策自由。

中央物资配给会限制企业的自由,但绝不是取消它。我们更详细地考察在**传统的**经济管理体制下活动的企业的情况。稍后我们将简要讨论改革后的情况。在抽象的层面上,我们可以设想一种绝对集中的物资配给,它将集中地决定每一种产品在什么时间、流向什么地点这类最细枝末节的问题。然而现实并非总是如此，即使是在中央集权程度最高的历史时期，多级控制仍然存在，在这样的体制框架内，企业仍有自己活动的余地。这主要体现在两种形式上。

一种形式是在决策前，**企业对中央决策施加影响**。在大多数情况下，企业必须在**物资局**做出决策之前提交下一个短期计划期的**要求**。即使有关的物资配给制度没有规定企业要提出正式的要求，但无论如何，这也会以非正式的方式进行。通过私下的商讨、信函，或者通过其他上级部门或政治机构做中介，企业要让**物资局**了解它期望得到的物资种类与数量。

要求（正式或非正式）和**需求**是相关联的现象。它们之间的关系如图 5.2 所示。要求是**纵向的**，它针对的是上级部门；需求是**横向的**，它针对的是法律地位相同的卖方企业。但实际上，在这两种关系中，**买方企业均处于从属地位**。买方企业在行政意义上隶属于中央机关；并且由于存在卖方市场，它在经济意义上隶属于卖方企业。在这种情况下，买方在横向和纵向两种关系中地位的相似性，说明了要求和需求在形成和表现上的诸多相似点。

要求的后面通常有着需求（即购买意向）。而这种需求，前面说过，几乎是贪得无厌的。在第 3 章中，我们已经结合产出计划的"紧度"，讨论了"对计划讨价还价"。在这同一讨价还价过程的另一面，是与物资配给相关联出现的。如果在给定的投入配额下，规定的产出指标较低，或反过来，在给定的产出指标下，得到的投入配额较高，那么企业就能顺利经营并更稳妥地完成计划。因此，企业总是"抬高"它对物资的要求。它明知只需要 200 吨，但却要求 220 吨。但是，中央物资局也知道博弈规则，并将这个

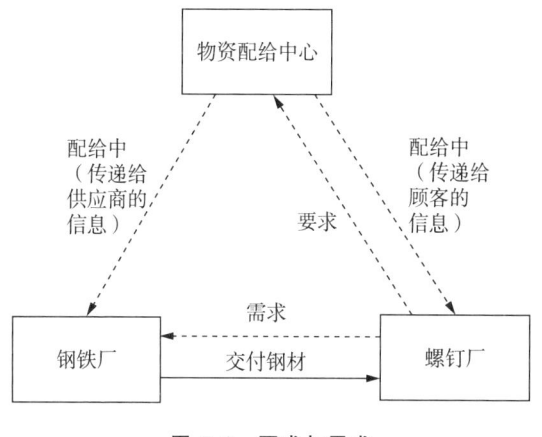

图 5.2 要求与需求

要求量"削减"到 200 吨甚至 195 吨。

当讨论物资需求的贪得无厌的性质时,我们指出,各种因素都确定了容忍上限。这些也影响到要求,特别是策略方面的考虑。企业必须考虑到物资局所掌握的经验和详细资料。如果企业要求 220 吨,尽管实际上它只期望 200 吨,这大概是博弈的一部分。围绕这 20 吨将进行讨价还价,并且是据理力争。然而,如果该企业要求 300 吨,就会损害其信誉。一种特殊的自我审查正在发挥作用,提出任何无论如何都会被断然拒绝的要求是不值得的。对计划讨价还价的过程将一再重复,从长远来看,不使自己在这些讨价还价中的地位受到损害,才是企业的利益所在。这可能是对企业在提出要求时夸大需求的倾向设定上限的最重要因素。

提出要求的企业为得到紧缺物资的分配量,同其他要求者展开竞争。因此,它努力争取分配部门的青睐。在这方面,这里出现的许多现象与第 4.6 节中所讨论的努力争取卖方的情况相似。

买方和卖方企业能保持一定活动余地的另一种形式，是**在执行中央决策和在非集中控制的交易中享有一定程度的行动自由**。

中央物资配给通常以相对总量的形式规定。"螺钉厂二季度可以采购 300 吨 8—12 号钢。"没有更确切的质量说明，也没有时间安排。在某些时期对某些物资也不规定必须向谁购买。中央物资局往往只是批准买卖双方签署的协议。每一次调拨都必须**合法地**通过买卖双方企业之间的**业务合同**来完成。

而且，即使是在最高度集中的时期，中央物资配给也不是毫无例外地扩展到每一种物资和每一项具体交易。相当一部分物资依然在中央物资配给的范围之外。

因此，**中央物资配给是一种对企业间投入-产出流动发挥相当影响的机制。但它并没有消除买卖双方关系的主要特征，即其特有的内在规律性**。前面谈到的关于这些特征和规律性的所有内容，以及将在后面章节中解释的内容，在中央物资配给制的情况下也是正确和有效的。

中央物资配给采用各种手段防止囤积倾向。尽管如此，这种倾向依然存在，部分原因甚至正是因为这种配给制。企业不仅在现实领域中，无法确定能否"在实物上"得到所需的投入，而且在控制领域也无法确定能否从上级那里得到足够的物资配额。

企业作为配额申请者所经历的**纵向短缺**，是企业作为买家所感受到的**横向短缺**的补充（甚至先于纵向短缺）。横向短缺是指实际购买量相较瞬时购买意向的不足。纵向短缺则是实际配给量相较申请配额的不足。

现在我们来评论一下改革后的情况。改革以来,中央物资配给几乎完全取消,现在只涉及很少几种物资。这就消除了由物资配给制的复杂和僵化所造成的诸多困难。然而它并没有消除由于经济的资源约束性质和短缺的长期再生所造成的那些问题。①

在改革后的经济管理体制中,利润、信贷和利息在多大程度上影响到企业需求(它的囤积倾向)的形成以及上述其他现象的问题,将在本书的第二篇讨论。在这里我们只能指出,由于目前中央物资配给只包括相当有限的范围,所以本章和上一章所描述的那些现象会产生更大的影响。买方和卖方之间的横向关系的内在规律依然有效。

---

① 在短缺的情况下,最初想从国内生产者那里购买的部分投入,很快就可以用进口替代。这就瞬间缓解了短缺。同时,在这种情况下,会产生一种特殊的短缺的"重新分配",即短缺从国内贸易领域转为国际收支的负担。这种短缺的"重新分配"将在第 21 章中进一步讨论。

第6章 卖方

6.1 引 言

新古典微观经济学习惯于将买方和卖方所起的作用看作完全对称的。买方有需求函数,卖方有供给函数,二者均取决于价格。随着价格的上涨,买方的反应是减少需求,卖方则是增加供给。

然而,只有当买卖双方都有硬预算约束时,这种对称才是完整的。那么,对于买方来说,合理地使用可支配的资金至关重要,因此他对购买价格反应敏感。对于卖方来说,获得货币收入至关重要,因此他会对销售价格反应敏感。当然,在这种情形下还存在着一个根本的不对称[1],即卖方提供的是实物产品,也就是**实实在在的商品**,而买方是用**货币**进行交换。然而,货币是一个"需要认真看待的问题",如果买方不用它来购买正在与卖方洽谈中的货物,也能用来购买其他商品。用货币购买实物产品和用产品换取货币,需要同等慎重和负责任的决定。

恰恰是使用货币,使得交换中一方的任何让步或额外要求,能够被另一方的让步或额外要求所抵消。如果买方在产品的物

---

[1] 在这个问题上,马克思提到了商品的"惊险地跳跃"。见 Marx,1867—1894b,*The Capital*,vol. I,p. 106。

质属性方面做出一些让步（例如，接受了较次的质量），卖方就可以在价格上给予折扣作为回报。反过来说，如果买方提供了额外的服务（如将货物运至最终目的地），买方也会以追加货款作为回报。我并不认为这种"对等"总能实现，只有当货币与价格能发挥重大作用的情形下，任何**实物**的增减才能为**货币**的增减所平衡。

如果货币发挥不了真正重大的作用，如果它不积极地影响决策，而只是被动地记录决策的过程，情况就会截然不同。如果一个经济单位的预算约束不严格，也就是说，即便在长期财政赤字的情况下也能保证其永久生存，那么它对价格的反应就会更小。在这种情况下，货币的"平衡"作用被削弱了。例如，卖方降低了产品质量，但这甚至可能不反映在销售价格上。倘若确实如此，而法律规定要求给予折扣呢？卖方并不介意。归根结底，财务收入的多少不是生死攸关的问题。反之亦然，如果买方不得不为质量较差的产品少付一些钱，他也不会觉得得到了补偿。在某种意义上，他的成本固然减少了，但在决算账户上，这着实无关紧要。

相对价格的微弱影响，已经意味着不对称的**可能性**，因为价格已经不能起到平衡作用了。这种不对称是由短缺**导致**的（正如本书的整体思路所表明的那样，这还是与价格和货币的弱势作用密切相关）。

一方是买方，他有着几乎是贪得无厌的购买**意向**；另一方是卖方，他持有可能实现这种意向的那些产品。在买方方面，所表现出来的是一种"精神"现象（购买意向），在卖方方面，则是一种物质现象(实际可用的产品)。买方怀揣初始需求,沿着他的采购路线进发。他对卖方的想法并不感兴趣,只关心其库存的状况。

卖方认为他在向买方提供着"重要的东西",这是有形而又实用的产品。而由此得到的东西(销售价格,即货币)却并不真正"重要"。因此,事实上只是他在按照买方的要求**投其所好**。而且,不仅卖方这样认为,买方亦有同感。正因为他的预算约束不严格,正是因为他的预算限制不是很严格,他并不认为投入多少钱很重要。事实上,他对卖方所做的每一个对自己有利的姿态都表示感谢。事实上,**双方的地位并不平等**,他们都认识到这一点,并据此行事。

本书的目的之一,就是从买卖双方的作用上来理解对称性与不对称性。别的不说,我还想在这一点上对那些声称需求过剩与供给过剩之间以及抑制型通货膨胀与抑制型通货紧缩之间存在着完美的对称性的理论提出异议。① 毫无疑问,在这些相互对立的双方之间存在着对称的特征,但也存在着很多不对称的特征。如果短缺是普遍而又长期持续的,如果微观组织的行为已经适应了这种短缺,如果货币和价格的作用已经弱化,那么体制就会表现出一些特有的规律,这些规律与存在着低水平资源利用和"凯恩斯失业"的经济所具有的规律进行对比,是**不对称的**。

一般来讲,理论家都喜欢对称。如果两个被认为是严格对称

---

① 按照 Barro 和 Grossman 的表述:"本文的主要观点是,抑制型通货膨胀的存在所产生的后果完全类似于抑制型通货紧缩的公认后果……"见 Barro-Grossman, 1974。

的现象最终并非如此,我们就会遭受"美感丧失"的痛苦。然而我认为,对现实进行更忠实的描述的愿望,可能会迫使我们放弃一些相当不自然的对称性。

6.2 长期、短期和瞬时供给

我们提出关于买卖双方行为的对称性和不对称性的观点,以便于接下来展开关于卖方行为与供给的讨论。现在我们开始研究本章的主题——销售。在几个方面,必须缩小讨论范围。

(1)在前两章中,我们没有讨论面对着买方企业的卖方是生产者企业还是贸易组织。但在本章中,我们只讨论**生产者**企业的销售行为。由于篇幅有限,我们不考虑商业公司或贸易组织的销售职能。

(2)与前两章一样,我们还是只讨论可储存**产品**的交换,而不涉及服务。

(3)正如我们前面所提到的,该企业可以按库存生产或按订单生产。我们暂且只考察**按库存**进行的生产。至于是按库存还是按订单进行生产的选择问题,将在第6.3节讨论。

首先,我们来考虑三个层次的调整和控制。我们从"一般层次"开始,目前暂不考虑企业的性质是资本主义还是社会主义。

在制订**长期**计划和投资决策时,企业作为生产者和销售者的角色是分不开的。企业(与对企业进行多层次控制的上级主管部门)期望它能够售出全部产品,"长期生产计划"和"长期供给"成为同义概念。

在制订**短期**(年度或季度)计划时,企业的两种角色就分开了(二者**可以**分开,但是我们很快就会看到,它们没必要分开)。如果企业经常(或定期)持有大量的产出库存,生产意向与销售意向的形成就需要分别决定。让我们保留"短期供给"这一概念来表示短期**销售**意向,它可能或多或少地与短期生产计划相吻合,但也可能不是一回事。

最后,在**瞬时**调整的范围内(仍以企业按库存生产为例),可能会出现卖方的**销售过程**(这与第4章中详细描述的购买过程类似)。卖方有一个**初始供给**,他可以根据需要在一个或多个场合修正这个供给量。当然,支撑瞬时销售意向的是实物供给,它是作为"保底"而累积在仓库中的产出库存。

因此,"供给"是一个统称,表明了广泛的现象,我们将其区分为三种具体类型。另外,根据函数的因变量是长期供给、短期供给还是瞬时供给,提出了三种"供给函数"。

在一般层次上进行概念性的说明之后,我们现在将着手讨论在**资源约束型社会主义经济**中运行的企业(在这里,我们不必区分该企业是在传统的还是改革后的经济管理体制下运行)。

我们稍后再讨论**长期**控制(主要在第9、10、14章)。

生产和销售的**短期**控制很难分开。企业的产品短缺越严重,它就越可能产出什么就售出什么。相当一部分产品,几乎刚从最后一道工序上"热乎乎地"出炉,就被等得不耐烦的买方拿走了。

在新古典微观经济学中,生产意向和销售意向是不言而喻的,这已经成为一种普遍的观点。人们毫无保留地接受它,并将

第6章 卖方

其应用于各种经济制度。然而这种观点实际上只对资源约束型经济有效,并不适用于需求约束型经济。尽管新古典微观经济学在建立自己的模型时,事实上反而是考虑到了后者。

在第2章中已经分析了短期**生产**计划,那部分内容可以在前面所述的意义上加以延伸,用来说明短期**销售**意向的形成。我们已经说明了生产的数量和构成如何受到短缺信号的影响。这种反馈控制机制可以称为资源约束型经济的**短期供给函数**。在第6.5节我们将更详细地讨论。

现在我们来考虑最后一个层次,即**瞬时**调整。在这里,清楚地揭示了上一节提到的买方与卖方之间的不对称性。表6.1对纯粹的资源约束型和需求约束型体制进行了对比(当然,在现实中,体制不同于纯理论的情况。因此,表中所表示的状态并非时时处处总是以这种极端的形式出现)。新古典瓦尔拉斯微观经济学将表格的右上角与左下角连接起来,则买卖双方都能通过单一步骤的买和卖来完成交易。在现实中,双方中至少有一方,其购买或者销售需要一个较长的过程。经过仔细考察,在资源约束型经济中,买方需要较长的采购过程,这与第4章所述一致。另一方面,卖方可以预期他的瞬时供给(或至少是大部分供给)将会毫无困难地售出。因此,如果我们接下来简单地将瞬时销售意向和瞬时产出库存(即**实物**供给)等同起来,也不至于使问题过分简单化。[1]

---

[1] 瞬时销售意向是控制范畴的变量,而产出库存是现实范畴的变量。二者之间虽然存在着密切的关系,但仍分属两类范畴。

表 6.1　在资源约束与需求约束制度下的买卖过程

	资源约束型体制（吸纳）	需求约束型体制（挤压）
购买	初始购买意向可能不得不修正多次 初始购买意向或修正后的购买意向可能碰到供给约束 购买过程需要较长时间	购买意向可以立即实现 购买意向碰不到供给约束 "购买过程"被缩并为单一的购买行为
销售	销售可以立即实现 销售意向碰不到需求约束 "销售过程"被缩并为单一的销售行为	初始销售意向可能不得不修正多次 初始销售意向或修正后的销售意向可能碰到需求约束 销售过程需要较长时间

表 6.2　需求和供给的时间方面的情况

	瞬时需求			瞬时供给
	买方 A	买方 B	买方 C	
星期一	初始需求	修正过一次的需求	修正过两次的需求	星期一上午的初始库存＋星期一的产出－星期一的销售
星期二	修正过一次的需求	修正过两次的需求	购买	星期二上午的初始库存＋星期二的产出－星期二的销售
星期三	修正过两次的需求	修正过三次的需求	尚未形成的需求	星期三上午的初始库存＋星期三的产出－星期三的销售

在吸纳经济中，瞬时供给（可理解为瞬时产出库存）会遇到各种程度不等的瞬时需求。有些买方带着他们还未成熟的初始需求前来，有些买方已经把第一次的失望抛在脑后，并修正了他们的需求，也许已经修正了好几次。这在表 6.2（即表 6.1 左列的续

表)中进行了说明。

存放在生产者-卖方企业的产成品仓库中的产出库存,是造成国民经济滞存的因素之一。从消费者-买方企业的角度来看,这是一种**外部**滞存,与在自己仓库中积存的投入库存相反,后者是一种**内部**滞存。[①]

滞存一词在这里的用法,与之前章节(如第 2 章)的精神相同。它不含任何价值判断,以产出库存形式出现的滞存,其本身说不上好或者坏。

一方面,滞存有助于调节生产与消费时间上的差异。在买方需求意外增加的情况下,它能起到缓冲的作用。在这个意义上,几乎不存在多余的产出库存。即使是看起来几乎是多余的库存,有时也可以作为一种储备,至少可以用于强制替代。

另一方面,同样的产出库存无疑是一种损失,是一种闲置资源。如果能够完美地协调生产和消费、具有无懈可击的预见能力,并能消除意想不到的问题,那么产出库存就再无存在的必要。

6.3 为库存生产和按订单生产

上一节只讨论了企业为库存生产的情况。这里出现的问题是,生产者-卖方企业决定持有产出库存取决于什么?而且,如果确实持有产出库存,那么库存的规模是多大?与此同时,一个进

[①] 在这里,以及本书的其他地方,都是从使用者的角度来定义内部与外部的区别。内部滞存是供所有者使用的,而外部滞存原则上可以提供给任何发现并愿意购买它的人使用。

一步的问题出现了,即生产者-卖方企业决定积压未完成的订单取决于什么？它的规模有多大？与上述问题几乎同等重要的另一个问题是:购买产品是否需要排队？如果需要,排队时间有多长？未完成订单的积压,从抽象意义上讲,是一种负产出库存。在正产出库存的情况下,是卖方等候买家；在负产出库存的情况下,则是买方等候卖方。

考虑到本书的主题,答案似乎是显而易见的,这一切都取决于短缺的程度,或者反过来说,取决于销售困难的严重程度。诚然,这一切也取决于短缺或销售困难的事实。但是,让我们首先考虑一下与短缺关系不大的因素。

生产者能满足的各种需要之间的差异越大,比较昂贵和无法分割的产品在企业产出中所占份额越多,待到买方讲明其确切要求时,对生产者就越有利。不仅在短缺经济中,就是在与销售困难做斗争的"低就业"系统中,船舶或水力发电设备都不是为库存生产的；只有在买方提出详细的规格要求之后,生产才开始。另一方面,钢轨和钢筋是为库存生产的。

边界并不是永久的。汽车刚开始生产时,每辆都是单独制造的。后来,正是在汽车工业中首次出现了流水线,汽车生产源源不断,以备库存。然而最近,在工业发达的国家,客户需求日益多样化。汽车添加了很多配件,从收音机到空调器都可以内置进车里。车身的颜色、座椅甚至窗玻璃的颜色都可以改变。汽车的所有可选功能的组合有百万种之多,不可能每一种样式的车都有库存。因此,大型汽车厂越来越多地采用这样的方式,即买方不再从库存中购买汽车,而是提前订购。然后按照买方的意愿,把生产的每一个细节都输入计算机程序。在这种情况下,为库存进行生产就至少部分地被按订单生产所取代。

通过汽车的例子可以看出,**技术进步**影响着为库存还是按订单进行生产之间的比例。趋势并不一致,不同的产品有不同的发展方向。从与技术进步有关的现象中,我们只提以下几点。

(1) 与汽车的情况一样,**需求差异化**,使生产者适应了按订单生产的方式。但是也存在着一种相反的趋势,即**标准化**。回到前面的例子,螺钉并不是按照个别订单而生产的,它们的规格是标准化的。这表明,生产是为了库存。

(2) **生产**工艺在变化。例如,传统上,建筑物是按单个订单建造的。然而,自从发明了用预制构件建造房屋以来,就有可能将这些材料保存在库存中。

(3) **存储**技术本身也在变化。过去,仓库的组织不完善,因而个别订购零件比较方便。机器零部件储存保管实现了计算机化,使得从库存中销售的规模比起过去要大得多。

如果我们现在所处的部门,在上述情况下,从库存中进行销售是合理的,但库存规模有多大的问题依然悬而未决。在某种程度上,它也和短缺状况无关。大多数产品不是连续不断地进入库存,而是"分批"进入库存。买方也不是坐等产品交货,而是定期提出要求。因此,从发货到货物抵达买方手中,难免要经常**滞后**。这就必然会形成一种暂时性的产出存量。发货与到货在时间上越不协调,这种暂时性的产出存量就越大。

让我们简要地提及目前为止所列的所有因素,即影响着产出库存和积压订单的比例和规模的**组织因素**。这些因素的影响必须与**短缺**或**销售困难**的影响形成鲜明对比。如果螺钉厂的产出库存已经售罄,办公室里积压着未完成的订单,这不是组织因素造成的,而是短缺造成的。反之亦然,如果工厂仓库中躺着六个月或一年的产出库存,这也不是组织因素造成的,而是销售遇到了困难。

6.4 正常的投入和产出库存、正常的未完成订单的积压

在本章与上一章中,我们详细讨论了影响投入和产出库存规模以及未完成订单积压的因素。其中一部分是**组织因素**,其余的则与**资源约束或需求约束的性质**有关,即与**经济中吸纳或挤压的状态**有关。由于这些因素的持续运行,正常标准得以形成。一个经济体既要适应通常的组织因素的影响,也要适应通常的短缺程度(或销售困难)。在一个特定的国家里,对于任何给定的产品范围,所公认为**正常的投入和产出的库存**或**正常的未完成订单的积压**,是逐渐建立起来的。与后者有关的是**正常的排队长度**或**正常的等待时间**。

这些标准以及参与控制经济过程中涉及的其他标准都是历史的产物。如果组织条件或市场力量的分配持续地发生变化,这些标准可能增加也可能减少。但就任意时刻而言,它们对经济过程的参与者是既定的。总结目前为止已讲过的内容,我们将建立四个可以用经验检验的假说。

(1) **在资源约束型经济中,正常投入库存在正常库存总量里**

第 6 章 卖方

所占的比重相对较大,而正常产出库存所占的比重较小;①在需求约束型经济中,情况正好相反。

这是一个有启发意义的新例子,证明已经提到多次的买方和卖方之间的不对称。

由于长期短缺,一家企业,作为买方,努力积累投入库存(上一章已经详细讨论过了)。同时,作为卖方,它却没有碰到严重的困难;遭遇长期短缺的买家吸收了大部分的产出库存。

另一方面,在需求约束型体制下,销售困难导致产出库存增加。作为卖方,通过持有大量的产品库存来保护自己免受销售不确定性的影响是值得的;这样,如果买方来要货,他绝不会空手而归。但是,作为买方,由于组织上的原因,积累超过必要水平的投入库存是不值得的。对他来说,依靠卖方的产出库存更便宜、更方便。购买不会给他带来任何特殊困难。

在吸纳经济中,每个经济单位都要把努力扩大自己的**内部滞存**放在首位。"我只能确定放在我自己仓库中的东西。"在挤压经济中,他们更愿意依赖**外部滞存**,他们认为那些外部滞存的所有者们会竭力向他们这些用户推销投入。

为了阐明第二个假说,必须对产出库存进行分类讨论。即便

---

① Farkas(1976)和 Chikán-Fábri-Nagy(1978)令人信服地证明了这一点。
"在匈牙利,大约三分之二的库存是在用户(购买方和进一步加工者)的手中,不到三分之一在卖方(生产者和批发商)的手中。国际惯例正好相反。大部分库存由卖方持有,只有小部分由买方持有。此外,如果我们考虑到生产者和用户手中的绝大部分库存是冻结的库存,从物资供给的角度来看毫无价值。这就可以解释为什么匈牙利的商店服务不正常,为什么从订货到交货的时间如此之长。"——重工业部国务秘书 Adám Juhász 在他发表在报纸上的文章中如此写道。(Juhász,1978)

是在高度短缺的情况下,也会有一些产品哪怕是用作强制替代,买方也不愿接受;这是因为无法获得其使用所必需的补充投入,或者是由于产品质量太差以至于它们不能满足较低的要求。由这些产品构成的冻结产出库存,根据上一章介绍的标准,属于非生产性滞存。

当然,正如上一章所指出的,这种划分并不明确。因为短缺越严重,买方就越是被迫接受不符合他心意的投入。他甚至可能被中央物资局明确指示这样做。尽管如此,为简化起见,我们还是坚持将其分为生产性和非生产性(流动和冻结)产出库存。

(2)在资源约束型经济中,生产性产出库存的正常水平,在由组织因素所认可的最低水平左右徘徊;非生产性(冻结)库存的正常水平则大大超过了由组织因素所认可的最低水平。

这个假说的第一部分,从逻辑上讲,是遵循用以证明第一个假说的相同论点得出的。买方长期陷于短缺,再加上其贪得无厌的需求与囤积倾向,使得他将尽快从卖方仓库中把生产性产出库存弄走。

假说的第二部分揭示了这样一个事实,在现实中,即使是资源约束型的经济体制也不是纯粹的。在第2章也曾经指出过这一点,资源约束属性是指在体制中随机显示的主要特征。尽管罕见,但确实发生了这样的情况,在某家企业中,就某种产品而言,即便是在瞬时调整过程中,需求约束也会生效。然而,这些例外证实了这样一个规则,在大多数情况下,对增加产出的瞬时有效约束是资源的可及性。

(3)在资源约束型经济中,正常的未完成订单的积压大大超

过了由组织因素所认可的**最低水平**①。

上述三个假设为本书多次讨论的现象的一个新的方面提供了启示,在资源约束型经济中,短缺和滞存同时存在。这不仅是由于组织因素的影响,即使是在短缺最严重的情况下也**必须储备库存**(因为在生产和使用之间不可避免地存在着延误,等等)。事实上,短缺和滞存并不是简单地**共存**,两者间存在着大量的**因果关系**。我们的假说对解释这种关系做了一些新的补充。

短缺刺激了作为买方的企业积累投入库存(内部滞存),冻结产出库存(非生产性外部滞存)的增加占用了资源,因此可能间接地加剧了短缺。作为买方和生产者的企业并不在乎积累非生产性产出库存,因为它预计这种库存早晚会因短缺而被吸收。

最后,我们的第四个假说对社会主义经济的**传统**经济管理体制和**改革**后的经济管理体制的后果进行了比较。

(4)在改革后的经济管理体制中,正常的投入库存在全部库存中的比重,与传统体制相比有所减少;此外,非生产性产出库存在全部产出库存中的正常份额也有所减少。这表明,尽管改革后短缺还很严重,但短缺的强度有所降低。

我们的假设(如果经过了实证验证)是具有**描述性**的陈述。但是除此以外,我们还可以从这些陈述中汲取一些**方法论**的

---

① "Merkur"是一家拥有独家进口汽车权力的匈牙利企业,该企业的总经理在接受采访时的情形很好表明了这种特征。

问题:"在您看来,理想的等待时间有多长?"

回答:"汽车的价值很高。为了使企业能够制订计划并做出决策,需要适当积攒未完成订单。我认为可以接受的期限是 1 年至 1 年半,尽管,不幸的是,在不久的将来还无法做到。我希望在以后的某个时刻能实现这个目标。"见 Moldován (1977)。

启示。

第一个启示是,我们必须留意对库存报表的总结和粗略判断:"库存堆积如山,这是一个不好的信号。"它可能是,也可能不是,这要取决于总库存中哪些要素增加了。例如,如果增加的是买方乐于购买的产品的产出库存,则表明短缺强度在**降低**,但倘若越来越多的投入库存被囤积,则表明短缺**加剧**。

第二个方法论的启示是,无法从库存或订单积压的总量统计数字中一眼看出我们正在讨论的是资源约束型经济还是需求约束型经济。以下简化的说法不成立,如"短缺经济可以通过其缺乏库存来识别";或者,"短缺经济的显著的标志不是正产出库存,而是负产出库存,即订单的积压"。体制 A 是资源约束型而体制 B 是需求约束型这一事实,必须通过投入和产出库存、生产性和非生产性滞存以及订单积压的分类**比例**来揭示。更确切地说,是**比例**的偏差。这只能通过一些细节上的比较才能识别。

6.5 供给函数

现在我们接着讨论短期供给函数。与第 5 章中物资需求函数的情况一样,决定供给的因果链将分为两个要素。第一个要素是持续的条件决定了**生产者-销售者**行为的长期特征。第二个要素是这些长期特征与给定时点的情形共同决定了生产的瞬时反应。

就供给来说,这两个要素是由产出库存和积压的未完成订单的标准联系起来的。上一节讨论了标准及其特征量的构成,

(6.1)表示了因果关系链：

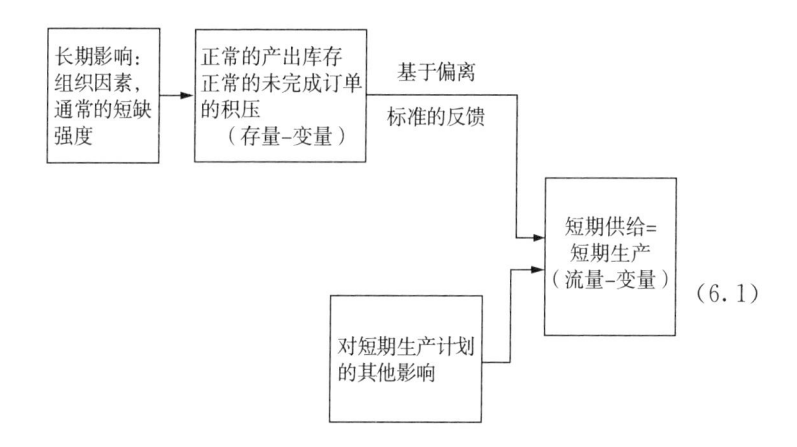

```
┌─────────┐   ┌──────────────┐
│长期影响： │   │正常的产出库存 │ 基于偏离
│组织因素， │──▶│正常的未完成订单│ 标准的反馈
│通常的短缺 │   │的积压         │─────────┐
│强度      │   │（存量-变量）  │         │
└─────────┘   └──────────────┘         ▼
                                  ┌─────────┐
                                  │短期供给= │
                                  │短期生产  │
                                  │（流量-变量）│  (6.1)
                                  └─────────┘
                                       ▲
                              ┌──────────────┐
                              │对短期生产计划 │
                              │的其他影响    │
                              └──────────────┘
```

关系式(6.1)概述了短缺经济所特有的供给反应特征。增加生产的努力集中在产出库存异常减少的地方，或者积压的未完成订单异常增多的地方，即排队异常延长的地方。反过来说，凡是产出库存异常大或者排队长度格外短的地方，都可以从中抽走资源。

当然，与正常的产出库存或正常的未完成订单积压的偏差，以及买方的需求，并不代表生产和销售意向在短期内做出反应的唯一冲动。在传统经济管理体制下，上级部门的计划指令起着决定性的作用。这些指令的制定部分是对类似的冲动（库存和订货量信号）所产生的反应，但它们也受到许多其他因素的影响。在改革后的经济管理体制中，企业对不同产出的相对价格的反应更加敏感，这一点将在第14章中讨论。这些"其他影响"由(6.1)底部的矩形和箭头表示。

"函数"在(6.1)中仅以文字形式给出,而没有数学上的说明。下面它将至少在一个简单模型的框架内说明。不同的解释变量的影响仍然是一个悬而未决的问题。在某些部门中,只有产出库存信号会产生影响;而在其他一些领域,与积压订单有关的信号才会起作用。还有一些领域,可能二者都有影响。

我们的假设是,**在短缺经济中,生产者-销售者企业是相当刚性的。短期生产和销售意向通常反应滞后**,对(6.1)中所描述的信号反应相当弱。然而,迟早会产生反应,只是或多或少的问题。**如果对买方的信号不是特别敏感,供给也不是完全刚性的。**

这一假设需要彻底的实证检验。供给函数(6.1)不是一成不变的机械规则,供给不会自动调整自己以适应来自需求方的任何信号。供给**可以**,但**不一定**在任何情况下都必须如此。

现有的社会制度,以及每种制度内的各个企业,在(6.1)反应的速度和一致性上可能会有不同。**短缺越严重,对需求的调整步骤越慢。生产者-销售者企业越有优势,就越有可能调整需求去适应供给。这就导致了持续的短缺。正是由于供给本身很难适应买方的需求,所以往往生产出买方并不特别需要的产品,而他们最需要的产品却没有生产出来。**正如在上一章关于采购方面的内容一样,现在我们可以在销售方面看到一个短缺自生的恶性循环。

企业供给函数(6.1)的若干性质与企业需求函数(5.4)具有某种对称性。我们在第5章中有关需求函数的相当一部分内容,**在细节上做必要的修改后**,在这里能够适用于供给函数。我们还可以将其与新古典主义的供给函数进行比较,但由于篇幅有限,我们就不这样做了。但是,为了避免误解,我们必须提请注意两个关系式(5.4)与(6.1)之间的两个本质区别。

就需求来说,投入库存的**期望水平**在传递中是个中项;但就供给来说,传递中项是产出库存和未完成订单的正常**标准**。正如我们前面所指出的,期望水平是决策者所渴望的水平,它有可能严重偏离实际水平的跨期平均值。

这个区别不是形式上的,而是基于经验的。对**卖方**来说,产出库存或积压的未完成订单的正常水平,或多或少是可以接受的,他没有强烈的冲动去偏离它。因此,如果其他因素不影响他这样做的话,他将调整其短期生产计划,以恢复产出库存或积压订单的正常水平。对于那些需求近乎贪得无厌的买方来说,情况就不同了,他们希望尽可能多地积累原材料投入库存,而这些材料是他们最需要的,并且购买最没有保障的。因此,他们总是对投入库存的正常水平不满意,囤积更多的物资。①

第二个区别与第一个区别有关。函数(5.4)解释的是瞬时购买意向,而函数(6.1)说明的是短期生产—销售意向。这种差异再次由买卖双方处于不同的地位这一事实得以解释。长期短缺使买方长期处于警惕状态,每时每刻他都必须重新考虑他应该买什么。因此,在描述需求时,我们必须遵循瞬时购买意向。另一方面,卖家可以放心,他库存的产品也会被售出(除了少量完全"冻结"的产品外)。他的卖方角色会影响到他对短期(年度或季

---

① 还可以总结出一条重要的方法论经验。各种各样的控制机制和各种各样的决策规律性都存在,按照标准水平、期望水平和临界值等进行控制,每一种情况都可以用自己的模型和公式来描述。不必要求对所有这些都进行统一的处理,但每种行为模式都应尽可能用最能反映它的模型来表示。

度)计划的制订。当然,他也进行了瞬时调整,但只能以其生产者的角色进行(见第 2 章)。因此,在解释因果关系链时,是否遵循瞬时销售意向并不重要。

6.6 卖方态度

说明买方态度的方法,也可以用来说明**卖方**的态度。第 4.7 节中对"态度"一词的解释在这里也适用。把构成买方态度的全部要素与卖方态度中相应的要素进行比较是勉强的,它们并非完全对应。然而,对其中的一些要素还是可以进行某种对比的。让我们回顾一下构成买方态度的一些要素,并把它们和卖方态度中相应的要素进行对比。①

需求函数,包括投入库存的理想规模	供给函数,包括产出库存和未完成订单积压的正常水平
买方的搜寻倾向	卖方的搜寻倾向
买方的等待倾向	卖方的等待倾向
买方争取卖方的努力	卖方争取买方的努力

构成卖方态度的要素共同表达了卖方行为的长期特征。这些要素中的大部分都是可观察和可衡量的。

有些要素反映了一方为完成交换而愿意做出的牺牲,这样就产生了一种分担的形式,即一方要求的牺牲越多,另一方要求的牺牲就越少。交换中的牺牲、负担和不便的大部分由买方承担,

---

① 态度的某些补充要素(如卖方对产品价格的敏感性),将在本书第二部分中论述。

这是短缺经济的一个典型特征。在此只提及最重要的部分。

（1）如果发生搜寻，则由买家去找所有可能的卖家。反之，在销售困难的情况下，则是卖家的代理人去找买家。

（2）如果必须等待，则是买家等待产品。反之，在销售困难的情况下，则是卖家等待着买家的光临。

（3）买家尽最大努力来争取卖家，与卖家交朋友、提供服务作为回报、也可能设法向其行贿、对产品质量做出让步，等等。反之，在销售困难的情况下，则是卖家向买家"献殷勤"，他试图通过宣传来影响买家，通过周到的服务和额外的"体贴"来赢得买家。①

态度上的差异，并不取决于买方或卖方的心态和风度的好坏。买卖双方对负担的分摊、对彼此的态度以及二者之间的社会关系，都取决于双方的相对**力量**。在资源约束型的吸纳经济中，卖方市场占主导地位，在需求约束型的挤压经济中，买方市场占主导地位。

相对的市场力量，不仅对交换领域中买方和卖方之间的关系有很大影响，而且对生产也有很大影响。不仅如此，在更长的历史时期内，对生产的影响无疑是最重要的。在买方市场中，生产者-销售者企业不仅要靠殷勤优待来赢得顾客，更重要的是通过提供优质的商品来赢得顾客；还要靠不断推出比旧产品更好的新产品来超越竞争对手。当企业毫不费力地销售产品时，这种动机就不再有效。在长期短缺的情况下，作为买方的企业会接受即便是质量很差的投入。生产者-销售者企业感觉不到通过引入质量

---

① 对"作为销售者的生产者"的行为，以及与之相关的对销售情况的影响的论述，参见 Laki（1975）的文章。

更高的新产品来开拓市场的内部经济动力。① 相对力量向有利于卖方的方向转移,会增强提高产量的动力,同时会削弱那些有利于改进产品质量的动力。

在这里,我们得出长期短缺的最严重的不利后果之一(也许是最严重的不利后果),本应推动产品质量不断改进的动力不再有效地发挥其作用。

---

① 在这里,我只是简单地提到短缺的"这一个可能是最重要的后果",因为这一问题在我的另一本书《反均衡论》(*Anti-Equilibrium*, Kornai 1971a, b;例如,见第 20 章中关于引进新产品的表格)中已做了详细的讨论。

第7章 生产和交换的正常状态

7.1 引　言

我们在第4、第5章讨论了买方的行为,在第6章讨论了卖方的行为,现在是时候来讨论一下买卖双方之间的互动了。首先,在第7.2至7.5节中,我们讨论**局部市场**①,即在通常的局部分析框架下单个部门的交换。接着我们分析生产和交换之间的一般相互依赖关系。

本章和第8章的内容,与之前和之后的章节有所不同。我们将在**更抽象**的层次上进行分析,**数学模型**将作为我们命题的背景。尽管我们还将尝试通过这些模型来表示现实的经济相互关系,并希望有助于澄清实践中提出的问题,但在对实践的现实描述中,我们不得不做出重大的妥协。将使用一些抽象和高度简化的假设。

我们想要通过这种妥协,换取一种形式上更纯粹的理论概括,以及对命题更严格的推论支持。我们希望本书的主题,即对短缺经济和非价格数量调整的考察,允许借助于形式化的模型来

---

① 市场的概念有两种解释。从广义上讲,它包括基于买卖双方在横向关系上的所有交易过程,即时价格和货币在此过程中很少或根本不起作用。从**狭义**上讲,它仅限于价格对供求关系起重要作用的交易过程。我们在此采用广义的解释。

研究一些问题。

7.2 局部分析：要排队的产品市场

作为一个介绍示例，我们将用一个极为简化的模型来介绍一些重要的相互关系。① 我们要描述**瞬时**调整的过程。

想象有一个局部市场，交换范围狭窄，只有单一的一组产品在进行交换，例如，交换某种机器零件。假设其中有两种具体的产品，它们是质量较好的**商品** G 与质量较次的**商品** H。尽管质量不同，商品 H 却能够作为商品 G 的替代品。商品 G 总是短缺，需要买方排队采购；而商品 H 总是现成的，不用排队。

售后服务的安排是，买方每次只能够买到商品 H 或 G 的其中一种，用完后，他必须再次前来提出需求。

卖方只有一家（如有相关零件的垄断制造商），他共有 n 个买家。在我们的例子中，他们可能是不同厂家的采购代理。

该模型是动态的。买方对零件的需求不断更新；他们一次次地前来、购买、使用，然后整个过程又重新开始。这个过程被描述成一个"闭环"，在购买产品之后，再次购买的需求会内生地更新。

回顾第 4 章，我们曾在一个买家的采购过程中陪同他，并把他采取的一系列决策用一个算法来说明。我们现在要采取类似的做法，不过是把 n 个买家的活动放在一起来说明，并描述一下他们和

---

① 这个模型在数学附录 A 中进一步展开，并且假设也不那么严格。Jörgen W. Weibull 是数学附录 A 的作者之一，在第 7.2 至 7.5 节中，我将广泛地采用与他共同完成的研究成果。

第7章 生产和交换的正常状态

卖家见面的情况。为了简化模型,我们暂时省略在第4章中讨论过的一些决策点。这个过程用图7.1说明。我们将依次介绍图中的每一个部分。符号⊗表示转折点,即买家必须做选择的点。

我们从图7.1左下角的⊗点开始,这是买方的第一个决策问题。初始需求已经形成。我们假设,考虑到商品G和H之间的质量(或许还有相对价格)差异,一些买方,更确切地说,是其中的 λ 部分,决定购买商品G;其余的人,即$(1-\lambda)$部分从一开始就选择了自愿替代,用H来替代G。假设他们的决定不是因为购买困难或排长队;即使在没有供给限制也不需要排队的情况下G和H都可以买到,两种替代品之间的选择比例也将是一样的。参数 λ 代表买家的**初始购买倾向**,$(1-\lambda)$则是**自愿替代倾向**。

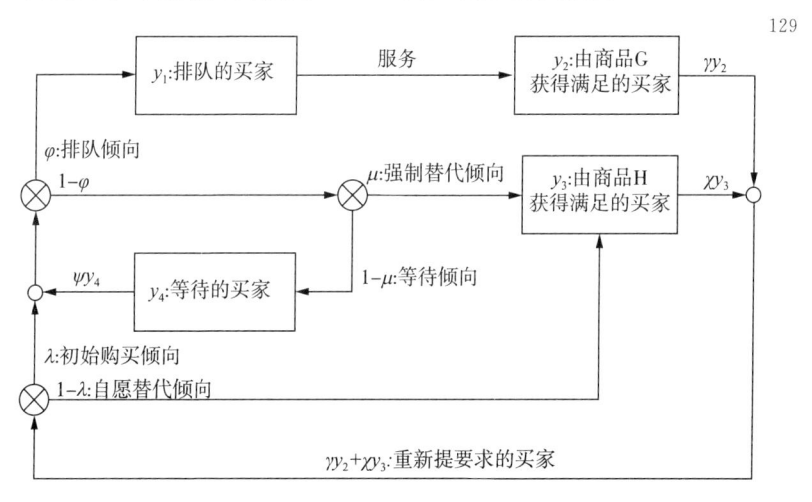

图 7.1 局部市场的动态模型

现在让我们从左下角开始,跟随着上行的箭头出发。那些想买商品G的人已经到了卖家那里,发现正在排队。我们用 W 表示**排队时间**。又有一个符号⊗,代表一个新的决策问题。摆在买方面前的问题是,是否应该加入这个队伍,等待轮到他们。我们用 $\varphi(W)$ 表示买家的**排队倾向**,它是排队时间的递减函数。等候服务的时间越长,愿意加入队伍的买家越少。在给定的排队时间 W 内,想得到商品 G 的买家中有 $\varphi(W)$ 部分将加入队伍,而 $(1-\varphi(W))$ 部分不愿加入。

$y_1(t)$ 表示在时点 t 的**排队人数**。他们要熬过一段时间 W,才能最终得到想要的产品。在给定的时间内,卖家最多供应 s 个买家,这称为卖家的**供给率**。

买家拿着新到手的产品离开后,会满足一阵子,直到再次产生新的需求(例如,零件磨损了)。我们用 $1/\gamma$ 表示从购买商品 G 到对它的需求恢复的时间。在时间点 t 处于这种状况的买家,我们称之为**由商品 G 获得满足**的买家,他们的人数用 $y_2(t)$ 表示。在这些买家中,有 γ 部分产生了对产品新的需求,他们出现在图的右侧。

现在让我们回到那些不准备立即加入排队的买家,因为他们被漫长的等待时间吓住了。他们面临着两难的抉择,用符号⊗表示。他们中的一部分人决定去买商品 H,这是他们起初不愿意做的事,由于短缺的影响,现在却不得不这样做。我们用 μ 代表买家的**强制替代倾向**,这意味着,在着手购买商品 G 的买家中,有 μ 部分认为给定的排队时间 W 无法接受,准备接受强制替代。这显然有别于自愿替代倾向 $(1-\lambda)$,后者涉及一个更大的群体,他们对新产品(G 或 H)的需求更新了。

那些经历了强制替代的买方,以及那些自愿选择商品 H 的买方(他们在图的中部),必须承认他们在一段时间内是满足的。他

第7章 生产和交换的正常状态

们之中的不少人可能会认为,无法得到商品 G,比较不走运,但他们还是可以用商品 H 来对付。$1/\chi$ 表示从买进商品 H 到对它的需求更新的时间(由于是劣质产品,这很可能比商品 G 的满足期短)。在时间点 t 处于这种状况的买方,称之为**由商品 H 获得满足**的买家,他们的人数用 $y_3(t)$ 表示。在给定的时间内,这些买家中有 χ 部分对商品 H 提出了额外需求,这些人将汇入使用商品 G 的人群,他们出现在图右侧的转折点处。

不过,也有一些买家既不准备立刻排队,也不准备接受强制替代,他们宁愿回家被动地等待,过段时间再去拜访卖家,再看看排队的长度。我们用 σ 来表示买家的**等待倾向**(这是被动等待,推迟"加入还是不加入排队"的两难选择)。不愿意马上加入排队的买家中,有 σ 部分的人选择推迟决策。**被动等待**的买家人数用 $y_4(t)$ 来表示。在给定的时间内,这组买家中,有 ψ 部分的人会再到卖家那里看看排队的长度,心里想象一下可能的排队时间。换言之,**等待时间**是 $1/\psi$。当这段时间过去之后,买家又重新回到图形中心⊗处的决策困境。

在这个简单的模型结构中,我们假定没有其他选择。由此可见,那些不想立刻排队的买家,要么被动地等待,要么进行强制替代:$\sigma = 1 - \mu$。

这样,我们已经描述了市场过程的完整周期。① 如前所述,购买、使用、需求更新和行动前的决策,这一完整序列已被呈现为一个闭环。大量的买家在这个循环中不停地流动。在每个时间点

---

① 我们略去了一些更进一步的假设,放在数学附录 A 中讨论。

上，每个买家都会处于以下四种状态之一：

$$y_1(t) + y_2(t) + y_3(t) + y_4(t) = n \quad (7.1)$$

| 正在排队的买家数 | 由商品G获得满足的买家数 | 由商品H获得满足的买家数 | 等待的买家数 | 买家总数 |

综上所述，我们可以说，我们的模型一方面用供给率 s 来描述**瞬间（实物）供给**，另一方面它代表了**买方的态度**。诚然，这个模型的形式非常简单，然而却符合第 4 章所概述的精神。这个"态度"的组成部分如下：

$$\lambda, \gamma, \chi = \text{由此产生初始需求;}$$

$$\varphi(W) = \text{排队倾向;}$$

$$\mu = \text{强制替代倾向;}$$

$$(1-\mu), 1/\psi = \text{等待倾向和等待时间。}$$

上述组成部分（一个函数和一些常数参数），表示总数为 n 的买家的**平均态度**。因此，例如，$\mu = 0.6$，表示在希望购买商品 G 但又不愿意在给定排队时间内加入排队的 100 个买家中，平均有 60 家愿意接受强制替代，而有 40 家选择等待以后再试。

7.3 市场的正常状态：初步近似

可以证明，在上一节所讲到的局部市场上**存在着稳定状态**。[①] 由于这个市场的某些特性不随时间的改变而改变（买卖双方的人数和供给率不变），这是**静止状态**。如果交换活动在这种状态下

[①] McCafferty（1977）在类似的意义上谈到过需求过剩的稳定状态。

第 7 章　生产和交换的正常状态

发生,又没有外部环境的干扰,那么,它将会在其内部规律的作用下不断地重现。排队的队伍总是一样长,等待的时间也总是一样久。希望购买商品 G 的买家、他们之中实行自愿或强制替代的买家、消极等待的买家以及正在使用商品 G 和 H 的买家,其数量都不会变化。这就是我们在上一节所描述的特定市场的**正常状态**。

如前所述,"正常"这个形容词不含价值判断。例如,正常状态可能包含着 $W^* = 3$ 小时的正常排队时间,那些把时间花在排队上的人肯定不喜欢这一点。我们所断言的仅仅是,排队时间为 3 小时的状态会不断地重现。

这不是一个处于**瓦尔拉斯均衡**状态的市场,商品 G 长期短缺。不是所有买家对商品 G 的初始需求能都得到满足。排队和强制替代长期存在,它甚至可能远远偏离了瓦尔拉斯均衡。队伍可能排得很长,强制替代程度很高。然而,它却是一种正常状态,因为它会自我复制和不断延续,也因为其参与者把它作为正常状态接受了下来。

这就涉及我们讨论的一个关键问题。远离瓦尔拉斯均衡的市场的正常状态,可以由几个不同的因素来维持。其中一个原因无疑是参与者承认这种正常状态的存在。他们有时会发发牢骚,但最终还是认命,并相应地调整自己的态度。在希望购买商品 G 的买家中有 $\varphi(W)$ 部分愿意排队;不加入排队的买家中,有 μ 部分愿意接受强制替代,依此类推。**只要在市场过程中参与者的态度不变,正常状态就会不断重现。而且,如果这种态度已经适应了长期短缺的状况,那么长期短缺就会得到巩固。**这个命题到目前为止还只能严格地针对某些特定模型来证明,稍后我们将在不太严格的假设条件下再来讨论它。

当然,各种因素都可能导致市场的**瞬时**状态偏离正常状态。可以证明,上一节所概述的局部市场具有某种**稳定性**。偏离正常状态,它迟早会返回。为此需要一种**控制机制**,并具有能驱使系统返回自己正常状态的**信号**。在我们的案例中,排队时间 W 就是这样一个信号。如果实际排队时间超过了正常时间,就会令后面到来的买家望而却步,更多的买家将选择强制替代或等待并推迟决策。这也会改变需求更新的动态。其结果是,队伍将缩短并且排队时间恢复正常。如果排队时间比正常时间短,则反向机制将生效,更多的买家会受到鼓舞而加入排队,依此类推。

尽管在这个作为介绍示例的极为简单的模型中,只有单一的"反馈"在起作用,即通过排队等候时间来确定买家的方向,但可以得出一个一般性的结论——**正常状态并不仅仅是过程中某些特定属性的跨期平均值。当且仅当存在一种控制机制,在出现偏离的情况下,可以反复促使系统返回这种正常状态,才适用系统的"正常状态"一词**。短缺经济中的市场正是这样一种系统,控制机制在其中起着作用,使系统重复再现惯常的短缺强度。

在这里,我想对经济思想史做一个简短的回顾。在第 2 章中我们引述了 20 世纪 20 年代苏联的争论。在争论中,资本主义经济的"普遍生产过剩"与社会主义经济的"普遍短缺"被用来进行对比。在那里引证过的作者们认为短缺强度如此之高,以至于足可引起一种特殊的危机。克里茨曼写道:"……在商品资本主义社会中,危机是以生产过剩危机的形式出现的,而在自然无产阶级社会中,它却是以相反的形式,即生产不足危机的形式出现的。"①诺维斯拉夫说:"……不是普遍的生产过剩危机,而是普遍的商品短缺危机的发展……"②

20世纪20年代的经济学家经历了历史上第一次"普遍短缺"的冲击。本书的观点与之根本不同。短缺不是一种"危机现象"。长期短缺是资源约束型经济的正常状态,它与经济的正常运行和增长相容;事实上,不仅是与之"相容",而且是正常运行的长期特征之一。③

7.4 正常状态的转变

正常的状态不会永远持续下去。如果社会条件或决定市场状况的其他环境发生了根本性和永久性的变化,正常状态就可能发生转变。必须将正常状态的**长期**转变或位移与前面讨论的围绕市场正常状态的**瞬时**波动区别开来。假定在我们的局部市场上,强制替代的正常比例为50%,实际的比例可能在某一天为零,第二天为100%,但在较长时期内的平均比例将为50%(而且大多数日子它在40%到60%之间变化)。这种瞬时波动要与比例的长期变动区分开来。例如,如果强制替代的正常比例减至20%。

显然,这里的决定性因素是**需求**与**供给**之间的长期关系。让我

---

① 见 Kritsman (1925, 1929)。
② 见 Novozhilov (1926)。
③ 短缺的瞬时强度围绕着正常值波动,有时波动幅度很大,这可能会导致社会和经济紧张加剧。

们回顾一下第 7.2 节的例子,买家定期排队来买商品 G。排队的现象可以通过两种方式完全消除。在第一种情况下,我们在第 3 章和第 6 章中讨论的供给反应产生了。生产者对"购买 G 总是排队而购买 H 却从不排队"的信号做出反应,并改变了他的产出结构,生产更多的 G 而减少 H 的产量。第二种可能的变化是,用户们开始拆除那些令他们购买备件 G 的机器设备,减少需求,排队缩短。

一个或另一个局部市场的正常状态的转变,可能与**买方和卖方态度的长期变化**有关。在匈牙利有过这样一段时期,电力短缺多少被认为是一种常态,与此同时,劳动力在大量涌入工厂。今天,电力短缺会引起人们的惊讶和愤慨,与此同时,劳动力短缺却变为常态。习惯了某种短缺现象,并不意味着它不会引起烦恼和困难,而只意味着它是习以为常秩序的一部分。很难说态度的变化是正常状态变化的原因还是结果,因为在这里我们有一个双向的因果互动关系。在大多数情况下,形成态度的市场条件的变化是主要现象,态度的调整是次要的。如前所述,正是这种态度的持续性,即市场参与者的顺应,促进了正常状态的巩固和自我延续。然而有时候,因果链的方向会发生变化。可能发生的情况是,市场进程的参与者极度不满,以至于他们对短缺现象提出抗议,并试图向决策者施压以改变这种状况。

这些变化很可能不均衡地发生在经济的不同领域。在一个市场上,买方的强制替代、排队以及等待倾向可能会明显减少;而在其他市场上,买方可能会更宽容。在这种情况下,或许,正常的短缺强度在第一个市场中会减弱,而在另一个市场中却会增强。但是,这个问题将会引发我们去思考部门间联系的问题,以及对

第7章 生产和交换的正常状态

整个经济中短缺状况的描述。这些将在本章的后半部分和本书的后续章节中讨论。现在,让我们继续进行局部分析。

7.5 局部市场命题的延伸

在前文中,我们在局部分析框架下讨论了一些命题,涉及(1)短缺经济中局部市场的正常状态的存在和稳定性;(2)推动市场瞬时实际状态向正常状态发展的机制;(3)在正常状态下的长期变动。到目前为止,所有这些命题只有用第7.2节中描述的简单模型来演绎证明。我们推测,类似的论断在更广泛的领域中也是成立的。在一个假设不太严格的模型框架内,它们肯定适用于短缺经济中的局部市场。

(1)这些命题似乎不仅对**停滞**的经济有效,而且对**增长**的经济也有效。对于这个命题,需要重新定义正常状态的特征。必须具体规定一些指标,这些指标与有关部门的贸易量无关,也与买家和卖家的数量无关,等等。例如,买方方的情况可以用下面方式来描述,通过强制替代购买的产品数量与购买的产品总量之比;排队的买家数量与买家总数之比,依此类推。

上述数据是百分比指标,称之为相对指标,[①]而不是强迫替代

[①] 请注意这样一个事实,即在现实中,甚至在理论模型中,表示买方**倾向**的百分比与表示市场**现有状态**的相应百分比均不重合。回到前面的示例,强制替代倾向 $\mu=0.6$,真正实施强制替代的买家数量与买家总数之比,即 y_3/n,可能仍大于或小于0.6。这取决于许多因素,包括加入排队的买家数量。在我们的模型中,"倾向"是方程组的参数,而"状态变量"是同一方程组中的未知数。诚然,后者依赖于前者,但这种依赖性是通过复杂的变换来实现的。

的**数量**或排队人数的**绝对**指标。即使两个日期之间的绝对属性发生了变化(例如交易量增加),相对指标也可以作为比较同一市场在两个不同时间点的基础。同样,两个不同的局部市场也可以在同一日期进行比较,而不必考虑绝对指标的差异。

现在可以给出更一般的定义,**如果市场特征的相对指标在一段时间内没有变化,则市场处于正常状态**。在特殊情况下(停滞市场、静止状态),这也可能与相应的绝对指标的恒定性相吻合。

(2)在第 7.2 节中,买方态度被认为是相同的,所描述的仅仅是他们的平均态度。这里反而要采用一个更接近现实的假设。买家可以被分为若干小组,假设在任何一个小组内买家的态度都是一致的,但与非同一组的买方态度是不同的。例如,可能第一种类型的买方比第二种类型的买方更缺乏耐心,他们可能愿意接受更多的强制替代,却不愿意消极地等待。因此,$\mu_1 > \mu_2$ 并且 $\sigma_1 < \sigma_2$。那么可以从理论上证明,如果买方态度类型的分布不变,上述关于正常状态的命题依然成立。

(3)我们的介绍示例提出了一个确定性的模型。在现实中,用随机变量来描述双方的态度会更正确。这些随机变量具有稳定的概率分布,代表着不变的态度。

在随机出现的情况下,市场状态也可以用随机变量来描述。在这个框架下,市场的正常状态可以由主要状态变量的分布(尤其是期望值)来描述。因此,例如,排队时间 $W(t)$ 是每个时间点 t 的随机变量,它的正态值 W^* 是这个随机变量的期望值。

(4)在我们的介绍示例中,只有一个卖家在市场上工作。现实的市场结构往往不是这样,市场上有若干甚至是大量的卖家存

第7章 生产和交换的正常状态

在。相应地,正如在第4章所讨论的那样,买方在短缺中的另一种选择是搜寻。他从一个卖家转到另一个卖家,以获取产品。他的态度之一就是他的搜寻倾向。而现在,市场的状态变量是通过实际搜寻(例如搜寻时间或搜寻的买家数量)完成的。

(5)在我们的介绍示例中,供给率不随时间变化,完全是买方根据市场情况进行自我调整,而卖方行为是刚性的。在现实中,正如第3章和第6章提到过的,供给量当然也可能受到反馈机制的控制。

(6)在介绍示例的确定性模型中,供给率不变的情况下,正常状态中不存在滞存。虽然存在排队,但卖方总能出售其全部供给。然而实际上,商品并不是定期入库的;短时间内,排队甚至可能消失。在第6章中,我们已经讨论了从货物到达直至送到买家手中之间存在着时滞,这导致形成了过渡性产品库存。实际上,这已经为多次提到的现象提供了充分的理由,把一段长时期作为一个整体来考虑,**滞存与短缺可能同时存在**。在这种情况下,市场状态的一个重要特征就是滞存规模的大小。为此,使用相对指标(滞存占总贸易量的比例)也是有益处的。而且,如果描述的是多产品市场,那就不仅要使用整体滞存指标,而且特别重要的是应使用一些适当的分类指标。

上一章提到,虽然某些产品的"冻结"库存可能会积压,但由于短缺,其他产品的所有库存可能在短时期内售罄。通过"平均化"使这种偏差消失是不正确的。

借助于理论模型,我们已经采取了一些措施,严格证明关于市场存在正常状态、稳定性、控制机制等断言,这些理论模型没有

第7.2节中所举的简单例子那么严格。在第(2)、(3)、(4)项假设中，我们把买家分成小组，讨论了随机描述方法，并考察了搜寻；主要是在这些讨论中取得了一些初步的结果。[①] 理论研究必须是朝着开发更少限制的、更接近现实的模型的方向发展。

当然，我们的推测不能仅需要抽象的理论证明，更重要的是需要**实证检验**。零星的观察和部分数据似乎支持我们的假设。看起来，短缺经济的局部市场实际上具有长期正常状态的特征，惯常的强制替代率、典型的排队时间等。正如多次提到的，在实践中可以观察到，当局部市场偏离正常状态时，控制机制会反复推动市场回归正常状态。实证检验的任务把我们引向**测量**问题，这将在本章最后讨论。

7.6　一般相互依存关系：列昂惕夫经济模型

第7.2至7.5节分析了局部市场的运行之后，们现在将注意力转向部分市场之间的相互依存关系上。我们研究一个有 m 种产品的系统，其中每种产品都可以作为其他产品的投入。实际的过程由非价格机制引导，正如在前面的章节中讨论的那样。系统是否存在正常状态？从某种意义上讲，这个问题的答案与一般均衡论所研究的问题的领域有关。本章研究的同样是一般正常状态，在这个意义上，我们要研究产品的个别生产者与消费者间的

[①] 其中一些结果将在数学附录A中讨论。

第7章 生产和交换的正常状态

一般相互依存关系。

对具有非价格数量调整的多角色、多产品、相互依存的抽象经济系统的综合理论的阐述,还只是处于最初的阶段,本书只是概括地指出了已经取得的理论成果中的一小部分。[①] 我们只想介绍一下解决这一问题的方法。

我们从一个极其简化的模型——列昂惕夫经济模型[②]开始。每一种产品只能由一家垄断企业使用一种可行的工艺生产。各种投入之间存在着严格的互补性。产品之间不能替代,无论是自愿还是强制。我知道,这样一来,相当大范围的短缺问题被排除了,但我们必须实行这种极端的简化,以便继续下去。

系统是动态的,时间是连续变量。我们研究的是生产和使用投入的瞬时调整过程。在后面的描述中,将不指明每个变量的时间参数。

实际领域,即系统中物质投入-产出关系,由两个平衡方程来描述。一个是**投入库存的平衡方程**:[③]

---

① 在第7.6至7.8节中,我主要依靠与 Béla Martos 一起开始的研究,并在 András Simonovits 与 Zsuzsa Kapitány 的参与下继续进行(见 Kornai-Martos, 1971, 1973; Kornai-Simonovits, 1975a, 1975b, 1977a)。研究工作的结果在 Kornai-Martos (1979a, b)的论文集中进行了总结。在这一点上,我们只给出几个观点的轮廓,这些观点在论文集中有详细的解释。

正如我在第1章中强调的那样,上述论文集和本书是"联合产品"。这本论文集在许多方面都是对本书的补充。

第7.6节中讨论的模型的背景是 Kornai-Martos (1971, 1973);本章其余部分也使用了上述其他著作。

② 在讨论列昂惕夫经济模型的文献中,我们必须提到 Leontief (1953, 1966, 1977)和 Bródy (1964, 1969, 1970)。

③ 变量符号上的点表示对时间的导数。

$$\dot{v}_{ij} = y_{ij} - a_{ij} x_j, \quad i=1,\cdots,m; j=1,\cdots,m. \quad (7.2)$$

(投入库存的变化) (购买) (投入系数) (生产)

另一个是产出库存的均衡方程：

$$\dot{u}_i = x_i - \sum_{j=1}^{m} y_{ij} - g_i, \quad i=1,\cdots,m. \quad (7.3)$$

(产出库存的变化) (生产) (对企业的出售) (对家庭的出售)

虽然第一篇通常不涉及家庭部门，但在这个代表所有经济部门的一般相互依存关系的模型中，家庭部门确实出现了，至少以一种总量形式出现。家庭的需求是外生的。

控制领域，即系统中运行的控制机制，也是由两个函数来描述的。一是**采购规则**，也可称为**需求函数**：

$$\dot{y}_{ij} = a_{ij}\dot{x}_j - 2\Theta\Lambda \, v_{ij}$$

(购买的变化) (生产者利用的变化) (控制参数) (投入库存的变化)

$$+ \Lambda^2 (v_{ij}^o - v_i), \quad i=1,\cdots,m; j=1,\cdots,m. \quad (7.4)$$

(控制参数) (理想投入库存) (实际投入库存)

根据该规则，如果(1)产量增加，(2)投入库存减少，(3)实际投入库存低于理想水平，生产企业就会增加购买。① 这些是简单

---

① 上述对购买规则中出现的外生变量 v_{ij}^o 的经济学解释与我们在第5章中关于企业需求的说法是一致的，但它与 Kornai-Martos (1971, 1973) 的研究中对同一变量的解释不同。

第7章 生产和交换的正常状态

而合理的行为规则,体现在每一个经济系统中每一个企业管理者的态度中。如果价格信号没有或几乎没有任何影响,库存信号就会起特别重要的作用。

尽管所选择的数学形式相当特殊,但信号-反应关系的一般内容与本书迄今为止(特别是在第5章)关于企业作为买方的行为、其需求的形成、其需求函数的性质以及其购买行为的解释是一致的。

另一个函数是**生产规则**,也可称为**供给函数**。它将以两种形式出现。首先以公式(7.5)的形式出现,根据这个公式,生产对库存信号产生反应;以后它将以修正后的形式出现,将未完成订单作为信号:

$$\dot{x}_i = \sum_{j=1}^{m} \dot{y}_{ij} + \dot{g}_i - 2\Theta\Lambda \dot{u}_i$$

| 生产的变化 | 对生产者企业销售的变化 | 对家庭销售的变化 | 控制参数 | 产出库存的变化 |

$$+ \Lambda^2 (u_i^* - u_i), \quad i = 1,\cdots,m. \quad (7.5)$$

| 控制参数 | 正常产出库存 | 实际投入库存 |

根据规则(7.5),如果(1)向其他生产者企业和家庭的销售增加,(2)产出库存货减少,(3)实际产出库存已低于正常水平,企业将增加产量。正如前面有关采购的论述一样,这些简单而又合理的行为规则,不论具体的社会制度如何,它们普遍成立。而且我们必须再次重申,如果价格信号的影响很小或没有影响,库存信号的影响就可能相当大。

根据公式(7.5)由规范控制的一般内容,与本书迄今为止(特别是在第 3 章和第 6 章)关于企业作为卖方的行为、生产和供给的形成、其供给函数的属性以及其销售的行为是一致的。

从理论上可以证明[①],公式(7.2)至(7.5)所描述的**系统是可行的**。**它能够在满足家庭需求的同时,不断地进行自我再生产。存在一个正常状态,在这个状态下,投入库存的期望值和实际值,以及产出库存变量的正常值和实际值是一致的。它具有一定程度的稳定性,如果它与正常状态偏离,其控制机制能够促使它回到正常状态。**

如果不是正产出库存,而是"负产出库存",也就是反馈中出现未完成订单的积压,换句话说,如果库存信号生成规则(7.5)被订单信号规则取代,上述命题仍然成立。

为简单起见,让家庭部门作为第$(m+1)$位买家,未完成订单的平衡方程如下:

$$k_{ij} = l_{ij} - y_{ij}, \quad i=1,\cdots,m; j=1,\cdots,m,m+1 \quad (7.6)$$

其中 k_{ij} 为未完成订单量的变化,l_{ij} 为订货,y_{ij} 为出售。

所有买家的总订货量:

$$k_i = \sum_{j=1}^{m+1} k_{ij}, i=1,\cdots,m \quad (7.7)$$

企业 i 的生产规则中的反馈信号,简单来说就是[②]:

---

① 在 Kornai-Martos(1971,1973)中给出了证明命题所必需的其他补充假设。

② Kornai 和 Martos(1971,1973)证明了该系统的可行性,以及之前讨论的库存信号生成规则(7.5)的其他特征。Kornai 和 Simonovits(1975b)描述了一个相关但略有不同的系统的类似属性,其中购买和生产规则的规定与之前所谈到的系统略有不同。在这里,我们就不再描述两者的区别来烦扰读者了。

第 7 章 生产和交换的正常状态　　　　　　　　　　*171*

$$(k_i^* \quad - \quad k_i) \tag{7.8}$$

正常的未完成	实际的未完成
订单的积压	订单的积压

虽然已经针对两种"纯"系统,即库存信号机制或订单信号机制这两种情况进行了理论证明。但我们推测,它们的有效性可以扩展到涵盖两种信号同时起作用的"混合"情况中去。

7.7　持续远离瓦尔拉斯均衡

现在我们面前有一个系统,即使只是一个粗略的描述,它在两个基本的重要特征上类似于真正的短缺经济。(1)**买家在订单要求未得到满足之前必须等待**;(2)**生产和购买仅对非价格"数量"信号(库存和订单信号)做出反应。各种产品的生产者与消费者,即使是在这样的系统中也可能相互协调**。正常的短缺强度可能是固定的,由正常的未完成订单量来表示。正常的滞存也可能是固定的,它们是由于囤积倾向而导致的大量的投入库存,以及由于几乎无法满足的需求而导致的少量的产出存货。

也许会产生一种持续地远离瓦尔拉斯均衡的生产与交换的正常状态。因为在这种状态下,短缺和滞存已经稳固下来。

关于上述命题在理论上是否成熟,我不想误导读者。本书的第 2 至 6 章基本上是以文字形式,试图详细描述生产者企业、买方企业和卖方企业的行为特征。在第 7.2 至 7.5 节中,分析了局部市场模型中参与者之间的相互作用,其结果在很大程度上基于以数学上既定的命题(并由更多的一般性推测来补充)。但这是在模型的基础上完成的,这些模型与第 2 至 6 章的文字描述相比,简化了不少,所以就显得"粗糙"得多。而现在的第 7.6 节,分析的范围变得更为广泛,将我们的注意力转向 m 种产品之间的相互依赖性上,并且仍然依赖于数学上既定的结果,我们不得不进一步退回到模型的"现实性"(列昂惕夫经济模型、外生家庭需求等)。我相信,这里所概述的模型组可以进一步发展,我们的命题可在更一般的条件下得到证明。这将是今后研究的一个任务。

在第 7.6 节中展开的模型的最严重的缺点之一就是假定投入组合是刚性的。在前面的章节中,我们强调,理解短缺的一个关键是研究强制替代。这里我们只能表示,希望在局部分析框架内成功证明了"正常强制替代"的不断自我再生的可能性之后,我们迟早也能成功地证明一个相互依赖的多主体、多产品系统的同样情况。在第 3.3、4.2 和 7.2 节中关于强制替代的行为规则也应纳入多产品模型中。

在这一点上,似乎有必要做一些关于均衡概念的讨论,就像绕道而行一样。

均衡一词通常应用于自然科学中,其广义解释为,它是一个系统由于其自身的规律性而总是回到的状态。如果系统中的作用力相互抵消、相互补偿,则系统处于均衡状态。这里均衡是一个描述性的范畴。任何人(无论是外部的观察者还是系统中的参与者)都无法确定该系统的这种均衡(广义上的均衡)是好还是坏,如果狼吞食野兔,森林作为一个生态系统就处于均衡状态;如果狼不吞食野兔,食肉动物就会灭绝,因此各种动物之间通常的比例就会被打乱。所以,尽管野兔明显觉得不妙,但这却是均衡

第7章 生产和交换的正常状态

的一部分。反作用力的作用是抵消捕食者的行动,确保野兔在动物种群中的正常比例。反作用力的作用是抵消捕食者行为,包括野兔的防御和自我保护活动(例如它们试图从狼口下逃生),以及它们适当的繁殖速度。从广义上来说,"均衡"的确切且等价的同义词可以是"正常状态"。①。

"均衡"这一范畴同样广泛地适用于社会系统。它的严格条件一直是系统特有的。取决于一般经济规律和系统特有的内在规律永久再生的状态。

广义的均衡(即正常状态),在社会科学中也属于**描述性**范畴。我们说一个系统处于均衡状态,或者说它处于"正常"状态,并不含有褒义或贬义。此外,这种说法并不意味着系统中的成员,甚至是大多数成员对这个系统感到满意。一个社会系统即使有大量的公民不满意,也可能处于均衡状态;但他们不满意的原因不同,所以他们的行为具有相反的效果。如果这些相反的力量相互抵消,均衡就会建立起来。即使某些紧张关系在内部持续存在,但在实际运行中会形成持久的妥协。

因此,如果我们试图澄清某些社会是否能够处于均衡状态,我们总是要分析是否存在内部控制机制或社会规律,它们作为偏离和波动的趋势或长期趋势,带来并持续再现正常状态。它不是由旁观者从外部带入分析的标准,而是系统特有的内部规律和正常标准,使我们能够描述一个特定系统的正常状态。一个停滞了

---

① "正常状态"这一术语在自然科学和受自然科学启发的一般系统论哲学中得到了传播。(参见 Koehler, 1938)关于"正常状态"概念的解释及其在经济学中的传统,可追溯到 Marshall,见 Shackle (1972)。

几百年的亚洲社会,现在的停滞是正常状态的一部分。长期短缺是短缺经济正常状态的一部分。

真实的社会系统并不存在单一的具体的正常状态,而是可以想象出一组正常状态。在此,我们并不想超越已经讲过的内容,来给正常状态概念下一个更确切的定义,也不想澄清这个概念与动态系统数学理论中类似概念(例如,各种类型的稳定性)的关系。在这里,我们只打算把这个概念直观地说清楚。因此,"正常状态"这个范畴是一个集合术语,它必须在每一个特定的应用过程中被具体化,或者在某种数学模型的框架中被精确定义。

一个系统如果短暂地,作为一种偶然的波动,偏离了它自己的跨期趋势,偏离了它自己的规范,即偏离了广义上理解的均衡,那么它就处于**非均衡**状态中了。

这种对均衡的广义解释,在经济学上并不陌生。例如,我们常用的"凯恩斯失业均衡"这一说法。凯恩斯所分析的资本主义经济的状态,处于这种状态下,大规模失业变为长期现象,由此可以理解。①

但是,在经济理论中,以及在日常经济生活中,广为人们所接受的却是均衡概念的**狭义**解释。按照这种解释,如果供给满足需求,经济(主要是指其中的市场)就处于均衡状态。许多人称之为**瓦尔拉斯**均衡,尽管这个术语并不被认为是普遍接受的。

我们先停留在纯理论的层面,也就是模型的层面。瓦尔拉斯

---

① Benassy(1974,1975)和 Malinvaud(1972)的研究在广义上使用了均衡的范畴,分析了偏离瓦尔拉斯均衡的各种系统的持久状态(如长期失业、长期压抑的通货膨胀等)。

第 7 章 生产和交换的正常状态

均衡是广义均衡的一种**特殊情况**。这是一个定义明确的特例,我们对均衡状态为瓦尔拉斯均衡的模型很熟悉。但是,还存在着其他**非瓦尔拉斯**均衡的理论模型。例如,本章中所探讨的模型中,正常状态显而易见是非瓦尔拉斯状态。在我们的局部市场模型中,排队与强制替代是正常状态的特征。在我们多部门模型中,未完成订单的积压可能会成为模型的长期特征。

如果我们离开模型的世界进入现实,我们就可以认识到,不存在一个以瓦尔拉斯均衡为正常状态的经济系统。每一种系统,不仅在其瞬时波动上,而且在它的跨期间平均值上,都与严格的瓦尔拉斯均衡相偏离。这一点将在第 8 章以及本书的后续部分中得到更详细的论述。然而,任何一个现存的系统,它的正常状态以何种方式、朝什么方向、在多大程度上偏离瓦尔拉斯均衡,都是其非常重要的特征。

我认为刚才介绍的术语是清楚和明确的。然而,并不是所有人都会接受它。术语的混淆似乎是不可避免的,因为在两个方面不同于上面提出的用法,在大多数理论经济学家乃至实践经济学家的头脑中根深蒂固。

首先,许多人将**特殊的**、狭义的概念(瓦尔拉斯均衡)与**一般的**、广义的概念(自然科学意义上的均衡、特定系统的均衡、正常状态)相混淆。

其次,许多人对均衡一词赋予了价值判断。如果一个系统没有处于均衡状态,它就是坏的。当然,这与上一个问题有关。人们显然认为,均衡就意味着瓦尔拉斯均衡。任何供不应求的状态都是不允许的。

我不想使这个术语过分教条化,如果本书的读者能够清楚地按照我所说的内容进行阅读,而不出现术语上的混乱,我就满足了。为了便于做到这一点,本书一直使用,并将继续使用以下术语。

我将不使用广义上的均衡一词(尽管我认为它在理论上是正确的),而用正常状态一词来代替它。

但是,我将在**狭义**和特殊的意义上使用瓦尔拉斯均衡这一术语,而且瓦尔拉斯这一定语将会始终存在。

我更有理由谨慎,因为我必须承认,我的著作《**反均衡论**》本身对均衡这一术语的解释不够精确。一方面,正如我在本次讨论开始时所说的,我对广义上存在着的均衡,并没有讲清楚。读者可能会形成这样的印象,即我在否定它。然而否定它,几乎等于否定了这样一种观点,即每个系统中都存在着根深蒂固的内在规律性,这些规律性不断地再现着系统的基本属性。

另一方面,我个人或多或少地陷入了术语上的错误,即混淆了均衡的广义和狭义、一般和特殊的解释。因此,例如,我把挤压和吸纳称为持久的非均衡状态。这就意味着真正的均衡只能是瓦尔拉斯均衡了。[①] 现在,从前面的解释和本书的整体思想中可以清楚地看到,我认为挤压和吸纳在适当的条件下是经济的正常状态。

---

① 克洛尔-巴罗-格罗斯曼学派的代表也犯了同我一样的错误,他们喜欢给自己的成果冠以非均衡理论。然而真正合理的名称是非瓦尔拉斯均衡理论。

7.8 植物性控制

在讲完术语这一题外话之后，让我们回到第7.6节所概述的模型上来，并考察它们的决策和信息流的结构。

在纯粹的库存信号经济中，控制分散在两个不同的方面。一方面，每个企业都独立地做出关于生产和购买的**决策**，无须与其他企业协商；另一方面，它在决策中只使用分散的**信息**。我们再来考虑一下(7.4)、(7.5)的规则。企业只对在工厂内部可以观察到的信号做出反应。这类信息即使在不与其他企业沟通的情况下也可以获得，有关企业自身的生产、销售以及投入和产出库存。

在订单信号系统中，决策也是分散的。信息方面的情况略有不同，因为信息流是以订单 l_{ij} 为基础的，而订单不过是两个决策者之间的**沟通**。在目前的情况下，这是一种**横向**的沟通，就其法律地位而言，下达订单的公司和接受并履行订单的公司处于同一层次（不过，正如我们所见，在短缺经济中，卖方更有势力）。值得一提的是，此时涉及一种特殊的横向沟通，信息流与产品的实物流相联系。① 信息流是分散的，买卖双方分别进行信息联系。

基于第7.6节模型的理论命题表明，在一系列具体的简化了的假设下，**一个完全分散的抽象系统可以在没有价格信号的情况下运行**。系统比较理论通常比较两种形式：有价格信号的分散控

---

① 现实中还存在着许多其他类型的沟通。不仅是买家和卖家之间（如订单的情况下）的沟通，而且还有两个卖家之间（例如，关于价格或市场划分的卡特尔协议）的沟通。

制和没有价格信号但有数量信号的集中控制。我们已经指出,还存在一种变形,即带有非价格"数量"信号的分散控制。它不仅出现在抽象模型的范畴内,而且存在于现实中,因此在实证上可观测。分散的"数量"控制,在资源约束型的短缺经济中发挥着特别重要的作用,但在其他系统中也同样存在。这种控制被称为经济过程的**植物性控制**①。类似于植物神经系统在高等生物的功能中所起的特殊作用。**植物性机制控制着真实经济过程中最简单、最基本和最琐碎的调整。**

当然,它们的作用不是排他的;它们不能单独完成所有的控制功能。但是,除了其他控制机制(支持它们;或者相反,与它们冲突)之外,植物性机制也起着非常重要的作用。

虽然我们强调即使是在社会主义传统的、高度集中的管理系统下,植物性控制也总能发挥作用时,我们并不想把它的作用说得比实际更大。众所周知,在传统的社会主义经济管理中,普遍存在着多层次的纵向控制,涉及纵向沟通。自上而下的主要是计划指令,自下而上的是关于指令执行情况的建议、申请和报告。对于这个熟悉的情况,我们将补充几点意见。

正如我们在第 3 章和第 5 章中提到过的那样,那些提供给中央的信号与植物性控制的信号密切相关。"排队的人越来越多,多到令人难以忍受……",这就是一个迟早会引起中央计划者反应的信号。而反过来说,他们也会对那些表明滞存、库存或未利用的生产能力已经在某处积累的报告,做出适当的重新分配的

---

① 文献中有时用"自主控制"一词来表示这一概念。但是在本书中,为了避免混淆,我们将坚持文中引用的表述。——英文版编者注

回应。

大部分自上而下和自下而上流动着的信息,是由数量信号构成。这一点尤其值得强调,因为传统社会主义经济管理体系的实践与相关理论文献的很多内容就在这一点上有所不同。多级控制模型通常描述的是一种纵向的信息交流,其中"数量"信息向一个方向流动而价格信息向另一个方向流动。[①] 这种特殊的二元性在现实中确实存在,但它只是在一个相当狭窄的范围中。

信息的纵向和横向流动之间没有明确的区分。中央计划指令往往是以相对综合的形式发出的,将分类留给买方和卖方直接谈判。在其他一些场合下,中央指令只是正式批准双方从前达成的协议。

在**改革后**的匈牙利经济管理体制中,信息的纵向流动大大减少(虽然它们绝不是停止了)。与此同时,正如本书第二部分所指出的那样,价格信号对企业部门的影响仍然相当微弱。正是由于这个原因,植物性控制的作用减弱了。

7.9 市场短缺和滞存指标的汇总和凝缩

如同本书迄今讨论过的主题一样,我们再次就观察和衡量问题发表一些意见。但是,我希望避免重复。第2.10节和第2.11节详细讨论了描述**生产中**短缺和滞存的指标。第18.7节将讨论

[①] 我们想到的是有关分解算法的经济解释的研究,将这些算法不仅解释为计算程序,而且将其解释为多级控制的描述性模型。参见 Kornai-Lipták (1962, 1965), Komai (1973, 1975a), Malinvaud (1967), and Heai (1973)。

适合于衡量**企业与家庭间进行交换**的短缺指标。在这两个地方提出的方法论的要点经过必要的修改,**也适用于衡量**本章所讨论的领域,即企业间交换中的短缺和滞存。

假设我们有一些可用的指标 z 和 q,它们描述了每个企业间部分市场上的短缺现象(无法满足的初始需求、强制替代、排队长度、搜寻等)和滞存现象(库存周转率、冻结库存的分布、未利用的服务能力等)。然而,无论是为制定实际的经济政策决策,还是进行科学分析,都不能直接吸收庞大的局部数据。必须以某种方式对数据进行凝缩,但在提出建议之前,我想批评一下我认为错误的凝缩形式。

短缺经济的状态不能用总需求过剩来概括。那些机械地搬用新古典主义和凯恩斯主义的概念体系来描述社会主义经济的人,几乎都使用这个概念。[1] 然而这个范畴并不适用于对一个系统的分析,在这个系统中,(1)短缺现象**长期**存在,系统参与者不断地调整自己的行为适应短缺,(2)货币的作用在绝大部分经济活动中是消极的。当然,我并不是反对所有的汇总形式,这一点从前面的内容中可以看出。不久我还会回到这个问题上来。我只反对错误的汇总,最好避免以下错误。

不应将符合初始需求的购买与基于强制替代的购买汇总在一起。以这种方式获得的购买方的总支出绝不应与总需求相提并论。如果总收入和总支出的差额,即总储蓄没有出现任何快速增长,就说明总需求已经得到满足,这种看法是完全错误的。事

---

[1] 例见 Barro-Grossman (1971, 1974), Portes-Winter (1977a, 1977b, 1978) and Howard (1976)。

情根本不是这样。这种情况只是说明表明收入所有者已经花掉了他们的钱,仅此而已。他们的**初始需求**中可能有相当一部分根本没有得到满足,打算用于特定购买的钱可能已经被强制替代或其他非预期的支出所吸收。区分按照初始需求购买的商品与偏离初始需求购买的商品可能非常困难,也不可能准确地做到这一点。然而,最粗略的估计或一些有助于这种区分的间接观察,将比任何对内容完全不同的项目所做的汇总更有价值。而这正是克洛尔-巴罗-格罗斯曼学派对社会主义经济的分析中最根本的错误之一。

短缺和滞存绝不能互相抵消,一个领域内的短缺不能用另一个领域内的滞存来补偿。一个局部市场的需求过剩与另一个局部市场的供给过剩不能相互抵消。在动态的意义上也是如此,考虑到春季未使用的铁路运力和秋季的拥堵,人们不能说铁路运输能力的利用正好是平均水平。短缺和滞存的现象必须要分别记录。

总需求过剩是一个基数指标,用标量表示短缺的数量。即便无法确定,我们就无法至少找到一个具有**序数**性质的指标函数作为短缺的总体表达方式吗?从数学角度看,规定一个**指标函数** Z 并不特别困难:

$$Z = f(z_1, z_2, \cdots) \tag{7.9}$$

其中,Z 对每个自变量都是单调增加的。也就是说,如果用任何一个指标衡量的短缺强度在任何一个维度上增加了,而其他指标的数值不变,那么综合指标 Z 也会表现出普遍的短缺强度增加。这个问题需要进一步讨论。

我们暂时承认,短缺和滞存是**向量**范畴。在向量分析通常允许的范围内,可以进行凝缩,即对大量指标进行简洁概括。

(1)最简单的程序是从成千上万的潜在指标中选择一个子集来表示整个集合。

(2)可以对一个或另一个指标进行汇总,或者,计算某些产品组的平均数(例如,所有建筑材料的强制替代率)。为了使比较高的汇总程度不至于掩盖有限地区可能存在的非常令人担忧的短缺现象,应以具有代表性的分类指标加以补充。

(3)可以尝试使用**支配性标准**。例如,可以在较长周期(t_1, t_2)和(t_2, t_3)之间进行比较,以确定下列条件是否得到了满足:

$$z_{ij}^*(t_1,t_2) \geq z_{ij}^*(t_2,t_3),\text{对每一种产品 } i \text{ 与每一个指标 } j,\tag{7.10}$$

即按任何指标衡量,单一产品的短缺强度的跨期平均值没有增加,以及

$$z_{ij}^*(t_1,t_2) > z_{ij}^*(t_2,t_3),\text{对至少一个 } i \text{ 和 } j,\tag{7.11}$$

即用一个指标衡量,至少一种产品的短缺强度的跨期平均值绝对降低了。在这种情况下,后期的向量 Z^* 严格地支配代表前期的向量。这样,我们就可以有把握地对经济中的所有市场和所有生产做出一个总结性的陈述,即短缺强度已经减弱。当然,如果条件(7.11)得到充分满足,就可以更有把握地说,短缺的强度不仅对一种产品,而且对几种产品,不仅用一种指标,而且用几种指标来衡量,都有所减弱。而且,更重要的是,减弱的不仅仅是 1% 或 2%,而是在相当大的程度上,消除了对短缺情况已经改变的任何怀疑。

第7章 生产和交换的正常状态

出于实际目的,严格坚持支配性标准的第一个条件(7.10)并不重要。如果对于相对较少的产品来说,短缺的强度增加了,也许只用一种或另一种指标来衡量,并且程度不大,而对于其他一些指标来说,短缺的强度却显著降低了,我们仍然可以说,支配性标准**大致**得到了确认。不过,这种"松动"必须谨慎处理。它应该是对测量的不确定性和不精确性的合理承认。短缺强度增强1%或2%就可以用这种不精确性来解释,正因为如此,人们就很难因为这样的原因而拒绝使用支配性标准。当然我们也不能求之过甚,否则又会转回到前面提到的与综合指标函数(7.9)有关的理论难题上去了。

(4)可以预料,对于全部向量而言,支配性标准相对来说很少(严格地或者甚至仅仅是近似地)得到满足。另一方面,可以发现这些标准可以应用于向量 z 和 q 的某一特定部分,这由它们的经济内容明确定义。如前所述,关于匈牙利的经济,下述结论肯定成立。比较1949—1953年的紧绷增长时期和1968—1972年改革后的时期,就会发现市场和生产资料生产中的短缺强度明显减弱,而劳动力市场上的短缺强度却显著增强了。可以分别证明在每个领域的支配性标准是如何在适当的方向上以不平等的方式得到维护的(至少是大致如此)。[1]

---

[1] 在匈牙利的报纸,或经济政策演讲和公共决议中,经常会看到以下语句:"国民经济某些领域的**均衡状况**有所改善(或恶化)"。这种表达方式有些奇怪,但凡是熟悉这种语言的人都会明白其中的含义。用我们的术语来说,就是相关领域的短缺强度降低了(或增加了);在刚才解释的支配意义上,严格地说,至少是大约降低了。技术术语的使用表明,不仅在理论上,而且在实践中,都需要在此基础上衡量短缺强度的尺度,需要用"凝缩"来帮助对短缺情况的总结描述。

这使我们能够在基于向量 z 和 q 的基础上,分析汇总和凝缩方面走得尽可能远。通常,要总结出一个包罗万象的描述以涵盖所有市场和整个生产是不可能的。我们必须至少深入一步,把整体分解成大的部分。这些部分可以通过解释它们的正常状态是否保持不变或是否经历了长期变化来描述;也可以通过瞬时情况与正常状态的偏离,以及实际状态的波动性或相对稳定性来描述。

第 8 章　调整的摩擦

8.1　引　言

在第 7 章中,我们在一定程度上改变了语气,与第 2 至 6 章相比,对现象的描述变得更为抽象。现在我们要向同一方向更进一步。由于我们想在理论层面上分析调整摩擦,但又不使讨论变得过于复杂,我们必须做出一些极强的简化假设。[①] 我们将进行一些思想实验,就像在实验室条件下一样。

在这个阶段,我们先不给摩擦下定义。在第 8.2 至 8.6 节中,我们将提出一些例子,通过这些例子,这个重要概念的含义将逐渐发展。在本章的最后,我们将对其进行概括性的讨论。

我们在本章中要说的大部分内容并**不是针对特定体制的**,但对任何体制都同样有效。只有在本章的最后,我们才讨论与资源约束型体制中存在的摩擦有关的问题。

至于分析的**时间方面**,我们将在第 8.2 至 8.4 节讨论**比较静态分析**,在第 8.5 节论述买方的**瞬时**调整,在第 8.6 节论述**短期调整过程**。

[①]　进一步阐释本章的模型,以消除大量限制性的假设,不存在任何障碍。但是,这些问题在数学上会变得更为复杂。在这一点上,不值得这样做。为了热身,并作为对问题的初步了解,目前的极其简化的模型似乎是足够的。

在第 8.2 至 8.6 节,我们考虑**亚微观层面**的基本事件。并在本章最后几节,我们逐步展现关于**整个体制**的某些部分。

8.2 库存和强制替代的关系

前面几章已多次指出,短缺和滞存可能同时存在,而且,这两组现象还存在**因果关系**。让我们借助模型来考察这些关系的一个单例。

我们考察一个市场,在这个市场上只有单一的一组产品进行交易。有 m 个产品属于这个产品组,它们之间有一定的质量差异,但能够相互替代。在我们的典型例子中,这可能是由质量为 9、10 和 11 号钢构成的产品组。有一个卖方(一个垄断者或一批卖家的集合)和一个买方(同样,一个垄断的买方或一批买家的集合)。只观察一个购买行动,并且观察是静态的。将使用以下符号:

$d_1, \cdots, d_m$ =初始需求; $\sum_{i=1}^{m} d_i = D =$ 总初始需求;①

$s_1, \cdots, s_m$ =供给 $\sum_{i=1}^{m} s_i = S =$ 总供给;

$y_1, \cdots, y_m$ =实际成交额 $\sum_{i=1}^{m} y_i = Y =$ 总成交额.

如果买方找不到符合初始需求的产品,他将愿意接受同一组产品中的任何一个作为强制替代。

---

① 可按实物计量单位或按不变价格进行加总。

卖方确切地知道 D,即总初始需求,他也知道买方愿意接受任何一种强制替代;①另一方面,他对初始需求的构成却一无所知。他使用下述库存形成规则:

$$s_i = (1+\lambda)D/m, \quad \lambda \geqslant 0, \quad i=1,\cdots,m \tag{8.1}$$

规则的意义是这样的。因为卖方一点也不知道初始需求的构成,全部 m 种产品在他的总供给中都表现为相等的份额。他要保证总需求得到满足,因此**库存因子** $(1+\lambda)$ 的下限就是 1。如果**库存参数** λ 为正数,除最小库存 $S=D$,还形成了一个**缓冲库存**。这也许已能部分或全部满足初始需求的某些部分,尽管这些需求的份额对不同产品来说不尽相同。库存参数 λ 是卖方的决策变量。在我们的介绍性例子中,这是一个**滞存指标**,λ 越大,市场的滞存就越多。

现在我们继续来描述买方的状态,即他在市场上的成功或失败。**以初始需求为基础的购买**由 $y^{(d)}$ 表示:

$$y_i^{(d)} \begin{cases} d_i, & \text{如果 } d_i \leqslant s_i \\ s_i, & \text{如果 } d_i > s_i. \end{cases} \tag{8.2}$$

这个买方试图满足自己的初始需求。他达到了初始需求或供给的限度,初始需求尚未满足的部分,就用**强制替代**来弥补:

$$Y^{(\text{FS})} = D - \sum_{i=1}^{m} y_i^{(d)} \tag{8.3}$$

我们用 η 表示强制替代率:

$$\eta = Y^{(\text{FS})}/Y, \quad Y=D. \tag{8.4}$$

如果强制替代没有出现,指标 η 的值为 0;如果购买都是由强

---

① 我们假设 $S \geqslant D$。

制替代完成的,它就是1。[如果满足规则(8.1),η不可能达到1,最高只能是$(1-1/m)$。]

因为我们不知道买方初始需求的构成,我们不能确切地决定η的值。但是我们能够提供一个上限,我们能够确定即使在需求构成与供给最严重背离时,买方也不会超过的强制替代率。我们把它称为强制替代率**最大值**,用$\hat{\eta}$表示:

$$\eta(\boldsymbol{d},\boldsymbol{s})\leqslant\hat{\eta},\text{对任何}\boldsymbol{d},\boldsymbol{s}\quad D\leqslant S) \tag{8.5}$$

强制替代率最大值[①]在我们的模型中是作为**短缺**指标出现的。虽然,根据前几章所说的内容,短缺强度实际上应当用一个向量,即几个指标的集合来描述;但为了简单起见,我们在这里只使用一个指标。更重要的是,即使这个单一指标η也是迂回地表示短缺的程度。它所表明的不只是事后的强制替代率的实际比率,可以通过观察$\eta(t)$和计算它的跨期平均值而得到。指标$\hat{\eta}$**事前**就提供了"最悲观"比率的情况,该比率肯定不会被实际强制替代率所超过。在更幸运的情况下,实际强制替代率可能低于这个悲观比率则是另一回事了。

滞存指标λ和短缺指标$\hat{\eta}$之间的相互关系,如图8.1所示。下述命题可以成立:

$$\text{如果}\lambda=0,\text{则}\hat{\eta}=1-1/m. \tag{8.6}$$

我们假设总初始需求都集中在一种产品上。在这种情况下,需求中有$1/m$的初始需求可以被满足;其余部分须由强制替代来弥补。产品数目m越大,这种极端情况就越接近1,即总购买量是

[①] $\hat{\eta}$是$\eta(\boldsymbol{d},\boldsymbol{s})$是上限的最小值。

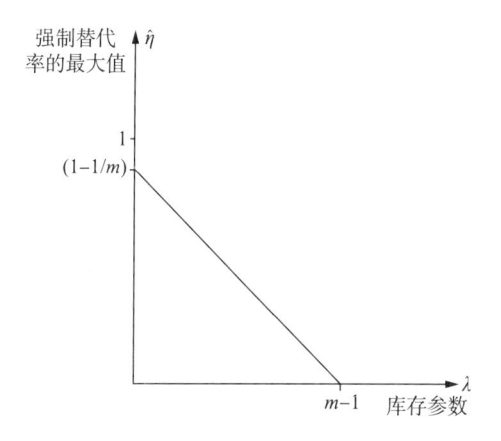

图 8.1 强制替代率和卖方库存量的关系

基于强制替代的情况。现在我们考虑另一种极端情况：

$$\text{如果 } \lambda = m-1, \quad \text{则 } \hat{\eta} = 0. \tag{8.7}$$

显然,如果卖方愿意使每一产品的库存量都保持与总初始需求相等的水平,那么即使所有的初始需求都集中在一种产品上,初始需求向量 $d_1, d_2, \cdots, d_m$ 也总是能够得到满足。保持再多库存也不会有什么用处,所以我们不必讨论 $\lambda > m-1$ 这种情况。

如果 $0 < \lambda < m-1$,强制替代率最大值将在两个端点之间的直线上。

因此,我们可以得出结论,**短缺强度是生产性滞存的递减函数**。在我们的例子中,这种依存的性质很简单,短缺指标 $\hat{\eta}$ 是滞存指标 λ 的递减线性函效。当然,这种数学形式只有在一定条件下才会成立。不过,这并不特别重要。真正要紧的是我们所要说的经济内容,滞存与短缺之间的反向关系。这已被无数的经验观察所验证。对每一个买家来说,不言而喻的是,如果卖家保持种类较多、数量较大的库存,他就有更大的机会得到他所要的东西。如果在有几个卖家的情况下,每个卖家都持有较多的库存,或者在服务的情况下,储备能力较大,那么,任何特定的买家都有较大的可能性避免被迫替代、搜寻、排队或推迟购买。

在我们的例子中,每一种库存策略 $\lambda \leqslant m-1$ 都只能导致一种**生产性**滞存,因为每一种库存都有被售出的机会。然而,正如在介绍"生产性滞存"和"非生产性滞存"概念时所说的那样,这不意味着对这种库存策略的无条件赞成。这样形成的滞存是"好"还是"坏",取决于对买方满意度的重要性所做的价值判断。我们假设卖方积累了最大数量的合理库存,也就是 $\lambda = m-1$。那就会导致很大的滞存,因为买方只购买了可及供给中的一部分。我们怎样评价这种规模的滞存呢?如果我们认为重要的是买方永远不会失望,那么整个滞存可以被看作一种**储备**。在目前这个模型的范围内(差异化信息完全不存在),滞存的任何部分都有售出的机会。但是,如果我们不介意买方几乎得不到任何符合其最初需求的东西,那么这种滞存大部分是多余的。

有人可能会对这种思路提出反对意见,认为这个问题在现实中似乎并不那么尖锐。我们在这里假设卖方根本不知道预期的需求构成,尽管他通常可以做出合理的预测,这是事实。但是,为了更清晰的分析,模型的极端形式是非常有用的。无论对买方的预期需求是否有可靠的预测,买方的满意或失望的重要性仍然是决策问题的一个组成部分。它对卖方或对社会有多重要呢?

当然,我们并不打算因此而回避对需求预测的研究,现在我们将继续研究这个问题。

8.3 卖方的预测误差

在第 8.2 节中，我们假设卖方对买方的初始需求的构成一无所知。当然，在现实中，他将在观察买方过去的行为中积累大量的经验，他将利用这些信息来确定自己的供给。[①] 与第 8.2 节的模型一样，卖方在这里也知道买方的总初始需求，并根据它调整他的预测。

$$\sum_{i=1}^{m} d_i^{\text{pred}} = D. \tag{8.8}$$

卖方估计到每种产品都含有一定的初始需求，

$$d_i \geqslant \delta > 0, \text{对每个 } i. \tag{8.9}$$

当然，预测可能是错误的；它可能与买方真实的初始需求有出入：

$$\varepsilon_i = \begin{cases} d_i - d_i^{\text{pred}}, & \text{如果 } d_i^{\text{pred}} < d_i : \text{低估} \\ 0, & \text{如果 } d_i^{\text{pred}} \geqslant d_i : \text{正确预测，或高估} \end{cases} \tag{8.10}$$

变量 ε_i 衡量**低估**的程度。

[①] 第 8.3 和 8.4 节所做的分析是基于与 András Simonovits 一起进行的研究工作。在这里以及下面的两节中，我们借助尽可能简单的（因此也是相当特殊的）模型，只阐述那些最重要的思想。我们甚至不打算详细列出每一个隐含的假设。在数学附录 B 中有比较充分的考虑，我们在那里提出并分析了两个多少更具有一般性的模型，第 8.3 和 8.4 节的模型是这些一般模型的特例。另外，数学附录 B 还提供了所有命题的数学证明。

在 Kornai-Simonovits (1977b) 的研究中，使用其他类型的模型（例如动态模型、学习进程）考察了同样的问题。

卖方估计不足的误差总量用 ε 表示。这是**预测误差指标**[①]：

$$\varepsilon = \sum_{i=1}^{m} \varepsilon_i. \qquad (8.11)$$

如果真实的初始需求和卖方预测在任何部分都没有偏差，那么 $\varepsilon=0$。卖方预测误差的最大值是 $\varepsilon^{\max}=D-\delta$。如果买方全部初始需求都集中到一种受到偏爱的产品上，而卖方预测这种产品的需求是极小值 δ，这种情况就会出现。

在这个修正过的模型中，卖方使用一种与公式(8.1)略有区别的库存形成规则：

$$\underset{\text{供给}}{S_i} = \begin{cases} (1+\lambda) & d_i^{\text{pred}}, \lambda>0, \text{如果}(1+\lambda)d_i^{\text{pred}}<D \\ \boxed{\substack{\text{库存}\\\text{因子}}} & \boxed{\substack{\text{卖方对需}\\\text{求的预测}}} \quad \boxed{\substack{\text{供给小于}\\\text{总需求}}} \\ D, & \text{其他}。 \\ \boxed{\text{总需求}} & \end{cases} \qquad (8.12)$$

该规则的逻辑如下。卖方的出发点与第 8.1 节的情况不太一样：在那里，他对需求的构成一无所知，他让每种产品在库存中占有同等份额。现在他的出发点是他自己对需求构成的预测。但是这可能要乘以库存因子 $(1+\lambda)$。如果他不完全相信自己的预测，他可能希望站在安全的一边，积累额外的供给，所以 $\lambda>0$。

在设置公式(8.12)时，我们努力提供最简单的经验法则。该规则实际上过于保险了。我们可以证明，在应用更复杂的规则的情况下，更小的库存可能就足以同样地保证满足需求。

---

① 构建指标 ε 的假设见数学附录 B1 节。

第8章 调整的摩擦

在这种情况下,强制替代的最大值不是像第 8.2 节中那样的一元函数,而是二元函数。

$$\underset{\substack{\text{强制替代}\\\text{率最大值}}}{\hat{\eta}} = \phi(\underset{\substack{\text{库存}\\\text{参数}}}{\lambda}, \underset{\substack{\text{卖方预测}\\\text{总误差}}}{\varepsilon}) \quad (8.13)$$

函数(8.13)如图 8.2 所示[①]。横轴衡量库存参数,纵轴衡量强制替代率的最大值。对固定水平的预测误差 $\varepsilon^{(1)}$ 和 $\varepsilon^{(2)}$ 来说,等值线表示 $\hat{\eta}$ 作为 λ 的一个函数。

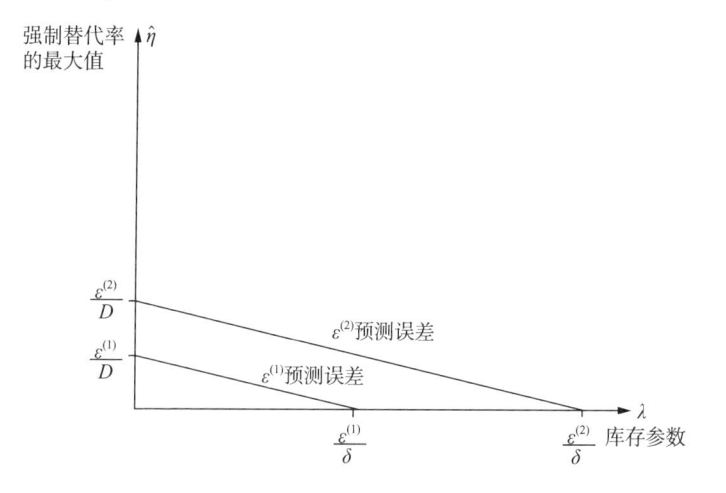

图 8.2 强制替代率、库存数量和预测误差之间的关系

我们用 $\hat{\lambda}$,即 $\hat{\lambda} = \max(D/d_i^{\text{prod}} - 1)$,表示库存参数的上限。

[①] 更确切地说,图 8.2 只表示一种特殊情况,即市场上只有两种产品,而卖方低估了对其中一种产品的需求。更一般性的问题,连同未在此处指明的互补假设,将在数学附录 B 的 B.1 节中讨论。函数(8.12)是公式(8.13)的特殊形式,在 B.1 节所述假设下有效。

在$\lambda=\hat\lambda$时,任何不同构成的需求肯定都会得到满足。如果库存参数超过上限$\hat\lambda$,这些滞存就会因为没有机会出售而积累起来,这就是**非生产性滞存**。如果参数λ达到$\hat\lambda$值,根据公式(8.12),每个产品的供给量都可以达到$s_i=D$,即使存在预测失误也能够保证消除全部强制替代。这个结果也可以用以下方式来表达,**即使是最差的预测,也可以通过增加滞存来弥补**。

强制替代率最大值的上限是$(D-\delta)/D$。这是因为关于需求预测的规定,即每种产品至少要有δ量的库存。

如果$\varepsilon=0$,那么强制替代率最大值等于0。在这种情况下,[1]不需要缓冲库存(大于$S=D$),所以$\lambda=0$。换言之,**在完全预见的情况下,可以达到瓦尔拉斯均衡**,初始需求和供给完全吻合。在我们的模型中,$\hat\eta$代表短缺向量z,λ代表滞存向量q。在我们模型结构的框架内,瓦尔拉斯均衡的条件能够用下列公式表达:

$$Y = d = s, \quad 即 z=0,\ q=0, 如果\ \varepsilon=0$$

实际成交额	初始需求	供给	无短缺	无滞存	无预测误差

(8.14)

这是图8.2中原点的情况。卖方预测不完善的每一个市场都远离原点,位于三个变量的正值区域。

当然,函数(8.13)的数学形式是特殊的。图8.2所示的极其简单的形式(线性等)只是在我们模型框架内成立。然而函数的经济内容却说明了一种普遍适用的关系。**短缺强度越大,生产性滞存越小,决策者预测误差越大**。这里用最简单的形式提出了短

---

[1] 这种情况只有在真实的初始需求$d_i\geqslant\delta$也成立的条件下才可能出现。

缺、滞存、预测三组现象,并分别用一个实数表示。认识到这种三重相互关系,对于理解经济体制的调整特性具有基本的重要性。

三种关系的变量之间存在相互权衡。**如果预测得到改进,则短缺强度保持在同一水平所需的生产性滞存就会减少。或者说,如果我们想把生产性滞存固定在一个恒定的水平上,预测的改进将降低短缺强度。**

由于卖方的需求预测误差,在调整过程中出现了**摩擦**,变量 ε 是体制中的一个摩擦因子。

短缺、滞存和摩擦之间的相互关系在下面将被称为**摩擦函数**。它的第一个例子就是(8.13)的关系,即二元函数: $\eta = \phi(\lambda, \varepsilon)$。

8.4 买方的动摇不定

现在,让我们看看另一种类型的调整摩擦,是由**买方意向的易变性**引起的。[①] 在重复购买过程中,买方的初始需求可能由于各种因素而波动。我们可以举出几个关于企业物资需求方面的例子。

(a)企业的生产计划及其按产品划分的构成可能会有所不

[①] 在 Gordon-Hynes(1970)的研究中讨论了类似的问题。他们指出,在随机需求的情况下,供给过剩不可能为零;相反,卖方开始对积累库存产生兴趣。用我们自己的术语来说,就是在买方进行的搜寻和滞存规模之间存在着一种关系。

信息的缺乏和不确定也会导致劳动力市场出现类似的问题。参见 Phelps(1970 b)和 Holt(1970)。

本章所采用的方法与 Phelps(1970a)编纂的论文集的方法在许多方面有联系。上述三篇文献也收录在该论文集中。

同。投入需求也会相应地发生变化。

(b)在大多数情况下,某种物资必须与其他互补投入一起使用。如果互补性投入的供应量发生波动,对有关物资的需求量也可能同时发生波动。

(c)企业有计划的活动流于表面,管理混乱,结果是随意提出要求。

(d)由于创新或引进新工艺、推出新产品,可能突然改变对投入需求。

我们对买方意向的易变性不提出任何价值判断。在(a)和(b)情况下,它是由企业外部环境来解释;在(c)情况下,是企业自己的责任;在(d)情况下,它是伴随着创新而出现的可喜变化。我们现在只是简单地声明,买方的意向可能动摇不定。为了进行分析,我们回到第8.2节中描述的模型,只是现在买方的需求被视为一种随机现象。

$$d_i = \bar{d}_i + \gamma h_i \quad (8.15)$$

初始需求　　初始需求的确定部分　　动摇参数　　初始需求的随机部分

$\bar{d}_i$是不断波动的初始需求的中值;它是确定性的。在此基础上加上或减去随机部分γh_i。随机变量h_i的期望值是0;因此实际初始需求可能会在两个方向上出现偏差$\bar{d}_i$。其概率分布对每种产品来说可能都是不同的[①]。**动摇参数** $\gamma(\gamma \geqslant 0)$乘以随机变量

---

① 这种分布是截断的,因为条件$\sum_{i=1}^{m} d_i = D$成立,且对每个$i \geqslant 0$都有d_i。为简便起见,我们假设分布具有连续性。

第 8 章 调整的摩擦

h_i。如果 $\gamma = 0$，则买方根本没有动摇，我们就得到了第 8.2 节的确定性模型。另一方面，如果 $\gamma > 0$，则买方动摇不定。在我们的模型中，我们采用了强简化假设，即参数 γ 对每种产品都取相同的值。

卖方不知道变量 h_i 的分布。他继续使用规则 8.1 能够描述的库存策略。然而，我们在对问题做理论分析时，要知道概率分布，因此我们能够更好地预测短缺强度。我们再次把强制替代率上限作为一个指标来使用，但是现在有了可靠性 $\pi (0 \leqslant \pi \leqslant 1)$。这个指标将被称作强制替代率的**可靠值**，用 $\eta^{(\pi)}$ 表示。因此，例如，如果 $\pi = 0.97$，则**实际强制替代率**可能大于可靠值 $\eta^{(0.97)}$ 的概率是 3%，而不大于的概率是 97%[①]：

$$\begin{aligned} \eta \leqslant \eta^{(\pi)}, &\quad \text{概率为 } \pi \\ \eta > \eta^{(\pi)}, &\quad \text{概率为 } (1-\pi) \end{aligned} \tag{8.16}$$

在概述了该模型之后，我们简要总结一下从中得出的主要结论。

在讨论卖方预测误差时，我们将得出与之前类似的"三重"相互关系。如图 8.3[②] 所示。可以看出，它与图 8.2 非常相似。然而，在这里，等值线的移动代表的不是卖方预测误差的变化，而是

[①] 初始需求是随机的，强制替代率也是随机的。令 χ 表示随机变量 η 的概率分布，指标 $\eta(\pi)$ 就是在可靠水平 π 上的 χ 分布的**分位数**。

如果在所有这些之后，我们回到该模型的确定性形式上来，我们也可以把公式 (8.5) 当作公式 (8.16) 在 $\pi = 1$ 时的极限状态。

[②] 该图表示一种线性关系。如果随机变量的概率分布是均匀的，这种关系就成立。这个假设只是为了简化图示。我们要说的经济内容也适用于其他分布，相应地，也适用于非线性相互关系的情况。

作为该图背景的互补假设，将在数学附录 B 的 B.2 节中详细描述。

买方的波动。三组不同的现象之间存在相互权衡。

短缺强度越大,生产性滞存越小,买方的动摇越大。买方更大幅度的动摇可以通过更多的生产性滞存来补偿。但是如果做不到这点,买方将不得不以更密集的强制替代来抵偿更大幅度的动摇。

数字的相似性不应使我们迷惑。图 8.2 和图 8.3 中的等值线移动代表了两组不同的现象。后者表达的是买方实际行为的动摇,而前者表达的是卖方心中对买方行为形成的形象的错误。然而,尽管两者存在差异,但也是密切相关的。**二者都会造成调整过程中的摩擦。**与前面的变量 ε 一样,变量 γ 描述的也是一个**摩擦因子**。我们据此可以制定一个新的二元摩擦函数:[1]

$$\eta^{(\pi)} = \phi'(\lambda, \gamma) \quad (8.17)$$

| 强制替代率的可靠水平 | 库存参数 | 买方动摇参数 |

现在的摩擦函数 ϕ' 和上节提到的函数 ϕ 是密切相关的[2]。在这两个函数中,摩擦变量 ε 和 γ 对另外两个变量即短缺和生产性滞存指标的影响是同向的。不管是卖方的预测误差还是买方的动摇增大,短缺强度(在滞存既定的情况下)或滞存(在短缺强度既定的情况下)都不得不随之而增加。

---

[1] 数学附录 B 中的函数(B.17)是公式(8.10)的特殊形式,它在 B.2 节所述假设下有效。

[2] 参见 Kornai-Simonovits (1977b)对摩擦函数之间"等价关系"的分析。

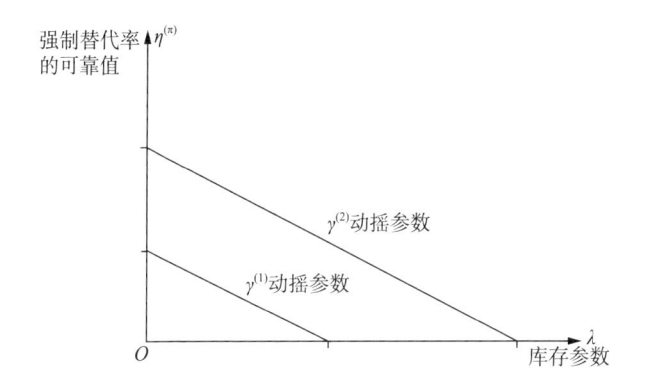

图 8.3　强制替代率、库存量和买方动摇之间的关系

8.5　买方信息不完全

我们现在把注意力转向第三种摩擦现象,这是**买方信息不完全**的结果。到此为止,我们一直谈论的是一个卖家和一个买家的情况。现在我们要考察有若干卖家和若干买家的市场。我们必须引入更多的简化,以避免使讨论过于复杂。这个问题用图 8.4 来表示,而市场状态指标在表 8.1 中加以总结。

有三种产品,1、2、3。有三个买家,每个买家的初始需求为一单位产品。买家 A 想要产品 1,买家 B 要产品 2,买家 C 要产品 3。有三个卖家,每个卖家有一个单位的产品供应。卖方 F 有产品 1 的库存,卖方 G 有产品 2,卖方 H 有产品 3。

市场如下运行,货物在一个特定时点运到卖方的仓库,例如星期一傍晚,此后几天之内不再进货。所有三个买方都在第二天,即星期二上午开始购买。这一天,他们每人只走访一个销售点。如果情况要求买方进一步去搜寻产品,他也只能在第二天进行下一次尝试,第三次尝试则在第三天,依此类推。

我们可以看到,出发点是非常有利的,初始需求与市场上的实物供给不仅在总量而且在细目,即在单个产品上,也是相等的。

而现在让买家出发吧。很多情况都是可行的,我们来研究其中的几种情况。

情况Ⅰ:第一天

买家A的初始需求:①	→	卖家F的供给:①
买家B的初始需求:②	→	卖家G的供给:②
买家C的初始需求:③	→	卖家H的供给:③

情况Ⅱ:第一天

买家A的初始需求:①	→	卖家F的供给:①
买家B的初始需求:②	⤨	卖家G的供给:②
买家C的初始需求:③	⤨	卖家H的供给:③

情况Ⅲ:第一天

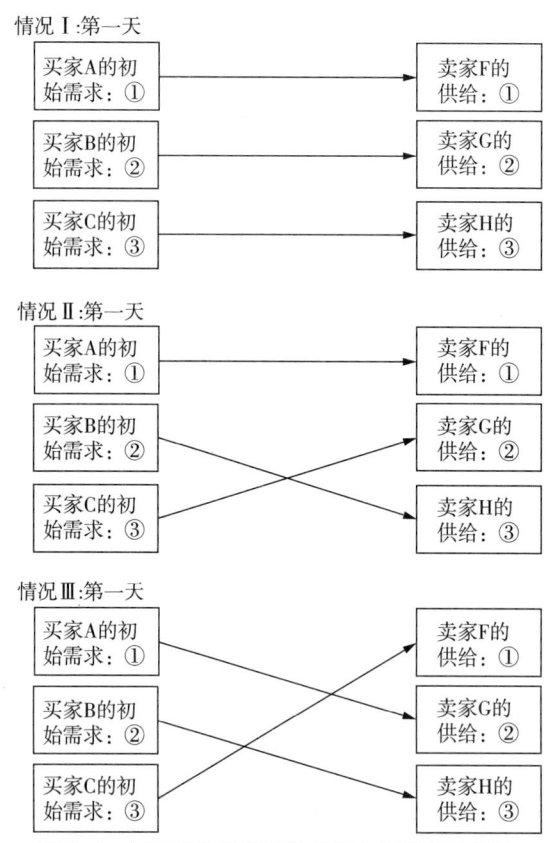

买家A的初始需求:①	⤨	卖家F的供给:①
买家B的初始需求:②	→	卖家G的供给:②
买家C的初始需求:③	⤨	卖家H的供给:③

图 8.4　作为买方信息函数的买方初始购买线路

表 8.1 作为买方信息函数的短缺和滞存

概括全部市场的指标	情况Ⅰ	情况Ⅱa	情况Ⅱb	情况Ⅱc	情况Ⅲ
短缺					
强制替代率	0	2/3	0	2/3	1
搜寻	0	0	2	1	3
滞存					
第一天结束时的期末库存	0	0	2	1	2
第二天结束时的期末库存	0	0	0	1	1
第三天结束时的期末库存	0	0	0	0	0

情况Ⅰ：事情进展得非常顺利；每个买家都恰好去了备有他所需产品库存的卖家那里。从表 8.1 可以清楚地看出，没有短缺，到第一天结束时，已经没有滞存。

情况Ⅱ：此情况中的买家 A 也是幸运的，他在第一次尝试中就找到并购买了他想要的产品 1。

但是买家 B 和 C 走错了地方，买家 B 去找了卖家 H，而买家 C 去找了卖家 G。让我们回顾一下购物算法：在这种情况下，买家可以选择采取不同的步骤。现在只研究其中的三种。

情况Ⅱa：两个买家都不愿意进一步搜寻，而是采取强制替代。强制替代率为 2/3，表示短缺。买方的这个决定立即吸收了滞存。

情况Ⅱb：两个买家都愿意进一步搜寻。第二天他们再次出发采购，运气比较好，因为他们找到了想要的产品。在这一情况下，短缺指标是搜寻；整个市场一共出现了两条额外的线路。① 在第一天结束时，滞存是正数，因为卖家 G 和 H 的供给仍然是库存；但是次日就售出了。

情况Ⅱc：买家 C 不愿意进一步搜寻，而是立即进行强制替代。买家 B 对此并不知情，但选择在第二天再试一次，并借此机会拜访卖家 G。但在那里他发现货架上空空如也。他被迫在第三天再去找卖家 H，接受强制替代。

第三天结束时，描述整个市场状况的总结果如下。

强制替代率是 2/3，与情况Ⅱa 相同。然而搜寻指标却显示出两条额外的路线；在这方面，与情况Ⅱa 相比，短缺情况更为严重。同时，滞存指标显示有两个晚上的库存未被利用，这与情况Ⅱa 相反，当时，滞存完全被强制替代所吸收。

虽然情况Ⅱ还可能有更多更进一步的续篇，但我们不再继续描述，而是向前迈进一步。

情况Ⅲ：全部三个买家都走错了路，在第一次拜访的卖家那里没有找到想要的产品。这个故事可以有多种延续，我们只考察其中一种。

买家 A 立即采取强制替代。买家 B 和 C 第二天的尝试又告

---

① 每个买家的搜寻指标是访问过的销售点数量减去1。无论如何至少必须访问过一个销售点，这还不能算"搜寻"。

在表 8.1 中，"搜寻"是整个市场搜寻的总和。在情况Ⅱb 中，通过将买方 B 的一条额外路线与买方 C 的额外路线相加，就得到搜寻指标值，2。

失败。买家B去了卖家H那里,没有找到所需的产品,接受强制替代。买家C去了同一地点,但比B晚到了一段时间,他听到所需的产品一直在那里,但却被人从他的眼皮底下拿走了,他感到很痛苦。第二天,他拜访了卖家F,最后他接受了强制替代。

情况Ⅲ的最终平衡非常糟糕,强制替代率为1。总共进行了3个单位的搜寻,买家B增加了一条路线,买家C增加了两条路线;未售出的库存相当大,第一天结束时有两个单位,第二天后仍有一个单位。

虽然上面描述的故事非常简单,但它使我们能够得出一些普遍有效的结论。初始需求和实物供给绝对相同的事实,$d=s$,意味着瓦尔拉斯均衡的**可能性**:$y=d=s; z=0, q=0$。这里的"情况Ⅰ"就是这种情况。但是,是什么决定了将出现情况Ⅰ,而不是出现偏离瓦尔拉斯均衡市场状态的情况Ⅱ或情况Ⅲ?

我们可以说,这是一个偶然性事件。在情况Ⅰ,买方在偶然的情况下被引导到正确的销售点,而在其他情况下则被引导到错误的地点。当然,偶然性也起着一定的作用,但是它不能决定这个问题。正如上一节中对卖方所说的那样,现在可以对买方说,他有以前购买的经验,现在,他也可以在开始采购路线之前获得信息。**买方在采购过程中的部分决策取决于他的信息。**

买方所拥有的关于卖方供给的信息和关于他的买方同伴的态度和行动的信息可以有许多不同的组成。为了便于说明,我们将区分三种不同的组成,即三种不同的**信息束**。

信息束Ⅰ。三个买家都能准确地发现哪个卖家有什么存货。因此,这不是偶然而是有意识地,他们可以出发到正确的地方;情况Ⅰ就能够出现。

信息束 I_1。 它由两部分组成。(a)三个买家都知道产品 1 可以从卖家 F 那里得到,也知道一单位产品 2 或 3 由卖家 G 和 H 提供,但他们不知道哪家有产品 2,哪家有产品 3。(b)其他两个买家也知道买家 C 的初始需求是产品 3。他们还知道买家 C 具有较高的强制替代倾向和较低的搜寻倾向。可以预料,如果在第一次尝试中没有找到想要的商品,他就会立即接受强制替代。

有了所有这些信息,即使在最不走运的情况下也能避免最坏的情况Ⅲ。更何况,即使是相对不利的子情况Ⅱc 也能避免。是情况Ⅱb、Ⅱa,还是情况Ⅰ发生,则取决于运气。

信息束 I_2。 它与信息束 I_1 的(a)部分相同,但不包括(b)部分。它足以确保买方避免最坏的情况Ⅲ,但它不排除情况Ⅱc,它是情况Ⅱ中最不令人满意的一种变形。

三种不同信息束的排序直观地表明,I_0 是信息"最丰富"的,I_1 是"不太丰富"的,I_2 是"最不丰富"的。更确切地表述,我们能够根据这组备选的信息来建立一个**局部排序**,令符合这种排序的情况为**买方信息不完全指标** Γ,这种排序和相应的指标具有如下特征:

$$\Gamma(I') < \Gamma(I''),如果 \begin{bmatrix} z(I') \\ q(I') \end{bmatrix} 优于 \begin{bmatrix} z(I'') \\ q(I'') \end{bmatrix} \quad (8.18)$$

并且,

$\Gamma(I_0) = 0$,如果 $z(I_0) = 0$ 且 $q(I_0) = 0$。

据此,买方的信息不完全指标得到了定义。这样,在买方具有完全信息时,它的值为 0。如果 I' 导致的短缺和(或)滞存程度

低于 I''（根据前一章解释的向量比较原则），则它对于 I' 的值就小于它对于 I'' 的值。

我们无法确定这组备选信息束的完全排序。如果信息束 $\check{I}$ 并不支配信息束 $\hat{I}$，由于，例如，它在一种现象方面导致较弱的短缺，而在另一种现象方面引起较强的短缺，我们就不能确切地说哪一种信息束的信息实际上更丰富。

如果买方或多或少地不了解情况，**信息的价值**就会变得实实在在。在短缺经济中，一个众所周知的现象是，卖方对其偏好的买方的帮助不是把货物给他（他有义务把货物给任何要求得到货物的人）。卖方**通知**买方所要求的货物将于何时到达，这就是帮了买方的忙。让我们回想一下刚才讨论过的情况 Ⅱc。买家 B 去找了卖家 G，但一无所获，因为买家 C 在他之前已买走了货物。然而，如果有人告诉他赶快去，因为他想要的产品就在那里，那么他就可以成为得到它的人。由此可以得出一个衡量信息价值的标准。

$$b_i(I', I'') = z_i(I'') - z_i(I') \qquad (8.19)$$

| 信息的价值 | 在信息不完全情况下的短缺 | 在信息较完全情况下的短缺 |

信息的价值由买家 i 所经历的短缺的减弱来表示，越少去搜寻，越少去强制替代，等等。我们不给出信息价值的标量指标，而是确定两个短缺向量之间的差异。[①]

[①] 除了其他区别之外，它与，例如在 Marschak-Radner（1972）中使用的信息价值定义也有不同。除此之外，我们的方法与 Marschak 和 Radner 的方法有一些相似之处。

我们现在已经到了一个巨大的复杂问题的门槛，**经济信息理论**。我们不得不就此止步。因为无论信息问题多么重要，而且它与短缺问题的研究多么密切相关，对它的详细讨论都会使我们远远超出本书的范围。我必须满足于只提出公式(8.18)和(8.19)，以及前面的(8.10)和(8.11)，这些简单的例子表明了**衡量经济信息的可能性**。本书篇幅不允许我们把这些特殊而简单的公式与衡量经济信息的一般理论框架联系起来。

现在我们回到本章最初的思路上来。指标 Γ 进一步扩展了**摩擦因子的数量**。关于这一点，可以说和其他摩擦因素一样，即**买方的信息越不完全，即调整中的摩擦就越大，短缺就越强，或滞存就越大**。

我们对例证进行了相当大的简化，但这种现象本身是司空见惯的，尤其是为短缺经济中的买方所熟悉。之所以经常出现抱怨，是因为想要的货物其实是有的，但买方无法在搜寻的地点或时间找到它们。当然，我们并没有说这是短缺的主要原因。前面和后面的一些章节都在强调，尽管实物供给有限，但最重要的直接原因是初始需求的失控。不过，分配过程中参与者的信息不完全，也可能会放大(本身就可能造成)短缺现象。

8.6 卖方调整的延迟和刚性

下面的摩擦现象明显与调整的**动态过程**相联系。我们通过一个非常简单的例子再次提出这个问题，其中有许多简化的假设。一个单一的卖家面对一个单一的买家，就像在第 8.2 至 8.4

第 8 章 调整的摩擦

节一样。时间 t 是一个整数变量,其单位可以是,例如,一个星期或一个月。无论如何,我们着眼的是**短期调整**。

在这种情况下,不存在信息的问题。卖方清楚地知道,在由 t_0 表示的某个时间点上,买方的初始需求突然发生了变化。在此之前,它一直是 d;后来它变成 $d'>d$,从那时起,买方总是服从于这个新的初始需求 d'。我们假设在临界日期 t_0 之前不存在短缺:①

$$s(t) = d, \quad t < t_0 \tag{8.20}$$

供给　　　　初始需求

那么问题是,供给调整到什么程度才能满足新的初始需求?反应或调整期有多长?调整路径用以下方式表示:②

$$s(t) = \Omega(t)\,d + (1-\Omega(t))d'. \tag{8.21}$$

供给　阻力参数 旧初始需求　　新初始需求

如果**阻力参数** Ω 的值是 0,则说明调整已经完全进行,供给已经调整到新的初始需求。如果 $\Omega=1$,则没有进行调整,供给继续与旧的初始需求一致。有许多种因素可以解释阻力。可以观察到决策者的主观阻力。最明显的解释就是安于现状的愿望。重复旧的行为方式总是比较舒适的,而转向某种新东西则要劳神费力。如果没有任何东西鼓励额外的努力与思考,那为什么要这样去做呢?有时存在着促使人们做出谨慎反应的特殊利益。但

---

① 为了清楚起见,让我们假设初始需求的变化发生在 t_0 周的最后时刻。从该周开始起,买方仍然带着他的旧的初始需求出现,而在下一周他提出了新需求。

② 为了简单起见,我们将供求平等视为完全调整。引入滞存的形成虽然不会引起什么困难,但描述将变得更加复杂。

是，除了人们的自觉或不自觉的抗拒以外，事物自身也在抗拒。从技术上讲，通常不可能突然改变生产或产品供给的时刻。

让我们用 t_1 表示为适应新的初始需求进行完全调整的时间。我们把时间 $\tau = t_1 - t_0$ 称为**延迟时间**，用 τ 表示。

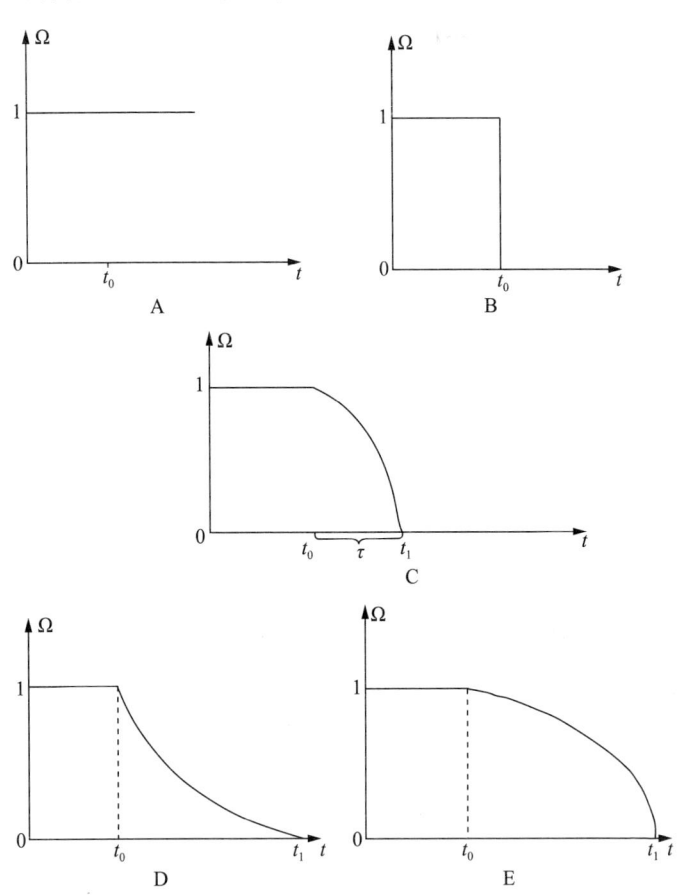

图 8.5 延迟和刚性的特征类型

第 8 章 调整的摩擦

我们在图 8.5 中介绍了调整动态的几个特征性例子。在图 A 部分,我们得到了一种极端情况,即供给是**完全刚性**的。卖方固执地坚持与旧的 d 相符的供给。每个 t 的阻力参数都是 $\Omega(t) = 1$,所以延迟时间无穷大,即 $\tau = \infty$。

图 B 呈现了另一个极端。在那里,供给会自行调整到新的初始需求,没有丝毫延迟。没有任何阻力,所以 $\Omega(t) = 0$,而延迟时间 $\tau = 0$。这种纯粹状况只是一种在现实中不可能发生的抽象概念。

在两个极端之间有无数的中间可能性,这里只介绍其中的三种。如果只观察延迟时间,我们可以把图 C 与图 D、图 E 进行对比,后两者的延迟时间是相同的。在情况 C 中,调整需要的时间很短,在情况 D 和情况 E 中则需要更长的时间。

然而,最后两部分清楚地表明,仅用延迟时间不足以描述调整的动态,因为在调整过程开始和结束之间发生的事情并不是无关紧要的。另一个有用的指标是阻力参数的期间平均值:

$$\zeta = \frac{\sum_{t=t_0}^{t_1} \Omega(t)}{t_1 - t_0} \tag{8.22}$$

用这个指标来衡量,显然有 $\zeta^{(D)} < \zeta^{(E)}$。很明显,其他指标也能用来刻画表征调整的动态性;但就目前而言,我们可以满足于**刚性指标** ζ;换言之,我们应该说,卖方的行为在情况 D 比在情况 E 更为刚性。

通过上述讨论,我们发现了两个新的**摩擦因子**,并有两个**摩擦指标**来衡量它们,即延迟时间 τ 和刚性指标 ζ。它们在形式上与前面提到的那些指标具有类似的特性。在完美的、无摩擦调整的情况下,$\tau=0$,$\zeta=0$。在现实中,各指标的数值通常为正数,数值越大说明摩擦越大。

这些摩擦因子与短缺和滞存之间存在类似的关系,即一个**摩擦函数**,类似于前面涉及的那些因素。**为适应初始需求变化而做出的供给调整的滞后越大,刚性越强,短缺就越严重;买方被迫进行更多的搜寻,接受更多的强制替代,等等**。与此同时,由于实物供给与初始需求之间的差异,可能会形成更多的滞存。而所有这一切,对于刚才讨论的摩擦形式来说,并不一定与**信号**系统的任何缺陷有关。正如在第3、第6和第7章中所说的,可能存在着一些非价格的"数量"信号,这些信号将引导生产者和销售者了解需求方面发生了什么变化。然而,这还不够。同样重要的是,供给应该对收到的信号做出灵活的反应,并且不拖延。① 如果有可能而且值得确定一个重要性的顺序,我们将把这个问题(即行动的摩擦)看作更大的问题,而不是本章前面论述的信号系统中的摩擦。

8.7 初步综合:短缺、滞存和摩擦三者之间的关系

现在工具已经全部具备,可以进行第一次综合。表8.2中,简要介绍了迄今为止引入的摩擦指标。在第Ⅱ栏和第Ⅲ栏,显示

---

① 为研究这里所谓的**刚性**和**延迟**现象,Lapan(1977a,1977b)提出了形式化模型。虽然这些文章假设了特殊的制度条件,但其结论具有普遍意义。

了第8.2至8.5节中介绍的术语和符号。新的东西是在第Ⅰ栏,对各个摩擦现象进行了**比较一般**的表述。这就可以看出,我们所讨论的都是更一般现象的特例。例如,在第8.5节中,我们分析了供给对初始需求变化的调整;我们也可以讨论与此对称的问题,即初始需求对供给的调整。在第4和第5章详细地讨论了这个问题,不过没有强调这种调整的摩擦。

在表8.2的第Ⅰ栏中,"**行动者**"一词不止一次出现。该词指的是所系统的系统内的任何成员,个人和团体(如企业、家庭、非营利机构)。这个词用来取代本章前几部分提到的两类不同的行动者,即卖方和买方。

表8.2 摩擦指标

摩擦指标的一般内容	第8.2至8.5节中提出的特例	
	术语	符号
Ⅰ	Ⅱ	Ⅲ
行动者对其他行动者的状态和态度的信息不完全;作为行动者计划基础的预测误差	买方信息不完全;卖方需求误差	Γ, ε
在重复决策中,行动者意向的波动	买方的动摇	γ
行动者根据变化了的情况进行调整中的刚性和延迟	卖方的刚性;根据初始需求调整中的延迟	τ, ζ

我们并没有声称表8.2中列出了经济调整过程中所有的摩擦现象,也没有声称表8.2中列出了在衡量这些摩擦现象时可以

考虑的所有指标；我们甚至不确定所给出的这些现象是否是最重要的现象或最佳衡量指标。也有可能应当对它们进行重新分类。尽管如此，我们希望在前面的讨论过程中已经明确了我们所理解的摩擦，并且希望指标$[\Gamma, \varepsilon, \gamma, \tau, \zeta]$的例子已经证实了摩擦现象是能够衡量的。

摩擦指标都集中在用 w 表示的**摩擦向量**中，它把所有局部市场的摩擦指标都包括在其分量之中。对于每个局部市场来说，表 8.2 中的五个指标（或者其他那些处在它们的位置更为合适的指标）都是需要的。向量 w 的所有分量都具有在第 8.3 至 8.6 节介绍的例子中已规定的形式特性。也就是说，$w_h = 0$ 表明，指标 h 衡量的摩擦现象根本不存在，从这个角度看，该系统是没有摩擦的。w_h 的值越大，有关的摩擦程度就越大。

如果我们长时期观察摩擦现象，并计算出期间平均数，我们就可以确定该系统的**正常摩擦** w^*。①

现在我们可以来讨论短缺、滞存和摩擦的"三者关系"。

我们用向量 z 表示生产和交换的短缺指标。

我们用向量 q^{prod} 表示生产和交换中出现的生产性滞存指标。顺便提醒大家注意，生产性滞存就是**事前**具有一定使用机会的滞存。此外，还可能存在非生产性滞存，而且 $q = q^{\text{prod}} + q^{\text{unprod}}$。

最后，用向量 w 表示生产和交换中存在的摩擦指标。

这些变量的正常值之间可以得到如下关系：

---

① 前几章中关于衡量向量 z, q 所作的所有方法论论述（可比性、凝缩等）对 w 也同样适用。

第 8 章　调整的摩擦

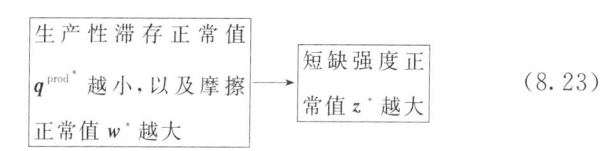

$$\boxed{\begin{array}{c}\text{生产性滞存正常值}\\q^{\text{prod}*}\text{ 越小,以及摩擦}\\\text{正常值 }w^*\text{ 越大}\end{array}}\longrightarrow\boxed{\begin{array}{c}\text{短缺强度正}\\\text{常值 }z^*\text{ 越大}\end{array}}\quad(8.23)$$

这就是系统的一般**总摩擦函数**。我们是用语言形式对它进行描述,因为在这种一般性水平上,我们还无法做到对这种相互关系更精确的阐述。只能对于简单的特殊情况,精确地用公式表述一些类似的局部关系。见公式(8.13)和(8.17)、(B.12)和(B.17),以及与这些公式有关的模型。

函数的解释变量只包括**生产性**(而不是全部)滞存。任意增加非生产性滞存,并不会减轻短缺的强度。在前面第 8.2 和 8.3 节讨论的两种特殊情况下,非生产性滞存的积累自动消失了。

虽然我们不能确切地了解关系(8.23)的数学形式,但我们仍希望用图形来表示我们所要说的内容(见图 8.6)。该图不过是帮助读者想象这种关系的性质。我们希望这将有助于理解后面的论证。

首要要对该图做一些技术性的说明。三组现象的每一组都由一个具有许多分量的向量来描述。然而纸张是一个二维的平面,所以最多只能在上面表示三个变量之间的相互关系。正因为如此,每一组现象才用单一的标量变量来表示。这张图表示**在其他条件不变时**,单一短缺指标,单一生产性滞存指标和单一摩擦指标之间的关系。

图中曲线的形状是任意的。我们回想一下,图 8.2 和 8.3 中所解释的特殊的摩擦函数 ϕ 和 ϕ' 都是线性的,但这只是因为使用了非常简单的解释性模型。我们不知道较一般的摩擦函数是线

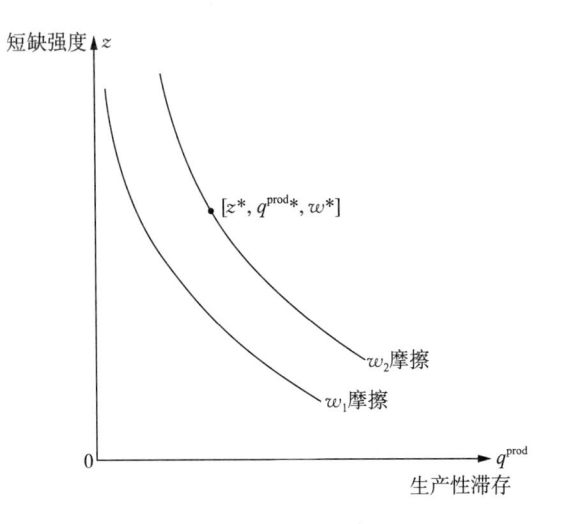

图 8.6 短缺、生产性滞存和摩擦之间的一般关系

性的还是非线性的。

让我们先来考察原点。如果在一个时期内,平均而言,既不存在短缺,也不存在滞存①,还不存在摩擦,那么该系统就处于**瓦尔拉斯均衡的正常状态**:

$$z^* = 0; \quad q^* = 0; \quad w^* = 0. \tag{8.24}$$

这不仅是一个定义,而且表明了因果关系。只有在调整完全没有摩擦的情况下,系统的正常状态才可能处于瓦尔拉斯均衡。

对原点可以给出两种截然不同的制度解释。第一种是完全

---

① 对瓦尔拉斯均衡的正常状态的定义是有用的,在这种状态下,既不存在生产性滞存也不存在非生产性滞存:$q^* = 0$。但是摩擦函数的自变量只是生产性滞存;因此在图 8.6 中只看到 q^{prod}。在公式 8.24 中,显然 $q^* = 0$ 包含生产性滞存在原点上的取值 $q^{\text{prod}*} = 0$。

分散决策的"完全竞争均衡",然而,它具备了无摩擦运行的所有条件。根据第二种解释,这也是一个**完美**运行的中央集权经济的定位。我们假设在一个系统中,一切信息都能迅速和没有失真地到达中央,在那里毫不拖延地得到处理,并立即反映在分配计划中,然后计划又得到迅速圆满的实施。这些计划在任何时刻都保证资源得到充分利用。原点象征着一个完全没有摩擦的系统,不管它是由"看得见的"还是"看不见的"手所控制。

然而在现实中,没有一种制度是在没有任何摩擦的情况下进行调整的。在不记名市场机制以及中央计划和经济管理体制中都存在摩擦。诚然,这些摩擦的性质差别很大,每种类型都需要单独研究。但是没有一种是在上述 $w^*=0$ 意义上的"完美"系统。这就是没有一种系统在正常状态下确实或能够存在于图8.6原点上的原因。

在经济调整的描述中,位置 $z^*=0$,$q^*=0$ 和 $w^*=0$ 作为抽象的参照点。[①] 而实际系统可以用其指标 z,q 和 w 与原点的偏离来描述。在图8.6中,这样的点是用来进行解释的;它是某种实际系统的正常状态,永久地与瓦尔拉斯均衡的正常状态的位置,即原点有一定的距离。这个实际系统的瞬时状态围绕其正常状态 $z^*>0$,$q^{\text{prod}*}>0$ 和 $w^*>0$ 波动。

[①] Siven-Ysander(1973)在评论《反均衡论》中,使用巧妙的类比,赋予瓦尔拉斯均衡类似物理学中绝对零度所起的那种作用。虽然从经验上讲后者并不存在,但它是衡量标度的理论出发点。瓦尔拉斯均衡状态 $z^*=0$, $q^*=0$ 和 $w^*=0$ 在上述思想中起着类似的作用。

8.8 分离：摩擦与"虹吸"滞存

第8.2至8.7节提出的抽象思路是为了帮助理解**现实**经济体制的运行，首要是分析我们的主题，即**短缺**。短缺是由几个错综复杂的相互依赖的因素来解释的。本章的工具使我们能够把这组解释因素分为**两部分**。

让我们考虑我们惯用的螺钉制造的例子。我们假设有几个螺钉厂并存。螺钉一部分由工厂自己销售，一部分经过贸易企业的中介到达数百家消费者企业。螺钉不存在普遍短缺，但可能存在局部短缺，买方不能在试图获得某种特定型号螺钉的时间与地点得到它。

在经济管理者们的会议上以及在报刊上，人们给出了以下几种解释："螺钉厂错误地预测了需求。"或者："螺钉厂的供货情况不稳定：它突然间供货过多，或者在很长一段时间内供货过少。"或者："螺钉分配不当，对某种型号的螺钉，地区A和C得到的太多，而地区B和D得到的太少。"或者："用户太晚提出需求；因此，生产者不能及时做好生产准备。""计划不周""组织不善""合作不力""缺乏远见""未履行合同义务""缺乏纪律"等，这些都是经常提出的意见。

以上列举的所有解释都属于本章标题用以下词语概括的一组现象，即调整**摩擦**。虽然我们一直在引用经济生活中经常听到的说法，但读者可以把每一种说法与第8.2至8.6节的抽象模型中所概述的情况一一联系起来。用这些摩擦现象来解释短缺的人道出了事实,但只是部分事实。

其他条件不变,摩擦的加强会增加短缺的强度,而减少摩擦则会减少短缺的强度。图 8.7 显示了这种情况,其结构与图 8.6 相同。如果我们把 q_2^{prod} 上方的垂线向下移动,摩擦就减小了,即发生了从 w_2 到 w_1 的变动。螺钉部门从等摩擦曲线 w_2 移到等摩擦曲线 w_1。因此这个部门从点Ⅰ移到点Ⅱ,结果短缺强度从 z_2 下降到 z_1。

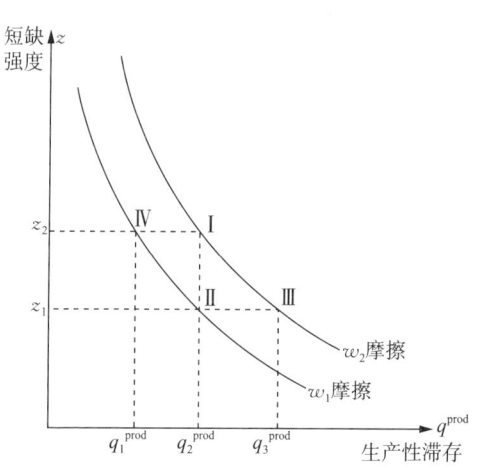

图 8.7 正常状态下的移动

在我们的例子中,这意味着对螺钉的需求得到较好的估计,螺钉的地区分配得到了改善,交货变得更加准时,等等。因此,螺钉的购买方必须减少等待和搜索,强制替代变得不那么普遍了。

从点Ⅰ到点Ⅱ并不是唯一可能的移动,让我们考虑另外两种可能性。

我们从点Ⅲ开始。在螺钉的生产和交换中,计划、组织和纪律都没有变化,对需求的预测也尚未改善。总之,摩擦没有变化;系统仍处在等摩擦曲线 w_2 上,然而生产性滞存却在增加。螺钉厂有了更多的产出库存,贸易企业掌握着更多的现货,消费者保存着更多的投入库存,对所有这些人来说,都是"当前的"库存增加了。生产者有了更多的立即可动用库存,即机器、材料和劳动力,也就是所有的补充性投入都在一起,这样就可以根据当下的需要调整生产。

其结果是短缺强度降低了,因为即使是变化的、波动的和不可预见的需求,也有很大一部分可以通过库存或通过快速调整生产来满足。也就是说,发生了从 z_2 到 z_1 的变动。**增加生产性滞存与减少摩擦对短缺的影响相同。**

但是,我们在计算中不要忽略了向相反方向转变的可能性,即系统从点 I 移动到点 IV。现在,随着计划、预测和组织方面的改进,摩擦已经减少。因此系统从高处的等摩擦曲线移到低处的等摩擦曲线。同时,一部分的生产性滞存从生产和交换中被虹吸走,即发生了从 q_2^{prod} 到 q_1^{prod} 的变动。这种情况的发生可能由于几种原因例如需要完成一个不寻常的出口订单,或者在生产增长以满足其需求之前,国内市场上出现了新的消费者。在工厂里,可能有一些可动用的储备能力,但现在这些能力也被使用了,产出库存减少了。

在这种情况下,即使库存的构成有所改善,生产与消费更好地协调,短缺现象也会以先前的强度反复出现。甚至调整有所改善,也会出现意想不到的需求,出现扰动。而且,如果各地的总库存和总储备能力都很小,那么,实际供给和实际需求之间肯定会出现偏差,相应地会出现排队、等待、搜寻和强制替代。即使发生了从 w_2 到 w_1 的变动,它也会被从 q_2^{prod} 到 q_1^{prod} 的变动所抵消,以至于短缺的强度仍保持在 z_2。

这种从点 I 到点 IV 的移动,并不仅仅为了逻辑上的完整性而杜撰出来的情况。**虽然短缺、滞存和摩擦都有其正常值,但是短缺的正常值对变化的阻力最大。减少某些领域的摩擦并不一定意味着永久消除该领域的短缺。**如果在该领域,短缺造成的困难已经明显减少,即排队时间缩短了,强制替代不那么严重了,这可能是一个信号,表明现在应该把注意力转向另一个领域。在资源配置中必须优先考虑那个短缺同样严重的领域,从而产生相反的"声音",即频繁的抱怨和抗议。我们在第 3 章讨论短期调整时已经提到了这一点,我们将在第 10 章关于长期控制的内容中再谈这个问题。

在本章中,我把引致短缺的因素分为两组,生产性滞存是第二组因素。毋庸置疑,生产性滞存的数量(对既定的摩擦来说)并不是短缺强度的**最终**调节器。相反,它不过是复杂的因果链中的最后**一环**,对短缺现象的发展有直接影响。因果解释必须说明不断从生产和交换中"虹吸"生产性滞存的机制。这一点在前面的章节中已经论述过(回想一下数量冲动、紧张性、囤积倾向、企业的永不满足的需求等概念),后面还将进一步阐述(同样是几个标题,投资饥渴、软预算约束等)。我们已经多次提到各种自我复制和自我产生的短缺恶性循环。我们再次指出,这一连串的影响在本章(包括图 8.6 至图 8.8)的理论工具中被"符号化了",即通过询问系统中保留了多少生产性滞存,或有多少滞存被社会经济的

"吸纳"过程"抽走",最终导致短缺。

本章还区分了 q^{prod} 和 w 对短缺的影响。但是必须强调指出,滞存和摩擦也是相互作用的。**生产性滞存越少,任何一种调整就越困难。**如前所述,生产性滞存可以作为使各种扰动不扩散的缓冲。如果缓冲不足,每一次摩擦的波及面都会更广。对持续不灵活的一种解释(不是唯一的解释)是系统对摩擦扩散的本能自卫。

滞存和摩擦之间的这种联系用等摩擦曲线的形状来表示,它越来越陡地向左攀升。在组织与调整能力给定的条件下,生产性滞存越小,短缺现象就出现得越频繁、越严重。

借助于前面的工具,我们可以从这里讨论的相互关系的角度来考虑**匈牙利1968年经济管理改革**的重要意义。相当一部分官僚主义限制被取消,企业和非营利机构的独立性增强,这些都减少了调整的摩擦。在图8.8中,朝箭头所指方向向下的移动,使系统向代表较少摩擦的较低处的等摩擦曲线移动。

从历史上看,这一变化与20世纪60年代经济增长政策的变化相吻合。与50年代相比,生产和投资计划变得温和,数量冲动的表现不那么强烈,计划变得不那么紧张。所有这一切,也涉及吸纳的减弱,即从生产和交换中虹吸滞存。在我们的图中,这是通过沿着一条既定的等摩擦曲线向右移动来表示的。

这两种不同的变化必须相加或相乘,[①]从它们的共同作用来看,短缺强度有所减轻。短缺并没有消失,但在众多领域中,短缺现象变得更加少见,也不那么严重了。虽然现在确定还为时过

[①] 这两个表示数学运算的术语是"寓言式"使用的。正如我们前面所解释的那样,我们对一般摩擦函数的确切性质还不够了解。

第 8 章　调整的摩擦

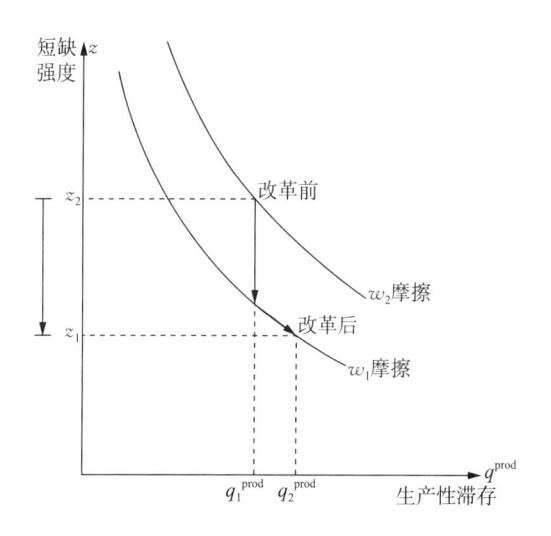

图 8.8　经济管理改革对摩擦和短缺的影响

早,但似乎不仅是目前的实际状态发生了变化,而且短缺的正常标准也发生了变化。今天,尤其是在本书第二篇将要谈到的消费品市场上,短缺的正常标准与十年或十五年前不同了。

当然,这都是需要仔细检验的假设。这不仅需要更详细的研究,也需要更长远的历史视角。正如书中多次提到的那样,吸纳-再生产机制的许多要素仍然存在。短缺的递减可能被吸纳的递增所抵消。图 8.7 中从 I 到 IV 的转变所代表的情况,不能被排除在未来的可能性之外。

最后,我想说的一点,不是关于匈牙利改革,而是关于本章的一般主题。摩擦在**所有体制**中都存在,而吸纳现象(以及随之而来的不断吸纳生产性滞存的趋势)则是**某些体制所特有的**。仅就此而论,区分摩擦和吸纳已经很重要了。当然,摩擦在每个具体体制中都有特定的形式,没有摩擦的现实经济是不存在的。即使在商店里摆满了商品,而且确实存在着充足的可迅速调动的储备能力的情况下,也可能会有买家在他想买的时候和想买的地方碰巧找不到某种产品。本书试图找出这样的机制,它强化了这种普遍存在的由摩擦引起的短缺,并重现频繁的、密集的而不是零星的、温和的短缺现象。

8.9 关于"短边规则"

所有关于摩擦、短缺和滞存的论述都有进一步的**理论含义**。在这一点上,我想根据第 7 章和第 8 章的讨论,重新考虑微观经济学最重要的范畴之一,即"需求过剩"的概念。

对产品 i 的"需求过剩"概念是这样定义的:

$$e_i = d_i - s_i. \tag{8.25}$$

需求过剩　　　需求　　　供给

如果需求超过供给,则需求过剩是正值;如果供给超过需求,它就是负值。换言之,供给过剩可以被描述为负的需求过剩。

无论这个公式多么简单,仅仅是应用**减法**运算的事实就假定满足了某些条件。如果坚持以下规则,减法就是合理的:

$$y_i \leq d_i. \tag{8.26}$$

购买　　　需求

这就是说,买方不购买他没有需求的东西。更一般的形式是:

第8章 调整的摩擦

$$y_i = \begin{cases} d_i, & \text{如果 } d_i \leqslant s_i \quad \boxed{\text{供给过剩(或均等)}} \\ s_i, & \text{如果 } d_i \geqslant s_i \quad \boxed{\text{需求过剩(或均等)}} \end{cases} \quad (8.27)$$

这个规则也称为"短边规则",它已在另一种意义上提到过。

"短边规则"是否成立基本上是个经验问题。如果它成立(或近似成立),那么就有理由从需求中扣除供给来确定过剩需求的大小。如果从经验上看,它不成立,那么这个运算程序就是不合理的。

我们试图从两个不同的层面来回答这个问题。第一个是**亚微观层面**。① 我们拜访一个**单独的卖家**,并观察**某个买家**寻找**某个特定产品的瞬间**。"我要 100 吨 10 号钢。"如果此刻在卖家仓库里有 250 吨 10 号钢,买家就会得到他的 100 吨。该瞬间的最终状态就是"-150"吨需求过剩(这个负数表示交易后卖家仓库里剩下的数量)。但是,如果卖家仓库里只有 50 吨,买家将接受这个数量,最终状态将是"+50"吨的需求过剩(这个正数现在表示没有满足的需求)。

经验也证明,**在亚微观层面上,"短边规则"一般会得到确认**。即使有例外情况发生(例如在不可分割的互补行动的情况下)②,该规则一般也是普遍存在的。

根据以下规则对局部市场的描述被称为微观层面(在亚微观层面之上)。

---

① 我们现在考察购买意向在市场(即买卖双方相遇的地方)上的实现。前面在第 2.10 节中,我们分析了一个与生产者对投入的使用意向有关的类似问题。

② "如果我没有收到 100 吨,我宁愿不拿 50 吨,因为安排运输很麻烦。"

(a) 不是观察一个瞬间,而是观察一个有限的时间段。

(b) 不是单一的买方与单一的卖方相遇,而是观察局部市场的所有买方,与所有的卖方相遇。

(c) 不仅描述了购物过程的第一个行为(是否按照最初的需求进行购买),而且可能描述了第一个行为之后的行为,即强制替代、搜寻,等等。

在微观层面的描述中,经验观察表明,短边规则只是在例外情况下才会出现;更多的时候,它没有出现。当买方采用强制替代时,他可能会购买比他的初始需求更多的替代品(违反条件8.26)。由于摩擦现象的结果,在同一时期(在不同的商店),同一局部市场可能出现短缺和滞存(违反条件8.27)。而且,如果都是这样的话,那么"需求减去供给等于需求过剩"这个推导公式的经验背景及其逻辑就会受到怀疑。

我相信,这些怀疑触及了**一般微观经济学的基础**[①],在这方面,它们不仅仅涉及资源约束型经济的分析。所有经济系统的调整都存在摩擦,因此也都会出现强制替代、短缺和滞存。诚然,这些现象在每个系统中的频率、强度和分布都有很大的不同,但仅仅是它们的存在就是普遍的。所以我认为前述对微观经济学理论基础的批评是指向短缺经济问题之外的一般性批评。

公式(8.25)中定义的"需求过剩"范畴是在一维空间中描述

[①] 事实上,应当在什么层次上理解一般微观经济学并不十分清楚。例如Debreu(1959)的描述可能被看作严格的亚微观层面的,因为产品分别"标明"了日期和地区。但是微观经济学的一般解释都是,至少默认微观层面的描述。

第 8 章　调整的摩擦

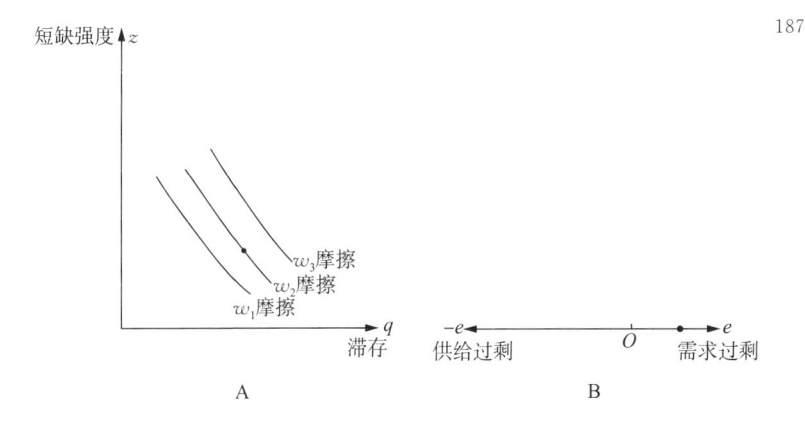

图 8.9　多维或一维空间的市场状态描述

了一组只能在**多维**空间中描述的现象①。让我们来研究一下图 8.9，途中 A 部分是图 8.6 的简单重复，关于后者所说的一切也都适用于此，正是由于纸张的二维特征，迫使我们只能显示每一个向量 z，q 和 w 的标量变量，这三个向量都由许多分量组成。图上所示的点就是多维空间所代表的市场状态。

图中 B 部分说明的是一般微观经济学的方法。借助这种工具，市场状态是由**需求过剩**线上的一点来描述，它或是向右，在正的那半线上；或是向左，在负的那半线上。与 A 部分的**多维**方法不同，B 部分的方法是一维的。

最后，再谈一下**克洛尔-巴罗-格罗斯曼学派**的评论。该学派

---

① 为了避免误解，它不是交换单一产品的局部市场模型，而是与有多种产品的模型相对立。当提到维度的数量时，我们所谈的并不是**这种**区别。一个局部市场模型与另一个局部市场模型进行比较，两个模型都讨论影响一组产品交易的分配过程，在一种情况下是在一个维度上描述这一过程，在另一种情况下是在许多维度上描述这一过程。

非常关注偏离瓦尔拉斯均衡的市场状态。然而,它没有摆脱"短边规则";不仅如此,它甚至强调这个规则是其理论的基石之一[①]。在短缺情况下,买方得不到满足,是因为他们的需求碰到了实物供给的约束。然而在现实中,虽然这可能是经常的现象,但是没有得到满足也可能是卖方和买方,即初始供给与需求,未能彼此相遇而造成的。克洛尔-巴罗-格罗斯曼学派的微观经济学方法主要用图 8.9B 的一维方法来描述偏离瓦尔拉斯均衡的状态,并未进入向量 z,q 和 w,所构成的多维空间之中。

---

① 例如,见 Clower (1965)和 Benassy (1974,1975,1977)。我必须在此做一点自我批评。我承认在我的《反均衡论》一书中同样存在上述的不精确性。见 Kornai (1971a,b)第 19 章。忽略了这样一种可能性,即由于调整中的摩擦,短缺和滞存同时发生的可能性。买方和卖方的意图可能同时得不到满足。

第9章 投资者:制度框架

9.1 引 言

前面几章已经采用动态方法,将生产、购买、销售及其相互调整描述为一个随着时间变化的过程。然而到目前为止,生产和交换是以相同的规模重复进行,还是在不断增长,仍悬而未决。在第9和第10章中,我们的分析将向前推进,继续讨论投资问题。我们并不以追求完整性为目标,只讨论大量复杂的可能问题中的一两个方面。我们将集中讨论与本书主要主题有关的问题,即短缺和数量调整。①

第9章和第10章紧密相连。在第10章中,我们将讨论在企业或非营利机构以及各部门之间影响具体项目投资分配的信号,

---

① 我之所以缩小要讨论的问题范围还受到了另一种观点的影响。我在 *Rush versus Harmonic Growth* (Kornai, 1972a, b)一书中论述了社会主义经济增长的若干问题。我不想在本书中重复那里的内容。那本书的思想与本书第9章、第10章和第12章的思想密切相关。

关于社会主义经济中投资的问题,已经有大量的研究著作。其中突出的是 Bauer (1977),不仅是因为它有大量的经验材料,而且有透彻的理论分析。在整个第9章中,尤其是在论述周期的最后一节中,我在很大程度上依靠 Bauer 的这部著作,以及他早期的一项初步研究,见 Bauer (1975b)。

我利用了丰富的关于投资问题的文献,特别是 Soós (1974, 1975a, b),Deák (1975, 1978a, b),Huszár-Mandel (1975)的研究,以及 Faluvégi (1977)的著作。

还将讨论如何根据用户的需要和要求对生产进行长期调节。稍后，在第 13 章，我们将再次回到选择标准的问题上。在本章中，我们将这一系列问题放下，不问投资决策的**内容**是什么。这是因为，首先我们希望看到投资决策的**制度框架**，与决策者的**动机**。这两章的共同标题（投资者）表明，决策者的行为是考察核心。①虽然实际领域中的变化（例如，不同部门的相对规模、技术的发展等）非常重要，但目前我们只分析**控制**领域。

迄今为止，我们只限于讨论**企业**的行为。现在，我们把**非营利机构**也纳入分析框架。这一类机构不是通过销售产品或服务以抵偿支出，而是接受国家补助、私人捐助等来源获得收入。例如在匈牙利，所有中小学、大学、医院以及大部分研究所均属于这类机构。至少从第 9 章和第 10 章所讨论问题的角度来看，我们将中央和地方行政组织的独立单位（即所有具有独立预算和财务核算的组织）也视为非营利机构。（例如，县文物保护委员会或城市消防部门）。我们并不认为企业或非营利机构的行为完全一致，但它们在投资方面的行为有相似之处。

本章所涉及的主要是社会主义经济中**传统的**经济管理体制。在第 9.8 节和 9.9 节中，我们将简要指明自改革以来匈牙利的状况发生的大改观。

即使就传统体制本身而言，随着时间推移，情况也并非整齐划一，或者一成不变。在不同的社会主义国家，甚至当每一个国家处于不同的历史时期，其具体的组织方式都千差万别，权限的

---

① 我将"投资者"一词作为一个统称，不仅指直接从事投资的企业或非营利机构，而且指所有做出投资决策的个人或机构。

划分、物质激励的规则等,均互不相同。我们所描述的不是一个特定的系统,而是某种"典型化"的传统控制体制的一般模型。

在传统的经济管理体制中,企业或非营利机构不能独立地进行投资决策,这一权力属于上级部门。[①] 决策权限按照部门的特点、特定投资项目的规模和重要性的不同予以严格的划分。其中,最大和最重要的投资项目由政府定夺,其他投资项目则由该部门的部长或负责人决定。一部分决策与年度计划和五年计划相联系,其他决策则与某些特定的投资意向有关,它们独立于制订国民经济计划的日程之外。

由于我们的讨论不涉及细节,因此如果简化假定,在下述的组织框架内描述投资决策,就能对控制过程的纵向联系给出令人满意的解释。

假定有一组企业或非营利机构,它们作为**要求者**,为得到共同的上级部门(在此称为**分配者**)所支配的投资资源互相竞争。有待解答的问题是,谁是事实上的分配者,它是什么样的机构或部门?决策者是个人还是集体?在我们的描述中,分配者成为投资决策者的化身。[②]

虽然分配者和要求者之间是一种支配和从属的关系,但不仅仅是分配者影响要求者,同样,要求者也影响分配者,决策之前要经过讨论、反复交换信息、争论和讨价还价。让我们首先来考察**要求者**的行为。

---

① 可能有例外情况,例如,从折旧基金里提取费用进行部分机器更新。
② 在第9.7节将说明,企业或非营利机构的直接上级主管部门本身不是权威机构,低级分配者从属于中级和高级分配者。

9.2　要求者行为：扩张冲动和投资饥渴

让我们先从一般性的观察开始。

在社会主义经济中，没有一家企业或非营利机构不想得到投资。这里不存在饱和，**投资饥渴**是永久性的。如果一个刚刚完成的投资项目暂时缓解了饥饿，那么不久之后它就会再次出现，而且比以往任何时候都要强烈。

我说不清匈牙利词汇投资饥渴的由来，是理论研究采纳了实际讨论中的用法，还是反过来，即实际讨论中的用法源自理论研究。这个词汇非常形象。它很好地表明了我们所谈论的事物与生物有机体内的基本需求极为类似，它们无法遏制并且会持续不断地冲动。

马克思提到过驱使资本家为追求利润而积累的"动物本能"。但是，社会主义经济的领导者对利润并不感兴趣，那么驱使他们进行投资和实际资本积累的又是什么？在本书的第二篇，我们将考察在社会主义经济中追求利润的**影响**。目前我们暂且忽略这个方面，只考虑企业的物质利益和精神利益与利润无关的传统情形（非营利机构按定义也属于这一范畴）。

我们必须在一定程度上复述一下第 3.6 节的内容，那里所说的关于企业管理人员与从事**当前生产**的动机也适用于**投资**。最重要的动机是，领导者（不论他负责管理的是车间、生产企业、医院或是学校）**都能以自己的工作为己任**。他深信自己所负责的单位的活动很重要，因此，它必须发展。他被单位的内部问题压得喘不过气来,相信这些问题可以通过投资来解决,至少能解决其中一部分。就像某些机器陈旧了,是时候更换了;铸造车间无法向金属切削车间提供足够的铸件,它应该扩大产能;外科手术室需要新设备;为实现教育现代化,应该购置投影仪,等等。

领导者有一种**职业性羡慕**,认为同国内外设备更好、现代化程度更高的同类单位相比,自己的单位总是显得落后和贫乏。他希望提高自己的**职业声望**,他想炫耀新机器、新车间或者新厂房。实现这些愿望都需要投资。

这些感受由于**短缺**而变得更加强烈。因此,拿上面的一个例子来说,铸造车间和金属切削车间之间的比例失调,就表明在该领导者负责的单位**内部**出现了短缺。但是短缺也在**外部**表现出来,人们为购买该企业生产的产品而排起队来,购买方不耐烦地要求越来越多的产品。为使排队的人得到更多的产品,就需要投资。当医院院长无法接纳所有要求住院治疗的病人,大学校长不能够接纳所有想读书的年轻人的时候,他们都有着同样的感受。还有相当多的企业或非营利机构,官方一直宣称它们全权负责为经济或民众提供某种产品或服务,更进一步放大了这种感受。

到此为止,所提到的仅仅是一些高尚和无私的动机,它们可能还伴有其他不那么高尚,但属于人之常情、可以理解的动机。领导者的**权力**、社会声望,以及随之而来的他本人的重要性都会随着企业或非营利机构的发展而增长。许多人认为,做一万人的主管比做五千人的主管更显赫。更大的权力可能会带来**更多的物质报酬**、更高的薪水和奖金、更多的特权等(具体取决于实际的奖励制度)。自觉或不自觉地,这些考虑也可能在使非营利机构或企业的领导为争取本单位发展的过程中发挥作用,我们不能不承认这一事实。然而,这些都是次要的动机,并不适用于所有人。例如,某人当上了一所大学的校长,或者负责所有的文物保护工作,或者负责全国的防汛工作,假使他能为他所在的部门多争取20%的投资,他的报酬、权威和权力却不会因此再增长,但他仍然会像狮子一样拼命争夺这份投资。

企业或非营利机构的领导知道,在要求投资时,他的下属是和他站在一起的。这并不违背他们的意愿,而是在大多数情况下得到了他们的完全同意,甚至可能明确地得到了他们的鼓励,他才会采取行动。事实上,下属判断一个"好领导"通常使用的标准之一,就是他能够为他所负责的事务争取到大量投资。

综上所述,我们应将上述动机的共同作用称为扩张冲动。这一行为方式本来是以社会关系为先决条件的,但在社会主义经济中却深深地扎根于企业和非营利机构领导的思维和日常活动之中,以至于成为一种"自然本能"[①]。企业**必须**发展壮大。扩张冲动、数量冲动和囤积倾向共同创造了生产领域的吸纳状态和几乎无法满足的需求(数量冲动和囤积倾向在第3.2节和第5.6节关于当前生产的论述)。扩张冲动比数量冲动和囤积倾向更加重要,因为它对体制运行的影响甚至更强烈。**正是扩张冲动解释了贪婪的投资饥渴。**

经济体制的每一个层次,从只有几个工人的小组组长到管辖几十万或成百万人的部长,都有扩张冲动。一旦涉及投资资源的

---

① Laki(1978b)的案例研究中,用许多事实对扩张冲动的机制和动机进行了说明。

分配时,他们中的每一个人都在为**自己的**小组、**自己的**企业、**自己** **的**部门争取更多的投资而努力。在企业内部的各车间主任的争论中,以及在负责各大经济部门的部长的政府会议上,同样可以看到扩张冲动的表现。

扩张冲动把投资需求推向无穷大。问题是,是否存在任何因素会限制投资需求?我们的目的并不是要指出,有限的物质资源无法满足无限的需求,也不是要指出,一些投资要求在投资项目的审批过程中将被分配者否决。因此,问题是,是否存在任何因素会鼓励要求者**自愿**限制其要求?

在给出肯定的答案之前,我们必须先提出一个否定的论断。**投资需求并不会因为害怕损失或失败而受到限制**。投资对于要求者是一种赠品的事实,必然导致这一结果。对于非营利机构来说,这一点很清楚也很明显;而对于企业,它可能被"货币幻觉"所掩盖。根据实际的会计核算制度,可能会对必须偿还的投资给予"信贷",本书第二篇将对此进行详细分析。撇开这一情况不论,企业仍然把投资看作一种赠品,他们确信偿还这笔用于投资的款项不至于有什么大的问题。当然,有比较成功的投资项目,也有些不那么成功。一项投资的决策及其实施也许在事后会受到批评,但是,**真正意义上的投资失败是不会有的**。如果因投资而新增加的产品无法销售,就会发生真正的失败;或者,由于成本太高,投资没有回报,企业就会破产。**这种失败的情况是不会发生的**,这一方面是因为存在短缺,每一件产品都可以卖出去。如果采购者不是自愿地购买,他迟早也会在强制替代中购买。另一方面,企业在国内外销售中可能遭受的亏损,总是可以通过国家补

[194]

贴、价格调整或其他方法得到补偿（我们将在后面的一章说明）。专门用于投资项目的支出，预算约束很软，我们将在第13章进一步讨论这一问题。其结果是，每项投资都将自动证明是合理的。

由于每个企业或非营利机构都受到扩张冲动的影响，没有任何失败威胁会使人退缩，因此也就没有人自愿放弃投资。社会主义经济中的管理人员对此已经习以为常，他们甚至无法想象会有什么不同。然而，与资本主义制度的机制相比，最重要的区别之一恰恰就在于此。

投资或是不投资，这是资本主义企业最重大的难题之一。如果投资看起来风险太大，即使它暂时得到了所需的资金保障，它也可能会**自愿**放弃投资打算。这种不情愿的态度，在社会主义经济的传统管理体制中是不存在的。

需求不是无限的，还有其他原因。投资发起人很清楚，存在一个心照不宣的上限，超过上限提出要求对他并不合适。获得投资是一场复杂的战役，需要采用巧妙的操作。提要求者出于"战术考虑"进行自我克制，绝不能要求数额过大的投资，也绝不能在前一个大项目刚完成之际就提出新的要求。这就是为什么可以说（从理论的角度也要知道），虽然以上说明的各种动机要把投资要求推向无穷大，但由于战术上的自我克制，投资要求仍然是**有限的**。投资要求的规模是可观察和可衡量的。

投资要求虽然是有限的，但总是远远超出现有的资源，这种情况可表述为，**对投资资源的需求几乎是无法满足的**（在第5章中，我们谈到了对当前生产投入的几乎不可满足的类似的需求）。**这种几乎无法满足的需求，自然会影响到要求者和分配者之间的**

社会关系。

9.3 分配者行为:投资计划的紧张度

让我们从他自己的上级主管部门为他规定了投资定额以供其分配这一事实开始,描述分配者的行为。投资配额规定了分配者所属部门在一定时期内(一年或五年)总共可以花费多少钱,以及在总配额内可以花费多少钱用于建筑、国内工业制造的机器、从社会主义国家或者资本主义国家进口机器等主要项目。关于投资额的松紧程度问题,我们迟些时候再做探讨。以当年价格或固定价格合计的投资配额是如何与实际可及资源的实物约束条件相关联的问题,也留待后面考察。目前假定分配者支配的份额是既定的。

分配者认为,最好是留出少量储备金。也许不应该把投资配额在要求者之间分光,因为以后还可能出现投资要求。留作储备金的规模应该是多大呢?例如,将20%—30%的配额留作储备,[196]这似乎是不可想象的。分配者的扩张冲动并不亚于他的下属要求者。如果这个分配者想要干得更好,他可能会在一开始就打算留下3%—5%配额作为储备。

选择开始(这一点将在第10章中详细讨论)。分配者承受着巨大的压力。每个要求者都反复声明其投资的必要性。配额必然会被获准的单个投资项目填满。假如分配者非常坚定,他就会保留2%—5%的储备金。但如果分配者比较宽容,他就会把分配额全部用完。

似乎一切都井然有序;投资资源正好处于事前平衡状态,所有资源都得到充分利用。然而,进一步的发展却不是那么理想。

几乎所有的要求者都低估了预期成本。精神分析可能会揭示出,要求者这种歪曲是有意识的、故意的,还是受其"潜意识"所驱使。无疑,低估成本对他是有利的,因为预期成本越小,投资项目获得批准的可能性就越大。预计成本与实际成本之间的差距不是2%到5%这种级别,这是相对谨慎的分配者储备资源的比例;预计成本与实际成本之间的差距平均在20%—30%,相差50%的情况也不少见。两者之间这种差距,部分与价格上涨有关,另一部分则反映了**实际实物投入超过了估计数**。

投入量经常性地大幅度超过计划水平,这本身就可以充分说明投资品市场上的长期短缺。然而,还存在另一个接踵而至的现象,即总会有**计划外的**项目被追加到原来批准的投资项目中去。这里有许多因素在起作用,我们只提到其中几个。

(a) 出现了意外的困难和麻烦,比如洪水或其他自然灾害、外贸形势突然恶化、国内某个部门出现意外问题等。除采取其他措施进行调整之外,还需要迅速投资。

(b) 一些项目必须在计划之外进行,如果更有远见,这些项目从一开始就可以列入计划。一个新工厂已经开始动工,结果发现还需要辅助工程以及与此配套的基础设施和社会生活项目。经过大规模投资开始生产一种新的重要的最终产品,而在生产进程中才发现必须建立中间产品部门,为新的最终产品提供半成品或零配件。问题是,计划失误是故意不周密所致,还是因为潜意识造成的疏忽;从战术的观点来看,显然是规模更小的投资(仅用于建造基础工厂,仅用于组织最终产品的生产)更容易获得通过。

(c) 出现了意料之外的有利的投资机会,例如,在能够打入一个刚刚开辟的国外市场或者一项新发明被创造出来,就需要迅速投资,把握住有利时机。

(d) 政界领导人、国民议会或地方议会的议员,向民众承诺兴建一座新医院或一条新公路,然后就向经济管理机构施加压力来履行他们的诺言。

所有四种情况,都需要在已经用完的配额之外追加投资。匈牙利有句谚语说:"没有一辆大车不能再多运一根干草。"事实上,既然一项单独的追加投资是非常小的项目,为什么不能挤进被批准的项目中呢? 追加的投资项目也可能被拒绝,但是其余的则获得批准。

上面所谈的问题具有**时间**特征,而要求者和分配者对此的感觉是不同的。

从要求者的观点看,投资是包含多次战斗的持久战。但是整个战役只有一次殊死战斗,那就是在一开始的时候,因为必须获得批准才能**开始**投资。投资一旦开始,就会在某一时刻以某种方式结束。这就是为什么有可能几乎毫不犹豫地低估预期成本和忽略附加投资。如果成本高了,或者投资必须超出计划,款项肯定会以这种或那种方式得到。也许要求者会因估计错误受到责备,也许会将工程放慢一段时期以等待资金到来。但是已经开始的投资项目绝不会彻底停止。

从分配者的观点看,这一切意味着在每一计划期之前,留作下一期用的投资配额中,要有相当一部分为继续完成业已批准和在建的项目而被占用。上面这两种现象(投入超出计划和追加后来挤入已批准项目)出现得越频繁,投资额就越分散在为数众多的在建项目之间,因此,被拉长的投资项目就更多,结果是在下一计划期的投资额中已经**指定用途**的部分更大。换句话说,分配者安排新投资项目时的自由程度将更小。

所有这些都使长期调整更加刚性。通过投资使经济适应不断变化的情况的可能性将非常有限。在上述(a)至(d)四项因素中,至少前三个需要迅速采取投资行动。被拒绝的要求者通常抱怨计划工作中的官僚主义,认为计划过程如果更加"灵活",他们的要求就能得到满足。官僚主义可能是一个因素,但不是真正的原因。**刚才所描述的投资过程的控制机制必然导致一种紧张的投资计划**(这里的"紧张"概念和第 3 章的解释相同)。如果计划是紧张的,计划者就无法进行灵活的调节。这意味着,没有可动用滞存,没有可供灵活使用的富余投资资源以应不期之需。业已批准和在建的投资项目,几乎耗尽了全部资源。

上述投资过程的控制机制被一层"金钱的面纱"所掩饰。**表面上**,是分配财务上确定的配额,批准投资预算,发放信贷,等等。**事实上**,是准许开始实际的实物投资项目。**这种机制必然导致兴建的项目超过实际的实物资源约束的范围,因而无法保证这些项目能从容而顺利地(留有一定的储备金)进行。然后,生活在摩擦中,并通过延迟每一个操作,将投资项目挤入实物约束所允许的可行投资范围中。**

9.4 作为生产过程的投资以及投资品市场

我们已经解释了分配者批准投资的环节。随着他的要求得

第9章 投资者:制度框架

到正式批准,要求者就要开始着手实现它,从现在起他将扮演一个新的角色。到目前为止,他作为投资许可的要求者,要面对的一直是由上级主管部门担任的分配者。但现在他成了**投资的执行者**。在某些情况下,投资项目的组织工作是由最终使用在建的新固定资产的企业或非营利机构完成的。

还有一种情况,则成立一个单独的"投资企业"来负责执行投资计划。

投资执行者必须取得投入,他作为**买方**,向**卖方**购买投资商品(机器、建筑施工、安装服务,等等)。对于某些商品,卖方是**商业企业**(例如,从外贸企业获得进口机器)。而其他的产品和服务则是由国内**生产企业**(如,机械制造厂和建筑公司)出售给买方。传统的经济管理体制下,大多数投资商品都是统一分配的物资。投资执行者再次成为**要求者**,而上级主管部门则成为**分配者**,不过现在这种"要求者与分配者"的关系已经转移到"当前生产"的层面。

这样,我们又回到了第2至8章所讨论的所有现象。投资活动可以说是"换位"到前几章所使用的框架中去,这就是为什么在这一点上,我们没有必要去详细讨论。

在某种意义上,投资的执行并没有任何"特殊"之处。[①] 它与当前的任何一种生产方式没有什么不同,在这种生产方式中,既

[①] 注意是"**在某种意义上**"。从另一种意义上讲,显然,投资活动确实是一个非常特殊的领域,与所有其他领域有本质区别,因为投资活动在企业或非营利机构的扩张以及在整个国民经济的增长中发挥着特殊作用。这就是为什么在经济管理的每一个层次上都有一个单独的机构来处理投资问题,为什么投资计划在整个经济计划中有单独的一章,这也是为什么我们还在本章和第10章中讨论投资的特殊问题。

有多层次纵向的生产控制,也有横向的卖方和买方的关系(即通常的局部市场)。所以,下面的说法是有道理的,如果一种经济体制在当前的生产属于资源约束型,那么投资也属于资源约束型。相应地,一切在资源约束型体制下产生的现象、规律和控制机制都以通常的形式出现。

9.5 投资紧张

现在总结一下我们的初始命题,尽管会存在些许重复。

匈牙利的经济管理者与理论经济学家都使用"**投资紧张**"一词来简洁地表达一系列复杂的现象,我们将之区分为彼此相互作用的三个部分:

(1) 在正式审批投资项目的过程中,投资要求总额总是超过规定的投资额度,投资要求与投资配额之间存在着紧张;

(2) 许多已批准的投资项目,无法按原定计划的投入-产出组合和计划进度执行,投资计划本身很紧张;

(3) 投资项目已正式批准的企业和非营利机构的初始需求,无法从生产和销售投资商品和服务的企业的实物供给中得到充分满足。初始需求与实际可及的实物资源之间存在着紧张。

一方面,投资紧张导致缺乏可用于满足计划外投资需求的可动用滞存,没有自有资本以应意外投资之需;另一方面,在投资紧张的状态下,投资品生产经常遇到瓶颈,导致缺乏互补性投入,形成不可动用的非生产性滞存。

在澄清了投资紧张的概念之后,我们可以提出以下主张,部分是基于上述情况,部分是基于本章下一部分的一些设想。

在社会主义经济中,尽管特定的体制条件和中央经济政策影响着紧张程度,**投资紧张却持续不断地一再产生**。如果在一个漫长的历史时期,体制条件与中央经济政策均未发生本质的变化,那么在这个时期内,作为**投资领域的正常状态**的特征,投资紧张的**正常程度**就会确立为一种长期趋势。

投资领域的正常状态是一个向量范畴,可以用短缺(z)、滞存(q)和摩擦(w)这些指标经过适当且有选择的组合来加以描述。因此,举例来讲,在要求者与分配者的关系中,被拒绝的需求占总需求的比例是可观测的;不包括在当期明细建筑产业计划中的在建项目(但记录在原始投资项目中)占项目总数的比例,也是可观测的,等等。这些是"纵向短缺"的特征指标。在"投资品的买方和卖方"关系中,被拒绝的订货量占订货总量的比例是可观测的。同样,生产投资品或提供服务的企业,其等待的次数、强制替代(包括原始工艺计划的改变)以及遇到"瓶颈"的频率与分布等都是可观测的。这些是"横向短缺"的特征指标。① 我们不再举例说明如何衡量滞存和摩擦。从前几章可以看出,二者在投资领域可以衡量。所有这些指标的期间平均数(即向量 z^*, s^*, w^* 的正常值),描述了所讨论的历史阶段中投资紧张的正常程度。

我们在第 2 至 8 章中考察的当前生产和交换中出现的短缺与投资紧张之间存在着密切互动的关系,二者形成特殊的恶性循环。对短缺的认识是扩张冲动和相关投资饥渴的主要动机之一。

---

① 纵向短缺和横向短缺之间的区别已经在第 5.7 节中予以说明。

短缺信号在投资选择中起着重要作用,因此,短缺会引发投资紧张。

同时,投资紧张也是造成普遍短缺的主要原因之一。由于投资饥渴无法满足,因此产生了近乎无法满足的需求。这种需求一直扩展到投资活动受到资源限制,甚至超出资源限制。这里不存在严格的界限。劳动力、物资和外汇,由投资、家庭和政府消费、出口等共享。投资紧张越严重,人们就越觉得需要把资源从其他使用领域转入投资领域,从而加剧了**普遍短缺**。

经济政策和计划从长时期来看,可能会影响投资紧张的正常程度,而就短期来看,则会引起对正常程度的瞬时偏离。然而,投资紧张的存在及其不断再生这一**基本现象**本身,却并非由规划失误造成,而是随着既定的制度条件必然会出现。①

如果没有其他因素在这方面产生影响,投资饥渴及其导致的投资紧张,将足以使一种体制转变成短缺经济。上一节末尾曾强调,如果一种体制在当前生产领域是资源约束型,那么在投资领域也是如此。这一陈述的逆命题同样成立,而且表达了更为重要的互动关系,即,**如果一种体制在投资领域是资源约束型,那么,它在当前生产领域也一定是资源约束型**。

在凯恩斯主义宏观经济学和资本主义国家的经济政策(如果按照凯恩斯主义精神来设想的话)中,主要担心的是,当企业家没有足够的投资意愿时,如何刺激投资,如何引导国家进行更多的投资活动。主要是因为投资不足,所以总需求不足。社会主义国

---

① 我们在文献中一再注意到这种观点,认为投资紧张是由计划失误造成的。见 Fonál (1973)。

家不存在这个问题,从来不需要刺激投资意愿,因为存在着不断的自我激励。

扩张冲动和贪得无厌的投资饥渴,是社会主义经济的生产力或快或慢地**持续**增长的主要原因(在此,我们暂且忽略战争的破坏或者自然灾害的后果)。甚至在资本主义生产由于需求约束而下降的时候,社会主义经济的增长仍然是强有力的。增长的这种不可抗拒性,正是社会主义经济最重要的成就之一。但是必须补充说明的是,正是**同一股强大力量**使增长永不停顿,也导致短缺被持续不断地再生产。

9.6 投资领域的多级控制

关于投资紧张的论述中断了我们对控制机制的描述。在进一步继续探讨之前,我们将回顾图 9.1 中控制投资领域的过程结构。由于我们关注的是在多个维度上起作用的复杂控制,这将更加有用。值得说明的是,我们迄今已经解决了什么问题,还有什么需要解释。

我们可以看到两种**纵向**排列。我们先看右边一种,它表示投资配额的分配和投资项目的审批。最低的第四层是企业或非营利机构,它将进行投资并使用由此形成的真实资本。在投资项目启动之前,企业或非营利机构 A 作为要求者向上级部门,即与处于纵向排列第三级的分配者提出要求。这样做的并不只有单位 A,还有与它处于同一层次上的单位 B、C、D。在这里,是 A、B、C、D 为了从它们共同的分配者那里得到投资配额而**竞争**(这一点在第9.2和9.3节中已经讨论过了)。

让我们假定,A和B的要求获得批准,而C和D的要求则被拒绝了。从这一点上看,出现了一个新的**横向**关系。企业A和B作为买方,面对的是作为卖方的企业M和N(例如两家机械制造厂)。这是一种市场关系。在这种市场关系中,A和B继续相互竞争(买方竞争),以争取为它们两个服务的卖方M和N的恩惠。在图中,细箭头标志着信息的交换,粗箭头标志着实物产品或服务的交易。后者由M和N传递给A和B,C和D单位由于其投资诉求未获批准,不在**这种**横向关系之内。

投资品的生产者和使用者,或者说卖方和买方之间的横向关系受图中左边**纵向**系列的影响很大,它代表了多层级的控制机制,规定了当前生产的产出指标,并对投入进行配给(在第2章至第6章中多次讨论了控制的这一方面)。左侧的纵向排列在这里重复了图5.2中提出的中央物资配给,现在应用于投资品的分配,当然,图中只能看到当前生产的纵向控制的一个片段。在我们的例子中,图9.1显示了在使用者中分配企业M和N生产的机器的低级分配部门,它的上级主管部门在这里没有表示出来。

在第9.4节中简要讨论了进行投资的过程,以及当前生产的**纵向**多层级控制和买卖双方的**横向**关系。

现在要讨论的是图中右侧纵向系列的上半部分。在第三级和第二级之间或第二级与第一级之间分配投资配额和审批投资项目的情况是怎样的呢?这将是第9.7节的主题。最后,在第9.8节里将讨论纵向等级控制"金字塔"的顶端,也就是中央经济政策的几个问题。

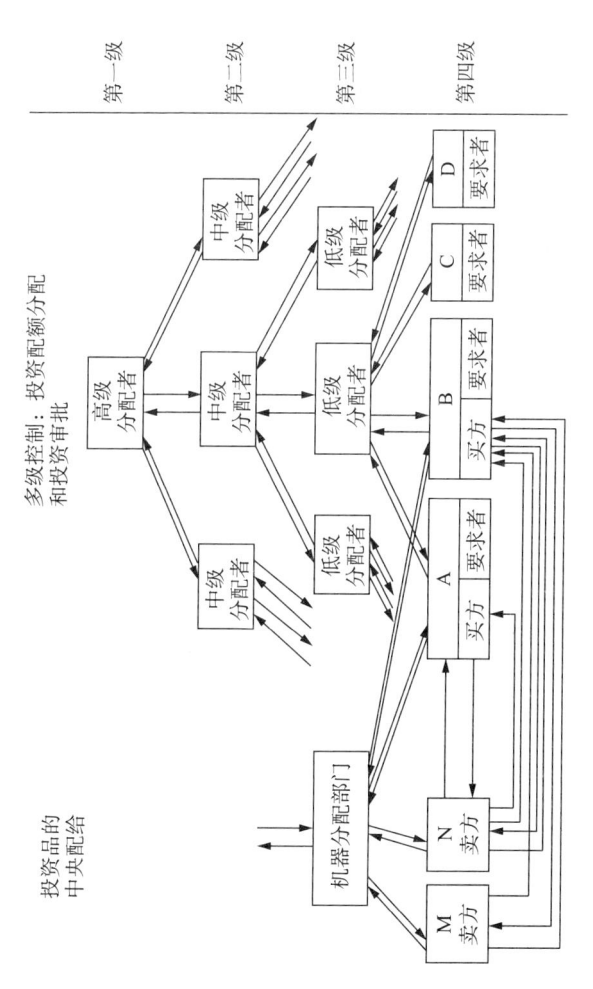

图9.1 投资过程传统控制中的纵向和横向联系

9.7 作为要求者的分配者

就让我们从分析第三级与第二级之间的关系开始。在我们前面使用的例子中,直接的上级主管部门(即螺钉厂的低级分配者)是金属制品工业局。该局现在以另外一种身份出现,不是作为分配者,而是作为要求者。[①] 与它一起竞争投资配额的对手有精密机械工业局、机床工业局、电信工业局等。分配者是中级管理机构,这里指的是机械工业部。该部的投资配额将要在各局之间分配。[②]

投资配额的分配与最重要的重点投资项目的批准有关。因为根据法律的要求,这些项目可能要经过中级或高级分配者的审批。而且,即使决定权是由低级管理部门正式掌握,在分配配额的谈判过程中,也总是会讨论配额将用于哪些具体项目的问题。

我们回顾一下第 9.2 节在讨论投资饥渴的动机时强调的思想,经济管理会受到各层级扩张冲动的影响。金属制品工业局的局长以自己部门为己任,正如螺钉厂的厂长以自己的工厂为己任一样。企业**必须**发展壮大,因此必须争夺投资配额。

[①] 在此提请大家注意,本书的**讨论**顺序不一定与通常的事件发生时间顺序相同。在讨论中,我们是自下而上进行的。在某些情况下,投资行动是从下层开始的。然而,在其他一些情况下,决策过程从顶层开始,层层向下传递,尽管能迭代回到较高的层次,以便对先前的决策进行可能的修正。

[②] 图 9.1 中正好显示了四个层次,这只是为了说明问题;把中级分配者称为机械工业部是很随意的,等等。纵向控制的级别数目、其中的机构名称和职能在每个国家都不一样。而且随着时间的推移,在一个国家之内也会发生变化。

分配者的角色一变,他的态度也就随之改变。对下他是限制性的,对上他是扩张性的。对下,他拒绝了一些投资要求,并同那些投资要求被批准的人讨价还价,试图压低成本预算。对上,他提出比他真正希望获得批准的配额更高的要求,因为他估计高出部分会被砍掉。他不介意成本预算过于乐观,因为这可能确保获得批准的机会更大。

然而,完美的人格分裂是不可能的。昨天还在争夺更大配额的低级分配者,无法在今天毫不动摇地抵御自下而上传来的要求扩大配额的压力。在最终要求者,即企业或非营利机构和它们的直接上级主管部门之间,不由自主地形成了一种同谋关系,共同对付中级和高级分配者。低级分配者成为其管理的各单位的利益代表,他为它们而战斗。如果他把偏低的成本预算呈送给自己的上级,他就无法继续揭露其中的偏差。如果他乐于看到在自己的领域内进行尽可能多的投资,明知一定会完成,他就无法坚决地制止那些轻率上马、战线过长的投资项目。[①]

我们无意赘言。刚才所说的关于第三级与第二级之间的联系以及低级分配者行为,在更高的一个层级上也是成立的,即适用于第二级和第一级之间的关系以及中级分配者的行为。[②]

这时我们想再次考虑中高层领导者在投资诉求上是否会进行一定的自我克制。这样做可能不仅仅是出于战术上的原因,而

[①] 见 Tardos(1972)。
[②] 当谈到关于配额在第3级和第2级以及第2级和第1级之间进行分配时,我们重点讨论的是充当**要求者**的机构(即处于"下面的"机构)的行为。在第10章中,我们将重新讨论在这种情形下充当**分配者**的机构(即处于"上面的"一级)的行为问题。

是因为他们知道投资会占用消费和其他关键目标的重要资源。

"投资与消费(或资源的其他重要用途)"的两难选择完全出现在决策等级的最高一层。不直接对任何一个独立的局部领域负责的最高政治领导者,比如国家计划局局长及其直属机构,体验到这种选择是一种**内部**困境。他们必须充分意识到,他们既要对投资负责,**也**要对消费、国家的外贸地位、国防负责,等等。但对于其他所有在他之下,负责某个局部领域的人来说,这些难题都是**外部**的。作为消费者,他们当然对消费的发展感兴趣;作为公民,他们知道国际收支和国防也很重要;作为经验丰富的经济领导者,他们可以清楚地看到,投资与所有这些目标在占用资源方面相竞争。所有这些都属于一种思维方式;而在划分投资配额的时候,另一种思维方式才会变得活跃起来,在这种思维方式中,他们觉得**必须**为自己的局部领域的发展而奋斗,因为那是他们自己的直接责任。他们的社会作用比他们的个人消费方式或对经济相互关系的公正理解要强得多。

9.8 关于经济管理体制改革后的变化

在我们描述了社会主义经济**传统**管理体制中投资控制之后,我们现在谈谈 1968 年**匈牙利改革**后的情况。我们并不加以详细描述,而仅仅提纲挈领地谈谈其中一两个变化。

在纵向控制过程中,决策权限的划分发生了显著改变。企业自主权并完全靠自有资金投资的比例增加了,尽管说比例仍然相当低。在资金总额中,与所谓的"国家补贴"相比,需要偿还的贷款份额有所增加。然而,必须补充的是,有很大一部分投资决策,中央当局(中央计划者、中央财政信贷系统)的作用仍然极为重要。有些投资项目也是由中央部门依法决定;或者,通过批准或拒绝国家信贷或国家补贴,它们可能会对那些法律上不由中央决定但企业无法用自有资金实现的投资项目产生重大影响。

投资的决策过程不再遵循图 9.1 所示的方案。控制在某种意义上变成两级结构;企业直接向中央当局申请信贷或国家补贴。各部委和部级机关没有"投资配额"分配给下属的要求者。[207]但是他们可以通过向其下属企业和上级机关提出建议来影响投资的分配。由于取消了份额分配制度,各部委工作人员一心二用的状况有所减缓。他们可以更加坚定地为自己部门的发展而战斗,因为按照前面使用的术语来说,他们只需充当要求者,而不需要同时成为分配者。

至于企业的行为,则试图将投资和消费的两难困境内部化(刚才已经指出,在传统的经济管理体制中,这只是企业管理者的外部困境)。企业有一定的选择自由,可以选择将其利润中的多少用于自身的投资,多少用于增加职工的个人收入。国家试图通过调节税收来影响这一选择。

投资的执行在很大程度上受当前生产控制方式的彻底变化的影响。如前几章所述,不再给企业下达短期计划指令。不规定产量,除少数例外,也没有中央物资配给。因此,投资品的生产者-销售者和使用者之间的**横向**关系就凸显出来了。

我们不对这些变化所带来的情况进行全面评估。经验还不够清楚,经济学家对许多问题的看法也不尽相同。我们只提及一两个被众人所接受的观点。

改革似乎使投资领域摆脱了一些官僚主义的限制。它给投资的选择、项目启动的决定以及投资的执行提供了更多的灵活性。

另一方面，**投资紧张仍然存在**，尽管其强度随着时间的推移可能有所减弱。即使是在改革后的今天，打算投资的企业对信贷和国家补贴的需求仍然在很大程度上超过了可用的金额。投资计划很紧，投资的实施总是碰上资源约束，投资品市场上仍然存在严重短缺。

这表明，改革不够深刻，无法消除持续重现投资紧张的因素。企业或非营利机构以及中低级管理部门在投资方面的行为和动机并没有改变。组织形式发生了变化，多级控制的层级减少了，权力范围的划分不同了，融资的顺序也发生了变化，等等。然而，**扩张冲动和无法满足的投资饥渴仍在充分发挥作用。投资意向仍然不会因为担心财务失败或风险感而受到遏制。没有任何内部经济压力迫使企业自愿约束投资饥渴。投资的预算约束很软，它甚至比其他种类支出的预算约束更软**（这一点将在第 13 章详细讨论）。这些是我们必须为投资饥渴的再生产寻求解释的关键领域。

这一论断可以进行实证检验。对它抱有怀疑态度的人必须回答这样一个问题，他们是否见过一个企业经理会自愿地拒绝一项送上门来的投资机会？我们想象一下这种情况，上级主管部门向企业经理建议，他们应该进行一项投资，企业将获得需要偿还本息的信贷，还会有物资、机器和基建力量。在我看来，企业对这个建议的反应绝不会是:"不,谢谢,我们不想要投资信贷,我们怕投资在经济上不划算,我们会在还贷上遇到麻烦。"[1]而且,只要永远听不到这种回答,扩张冲动总会活跃起来,投资紧张也就随之而来。而如上文所解释的,这本身就足以产生和再现短缺经济。

9.9 投资紧张再生产的充分条件

下面关于**增长政策**的几点看法,与刚才所说的经济管理改革密切相关。

如果中央经济政策自身率先追求扩张,投资紧张就会加剧。这就是1949—1952年发生在匈牙利的情况。中央经济政策强求最大可能的经济增长率。[2] 自上而下采取了有力措施,以启动尽可能多的、规模尽可能大的投资项目。最高机构渴望增长的欲望极为强烈。1951年,本已紧张的五年计划指标又进一步提高。

重工业在投资分配中占据显要地位,而轻工业、农业、基础设施和服务业被置于次要地位。

不惜一切代价,以最快的速度增长,这就是企业、非营利机构和中低层主管部门的经济管理人员所提出的期望的共同特征。每一个新项目都得到官方的赞誉。投资是一种荣耀。

与1949—1952年相比,经济管理改革前后的20世纪六七十年代发生了重大变化。最高领导层对经济增长的期望值变得更

---

[1] 在私下交谈中发现,一些匈牙利经济学家甚至无法想象投资信贷供大于求的局面。

[2] 见Berend(1974)和Kornai(1972a,b)。

加温和,计划的制订也不那么紧张。高层经济管理部门试图保护用于消费和其他目的的资源,以抵御投资需求的吸纳效应。

各部门间的投资比例也发生了一些变化,在向农业、基础设施和服务业倾斜。

官方对经济管理者提出的期望也发生了变化。中央当局不是鼓励和刺激他们投资得越多越好,而是鼓励某种自我克制。

增长政策的所有这些变化,可以说与上一节描述的**经济管理**方面的变化是一样的,它们可能有助于缓解某些年份和某些地方的投资紧张,但是,它们并没有消除造成投资紧张并使之不断重现的根本原因。

让我们总结一下从上一节和本节中应吸取的教训。在下文中,我们将列出加剧投资紧张的最重要的因素。所有这些因素在文献中和有关这个问题的争论中都已经提到过,因此,仅仅列举这些因素并不包含任何新的认识。然而,对于每个因素在错综复杂的原因、影响和相互作用网络中的具体作用,人们有不同的看法。

我们希望澄清造成投资紧张的**充分原因**,而不关心哪个因素的影响更大,哪个因素的影响更小,也不考虑是哪个因素最先出现这一鸡和蛋的问题。事实上,这些因素的历史出现具有密切相关性。我们希望确定是否存在一个因素能够**单独**造成投资紧张。匈牙利的经验使我们能够不仅根据逻辑推理,而且能够通过对历史经验的分析,找到一个充分原因。

我们总共将列举六个因素,它们是最重要的因素。假设没有其他因素在造成投资紧张方面发挥任何重要作用。每个因素有两种变型。由于每个因素都已详细论述过,因此将它们概括为标题就足够了。

(1)**中央增长政策**。(a)以强制速度增长;(b)以适中速度增长。

(2)**中央投资分配的主要比例**。(a)农业、轻工业、基建、服务业被置于次要地位;(b)以上部门没有被置于次要地位。

(3)**官方对投资行为的预期**。(a)投资活动"荣耀";(b)投资需求的自我约束。

(4)**投资的决策过程**。(a)高度集中;(b)部分权力下放。

(5)**当前生产的决策过程**。(a)高度集中;(b)彻底权力下放。

(6)**遏制投资饥渴的内部经济力量**。(a)不存在内部力量的制约。要求投资和实施投资都没有经济风险,预算约束很软;(b)存在内在的约束力量,要求投资者和实施投资者都意识到财务风险,预算约束很硬。

上述类型(a)和(b)概括了抽象的情况。在历史上没有产生过这种理论上纯粹的情况。下面的思想看来比较接近实际情况。

论断一:在1949至1952年的匈牙利,所有六个因素的情况都近似于类型(a)。

论断二:在改革前后,因素(1)至(5)的情况不是近似于类型(a)而是近似类型(b)。只有因素(6)的情况仍然近似类型(a)。

论断三:投资紧张在两个时期都出现了。

结论:因素(6)正是我们必须找出投资紧张的"充分原因"。

因素(1)至(5)的发展具有一定的重要性。它们可能起到增强或削弱的作用。它们可能会影响投资紧张的程度,从而普遍影响短缺的强度。但只有因素(6)的状况才能决定投资紧张是否会重现。

9.10 投资周期

在前两节中,匈牙利经济的两个**历史时期**(1949—1952 年和 1960—1970 年)被对照起来考察。发生了**长期的**历史性变化,增长改策的一般特征(强制增长或适度增长),以及控制机制中有效的正常标准和容忍限度都发生了变化。但是,从整个历史时期看,中央经济政策的某些特征却始终存在。

在理论分析中,**长期的**历史变动与一定时期内发生的**短期周期性波动**是截然分开的。在短期内,经济系统围绕着该时期所特有的正常标准并在其容忍限度内波动。中央增长政策及作为其一部分的中央投资政策很可能会发生波动,不过只是围绕着整个时期所特有的趋势波动。

在匈牙利,所说的两个时期都出现了**投资周期**。[①] 投资的周期性波动伴随着传统经济管理制度框架内的强制增长政策出现,却并没有随着改革后经济管理制度框架内的适度增长政策中止。这表明,这种周期性波动是由潜在因素造成的,无论增长政策的修改,还是经济管理体制的改革,都没有改变这些因素。

在每一个出现这种周期现象的社会主义国家里,特殊的、在

---

① Bródy 的研究(见 Bródy,1967,1969,1970)促进了匈牙利经济学研究中对投资周期的分析。他的思想在其新著(1980)中得到了进一步的发展。

近年来,许多人一直在研究这个问题。其中突出的有 Bauer 和 Soós。

历史上独一无二的原因**也**对在每一个周期的形成起作用。分析这些原因不属于本书的范围。我们只关心或多或少影响所有周期性波动的因素。因此,我们将试图对波动进行典型化的抽象描述。

在周期的上升期,投资处于高涨阶段。上级部门批准的投资项目不断增加,中央一级也有越来越多的项目被启动,正在实施中的投资项目的执行速度加快。该上升期将一直持续到整个过程达到"容忍限度"①以及碰到突发性扩张的其他约束为止。其中有三种容忍限度尤为重要。

(1)贸易平衡和国际收支状况令人担忧。至于容忍限度到底在哪里,并没有明确的规定。每个人都很清楚,仅仅是外贸赤字和债务的事实并不令人担忧,但前提是可以假定国民经济今后将能够产生偿债所需的额外数额。当经济管理部门**认为**赤字和债务的数量令人担忧,并希望进行有力的干预时,困境就会出现,这是一个众所周知的现象。在所有对外贸易地位很重要的国家的政府中,都可以观察到这种现象。如果觉得有必要进行严厉干预,最显著的领域就是投资,因为投资主要是通过机器进口对国际收支产生严重影响。因此,如果经济政策制定者觉得外贸状况不妙,他们采取的第一个行动就是限制投资。

(2)投资项目与家庭消费争夺资源。这在有些领域可以直接看到,例如,建筑业可能会从服务业吸引劳动力。在另一些领域,这种"争夺"是间接的,主要以外贸为中介进行。有许多农产品,

---

① 在第 3.2 节中介绍了"容忍限度"的概念。在第 10 章中将进一步说明。

家庭会购买，在国外市场上也有销路。如果出口的增长是以牺牲对家庭的供应为代价的，那么额外的外汇就可以用于进口机器。同样，容忍限度在哪里也没有明确的规定。这要看社会政治的实际情况，看民众愿意接受什么样的消费水平和消费增长率，以及不满的起点。而如果有了不满，这种不满在什么时候开始危及制度的稳定。历史上有过因群众的不满，迫使领导人改变经济政策的事实。[①] 在这种情形下，限制投资似乎又是最明显的解决途径，因为这样可以将机器进口节省下来的外汇用于消费品，立即提高生活水平。

（3）正如本章前面所阐述的那样，投资的实际实施过程中不断碰上资源约束和"瓶颈"。投资紧张越严重，这些现象出现得越频繁。抱怨短缺、意外停工、干扰、计划反复修正和拖延等现象越来越多。那些昨天还在要求增加投资的人，今天却因为实施过程中的无数摩擦而苦恼不已。至于容忍的限度在哪里，也没有明确的规定。无论如何，这些抱怨都可能达到经济管理部门觉得忍无可忍的程度。

所有三种容忍限度，代表了一种社会的**可接受约束**，政治领导层、经济管理者的狭隘民意或更广泛的民众民意都认为，他们不能接受任何违反容忍限度的行为。

即使经济只达到上述三个容忍限度中的一个，也会"紧急刹车"（有时会同时碰到两种甚至全部的三种容忍限度）。通常情况

---

① Olivera（1960）在关于社会主义经济周期性波动的开创性研究中强调了这一现象，他写道："……这种普遍的社会不认同将使计划部门承受越来越大的压力，敦促其改变分配标准……"

下,这不仅仅是小心翼翼地刹车,而是司机所说的"猛踩刹车"。许多投资被停止了,①另一些投资彻底放缓。还有一些即将开工的项目甚至就此作罢,下一阶段的年度投资目标被谨慎地给出。投资活动的总量并不总是下降,但其增长速度却大大放慢。

这种情况会持续一段时间。然而,慢慢地,早先由于越过容忍限度引起的震荡效应消散了;同时,相反的信号也开始出现。生产投资品和服务的企业开始担忧,这并不是因为它们面临着需求约束型经济中惯有的严重销售困难,而是对未完成的订单量显著减少和"排队"时间反常缩短的现象深感不安。人们在选择潜在的买家时,不像其他时候那样挑剔了。普遍的感觉是,计划太容易完成,计划太松,滞存太多,还可以从投资领域中挤出更多的资金。② 这种乐观情绪不断高涨,突然形成一种强有力的决心,并给投资活动注入新的动力,周期又重新开始。

投资政策的动态,具有两种不同控制机制模式的印记,即**正常标准控制**和按**容忍限度**控制。如果投资部门的状况极大偏离了正常标准,或者达到容忍限度,中央就会改变投资政策。信息的传递(与资本主义经济的周期不同)不是通过价格的周期性波动,而是部分通过各种统计数量信号(例如,家庭消费、外债和积压未完成订单的数据),部分通过"声音"(从经济领导人或民众那

---

① 这是事实,但只是暂时的。最迟将在下一个周期的上升阶段重新开始工作。
② 在 Ungvárszki (1976)的研究中,这个阶段用来说明 20 世纪五十年代后期的情况。过多削减的投资活动必须再次增加。Ungvárszki 写道:"在这一整个时期中,一再强调的目标是恢复早期的'正常的'投资率……投资政策的目标是恢复早先的投资率,甚至没有更确切的定义,似乎被领导机关当作不需要核实的公理来处理;没有找到真正的理由,为什么这个早先的投资率应该被认为是正常的。"

里收到的警告和抱怨)。

干预的突发性和两种调节手段(猛踩刹车与加大油门)之间的大幅度波动,使得经济系统上下波动,这是工程控制理论中众所周知的现象。

我们对投资周期的讨论,从探讨社会主义经济的长期变化以及作为长期变化结果的正常状态(即周期性运动的平均值)的转换开始。现在,我们希望用一个相关的讨论作为结束。这次我们不研究资源约束型体制的若干种形式,而是把资源约束型体制的"纯粹"状态与需求约束型体制的纯粹状态对照起来进行研究。虽然我们打算做抽象的比较,但为了便于说明,19世纪末和20世纪前三分之一的资本主义经济可以代表需求约束型体制,而在传统管理制度下运行的社会主义经济可以代表资源约束型体制。

两种制度的周期性波动存在着许多重要的区别。参与者的动机不同,信息和控制机制不同,国家的作用不同,社会因素也不同。而所有这些差异都不在我们本次分析的范围之内。我们只研究其中的一个,即短缺指标和滞存指标的正常值是否存在特征性差异。

在经典的需求约束型体制的正常状态下,存在着相当数量的可动用滞存。例如,有工作能力但目前失业的劳动力,以及未利用的固定资本。这种滞存之所以可动用,正是因为有互补性投入。短缺现象是存在的,不过只是偶尔才出现。资本主义的周期就是**围绕这种正常状态进行的**,即使在上升的高峰期,也难得碰到物质资源约束;而在周期的低谷期,滞存会大大增加。

传统的资源约束型经济的正常状态则大不相同。可动用滞存很少,也会发生严重的短缺。周期围绕这种正常状态进行,即使在下行周期的底部,可动用滞存也很少;在周期的上升阶段,生产增长经常碰到资源约束;在周期的高峰期,这种约束变得更加重要。即使在周期的最低点,短缺也是相当大的;而在周期的高峰期,若干经济部门的短缺几乎是不可容忍的。

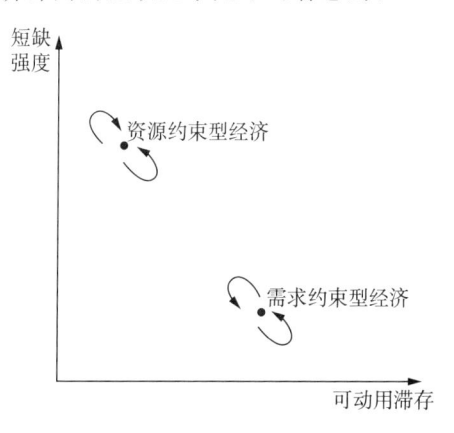

图 9.2 围绕正常状态的周期性波动

图 9.2 显示了上述两个周期大致上的区别。该图的结构与第 8 章中给出的结构相同,因此不需要详细解释。在这里,由短缺指标和可动用滞存指标组成的向量也分别由一个标量来表示。图中彼此相距很远的两个点,一个是资源约束型经济的正常状态,另一个则是需求约束型经济的正常状态。周期围绕这两点循环运转。

第10章 投资者:长期调整

10.1 引　言

本章并不构成一个独立的单元,而是前一章的延续。在第9章中,我们主要分析了**制度框架**和决策者的**动机**,而忽略了决策的实际**内容**是什么,如何从一系列方案中选择投资项目,以及如何分配投资资源。这些问题的答案将在本章给出。

首先我们必须声明,这些答案远非完整。如果要对社会主义国家的5年规划或15至20年规划做详细而全面的论述,那就超出了本书的范围。① 我们宁可武断地从这一系列影响极为深远的问题中,抽取其中与本书主旨密切相关的两三个问题。

本书的主题之一是对经济中发生的**数量调整过程**进行考察。在第2至8章讨论了生产和消费、销售和购买的瞬间和短期相互调整之后,现在就该讲到长期调整了。② 投资在部门之间、地区之

---

① 参见第一章关于计划方面的文献。

② 在这一点上,我们必须在术语上加以说明。在匈牙利,年度计划的制订被称为短期规划,五年计划的制订被称为中期规划,十五至二十年计划的制订被称为长期规划。

在我的书中,没有使用中期这个概念。至于短期和中期的区别,我们沿用微观经济学的用法。这种区分与日历上的时间长度无关,而主要是与固定资本的假设有关,至少从供给方面讲是如此。短期意味着我们考察的是固定资本**不变**条件下发生的过程,长期则包含固定资本存量的**变动**。

长期的调整是结合即将到来的投资来考察的。因此。我们的时间范围一般不超过5年。至于"非常长期"的问题,即涵盖15至20年或更长时间的研究,超出了本书的主题。

间和可选择项目之间的分配,就是这种调整的最重要的因素之一。

规划是调整,但**不仅仅**是调整,它的作用不限于协调不同的进程。然而,我们现在将把注意力集中在规划的这种作用上。在这方面,我们要研究的不是协调的方法论,而是它的**行为规律性**。我们把规划看作一种特殊的控制机制,在这种机制中,某些刺激和信号会引起某些反应。我们要了解其中的一些行为规律性。

本书的另一个,也是最重要的一个主题,是**短缺**。从广泛的投资配置问题中,我们自然地应该考虑那些无论是作为因果还是作为伴随现象而与短缺密切相关的问题。

长期适应性的最重要的因素之一是调整国内经济以适应外部世界的预期形势。就像本书的其他部分一样,我们将不论述这个问题,而只在一两处地方提到它。

本章的大部分篇幅涉及的现象,在社会主义经济传统的管理体制和改革后的管理体制中同样存在。如果在这里将要分析的问题中,两种管理体制之间存在着某种差别,我们将提请注意。

10.2 出发点:按照不变比例进行分配

让我们回顾一下第 9.7 节。在那里,我们讨论了在**传统**的社会主义经济管理体制中,中级分配者(如某部委)如何在低级要求者(如下属的管理部门)之间分配投资份额(3 级和 2 级之间的纵向关系);或者,高级分配者(如计划部门)如何在中级要求者之间进行分配(4级和3级之间的纵向关系)。分析了导致中级和高级投资分配中投资紧张的因素。在各级要求者之间分配投资配额所依据的信号和标准,还没有得到解释。

出发点是一个非常简单的经验法则,**每个要求者都应获得与前几年相同的配额**。由于投资项目的不可分割性,这一规则实际上不可能在最低的分配水平上适用。首先,企业 A 和企业 B 正在进行的大部分投资必须完成,然后才轮到企业 C。单位的规模越大,其分部门、部门,或者由某部管理下的一些部门就越有可能按不变的比例来分配总投资份额。

不变比例准则的吸引力主要在于其简单和便利。这涉及每个组织都试图通过简单的经验法则来确定的一个长期反复的习惯性决定。分配者和要求者双方都会参考**现状**。危险也恰在于此,这会使比例僵化,从而也就增加了长期调整的摩擦。[①] 上一章已经指出,一旦投资份额分配完毕,就很难将计划外的、追加的投资要求挤进投资配额。然而,在此之前问题就已经产生。要求者要想成功获得比通常情况下更大的份额并不容易。纵使他成功地使分配者相信增加他的份额是有道理的,分配者仍然不得不花费极大的精力与其他要求者周旋,因为这些要求者会以"既得权力"为由进行抵制。

在匈牙利改革后的经济管理体制中,中低级管理部门(正如在第 9.8 节所述)不再得到沿着纵向链向下分配的投资配额。然

[①] 我们现在回想第 8.6 节,在那里,我们抽象地讨论了作为摩擦力的重要表现之一的调整中的刚性和延迟问题。

而，整个经济计划包含的投资目标足够详细，足以影响投资比例、投资信贷和政府补贴在部门和分部门之间的分配。

"冻结"**现状**的趋势，即较早时期分配比例的僵化在各个时期、各个领域达到多大程度，可以通过实证检验。

投资配置是一个多步骤的决策过程。如果我们将其表述为一种算法，那么"各自按先前的份额分配"这一原则的应用将仅算作**第一步**。在以后的步骤中将决定在什么地方以及在多大程度上同该原则产生偏差，以及哪些是可以出现的不违反原则的例外情况。当分配者察觉到某些地方**存在困难**的时候，常规份额最容易被修改。让我们更深入地研究这一现象。

10.3 基于短缺信号的选择

影响投资配置及其偏离习惯比例的最重要的信号之一，就是关于短缺的信息。在某些情况下，生产者会收到一个初步的信号，即让我们开始（或者，如果已经在进行中，让我们扩大）某种产品的生产，否则会出现短缺如果在提出这个论点时已经存在短缺，那么这个论点就会被特别强调。短缺越严重，建议被接受的机会就越大。投资决策往往是对信号的延迟反应，排队的队伍已经变得异常漫长，积压的未完成订单堆积如山，用户方面的抱怨也是屡见不鲜。[1]

在某些情况下，短缺的出现与第9.8节所讲的问题有关。

---

[1] Gács（1976）的文章以建筑材料业为例说明，投资分配紧随短缺信号之后。在短缺强度不断增加的情况下，其反应是更慷慨地分配投资。

基本投资已经落实,必须收到短缺信号,才能再进行补充投资。投资创造了生产某种最终产品的能力,短缺信号鼓励了为这种最终产品提供必需的材料和零配件的"中间产品"工业的发展。

在很多情况下,决策涉及国内生产还是进口这个两难选择。我们缺少的产品可以通过引进或扩大国内生产获得,也可以通过进口获得。然而,对这一特殊的决策问题的研究超出了本书的范围。

短缺信号不仅影响着应该生产哪些产品,而且影响着投入组合,即工艺的选择。由于管理者越来越察觉到劳动力短缺,正在逐步向利用相对较少的活劳动的技术转变。

在产出和投入两方面,关注短缺和未来需求的数量信号比使用价格进行经济效益和概率计算更为有效。我们将在第 14 章[①]中再谈这个问题。

10.4 介绍性例子:作为利用函数的社会成本

短缺信号在第 2 至 8 章以及第 10.3 节中讨论过,它基于消费者(买方)的认知,即他不能实现他的消费(购买)意向。短缺无非是初始意图与其实现之间的偏差。因此,这种形式的短缺只有在已经预先存在足够具体的意向(消费或购买意向)的情况下才会

---

① 我们也将在第 13 章讨论**价格**信号能够在多大程度上影响投资决策。

存在,而这种意向的实现是可以衡量的。

然而,还存在另一种更间接的形式的短缺感。例如,某工厂的运输部门就收到许多司机的抱怨,诸如道路堵塞,开车越来越累,交通不安全,等等。我们可以说,与对运输的要求相比,足够宽阔的、高质量的机动车道是短缺的。但是,这里并不存在清晰、明确规定的初始利用意向("我希望使用这么多这么高质量的道路")。道路短缺表现为日益严重的拥堵带来越来越严重的社会后果。这种特殊形式的短缺主要出现在经济的服务部门或制造厂的服务部门。

在本节和下面的章节中,我们将讨论后一种形式的短缺,以及相关的行为规律和投资分配机制。我们将更详细地阐述上面介绍的例子,考察一条连接两个路口的道路,该道路有大量车辆使用。在我们考察时,它的质量一般,是一条双车道的二等路,路面比较破旧,但仍适合通行。

该道路的**利用率**应该用几个指标来衡量。道路利用率会随着时间而波动,根据一天中不同的时段、一周中不同的天数、以及一年中不同的季节而变化。而且,在一定时期内,交通运输量可以通过多种方式来衡量,比如说根据通过的车辆数量,或者根据车辆的重量,或者车辆的长度来衡量。现在,我们从利用率指标向量的分量中,仅仅选取一个有代表性的指标。例如,将通过道路上某一点的车辆数量作为每日平均值。[①] 这个指标用 x 表示,并在图 10.1 的横轴上衡量。用近似法考察,我们假设车辆通过

---

① 为简单起见,我们假设,在这条道路上通过的每辆车都从道路的起点走到终点。因此,在成本函数中不需要单独考虑道路的长度。

的数量越多,该道路的利用率越高。

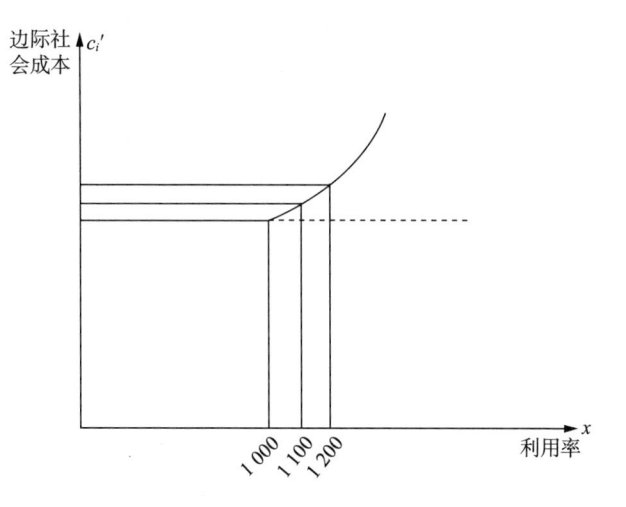

图 10.1　作为利用率函数的边际社会成本

让我们考虑一下取决于道路利用情况的**社会成本**。表 10.1 中列出了一些指标,但不求完整。

假如道路的状况是既定的,而其利用率在不断提高,就会发现车辆的速度变得不均匀,会经常出现反复停车和重新启动,或者至少是减速和加速,这就增加了油耗,加剧了发动机磨损,降低了平均行车速度。更为重要的是,道路使用越密集,路况恶化越快。而这也进一步增加了油耗和车辆磨损。在更拥挤的道路上,超车更困难,急刹车更危险,紧张的情绪越来越大,事故次数也随之增多。综上所述,表 10.1 所示的各项成本都作为利用的函数累进地增加;换言之,边际成本增加得越来越快。

表 10.1　由道路利用率决定的社会成本

成本的类型	成本的具体特征
1. 企业和非营利机构车辆的油耗 2. 企业和非营利机构车辆的有形损耗 3. 职业司机在道路上所费时间 4. 道路保养	表现为企业和非营利机构的货币支出 —— 从企业和非营利机构部门的观点来看的内部成本
5. 私人车辆的油耗 6. 私人车辆的有形损耗 7. 私人司机在道路上所费时间	表现为家庭的货币支出 —— 从企业和非营利机构部门观点来看的外部成本
8. 司机的紧张情绪 9. 事故的次数[*]	不直接表现为货币支出

[*] 以保险公司支付损失费的形式间接出现的财务抵消项。

如表 10.1 所示,社会成本一词是作为一个总称使用的。狭义和传统的解释中被视为成本的投入,如燃料消耗也包括在内。但我们也列出了其他种类的社会损失、牺牲和负担,尽管它们通常不以货币形式来计算。私人司机在车上所耗费的时间是社会的成本,因事故造成的健康损害也是社会的成本。这类成本也是可以观察和衡量的。例如,最不传统的成本是第 8 项,即司机所承受的紧张情绪。交通心理学家可以通过记录司机的血压或心脏的功能来间接测量。

我们的目的并不是按照成本-收益分析方法[①]，人为地用货币来衡量各种社会成本。我们甚至不会提出像司机在拥挤的交通地段中的紧张情绪，或者在一次事故中损失的身体健康到底值多少福林[②]*这样的问题。每一种成本都可用其特有的具体计量单位（或计量单位的复数形式）来衡量。因此，它可以用事故总数来衡量，也可以根据事故的后果细分为不同的等级。也因此，应该指出，**社会成本是一个向量概念。**

图 10.1 中无法画出向量，所以我们取出一个分量 c_i 来说明，它是利用率 x 的函数。在该图中，成本函数的一阶导数 $c'_i(x)$（即边际社会成本）显示在纵轴上；如前所述，它是递增的。举例来说，我们假设每天有 1 000 辆车通过该道路，每天的总耗油量为 2 000 吨；如通过 1 100 辆，每天的总耗油量为 2 220 吨；如通过 1 200 辆，每天的总耗油量为 2 470 吨。因此，边际消耗量最初为 220 吨，然后为 250 吨。在该图中还画了一条水平虚线。这是一条假设的边际成本曲线，如果交通量的增加并不导致边际燃料消耗量的递增，则该曲线就会成立。

我们现在开始做进一步的动态分析。在图 10.2 中，横轴上的利用率数据有时间标签。表达式 $x(t)=1000$ 表示在时刻 t（例如 1970 年 1 月）的交通容量。而表达式 $x(t+l)=1500$ 表示在

[①] 因此被称为将某些项目的收益和成本转化为想象中的收益和支出的计算。从这些收益和支出的比较中可以推断出项目的盈利能力。如果分析方法认为有必要，影子价格可以偏离现在的实际价格或未来的价格，以便更好地反映社会效益和成本。此外，影子价格还可以用来考虑那些没有实际货币价格的利益和成本。参见 Little-Mirrlees (1974), Mishan (1975) 和 Layard (1976) 主编的著作。

[②] 福林是匈牙利的货币单位。——英文编者

第 10 章 投资者:长期调整 269

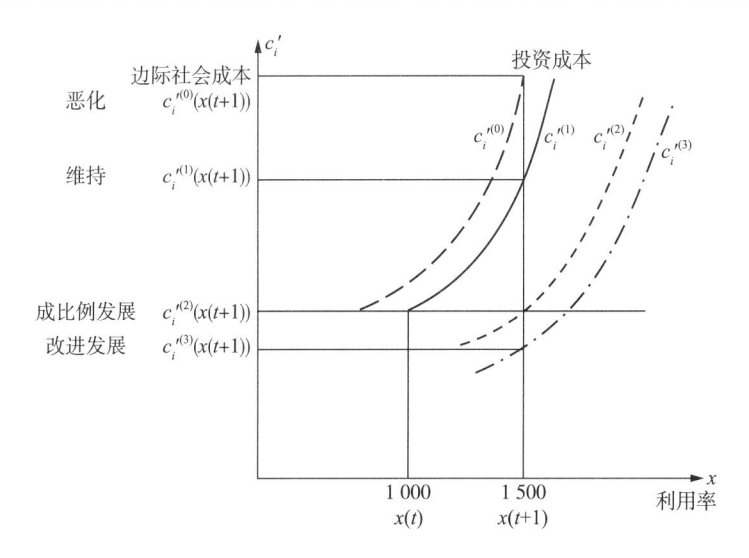

图 10.2 投资选择对边际成本函数移动的影响

时刻$(t+1)$(例如1975年1月1日),每天通过的车辆数量是1500辆。这种沿横轴的移动最终**无论如何**总会发生,与道路的状况无关。

图中有四条曲线,哪一条是实际生效的,取决于道路的保养和投资。只能有一条曲线是"有效的",即与实际执行的养护和投资政策有关的曲线,其他曲线都是假设的。

我们首先从一条实线曲线开始说明,这只是图 10.1 的重复。如果通过精心的保养和整修,该道路在时刻 t 的状况保持不变,直到时刻$(t+1)$,这个边际成本函数仍然有效。这是**第 1 号投资备选方案**,被称作**保持**。

值得注意的是,虽然采用第 1 号备选方案时,道路的质量保持原有水平,但由于该道路的利用率上升,边际成本增加。平均燃料消耗量增加,每个司机在道路上花费的时间更长,事故发生的频率更高。

上述曲线右边的虚线代表**第 2 号投资备选方案**。例如,这可能意味着,在五年之后,交通量增加了 50%,还增加了第三条车道。作为这项投资的结果,尽管交通量增加了,在时刻 $(t+1)$ 与交通量相关的边际成本,与在时刻 t (道路处于原始状况下)的边际成本完全相等。

$$c_i'^{(2)}(x(t+1)) = c_i'^{(1)}(x(t)) \tag{10.1}$$

| 新建道路之后,在交通量增加的情况下的边际成本 | 新建道路之前,在原交通量情况下的边际成本 |

第 2 号投资备选方案带来了**成比例发展**。如果在利用率不断提高的情况下,能保证边际成本不变,则称为成比例发展。在这条"向右移动"的曲线上,与 $x(t+1)$ 相关的点位于与边际成本不变相对应的假设水平线上。

当然,交通量 $x(t)$ 在时刻 t 的边际成本是一个任意的出发点。也可以努力改善这种情况,这一点用**第 3 号投资备选方案**,即图中的点划线来表示。这可能意味着,例如,第三条车道已建成一级路面,原来的两条车道已按同样标准重新铺设路面。尽管交通量增加了,但边际成本却降到了以前的水平以下。

$$c_i'^{(3)}(x(x+1)) < c_i'^{(1)}(x(t)) \tag{10.2}$$

这被称作**改善性**发展。

我们现在也来考虑一下相反的情况,在时刻 t,甚至仅仅连保持原状都没有做到,只做了应该进行的部分保养和整修。这就

第 10 章 投资者:长期调整

是图 10.2 左边曲线表示的**第 0 号投资备选方案**。随着交通量 $x(t+1)$ 增加,边际成本比实行精心养护政策时的成本要高。

$$c_i^{\prime(0)}(x(t+1)) > c_i^{\prime(1)}(x(t)) \tag{10.3}$$

因此,这种投资选择会导致情况**恶化**。

在这四种备选方案中,0 和 1 意味着**延期**。[①] 在这两种替代方案中,增加的交通量导致边际社会成本增加。正如我们所看到的,这种情况不仅发生在导致路况明显恶化的第 0 号备选方案中,而且还会发生在维持道路原状第 1 号备选方案中,后者也表示"延期"。另一方面,选择 2 和 3 不表示延期。它们防止了利用率的提高导致边际成本的增加。

10.5 延期的诱惑

必须就道路投资做出决定的分配者,面临着以下两难困境。

一方面,备选方案 0、1、2、3 所需的投资额依次递增(将保养、整修和为改善而进行的投资等合计起来)。正是额外的投资将边际成本函数向右推。另一方面,对未来的交通量 $x(t+1)$ 而言,当我们依次考虑备选方案 0、1、2、3 时,那么边际社会成本就会递减。

当然会有不少读者在走到这里后,会认为这是一个成本-收益分析的小问题。只要给定各类社会成本的影子价格,以及社会贴现率,他们就会在几分钟内计算出最优解。

[①] 这一讨论是本书作者在 *Rush versus Harmonic Growth* (1972a,b)一书中提出的关于"延期"现象的思路的延续和完成。

然而，这里面包含了两个困境。其一是我们对理想的影子价格一无所知。刚刚已经指出，我们不知道一小时神经紧张的驾驶、一小时休闲时间的损失或者在一次事故中致残的福林"等价物"是多少。另一个困境是，本书的目的不是向道路建设当局提供建议，说明它应该选择哪种方案。我们的目的是**描述**。在这些两难困境中，典型的决策是什么？而且不仅仅是描述，还要解释，决策者**为什么**会选择这样做。我们不打算判断他们的决定是否正确，而是要认识到决定的原因。

我们可以提出下述看法。

在经济的许多领域都存在着推迟适当发展的强烈诱惑。延期一直持续到边际社会成本达到一个临界值，即容忍限度。此时，迄今被推迟的投资项目得以实施，这会突然降低边际社会成本。然后又重新出现延迟，该过程再次开始。

这样，就形成了一个局部循环①，延期超过容忍限度、投资行动和随后的情况基本改善、延期，等等。图 10.3 展示了这一过程。我们回到道路的例子，图 10.3 是 10.1 和 10.2 的延续。在横轴上，递增的道路利用率在时刻 t_1，t_2，t_3 和 t_4 处衡量（它们各自间隔几年的时间）。道路的开发被长期推迟，直到开始时刻 t_2 边际社会成本达到了容忍限度 $\hat{c}'_i$。这是投资必须现在开始的警告。投资在 $[t_2, t_3]$ 期间进行，结果，成本曲线向右移动。从时刻 t_3 起，延期重新开始进行。

粗曲线表示与当前实际利用率 $x(t)$ 相关的边际成本

---

① 使用"局部"这个定语，是用来区分这里描述的现象与第 9.10 节讨论的一般的整个经济的周期性波动。

第 10 章 投资者:长期调整 273

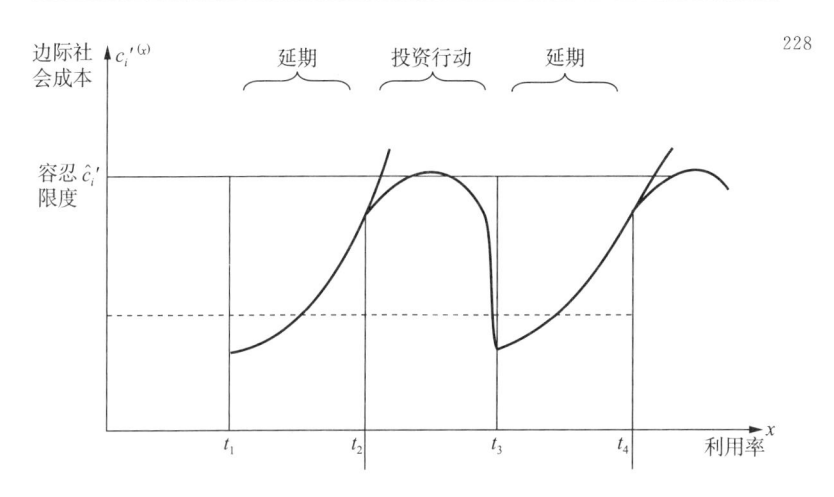

图 10.3 由延期形成的局部循环

$c'_i(x(t))$ 的轨迹。该曲线周期性地波动,达到容忍限度并超过一点,在投资项目完成以后急剧下降,仅在延迟期会重新上升。下方虚线表示最小边际成本,决策者不会努力将其降低到该水平之下。

该图以典型化的方式描述了这一过程,现实情况当然绝不会如此具有规律性。然而,尽管它很简单,但它有助于理解。

我们可能会问,为什么分配者倾向于延期?使他易受诱惑的不是特殊的心理素质,而是选择困境的条件和性质。延期的**优势**在于节约投资成本,而其**劣势**则表现在提高边际社会成本。以下因素可以解释分配者的行为。

(1)延期的优势相当**确定**,而劣势则**不确定**得多。整修比更换路面、兴建第三条车道便宜多少,是能够精确估计的。反之,弊端就很难估计了,因为谁也说不清楚,比如第三条车道能节省多少汽油。

(2)优势完全是"**内部的**",而劣势主要是"**外部的**"。前者容易衡量,后者却**有困难**。延期所带来的节约,在投资拨款机构的成本估算中能清楚地看到。至于劣势,让我们再看一下表 10.1。由延期所造成的额外损失有相当一部分不是用金钱来表示的。而且难以衡量。例如,有人提到,神经紧张是可以衡量的。虽如此,但是,官方统计部门没有观测到。

(3)延期释放了**高、中级部门能够支配**的资源。另一方面,延期造成的不利因素显得分散。这是鼓励延期的一个特别有力的因素。延期所释放出来的资金、物资、劳动力都是在手头的。同时,延期造成的不利因素分散在成百上千的企业、非营利机构和家庭中,对每个企业来说,只是微小的、几乎不引人注意的项目。

(4)延期的优势立即显现,而其劣势只有在时间上**延迟和延长**后才会显现。这第四个方面可以用通常的时间偏好的正式术语来描述,决策者的主观贴现率极高。

10.6 容忍限度

虽然延期的诱惑很大,但分配者迟早将进行投资,因为如图 10.3 所示,他碰到了**容忍限度**,即社会可接受的约束。

容忍限度不是阻碍进一步发展的壁垒。尽管在图 10.3 中只给出了单独一个临界值 c'_i,但实际上它更像是一个**容忍区间**。那里的困难成倍增加,因此受延期影响的人抵抗得更坚决。虽然问题以及阻力同时存在,但即使分配者忽略了这些问题,只有当决策者**察觉**到他已达到了容忍极限,这个容忍限度才会变得**有效**。

有几种**信号**警告着容忍极限的临近。"发牢骚"的声音越来越大。职业司机向上司抱怨路况不好,上司偶尔也会把怨言传递给那些负责人。也许碰巧,某些能对决策施加重要影响的人在该路上行驶。报刊或电视可能注意这个问题。使用前面的专有名词来讲,"声音"成了信号。

有时候,这不仅仅是一个信号,而是一个**警报信号**,它的响起,表明一场灾难已经发生。在高峰期,道路上可能会发生大规模事故,交通停滞数小时。又或者某段车行道突然遭到严重破坏,必须封闭整条车道,对交通造成严重干扰,持续数周。灾难就会放大不满和抱怨的"声音"。

容忍极限出现在边际成本曲线变得非常陡峭的地方,因为这时问题来得又快又猛。正如我们所看到的那样,推迟一个投资项目会导致多种社会成本的增加。每种成本都有一定的临界值。最狭窄的约束就成为有效的容忍限度。

为了描述和理解任何系统,必须知道它的容忍限度在哪里。这是**系统的基本特征**之一。在这里,我们并不只是指容忍限度制约了延期,因为这是一个更为一般的概念①。容忍限度取决于许多不同的因素。它们取决于受到事件的负面后果影响的人的"容忍度"、他们毫无怨言地接受的损失,以及他们准备和能够抗议的程度。限度还取决于社会政治气氛,以及听取"声音"的人是否认真地对待这些信号并准备做出反应。简言之,"容忍限度"是一种

---

① 在本书的第 3 章、第 5 章和第 9 章中已经出现了容忍限度,当然,这些例子远远没有穷尽这种现象发生的一切形式。

10.7 "救火"的方法

要解决延期问题,只需简单地要求规划者具有智慧和预见性。他不应该等到边际社会成本达到其容忍限度,而应该在此之前实施所需的投资项目。

这样固然不错,但整件事并非单靠先知先觉。在我们的例子中,到目前为止,我们只谈了一个随机选择的项目(修建一个路段)。让我们假设这个路段在全国范围内具有重要意义,因此投资是在主要的公路监管部门的管辖范围内。这个主管部门积压了大量被推迟的公路建设任务,它的上级主管部门处置所有交通投资的情况也是如此,如铁路、航空运输、公共汽车网和航运的发展中也存在延期的情况。当然,运输业是任意选择的一个例子;其他许多部门也可以说是类似的情况。

现在,我们回顾一下第9.5节和第9.7节的主题,也就是在中、高级投资配置中出现的紧张局面。在上述情况下,紧张是**不可避免的**。需求量大,投资资源稀少;而大部分资源已经用于继续和完成已经开始的投资。几乎不存在任何可以真正支配的免费投资资源。而如果在这种情况下,一些要求者遇到了问题,这些不多的资源必须给予他。"救火"是必要的,必须首先在因推迟投资而导致边际社会成本达到容忍限度的领域开始投资。

"延期、救火、延期"的机制,形成了一种类似于欠债人的经济状态,他欠了很多人的钱,但又试图维持自己的信用价值。因此,他总是把已经到期的、不能再延长的债务偿还掉。而如果没有其他办法,他就会再次借钱,以偿还到期的债务。因此,负债是永久的,总有债务到期,不能延期。

这一类比使我们想到了问题的外贸方面。在"延期、救火"的循环中,必须区分可进口商品和非进口商品,①前者主要是产品(在第 10.3 节中讨论),后者主要是服务。以铁路通信为例,轨道和机车车辆是互补性投入,两者缺一不可。永久性的铁路必须在国内修建,因此在这方面出现的所有问题都是在道路例子中提到的。另一方面,如果国内的货车制造不能满足国内需要,那么只要有足够数量的货车进口,就可以推迟国内的进一步发展,而不会使铁路的边际社会成本上升。诚然,假设贸易差额和国际收支本来就是赤字,这可能会增加外债。而以前我们象征性地用类比的方法说到过被延期但最终会到期的"债务存量"(投资项目),现在也完全适用于外债总额。**内"债"可以转化为外债,反之亦然。**当然不一定是直接转化,但至少是间接转化。让我们假设在提供某种非进口服务的 A 部门和生产进口商品的 B 部门都在近几年发生了延期,而且在这两个部门都有触及容忍限度的迫在眉睫的危险。然而,自由投资资源仅够在其中一个部门开始一个项目。以下两种选择都是可行的。可以在 A 部门开始投资,同时,必须增加进口以补充 B 部门的国内生产。其结果是,国内"债务"没有增加,但外债增加了。或者,在 B 部门开始投资,而 A 部门进一步

---

① 我们这里适用的是通常的"可交换与不可交换"的区别。这是为了表明有关产品在正常情况下成为外贸对象的**可能性**,而不是表明在该国现有的生产和外贸结构中,该产品实际上是进口还是出口。

推迟投资,其结果是外债没有增加,其结果是外债没有增加,但延期的国内"债务"却增长了,而这种债务越来越难以接受。尽管容忍限度与每一种国内延期的形式有关,但外债总额也有其容忍限度,正如前一章所述。

讨论了外贸这个离题话之后,我们再回到原来的话题,即"延期、救火"这个机制。"救火"造成了一个恶性循环。它抢先将现有的未指定用途的投资资源给予那些问题不断积累的领域(分部门、地区等)。因此,对那些情况仍可忍受的领域,不给予或几乎不给予任何投资。在那里,固定资本的利用率不断增加;除其他外,经济中无处不在的数量冲动和持续扩张,助长了这种增加。延期开始,这迟早也会导致困境。恰恰是超过它们自身容忍限度这一点,将使它们获得未指定用途的投资资源的权利。这样,"**救火**"**会永久地复制自己**。我们在前面谈到了短缺和投资紧张的相互作用和恶性循环。它的子循环或局部现象之一是延期、救火循环。只要短缺和投资紧张存在,延期和救火的方法也必然存在。专家和高瞻远瞩的规划或许能在一定程度上起到作用,但似乎无法完全消除这个问题。顺便说一句,这是一个有待检验的论断,关于不断自我复制的推迟和随之而来的救火的假设在多大程度上能够成立,必须通过实践来检验。

第 10.4 至 10.7 节所描述的过程可视为"**数量**"调整的一个**特例**。它不仅存在于社会主义经济中,而且存在于每一种社会制度中。它是通过投资项目来实现长期适应的一种特殊形式,是通过"救火"的方法进行长期调整。**反馈机制信号系统包括抱怨、诉苦,也许还有大灾难**。对信号的反应要求把未指定用途的投资资

源,集中到已达到其容忍极限的领域。这或许是一种痛苦的进步,但并非"不理性"。它的规律性相当明确,可以解释,而经验表明它是可行的。① 虽然有延迟,但却发挥了相当一部分长期调整的作用。

言至于此,我们可以简单地重提一下第10.2节的论断。在那里我们曾指出,投资配置的出发点是保存以前的份额。要突破这种舒适的刚性状态,最有力的方法之一就是"救火"。在问题积累到无法忍受的地步时,必须投入比平时更多的资源,即使可以推迟解决问题的部门和地区得到的资源少与往常。

---

① 作为一种控制机制,"救火"的方法可以形式化。Radner和Rothschild利用几个高度简化的假设,阐述了其描述的模型(见 Radner,1975;Radner-Rothschild,1975;Rothschild,1975)。这些模型证明这种控制机制是可行的,容许该系统的存在。

对某些"临界值"做出反应的控制机制在许多不同的过程中都会出现。在 Farkas(1978)的研究中,库存的情况就证明了这一点。

第 11 章 就业

11.1 引 言

充分就业是社会主义经济发展的重要历史成就之一。它不仅达到了高水平的就业,而且一旦达到这个水平,就会得到强有力的保证。本章分析了导致充分就业和保证充分就业的过程,以及与这些过程有关的各种现象。我们将比较资本主义经济和社会主义经济。但本章的主题是在相当抽象的层面上来讨论就业的,因此,没有必要将社会主义经济的传统经济管理制度和改革后的经济管理制度区分开。

现在让我们介绍一下理论的预备知识。读者会清楚地看到,我的思想在多大程度上得益于马克思[①]。对"相对过剩人口"作用的认识,将就业问题与积累的长期分析联系起来,是马克思对经济理论最重要的贡献之一。

凯恩斯以及由他的方法中演变而来的宏观经济思想,强调对

[①] 首先参见 Marx 的《资本论》(1867—1894b)。从后来的马克思主义文献中,我们提到 Luxemburg (1913) 和 P. Erdös (1976) 的著作。

第 11 章 就业

先进资本主义经济的短期控制[1]。这引出了重要的实际经济政策结论,同时也将长期的历史观推到了一边。后者主要通过对**发展中国家**的研究迂回地凸显出来。在许多亚洲、非洲和拉丁美洲国家,今天正发生着类似的过程,正如 100 至 150 年前发生在英国的、由古典经济学家所亲身见证的那样。

为了了解社会主义国家的就业问题,有关劳动计划的文献中提供了一些基本事实[2]。

本章主要从总量方面进行宏观经济分析。我们将主要研究长期过程,当然也会涉及短期调整和瞬时调整。

11.2 分 类

我们将区分出若干群体,包括有劳动能力的人口、就业人口,等等。即时在两个日期之间,其中一个群体的人数没有发生变化,但由于人口统计进程的影响,人员的构成可能会发生变化;人们不断进入和离开各个群体。我们现在不考虑人口统计进程对群体组成的影响。一般来讲,只有在对我们的论点不可或缺的地方,才会讨论人口统计的影响。

---

[1] 首先参见 Keynes 的《就业、利息和货币通论》(1936a,b)以及 Hicks(1937,1974a,b)和 Phillips(1958)的研究。总结参见 Branson(1972)。

马克思主义者对凯恩斯理论的批判,已见于匈牙利文献 P. Erdös(1966,1971)和 Mátyás(1973)等中;货币主义-新自由主义的批判,首先可见于 Friedman 的著作中[例如,Friedman(1975,1977b)]。

[2] 例如,见 J. Timár(1964)和 Kovács(1979),或见 Ellman(1979)讨论社会主义经济中的充分就业。

我们在现有理论框架内寻求**符合逻辑的**明确的分类,但我们的任务不是提出实际操作的建议。在对我们的假设进行实证检验时,当然必须界定群体的确切范围,但这要由劳动统计专家来完成。

有劳动能力的人口。该群体的人数为 $L(t)$,这包括那些考虑到其年龄和健康状况,能够为一家企业或非营利机构工作的人。

这类人群的范围能够用年龄范围、影响劳动能力的健康状况等客观的参数来描述;但这些范围应划在**何处**,不能由"生物学"标准来确定。实际的界限是基于社会所接受的法律和道德规范。[1]

由于它是由社会规范所决定的随机量,所以我们将在后面使用时间序列 $L(t)$ 在时间点 t 拟合的**趋势值**,用 $\tilde{L}(t)$ 表示。

劳动力供给。该群体的人数为 $S(t)$,这就是愿意参与就业的群体。

就业人口。该群体的人数为 $N(t)$,包括所有在企业[2]或非营利机构从事带薪工作的人。因此,用自己的工具工作的渔民和猎人、同家人一起在自己土地上耕作的小农户,以及在自己的店铺同家人一起工作的手工业者或小店主都不属于这一组;家庭主妇亦不在此列。这个群体并不包括每一个工作的人,而仅仅是指那

---

[1] 在长期分析中,这将造成一个问题,即社会接受和认为正常的"工作能力"的限度,在我们考察期结束时可能与开始时不一样。要讨论的指标只有在整个分析期间对群体极限的定义是相同的情况下才能解释。因此,在这种情况下,必须把开始时有效的社会规范或在某个平均加班期结束时有效的社会规范作为简化假设的基础;但无论如何,必须有一个贯穿始终的定义。

[2] 我们所说的"企业",不仅是指中型或大型工厂,也指使用雇用劳动力的小型工厂。

第 11 章 就业

些在正规组织中工作的人,即在企业或非营利机构中为取得工资而工作的人。

失业人口。该群体的人数为 $U(t)$。其定义为:

$$U(t) = S(t) - N(t) \tag{11.1}$$

失业人口　　劳动力供给　　就业人口

习惯就业人口。该组人数为 $H(t)$,包括那些已经在企业和非营利机构就业,因此习惯于这种环境的人。这个群体将在我们的分析中起到核心作用。就业不仅仅是用劳动交换工资的市场交易。有人以前是家庭主妇,现在成为工人或职员,她的**生活方式**发生了改变;有人以前自己耕种土地,现在进入大规模的农场或工业工厂做有酬的工作,也是如此。在绝大多数情况下,**这种生活方式的改变,是影响深远的、永久性的和不可逆转的**。①

从个人访谈中,社会学家能够清楚地判断大部分被访问者是否属于这一群体,只有对"边缘人"会出现识别困难。对于已在企业和非营利机构工作至少一年或两年,并且仍然继续(或愿意继续)这种生活方式的人的比例,可以做出大致的描述。同时,由于测量中不可避免的非确定性,也证明了我们在分析中忽略时间点 t 所观察到的瞬时值是合理的。相反,我们使用了与时间序列拟

---

① 在一般的微观经济学中,变量可以在其约束条件下自由地双向移动。无论是需求还是供给,都可能在先前增加后减少,反之亦然。在短期内,在边际变化的情况下,通常是这样的。但**在长期来看**,情况就不一样了,变量的大幅增加或减少成为更基本的过程的特征。本书中反复提到的**不对称状况**,在一定程度上成为这种不可逆的**历史过程的结果**。沿用我们举过的例子,在需求约束型劳动力市场上,不对称(买方,即雇主处于支配地位)的形成,除其他方外,是因为(正如我们即将看到的那样)村里的穷人已经成为城里有工资的劳动者,即使在劳动力市场上的地位恶化,也不会打包回村。

合的**趋势**值,用 $\widetilde{H}(t)$ 来表示。

假设那些习惯就业的人总是愿意就业,也就是说,他们是劳动力供给的一部分。然而,其他人也可能正在努力获得就业,这些构成第五个群体。

不习惯就业,但愿意就业的人口。该群体人数为 $J(t)$,它包括那些只是暂时离开旧的生活方式的人。他们一度在企业或非营利机构工作,但由于某种原因(家庭情况,或他们期望的落空),他们又离开了。如果他们找了一段时间却没有找到工作,然后放弃了,他们可能甚至更早地停止求职。这个群体可以由以下关系来界定:

$$J(t) = S(t) - H(t) \qquad (11.2)$$

不习惯就业,但愿意就业的人口　　劳动力供给　　习惯就业人口

前面的分类有助于我们建立两个指标。一个是 h^*,即**正常参与率**为:

$$h^*(t) = \widetilde{H}(T)/\widetilde{L}(T) \qquad (11.3)$$

因此,这就是习惯就业人口与有劳动能力的人口总数之间的比率。它并不表示劳动力市场的瞬时状态,因为分子和分母都是趋势值。它将受社会惯例、习俗和规范限制的两个群体联系起来,概括出生活方式的变化,这就意味着,将相当一部分人口与企业和非营利机构联系在一起的历史进程,几乎是不可逆转的。

第二个指标是通常意义上的**就业率** n,或者其补数,**失业率** m。

$$n(t)\frac{N(t)}{S(t)}; \quad m(t) = 1 - n(t) = \frac{U(t)}{S(t)} \qquad (11.4)$$

就业率　　　　失业率

与表示长期过程实际状态的指标 h^* 相反,指标 n 和 m 代表了劳动力市场短期变化中的瞬时状态。几乎所有涉及先进资本主义国家就业问题的宏观经济模型都集中在指标 n 和 m 上,而不涉及指标 h^*。

这些定义清楚地表明,正常参与率 h^* 不一定与就业率 $n(t)$ 的跨期平均值相吻合。前者是一个**社会学**范畴(劳动年龄人口中习惯就业人口的比例),后者是一个**劳动力市场**范畴(劳动力供给中有多大比例的人群成功找到了工作)。

11.3 需求约束型劳动力市场

在本节和以下各节中,我们将劳动力市场和就业的两种"纯粹"状态进行对比。一种是**需求约束型**劳动力市场,另一种是**资源约束型**劳动力市场。我们将在后面讨论从一种状态到另一种状态的历史转变。

需求约束型劳动力市场的典型案例,是处于资本主义经济正在扩张,但还没有达到今天所理解的高度发展水平的历史阶段的落后国家。这不是一种纯粹状态,但与之相去不远的是先进资本主义经济,假定其增长从长远来看相当缓慢,不存在凯恩斯主义的强有力的政府干预,工会的影响也不强。两次世界大战之间,大多数资本主义国家的情况差不多都是这样。[1]

虽然我们可以参考各种历史上的实现方式,但"纯粹"状态是

---

[1] 第二次世界大战后的资本主义经济中的劳动力市场,不能被看作一个纯粹需求约束型市场的案例。

从不同国家的不同实际情况的许多方面中抽象出来的**模型**。

(1) 需求约束型劳动力市场最重要的特征是,正常参与率 h^*,虽然在长期来看有所增长,但始终保持低水平。当然,"低"这个形容词是相对而言;只有在与资源约束型状态的对比中,它才具有意义。在那里,正如我们将要看到的,h^* 的比率要高得多。在经验描述中,这对于那些从纯粹需求约束型劳动力市场向纯粹资源约束型劳动力市场过渡相对迅速的国家来说,将表现得尤为明显(例如,20世纪30年代的匈牙利同70年代的匈牙利相比)。

如前所述,在纯粹需求约束型劳动力市场中,h^* 也可能随着时间的推移而增长,但尽管有所增长,**潜在劳动力储备**[①]总是存在的。这部分群体将在下一节中详细地分析;这里我们只提前解释一下。不习惯就业但有劳动能力的人口构成了"全部"潜在劳动力储备。然而,其中一部分是无法调动的。换句话说,比率 $h^*(t)$ 的值,永远不可能达到1;但它有一个**容忍度上限**,用 $\hat{h}$ 表示。因此,潜在劳动力储备 $Q(t)$ 的定义如下:

$$Q(t) = (\hat{h} - h^*(t))\tilde{L}(t) \tag{11.5}$$

| 潜在劳动力储备 | 参与率的容忍限度 | 实际的正常参与率 | 有劳动能力的人口 |

一个就业以需求为导向的经济的主要特征是,它总是存在**大量的潜在劳动力储备**,但是只有其中一部分在通常的失业统计数据中得以体现。公式(11.2)中定义的 $J(t)$ 的人数总是比 $Q(t)$ 小

[①] "产业后备军在停滞和中等繁荣时期加压于现役劳动军,在生产过剩和亢进时期又抑制现役劳动军的要求。所以,相对过剩人口是劳动供求规律借以运动的背景。"(马克思:《资本论》第一卷,第701页,人民出版社,1975年版)

得多。其余的潜在劳动力储备[即$Q(t)-J(t)$]不是失业,只是潜在的就业,这些人在不同的社会环境下可能会找到工作。然而,他们的存在却从根本上影响了劳动力市场。**主要是潜在劳动力储备的巨大比重**(严格意义上的失业也仅排在第二位),**使劳动力市场成为买方市场。**

(2) 尽管失业只是形成市场状况的一个次要因素,但它在解释市场情况方面,无疑起着非常重要的作用。根据失业的具体原因和失业在经济周期中发生作用的情况,我们将失业现象分解为几个部分。

在关于就业的文献中,"摩擦性失业"的表述是众所周知的。"摩擦"这个词与第8章中的用法相同,在那里用向量指标 w 来衡量摩擦现象。除其他外,劳动力就业是一种分配过程,对此,第8章中关于影响这种过程的摩擦现象的一切说法,仍然成立。即使买方(寻找劳动力的企业或非营利机构)有购买意图,卖方(打算接受工作的人)有出售意图,他们是否会相遇,也是不确定的。这取决于瞬时需求和供给是否在每一方面都相互一致,以及企业或非营利机构在考虑到这个应聘者的专业培训甚至政治态度后,是否愿意接纳他。反过来,这份工作、工作条件、上司以及工厂地点,是否能令有求职意向的人满意?他们能对工资达成一致吗?假如对所有这些问题的回答都是肯定的,他们是否知己知彼,是否相互了解对方的意图和条件?对这些问题的答案绝不可能是全部肯定或否定,而是表现为一种明确的统计分布。**在任何一种制度中**,总是同时存在着**部分劳动力短缺和部分失业。**

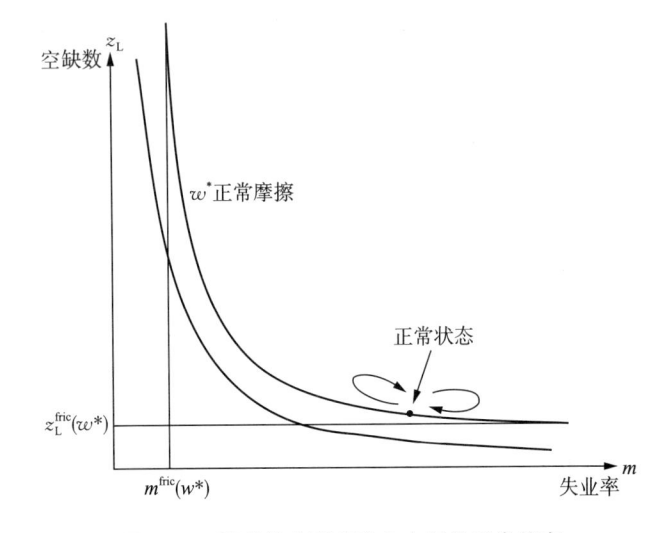

图 11.1 中的纵轴标记为"空缺数 z_L",横轴标记为"失业率 m"。图中显示了"w^* 正常摩擦"曲线,以及标记"正常状态"的区域,并标出 $z_L^{\text{fric}}(w^*)$ 和 $m^{\text{fric}}(w^*)$。

图 11.1 需求约束型劳动力市场的正常状态

在图 11.1 中,我们回到第 8 章介绍的表示方法。① 横轴表示**劳动力滞存**,这是一个向量范畴,我们稍后将讨论它的各个分量。这里仅指出一个分量,即由公式(11.4)定义的通常意义上的失业率,$m(t)$。纵轴表示**劳动力短缺**,这也是一个向量范畴,它的其他分量稍后再述。这里仅显示一个指标 z_L,即空缺职位与总职位数的比率。它是指企业和非营利机构如果能找到合适的人选,就会准备雇用某人的工作岗位的比例。最后,我们运用向量 w 中的一个适当的摩擦指标作为第三变量。这可以是,例如,搜寻的程度,或者是失业者在找到工作前访问过的地点数量,或者是搜寻时

---

① 现在我们可以重复一下在第 8 章中已经强调过的内容。在图 11.1 以及其他类似的图中,等摩擦曲线的形状是任意的。我们的分析所阐明的只是短缺、滞存和摩擦之间权衡的标志和一些约束条件,但我们并不知道摩擦函数的确切形状。

间,等等。

在我们所考察的具有既定正常摩擦的系统中,用粗线绘出的等摩擦曲线是有效的;它无限地接近左边的垂线和右边的水平线。垂线与滞存轴相交于 $m^{\text{fric}}(w^*)$。这是最低的比例,只要具有正常摩擦 w^* 的劳动力市场在运行,失业率就不可能低于此水平。水平线与短缺轴相交于 $z_{\text{L}}^{\text{fric}}(w^*)$。这是短缺的最小值。只要正常的摩擦 w^* 还普遍存在,短缺就不可避免降到该水平以下。[1]

该等摩擦曲线可能向上移动,或者如图 11.1 用细线表示的那样,向下移动。例如,在劳动力市场上有比较好的信息组织、在住房和交通方面劳动力流动的物质条件得到改进等都可使曲线向下移动。这些将与资源约束状态联系起来进行更详细的论述。可是,无疑地,无摩擦状态 $w = 0$ 在我们的模型中只是一个实际上不可能存在的抽象的参考点。所以,用 $m = 0$ 表示的充分就业绝不可能出现,劳动力短缺完全消除,$z_{\text{L}} = 0$,也不可能出现。我们主要在象征的意义上使用充分就业这种表述,这一点稍后将加以解释。

在图 11.2 中,我们使用假设的时间序列,表示在纯粹需求约束的情况下失业的形成。水平线表示最低的失业率,实际失业率不可能低于此水平,因为摩擦现象将阻止它。经济周期的实际过程决定实际失业率与摩擦造成的最小失业率能接近到什么程度。

我们用 m^* 表示时间序列 $m(t)$ 的跨期平均值,这是系统的**正常失业率**。需求约束型劳动力市场的第二个突出特点是(除了很

---

[1] 我们的 $m^{\text{fric}}(w)$ 值与 Friedman 和 Phelps 讨论的自然失业率不相等,而是更小。参见 Friedman(1975,1977b)及 Phelps(1970a,1970b)。

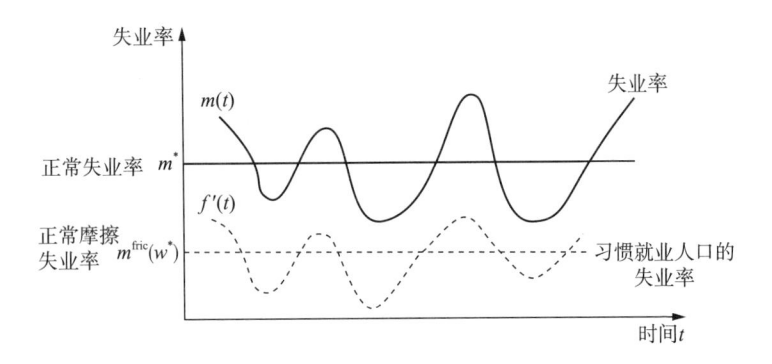

图中标注:
- 失业率
- $m(t)$
- 正常失业率 m^*
- $f'(t)$
- 正常摩擦失业率 $m^{\text{fric}}(w^*)$
- 习惯就业人口的失业率
- 时间 t

图 11.2　失业率在不同时间的变化

低的正常参与率 h^* 和大量的潜在劳动力储备外），正常的失业率大大地超过由摩擦引起的最小比率；甚至在周期的最高点也不降至这个最低水平。这就是我们所说的**长期失业**。它的强度可以通过差值 $[m^* - m^{\text{fric}}(w^*)]$ 来衡量，也可以通过时间序列的实际最小量同由摩擦决定的最低水平之差来衡量。

如果我们回过头来看图 11.1，我们可以看到表示劳动力市场正常状态的点（在该图中，这个点位于三维空间之中；然而在现实中，它位于一个由代表劳动力滞存、劳动力短缺和劳动力市场摩擦的三个向量组成的空间中）。图中的特征性轨迹表明有相当大的摩擦、虽然低但平均为正值的劳动力短缺、以及（同样是平均的）高失业率。**周期围绕着正常状态波动**。在图中，由离开正常点又重新返回的环形线表示。

（3）需求约束型劳动力市场的第三个特征是，甚至**习惯就业的人群中也有一部分人失业**。诚然，在大多数情况下，他们找到工作的机会比新手**或者**偶尔找工作的人要高，但他们也不能免于失业。我们用 $f(t)$ 来表示那些习惯就业却即刻失业的人与总劳动力供给的比率。在图 11.2 中,用时间序列 $f(t)$ 做以说明。在经济周期的高峰期,这个特定的失业比率可能接近于零,而在经济周期的低潮期,这一比率会大幅上升。这个群体的每个成员始终有失业的可能。大量潜在劳动力储备的存在,进一步增强了人们的危机感。企业或非营利机构,或者由于处境不利,或者由于强制替代,总是能够更换人员。虽然该企业或非营利机构可能确实需要他的专业特长或经验,但反过来恐怕更现实。那就是,正因为一个人可能习惯了工作,他会觉得自己别无选择,这就更增加了他的不安全感。

劳动力市场是需求约束型,因为生产是需求约束型;它的扩张受到有效总需求引起的销售机会的限制(要记住,我们所讨论的是凯恩斯主义之前的资本主义,不存在人为的总量需求扩张)。考察生产**为什么**是需求约束型,将超出本书的范围。我们在此只讲这个事实,稍后在比较分析社会主义经济时,会提到这个问题。

我们强调了纯粹由需求决定劳动力市场的中的三个主要特征:巨大的潜在劳动力储备;大量的长期失业,甚至在周期高峰期也不能被吸收;即使那些习惯就业的人,也会受到失业的威胁。所有这些都说明,由于**需求约束型劳动力市场是买方市场**,因此存在着不对称状态。本书的基本思想之一就是市场不可能总是被描绘成两种均等力量相等的中性集合点,即不存在相互对称的需求和供给曲线。通常状况倒是,用一句体育运动的术语来说:"一方在自己的主场打比赛。"当然,在一定条件下,力量关系可能是平衡的。然而,通常状况是,市场的正常状态或其跨期平均状况，从一开始就是一方或另一方占优势，因此市场上总存在某种不对称[1]。如果我们用马歇尔十字曲线，即描述工资函数的一条向下倾斜的劳动力需求曲线和一条向上倾斜的供求曲线来表示劳动力市场，那么这种状况的最重要的特征将会丧失掉。尽管在这样种表述有一定的道理（因为它表示了一种短期关系），但两条相互对称曲线的观点掩盖了这种状况的决定性特征，即它的不对称性。雇主，即买方决定雇用；而受雇者，即卖方处于毫无保障的地位。

我们回顾一下图11.1，短缺程度很低，处在由摩擦引起的最低水平附近。另一方面，滞存很多，正常状态点向该图的右下角移动。在这种表达方式中，它象征着在力量对比关系中，变化对买方有利，而对卖方不利。

在这种情形下，分配过程中的大部分负担都由卖方承担。那些想要找工作的人忙于**搜寻**，如果有许多申请者，他们还要**排长队**；他们不得不在没有立即得到工作机会的情况下等待；他们可能不得不接受**强制替代**，去接受一份低于他们的才能和所受培训的工作。[2]

虽然工资的作用在劳动力市场的短期运动中可能很重要，但它们不属于本章的主题。我们将在第二篇第16章中讨论。现

---

[1] 对马克思主义经济学家来说，当他在考虑资本主义劳动力市场时，这种不对称性是不言而喻的。仔细研究这种不对称性，可以帮助在马克思主义思想中成长起来的经济学家理解不对称性是如何在其他市场和其他制度中也出现的。

[2] 我们把与第4章所讨论的相同的行动方式回顾了一遍。在那里，它们是**购买**而不是出售的特征，在资源约束型体制的卖方市场上，这些特征对于生产投入的买方是沉重的负荷。

在，我们只指出一个众所周知的事实，即在宏观经济层面上计算的平均工资（包括实际工资和名义工资）很有刚性，劳动力的供给和需求对工资相当缺乏弹性。这就是"数量"调整处于支配地位的原因之一[①]。尽管供求之间存在着相互作用，但该因果关系有确定的方向，用下列公式表示：

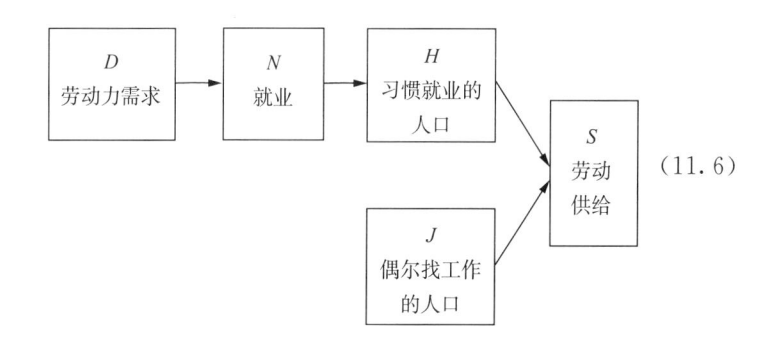

$$D \text{ 劳动力需求} \to N \text{ 就业} \to H \text{ 习惯就业的人口} \to S \text{ 劳动供给} \leftarrow J \text{ 偶尔找工作的人口} \quad (11.6)$$

在需求约束型劳动力市场上，需求是出发点。它是对就业的有效约束（我们将看到，与之相反，在资源约束型系统中，劳动力供给将是有效约束）。正是需求从根本上决定就业，因此 D 或多或少决定 N。长期的实际就业使企业或非营利机构的工人"习惯了"雇用劳动。而且一旦习惯了，他就会（除了少数例外）希望加入出售劳动力的大军。更有甚者，潜在劳动力储备中那些希望就业的人也会加入其中。他们的出现也可以看作预期劳动力需求的函数。

劳动力供给的相对刚性，对工资缺乏弹性，以及与之相应的

[①] 那里会涉及凯恩斯就业理论的中心思想之一。关于这个问题，参见 Leijonhufvud（1968）和 Hicks（1974a，b），后者讨论了凯恩斯理论的危机。

"数量"调节的决定性作用,可以在一定程度上由 H 决心要得到一份工作的事实来解释。**过去的**劳动力需求(已决定了过去的就业),最终由"适应"**目前的**市场条件下的劳动力供给来决定现状。

公式 11.6 描述了劳动力供给适应劳动力需求的**长期**调节。在短期,尤其在瞬时调节中,涉及公式中变量之间复杂的相互作用。现在,我们只把注意力放在长期过程上。

11.4 资源约束型劳动力市场

现代资本主义劳动力市场的情况在许多方面与上一节描述的"纯粹"情形不同。然而,这种分析不是本书所关注的。我们现在将大步跨越历史时期,将注意力转移到"纯粹"资源约束的状态。稍后我们将回到过去,因为我们还打算考察在"纯粹"资源约束的状态之前的时期。然而,在这一点上,如果我们对比一下这两种极端情形,将有助于我们的论证。

(1)"纯粹"资源约束型劳动力市场的主要特征是正常参与率很高,并且已达到容忍限度:$h^* - \hat{h}$。企业和非营利机构部门已完全吸收了潜在劳动力储备 Q。让我们来考虑它的主要成分,这将同时使我们能够理解容忍限度 $\hat{h}$。

(a)潜在劳动力储备最重要的组成部分,包括**独立的小规模生产者和自雇用者**。在东欧社会主义国家,这部分群体中人口最多的阶层曾经是小农和中农。在这片地区该阶层所代表的大部分劳动力,已被包括合作社在内的企业和非营利机构所吸收。本书不可能对东欧社会主义国家如何发生经济所有制改造进行历史性的叙述。这里只需指出的是，伴随着这种改造而来的是劳动力流入农业合作社和国营农场，以及流入农业之外的企业和非营利机构。尽管基本趋势是由所有权的转变决定的，但该过程并不彻底。农业中存在着所谓的自留地，它们对劳动力的需求与企业和非营利机构的吸收效应呈相反趋势。[1] 男性通常不参加家庭农场的日间劳作，但是，它限制了许多妇女接受企业或非营利机构的工作（家庭农业劳动通常会附加其他职责，如母亲和家庭主妇的工作，所有这一切都迫使妇女待在家中）。

一个小得多，但相当重要的阶层是独立的手工业者和零售商。他们的人数在各个国家都有不同程度的减少。凡是在他们的活动仍然保留的地方，通常是居民的要求迫使主管当局不得不保留或扩大这种活动。

所谓自雇用的知识分子的范围已大大缩小了。过去个别从事的许多活动，现在是在企业或非营利机构内进行。然而，仍有一些职业几乎不可能在大型组织中进行。

就上述各种群体而言，正是**工作的特点**，或者对某些特殊工作的强烈的社会需求，限制了企业和非营利机构的吸收效应。

(b) 另一个巨大的劳动力资源是**从事家务劳动的妇女**。[2] 资源约束型劳动力市场的一个特点是，在有工作能力的妇女中，操持家务的妇女所占的比例很低。她们向企业或非营利机构的就业中流动，往往与(a)中所讨论的现象有关。当家庭农场、或手工

---

[1] 由农业合作社社员和国营农场工人与其家人一道，在私有的小块土地上进行的小规模农业活动，称之为家庭农业。

[2] 参见 Kutas-Mausecz (1976)。

业者和零售商的店铺停止运作时,留下的家庭主妇和母亲经常找不到足够的事来做。

这种流动和随之而来的生活方式的改变并不彻底。不仅如此,在本来就很难避免的吸收过程中,她们也经常会恢复到原有的状态。妇女选择就业,取决于家庭中其他有收入成员的工资、家庭规模、家庭成员的年龄结构以及健康状况;此外,她们不仅仅要考虑自己的观点,还要考虑丈夫和其他家庭成员的意见。国家对留在家中照顾子女的母亲所给予的补贴程度,也可能会产生重要影响。总之,很难想象每一个有工作能力的女性都能在企业和非营利机构部门得到工作,她们中相当一部分人仍然处于非工作状态。

(c)在资本主义制度中,甚至在过渡时期,相当数量的人尽管有工作能力,但他们**完全靠利润、利息、地租或出售财产为生**。在社会主义制度下,这种谋生方式消失了,这个阶层的人,如果不移居国外,一般都在企业或非营利机构工作。

(d)为了完整起见,我们也提到**家庭佣人**(在发展中国家,他们仍然为数众多)。他们中的大多数,也被吸收到企业或非营利机构。与此同时,存在着一股阻遏力量:某些家庭需要用人,也有能力负担这些费用。

在上述四种劳动力资源中,前两种显然是真正重要的。与之相比,后两种则微不足道。

上文列出的这几项,为解释"容忍限度"这一随机现象提供了一些线索。可能 X. Y. 这个人昨天要找工作,但今天改变了主意;而 M. N. 的想法却正好相反。就全部劳动力而言,我们应当考虑一个**容忍区间**,而 $\hat{h}$ 应当作为区间平均值。这个容忍限度 $\hat{h}$,以及前几章讨论过的其他容忍限度,是一种社会现象。只有当社会的某些群体抵制一种趋势时,它才会生效,在目前的例子中,企业和非营利机构对劳动力的吸收效应就会显现出来。对于这些群体而言,超过容忍限度的就业是**不能接受的**。但是,由于这个问题与人类行为的规律性有关,因此,这个限度并非永久有效。对就业的容忍限度可能向两个方向移动。然而,在任何时候,容忍限度的区间都是**一定的**。正是从这种历史的相对意义上来讲,本节开头所作的陈述仍然是正确的:在纯粹资源约束型体制下,动员有劳动能力人口是彻底的,因为它已达到了普遍的容忍限度。

在达到容忍限度后,参与率多少是稳定的。[①] 它只能从该点略微移动,因为只有经过缓慢的历史过程才能大幅度改变容忍限度。通过对两种"纯粹"体制进行比较,可以看到,**资源约束型劳动力市场的正常参与率远远高于需求约束型劳动力市场**。

也许有某些行动能够改变容忍限度,例如,如果一个小城镇或一个村庄盖了一所新的幼儿园,许多住在附近的母亲将更愿意参加工作。然而,这种**纯粹资源约束型劳动力市场是界限分明的**,因此,这个转移充其量是边缘化的。只要在实体经济中,不仅存在动员边际劳动力的可能性,而且这种可能性还很大,它就没有达到纯粹资源约束阶段,而充其量是处于向这个阶段发展的过程中。

当然,企业和非营利机构部门可雇用的人数要收到人口统计

---

① 在匈牙利,多年来人们已经认识到,现有的潜在劳动力储备实际上已经枯竭。用匈牙利的劳动文献中的术语来讲,女性的就业已达到"社会最大值",而男性就业则已达到了"人口统计最大值"。参见,例如 Iván(1975)、Karakas(1976)和 J. Timár(1977a,b)。

方法的重大影响,首先受到 $L(t)$ 的大小,即有工作能力的人数的影响。然而,在考察不同体制的**本质**特征时,我们可以不考虑这一点。这是我们用相对指标来描述这些体制特征的原因之一。随着时间的进程,不论 $L(t)$ 是不变,还是递减或递增,如果一国的劳动力市场已成为纯粹资源约束型市场,则参与率将接近容忍限度 $h^* — \hat{h}$。

因而,如同纯粹需求约束型劳动力市场那样,**正常参与率也是劳动力市场长期状况的主要特征**,它围绕其发展的总趋势形成瞬时波动。

(2) 图 11.3 与图 11.1 相似,图解 (z, q, w) 现在适用于纯粹资源约束型劳动力市场。两轴的说明与图 11.1 完全相同。

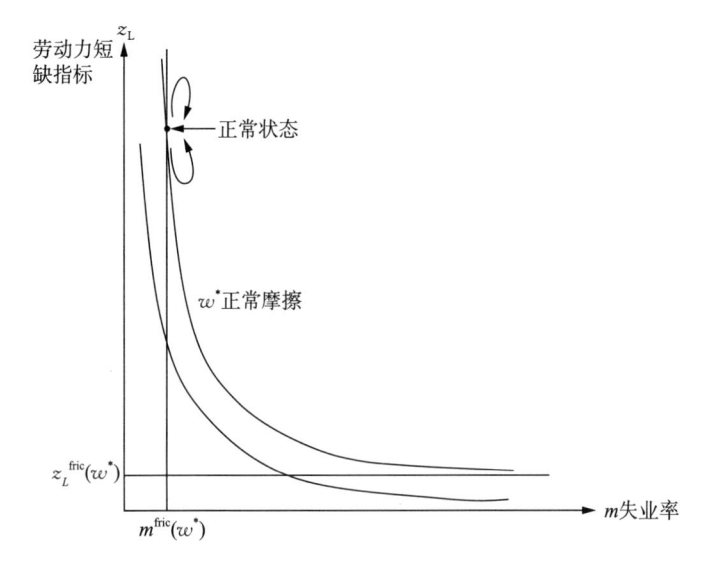

图 11.3 资源约束型劳动市场的正常状态

第 11 章 就业

该图左上角的点表示制度的正常状态。劳动力短缺严重,这将在下一节做详细论述。在劳动力分配中存在摩擦($w^* > 0$),因而,每个想要工作的人都能立即找到工作的情形不可能出现。以下列关系式表述:

$$m(t) \sim m^{\text{fric}}(w^*) > 0, 对每个 \ t. \qquad (11.7)$$

失业率不可能大大低于由摩擦导致的最低水平,同样也不可能大大高于该水平。即使就业瞬时波动,也很难在由摩擦导致的最低水平附近变化。长期失业,即纯粹需求约束型劳动力市场的第二个标准,已经被完全消除。

除此之外,我们还可以补充一点,由于,(1)不存在潜在劳动力储备;而且,(2)不存在长期失业,摩擦性"失业"显然成为一个组织问题。诚然,假如某人因为某种原因找不到适合自己的工作,对他来说是很不方便的。(尽管在大多数情况下,当他在搜寻时,为了稳妥起见,仍然不会放弃原来的职位。)这种现象不会带来真正的失业恐惧。这就是为什么在此应当把失业这个词打上引号。[①]

与正常摩擦相联系的等摩擦曲线本身,在某时点是既定的。然而,随着时间的推移,它可能会发生移动;一系列深思熟虑的行动,可能会促进其移动。如图 11.3 所示,绘制了一条细曲线,低于当前有效曲线(粗线)。让我们来考察一下决定该曲线位置的

[①] 这与纯粹需求约束型劳动力市场形成鲜明对比,在那里,没有工作的人根本不会因为他仅仅是摩擦性失业而感到安心。对于当事人来说,摩擦性失业和真实失业之间没有任何界限;无论如何,他都会感到威胁。实际上,这两种现象只有在就总体而论时才能区分开。

主要因素。

(a) 我们首先考察制订中、长期生产和劳动计划。企业和非营利机构的劳动力需求结构，越是与在职业培训、区域人员可用性等方面的劳动力供给结构相匹配，摩擦就会越小。①

(b) 工资政策在决定长期工资比例及其瞬时差别方面都发挥着重要作用。这将在下一章中进行讨论。

(c) 劳动力的流动性与住房条件密切相关。住房短缺将人束缚在土地上。公共交通、基础设施和社会文化条件也起到一定作用。

(d) 生产结构的改变，特别是不可预见的调整，可能需要对劳动力进行重新培训。重新培训组织得越好，产生的摩擦就越小。

(e) 最后，信息也起到一定作用。企业和非营利机构是否能迅速找到想要工作的人，反过来说，那些想要工作的人是否能迅速找到提供适当就业机会的单位。

在图 11.3 中(与图 11.1 所示的需求约束型情形一样)，环线表示围绕正常状态的周期性波动。在第 9.10 节详细讨论了投资周期现象。它伴随着劳动力市场的周期性波动，尽管会受到抑制。在经济周期的上升期，特别是在峰值附近，劳动力短缺最为严重。在这种情况下，潜藏的劳动力会由于更多的加班加点或对额外工时付以高额奖金而得到更充分的利用。

(3) 在纯粹需求约束型劳动力市场上，其第三个特征强调过，**那些习惯就业的人**会由于他们的地位不可逆转而格外缺乏安全

---

① 参见 Jánossy (1966)。

感。现在,在纯粹资源约束型劳动力市场上,尽管仍存在不可逆性,但不再带来由于担心失业而造成的不安全感,因为劳动力市场状况已永久改变了。习惯就业的人在市场上已没有失业竞争者,也不存在来自庞大的潜在劳动力储备的竞争。**习惯就业的群体的行为特点就是就业有保障。**[①] 这把我们引向了下一个主题,即劳动力短缺。

11.5 劳动力短缺

在正常摩擦系数 $w>0$ 和给定正常参与率容忍限度 $\hat{h}$ 的情况下,不存在更多潜在的外部[②]劳动力滞存。因此,一旦纯粹资源约束型劳动力市场得以确立,当前的经济活动乃至整个经济系统的扩张,都会遇到劳动力的约束。这成为该系统中最重要的资源约束之一,它从根本上限制了系统的增长。

"短缺"一词的理解与本书其他章节一样。它是一个**随机的**范畴,企业和非营利机构在亚微观层面上偶然撞上了每天成千上万的"微小"劳动力约束,也就是各种劳动力"瓶颈"。众多随机发生的撞到这些制约的情况,都有一定的概率分布,这可以用**统计方法**来描述。劳动力短缺不能用单一的宏观总量来描绘,因为总的劳动力需求过剩不能用说总的来说,企业和非营利机构需要增

---

① 其他因素可能会对工人产生影响,使其仍然感到对其上级有一定的依赖性。这一点将在下一节中讨论。

② 提醒一下:在第2章中,我们把已经在企业内部的资源瞬间未使用的部分称为**内部滞存**。因此,外部这一属性在此时意味着**有能力工作**的人口,他们还没有在企业和非营利机构部门就业,但可以在那里就业。

加这么多员工来定义。这和其他短缺现象一样,是一个**向量范畴**;劳动力短缺的强度必须用若干指标的集合来表示。从可以考虑的短缺指标中,我们举几个例子。

(a)**初始劳动力需求**可以像初始物质需求那样来定义。(参见第2、3、5章)。它的出发点是企业在未来时期的劳动需求,假定它打算完成计划,并采用计划中规定的技术。正如对物质需求那样,这种由产出指标和计划工艺决定的需求,还必须再加上由囤积倾向(很快就将谈到"囤积")产生的需求过剩。我们用$d_L^{init}(t)$表示用上述方法得到的初始劳动力需求。(分量涉及不同技能等。)短缺的一个指标就是实际就业人数$n(t)$与初始需求相差的程度:

$$z_L^{init}(t)=\begin{cases} d_L^{init}(t)-n(t) & 若\ d_L^{init}(t)-n(t)>0,\\ 0, & 若\ d_L^{init}(t)-n(t)\leqslant 0 \end{cases} \quad (11.8)$$

(b)在完成计划的过程中,会发生瞬时调整,例如强制替代(参见第2章)。让我们假设实现规定的投入-产出组合所需的部分劳动力一时无法得到。工厂的可能反应如下。

(ⅰ)部分停产。由于部分工人不可用,从事严格互补活动的其他工人被耽误了。

(ⅱ)即兴修改产出构成,使之适应瞬时可用的劳动力。

(ⅲ)用更廉价的劳动力(可能的后果是:数量较少,质量较差),或用更昂贵的劳动(可能的后果是:工资成本上升,其他工作环节的合格劳动力短缺)来弥补劳动力的短缺。

所有这些现象的实例都可以观察到,它们的频率和程度也可以衡量。

第 11 章 就业

在这里以及在前面物质投入的例子中,非常重要的是要理解短缺**不仅仅**是供给落后于需求的问题。虽然投入-产出组合是被迫调整的,但这种强制调整的结果也属于短缺现象。

更重要的是,劳动力短缺具有累积效应、外溢效应。螺钉厂少来了几个工人,于是今天的产量就会减少。在机械厂,这种间接的影响已经以**材料**短缺的形式出现,因为没有机器用的螺钉,工作不得不停止。

由于严重的劳动力短缺,**卖方市场**在劳动力分配中占主导地位。市场上的相对力量又是不平衡的;情况是不对称的,但现在,与纯粹需求约束型劳动力市场相比,它有利于相反的一方。因此,与分配有关的大部分成本活动现在都由买方承担了(参见第 4 章)。买方,也就是企业或非营利机构,做了大部分的**搜寻**工作,大部分的**信息收集**工作,如果它的瞬时需求不能得到满足,它就不得不**等待**。

有一些重要的因素在相反的方向上发挥着作用。许多工人即使很容易找到新的工作,也不愿意改换工作。另一些人则因为他们的特殊知识只有在特定的工作场所才能得到充分的利用,或者因为他们从企业得到了便利等,而难以调动。行政规定也可能使劳动者难以主动更换工作。不过,这些反作用力最多只能削弱但不能推翻长期劳动力短缺造成的劳动力市场不对称的基本趋势。

随着不对称性的逆转,在互动网络中长期坚持自己的主要因果关系也被逆转了。我们把关于纯粹需求约束型劳动力市场的公式(11.6)与(11.9)做个比较:

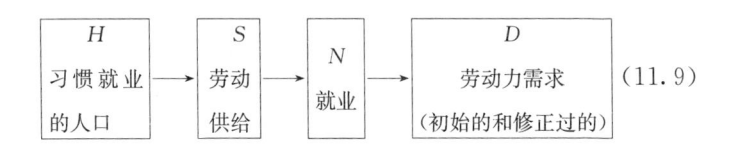

$$\boxed{\begin{array}{c}H\\ \text{习惯就业}\\ \text{的人口}\end{array}} \rightarrow \boxed{\begin{array}{c}S\\ \text{劳动}\\ \text{供给}\end{array}} \rightarrow \boxed{\begin{array}{c}N\\ \text{就业}\end{array}} \rightarrow \boxed{\begin{array}{c}D\\ \text{劳动力需求}\\ \text{(初始的和修正过的)}\end{array}} \quad (11.9)$$

起始点是曾经就业的人口,它在纯粹资源约束的状态下达到了自身的上限,并且已经或多或少地稳定下来。这是决定劳动力供给的主要因素。供给限制就业。劳动力需求,包括它的初始需求的各个阶段及其在强制调整过程中的修正,基本上来自前者。诚然,在亚微观层面上,每个人都试图获得比总供给更多的劳动力。然而,即使是初始需求也不能完全脱离预期的供给,因为它所产生的计划是以对就业限制的预测为基础的。

11.6 在职失业

虽然不存在潜在的外部劳动力滞存,并意识到长期严重的劳动力短缺,**但内部劳动力滞存是存在的**。这就是所谓的在职失业。这在第2章讨论各种投入时已经提到,但现在必须从劳动力的角度单独分析这一现象。[①]

仅仅再次观察到短缺和"过剩"可能同时存在还不够,因为它们之间还存在着因果关系。**劳动力短缺越频繁、越严重,内部滞存(即在职失业)就越大**。这种关系将以企业的生产为例加以说

[①] 这种现象在资本主义经济中也是众所周知的。参见 Okun(1962)。关于匈牙利"在职失业"的情况,参见 J. Timár(1977a,b)和 Pongrácz(1976)。

明,虽然经过适当修改,它对非营利机构也成立。

(1) 相当一部分"在职失业"在任何特定的时刻都产生一种**不可动用**的滞存,因为无法获得利用这种滞存所需的补充投入。少数工人不能工作,是因为集体活动所不可缺少的同事没有来工作。或者是某种材料未到、零件缺少、机器故障,等等(参见第2章)。

(2) **长期严重的劳动力短缺,使车间纪律松弛,工作质量下降,工人的勤奋程度降低**。这并不是说在劳动力市场资源紧张的状态下,每个工人的纪律和勤奋都有问题。守纪律、谨慎和勤奋是随机现象。它们的程度因人而异,即使对某一个人来说,也会随着时间的推移而波动。影响纪律、谨慎和勤奋的因素很多,但主要是大多数人在他们工作生涯的大部分时间里,在没有外部压力的情况下,已经把工作做得相当好了。他们越了解自己工作的社会重要性,这句话就越真实。教育和适当的物质与精神鼓励,甚至可以进一步加强这种效果。我们只是说,**那些有利于纪律、勤奋和谨慎的因素会被长期劳动力短缺所抵消**。工人的**绝对**安全,就业的无条件保证,鼓励了任何容易受其影响的人的不负责任。生产管理者,从工长到主任,都可能试图加强纪律,但他们这样做的手段受到限制。劳动力市场上真正的不对称(而不是他们"慷慨"的性格)迫使他们宽容。即使他们迫不得已决定解雇一名破坏生产、不守纪律的工人,他也会立即被安排到另一个工作岗位上,甚至可能得到更高的工资。

所有这些并不能得出社会主义经济中的企业和非营利机构的管理者无法应付缺乏纪律和责任感的结论。它只意味着,**由于**

劳动力短缺必然是长期存在,有利于这种行为的环境不断地重现。

现在的因果链是这样运作的。如果劳动力短缺更加严重,工人就会出乎意料地更频繁地离开他们的企业或非营利机构,而他们的职位就会因为劳动力短缺而一直空缺。或许,他们可能不是离开,而是无故缺勤;或者他们来上班,但不好好工作,就会浪费时间。如前所述,在这三种情况下,从事互补劳动的工人也无法充分利用工作时间的概率增加了。① 这清楚地表明,劳动力短缺的负担不只是通过生产不足和质量差造成损失的形式由整个社会来承担,也不只是由那些因为强制调整而产生了很多问题的经济管理者来承担,工人们自己也遭受损失,而这些损失不是平均分配的。正是粗心大意的人和懒散的人利用了劳动力短缺的状况,而勤奋的人却承担了一切后果。

(3)在传统的经济管理体制中,企业通过劳动力的集中分配和配给而形成的"储备"劳动力。企业保留甚至可能是多余的劳动力也是值得的,因为如果放弃这些劳动力,那么在下一个计划中作为强制性配额规定的员工数量就会减少。

不论在传统的还是在改革后的经济管理体制中,严重的劳动力短缺必然会导致储备劳动力的倾向。这与第5章所讨论的关于物质投入的情况相类似,在那里称作囤积倾向。即使某工人暂时没有确定的工作,管理者也不会把他打发走。出于谨慎,他宁愿把他囤积起来。迟早有一天,最迟在这个企业或非营利机构有

---

① 除此之外,还有前面提到的间接影响。由于螺钉厂工人的无故旷工,就会造成螺钉的短缺。因此,机械厂的一些工人的工作时间也可能被闲置。

了相当大的扩张之后,可能会需要他。**囤积倾向同时加剧了劳动力短缺和在职失业**。这是一个恶性循环,因为短缺强度的任何加剧也会加强囤积倾向。

在讨论劳动力短缺和在职失业同时存在的问题时,我们简要地提一下社会主义国家的所谓第二经济的作用。它包括许多类型的活动。有些是合法的,从第一经济(即企业和非营利机构部门)雇员的小规模园艺劳作,到在城市工厂做工但住在农村的人在家庭农场的农业活动。然而,还存在一些半合法甚至完全非法的形式,例如,工人在业余时间进行的未经官方许可或未交税金的修理和服务,或者在国有企业已经支付工资的工作时间进行同类活动,有时还使用从企业偷来的材料。

详述"第二经济"并分析其作用,超出了本书的范围。然而,很明显,它的出现和不断再生产,完全能够用短缺来解释。"第一经济"无法满足的需求,为"第二经济"的产品和服务创造了现成的市场。

事实上,如果我们只考虑企业和非营利机构部门,我们并不能全面、综合地了解劳动力的情况。实际上,劳动力供给(不是以工人数量而是以工作时间来衡量)比以法定工资和其他官方限制提供给企业和非营利机构得要多。剩余的劳动力就在第二经济中就业。一方面,这加剧了第一经济中劳动力短缺的强度;另一方面,它减少了经济中隐性的劳动力滞存。第二经济减少了许多工人的业余时间,而且在应该为雇用他们的企业或非营利机构工作的部分时间里,为他们提供了兼职工作。

11.7 向纯粹资源约束型劳动力市场的过渡

在分别讨论了两种纯粹状态之后,现在让我们研究一下从需求约束型劳动力市场向资源约束型劳动力市场过渡的历史过程。它是在每个社会主义国家的不同条件下发生的。在这里,我们只举出几个共同的特征,甚至是那些特征粗略的、抽象的、"典型化"的形式。

图 11.4 首先展示了这个过程。横轴代表时间。纵轴衡量潜在劳动力储备在有劳动能力的总人口中所占的比重,①用前面讲到的符号,$[1-h(t)]$ 表示。

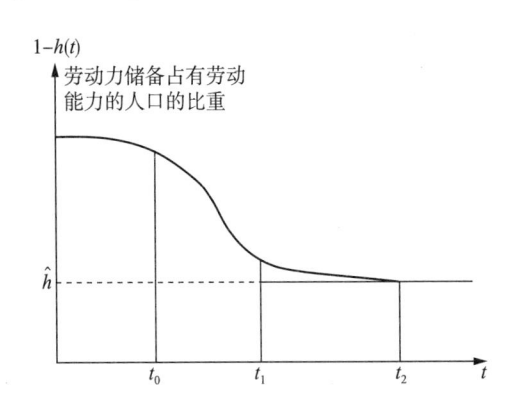

图 11.4 劳动力储备的吸收过程

---

① 对于该图的正确解释是,很明显,本书到目前为止的所有推论中,时间序列 $h(t)$ 和容忍限度 $\hat{h}$ 都代表随机现象。实际上我们应该画成带毛边的条纹,为了简化图形表示,我们使用了线条。

到 t_0 之前,是该国社会主义改造之前的时期。没有必要了解该国以前是什么类型的社会形态,是资本主义、前资本主义还是某种混合体。可以假定当时经济正在增长,参与率也在随之增长。但在我们抽象的历史框架中,这种增长是缓慢的;需求约束型劳动力市场的正常状态或多或少以一种纯粹形式表现出来。

历史时期 $[t_0, t_1]$ 是潜在劳动力储备被吸收进企业和非营利机构部门的过程。接下来的历史时期 $[t_1, t_2]$ 表示**近似资源约束型劳动力市场**。最后,在时间 t_2,纯粹状态已经确立,劳动力市场是资源约束型的。劳动力储备的吸收达到了容忍极限 $\hat{h}$。

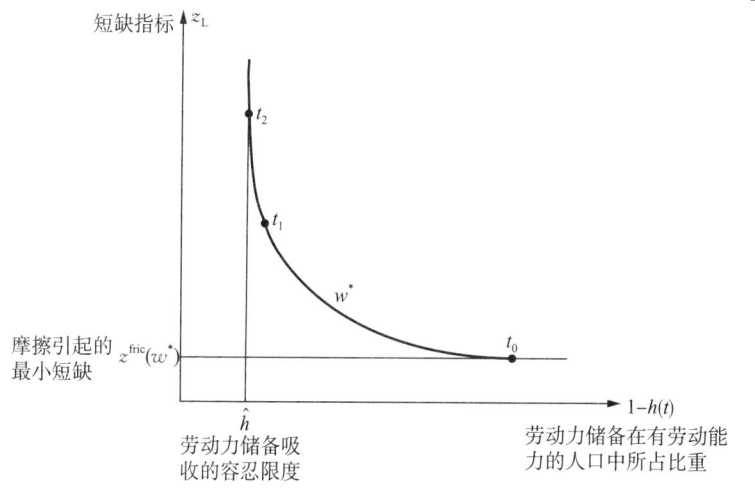

图 11.5 在吸收过程中的劳动力短缺和滞存

用单一指标来描述这个过程是不正确的。我们在图 11.5 中使用在前面的图解中曾运用过的表达方式,(z, q, w)。短缺指标没有指定,我们必须把描述劳动力短缺的向量形象化,这里只用其中的一个分量来表示。我们在这里不使用失业率作为滞存指标（与图 11.1 和 11.3 不同），而是使用一个更重要的指标，即潜在劳动力储备在有劳动能力的人口中的比例$[1-h(t)]$。让我们用一个高度简化的假定，该体制在整个历史时期沿着同一条等摩擦曲线移动（实际上，该曲线本身也肯定会移动）。

在整个过程中，劳动力的滞存和短缺始终**同时**存在。两者都以数以百万计的微观随机事件的形式存在。在历史变化过程中，这些随机事件的概率分布发生了变化。前者变得不那么频繁，不那么密集，而后者变得更频繁、更密集了。

对时间 t_1 的解释带来了一个问题。正如我们刚才提到的，尽管总是存在滞存**以及**短缺，但这种转变并不是以同一速度进行。存在一个点，在这个点上，该体制的主要特征可以说是从劳动力过剩反转为劳动力短缺。当然，点这个词是比喻说明；在现实中，时间 t_1 甚至可能指几年的一段时期。从这个角度来看，最重要的是经济管理者**思想上**的变化；也就是说，如何看待劳动力市场形势，并反映在他们的决策实践中。在时间 t_1 之前，舆论认为劳动力供给不是一个严重的问题；从那以后，舆论改变了，认为它是一个严重的问题，甚至可能是最严重的问题之一。看来，对这个事实的认识并不是一个缓慢的扩散过程，而是突发的，舆论从一种极端形式迅速地转变为另一种极端形式。在时间 t_1 之后，每个人都开始在自己的现实经历中感受到劳动力短缺；不只是劳动经济学家和计划者，还有工厂雇用的工人，在店员不足的商店里采购的家庭主妇，在缺少辅助人员的医院里接受治疗的病人，等等。每个人每天都会感受到本书所称的"资源约束"。而相应地，**行为**

惯例和规律也会发生变化,同时也会有不同的经验规则和反馈机制。它不是通过一个缓慢的持续的运动,而是或多或少的突然"翻转"来调整体制与这一事实相适应;从此以后,劳动力将对各种活动规定一个上限。在这个意义上,t_2点是一种"重心点";在中间状态,该系统并不稳定,而一旦达到t_1,它将很快开始表现得像在t_2点时一样。

在劳动力需求和供给相互作用的网络中,我们描述过两种主要的因果方向。一种对纯粹需求约束的状态有效(参见公式11.6)。另一种对纯粹资源约束的状态有效(参见公式11.9)。在过渡时期前后,我们可以说,**在翻转之前,主要的因果方向是"劳动力需求到劳动力供给"**(即公式11.6);**在翻转之后,则变成为"劳动力供给到劳动力需求"**(即公式11.9)。

从这一点来看,第一个时期,$[t_0, t_1]$,是特别值得注意的。其中一个子系统,即劳动力市场,是受需求约束的;而其他所有子系统(或者我们可以说,整个系统)是受资源约束的。对这一过程的直接解释在于整个系统的性质。潜在劳动力储备的吸收之所以发生,是因为企业和非营利机构部门是在一个资源约束型体制中运行的。

如果"环境"(即系统中的其他市场或分配子系统)长期受需求约束的话,纯粹需求约束型劳动力市场(即其中一个分配子系统)会固定在这种状态,成为它的永久的、长期的、正常的状态。然而,在企业和非营利机构的运行中,只要在第2至10章所描述的作为资源约束型体制或短缺经济特征的机制开始发挥作用,就**必然开始吸收劳动力储备。这其中最主要的动力是扩张冲动和**

与之紧密相关的几乎永不满足的投资饥渴,而系统的增长每时每刻都会受到物质约束和社会容忍限度的阻遏,而摩擦使它变慢。然而,在这些限制范围内,企业和非营利机构的活动和产出都在扩大;与此同时,它们的劳动力需求也会不可抗拒地增加。**这就是为什么在**$[t_0, t_1]$时期,劳动力需求决定了就业,并由此决定了使人们习惯于工作,从而最终决定劳动力供给。只要劳动力本身不成为该体制的有效约束之一,这种情况就会持续下去。

如今,在先进资本主义国家,当失业问题再次凸显时,社会主义国家的政府经常在报刊或在国际专家会议上因为明智的就业政策而受到赞扬,他们的就业政策甚至在资本主义萧条之中也没有偏离充分就业的原则。然而,这种赞扬不应归功于**政策**,而应归功于**制度**。诚然,这在很大程度上取决于就业政策(这在前面与摩擦有关的部分已经讨论过了)。然而,对上述过程的解释取决于比政府政策更深层的考虑。它是该**制度**的必然产物。因为如果制度是受资源限制的,那么几乎永无止境的投资饥渴和扩张冲动必然占上风,那么潜在的劳动力储备迟早**必然会被吸收**。

政府的经济政策对这一过程的发展**方式**有相当大的影响,它持续的时间有多长,它的过渡性和持久性的特征是怎样的、生活在过渡期的一代人要做出哪些牺牲,等等。让我们考虑几个对经济政策至关重要的决策问题,以及它们与就业的关系问题。

(1) **投资率**。$[t_0, t_1]$时期的长短,至关重要。投资率越高,吸收潜在劳动力储备的速度就越快;与此同时,失业这个在本时期开始时许多痛苦的根源,也会在越短的时间内被消除。然而,高投资率似乎并不是这一过程达到目的的必要条件,吸收也可以以较低的增长率进行。①

(2) **投资投入的构成**。在形成固定资本的活动中,建筑业是劳动密集型的,而机器的生产和安装则不是。② 据观察,社会主义国家在那个时期进行了高度的建筑密集型投资。如果他们不这样做,$[t_0, t_1]$时期就会更加延长。但是,即使减少建筑方面的投资,吸收过程也会发生。

(3) **扩张的部门结构(产出的构成)**。$[t_0, t_1]$时期的长短取决于哪些部门在经济总体扩张中占优先地位。如果劳动密集型部门扩张得最迅速,整个经济就会更快地达到潜在劳动力储备完全吸收的程度。

让哪些部门优先发展,哪些部门处于次要地位,这是至关重要的。然而,考虑到我们在这里提出的问题,即关于经济一定会到达劳动力市场的资源约束状态,这是一个无关紧要的问题。社会主义制度必然会达到这一最终状态,否则整体资源就会受到限制,无论是以重工业为主,还是以农业优先。假如忽略了基础结构部门和服务行业,劳动力短缺肯定会更加严重;但是,即使经济政策在开始时就消除基础设施和服务部门的"延期"现象,这种趋势仍然存在。

在讨论部门结构的同时,还值得一提的是,在$[t_0, t_1]$期间,**不仅是就业的总量,而且其部门间配置的主要比例都会根据劳动力需求进行调整。在此期间,劳动力流向有就业机会的地方。**例

---

① 当然,投资率不能无限制降低,它的下限与有劳动能力的人口增长以及工艺的选择有关。在这里,我们不打算从增长理论的角度对这个问题进行阐述。

② 进口机器首先是通过出口劳动密集型产品间接地影响就业。

如,在一个农业地区新建一个工厂。如果涉及铁器加工,就会发展出具有相应技能的工业工人阶级;如果是纺织厂或鞋厂,就会出现轻工业工人阶级。**投资分配是主导过程;劳动力分配紧随其后,并与之相适应。**

(4)工艺的选择(投入的构程)。存在两种相反的倾向。工程师与许多经济管理者和规划人员都对现代技术有一种偏爱,因为这种技术通常资本密集程度较高而劳动密集程度较低。另一种相反的倾向是,投资资源,尤其是用于进口最先进工艺的机器所拨给的外汇从一开始就非常紧缺。正如第9和第10章中所看到的那样,扩张冲动不断地碰到这些限制。然而,这促使决策者全面地考虑如何使用投资资源,特别是外汇。由于在$[t_0,t_1]$时期有充足的劳动力,这促使他们采用劳动密集型工艺。在这两种倾向之间长达成独特的折中,通常会导致少数工厂拥有着非常现代化的资本密集型工艺,而在其他发展被延期的部门,旧的劳动密集型工艺仍保留着。这种折中不是基于相对价格的计算,更多的是基于非价格调整框架内的非价格信号和非价格选择标准。①

正如上文对于t_1点的讨论一样,正是在工艺选择这一点上,从一个时期到另一个时期的变化是最明显的。人们突然开始意识到,劳动力短缺的情况恶化了。对这一数量信号的反应是,将释放劳动力的工艺和组织形式置于突出地位,即使对那些在投资资源的分配中受到延期损害的部门也不例外。**日益频繁地碰到劳动力约束,导致通过更加一致地改变工艺来进行适当的短期和**

---

① 在第14章中,我们将对该问题展开更详细的讨论;现在仅对一些想法进行了预期。

第11章 就业

长期调整。

在社会主义国家的文献中,经常使用以下表述,**经济增长已从粗放时期转入集约时期**。我们不打算在此详细解释这两个阶段的显著特征,而只谈就业方面的差别。在前一时期,生产的扩大是通过就业的**广泛**增长而推进的;在后一时期,生产的扩大必须建立在每个职工的产量增长的基础上,即以被雇用劳动力的更**充分**的利用为基础。集约时期与$[t_1,t_2]$时期相吻合,更与时点t_2以后的时期相吻合。①

在经济增长的集约阶段,每个人都会经历劳动力短缺。但是,关于其原因有各种理论。讨论最广泛的观点有以下几种:

(a)劳动力短缺是因为生产无序,劳动纪律松弛。

(b)劳动力短缺是因为现行的工资管理形式不能刺激企业节约劳动力。

(c)劳动力短缺是因为投资中工艺选择失误,它没有充分地提供生产效率更高的机器来释放劳动力。

我不想否认任何一种观点的重要性,也不想否认它们对劳动生产率可能产生的影响。然而,这些观点都不能解释**短缺**的长期再生产。让我们来做一个思想实验。我们假设,上述三种困难已全部克服了,生产立即变得更有组织性和纪律性,企业也愿意节约劳动力。工厂里安装了一些新的、可以代替劳动力的机器。因

---

① 揭示认识和反应之间的时间顺序和延迟,是一个重要的经济-历史和经济-社会学问题。在匈牙利,许多经济学家和规划者几年前就预言,粗放时期即将结束。(参见 Berettyán-J. Timár,1963;J. Timár,1964;Fekete,1973。)然而,只有当越来越多的企业"碰上劳动力约束"之后,从这种认识引出的实际结论以及根本的工艺改造才能付诸行动。

此，最初雇用的总人数中有10%可能被释放出来。过不了多久，经济的扩张力可能重新将这些劳动力吸入企业和非营利机构部门，他们将用于增加现有固定资本的产出，扩大投资，以及运营由投资形成的新的固定资本。

思想实验中假设的"奇迹"加速了**现实**领域的增长，这当然是一个可喜的结果。然而，短缺是制度的**控制**领域的现象，它并不会因为这种"奇迹"而消除。**只要经济的内在规律使需求几乎无法满足，短缺就不能通过增加供给来消除**。增加供给也是**有限的**，而它所面对的需求却总是被无法克服的内在趋势所驱动，趋向**无穷大**。

劳动力短缺是更普遍的吸纳现象的一部分，我们在第2至第5章和后来的第9章中详细地考察过这种现象。企业对当前生产和扩张的投入需求几乎是无法满足的。当这种更普遍的现象持续存在时，劳动力短缺总会反复出现。

11.8 劳动力市场的均衡

最后，我们想从前面所讲的内容中归纳出几点结论。我们在本书的前几章曾试图对一些理论观念、思想方法加以解释，但通过劳动力市场的例子来说明可能会更清楚。

在图11.1、11.3和11.5中，劳动力市场的瓦尔拉斯均衡相当于点$z=0, q=0, w=0$，即不存在劳动力短缺，没有劳动力过剩，调整是完善的，没有任何摩擦。这是一个抽象的参照点，在理论分析中非常有用，但从来没有一个劳动力市场处于这种状态。

现实经济位于多维空间内部的某个地方。任何一个特定的系统都以正常状态在这个空间内的位置为特征,并围绕这个空间发生瞬时波动。

我们先来看看"纯粹"需求约束的情况(参见图 11.1)。我们对此所说的与一般宏观经济学中所谓凯恩斯失业均衡①是一致的。对于按现代宏观经济学概念体系进行思维的经济学家来讲,这显然是一种正常状态,因为**在该体制内运行着一种控制机制,它在吹毛求疵的反馈、陷阱和恶性循环的作用下,不断使就业返回其正常水平(即正常失业)**。在特定的社会条件下,这是实际就业水平的自然重心,而绝不是瓦尔拉斯均衡点。**现实中不存在任何机制会促使劳动力市场趋向瓦尔拉斯均衡点。**

如果我们强调这种方法**可以推广**,可能会使精通现代宏观经济学的读者,也可能使其他读者,更容易理解**全书**的主要思想。它能够适用于其他市场和非市场的配置过程(不仅适用于劳动力,还适用于例如物资、投资资源、消费品的交换)。它可以适用于其他社会制度,不仅适用于先进资本主义国家,也适用于社会主义制度。而且,不仅适用于一种类型的不对称(买方市场、失业),也适用于另一种类型(卖方市场,短缺经济,紧张利用)。在每一种情况下,任务都是要在代表该系统或子系统的指标空间范围内,描述该系统或子系统的正常状态。然后,必须解释在这个系统或子系统偏离正常状态之后,促使它回到正常状态的控制机

---

① 这个术语表示,这就是凯恩斯**所描述**的问题。然而,从历史上看,正如我们所指出的,这主要是**前**凯恩斯主义时期的特征。由于秉持凯恩斯主义精神进行国家干预,资本主义经济状况在一定程度上偏离了这种纯粹状态。

制的性质。这种解释不能仅仅归结为对政府政策措施的描述,而必须确定导致稳定在正常状态周围的内部社会力量。

在纯粹需求约束的情形下,控制机制和反馈是相当清晰的。**资本主义后期**的问题就大了。在 20 世纪五六十年代,先进资本主义国家的相对高就业特征是否就能证明是一种持久的正常状态,而近几年的失业只是一种暂时的周期性失业?或者反过来说,20 世纪五六十年代的情况是一种过渡性的现象(尽管它持续的时间比较长),而现在的资本主义又回到了正常状态吗?从现在开始,长期失业和需求或多或少受到限制的局面,是又会成为劳动力市场运行的特征吗?先进资本主义经济是能否停止在纯粹需求约束和纯粹资源约束两种正常状态之间的某个地方吗?政府经济政策的"微调"活动是否足以使体制适应这种"中间状况",还是有更深层次的内部控制机制来做到这一点?或者说,内部力量是否必然将劳动力市场持久状态向这个或那个确定的方向转变,向两种"纯粹"状态中的一种转变?

我在这里只是想指出一些问题,本书甚至没有试图回答这些问题。从理论上澄清这些问题是其他著作的任务。然而,要找到真正令人信服的答案,可能还需要更长的时间,可能还需要更多个数十年的历史经验。

当我们把注意力转到社会主义经济时,由于历史经验比较清楚,可能会有更明确的论断。这种混合的,即潜在劳动力储备只有半数被吸收、劳动力短缺相当分散但并不严重的对半的劳动力市场状态,只是暂时的。其自身的内在规律性将把该体制推向资源约束的纯粹状态去。

在瓦尔拉斯意义上的充分就业是不可能的。在现实经济体系中,不存在在劳动力市场上需求过剩和供给过剩都被完全消除的情况。但是,如果我们从历史角度来解释充分就业这一表述,即从失业的威胁中完全地、最终地解放出来,这将成为可能。这是由资源约束型体制来保证的。但是,与此同时,它也保证了长期的、严重的劳动力短缺。要充分就业,但不要劳动力短缺,这种最优化是不可能的。它们是共同的产物,由此看来,它们必然一起出现。

第12章 社会效益和社会成本：社会产能利用的函数

12.1 引　言

在第10章中，我们以道路为例，发现资源的产能利用率（在我们的例子中，道路的产能用道路上的车辆流量来衡量）与社会成本之间存在相互关系。据观察，超过一定的利用度，边际成本就会迅速增加。我们现在把这种相互依存关系**推广到整个国民经济中去**。由于第10章中提出的道路实例是本章中全经济分析的初步介绍，因此，一定程度的重叠和重复是不可避免的。

首先，我们要回顾一下研究利润最大化企业的收入和支出的著名的企业经济学模型（见图12.1）。我们假设企业的产出构成是固定的，因此产量就可以用单一的标量变量来衡量。**从工程学的角度看**，理论上可以达到的最大产量称为企业的产能。最终制约生产的资源问题可以不讨论，用来衡量产能的不是某一种资源的产能，而是产出量的衡量。**产能是在既定的技术可能性下所能达到的最大潜在产量。**[①] 在这种条件下，产量可以用**产能利用度**

[①] 在现实中，生产永远不会达到其工程学意义上的理论产能，因为一旦逼近最大产能，边际成本便迅速上升，趋于无穷大。

第12章 社会效益和社会成本：社会产能利用的函数

κ 清楚地表示：$0 \leqslant \kappa \leqslant 1$。

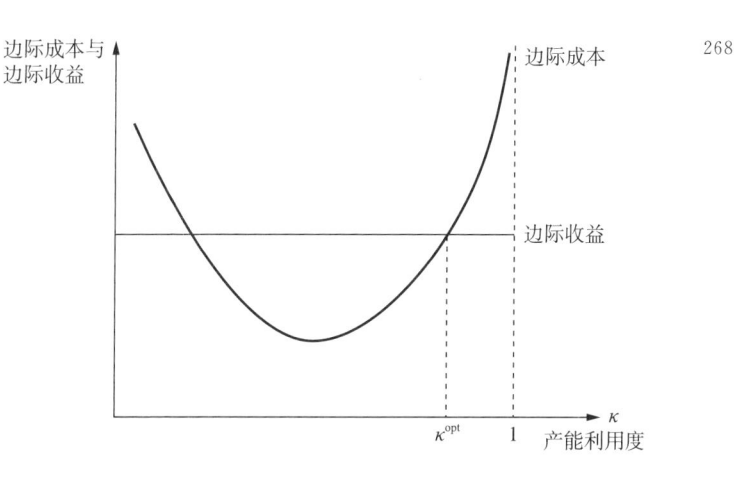

图 12.1 追求利润最大化的企业：边际成本与边际收益

假设该企业是价格接受者，那么它的边际收益等于综合产品的销售价格。因此，边际收益就是常量，如图中的水平线所示。边际成本曲线呈 U 形；作为产能利用的函数，它先下降，然后开始上升；当接近产能的满负荷使用时，它上升得越来越陡峭。

到一定的利用程度上，边际成本的增长被企业收入的增加所抵消。在边际成本和边际收益（即综合产品的售价）相等的利用程度时，实现利润最大化。当产能利用度再提高，利润就会开始减少。

之所以如此详细地回顾企业的 U 形成本曲线模型，是为了唤起读者的联想。因为类似的相互依存关系在整个国民经济中也是同样有效的。提高资源的利用率，不仅会增加社会享受的优势和利益，也会增加社会承担的成本、牺牲和损失。图 12.1 所示的 U 形成本曲线模型，只是为了表示相互依存的一般性质。然而，如果不对它的原始形式做一些修改,我们就不能把企业的模型应用到国民经济中去,这基本上是因为加总的困难。在经过适当的重新解释之后,为了我们仍然能够把产能、成本、效益等概念应用于整个国民经济,我们必须准确地指出所需要的简化假设。然而,为了一致性和逻辑上的清晰,我们必须接受在构建心理实验时的一些复杂性。

在下文中,我们将介绍一些**严格的假设**。这些假设使我们能够解释社会效益和成本函数的一些特点。从这些假设中得出某些结论,我们将提出一些命题。在本章末尾,我们将考虑,如果放宽这些严格简化的假设或用限制性较小的假设代替,我们的命题是否仍然成立。我们的初始假设如下。

(1) 将用比较静态的方法和特定的形式进行分析。分析的时刻是一个较长历史时期的跨时间的平均时刻。我们同样可以说,比较的是某个系统的不同可能性的静止过程。在这些过程中,某些事件的后果以规律性的延迟出现。因此,无论选择哪一个时点,今天的行动将和昨天的或前天的行动的实际后果将同时出现。我们的跨时间的平均时刻把这一点表示为没有任何时间标签的行动对同样没有"时间标签"的行动的反应。

例如,系统可能会调整为紧张利用工厂的产能,因此忽略了机器的维护。机器状况很快就会因而受到影响。在我们"静态"的表达方式中,我们会说,利用程度的提高,使机器的状况更差。

(2) 该体制的一切经济资源都是既定的,包括实物的国民财富(自然资源、固定资本、库存),以及具有一定智力和体力禀赋的人口。

(3) 政治制度是既定的,包括社会关系和一切组织机构。

(4) 封闭型经济,没有对外贸易。该体制只能利用自己的内部资源。

(5) 产品的产出模式是固定的,在经济中,有 n 种产品,按最详细的分类规定。我们令产品 1 的单位(例如,1 兆瓦时电量)作为价值尺度。如果 $a_1=1$ 单位的产品 1 被生产出来,那么各自用自己的实物单位衡量的 a_1 单位的产品 $2,\cdots,a_n$ 单位的产品 n 也就生产出来。

产品 i 的产量为:

$$x_i = a_1 x, \qquad i=1,\cdots,n \qquad (12.1)$$

其中变量 x 是该系统的**产出因子**(这与产品 1 的数量相吻合)。

我们的假设使我们能够衡量经济中的生产水平,而不需要借助价格来汇总不同的产品。

(6) 每项产出中都有固定比例用于实际资本的形成。

(7) 与假设(1)、(2)、(3) 密切相关,系统的调整特性被认为是给定的。使用第 8 章中介绍的术语,既定的正常摩擦 w^* 描述出该系统的特征,包括通常的信息不完善或不准确程度,决策者通常的摇摆不定,通常的反应延迟和僵化,等等。让我们再看一下图 8.6,该系统位于一条确定的等摩擦曲线上。在我们的心理实验中,我们让系统发生变化,因为我们关注的是**比较**分析,比较系统的几种假设状态。然而,根据目前的假设,这种移动是沿着一条给定的等摩擦曲线进行的。

12.2 社会产能的利用

根据假设(1)至(7),逻辑上可推出,总产量和代表其水平的

产出因子 x 有一个绝对的上限,实际上是不可能超过的。这就是所谓的系统的**社会产能**,它和产出因子 x 用统一尺度来衡量。

在前面的章节中已经解释过,碰到物质资源约束是一种随机现象。经济活动每时每刻都会在亚微观层面遇到成千上万甚至几十万的瓶颈。事实上,我们可以指出一个**产能区间**,并且可以说瞬时绝对上限有极大概率就在这个区间内。产能区间的上限是产能 $\hat{x}$,它是在本章进行比较静态分析的框架中考虑给定的产能。因此,对于整个社会来说,这是一个类似于**工程学**意义上所谓工厂最大理论产能的概念。它是一个规模的抽象顶点,每个人都很清楚,在现实中它是无法达到的。

我们用符号 κ 来表示**社会产能利用度**。

$$\kappa = x/\hat{x}, \qquad 0 \leqslant \kappa \leqslant 1. \tag{12.2}$$

"产能利用"的概念是从商业经济学中借用的,在商业经济学中,产能 $\hat{x}$ 的确切大小并不重要。在我们的分析中,感兴趣的只是利用的**相对**程度。[①]

经济学与经济现象有关的日常语言中,或多或少地使用了几个与我们的利用度同义的概念。例如,有时会提到经济的过热;用类似的措辞,过热将是一个系统接近其产能区间的特征。但是,我们不应使用这种表达方式,因为它包含着一种价值判断。在我们的词汇中,变量 κ 是一个描述性的衡量,它是系统的一个

---

① 后面我们将使用这样的表述:"社会产能利用率 κ,接近于 1",而不需要用数字来证明接近一词的含义。可能 $\kappa = 0.95$,但也可能 $\kappa = 0.87$,这取决于我们能使 $\hat{\kappa}$ 精确到什么程度。如果生产管理者用工程师的眼光看,在该体制的通常摩擦下,工厂已经不可能再有更大量的产出,那么,该体制就接近于产能的完全利用。

状态指标。如果κ值高,就它本身来说,那既不好也不坏。它只反映的是某种状态,对这种状态的评价需要单独考虑。

就业是一个相关的范畴。按照它的通俗含义,这个词可以与任何一种资源联系起来使用。然而,宏观经济学和日常生活语言在实践中把它保留给了人力这一种资源。然而在本章中,尽管意识到劳动就业的根本重要性,我们还是希望分析所有资源的共同利用。西方宏观经济学中所谓的凯恩斯失业是一种**局部**现象,是一种更普遍、更广泛的现象的**组成部分之一**,我们现在称之为社会产能的低利用率。

与此类似的另一个范畴也值得一提,就是整个经济计划的紧张。至少就企业而言,这一点已在第3.2节中讨论过了。在那里解释了计划的紧张和遇到资源约束之间的关系。定语松散、紧张和过紧指的是同一尺度的不同范围,这个尺度也用来衡量社会产能利用度。

12.3 社会效益和社会成本:方法论评述

我们从概念澄清和一些方法论的评述开始。

凡是有助于社会个体成员或群体的福利、快乐和满足的现象,都称之为**社会效益**;[①]凡是给社会个体成员和群体带来负担、损失、痛苦、牺牲或麻烦的现象,都称之为**社会成本**。社会效益和社会成本一样,并不代表财务范畴。上面列出的一些现象,通常

[①] 我们沿用在福利经济学和成本-效益分析中对社会效益和社会成本的通常解释。

是用金钱来衡量的(例如效益方面的消费数量,或成本方面的劳动投入)。然而,通常不用货币表示的一些因素,我们认为也属此列(如,效益方面的安全感、成本方面的恐惧)。

我们希望避免使用**先验**确定的权重来对不同类型的成本或效益进行加总(我们将在本章后面的一节中再讨论这个问题)。我们希望避免将**价值判断**带入**描述**中,但在这方面我们不会完全始终如一。事实上,将一种社会效应视为效益,而将另一种看作成本,这已经是一种价值判断。我们将把社会效益和社会成本视为**向量范畴**。前者用向量 b 表示,后者用向量 c 表示。

两个向量的每一个分量,也就是社会效益和成本的每一个指标,都由自己特定的单位来衡量。我们回顾一下道路的例子,在那里,汽油消耗量用升来衡量,事故情况以不同严重程度的事件发生频率来描述,等等。

事实上,这两个向量都有大量的分量。在我们的分析中,我们从这两个向量中选择不同特征的分量组,并对它们进行仔细研究。我们的假设是,与这样一组或那样一组相关的社会效益指标或社会成本指标是社会产能利用程度的函数。

我们并不奢望对这些函数进行确切的描述,我们只是依次取社会效益和社会成本指标的每一分量组,并论证这些函数确实**存在**。另外,我们还可以对函数的**性质**(函数是递增还是递减? 导数怎样运动?)进行一些观察。

在坐标图中,变量 κ,表示社会产能利用率,用横轴来衡量: $0 \leqslant \kappa \leqslant 1$。

在图形表示方面,我们将遇到与以前类似的困难,在二维的纸上，我们无法在单轴上表示多维向量。因此，每个成本组由一个**有代表性的分量**来表示，曲线将始终代表收益或成本函数的一阶导数，即边际收益或成本。

曲线的形状与文中描述的特性相对应；否则，其具体形式是任意的。不过，这无关紧要，因为它们只是用来显示这种关系的主要特征。

12.4 社会效益：产能利用的函数

根据上述假设(5)和作为产能利用函数的 κ 的定义，所有 n 类产品的产量都按比例增长。由于有了假设(6)，投资比例是固定的，所以**居民的物质消费**就与产量同步增长。

我们不应考虑"如果能得到更多的物质产品，是否对社会有利"。匈牙利不久前才摆脱贫困，所以对匈牙利经济学家来说，答案显然是肯定的。生产和消费的增长记录在利用程度提高的效益方面。

根据假设(6)，产量中的固定份额用于投资。因此，较高的利用度 κ 允许**较快增长**，至少是实际资本形成的增长。[①] 如果较大量的物质产品被认为是效益，那么其生产和消费的较快增长速度也必须被认为是一种效益，依此类推。虽然我们进行的是静态分析，但较高利用度 κ 的这种动态效应也可以记为效益。

作为社会产能利用的函数，**劳动力的就业会增长**。虽然就业

---

① 对类似于哈罗德-多马的假设来说，这只是较快增长的**充分**条件。

是前面一章的主题,但我们很快将在成本分析中接触到它,这里只简单地予以评论。我们不必说就业越多就意味着产量越多,因为那是在效益方面的重复计算(我们在上面几行说过,κ的增长意味着更多的生产)。在这一**物质**成就之外,必须加以补充的是就业程度的**精神**影响。失业者不仅被剥夺了工资(这可能由失业救济金部分地或全部地补偿),而且遭受着无所事事的屈辱。充分就业不仅可以增加工资,而且可以加强安全感和人的尊严。它为妇女的平等权利奠定了物质基础。这就是为什么我们有理由将其作为单独一项记录在效益中,而效益是产能利用的增函数。

12.5 生产的内部实物投入

现在我们继续研究社会成本。其中第一组是生产的**内部实物投入**。材料、劳动、机器磨损等投入都属于这一类,在资本主义企业或社会主义企业中都会被视为生产成本,并且不言而喻地要用货币来计算。虽然企业经济学的著作对这些成本已有了足够的论述,重复一下也无妨。首先,让我们考虑一个单一企业;产能暂时意味着企业经济学中通常所说的企业的产能。按照对产能利用的从属关系,通常区分出四类成本。除了一种类型外,其他类型均表现于图12.2中。

"**固定**"成本,不随产能利用率的变化而变化。行政支出的很大一部分属于这一类,还有建筑物的维修等。

边际成本是产能利用率的递减函数。其中包括,例如,人力和机器的停工。即使工人拿到了工资,但如果他在工作地点却不

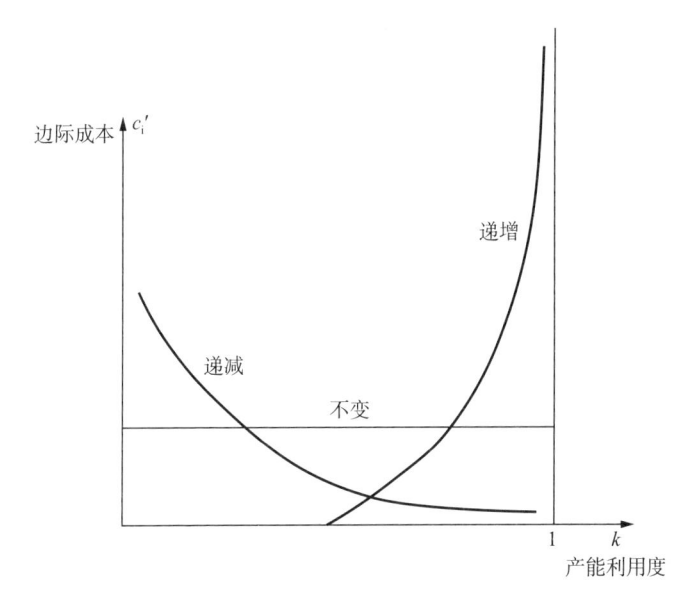

第 12 章 社会效益和社会成本:社会产能利用的函数

图 12.2 内部成本

能完成工作,对社会来说无疑是一种损失。机器失去了价值,即使在不使用的情况下,它的物理状况也可能在恶化。

边际成本是产能利用率的不变函数。换句话说,是和产量成正比例的成本。大多数主要成本属于这一类,如劳动力投入,直接材料投入等。

边际成本是产能利用率的递增函数。我们对这种情况特别感兴趣,因为我们关注的是接近满负荷的利用水平,正是在这里出现了边际成本的递增。可以举几个例子。

(1) 夜班和节假日所做的工作是工人的特殊负担。企业越是希望从其既定产能中获得收益,夜班和节假日的工作就越是重要。顺便说一句,这不仅是工人及其家庭的负担,而且会造成其他损失,因为在正常工作时间以外完成的轮班,生产率较低,质量通常较差。

(2)接近资源约束,强制替代变得更加频繁。这一点在第2章有更详细的讨论。生产计划越是紧张,一种或另一种投入就越是频繁得不可及。试图替代供应不足的投入,使用更昂贵或更便宜的投入,都会导致社会损失。

(3)企业希望用即时可及的资源实现的产出越大,就越会忽视一些长期的任务,如机器的维修、产品开发等。在追求产量数量增长的过程中,企业没有充分提高产品质量,甚至可能让产品质量下降。因此遭受的损失导致边际成本增加。

如果我们按照适当的价格来衡量这四类成本并将其加总,我们将得到 U 形边际成本函数,如图 12.1 所示。就第一组社会成本,及生产的内部实物投入而言,我们对运用价格进行加总的可能性并无怀疑,因为不管社会主义还是资本主义企业,实际上都是这样做的。然而除了加总问题外,本论点只需强调以下几点即可。**在企业内部,边际成本的递减和递增都是产能利用的函数。我们越接近产能极限,边际成本的增长就越陡峭。**

而且,如果这一切对一个企业来说是成立的,那么对**企业的总体**来说也一定是成立的。因此,就第一组社会成本,即生产的内部实物投入而言,收益递增(边际成本递减)和收益递减(边际成本递增)的现象也都在整个国民经济的层面上出现。

我们以上所讲的有关**企业**部门内部实物投入的情况,对于非**营利机构**的内部实物投入也大多成立。限于本书篇幅,我们将不对这些相互依存关系进行更详细的分析。

12.6 外部实物损失和负担

第二组社会成本也同企业(部分也与非营利机构)的活动紧密相关。但这些成本并不直接出现在公司和非营利机构的账户中,而是作为以货币计算的成本。在微观经济学中,它们被称为**外部效应**。我们提几个典型的例子。

(a)随着产能利用率的提高,工人的健康状况出现某种恶化的概率会增加,发生事故的可能性也会增加。

(b)同样,对自然环境,包括空气、水、动植物的破坏也可能增加。

这两类影响都可以被消除或大幅度减少,例如,靠增加劳动保护、预防事故、引进防污染设备等,但这些都需要非常大的投入。无论是作为原来的问题,还是作为消除问题的投入,(a)和(b)中提到的效应总是引起社会成本增加。

今天,无论是社会主义企业还是资本主义企业,都会自己产生一些这样的预防性开支。因此,以前的外部成本至少部分地变成了内部成本。这样,第一组(内部)成本和第二组(外部)成本之间的界限就可能发生历史性的变化。

文献中对效应(a)和(b)进行了广泛的讨论;因此,尽管它们很重要,但我们不需要进一步讨论。

(c)这里值得一提的是所谓过度拥挤或拥塞现象。在提到它时,我们超越了狭义的生产的范畴——物质资料的生产,还需要考虑到物质和非物质服务,以及其他各种人类活动。

我们称之为社会产能的一个要素是空间：自然空间和人工空间。如果 κ 不断增加并趋近于 1，即产能极限，也就意味着在既定的自然空间和人工空间内，会有越来越多的人类活动发生。可用空间变得越来越拥挤。

（i）工业、城市化、政府机构以及大型文化和商业中心的发展将"绿色"自然限制于日益狭窄的空间内。

（ii）在特定城市区域内，不断增长的人口和不断提高的活动水平，使城市变得密集，街道、广场和公共建筑人满为患。

（iii）交通越来越拥挤。我们在谈到道路的例子时提到了它。但这个问题出现的范围更广，包括公共交通工具、机场、汽车服务等。

（iv）在既定产能下，要进行更多的活动，就需要将更多的机器挤进同一车间，将更多的写字台和绘图桌塞进同一办公室，将更多的病床放进同一个医院病房，将更多的课桌摆进同一教室，等等。

拥塞、过度拥挤和忙碌对人们的一般状况和社会生活产生有害的影响，这一点即将讨论。在这里，我们强调的是身体上的影响，包括对健康的损害，以及事故。但这也不利于工作质量，例如工人会更频繁地出次品，设计人员画图常出错。

（d）就业的增加是与第 12.4 节中提到的极其重要的社会效益相伴而生的。然而，我们不能忘记，同一过程也包含了高昂的间接社会成本。我们只讨论一个例子，即妇女就业的一些影响。如果一个原来从事家务劳动的妇女，在一家企业或非营利机构中有了工作，她原来的一些活动就要由其他机构来承担，例如托儿所、幼儿园、学校日托中心、清洁工、饮食业等。有些工作也会由她的丈夫来做，从而延长了他的工作时间。最后，她自己的工作时间也会延长，第一班在工作岗位，第二班在家里。

总结一下第二组社会成本，即外部成本（a）至（d）的经济特征，我们可以说，它们属于边际成本**递增**的类别，接近社会产能的上限时，它们会急剧增加。

12.7 政府机构的维持费

需要考虑的第三大组社会成本是**政府机构的经费支出**。让我们看看这些成本同社会产能利用 κ 的关系。

这些经费支出大体上是固定的。我们从第一组社会成本中看到，企业的中心行政管理支出基本上与企业的产出无关。对于整个社会也可以看到类似的现象，如果产量增加或减少20%，中央政府的行政投入中相当一部分维持不变。

有几种类型的政府支出是随着产量增加而增长的，不是成比例增长，而是以一个较低的比率增加。直接调节经济领域活动的最高机构的维持费就属于这一类。

这一切意味着，作为社会产能利用的函数，国家机构可以变得相对便宜。国家的维持经费是社会间接成本，如果生产增长，每单位生产的间接成本就会减少。

还会产生相反的效果，当 κ 趋近于 1 时，经济形势变得更加紧张，可以预期，行政官僚机构的活动将会增加。物资分配机构将变得更加复杂，越来越多的商品和服务将被纳入行政配给系统,等等。抱怨和不满越来越频繁,促使国家提高警惕,更频繁地进行干预。下列假说似乎是合理的,当处于社会产能利用率较高的地区,政府支出(作为社会产能利用的函数)也出现了边际成本递增。对这一假说进行实证检验,还有待政治社会学家进一步研究。

12.8 公众情绪

在前面三组社会成本中,讨论了作为产能利用的函数而产生的**实物投入和损失**。第四组将研究它们的精神方面。人们的**性情、满足感和总体感受**会对一些与社会产能的利用密切相关的经济现象做出反应。这个问题涉及一个错综复杂的相互关系网,以各种形式出现在不同的社会制度中,在一个特定的制度中,也出现在人口的不同阶级和群体中。我们只考虑与这些网络有关的两个问题。

第一个问题出现在社会产能利用水平较低的情况下,并总是和大量失业有关。总是与大规模失业相关。这除了给直接受影响的人以及整个社会造成经济损失外,还造成各种社会矛盾。这是一种综合征,有很多不同的症状,包括犯罪、恐怖主义行为、自杀。[1] 如果社会产能利用率提高,就业率随之提高,这些负面现象就会越来越少。因此,从这个意义上讲,这种效应属于边际成本

---

[1] 让我们回到第12.4节已经提到的现象。在那里,在讨论效益方面时,我们指出了充分就业对气氛**改善**的影响。现在,在讨论成本方面时,我们讨论失业对气氛**恶化**的影响。

第 12 章 社会效益和社会成本:社会产能利用的函数

递减的范畴。无论是在就业形势改善的资本主义经济中,还是在开始吸收潜在的劳动力储备和失业者的社会主义制度的历史初期,这一点都很明显。

正如第 11 章所解释的那样,经过一定的过渡时期,社会主义经济达到充分就业,这是由制度运动的内部规律所**保证**的结果。从这一点(也就是在社会产能的利用达到一定程度以上)出发,社会效应不仅出现在成本方面,即出现在减少就业难带来的不利后果方面,而且出现在**效益**方面。

我们来看一看 κ 轴的另一端,对应的是社会产能高度利用。有些影响在前面的章节中已经讨论过,而另一些影响将在第二篇处理。

(1)越接近于充分利用,我们在生产和人类活动的其他领域中就越频繁地碰到瓶颈,这不仅导致实物损失,而且造成了紧张气氛。短缺、强制替代、即兴发挥、急于求成,使人们在工作时不耐烦、轻率和急躁。影响到主任和工长、工人和职员。

(2)人们得到这种印象,不仅因为他们是生产者,即产品或服务的供应者,而且因为他们也是购买方。采购员、执行投资项目的工程师和家庭主妇都有这样的经历。处于卖方的支配之下,排队、等待、搜寻商品、在购买过程中的强制替代,这一切都会给买方带来许多痛苦。[①]

(3)紧张的生产可能带来较长的工作时间,这也会影响到士气。

---

① 前面讨论过的大量短缺指标也适用于衡量一些由短缺产生的社会成本、牺牲和损失。也就是说,短缺向量 z 和社会成本向量 c 有大量共同的分量。

(4)投资紧张可能导致投资吸收一些用于消费的资源。这可能会减缓生活水平的提高,并可能在消费品供应的一个或其他领域造成困难。它可能会影响人们的普遍情绪。

这些影响必须列入边际社会成本是产能利用率的**递增**函数的成本项目中去。越是接近能力极限,它们就越是急剧增加。现在我们用本章的方法来描述一种已经讨论过的现象(上一次提及是在第9章和第19章)。"强烈感受到社会气氛的恶化"作为一类特殊的、急剧上升的边际社会成本,与超过社会容忍限度,这些都是**同义**的表达。我们无法确定哪个是狭义的约束,是社会的**可接受**约束,即容忍限度,或是生产的实物约束,即资源约束。这也取决于该制度的特殊政治条件。无论如何,在这两类约束之间存在着密切的互动关系。人们认为,当资源约束的冲击日益频繁和令人烦恼时,社会正接近其容忍限度。

我们没有在本节前半部分所讨论的边际成本递减和后半部分讨论的边际成本递增之间划等号;因为这样的"等于"与本书的整体精神完全相悖。我们已经多次强调,从理论上讲,不可能将一种好或坏与另一种好或坏进行比较。对于这两种具体的成本,我们还能再补充一些东西。从历史的角度来看,消除失业无疑比短缺加剧所带来的不利因素更为重要。但同样真实的是,人们并没有从历史的角度来思考他们生命中的所有时刻。如果提醒人们应该为消除失业而感到高兴,那么,因物质短缺而烦躁不安的公司员工,或无法获得自己的住房的年轻夫妇,他们不会感到安慰。

这就使我们进入了一个更一般的问题领域,涉及迄今为止个别讨论的社会效益和成本的比较、汇总和评价。

12.9 福利最优

那些相信社会福利函数的人,会被上述分析直接引向图12.3所示问题的解决方案。他们的思路如下:

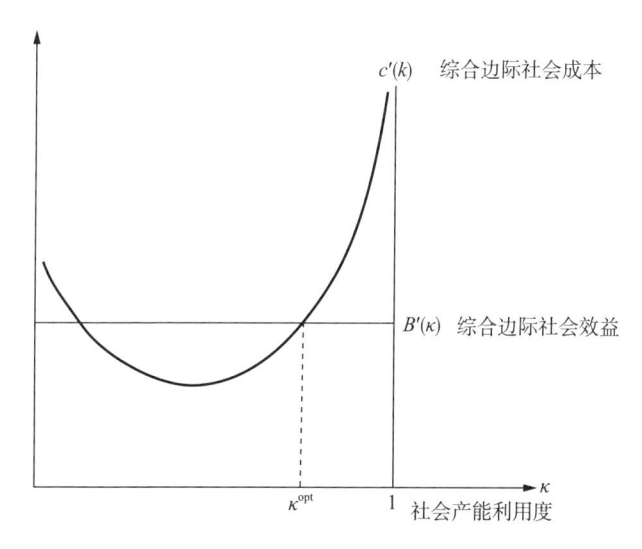

图 12.3 在 U 形边际成本情况下的"福利最优"

一方面,要确定**综合**社会效益函数:

$$B(\kappa) = f(\boldsymbol{b}(\kappa)) \qquad (12.3)$$

| 复合社
会效益 | 社会效益
指标向量 | 社会产能
利用度 |

在画此图时,为了简化,假设 B 对于 κ 是线性的,所以其导数是一条水平直线。

另一方面,还必须给出**综合社会成本函数**:

$$C(\kappa) = \varphi(c(\kappa)) \quad (12.4)$$

其中 $C(\kappa)$ 为复合社会成本,$c(\kappa)$ 为社会成本指标向量,κ 为社会产能利用度。

画此图时,假设边际成本是 U 形的,它先有一段递减,然后递增。

这样**福利函数**就简单了。

$$W(\kappa) = B(\kappa) - C(\kappa) \quad (12.5)$$

其中 $W(\kappa)$ 为福利函数,$B(\kappa)$ 为综合社会效益函数,$C(\kappa)$ 为综合社会成本函数。

福利最优 κ^{opt},位于两个导数的第二个交点上。在图 12.3 中,最优社会产能利用度,远远低于产能的充分利用。

这是一个很好很简单的解决方案,它表达了一个微不足道却又非常重要的道理。**人们不能总是不惜一切代价地去争取最大限度地利用社会产能。如果接近产能的充分利用,边际社会成本已经超过边际社会效益,那就不值得实现。**

从图 12.3 可以看出,没有比这更深刻的东西了。无论是在描述性-解释性理论中,还是在阐述实际建议的理论中,都不能把它真正看作一种解决方案;它最多只能产生一种解决问题的假象。函数 B 是线性的假设就是武断的,它也可以采取其他形状。如何估计它的数值参数是有待商榷的。(例如,多少公斤肉相当于充分就业所产生的安全感)。边际综合社会成本函数 C' 是 U 形的假设也是武断的。只有当形成这一福利函数所表达的价值判断的人认识到并承认边际社会成本的增加,它才是 U 形的。如果他们不重视这些成本，甚至完全忽视这些成本，那么出现的将完全是不变的和不断增加的收益的影响。在这种情况下，我们将得到一个类似于图 12.4 中所呈现的函数 C'。① 而在这种情况下，福利函数在最大产能利用率时达到最大值。也就是说，现在"福利最优"限制了过度扩张。

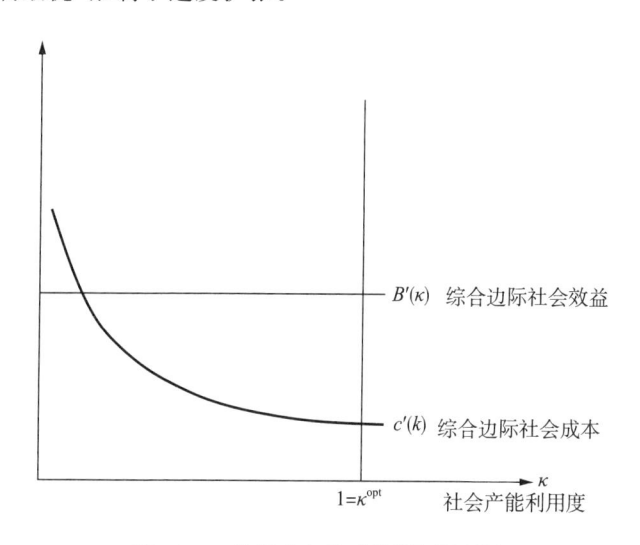

图 12.4 边际成本递减的"福利最优"

从理论上确定福利最优并不能解决任何问题，它只是将真正的、基本的问题的表述从一种语言转化为另一种语言。**原本**的难题如下：社会产能利用程度的高低，会产生各种社会后果。无论是在现实实践中，还是根据一些明确给定的价值判断，这些后果的相对重要性是什么？同样的难题**翻译**成福利经济学的语言，就

---

① 为简化比较，假定在两图中 B 是同一的。

涉及函数 B 和 C 的形状及其参数的数值。翻译后的问题并不比原本的问题容易回答。因此，在我们的分析中，我们将把这个翻译操作视为多余的阶段略去。

12.10 观测与衡量任务

关于福利函数和衡量福利的讨论，是在两个层面进行的。一个是纯理论层面，[1]我们在这里甚至不可能涉及，因为它将使我们远离本书的主题。另一个层面是比较实际的，它的中心问题是：GDP 或任何其他总产出指标是否适合于衡量社会的发展和福利？[2] 根据一派经济学家和统计学家的观点，答案是肯定的；至多应该对它进行调整，以便更准确地反映出总产出指标中迄今未计入的效益和成本。另一学派对这一问题的回答是**否定**的；这种观点认为，发展和福利的各个方面以及经济制度的表现，必须用一**整套社会指标来描述**。

从本书特别是从本章的论证，可以清楚地看出，我支持第二学派的观点。作为本书主题反复出现的思想表达了这一点，那就是**不可能**用单一的综合性标量指标来描述具有**内部矛盾**的过程状态。向量的衡量是**必不可少的**。标量衡量，将符号相同的量相

---

[1] 参看关于 Arrow 的 "impossibility theorem（不可能定理）"（Arrow, 1951）之争。Arrow-Scitovsky (1969) 和 Phelps (1973) 对这一争议进行了调研。此外，参见关于 Rawls 的 "distributional justice（分配正义）"思想的讨论（见 Rawls, 1967; Phelps, 1973）。

[2] 例如，参见 Allardt (1973), Nordhaus-Tobin (1972) 和 Stone (1975), 以及匈牙利文献中的 Andorka-Illés (1974), Dániel (1977a), Ehrlich (1967, 1968), Hankiss-Manchin (1976), Jánossy (1963), Kornai (1972a, b) 和 Rimler (1976)。

加,但这些量是不可通约的;此外,它把相反符号的量相减,好与坏互相抵消,从而使内部矛盾模糊不清。

与上面提到的第二学派的其他人一样,我承认国内生产总值(GDP)或任何其他总产出指标在考察整个经济方面可能发挥有益的作用,因为它以"凝缩"的方式反映了许多不同的效益和成本。如果这些总产值指标具有"总量"和"全面"的特征,麻烦就来了。但这种危险确实存在,而且与这里详细研究的现象,特别是与直到碰到资源约束才受到实物限制的数量驱动和紧张扩张密切相关。如果我们接受 GDP[①] 作为福利函数(12.4)中变量 W 的"代理",那就适合将目标定为追求 GDP 最大化。而在这种情况下,必须推行一项经济政策,将国内生产总值提高至瞬时物质约束状态。

向量衡量,即观察和衡量大量的社会指标,并非易事,但似乎完全可以解决。第12.3节强调,**从理论上讲**,社会成本的向量(同样地,利益向量)由许多分量组成。但是,没有人认为**在实践中**应该定期观察所有分量统计学家肯定会找到一个指标子集,这些指标的测量成本不会太高,但又能令人满意地代表系统的状况。当然,除此之外,各种"凝缩"也是必要的,部分汇总和其他综合方法,以使信息充分透明。[②] 重要的是,过程的矛盾特征不应该在这种凝缩中丢失。这些指标应该显示出,作为社会产能利用的函数,成就**和**问题、社会边际成本的递减**和**递增是分开出现的。

如果在今后几年中,对社会指标的定期观察和衡量取得了进

[①] 从我们讨论的问题来看,作为总产出指标的是国内生产总值还是根据 MPS 核算体系所计算的国民收入,并不重要。

[②] 在另一处,即第7.9节已经产生了这些方法论的问题。

展,我们就能从经验上检验本章所解释的关于 B, C, κ ,也就是社会效益、社会成本和社会产能利用度之间的相互关系的一些假说。

12.11 计划者的态度及其条件反射

与观察和衡量有关的许多问题仍未解决,这无疑使计划者更难于清楚地发现问题。然而,无论一个更加平衡和全面的统计观察是多么重要,也不能指望它从本质上改变一个经济体的行为规律。如果我们尝试理解传统管理体制下中央计划者**特有的态度**,包括构成他们决策基础的"条件反射",我们将更深刻地理解这个问题。这些不是来自任何个人的思想,而是来源于他们的**地位**,这就决定了在特定的社会关系下,他们不得不做出某些决策。

这个问题如图 12.5 所示。实线表示边际成本,虚线表示边际效益。我们出示了数条曲线以表示问题与向量有关。边际**效益**以及边际成本的**递减**和**不变**曲线都是粗线,是为了表明这些曲线将由制定经济政策的人仔细观察。边际成本的**递增**曲线是细线,表示它们只会被政策制定者微弱地感知一下。是什么导致了这种特殊的态度和感知的二重性呢?[1]

为了给讨论以真实感,让我们设想一个假设的决策情况。年终将至,必须制订下一年的国家计划。政府机构所需的投入已经决定,在新年伊始的初始资源以及社会产能实际上也已确定。我

---

[1] 答案的节奏类似于第 10.5 节对以下问题的回答的思路:为什么决策者受到延期的诱惑?这种相似性的原因是,在那里提出的问题构成了现在提出的更一般的问题的一部分。

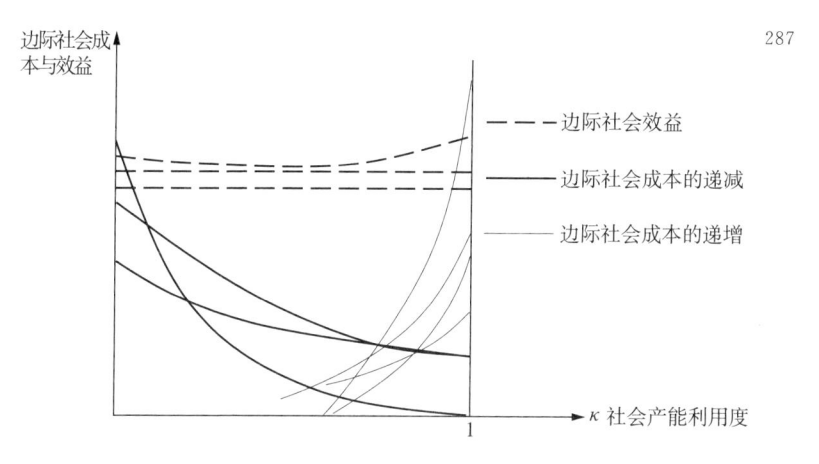

第12章　社会效益和社会成本：社会产能利用的函数　343

图 12.5　感知的二重性

们可以在两种方案中进行选择，第一种方案比第二种方案多提供 3% 的 GDP。换句话说，$\kappa_1/\kappa_2 = 1.03$。

下面将使用一个简化的术语，$b_i(\kappa_1) - b_i(\kappa_2)$ 的差叫作 i 类**效益的增加额**。产能利用 κ_1 时的实际成本与用线性成本函数来计算的经过点 $c_h(\kappa_2)$ 的假设成本之间的差额，叫作 h **类成本的减少额**（也可能是，**成本的增加额**）。

$$\text{成本的减少额} = \left(c_h(\kappa_1) - c_h(\kappa_2)\frac{\kappa_1}{\kappa_2}\right)_{-}, \text{差是负数（边际成本递减）}$$

$$\text{成本的增加额} = \left(c_h(\kappa_1) - c_h(\kappa_2)\frac{\kappa_1}{\kappa_2}\right)_{+}, \text{差是正数（边际成本递增）}$$

(12.6)

(1) 效益增加和成本减少要比成本增加**更有把握**。效益的增加首先意味着多出 3% 的产出，它能够被明确地列入计划的数字指标。同样可以肯定的是，多出的 3% 产量既不会增加中央管理部门,也不会增加非营利机构或企业的行政管理费用。因此,单位产品的社会"间接成本"将大大降低。这些都是"有形的",是**可以规划**的。在边际成本增加的这一方面,情况又怎么样呢?会有更多的强制替代、更多的搜寻、更多的等待,等等。但谁能肯定这取决于那3%的产量增长呢?谁又能说这将带来多大的损失呢?在边际社会效益和成本的各分量与社会产能利用度之间,关系是随机的。虽然如此,但效益与边际成本递减的相关性比较强,而与边际成本递增的相关性比较弱。这也是对"细线"的感知较弱的主要原因之一。

(2) 大多数效益的增加和成本的减少是**内部的**,它们的货币反映出现在政府预算、非营利机构、企业和私人家庭的账目中。与此相反,大多数成本的增加是**外部的**(此问题可追溯到第12.9节中讨论的衡量问题)。为了说明这个"内部与外部"的问题,我们将暂且以家庭户为例,虽然第二篇将对这个问题予以更充分的讨论。如果由于更严格的计划,家庭消费品和服务的数量增加了3%,这将在家庭账目以内部形式中表示出来,并计入家庭和消费统计。因此,很容易将其列入计划目标之中。如果,与此同时,如果需要更长的排队时间,那么就需要对商品进行更多的搜索;卖方对买方甚至更加粗暴和蛮横;生产者和销售者对提高质量更不感兴趣;买方不得不更频繁地接受强制替代,所有这些都是外部后果。[①] 这些甚至在家庭账目中也没有被记录下来,也没有出现在家庭和消费统计中;因此,它们同样也不会单独出现在计划指标中。

---

① 用Robinson和Eatwell(1973)一书中贴切的表述,消费者的购买力增长,而他的购买力却下降了。

第12章 社会效益和社会成本:社会产能利用的函数

我们已经引用了家庭的例子,虽然从生产、交换或其他社会活动中也可以找出大量的类似现象。所有具有外部性质的影响对规划者来说都比较难以察觉。

(3) 效益的增加和成本的减少可以集中处理。净收益在投资和消费之间的分配,收益中给个不同部门的份额,消费品在居民中各群体之间的分配,都可以由计划本身决定。另一方面,成本的增加额**分散且微小**。在一定程度上,它们影响社会的每一个成员,并影响其所有角色,如生产者、购买方、消费者、医疗保健服务的用户、承租者,等等。然而所有这些损失都相当小,都是单独的,而且是在某一时刻发生的;由于它们的分散性,它们的分担额是微薄的。这是对于双重感知(即,"粗线-细线")的另一个重要解释。因为,在增加社会效益和减少社会成本的希望,与可能出现的增加社会成本的危险之间,前者对决策者的条件反射有更大的影响。

(4) 最后,特殊的**时间偏好**也发挥了作用。效益的增加和成本的减少显然是**立竿见影的**,而成本的增加只会滞后地出现,而且会持续很长一段时间。紧张利用资源和突击工作,有可能导致企业对产品开发、质量改进、机器和建筑维护的忽视。所有这些必然会带来惩罚,但只是在以后,慢慢地,逐渐地。公众情绪也不会对每一个刺激物立即做出反应;这样一些现象往往会一点一点地破坏人们的满足感。①

---

① 在第12.1节中,我们采用了如假设(1)那样的建模的窍门,即效益和成本函数将代表一个期间的平均时点。因此,在比较静态分析中,作为原因的利用程度与作为结果的成本同时出现,没有任何时间标签。然而现实并不是由跨期的平均时点组成。今天的一些原因可能在明天甚至以后才会产生后果。

我们谈论的是一种特殊的时间偏好,这不是一般消费理论中使用的享乐主义偏好。我们不是为了今天的享受而放弃今天的积累,今天的积累却可以为明天提供更多的消费、更多的享受。我们所说的条件反射更偏好**今天的产出**,以及与之相适应的今天的消费和今天的投资;作为对等,接受在目前和更遥远的将来同样会损害生产、消费和投资的不利因素。这种反射,可能会因为政治意识形态的因素,以及相信尽可能快速的经济增长所带来的独特的有利影响,而得到加强。**为了今天尽可能快地扩张而急不可待**,甚至不惜以牺牲遥远将来的发展为代价,这就是这种时间偏好的显著特征。

在了解了所有这些因素后,我们对这两个计划方案的选择的预测就很清楚了。如果计划者以专业和认真的态度开展工作,他就会仔细考虑更紧张的方案是否**可行**。用本章的术语来说,他要问是否$\kappa_1 \leqslant 1$。如果是,他就选择**该方案**。

我们列举了强烈影响计划者态度的四个因素,对效益和成本的感知所表现出的二重性,以及与此相关的影响决策的条件反射。术语条件反射旨在表达这样一种观点,即行动并不是在当前经济政策的影响下进行的,而是**长期的社会环境为这些反射提供了条件**。我们不赞成宿命论的立场。当计划者或经济政策制定者清楚地认识到这一事实,即当κ趋近于1时,边际社会成本一定会增长,他的思想就可能受到影响。如果他认识到这一点,理论经济学和全面的社会统计学都可以帮助他达到这种认识,在决策中他可能会变得更加谨慎和节制。如果他成为这样的人,他将不得不逆流而上;他将不得不预见到,许多参与决策的其他计划者将继续按照上述四个因素来看待问题并采取行动。

12.12 体制比较

前面已经强调,计划者的观点、条件反射和行为规律不是由他的主观性情决定的,而是由影响他的客观环境和社会条件以及他在体制中的地位决定的。当然,我们还必须补充一点,推动经济走向社会产能充分利用的不仅仅是计划者的条件反射,第2至11章中详细探讨过的所有控制机制、因果关系、相互作用以及恶性循环,都在朝同一个方向发挥着它们的作用。这些结果产生于数量冲动和与之相关的囤积倾向、扩张冲动和与之相伴的贪婪的投资饥渴,以及,作为这一切的后果,企业对投入的几乎永无止境的需求,即长期的吸纳。极端强烈的倾向使系统接近于 $\kappa=1$ 的状态,虽然也存在相反的趋势,但并不很强烈。

如果一种体制中的社会产能利用率已接近充分利用,边际社会成本已在急剧上升,我们就说,该体制中社会产能利用是紧张的。用这个术语我们可以提出以下命题。

在传统经济管理形式下的社会主义制度中,社会产能利用是紧张的。

在提出这一主张时,我们只是用本章的宏观术语重新表述了第2章的**微观经济学**命题,即传统社会主义经济是资源约束型经济。

本章所描述的社会边际成本在社会产能紧张利用的情况下陡然上升的现象,以及第2—11章所提出的短缺强度大、频繁而猛烈地冲击资源和供给约束的现象,都是同一组现象的各个方面。每一种现象都与该体制中可动用滞存的实际短缺密切相关,因为这种滞存持续不断地被某些社会过程虹吸掉。该体制总是在其在亚微观层面的基本事件上达到或接近其自身的物质产能极限。

必须提请大家注意的是,只有牢记本书前面的观点,以及本模型的假设(1)—(7),才能正确解释我们的命题。也就是说,我们所说的社会产能利用并不等同于单项资源瞬时利用程度的加权平均数。因此,刚才所述命题并不意味着社会主义经济对每一项资源的利用都达到了100%,甚或几乎是100%。存在着大量的滞存,但它们是不可动用的。集中实物资源约束,在每个瞬间都作为成千上万亚微观层次的瓶颈出现。这些必然伴随着互补资源的滞存,而这些资源在那一瞬间是不能用于其他事情的。平均而言,随着时间的推移,许多种类的资源在相当大的程度上得不到利用,**与此同时**,κ 值接近于 1;这两种现象在逻辑上和经验上都是相互兼容的。

如果将其与古典状态下的资本主义经济进行比较,这一点就会更加明显。那里 κ 比 1 小得多,因为对于每一项生产活动来说,所有互补性投入都有可动用滞存。产出的增长不会由于生产碰到资源约束而受到限制。体制内部的运动规律不允许扩张到实物约束的地步。这是因为该体制首先满足有效需求的约束。因此,我们可以提出下述命题。

在古典资本主义制度中,社会产能利用是不紧张的。

这个命题,和前面关于社会主义经济的命题一样,只是对第 2

第 12 章　社会效益和社会成本:社会产能利用的函数　　349

章的相应命题进行了重新阐述。现在,我们用本章的**宏观术语**对前面用**微观术语**描述的情况做了如下描述:古典资本主义经济制度是需求约束型的。

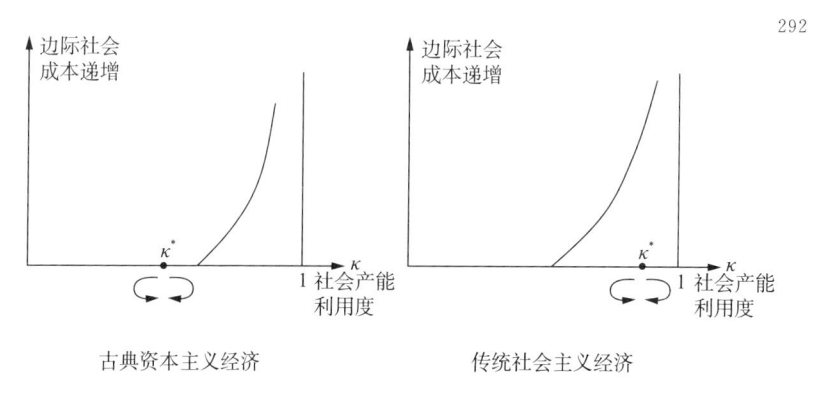

图 12.6　资本主义和社会主义经济的正常社会产能利用度

我们提供的图 12.6 并不是一个精确的图表,而只是勾勒出问题的轮廓。我们在这里展示了古典资本主义经济和传统社会主义经济的正常利用度的特征。从 κ^* 点向左和向右的环形卷,表示围绕着正常利用度的周期性或不规则波动。在所有的社会效益和成本中,图中只显示了**递增的边际成本**,它们的向量由一个单一分量来表示。资本主义体制达到了这样的区域,一些边际成本在波峰的定点开始增加。①

---

① 图 12.6 表示凯恩斯主义经济政策广泛运用之前的古典资本主义。长期推行的凯恩斯主义经济政策使系统的正常利用程度沿横轴 κ 向右移动。

通货膨胀的加速与这种变化并非毫无关系。让我们考虑一下图 12.2,由于产能利用率的持续提高,企业内部以货币形式核算的生产投入的边际社会成本增长越来越陡峭。这就增加了"成本推动通货膨胀"的力量。

与此相反,传统社会主义经济的社会产能平均利用程度已经接近满负荷,在投资周期的高峰期,产能约束得到满足。甚至在周期性或不规则波动的最低点,产能利用也总是深陷在边际成本递增的区域内。

当我们断言在传统的社会主义经济中,社会产能的利用率高于古典资本主义时,我们还没有说过这两种体制的效率。我们甚至不打算提供一个总结性的评价,因为我们刚刚解释过,不管是社会效益,还是社会成本,都不能被加总起来。相反,我们可以做的(这也是本书试图做的)是,我们要从社会效益和优势以及社会成本、负担和劣势的角度来考察社会能力利用的高低所带来的各种后果。

最后,再谈一点。在上述讨论中,古典资本主义与传统的社会主义经济形式进行了对比。至于**经济管理改革和增长政策方面的变化**如何影响本章所研究的现象,这个问题尚未解决。

在第9.8节中已经谈到,在过去的10到15年中,匈牙利的中央经济政策普遍预期的增长率比早先的超计划时期更为温和。计划者越来越认识到,强行扩张有很多弊端。图12.5中的细线在他们眼中变得更粗了。要使我们能够对这种变化有多重大、多持久,以及社会产能的正常利用是否已经发生了转变等问题进行推断,还需要对经验进行彻底的分析。

12.13 再谈假设

现在让我们重新回到本章开始时介绍的假设。我们相信,如果我们放宽简化的假设,本章过程中提出的所有一般命题也能成立。这一点要由读者来详细检查,我们只做几点说明。

我们对假设(1)、(2)、(3)没什么可补充的。显然,如下的做法是比较理想的,即不依靠比较静态的分析,也不把具有物质资源、政治组织机构和行为规律性的体制看作既定的,而是构建一个动态模型来研究体制的转变。但这项任务的难度远远超出了我们的能力范围。

在假设(4)中,我们已经忽略了对外贸易和外国资源的使用。如果去掉这个简化的假设,来自国内的对体制的实物约束并没有给扩张设定一个绝对的上限,体制的扩张可能会超过国内产能。在这种情况下,上限就取决于潜在的捐助国和(或)债权国给予援助和(或)贷款的倾向以及受援国能在多大程度上接受援助和(或)信贷的所有经济和政治后果。这一点已在第9.10和10.6节中提及,并将在第21章中进一步讨论,但我们在此也提请注意这一点。

根据假设(5),生产的产出构成是固定的。很明显,即使按照比较静态分析,这也是严格的抽象。恩格尔消费曲线通常意味着消费构成要随着消费总量的变化而改变。至于生产,关于成本曲线的非线性所说的一切,也意味着,产出构成和投入比例作为 κ 的函数要发生变化。

虽然所有这些都可以用一个更复杂的模型在理论上加以证明,但这将不必要地增加解释我们的观点的难度。仅仅是为了说明问题,我们不用本书中常用的向量衡量法,而希望使用一个单一的标量变量来衡量社会产出量。为了能在**不使用**价格进行加总的情况下做到这一点,我们引入了固定产出构成的假设作为分析的窍门。为保持思路前后一致,我们在这里不使用价格进行加总。一方面是因为本章是我们得出第一篇最后结论的地方,第一篇只研究非价格调整;另一方面是因为本章的一个主要观点恰恰是,用价格并涵盖所有的社会效益和成本来圆满解决总量问题是不可能的。我们不希望给人们留下加总的困难能靠这种窍门来**克服**的印象。把所有的收益和成本加总到一个标量中是**不可能的**,有价格是不可能的,但没有价格也是不可能的。

另外,我们还可以推测,把产出组合的变化也考虑进去,将不会削弱而只会加强我们的主要结论。从本书前几章中已经清楚地看到,集中资源约束越频繁、越麻烦(也就是说,该体制越接近于充分利用社会产能),强制替代和临时改变产出组合的现象就越频繁,并会产生各种代价高昂的后果。这些现象已经在本章前几节中被列入边际社会成本递增的组成部分中,这一点与假设(5)在无形中已经发生矛盾。

根据假设(6),每一个 κ 值的投资率都是恒定的,但是,历史经验似乎表明,社会产能的紧张利用通常伴随着高投资率。

此外,周期性波动不仅伴随着投资额的波动,而且伴随着投资率的波动。

即使我们的模型中包括了这种相互关系,也不会改变我们关于社会效益、成本和产能利用率之间相互关系的一般命题。

最后,我们对假设(7)补充如下,在比较静态分析的结构中,按照假设(7),我们始终沿着同一条等摩擦曲线运动,这一假设绝不能取消。当进行体制比较时,牢记这一点尤为重要。

如果在既定的匈牙利材料供应状况下,在匈牙利正常摩擦的情况下,一家匈牙利手表厂的厂长无法用工厂的机器和职工生产出更多的手表,他完全有理由说该厂已经达到了产能极限。在这种情况下,如果说,瑞士手表厂的厂长肯定能用这个工厂生产更多的产品,这在逻辑上是站不住脚的。这很可能是真实的,但只有在瑞士的管理实践和组织、瑞士的材料供应,以及瑞士的正常摩擦的情况下,才有可能。在本书的术语中,瑞士钟表厂位于另一条等摩擦力曲线上,可能离原产地更近,因此实物资源约束的位置不同。

这种思路有助于对不同体制进行科学比较。乍一看,数据有时显示出一种自相矛盾的画面。和 B 国相比,A 国资本与产量之比较高,库存与日常产量之比较高,日常工作过程中损失的时间较多。这与我们"A 国是一个资源约束型体制,而 B 国不是"的说法如何兼容?它是一致的,因为 A 国在它自己**既定体制特有的正常摩擦**下,无法生产更多的实物产品。这里社会产能利用是紧张的,κ 接近于 1。同时,B 国在它自己体制特有的正常摩擦下,能够生产更多的实物产品;在那里,社会产能利用不紧张,κ 远远低于 1,但它被低水平的有效需求所压制。

第二篇

价格条件下的调整

导　言

本书第一篇略去了利润、价格、工资以及货币的作用；把它们纳入分析是本篇的任务。由于对它们的作用究竟有多大尚存疑义，所以，我们不把本篇题目称为"通过价格进行调整"，而只是称为"价格条件下的调整"。

第13章至第15章探讨企业，在某几处也简单地谈到非营利机构。第17章至第19章的主题是家庭部门。居于二者之间的第16章，考察企业和非盈利机构付给家庭部门的工资。

本书最后三章涉及所有的部门。第20章讨论货币，第21章探讨宏观经济的相互依存关系，最后，第22章分析了制度背景方面的问题。

第 13 章 企业：预算约束和利润

13.1 引　言

在本书的第一篇中,我们多次提到预算约束在确定企业行为中的作用。第二篇将首先对企业的预算约束和利润进行详细的考察,因为由此得出的结论也将作为我们谈论价格、工资和财务状况的基础。

在第 13.2—13.6 节中,我们将不再继续对历史上的任何一种具体的制度进行定义和思考,企业的所有权问题则不做讨论。这样发展起来的分析工具将在第 13.7—13.9 节中用于描述社会主义经济和资本主义经济的各种形式。

最后,本章的最后一节讨论理论和经济思想史的一般问题。

13.2 资金平衡表与企业预算约束：会计的相互关系

公式(2.3)概述了预算约束的含义,现在我们将对其进行更全面、更详细的讨论。尽管我们不会对货币和财政制度进行太细微的描述。

暂且假定,企业只有一个单一的资金平衡表和一个单一的预算约束。货币并没有贴上标签,因此一个"现金箱"只用于支付工资,而另一个用于支付投资支出,依此类推。货币一旦归企业所有,就可以花在任何地方。

由此可见,我们不区分与投资相关的企业开支和用于当前生产的开支。投资和当前生产都持续需要用货币来购买投入品。

企业在某一特定时期(例如一天)内的资金平衡表如公式(13.1)所示。[①]

收入

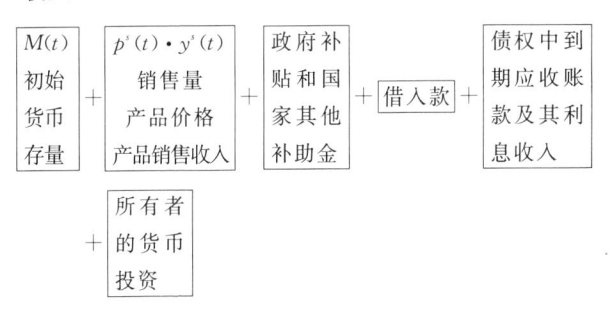

$$\boxed{\begin{array}{c}M(t)\\ \text{初始}\\ \text{货币}\\ \text{存量}\end{array}} + \boxed{\begin{array}{c}p^s(t)\cdot y^s(t)\\ \text{销售量}\\ \text{产品价格}\\ \text{产品销售收入}\end{array}} + \boxed{\begin{array}{c}\text{政府补}\\ \text{贴和国}\\ \text{家其他}\\ \text{补助金}\end{array}} + \boxed{\text{借入款}} + \boxed{\begin{array}{c}\text{债权中到}\\ \text{期应收账}\\ \text{款及其利}\\ \text{息收入}\end{array}}$$

$$+ \boxed{\begin{array}{c}\text{所有者}\\ \text{的货币}\\ \text{投资}\end{array}}$$

支出

$$\equiv \boxed{\begin{array}{c}M(t+1)\\ \text{期末货币}\\ \text{存量}\end{array}} + \boxed{\begin{array}{c}p^b(t)\cdot y^b(t)\\ \text{采购量}\\ \text{投入品价格}\\ \text{购买投入品的开支}\end{array}} + \boxed{\begin{array}{c}\text{国家税收}\\ \text{及向国家}\\ \text{缴付的其}\\ \text{他支出}\end{array}} + \boxed{\text{借出款}}$$

$$+ \boxed{\begin{array}{c}\text{债务中到}\\ \text{期应付款}\\ \text{及其利息}\end{array}} + \boxed{\begin{array}{c}\text{所有者提}\\ \text{取的利润}\end{array}} \quad\quad (13.1)$$

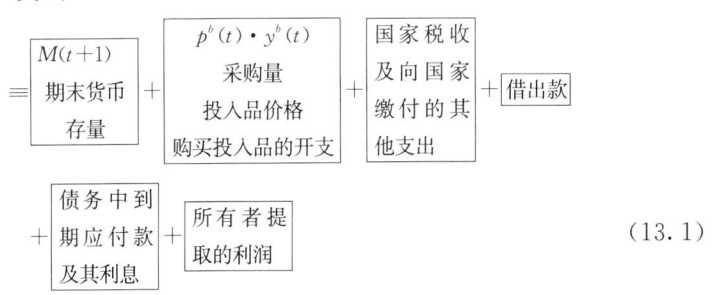

[①] 表中的大多数项目仅以文字形式来说明,符号仅用于稍后将引用的变量。

公式(13.1)不言自明,其中只有两项需要解释。一个是M,即**货币存量**。它大致对应于货币理论中的类别M_1,它是企业直接、立即处置的货币存量,无论它是以现金形式还是以银行存款形式存在,随时可以提取。流动性较差的资产的存量不会出现在余额中,只有存量的**变化**(即流量)才会出现在相应的信贷业务中。

由于所有权问题暂时没有定论,因此,谁可以向企业投资,以及投资在多大程度上取决于获利的可能性,也是没有定论的问题。在所有者是国家的情况下,收入方面的两个项目(政府补贴和所有者的货币投资)实际上是一回事。

资金平衡表(13.1)是一个**事后的会计恒等式**,根据定义,它永远成立。这并不意味着企业始终具有偿付能力。但是,尽管企业与卖方签订了合同,它却未支付已经收到货物的货款,那么该企业事实上已经获得贷款。因此资金平衡表的恒等仍然成立。这是因为"借入款"这一项不仅包括债权人自愿给予的信贷,也包括因违反付款合同而造成的信用赊欠。

由于资金平衡表(13.1)中的每个变量都是非负的,所以下面的不等式成立。

$$\boxed{\begin{array}{c}第\,t\,期\\付款总额\end{array}} \leqslant \boxed{\begin{array}{c}M(t)\\初始货币存量\end{array}} + \boxed{\begin{array}{c}第\,t\,期\\总收入\end{array}} \quad (13.2)$$

为避免重复,我们将不详细讨论不等式中的收支情况;在公式(13.1)中可以找到对它们的解释。不等式(13.2)是企业的总**预算约束**。形容词"总计(的)"表示企业的**总收入**对企业的**总支**

出进行约束。① 由于它是从一个恒等式推导出来的,显然,这种一般形式的预算约束始终成立。

13.3 硬预算约束:纯粹状态

在什么情况下,不等式(13.2)不仅表示一种在所有情况下均成立的**会计关系**,还表示一种实际上限制了企业**行为和行动自由的约束**条件呢?为此,不等式中的变量绝不能假设为任意的非负值。它们的定义域不仅要受到现实领域的可行性约束,而且要受到控制领域的内部规律、制度安排以及微观组织的行为规律的制约。下面我们将对这些制度安排进行分析。

首先,我们考察一下硬预算约束的**纯粹状态**。我们将指出五个条件,这些条件的满足保证了约束的硬度。我们先提出一个理论结构,在现实中,这五个条件中没有一个能够完全满足。这一点将在后面的章节中解释。

这五个条件加在一起,足以保证约束**完全硬**。我们并不是说只有这组条件才能对约束的硬度给予保证,但这五个条件却为我们进一步的推理提供了一个良好的开端。为了便于以后的比较,我们将在条件的序列号后加上字母 H(Hard,硬)。

条件 1-H:外生价格。投入品购买价格的向量,p^b,和产品销售价格的向量,p^s,对企业来说是给定的。企业是**价格接受者**而

---

① 无论何时,我们在没有限制条件下使用预算约束一词时,它总表示总额约束。如果我们想在较窄的范围中谈约束的话(例如投资的预算约束或工资的支出约束),我们将会特别说明。

非**价格制定者**。从这个角度看,谁来决定价格并不重要,单个买方或卖方左右不了一个原子化的市场过程;一个比我们的企业更强大的一个卖方来确定购买价格,或者一个比我们的企业更强大的买方来确定销售价格;或者就是国家当局在决定着价格。可能是任何人,关键是我们的企业无法影响价格。

条件 2-H:税收制度是硬的。这并不意味着税额很高,而是指要严格遵守下列原则:

(a) 税则(法律、法规)的制定不受我们企业的影响,对企业来说属于外生规则;

(b) 税收制度将税收与各种客观可观察、可衡量的标准联系起来;

(c) 企业不能获得任何个别的例外豁免;

(d) 所征收的税款是按规定进行无条件征收。

条件 3-H:不存在无偿的国家补助金。国家不提供任何补助用作经常性开支,也不进行任何无偿捐助的投资。

条件 4-H:不存在信贷。全部投入品的购买,$p^b \cdot y^b$,必须完全用现金支付。企业间的信贷,不能通过与卖方达成协议来获得,也不能通过违反合同、不付款而迫使卖方承担债权人的责任来获得;同时也不能从任何其他来源获取信用贷款。

条件 5-H:不存在外部的金融投资。我们的论证并不涉及企业的创建,即企业最初的金融投资是如何进行的。我们只考虑现有企业。条件 5 表明,所有者可以从企业中提取利润,然而,如果他们这样做了,就不能再将其投资于该企业。

只有在严格静态经济的抽象状态下,才能完全满足条件 4-H

和条件 5-H。

条件 1-H 到 5-H 对企业资金平衡表(13.1)中描述的变量设定了事前的行为约束。在严格遵守这些约束条件的情况下,汇总了它们的影响的(13.2)将会实际地限制企业进行选择的自由;也就是说,预算约束将成为一种**事前的硬行为约束**。

我们现在来研究一下这五个条件的含义。

预算约束的硬度是怎样表现出来的呢?(我们将再次在序号后加上字母 H)。

后果(ⅰ-H):生存。企业的生存完全取决于销售收入和投入成本,如果在短时间内,后者大于前者,该企业可以利用其货币存量 M 来弥补亏损,并可以放弃提取利润。但是,如果企业已经完全放弃了提取利润,并且耗尽了货币存量,而亏损仍未消除,它就不得不减少支出。投入减少导致产出减少,收入也随之减少。最后,企业资不抵债,走向破产。**硬预算约束是一种经济强制形式,销售收入和投入成本对企业来说是一个生死攸关的问题。**

后果(ⅱ-H):增长。企业的技术进步和增长都需要投资,而它们取决于同样的因素。用于购买企业扩张所需的追加投入的资金来源,完全是通过企业内部的积累而产生的。

后果(ⅲ-H):适应价格。由于价格是外生的,**企业必须根据价格调整**。调整必须通过实际行动来进行,首先是提高或降低生产水平,或者修改投入-产出组合。这些变化是生产厂家的内部变化,因此与价格没有直接联系。但是,通过购买改变生产所必需的投入品 y^b,和出售由于改变生产而可能得到的产出品 y^s,又使它们间接地与价格更密切地联系在一起。

企业可以通过两个**内部**财务变量帮助其进行调整,它可以动用其货币存量 M 以及减少或暂缓提取利润。但是,货币存量可能会耗尽,利润提取只能减少到零。企业不能依靠外部资金来源来经营。因此,最后,除了通过**实际行动**进行调整外,别无他法。

在这种情况下,价格就不仅仅是那种企业在控制其实际行动时,高兴就遵守、不高兴就不遵守的"信号"了。企业**必须**遵守它,否则企业将无法发展或扩张,甚至可能破产。

在这点上,我们可以完全忽略价格的属性。"最优"价格还是"非最优"价格,"均衡"价格还是"非均衡"价格,从预算约束的硬度来看,都是一样的。重要的是,价格不取决于企业,在硬约束的情况下,企业必须根据价格进行调整。

后果(iv-H):不确定性。企业不能把自己的风险转嫁出去。它承受着外部环境和企业自身行动的后果。由于价格是外生的,它们可能给企业带来灾难,也可能带来好运。是哪种情况,都是企业本身的运气好坏。如果交了厄运,没人来帮助它摆脱困境;但若是交了好运,也没人来分一杯羹。

后果(v-H):企业需求。上面列举的种种后果,表明企业**对投入品的需求是有限的**。它密切依赖于投入品的购买价格 p^b,以及企业的当前和预期收入 $p^s \cdot y^s$。

13.4 近乎硬的预算约束

在每一个现实的经济体制中,都有几种现象在起作用,它们可以使预算约束偏离上述完全硬的纯粹状态。我们将在本章后面的部分更详细地讨论这些现象,但我们希望在这里提到其中的几个现象。

(1)作为生产集中的结果,巨型企业诞生了,它们的势力的一个体现是,它们不满足于价格接受者的角色,而是积极参与制定价格。

(2)随着国家的社会和经济活动的扩大,国家对企业财务收入进行再分配的作用也增强了。

(3)自从有了企业,就有了信贷制度。企业之间不仅可以用现金互相支付,债权-债务关系也在它们中间发展起来。企业可以从银行系统得到信贷。

(4)货币持有者可以在既定的组织形式和制度约束下,将资金投入新企业的创建或现有企业的扩大。

上述现象意味着预算约束软化的**可能性**。然而,这种可能性在多大程度上成为**现实**,取决于每种体制的特征。下面我们将研究在什么条件下,尽管存在上述现象,但预算约束至少应该是**近乎硬的**。(条件序号后面的字母 AH 表示"近乎硬"的限定)。"近乎硬"这一表述表明,虽然约束不像理论上纯粹状态下那么硬,但它近乎是硬的,这点将由它的后果来表示。如果一个预算约束导致了上一节(i-H)至(v-H)的后果,那么它近乎是硬的。我们应满足于给出一组**充分**条件,可能还有其他一些能够引起后果(i-H)至(v-H)的其他条件。

条件 1-AH:在狭窄的范围内定价。一些企业是某些投入品和产出品的价格制定者。然而,在决定价格时,它们受到贸易伙伴的抵制,最终还受到总需求水平的限制。

条件 2-AH 和 3-AH:不存在国家再分配。在这里,纯粹状态下的条件(2-H)和(3-H)必须完全成立。国家不能通过差别化的税收和其他掠夺利润的方法,或通过补贴和其他拨款来重新分配企业的财务收入。

条件 4-AH:硬性条件下的信贷。这并不是指债权人要收取高额利息,而是在发放信贷时采用某些**原则**,这些原则是正统而又保守的。

债权人(银行等)只有在企业能够完全保证从其销售收入中偿还贷款的情况下,才会向企业提供信贷。也就是说,贷款是一种预付款。

如果企业获得了贷款,就必须始终履行信贷协议中的每一项义务,必须按时支付分期付款,并按协议加收利息。对信贷协议的遵守,是按照严格的法律来执行的。

买方不得在未达成初步协议的情况下,通过不立即支付已交付货物的款项来强迫卖方提供信贷。

条件 5-AH:硬性条件下的外部金融投资。企业内部资金来源可以用所有者的货币投资来补充。但是,这种资金只能用于企业的技术进步和企业的扩张,并且必须从增加的收益中偿还。任何外部资金都不能用于克服短期的财务困难。

我们希望避免重复。重新考虑我们在上一节中所说的话,可以使读者相信,那里列出的后果(i-H)至(v-H)也会在这种情况下发生。但必须补充的是,它们不能得到像在纯粹理论状态下那样严格的保证。条件 2 和 3 并没有改变,仍然排除了国家再分配的可能性。然而即便如此,条件 1、4 和 5 也可能出现困难。它们所涉及的现象,不能用简单的"是或否"来说明。例如,我们不能

第 13 章　企业：预算约束和利润

说信贷是以硬条件或软条件给予的，可能存在着许多中间的程度。制定价格或是接受价格，以及外部融资条件的硬度或软度，情况都是如此。

中间的情况将在第 13.6 节中讨论，这里我们将略过它们，来讨论另一种极端的情况，软预算约束。

13.5　软预算约束

什么时候我们才能说预算约束已经完全软化了，也就是它**事前不约束企业选择的自由**了呢？我们要重温一下前几节讨论过的五个条件（这次我们将在序号后面加上一个字母 S）。尽管通常会几个条件同时起作用，但事实上，单独一个条件，甚至单独的一部分，就足以使约束软化了。

条件 1-S:价格制定。大多数企业不是价格的接受者而是制定者。对绝大多数企业来说，价格不是外生的。

从理论上讲，市场两边的情况都是如此，投入品价格如此，产出品价格也如此。但在实践中，通常却是后者软化了预算约束。企业能够把自己增加的成本强加给买方。这可能是因为，在自由合同价格的情况下，卖方比买方强势（例如，一个大型垄断性卖家，面对着许多分散的买家；或者，可能处于长期短缺，这个卖方可以因此而左右价格）。或者，虽然价格是由价格主管部门正式决定的，但该企业却对价格部门的决定有很大的影响力，因此它可以影响价格。

最终能够持续不断地把所有成本强加给买方，归根结底是由于以货币计算的总需求没有受到严格的限制,而是或多或少地被动地根据成本水平的上升进行调整。

我们将在以后的章节中重新讨论这个问题的几个方面。

条件 2-S:税收制度是软的。它的几个特征表现是:

(a) 企业可以影响税收条例的制定;

(b) 企业可以作为单独优惠得到税收的豁免和缓征;以及

(c) 赋税的征收并不严格。

条件 3-S:国家的无偿补助。企业可以通过各种优惠方式获得这些:

(a) 没有偿还义务的对投资支出的捐助;

(b) 为弥补长期亏损或在较长时期内鼓励某种活动而持续支付的长期补贴;

(c) 为弥补偶然的亏损或鼓励某项特殊活动而提供的临时性补贴。

条件 4-S:信贷制度是软的。它不遵循"正统"和"保守"的原则。

即使企业不能完全保证有能力用销售收入按期偿还贷款,也能够获得贷款。严格来说,信贷并不是一种"预付款",它的发放与预期的生产和销售没有密切的关系。

允许企业不履行在信贷协议中承诺的还款义务。不仅如此,企业作为投入品的买方,可以在没有与卖方事先达成协议的情况下任意推迟付款。

条件 5-S:软条件下的外部金融投资。就国有企业而言,这一条无法与条件 3-S,即国家的无偿补助区分开来。

第13章 企业:预算约束和利润

在私营企业中也可以观察到这种现象,企业主用自己的资金向企业投资,不是为了发展和扩大企业,而是为帮助企业摆脱财务困境。①

现在,我们可以将软预算约束的伴随现象及其直接后果与硬预算约束的相应情况进行对比。

后果(ⅰ-S):生存。企业的生存不仅仅取决于它是能否永久地用销售收入来支付购买投入品的成本。即使后者总是超过前者,也可能被免税、国家补贴、软信贷等抵消。生产收入和成本之间的差异并**不是一个生死攸关的问题**。

后果(ⅱ-S):增长。企业的技术进步和发展,并不完全取决于它是否能够从内部资金积累(无论是从其货币存量中,即从以前利润的储蓄中,还是从以后必须从自己的收入中偿还的硬性投资贷款中)筹集投资资金。购买发展和扩大企业所需的额外投入品所需的资金,可由国家以无偿补贴或软性投资信贷的形式提供。

后果(ⅲ-S):适应价格。公司并非在所有情况下都必须根据价格进行调整,原因有二。

要么由于上述条件1-S,预算约束已经软化。企业不是价格的接受者,而是价格的制定者。例如,我们假定企业可以影响自己产品的销售价格,它不需要太注意投入品的相对价格。无论投入品的相对价格如何变化,企业都能调整自己产品的售价,以弥补成本的增加。

---

① 例如,一个陷入困境中的家族企业,企业主试图以个人财富为代价来重新经营。当然,这要受到其财富规模的限制。

即使这一因素不起作用,企业是价格的接受者,它也不必通过改变投入-产出组合来适应价格。即使由于无视价格并因此遭受损失,也可以通过税收减免、国家补贴、推迟偿还贷款以及在软性条件下得到额外的贷款等方式来弥补。

企业的生存与发展并不取决于价格。那么,企业对价格,高兴就关注,不高兴就不关注。即使无视价格,企业仍然可以生存,甚至可以扩张。

企业可以在其**实际行动**中对价格的变化做出反应,即适当改变其投入-产出组合。这就改变了投入品的实际购买量(y^b)以及实际销售量(y^s),从而影响企业的财务状况。然而,企业也可能以另一种方式做出反应。它可能试图影响价格 p^b 和 p^s,以及财务变量(税收、国家补贴、信贷条件,等等)。

在第一种情况下,企业在实际领域做出反应。在第二种情况下,则是在控制领域做出反应。在第一种情况下,它是在工厂里行动。在第二种情况下,则是在部委、税务机关或银行的办公室里行动。在第一种情况下,反应的主要内容是**生产**,根据新的情况调整投入和产出的组合。在第二种情况下,主要内容则是要求、抱怨和讨价还价,换言之,试图操纵那些靠他们可以获取减税、补贴、软性信贷等的人。

预算约束的软化并不排除第一种反应,但也不强制执行。同时,它为第二种反应提供了广阔的空间,甚至是诱惑。

后果(iv-S):不确定性。企业不单独承担风险,而是与国家共同承担风险。如果情况发展有利,企业不能肯定自己能保住额外的利润,这些利润可能会被抽走。但是,如果企业运气不好,或者不能根据情况进行适当调整,它很可能会把后果转嫁于人,比如通过提高价格转嫁给买方、转嫁给债权人,而最主要的是转嫁给国家。

企业的财务状况及其预算约束受到双重不确定性的影响。一种是每个企业都存在的不确定性(也是硬预算约束的不确定性),即价格和市场是不确定的。另外,不确定性也因持续不断地对企业财务收入进行再分配而产生。企业无法准确地预见国家将从它那里拿走多少,或将给予它多少。

后果(v-S):企业需求。由于上述后果,企业对投入的需求几乎是无法满足的。这既不取决于投入品的购买价格 p^b,也不取决于企业当前和预期收入 $p^b \cdot y^s$。企业迟早能够收回投入成本;而且,如果它从销售产出中获得的收入不够,它将能够通过外部资金来源支付成本。

总之,软预算约束不能约束企业在实际领域,即生产和交换领域的活动。软预算约束(与硬预算约束相反)**不能作为一种有效的行为约束**,而只是作为一种会计关系存在。

13.6 基本事件和一般行为

在前面的章节中,我们已经考虑了使企业预算约束变硬或变软的因素。这些因素通过数以百万计的基本事件,在亚微观层面上影响着企业的生存。客观事件的发生,是由企业决策者主观上的**感知**的。决策者不仅受到自身经验的影响,也受到对其他企业的观察的影响。最后,所有这些经验形成了**期望**。预算约束的硬度或软度,反映了企业管理者对未来的期望。他越是期望企业的存在和发展**完全**取决于生产成本和销售收入,他就越是尊重预算约束,因此,预算约束就越硬。而他的期望越低,越是不认真对待这种约束,这种约束就会变得越软。

由此可见,正如我们在前面所指出的,约束的取值不一定是二选一,**要么软**,**要么硬**。还有中间值,原因有二。首先,决策者自己可能期望一个中间值。其次,在同一体制内,不同决策者的期望值可能不同;有些人期望预算约束较硬,有些人期望较软。

然而,有一些倾向会导致统一和极端的期望。如果一个给人以软预算约束印象的事件频繁发生,而且其频率超过某个临界值,就会形成一种公众舆论,认为这种约束是软约束。

预算约束的硬度是**可观察和可衡量的**。由于它是一组非常复杂的现象,我们不可能用单一的基数指标来描述,而只能用几个指标共同进行序数衡量。我们用 $\boldsymbol{\beta}$ 来表示预算约束硬度的指标向量。根据本书迄今为止遵循的符号惯例,$\beta_i=0$ 应该代表第 i 项指标所描述的现象状态,对应于完全硬的约束。约束越软,指标的正值越高。

一些指标可能是以主观观察作为基础的,企业管理者对影响其财务状况的因素的期望,以及财务状况在决定其行动选择中的作用,可以通过访谈来了解。访谈法尽管具有不确定性,但也是不可或缺的,因为它可以为判断形势提供重要线索。

我们可以根据预算约束的硬度与软度的**后果**来推断预算约束的硬性程度[见上节列出的(i)至(v)项目]。我们将考虑三种不同的现象,这些现象通过**客观**方法可以很好地观察和量化。

国家对企业收入的再分配。它可以用许多种指标来描述。以各种名义从企业抽走的资金与以各种名义给予企业的拨款额之间存在怎样的关系？从企业抽走资金和向企业发放资金这种国家干预的频率是多少？以前宣布的干预措施与未宣布的干预措施的比例是多少？

财务状况和企业的生存。企业短期或长期的亏损与企业的生存之间的关系是什么？企业破产和财务恢复的频率有多大？破产在不同类型企业之间的分布如何？

企业的财务状况和扩张情况。在企业内部，一方面是收入和支出之间的差异所产生的真正利润（或损失），另一方面是在企业内进行的投资，两者之间的关系如何？这与第一段中提到的，国家对财务收入再分配的观察和衡量有部分重叠。

上述三组现象中的每一个单独事件，可以或多或少地得到确定的描述。然而，就整个经济而言，它们都是**随机**事件。在衡量中，我们必须致力于进行**统计**描述，描绘出它们的概率分布。

通过较长时期的观察，可以确定在既定社会条件下该体制内企业预算约束的**正常硬度**。

13.7 对资本主义经济和社会主义经济的观察

本章至此，我们已经在抽象的层次上讨论了预算约束。我们希望详细阐述分析工具（概念、因果关系、观察和衡量原则等），以便考察历史上具体的体制。现在，借助这些分析工具，我们将开始解决这个问题。

首先,我们要谈一谈**资本主义**经济中企业预算约束的硬度。各国之间存在着显著的差异。尽管如此,回顾很长一段时期,共同的趋势是显而易见的。

预算约束的正常硬度似乎已**趋向于软化**。绝对纯粹的完全硬可能永远不会存在,即便资本主义制度在19世纪曾接近了这个抽象的极端点,即接近于 $\beta=0$ 的状态。硬性税收和信贷制度的标志是,破产是真正的破产,失败的企业不会得到任何人的解救,而是被更成功的竞争者无情地击垮;接管者把破产业主的个人财产变卖一空,欠债者被关进监狱。除了少数例外(铁路、航运、保险、一些从事殖民贸易的大公司),企业规模都不大,价格实际上主要是由匿名的市场过程形成的,因此对企业来讲是外生给定的。

自古典资本主义初期以来,已经发生了重大变化,这些变化使预算约束的硬度远离了极端点 $\beta=0$。尽管这些变化是众所周知的,但我们还是要简单回顾一下。

经济日益变得高度集中,巨型公司正在形成,它们不再是价格的接受者,而是价格的制定者。从软化预算约束的角度来看,这是基本因素之一。资本主义大企业能够不通过改变其投入-产出组合,而是通过把产出品价格调整为实际成本加上预期涨价来对投入品价格的变化做出反应。通过其定价权,它几乎可以自动地保证自己的生存和自我延续。

历史的经验把社会的注意力引向就业,不仅是直接遭受失业之苦的工人的注意力,而且是资本家和社会其他阶层的注意力。

第 13 章 企业：预算约束和利润

破产并不仅仅是资本家的问题，因为它总是会影响到就业。倒闭了的工厂的工人要被解雇。更重要的是，现代经济学表明，破产会产生乘数效应和加速器效应，每一次破产都会减少总需求，从而也会危及其他地方的就业。这不仅把企业主卷了进去，工会也被牵涉了进去，几乎整个社会都对国家施加压力以解救受到威胁的企业，应该给予他们税收津贴、补贴，以及由政府担保的贷款。救援行动有时采取国有化的形式。

保护主义的国家干预在许多领域都在增加。如果国内企业在出口或进口替代方面表现不佳，国家就要保护这些在国际竞争中的落伍者。出于各种社会政治原因，国家对无利可图的产品和服务给予补贴。

一个企业的成长不仅取决于它在原子化市场上的成功，还取决于它自己的实力，以及它能对其商业伙伴施加的压力、它与银行的联系，还有它对国家决策、税收、补贴和政府命令的影响程度。

信贷原则被软化；根据凯恩斯主义精神，它们偏离了"保守"和"正统"原则。认为预算赤字在一定条件下是允许的，甚至是可取的。这又发展出一种"透支经济"，即货币被创造出来以增加需求。[1]

重申一下，上述所有现象在马克思主义的文献[2]和非马克思

---

[1] 见 Hicks（1974a，b），在银行术语中，它是一种透支。例如，当一个账户的所有者用支票进行支付时，而他的账户中没有足够的资金来支付该支票。

[2] 资本集中的历史重要性最早是由 Marx（1867—1894a，b）强调的，后来它又在 Hilferding（1910）、Lenin（1917）、Luxemburg（1913）的思想中占有着重要的地位。论述现代资本主义国家作用的马克思主义文献，可参见 P. Erdös 的著作（P. Erdös，1966、1971、1976）。

主义的著述中，都是为人们所熟知的。① 在这里我们按照单一标准把它们汇集起来。我们希望指出，这些过程都有助于软化资本主义企业的预算约束。今天的资本主义企业并不仅仅是通过**实际**行动对环境做出反应。企业规模越大，越有势力，我们的观察就越适用。企业可以通过其他许多途径，从定价到游说当局，来影响自己的生存。

至于资本主义企业预算约束的硬性程度，我们无法做出一般的判断。预算约束的正常硬度在每个国家都是不同的，这取决于集中程度、国家的经济活动以及其他社会因素。在一个国家内部，预算约束的正常硬度也是有差别的，强大的企业和弱小的企业的硬度是不同的。在某一个领域中，可以说预算约束仍然是近乎硬的，而在另一些领域中，它就不是很硬或者是相当软的。然而，在资本主义条件下，也不存在预算约束完全软化和自动保证企业生存的情况。

更详细地分析资本主义经济的状况，并不是本书的任务。我们对这个问题研究到这一步，主要是为了避免比较失真。我们可以在理论上，对在抽象的层次上界定的纯粹硬的和纯粹软的预算进行比较。或者我们可以将一种**现实**制度与另一种**现实**制度进

---

① 大企业在制定价格中的作用，最早在不完全竞争的文献中得到强调；起点是 Robinson（1933）和 Chamberlin（1933）的著作。垄断竞争由 Nikaido（1975a,1975b）借助现代数学模型进行描述。Galbraith（1967,1970,1973）的关于当代资本主义企业与国家关系的著作引起了人们极大的兴趣。关于追求充分就业而推行的积极的政府经济政策的渊源是 Keynes（1936a,b）；相关的支持和反对 Keynes 的文献很多。在这里特别要提到的是新自由主义学派，Hayek、Friedman 与他们的追随者，仍然留恋着古典自由市场时期，并尖锐地指出了软化的预算约束在若干方面的问题。(例如，见 Friedman、Hayek 等人，1974；Friedman，1977a；Hayek，1944)。

行比较。而在这种情况下,我们必须把可经验观察到的现代资本主义企业的行为与同样可经验观察到的社会主义企业的行为做一下比较。关于后者,我们主要假设如下。

(1) 在传统的社会主义经济中,企业的预算约束是软约束。

(2) 像1968年匈牙利那样的局部权力分散化改革,改变了企业预算约束的正常硬度,但那只是很小一点点。该约束基本上仍然相当软。

这些假设需要**彻底的实证检验**。本书中的观察不具有证明力。相反,本章的后续部分对一些似乎支持假设(2)的证据进行了说明。

我不讨论假说(1)(传统企业),但我们与假说(2)有关的观察也将间接支持假说(1)。①

13.8 企业财务收入再分配的原因和结果

在评论匈牙利经济管理改革后的情况时,我们将把注意力集中在国家对企业财务收入的再分配上。② 首先我们讨论与**当前生产**有关的财务问题,然后再讨论投资问题。

我们把销售收入扣除投入支出、到期偿还的债务和利息后的余额称为**毛利**。这笔款项必须用来交付税款和其他上缴国库的

---

① 一个基于逻辑原则且毋庸置疑的间接结论是,如果我们同意改革后企业的预算约束相当软,那么改革前传统企业的预算约束则必然**更软**。

② Polányi(1944,1976)认为再分配制度是社会经济活动组织的一种基本组织形式,他用自己的术语将其与市场进行了对比。在改革后的经济管理体制中,市场和国家的再分配制度并存,并且交织在一起。

款项；它用于增加企业的货币存量 M，并在 M 中增加用于企业投资的自筹资金；而且，在结余中还要支付我们所说的公式(13.1)中的利润提取，即支付给工人的利润分成和各种社会基金的缴款，等等。①

从各企业以各种名义拿走部分毛利，再以其他各种名义分给其他企业。再分配是由不同的主管部门（税务局、海关、物价局、其他财政机构、工业和外贸管理部门等）通过各种资金流动的渠道进行的。因此，也有可能发生这样的情况，当一个主管部门以某种名义从某一企业抽走资金，同一企业又以另一种名义由第二个主管部门给予资金（该企业缴纳了税款，但却得到了外贸补贴）。无论如何，最终的结果是，以各种名义通过各种渠道再分配的毛利占总毛利的比例是非常高的，至少是一半以上。②

信用体系在这种再分配中发挥了重要作用。即使在改革之后，银行业仍然保持着高度集中。在这一点上，我们仅出于完整性的考虑而提到它，并将在第 20 章中对其进行更详细的探讨。③

再分配可以通过数以千计重要性大小不一的措施，通过偶尔的局部行动和在更大范围内长期有效的规章制度来进行。每项措施都有一些具体的理由。但是，在各种直接理由的背后，还隐

---

① 我不使用那些在匈牙利经济生活中经常变化的术语，我采用的是本章定义的术语。

② 20 世纪 70 年代有大量论及此题目的实证的文献问世。讨论提供给企业的财务补贴以及它们与价格之间的关系，参见 Deák (1972a, 1972b)（后一著作中包含着大量罕见而又有价值的资料）、Bauer (1975a, 1978)、Szabó (1977) 和 Vincze (1971)。

③ 论信贷体系，见 Tallós (1976, pp. 47—48, pp. 181—182)。

第13章 企业:预算约束和利润

藏着**更深刻、更普遍的动机**。① 在不求完整的情况下,我们将列举三个动机。

最重要的动机之一是寻求**稳定**,这意味着每个企业甚至每个工作岗位的"稳定"。必须辅助那些不盈利或盈利不足的活动。② 这种努力的效果是矛盾的。一方面,它在相当大程度上减少了不安全感,对于企业倒闭的忧虑消失了,经理和工人都无须担心破产。不仅就业得到了保障,甚至连实际的工作地点也得到了保障。国家的作用就像一个万能的保险公司,它几乎可以全额赔偿每一项损失,即便偶尔也需要进行一下讨价还价。另一方面,如此多的保障使企业日益衰弱,无须再为生存而奋斗。

另一个重要的动机是,希望收入平等和坚持社会主义的工资决定原则。传统的社会主义分配原则是按劳分配和同工同酬。这些基本原则的合乎逻辑的结论是,只有在绩效上存在差异,即在对社会福利的贡献上存在差异时,收入差异才是合理的。另一方面,如果差异的来源是运气好或运气差,是与绩效无关的外部

---

① 在开始改革十年之前,作者在"Is Profit Sharing to be Corrected(利润分配要不要改正?)"(Kornai,1958)一文中,在刚刚采用利润分成不久,就呼吁大家注意这个问题。

② 这个思想可以由下面两段引文来说明:

"……间接的支持形式也相当多。在不少领域(部门、子部门、企业)中,国家对某些活动免收费用,或只要求减少支付资产或工资的费用;此外,国家还给予税收补贴,并提供偿还贷款和利息方面的优惠条件……虽然在1968年和1970年,免税的范围受到限制,但从那时起,免税和补贴不断增加。这些优惠待遇的主要目的是维持本身盈利不多的各项活动。"摘自财政部长 L. Faluvégi 的著作(见 Faluvégi, 1977,第119页)。

"信贷的一般原则的例外(优惠待遇、利息等),无论是对长期信贷还是短期贷款都是如此,主要是企业在暂时或长期不能满足正常经费需求的情况下,或是在它们希望摆脱过去低效率活动所造成的后果时做出的。"见 Tallós (1975a,b)。

环境发展的有利或不利,那么一切差异都是不合理的。如果一家工厂的产品在世界市场上的价格下降了,为什么它的工人要遭受损失呢?因此,如果企业遇到的麻烦不是该企业的管理人员或工人的错误造成的,这个企业就必须得到补偿。客观困难的负担不能由企业独自承担,必须由全社会共同分担。这种思路的逻辑结论是,只要发生这种情况,企业就**有权**获得补贴、国家价格支持或调整中央划定价格的调整。而如果必须在一个地方给予这种待遇,那么就必须从另一个地方拿走资源。但这并不是减少高收入的唯一原因。使收入平均化的目的总是意味着对过高收入的谴责。

追求收入平均化的结果是矛盾的,正如追求稳定的结果是矛盾的。一方面它满足了许多人的公平感,另一方面它却削弱了利润、价格和成本的激励作用。

最后,可能还存在着另一个动机,**加强执行再分配部门的重要性及其社会作用**。在硬预算约束的情况下,企业在经济上依赖于市场。另一方面,软预算约束和企业财务收入的大规模再分配,加强了企业对再分配部门的行政依赖性。正如第 3 章所指出的那样,在传统经济管理体制中,对**计划的讨价还价**是在中央部门和企业之间进行的。现在取而代之的是**再分配的讨价还价**,企业与中央部门讨价还价,是为了使后者从企业拿走更少的资金而给予更多。

我们接下来讨论与**投资**有关的再分配。在这里,我们遇到的现象与我们在讨论当前生产的财务方面时所研究的现象相似。

企业用自己的储蓄为少数投资提供资金;大多数投资的资金

是由中央信贷和国家投资提供的。完全由企业储蓄提供资金的项目所占比例相对较小。即使企业将自筹资金作为资源之一，也需要信贷或中央补贴作为补充资源。

所有这些都使中央计划和财政部门在重新分配财政投资资源方面起着重要的作用。在部门或分部门层面，一个部门或分部门的盈利能力，与其在投资中的比重或投资增长率之间似乎存在着正相关关系。[1] 但在企业的层次上进行非总量分类的分析中，有且仅有某种微弱的正相关。

13.9 相反趋势

尽管有非常强烈的软化企业预算约束的趋势，但也存在着相反趋势。

这些趋势部分地出现在**中央部门**的活动中。在许多不同类型的决策中（发放信贷、制订外贸规划、做出投资决策等）需要考虑盈利能力，即使不是作为主要标准，但至少是作为次要标准。作为改革的结果，盈利能力标准的权重有所增加。

在**企业**的行为中也出现了抵消预算约束软化的趋势。这方面最重要的动机是要求**独立**。有求于人的感觉并不好。补贴、国家价格支持、投资的资助需要游说才能得到；为了获得资金，要进行讨价还价和斗争，这往往会使企业的管理者陷入尴尬的境地。他感到从谁那里得到资助就要受谁摆布。从这个角度来看，企业

---

[1] 见 Tallós (1976, pp.259—270)。

代表的行为并不一致。有些人对这种"依附者-庇护人"的关系很坦然,另一些人却觉得相当别扭。后者尽量保持在预算约束范围内,而不愿意超出预算约束。换言之,他们受约束的影响更大。①

与利润挂钩的物质激励措施是抑制软化预算约束的力量之一。例如,管理人员的奖金、作为员工补充工资的利润分成以及企业福利基金的规模,都可能取决于利润。在这方面起作用的物质激励所受到重视的程度,改革前要比改革后小得多。

偶尔也会发生这样的情况,对长期亏损的企业进行彻底调查,然后开始所谓的重组过程;管理人员可能被解聘,任命一些新人。了解到持续的严重亏损,肯定会对加强预算约束产生影响。②

由于存在反作用的趋势,我们提出第二个假设,改革使预算约束**稍许强硬了**一些。

对这个问题,我们还要再讲几句。对熟悉改革文献的人会发现,我们所涉及的一些问题,在文献中已有充分的讨论。然而,这

---

① 各部门企业的行为在一定程度上是不同的。在中央经济政策中具有优先地位的部门更容易获得津贴和福利。更靠后的部门的企业感到预算约束更硬,因此可能更愿意节约成本。

② 这种重组在多大程度上破坏了我们在上一节中用下列词语描述的安全感,即知道企业的生存有保障,是存在疑问的。我们在第 15.6 节中说过,事件的严重性和发生的频率要达到一定的临界值才能改变舆论。在我的印象中,匈牙利还没有达到这个临界值。长期亏损不会引起任何真正的威胁感。这就是为什么长期亏损不会使约束的正常硬度有更大的提高。

为了支持我的这一印象,进行一次比较可能就足够了。我引用美国一家周刊上一篇关于日本的文章:"经济增长缓慢、国外竞争和日元迅速升值,这些因素结合在一起对许多公司来说是致命的……去年,创纪录的 18 000 家企业破产了,……转型可能是痛苦的。"Nagorski(1978)在匈牙利,几乎没有任何企业陷入可称为真正的财务失败的境地。

方面的改革争议的焦点是利润激励,而本书的主题是预算约束的软化,如果这只是术语上的差异,那就不值得一提。否则,本书可能会因为不必要地变换术语而招致指责。

然而,这里的问题不仅仅是用词的变化,而是论证逻辑和解释因素重要性顺序的不同。企业的所有者、管理人员和工人对增加利润感兴趣,这本身并不能决定他们的行为。当利润激励与硬预算约束相结合时,就会把努力的方向指向实际行动的路线。将利润激励与软预算约束结合起来,至少可以使操纵财务变量、提高价格、追逐国家拨款等方面发挥同等的作用。

影响社会主义企业状况的关键问题不在于企业总经理的个人利润份额是零,还是等于他基本工资的 10% 或 50%。按照什么方案在工人中分配利润份额,或者福利基金或利润税如何与利润挂钩,也不是至关重要的问题。这些都很重要,但不是**最**重要的。[①] 在硬预算约束的情况下,即使总经理的个人份额为零,他也不会对利润无动于衷,因为他已经把自己与企业的生存与发展紧密地结合在一起了。改革文献中所说的利润激励也被纳入我们的论证范围,但放在最后,作为抵消软化的趋势之一。我们并不只是要改变术语,而是要提请大家注意这样一个事实,无论是在理论上还是在实际的经济政策中,主要的问题并不是激励的实际形式,而是企业生存和发展的规则,以及与这些现象相联系的企业和国家之间的关系。

---

① 改革的前一年,Péter (1967)的文章中着重指出了这一点。文章的论证集中于企业的生存能力,"如果企业没有盈利,那么,它存在的理由就值得怀疑了"。

13.10 预算约束在微观理论中的地位

在分析预算约束时,我们涉及几个问题,这些问题是一般微观理论的基础。[①] 下述假说,作为一个公理,它假定有预算约束(按照我们的术语,他的预算约束是硬)。我们已运用这一公理表明,该理论根本不把约束是否存在以及是否影响决策者作为实证问题。让我们引用克洛尔的表述,[②]在他看来,预算约束不是一个会计恒等式,而是一个合理规划的前提假设,"……没有一个交易商在有意识地计划购买任何商品时,却不同时考虑购买资金的来源,不管这些资金是来自利润所得还是来自销售其他商品……""它(即预算约束的存在)确实可以被视为经济科学的一个基本惯

---

① 预算约束理论的先驱是 Slutsky(1915)对家庭行为的经典研究。其现代版本首先由 Hicks(1939a,b)、Samuelson(1945)创立,后来在 Arrow-Debreu(1954)、Debreu(1959)人的著作中又与**一般均衡论**结合在一起。Patinkin(1965)的著作将货币带入了一般均衡理论的模型中。Arrow-Hahn(1971)对一般均衡理论进行了极精彩的概述,介绍性的说明见 Samuelson(1948a,b)、Henderson-Quandt(1958)、Malinvaud(1972)。

② 在下面的引文中,Clower(1965)使用 Say's principle(萨伊原理)这一名称作为预算约束存在的同义词。因为我们希望避免围绕萨伊原理和萨伊定律(Say's law)在历史和术语上的混乱,我们在引文中省略了这句话。在这里,我们并不考虑该定律在逻辑上或在经验上是否成立。我们只想指出围绕这一表述,已经形成了一个迷宫。Baumol(1977)通过详细的引证证明,从萨伊的著作中至少可以读出八种不同表述和内容的定律,它们都与一般所说的萨伊定律有这样或那样的联系。而我们不得不提的是,不同的解释者甚至在萨伊学说、萨伊等式、萨伊恒等的一系列说法上又添加了第 9 个和第 10 个解释。

Clower 说预算约束的存在与"萨伊原理"那或多或少有些模糊的含义密切相关,这当然是对的。因此,他的说法并非毫无根据。我们不愿意使用经济思想史上的一个术语,而更愿意使用明确定义的"预算约束"一词。

例,在所有相关方面与热力学第二定律等物理科学的基本思想相类似……除非我们预先以此为前提,否则我们绝不会有解释个别决策过程的基础。"

克洛尔非常悲观地认为,如果我们不接受预算约束的存在作为公理的出发点,那么就不存在构建描述决策过程的基点了。这个公理对于**每一种**对社会经济系统的运作、控制和决策过程的描述来说,绝不是不可或缺的。但是,如果将克洛尔的悲观主义应用于**狭义**的科学描述尝试中,则是相当合理的。**如果不假设预算约束的存在,它就会动摇现代数理微观经济学和一般均衡论的基础**。在这一理论中,从有关需求和供给函数特性的命题到瓦尔拉斯定律和均衡价格体系特征的决定,几乎没有不涉及预算约束假设的实质性的结果。

我们认为,预算约束的存在和作用不是一般经济制度理论的**公理的出发点**,而是一个**实证**问题。经验可以证明,在一个特定的经济和特定的历史时期中,某些经济行为者会受到硬预算约束的有效制约。而经验也可以证明,在同一经济或其他经济中,在同一时期或其他时期中,其他行为者的决策和活动却没有被预算约束有效地制约。最后这句话并不排除在这些相同行为者的行为中可以发现规律性的可能性。大量著述试图揭示这些规律,本书就是其中之一。从我们的分析中明显可以看出,**在社会主义经济中,正是由于存在预算约束的软(或相当软)的特征,总结需求过剩和供给过剩的瓦尔拉斯定律并不适用**。但是,还有其他一些规律控制着经济活动。

在本章中,我既不接受也不反对预算约束的存在,而是试图描述它。预算约束的影响可能强烈也可能微弱；换言之，预算约束的影响是可以连续衡量的（见指标 β）。预算约束在各类决策中的作用强弱，是体制的一个重要特征。

克洛尔的话之所以被引证，不仅是因为他非常清楚地表述了预算约束公理在一般微观经济理论中的核心作用；他的研究是上述非均衡学派的出发点经典之作。难能可贵的是，这个新学派虽然在一些重要观点上摆脱了旧学派的束缚，但在某些微观经济学基础方面仍然保持了严格的正统性。

在我看来，如果不回到理论的微观基础上，就无法阐述宏观非均衡状态的完整理论，无论是长期失业、不充分就业、产能利用率低，还是长期"过热"、短缺经济。体制的宏观状态和行为者的微观行为之间存在着大量的相互作用。宏观理论不能建立在适用于一切条件的微观行为规则上。充分描述19世纪中叶在曼彻斯特经营的资本主义纺织厂的规则（几乎是完全硬的预算约束），对于今天的资本主义经济就不再适用了（因为其软化预算约束的症状），对描述社会主义企业也完全不合适，尽管后者也用货币形式编制收支账目。微观行为是历史的产物，它的所有重要的组成部分（需求形成、对价格的反应等）都取决于经济行为者周围的社会现实，即微观组织与国家的关系、受收入再分配影响的程度、对价格的影响、买卖双方的力量对比关系，等等。而反过来说，如果微观行为是既定的，它对体制的宏观状态也会产生一定的影响。正如我们在短缺经济的例子中所看到的，代理人对投资的贪得无厌和对物资的囤积倾向（微观行为）是造成经济（即宏观状态）长期短缺和资源约束型特征的直接原因之一。

第13章 企业:预算约束和利润

本书主要是围绕社会主义经济问题展开的,分析了社会主义经济相关的宏观状态与微观状态之间的关系。但是,我认为,书中涉及一些问题(例如,包括预算约束的问题),在研究资本主义制度时也需要重新考虑。

第14章 企业:对价格的反应

14.1 引　言

社会主义企业和价格之间存在着相互作用。从因果关系的一个方面来看,企业不是被动的价格接受者,而在相当大的程度上是价格制定者。这一关系将在第15章讨论,我们现在讨论的主题是因果关系的另一个方面。假设价格以某种方式确定,无论是否受到企业的影响。问题是,企业对此做何反应。

我们希望避免重复。第一篇中关于社会主义企业行为的所有内容,现在只需讨论价格的作用来完成。我们的结论是,价格确实具有影响,但这种影响相当微弱或次要。在控制经济过程的机制中产生主要影响的是那些价格在其中起不了很大作用的机制。

在对价格的反应方面,传统企业和改革后企业的行为是有区别的。可以看到,**我们关于价格反应的大多数命题,都将作为预算约束硬度的函数来给出**。因此,我们将应用第13.7至13.9节的结论。在软预算约束的假设下所做的每一个论述都是指传统企业。而那些较硬(但仍然**相当软**)的预算约束成立的论述,可以被认为是对在改革后经济管理框架内经营的企业有效。为了简化讨论,这里不再赘述。读者可以把作为预算约束硬性程度的函数所给出的关系与改革前和改革后的状态联系起来。除此以外，在本书的几个地方，我们还将分别描述传统的和改革后的社会主义企业的行为。

表 14.1 在不同章节中企业对于价格的反应类型小结

	1	2	3	4
	瞬时和短期调整		长期调整	
	投入方	产出方	投入方	产出方
1. 有关总量的决策	初始需求所有层次的决定 14.2	产出的所有层次的决定 14.6		计划产能的决定 14.8
2. 有关产品组合的决策	2A. 初始需求组合的决定 14.3 和 14.5	产出组合的瞬时和短期决定 14.6	工艺的选择 14.9	产出组合的决定 14.8
	2B. 强制替代前初始需求的修正 14.4 和 14.5			
	2C. 投入组合的瞬时和短期决定 14.4 和 14.5			

由于这一组问题相当复杂，事先进行讨论是有益的。表 14.1 就是这样做的。

表中第 1 和第 2 行区分了有关数量和构成的两类决策。就需求而言，这种区分与一般微观经济学中众所周知的关于价格变化的**收入效应和替代效应**[1]的区分相似。我们的目的是在短缺经济的条件下,研究这些效应或缺乏这些效应。

并非表中包括的所有问题都将得到同样详尽的研究。由条目(第1列第2行)所定义的情况,我们将用最长的篇幅来考察。这是相对价格对企业的瞬时和短期需求以及实际投入组合的影响。之所以要详细讨论这个问题,不仅是因为它的重要性,还因为我们将在这里开发出一些分析工具,而这些工具将用于研究其他方面的问题。

我们一般不考虑与出口和进口价格的影响有关的特殊问题,只在事关投资时,简单地谈一谈这些问题。

14.2 收入效应

我们先说说一般消费理论中所谓的**收入效应**现象。在瞬时和短期调整的框架下,价格的变化如何影响企业的需求量?我们在这里完全不考虑替代问题,将它留到稍后讨论。因此,让我们以极端的形式来考虑这个问题。如果发生变化的不是单一投入的价格,而是一整套互为替代品的投入的价格,会发生什么情况呢?例如,可用于制造某种产品的各种原料,它们的价格以相同的比例同时上涨,而互补性投入品的价格都保持不变。

按照一般微观经济学,对价格上涨的一组投入的需求应该减少,因为同样的预算现在只能购买较少的数量。然而,只有在硬预算约束的情况下才是如此。**在软预算约束的情况下,收入效应**

---

[1] 见 Hicks(1939a,b),或者作为概括性了解见 Green(1976)。

第14章 企业:对价格的反应

不会实现。如果企业对正在销售的任何投入有需求,尽管价格较高,它也会购买。如果增加的成本不能在其预算约束的范围内得到补偿,企业迟早会向买方或国家讨回这笔费用。

我们不仅要仔细研究两个极端的情况,而且要研究介于硬度与软度之间所有的中间情况。如图14.1所示的关系当然是高度简化的。我们考虑购买单一投入的企业中,作为投入价格 p 的函数的初始需求 d 的瞬时增长。我们将进行比较静态分析。

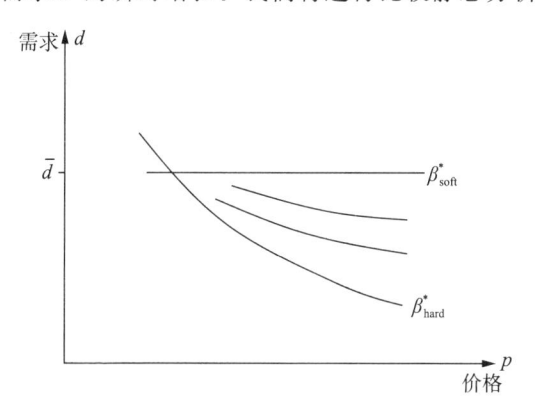

图14.1 预算约束变软时企业需求函数的位移

从表示预算约束硬性程度的一组指标中(即从向量 β 中),我们将挑出一个具有代表性的分量,在图中给予说明。它有两个极值,一个是 $\beta_{hard}^* = 0$,即约束是完全硬的,另一个是 $\beta_{soft}^* > 0$,即约束的软度达到临界值。如果约束条件的软度超过临界值,则约束条件根本无法制约企业的行为。

让我们从传统社会主义企业的情况出发,第5章已经详细讨论了企业的需求。我们曾在那里解释说,尽管存在着强烈的趋势将需求推向无穷大,但瞬时需求是有限的。假设瞬时需求是给定的，用 $\bar{d}$ 表示。

图 14.1 上半部分的水平直线是在 β_{soft}^* 情况下的需求曲线。作为其他解释变量的函数，它当然会随之发生变化，但它却完全缺乏价格弹性。

与硬度 β_{hard}^* 相关的需求曲线会向下倾斜，这在微观理论中是众所周知的。在这里我们将排除各种替代的可能性，因此也可以不考虑劣质商品的特殊情况。在这些假设前提下，由于收入效应，假设硬预算约束足以使该曲线向下倾斜。如果价格上涨，同样数量的货币买到的商品数量会更少，这种微不足道的关系保证了这一结果。假设存在这样一个价格，在该价格下，包含着价格效应的需求水平，等于独立于任何价格效应形成的需求 $\bar{d}$，则此点就是两条曲线的交点。如果价格高于这个水平，需求将保持在 $\bar{d}$ 以下。

在两条限定性的曲线中间还有许多其他的曲线。需求函数的形状随着预算约束的软化（即随着 β 值增加）而改变，从惯常的向下倾斜转变为水平的缺乏价格弹性的形状。

如果我们把对价格变化的**反应时间**考虑进去，我们的观察结果就能更准确地表达出来。即使在相对软的预算约束下，对价格上涨的瞬时反应也可能更大。这不仅是因为价格上涨带来的第一次冲击，还因为向任何人转嫁增加的成本需要时间。因此，图 14.1 上部的水平直线及其附近的曲线描述的不是瞬时调整，而是短期调整。[1]

---

[1] 在瞬时反应和短期反应之间的区别中，抵消趋势也在起作用。习惯和刚性会削弱第一反应。实际的调整通常需要时间。只有在允许替代的情况下，这种相互关系才会更加显著，但在这里的分析中我们不考虑它。

第 14 章 企业:对价格的反应

这与我们在第 5 章中关于企业需求函数的说法是一致的。如果预算约束是软约束,就会发生纯粹的数量调整,需求函数(5.1)至(5.4)就不需要包括作为解释变量的投入价格。然而,如果预算约束在一定程度上变硬,投入价格将被包括在公司投入需求函数的解释变量中。投入价格上涨的收入效应也有助于第 5 章所描述的趋势,这种趋势对那种将需求推向无穷大的力量产生了反作用。

14.3 替代效应:瞬时初始需求

替代效应或相对价格对可替代投入选择的影响比收入效应复杂得多。我们首先考察投入的**瞬时初始需求**,然后讨论对需求的修正、实际购买和短期调整。

我们将用一个简单的模型来表达我们的论点。必须在尽管工艺不同却能直接替代的两种投入 A 和 B 之间做出选择(在我们先前螺钉厂的例子中,分别是 10 号和 11 号钢)。在期间 0 时,它们的价格分别为 p_0^A 和 p_0^B。现在,在期间 1 的起点上,A 变得相对便宜,为 $p_1^A/p_1^B < p_0^A/p_0^B$。

我们假设,在这个市场中,产品 A 和 B 的总交易量以及生产 A 和 B 的企业的产量,不会随着时间而变化。这样,我们所讨论的是静态的交换和生产过程,我们所观察到的只是交换的内部构成或在 A 和 B 之间变化的比例。

从第 t 期间开始,所有买家(螺钉厂、机械厂等)对于投入 A 和 B 的瞬时初始需求用 $d_t = [d_t^A, d_t^B]$ 表示。

我们要区分一下两种纯粹类型的初始需求形成。

对价格有反应的初始需求。① 买方的初始需求根据一般需求理论确定。如图14.2所示，它解释了所有买家在投入A和B之间的替代可能性的**等产量线**。这是替代的**工程学**方面，它显示了投入A在多大程度上能够替代投入B。在我们的图中，转换曲线是凸的；实际上，它并不总是如此。然而，因为教科书通常假定它是凸的，又因为曲线的形状并不影响我们的推理，如果我们也画一条凸曲线就很方便了。这样，更容易表明我们所描述的关系与新古典主义模型的相同之处，以及不同之处。

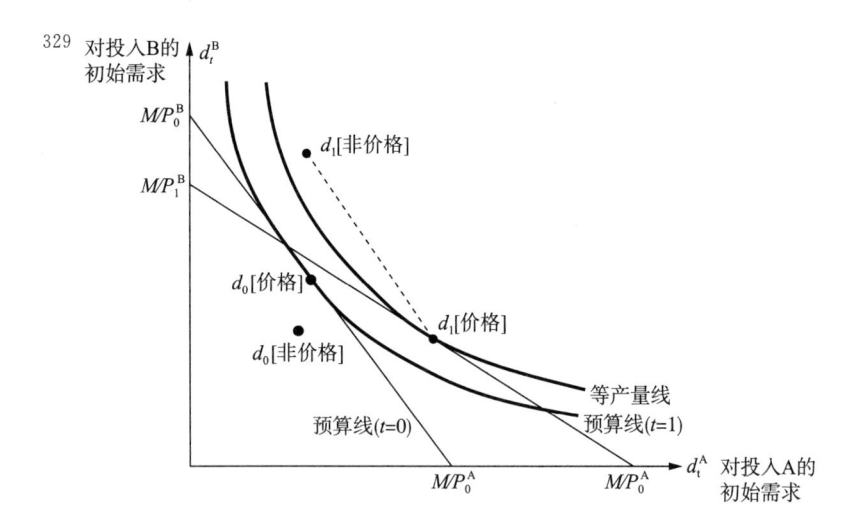

图 14.2　瞬时初始需求的形成

---

① 匈牙利语在字面翻译中使用了"价格敏感性"这个术语，因为匈牙利语中没有"反应"这个概念的确切对等词。从上下文看，用"反应"一词更好，因为我们不仅指企业对价格的感知，还指企业对价格的反应。——英译者注

第14章 企业:对价格的反应

预算约束由**预算线**表示。像往常一样,我们假设给定一个货币量 M,用于所有企业购买 A 和 B。由于相对价格的变化,直线发生位移;就同样货币量 M 而言,顾客在期间 1 比在期间 0 能买到更多的 A 和更少的 B。

所有买家的初始需求都处在对企业最有利的点上,即等产量线和预算线的切点上。由于价格比例的变化,这个点从点 d_0[价格]移到了点 d_1[价格]。①

这个模型基于若干假设,我们不在这里详细描述。但是,我们将指出其中的两个,因为它们在我们后面的论述中起着特殊的作用。

(1) 预算约束是硬约束。因此,不能在作预算线上方选择点 d_t[价格]。买方不能把对一种产品的需求增加到他们无力支付的程度。

(2) 企业追求利润最大化。因此,初始需求点 d_t[价格]不能位于在预算线所划分的区域内的某一点上。应该将其移动到边界,直至等产量线和预算线的切点。

现在让我们继续讨论另一种纯粹的瞬时需求。

对价格无反应的需求。完全不考虑价格影响的纯粹情形,能够在适用于任何体制的一般意义上解释。然而,我们现在将在资源约束型的社会主义经济这一狭窄的背景下解释它。

在第 4 章和第 5 章中我们解释了,尽管企业的初始需求被强

---

① 在数学附录 A 中,λ,买方的**自愿替代倾向**,表示买方基于相对价格,自愿购买产品 G 来替代 H 的比例,那里的变量和这里模型中使用的变量之间的关系如下:

$$\lambda(P) = d^G(p^G, p^H)/(d^G(p^G, p^H) + d^H(p^G, p^H)) \qquad (14.1)$$

烈地推向无穷大,但由于反作用力的趋势,它仍然是有限的。在图 14.2 中,我们把这看作既定的,并分别用点 d_0[非价格]和 d_1[非价格]来表示。

为了加强对比,我们假设当需求对价格没有反应时,它的移动方向与对价格有反应时相反,因此对投入 B 的需求增加,而对投入 A 的需求下降。

虽然我们在第一篇,尤其是在第 4 章和第 5 章中详细讨论了这些问题,但我们现在提醒读者一些可能导致初始需求发生这种变化的因素。

(1)上级领导部门期望企业做出这样的改变。这种期望可以用指示的形式表达,也可以只用强调的要求来表达;无论在哪种情况下,它都可能迫使公司改变其先前的需求。

(2)投入 A 和 B 的卖方(本例中的冶金厂)更愿意出售 B,因为它有大量未售出的库存。在短缺经济中,买方为了博得卖方的好感,会尽量考虑卖方的这种偏好。

(3)购买由投入 A 和 B 制成产品的买方,愿意多买用 B 制造的产品而少买用 A 制造的产品。他们要求和鼓励他们的供应商来满足他们的愿望,后者会将这一愿望转达给投入的供应商。

(4)使用者在将来会同时需要 A 和 B。但投入 B 的供应似乎更不确定,因此必须囤积起来。

上述四点远远不够完整。除了价格 p_A 和 p_B,以及由等产量线所表示的**工程学**上的替代可能性之外,任何影响在 A 和 B 之间选择的因素都应该包括在内。

图 14.2 并未揭示初始需求 d_i[非价格]如何取决于上面列出

的和其他未提及的解释变量。它只是假设,非价格特征的解释变量决定了需求 d_t[非价格]。

在绘制这个图时,我们假设 d_t[非价格]是由一个具有软预算约束的企业选择的,并且该企业目标不能被描述为"利润最大化"。因此,点 d_t[非价格]可能在预算线的上方,也可能在其下方。

实际初始需求的形成是价格和非价格两种效应共同作用的结果,由公式(14.1)表示:

$$d_t = \vartheta^{\text{i-dem}}(\boldsymbol{\beta}) \quad d_t[\text{非价格}] + (1 - \vartheta^{\text{i-dem}}(\boldsymbol{\beta}))d_t[\text{价格}] \quad (14.1)$$

| 实际初始需求 | 阻尼因子 | 预算约束硬度 | 对价格无反应的初始需求 | 对价格有反应的初始需求 |

根据(14.2),实际需求是需求对价格有反应的情况和需求对价格无反应的情况下的两种需求的加权平均数。$\vartheta^{\text{i-dem}}$ 是一个权重,[①]经济含义是,它是非价格影响的相对权重,抑制价格的影响。这就是称之为**阻尼效应**的原因。它是预算约束硬度的函数。

正如我们在前面一章中所说的,对于一个完全硬的预算约束 $\boldsymbol{\beta}=\boldsymbol{0}$,它的全部分量都作为预算约束软化的函数而增加。设 $\hat{\boldsymbol{\beta}}$ 为临界值,在此点上预算约束是完全软的,它对决策者的选择无任何约束。

我们规定,如果 $\boldsymbol{\beta}=\boldsymbol{0}$,那么 $\vartheta^{\text{i-dem}}(\boldsymbol{\beta})=0$。也就是说,在完全硬的预算约束下,实际需求是纯粹的对价格有反应的需求。我们

---

① 符号上面的指数 i-dem 是英文 initial demand(初始需求)的缩写,影响供求修正的阻尼因子将在下面讨论。

进一步规定,如果 $\beta=\hat{\beta}$,那么 $\vartheta^{i-dem}(\beta)=1$。换句话说,如果预算约束是完全软的,则实际需求就处在一个对价格完全没有反应的需求情形之中。在中间状态 $0<\vartheta^{i-dem}(\beta)<1$,实际初始需求是两种纯粹状态的凸向结合,因此,图 14.2 中的 d_t 处于连结 d_t[价格]和 d_t[非价格]的虚线上。

公式(14.2)是基于几个任意的假设,例如,阻尼因子 ϑ^{i-dem} 到区间[0,1]的归一化,或者假设实际需求是两个纯粹状态的凸向结合,但这只是为了说明,即尽可能以最简单和最能说明问题的形式呈现我们必须要说的东西。但至少在作者看来,公式(14.2)所表述的两个主要观点不是任意的,而是真实关系的反映。

在实际初始需求的形成过程中,价格因素和非价格因素都有一定的作用。

这两种不同影响的相对强度不完全取决于预算约束的硬度,但主要取决于预算约束的硬度。

对于这个问题的瓦尔拉斯解,成为一般选择问题的一个特例。在我们的简单形式模型中,[①]如果预算约束是完全硬的($\beta=0$),则为瓦尔拉斯体制,并且价格信号对于初始需求的影响丝毫也未受到抑制,所以 $\vartheta^{i-dem}(\beta)=0$。

在上面的论证中,阻尼因子与单一局部市场中重复出现的单个选择问题(投入 A 或投入 B)有关。如果我们希望描述整个企业部门确定所有投入的初始需求的特征,我们应该使用一个向量

---

① 短缺度的指标和某些系统控制机制的参数,在本书中的定义是相同的。所以,零值表示的是瓦尔拉斯状态或瓦尔拉斯体系,这一惯例现在再次被用来说明函数 ϑ。

第 14 章 企业:对价格的反应

$\vartheta^{\text{i-dem}}$,其组成部分即为上述局部指标 $\vartheta^{\text{i-dem}}$。

指标 $\vartheta^{\text{i-dem}}$,描述了买方行为的一个方面的特征。这些指标是我们在第四章中所说的**买方态度**的重要组成部分,而**买方态度**由买方行为中的不变因素组成。

14.4 替代效应:强制替代与短期调整

确定初步需求只是第一步。之后是购买过程,最后是实际购买和实际生产。所有这些事件是如何受到价格信号的影响的?

让我们从一个思想实验开始,每个阶段都发生在**彻底的瓦尔拉斯式调整**的框架内。我们沿用上一节的例子,投入 A 相对于投入 B 变得更便宜了。因为价格信号的影响没有受到任何抑制 $\vartheta^{\text{i-dem}}=0$,图 14.2 中的初始需求从点 d_0[价格]移到 d_1[价格],下一步就是买方进入市场了。如果市场是瓦尔拉斯式的,就不存在短缺。初始需求可以毫无困难地立即得到满足。

企业不仅作为买家,而且作为生产者进行调整。让我们回顾一下第 8 章介绍的概念和符号,没有延迟($\tau=0$),没有刚性($\zeta=0$),一般来说不存在摩擦($w^*=0$)。硬预算约束迫使企业从采用相对昂贵的投入转向相对便宜的投入。根据价格信号对投入进行调整会立即而彻底地发生。

然而,**真实的经济体制在本质上是非瓦尔拉斯式的**,即调整是不彻底的。我们可以用各种制度作为例子来分析这一点,但我们应该把注意力集中在资源约束的社会主义经济上。我们在图 14.3 中说明了各个调整阶段之间的相互联系。粗线框表示企业某些特定的**行为特征**,带圆角的框表示企业的**决策**和**行动**。细线框表示企业作为买方从**外部**接收到的信号,以及从外部可获得的供给。

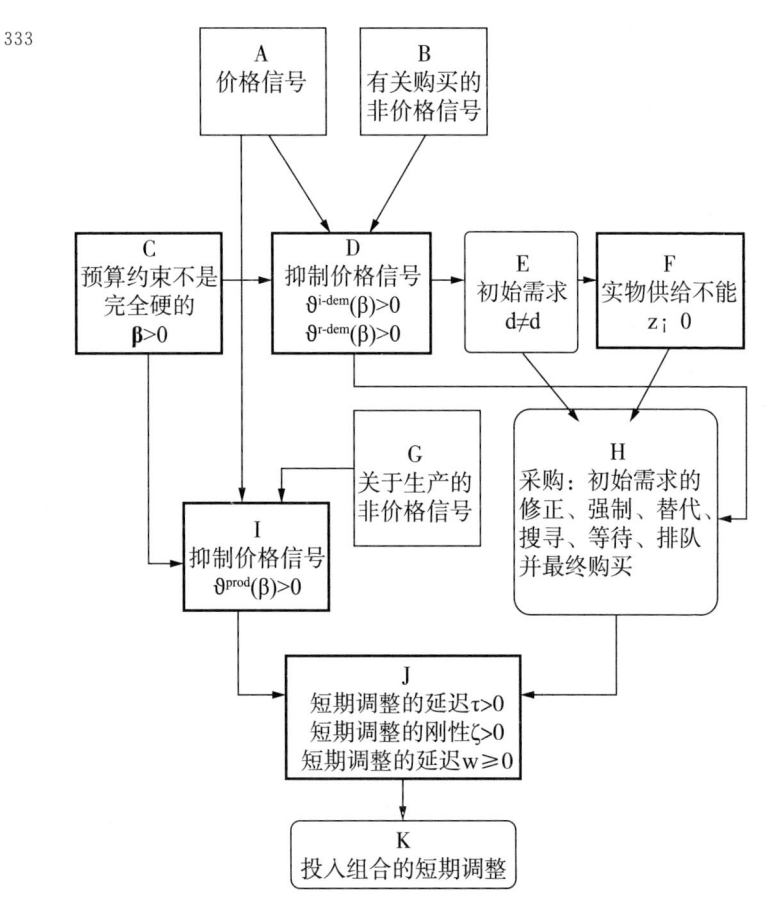

```
A: 价格信号
B: 有关购买的非价格信号
C: 预算约束不是完全硬的 β>0
D: 抑制价格信号 $\vartheta^{i-dem}(\beta)>0$ $\vartheta^{r-dem}(\beta)>0$
E: 初始需求 $d \neq \bar{d}$
F: 实物供给不能 $z_i$ 0
G: 关于生产的非价格信号
H: 采购:初始需求的修正、强制、替代、搜寻、等待、排队并最终购买
I: 抑制价格信号 $\vartheta^{prod}(\beta)>0$
J: 短期调整的延迟 τ>0 短期调整的刚性 ζ>0 短期调整的延迟 w≥0
K: 投入组合的短期调整
```

图 14.3 价格和非价格信号对投入组合的短期调整的影响

没有必要再次讨论框 A、B、C、D、E 之间的关系,因为这已经

在上一节中讨论过了。我们知道,买方的瞬时初始需求与价格信号在没有反作用力的情况下产生本应实现的初始需求 d[价格]并不一致。因此,买方着手购买 $d \neq d$[价格]的量。他们发现自己面临着一定的实物供给(框 F)。我们处在长期短缺经济中($z >0$),因此可以预料,初始需求不会得到完全满足。因此,**不仅非价格信号可能抑制价格信号的影响,而且短缺也会阻碍价格信号的运行**。短缺越严重,价格信号就越难以传递。

采购过程开始了(框 H 中的事件在第 4 章有所描述)。让我们假设买方中的一人(例如螺钉厂的采购员),无法得到他打算购买的投入 A,但作为强制替代的投入 B 可以买到,并且有两个品种 B-1 和 B-2。在进行选择时,买方要考虑 B-1 和 B-2 的相对价格。[1] 像从前形成**初始**需求时一样,现在在形成被强制替代修正的需求时,价格信号的作用并不纯粹。它还会再次被非价格信号和冲动所抑制。这由图中框 D 中的符号 $\mathbf{g}^{\text{r-dem}}$ 来表示[2](上标 r-dem 是指修正后的需求)。相对价格影响投入 B-1 和 B-2 之间的选择,其程度取决于阻尼因子的大小;为了简洁起见,我们不提出类似公式(14.2)的关系。

经过对需求的反复修正,可能经过长期的搜寻、延迟和排队,购买才得以实现。

在此期间,**生产中发生了什么**?与购买前一样,价格信号又

---

[1] 在数学附录 A 的模型中,这是根据强制替代倾向是相对价格的函数这一假设来表示的。我们不考虑其他非价格因素的影响。

[2] 指标 $\mathbf{g}^{\text{i-dem}}$ 和 $\mathbf{g}^{\text{r-dem}}$ 一样,是买方态度中的因素,它们表示买方行为中的长期特征。

得到了非价格信号和冲动的补充。(前者来自框 A,后者来自框 G)。这包括上级主管部门关于投入、物资分配以及其他投入配额等方面的指示。这两类不同影响的结果取决于企业遵循价格信号的重要性。预算约束越软,则成本无关紧要的原则就会在生产管理者中传播的越广。这用阻尼因子 $\vartheta^{\text{prod}}(\pmb{\beta})$ 来表示,它削弱了价格信号的影响,并加强了非价格信号的影响(这两种不同影响的共同作用将产生似于公式(14.2)的关系,我们将不再详述)。

此外,生产管理人员还受到他们在购买中获得的经验的影响(这一点用从框 H 发出的箭头来表示)。值得考虑的是,放弃使用那些持续供应不足的投入,即使它比那些更容易和更可靠获得的替代品相对便宜。企业的投入库存和积压的未完成订单是购买和生产过程的共同结果,在第 7 章讨论过的植物性控制框架内,它们的水平是进一步的信号。

所有这些影响共同形成了生产管理人员对投入组合的意见和期望。然而,这仍然不是生产的实际情况。我们请读者参阅第 8 章,在那里我们解释,调整受到**摩擦**的阻抑,这一点由摩擦指标向量 $w>0$ 表示,特别是由**调整的延迟**($\tau > 0$)**和刚性**($\zeta > 0$)这两种摩擦现象来表示。[①] 框 J 中出现了摩擦的影响,但必须克服这个障碍才能进入最后一个阶段,即框 K,这代表了投入组合的实际短期调整。

遗憾的是,图 14.3 很复杂,由 11 个框组成。虽然向读者介绍一个更简单、更清晰的方案会更有吸引力,但我认为有必要介

[①] 请读者再次参阅第一篇的各章,我们在其中详细地叙述了在不考虑价格影响的情况下的数量调整。现在我们力求理解数量调整和价格调整的运行及其相互联系。

绍这个过程的所有复杂性。然而,为了便于理解,我们将分别强调因果关系的主要方向。起点是控制领域中的价格信号(框 A),终点是发生在**实际领域**中的事件、**实际购买**(框 H 的最终结果)以及**实际投入组合**(框 K),哪些原因能解释起点和终点之间的反应强度呢?答案归纳为公式(14.2)。①

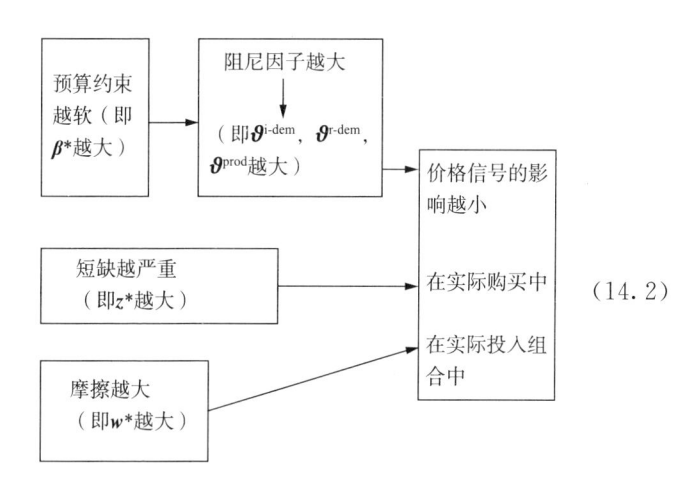

```
预算约束              阻尼因子越大
越软(即      →     (即 ϑⁱ⁻ᵈᵉᵐ, ϑʳ⁻ᵈᵉᵐ,
β*越大)            ϑᵖʳᵒᵈ越大)           →   价格信号的影
                                              响越小
短缺越严重                               →   在实际购买中       (14.2)
(即z*越大)
                                              在实际投入组
摩擦越大                                 →   合中
(即w*越大)
```

现在我们可以清楚地表述本章标题的含义,即**企业对价格的反应**。这里我们仅指投入组合中的瞬时和短期调整,但这一解释显然可以推广到所有程度上的产出调整或投入-产出调整。**反应性是指价格信号和企业反应行为之间联系的紧密程度**,反应性部分取决于企业的行为特征,部分取决于工艺和市场状况。

---

① 我们在这里只满足于用文字表述因变量、自变量之间的关系。为使之数学形式化,我们需要了解更多的关系。

第 5 章中所描述的需求关系以及公式(14.2)和(14.3),都应当被视为在资源约束型体制下有效的企业需求函数的确切理论的草图。

在既定的制度、控制机制和信号系统下,企业会形成正常的价格反应。这是一种随机现象。对于不同企业在同一时间,或者同一企业在不同时间,反应可能是不同的。在谈到**正常**的价格反应性时,我们指的是在特定历史时期所表现出来的**企业行为**的**企业间和时期间的平均水平**。

对价格的反应是一个**向量**,它只能由几个指标共同来描述。这就引出了观察和衡量的问题,我们将在下一节讨论。

14.5 假设与实证检验的可能性

通过对第14.2至14.4节的分析和对因果关系性质的考虑,提出以下假设。

(1)传统社会主义企业在投入方面的正常价格反应性,对于瞬时和短期调整来说是轻微的。由于经济力量薄弱、成本上升的负担被转嫁的可能性(即预算约束的软化)、严重的短缺和调整中的摩擦,相对价格的影响几乎完全被抑制住了。

(2)经济管理体制改革后,社会主义企业的价格反应性在投入的瞬时和短期调整方面有一定的提高,但提高幅度很小。由于预算约束相当软,而且短缺严重、摩擦相当大,价格的影响仍在很大程度上受到抑制。

上述假设不仅有逻辑分析的支持,而且有偶然的经验主义的支持。它们的有效性需要彻底的实证检验。可以考虑三种主要方法。

(i)对相对价格变化与实际购买或实际投入组合之间的相互关系进行统计调查。这可以使用时间序列或截面数据来进行。

第 14 章　企业：对价格的反应

尽管可能会遇到严重的困难，但这是值得尝试的。将价格变化的影响从其他因素的影响中分离出来是一个困难的问题。让我们假设投入 B 变得相对比投入 A 更昂贵，随后购买和使用 A 的数量增加。引起这个变化的原因是什么，或者至少其主要原因是什么？是相对价格的变化？还是 B 根本**买不到**？是不是随着相对价格的变化，对 B 的使用进行了行政限制？不能机械地运用统计学的考察方法，必须同时进行彻底的因果分析。

（ii）**案例研究**。在这里，利用数据和向受影响的人提出问题，对一些实际价格变化的所有影响进行详细审查。由于价格的变化，在采购部门和生产车间发生了什么？如果没有对价格变化进行调整，导致成本增加，那么强加给买方或国家的额外成本有多大？[1]

（iii）可以通过**访谈**来揭示企业管理者的态度。可以问一些关于假设情况的问题：他们对各种类型和规模的价格变化会如何反应？核对问题可以增加答案的可靠性。

虽然这些方法都不能保证完全澄清问题，但它们仍可能使我们更接近于认识到企业在实践中的价格反应能力。遗憾的是，目前我们决定这个问题的依据非常少。数百本书籍和数千篇文章都在讨论投入的相对价格应该是多少。与此同时，对于**投入相对价格的变化是否对企业的实际行动有任何影响**，没有一项研究给出可靠的答案。我们将保持上述假设（1）和（2）中所表述的假设，直到它们被经验驳倒为止。

---

[1]　在匈牙利，由于世界市场价格暴涨，这种事情是经常发生的。临时或长期给予企业补偿性的拨款（关税和税收减免、补贴等）抑制了进口价格剧烈变动的影响。

14.6 产出的瞬时调整和短期调整

在讨论了投入方面的瞬时和短期调整之后,我们再来关注产出方面。我们先来看看产出的**总量**。我们暂且把企业的产出构成和产品的相对价格看作既定的。用 x 表示产出总量,$\hat{x}$ 表示企业的最大**产能**。

在图 14.4 中,我们回顾了一般微观经济学理论中关于追求利润最大化的企业的行为的著名命题①。在这方面,通常有两种基本类型。一种是在完全竞争条件下的作为价格接受者的企业。对于这种企业来说,销售价格 p 是外生的(因为按照我们的假设,产品构成是固定的,所以 p 是综合产品的价格)。利润最大化的产出水平,x^{perf},在价格等于边际成本 $p=c'(x)$ 处。它的大小取决于 p 和曲线 $c'(x)$ 的形状。但通常假定它小于产能充分利用率 $x^{\text{perf}} < \hat{x}$。

完全竞争下企业的产出水平受价格控制。价格的上涨将弥补较高的边际成本,因而在其他条件不变的情况下,会导致产出的增加。

一般微观经济理论的另一个基本模型是在不完全竞争下经营的企业,例如一个作为价格制定者的寡头垄断企业。它要求的价格取决于它的顾客的需求函数。这在我们的图中用边际收益

---

① 见第 13 章中所提到的微观经济学文献。模型可以解释为对瞬时或短期调整的描述。边际成本曲线在企业的标准模型中是 U 形的(见第 12.1 和 12.5 节),图 12.4 也画出了一条 U 形曲线。

第 14 章 企业:对价格的反应

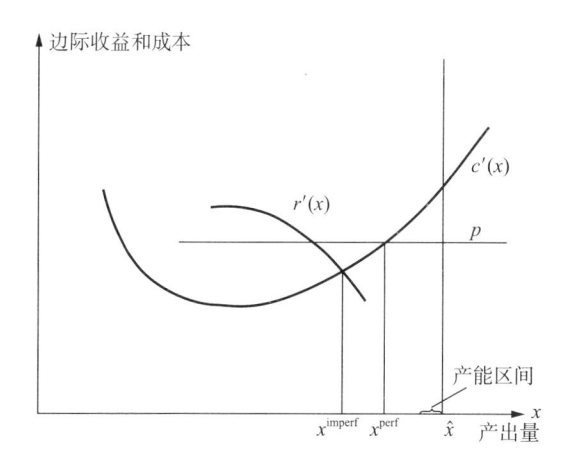

图 14.4 不同类型企业的产出水平

递减函数 $r'(x)$ 表示。利润最大化的产出水平 x^{imperf}，是在边际收益等于边际成本的点 $r'(x)=c'(x)$ 上。它取决于曲线 r' 和 c' 的形状。但可以证明,在一定条件下,它小于在完全竞争和外生价格条件下的利润最大化水平: $x^{\text{imperf}} < x^{\text{perf}} < \hat{x}$。

从某种意义上说,**上述寡头垄断企业的产出量也受价格控制**。如果买方准备为给定的数量支付更高的价格(换句话说,如果边际收益曲线向上移动),产出水平 x^{imperf} 也将会增加。

传统社会主义企业的行为与上述模型中企业行为有根本的不同,**它的产出水平不受价格控制**。与价格无关的强大力量推动着企业向充分利用产能的方向发展。正如在第 12 章中详细解释的那样,满负荷生产并不是企业在理想条件下所能达到的最大产量,而是在给定系统的正常摩擦情况下所能达到的最大产量。产能并不是一个单一的、具有特定值的数字,而是一个区域。企业每时每刻都会在投入方面碰到某些瓶颈,这些资源约束限制了产能。传统的社会主义企业是在产出计划、数量驱动以及买方排队购买产品的压力下,促使产能利用率趋于紧张(见第2、第4和第6章)。

可能发生的情况是,在接近产能充分利用的区域,价格无法抵偿边际成本。但这并不能阻止企业增加产出。预算约束是软的。如果企业因增加产量而蒙受损失,它可以指望国家或信贷系统通过提供价格支持、补贴或特殊信贷来弥补损失。或者迟早会发生价格上涨。**不是根据价格调整数量,而更常见的是,根据高产出造成的高成本调整价格。**

一般微观经济学的规则($p=c'$ 或 $r'=c'$),在实践中从来没有限制过总产出的增加。如果说有限制的话,那也是受到投入方面的瓶颈限制。

在这方面(控制总产量),价格的作用似乎在**改革**后也没有加强。企业仍然对任何形式的限制不感兴趣,而且特定形式的利润激励形式鼓励企业增加产量。预算约束仍然相当软弱;较高的边际成本可以通过提高售价或增加政府补贴来补偿。

改革使价格对产出构成的瞬时和短期影响带来了更多变化。[①] 然而,让我们先来看看**传统**社会主义企业的情况。产出构成在很大程度上是由企业完成计划的努力程度决定的。要么,中央计划从一开始就规定了详细的构成;要么,即使将部分选择权留给企业,企业也会首先考虑什么样的产出构成能以最简单的方式完成(或超额完成)总生产计划。后一种考虑引起了产出构成

---

① 在第14.3至14.6节中所介绍的描述替代、投入的选择和相对投入价格以及企业在投入方面的价格反应能力之间的相互关系的公式和方法,可以以类似的方式应用于产出方面。我们在此不再详细说明类似之处。

的**一种特殊的价格反应性**。如果产品 C 和 D 使用同样的实物投入,而 C 的售价高于 D,企业将更倾向于生产 C。它之所以这样做,是因为用给定的实物资源生产产品 C 能够使企业生产的以价值衡量的总量产出增加。即使顾客也想购买 D,企业也会优先生产 C。继续我们的例子,这种特殊的价格反应性可能会使 D 的短缺更加严重,而 C 的非生产性库存却在不断积累。

改革在这方面带来了很大的变化。例如,在匈牙利,企业没有关于产出数量和构成的详细的中央计划。**这就使企业在生产中优先考虑那些最有利可图的产品**。在产出构成的瞬时和短期调整中,企业对价格有点反应。①

修饰语"有点"是表示这种价格反应不是很强,因为正如我们所看到的,盈利能力对企业来说不是一个生死攸关的问题。如果企业最终没有成功地找到一种有利于盈利的产出构成来,它仍然可以安全地生存和扩张。然而,正如第 13.9 节解释的那样,较高的利润总有一定的优势。因此,如果一个企业必须在产品之间做出选择,它将选择利润较高的产品。

14.7 不对称性:投入方和
产出方对价格的反应

在资源约束型体制内运营的社会主义企业对产出价格的反

---

① 社会主义企业的供给函数在公式(6.1)中做了概括。除了在那里更详细地说明的主要解释变量外,还提到了影响企业供给的"其他影响"。产出的相对价格在这里应作为供给的一个解释变量;这是因为根据上述的偏好,它们会影响企业的供给。

应,与在需求约束型体制内运营的资本主义企业的反应大不相同。受需求约束限制的企业,被迫以顾客的需求来决定产出的构成。只要在生产计划中生产出的商品能产生正的边际利润,企业可能会乐于生产一种利润相对较小的商品。这是因为生产这种商品可以使企业扩大销售,达到产出水平 x^{perf} 或 x^{imperf}。另一方面,在长期短缺盛行的吸纳经济中,卖方不必被迫这样做,因为他无论如何都可以销售自己的产品。因此,与受需求约束的资本主义企业相比,他可以在盈利的基础上选择生产什么。如果在两种替代产品 G 和 H 中,生产 G 利润更高,那么生产者企业将会优先选择 G,尽管顾客更喜欢 H(我们将在下一章看到,相对价格并不总是反映顾客的偏好)。生产者理所当然地期望,由于存在短缺,买方最终会接受 G,哪怕只是作为 H 的强制替代品。

在上述情况下,社会主义企业在选择生产什么产品时,比资本主义企业更基于盈利性,并不是因为它比后者更贪婪——"比资本家还资本家",而是因为它在短缺经济中经营,不会遇到销售困难。

作为买方的企业向卖方让步,卖方根据相对价格决定生产什么。由于依赖性,买方甚至无法抵制价格上涨。而软预算约束可以使买方企业将增加的成本转嫁到国家或它自己的顾客身上去。

在投入方和产出方之间存在显著的不对称性。当企业作为买方时,并不根据相对价格来选择投入,但在产出方面,它的选择却主要取决于相对价格。这种不对称性在逻辑上源于资源约束型短缺经济的本质。在卖方市场上中,卖方发号施令,买方必须服从。在确定产出构成时,短缺经济中的企业相对容易受到

第 14 章 企业:对价格的反应

利润激励的引导;而在确定投入构成时,却几乎不会受到这样的引导。

我们已经在第 5 章和第 6 章中指出,买方和卖方的**态度**是不对称的。在吸纳情况下,是买方努力赢得卖方的支持;在挤压情况下,这样做的则是卖方。在这里,我们必须把买卖双方的价格反应能力合并起来,作为投入和产出双方态度的要素之一。

表 14.2 比较了两种不同的情况和两种不同的态度,它只涉及企业间的交换。左侧表示的是以吸纳为特征的市场,企业是资源约束型的,虽然它对增加利润很感兴趣,但其预算约束是软的。右侧显示的是以挤压为特征的市场,企业是需求约束型的,它不仅对增加利润感兴趣,而且它的预算约束是硬的。这张表还回顾了第 6 章所讨论的现象,即在资源约束型系统和需求约束型系统中投入与产出的库存水平,因为这部分地解释了系统的价格反应性。

表 14.2　市场参与者行为的不对称

市场状态	卖方市场:吸纳	买方市场:挤压
约束有效性	资源约束型生产:软预算约束	需求约束型生产:硬预算约束
所持有的库存主要是投入还是产出?	投入	产出
谁会做出更大努力来赢得对方?	买方	卖方
在瞬时和短期调整中,哪一方的企业更容易对价格做出反应?	产出	投入

我们对资源约束型和需求约束型的系统进行比较时,还要补

充一点。在凯恩斯的启发下,继希克斯[①]后,我们对两种控制机制——固定价格和弹性价格进行了对比。在固定价格的情况下,产生的是数量调整;供给量和需求量根据给定的价格和相互之间的价格进行调整。相反,在弹性价格的情况下,价格的变化弥补了供求之间的差距;价格根据数量进行调整。固定价格假设构成了凯恩斯宏观经济学的基础之一,而弹性价格假设则构成了瓦尔拉斯微观经济学的基础之一。

上述这种区别只适用于由预算硬约束的企业组成的需求约束型经济,即只适用于挤压经济。因此,它可以用于分析现代资本主义。另一方面,在社会主义经济中,区分价格是固定的还是弹性的,尽管重要,但区别是次要的。**在企业中,数量调整之所以占主导地位,并不是因为价格是固定的或刚性的,而是因为价格的影响很微弱**。这就是我们为什么不把本书第一篇称为"固定价格下的数量调整",而是"非价格条件下……"。而第二篇的题目不是"通过价格的弹性进行调整",而是"在价格存在条件下……",指价格变化虽然有影响,但影响不大。

14.8 价格对投资决策的影响:产出

在第14.2节—14.7节考察了价格在瞬时和短期调整中的作用之后,我们接着讨论**长期**调整。这次讨论的顺序将颠倒过来。在本节中,我们首先讨论产出方面,下一节讨论投入方面。

---

① 见 Hicks (1965) 和 Leijonhufvud (1968)。

第 14 章　企业：对价格的反应　　413

　　这个问题的许多不同方面已经研究过了，主要是在第 9 章、第 10 章和第 13 章中，然而为了完整起见，我们将在这里重复我们先前的一些意见，哪怕只是简单地说一下。

　　第 14.8 和 14.9 节将首先论述**传统**经济管理体制的情况，改革后的情况将只在每一节的末尾简要提及。

　　我们所说的**投资产出决策**是指决定在哪里进行固定资本投资，以及应该创造多少新的产能。该决策还可以包括至少在总量上，利用新产能生产的产出构成。

　　正如第 9 章所指出的，总有许多投资建议超出了主要经济当局或计划者所能接受的范围。他们在做投资决策时采用什么**选择标准**？在回答这个问题时，我们并不力求完整，因为这样做将不仅超出本章的范围，而且超出了本书的范围。

　　首先，必须强调的是，**选择不能由任何单一的规则涵盖，不能规定据以接受或拒绝的唯一标准**。在这种否定的说法中，强调的是"唯一"一词，决策者权衡**多重标准**，并以定性的方式对它们进行比较，最后在它们之间建立一种折中。

　　众所周知，在社会主义规划手册中，对所谓国民经济平衡关系的研究在选择中起着重要的作用。这意味着对未来的产出和投入进行系统的相互调整。从中长期规划的产品平衡关系中，可以得出相当明确的结论，即必须采取的投资决策和必须创造的生产非贸易商品和服务的新产能（然而，如果扩大本国生产与增加的进口竞争，或者如果产出也可能用于出口，那么这个决定就与外贸问题密切相关。但这些不在本书的范围之内）。

　　虽然投资计划的时间跨度很长，但投资选择还是会受到当前形势的影响。前面已经提到,投资项目的发起人由于知道产品短缺而受到鼓励。这不仅是一个不言而喻的动机,也是一个公开提出的论点,通常能说服投资分配者。如果提出要求者能证明其产品或服务严重短缺,就能提高获批的机会。虽然大家都知道,分配首先应该以**未来**的信息为基础,但很难摆脱刚听到的抱怨或**即刻信号**的情绪影响。

上述的选择标准是基于**非价格**信号。这些信号部分包括数字和数据,部分包括参与分配过程的人的语气或甚至是音高。虽然数学规划方法已开始被使用,但在实际选择投资项目时的作用不大。事实上,从事选择工作的并不是模型和计算机,而是血肉之躯的人。规划者、企业和非营利机构的管理人员,以及其他有关组织的成员们经常相互交谈,他们争论、讨价还价和斗争。这样做的好处是集中了有关各方的信息(包括真实的信息和被歪曲的信息),使得对立的意见和利益有可能交锋,从而使许多可预见的问题和困难浮出水面。**信息的丰富性和对立利益的多样性是这里所描述的决策过程的一个重要特征。**

然而,做出这一决策的人并非不受**主观**影响。我们并不是指腐败,因为在选择投资的过程中不会出现腐败。这种现象要复杂得多。可能是企业 A 的领导享有比企业 B 的领导更高的威望,因此后者就很难对前者说不。国会议员或市议会主席可能会出面支持企业 C,而企业 D 却没有支持者。一位部门领导以前在 E 企业工作,因此他对 E 企业感兴趣,而对不熟悉的 F 企业没有兴趣,因为他没有熟人。游说团以相互支持的管理团队的形式存在。可能发生的情况是,投资不是投给最需要的企业或非营利机构,而是投给对决策者施加最大压力的企业或非营利机构。很难确定这种影响到底起多大作用。虽然不是决定性的,但在某种程度上,它们可以改变那些完全基于论证和计算的决策。

我们现在要问的是,新产能的产出价格和产出的盈利能力在投资决策中起什么作用。在进行投资决策时,在多大程度上会优先考虑有望获得更多利润的选择?

在传统的经济管理框架下,长期以来根本不需要核算预期盈利能力和投资额。然而,近年来,这种核算已成为强制性的,而且计算结果必须与投资建议一起提交。它们部分是按当前或预期的国内价格计算(按严格意义上的盈利能力计算),部分是按与当前或未来国内价格不同的影子价格计算(在匈牙利语中,它们被称为效率核算,相当于英语术语中的成本-收益分析)。社会主义国家使用的影子价格种类繁多,包括以各种方式确定的世界市场价格、贴现率和汇率等。在匈牙利,自改革以来,盈利能力和效率的核算范围已经扩大。

我们的假设如下。

(1) 在传统的经济管理体制下,以当前或预期的国内价格计算的盈利能力标准不影响投资决策。投资决策不受价格影响。投资的选择几乎完全是数量控制过程。

从企业到更高层的规划师,每个参与决策的人都认为,如果投资被非价格标准证明是重要的和有利的,那么盈利能力也不会有问题。投资支出的预算约束是软约束,投资可能创造的产出的国内价格迟早会按实际成本进行调整。不可能出现一项投资完成后,随后又失败的情况,即企业破产。

按影子价格进行的效益计算可能会对分配产生一些影响,但其影响比其他非价格标准的影响要小得多。

(2) 由于经济管理的改革,盈利标准的影响有所加强,特别是在企业自有资金的投资方面。但是,这个影响仍然比与盈利能力无关的非价格标准的影响要弱得多。

上述假设需要实证检验。假设(2)在匈牙利经济学家中存在争议。有些人认为盈利标准的影响比我们上面描述的要大。这个问题只能通过彻底的检验来决定。我们提到几种检验假设有效性的方法。

(a) 国家在部门、分部门或各类产出之间进行重新分配投资资源的比例,与这些部门、分部门或各类产出的盈利能力之间的关系有多密切?(这一点我们在讨论预算约束的软度时已经提到了。)

(b) 在投资建议所附计算结果中显示的盈利能力与这项投资建议的取舍之间的关系有多密切?

(c) 盈利能力和效益的**事前**核算的可靠性如何?(这可以通过与**事后值**的比较来说明。)

14.9 价格对投资决策的影响:投入

投资的**投入决策**决定为了产出决策所规定的生产活动所选择的投入组合或工艺。我们将列举一些在**传统**经济管理体系中对工艺选择具有重要影响的几个标准。

工程方面的偏好。工程师(以及受其专业影响的计划者和经济政策制定者)出于专业本能,喜欢"现代化"的东西。与老式机器相比,他更喜欢生产效率更高、更可靠、操作更灵活的机器,而不考虑这两种机器的价格差异。如果可能的话,他希望看到工厂里有最先进的机器设备。

非价格短缺信号。决策者在日常经验中感知到劳动力短缺、外汇短缺和建设能力短缺。他努力节约这些资源,不是因为工资、汇率或建筑成本相对较高,而是因为他预计难以获得这些资源。

外汇配额和外贸承诺。上级部门通过配额的方式对一些稀缺资源进行行政分配。例如,可兑换货币就是这种情况。这影响了工艺选择。又如,在社会主义国家之间的对外贸易中,政府间协议控制着许多不同种类的具体进出口交易。搭配销售并不少见,如果 A 国希望从 B 国得到一些在世界市场上需求量很大的产品,它就必须同时接受需求量较小但销售难度较大的产品。某些投资品就属于后一类。这样,B 国对出口投资品的供给,在一定程度上预先决定了 A 国对新项目的投资和工艺选择。

以上并不是影响工艺选择的全部标准。但这几个例子足以说明我们所说的非价格标准。

上述标准可能会重合。例如,工程师对现代化设备的偏好和防止劳动力短缺的考虑都会使决策者倾向于选择劳动生产率高的工艺。然而,在其他情况下,这些标准相互矛盾。这位工程师所青睐的最新机器可能只能用可兑换货币来购买,而这种可兑换货币是特别稀缺的。标准之间的这种冲突必须通过争执、讨价还价和对稀缺资金竞争后的妥协来解决。然而在这种情况下,盈利能力的计算也没有发挥重要作用。

如果已经在非价格标准上做出了基本的选择,也许还剩下一些次要的决定,在这些决定中,降低成本的标准可以成为重点。例如,用于该项目的外汇配额可能已经分配完毕。然后,值得考虑的是,所需的机器应向 M 企业还是 N 企业订购。或者,如果有两家建筑公司准备承建这个项目,价格较低的一定会被选中。

总结一下我们的假设。

(1) 在传统的经济管理体制下,投资的投入决策对投入的相对价格没有反应。在可替换的工艺之间进行选择时,成本最小化标准的作用很小。

(2) 改革后,工艺选择中对价格的反应性有了一定的提高,但仍不强。在投资资源供给较少的部门、分部门以及小企业中,价格的影响相对较大。

由于篇幅所限,不讨论假设的实证检验问题。但我们将再提出一个主要与投资投入决策相关,但也影响产出决策的问题,即**利率的影响**。[①]

在包括匈牙利在内的一些社会主义国家对金融投资资源支付利息。核算方法和实际支付形式因国而异,而且这些年来在一些国家有所变化。在这里我们不考虑这些差异,而试着进行概括。为简单起见,我们将用投资利率来表示为使用金融投资资源和长期信贷而支付的所有形式的价格。

软预算约束的企业,实际上对投资利率完全没有反应。

---

① 另一个与此类似的问题是经常性贷款的银行利息。这个问题将在第 20 章中讨论。

一方面,利率水平不影响投资总需求。可以说,这个特定价格的变化对企业的需求没有收入影响。即使明天投资利率从8%提高到12%,投资需求丝毫不会减少。每个要求者都期望能够补偿这4%的增长,或者通过价格补贴、税收减免,或者最有可能通过价格上涨。

另一方面,投资利率的变化没有替代效应。**做出投资决策的企业或其上级主管部门在进行工艺选择时,对相对要素价格没有反应。**把一般微观经济学解释为一种规范理论,企业在决定工艺是资本密集型还是劳动密集型时,应该把利率和工资作为相对要素价格来考虑。但这是不可能的。如果利率提高一倍或减半,对工艺选择不会产生影响。正如我们已经看到的,后者根据其他非价格性质的标准进行选择。

在资源约束型经济体吸收潜在后备劳动力后的密集增长期,决策者并没有清晰地感知到相对稀缺性。他从来没有说资本不如劳动力稀缺,或者反过来说,劳动力不如资本稀缺。这两者长期稀缺。他对投资的饥渴无法满足;他认为,如果没有更多的资金,他任何一个一直存在的问题都无法得到解决。同时,在吸收完从资本主义制度继承下来的剩余劳动力之后,劳动力短缺成为永久性问题。不管企业愿意与否,由于投资资源和劳动力都有物理极限,它最终必须调整自己以适应相对稀缺。然而相对要素价格在这种调整中并没有发挥作用。正如第一篇所解释的那样,当经济遇到瓶颈并反复遭遇资源约束时,它就会发现什么样的投资水平和什么样的要素组合能满足当前给定的实物约束。

改革后,预算约束有所加强。尽管如此,它似乎还没有变得足够强硬到使投资利率成为投资总需求或资本-劳动组合选择的有效调节器。

14.10 相对价格与短缺

我们考察了企业在投入和产出两方面以及在所有三个调整阶段的价格反应之后，可以对一个相当普遍的观点提出质疑。根据这个观点，短缺现象的主要原因（或至少是最重要的原因之一）应在错误的相对价格中寻找。从我们的分析中可以清楚地看出对这种观点的驳斥。**如果本书所描述的所有情况（所有的制度条件、控制机制、动机、行为规律）都保持不变，那么相对价格的任何变化都不能消除企业部门中的短缺现象。**

企业间交易的产品相对价格的变化可能会影响任何单一产品的短缺程度。由于在即时和短期调整方面，企业在产出方面对相对价格有一定程度的反应，不利的价格可能使企业不生产某些种类的产品，从而使短缺加剧。**然而在资源约束型体制下，短缺不是取决于供给方，而是取决于需求方。**如果需求总是趋向于无穷大，则供给可以是任意的规模。而如果企业的预算约束不够硬，如果没有经济力量运作来约束需求，情况正是如此。在这种情况下，企业对流动投入和资本投入的需求几乎是无法满足的。无论投入品的相对价格如何，都会有且永远有众多的投入品的需求得不到满足。

我们的主张具有重要的理论和政策意义。如果价格不能有效地控制企业的需求，关于投入品相对价格的规范性争论就会在真空中进行。

14.11 绕道而行：非营利机构

从第2章到现在,我们几乎只是在探讨**企业**。在这里,我们将插入一些关于**非营利机构**的评论。

让我们回过头来看看第一篇所讨论的问题。的确,非营利机构的产出通常是一种所谓的非物质服务,而大多数企业生产的是产品和所谓的物质服务。因此,非营利机构即使在传统的社会主义经济中也没有像企业那样得到生产计划。然而除此之外,企业和非营利机构的行为在很多方面是相似的。

(a) 管理人员的动机是相似的;他们是与自己负责的机构紧密结合在一起的。

(b) 存在大量这样的机构,对其服务的需求几乎无法满足(例如,卫生保健和高等教育等),于是形成了申请者的排队。排队的人与上级领导部门的催促,往往会诱导它们产生数量冲动。

(c) 它们活动的增加会遇到瓶颈,通常是在投入方面;它们的情况具有资源约束的特点。

(d) 它们的投资饥渴并不亚于企业。更重要的是,由于它们常常受到推迟投资的影响,其投资意愿更为强烈。

非营利机构和企业之间的行为差别与它们的财务状况有关。在这方面,值得讨论的不仅仅是两类,而是三类。

第一类是在硬预算约束下经营的企业,它只能依靠自己的销售收入。一旦陷入财务困境,国家不会帮助它解脱。国家也不干预企业自有资金的使用。

第二类是软预算约束的企业，它主要依靠自己的收益。然而它如果陷入了财务困境，国家将帮助它渡过难关。国家也确实会干预它的资金支出。

第三类是非营利机构。它根本没收益。完全从国家预算中获得资金来支付其开支，国家也控制其开支。

值得一提的是，软预算约束的企业在一定意义上是一种瞬变的类型，约束越软，企业越会转变为准非营利机构。

对于非营利机构的预算约束是软约束还是硬约束，没有明确的说法。在批准预算*之前*，可以放松约束。非营利机构尽量向上级施加压力，争取尽可能多的资金用于支出和投资目的。

在**执行**过程中，约束的硬度主要取决于预算的纪律。经验表明，在经常性支出方面，它一般是相当硬的。因此，非营利机构对于经常性投入的相对价格反应相当灵敏。但是非营利机构的投资预算和企业一样，经常超支。它们对投资投入的相对价格的反应能力相当低。

我们做这个简单的介绍，是为了以后在讨论宏观的相互关系时，可以考虑到非营利机构的行为。对非营利机构的经济作用进行更详细的分析，就会超出本书的范围。

第15章 企业间价格的形成

15.1 引　言

在前一章我们讨论了**价格如何影响企业**。现在我们研究因果关系的相反方向，即**企业如何影响价格**。在社会主义国家的经济文献中，这种提出问题的方式可能显得不寻常。大多数文献只涉及国家的价格政策，以及中央价格政策的原则和方法。但是我们的目的是要证明，**价格形成是中央价格政策和企业努力的共同结果，价格的变化或保持不变是这些力量之间冲突和妥协的结果**。

数百本书籍和数千份研究报告都在论述社会主义经济中的价格问题。我们充分利用了这些丰富的文献[①]，虽然我并不试图总结和评价其结论。我们只从广泛的主题领域中选取几个问题。

我们打算在本章中紧扣前两章的主题，即企业。（尽管正如将要看到的那样，我们还将不得不涉及价格理论的一些一般性问

[①]　以下几本著作非常有名，Bálint (1970)，Bródy (1986,1969,1970)，Csikós-Nagy (1974,1975)，Hoch (1972,1979)，Jávorka (1973)，Megyeri (1976)；也可见下列作者的文章：Nagy-Esze (1963)，Nagy (1967)和 Szakolczay (1973)。

题）。我们从大量的交易流中选取一类，即买卖双方都是生产者。① 即使只是这类交换，我们的讨论也无法涵盖价格的方方面面。我们之所以不考虑农产品，是因为本书篇幅有限，我们无法分析农产品价格的特殊的政治、社会和经济问题。因此，我们研究的对象将是**非农业生产者买卖的中间产品的价格**。为简洁起见，我们将这些价格称为**企业间价格**，并请读者在阅读时一定要注意只考虑**非农业生产者**。

即使是讨论这一狭窄的价格类别，也为解决价格理论中的大量一般性问题提供了机会。进一步的研究将决定我们的命题是否适用于其他类型的产品流，或者需要进行哪些修改。

存在一个例外，还有一类产品流的进一步分类没有在本章中讨论，我们将在稍后分析。在第 16 至 18 章讨论了家庭的地位和行为之后，我们将在第 19 章中研究家庭所面临的消费价格的形成。在那里，我们可以利用本章的一些结论。

我们不仅通过研究有限的某一类价格，而且通过从一个特定的观点研究价格问题，来限制这个主题。

在这里及后面的第 19 章，我们将专门以描述性的方式来研究价格问题。在过去的几个时期里，几乎所有社会主义国家都展开了关于价格的讨论。但是，在许多讨论中，正如上一章已经指出的那样，分析的主题是价格体系应该是什么以及应该采用什么

---

① 生产者企业之间交易商品的价格是通常称为生产者价格的更大集合的一个子集。后者还包括其他子集。

由于篇幅所限，本章无法涵盖企业向家庭或国营外贸公司出售产品的价格，也无法涵盖进口农产品的国内市场价格。

样的价格形成的原则和方法。在认识到这些讨论极端重要的同时，我们必须遗憾地指出，这些文献对完成本书所承担的任务几乎没有帮助。我们希望找出**价格在现实中起什么作用，形成价格的机制是什么**，是什么经济力量导致价格变动。[①] 文献中也针对这个问题进行了论述，尽管其程度远小于注重实际建议的研究。而许多描述性著作主要试图说明价格形成的官方规则。实践可能与这些规则相吻合，但也可能偏离它们。规则是由人执行的，而人要受到环境、讨论伙伴、"公共精神"等因素的影响。亟须进行一些彻底的案例研究，来真实而详细地呈现个体价格的形成历程。

由于我们几乎不依靠实证检验，我们的描述性命题纯粹是假设性的。我们提出这些命题，是希望以后通过仔细的经验观察来检验其有效性。

我们进一步将内容完全限制在与本书主题，即短缺，密切相关的问题上。仅仅为了先睹为快，我们列出属于这里的问题。

在长期短缺经济中，企业的预算约束是软的（或相当软），价格浮动会出现哪些倾向？国家干预是否能消除这些倾向？

从问题的表述中可以明显看出，短缺与一开始所提到的影响价格的**集中化**过程（从中央价格政策开始）和**分散化**过程（从企业开始）密切相关。关于短缺的结论将在本章的最后得出。我们的

[①] 我们可以进一步提问，价格的**实际作用**是什么。在上一章，我们发现对这个问题的描述性文献极少。

解释始于**国家对价格的控制**,以及这种控制的**可能性和限制**。①

关于我们的某些命题和假设,我们将强调它们是只适用于传统的经济管理制度,还是只适用于改革后的经济管理制度。但是,在其他地方,我们将提到在社会主义经济中可以观察到的现象,而不区别实际的管理制度。

15.2 易于或难于管理的价格

人们普遍认为,社会主义经济中所有或几乎所有的价格都由国家中央机关自行调控。一些人认为这是社会主义制度的一个重要优点,另一些人则认为这是麻烦的根源。我们不对这两种观点提出质疑,因为我们认为它在很大程度上只是一个神话。中央经济调控决定了多种价格,国家价格政策对价格的实际发展有重大的影响。然而,它并非无所不能,它不能(也许也并不想)掌控每一种价格。因此,在讨论国家价格政策的作用之前,我们想先研究一下国家控制价格的客观约束(不以当局的意志为转移的),以及国家权力的限制。

让我们从政府物价管理部门希望为产品定价的情况开始,并确保价格得到准确的遵守。为此,它必须解决以下问题。

(1)必须对有关产品的所有质量属性做出准确、清晰和完整的质量**说明**。

---

① 第15.2至15.4节所说的内容,在细节上做必要修正后,对第19章所论述的消费价格也适用。

第15章 企业间价格的形成

（2）必须检查有关产品是否确实按官方规定的价格出售，其所有属性是否完全符合质量说明中规定的参数；如果不符合，则必须严格执行其规定。

对于一些产品来说，比较容易满足上述两项要求。煤炭、石油、汽油、硫酸、水泥、砂糖或牛奶的质量都可以用一两个参数来描述，或者最多三四个参数来描述。我们把这一类产品称为**标准大批量生产的商品**。大多数原材料、一些半成品和加工程度较低的大批量生产的传统食品都属于这一类。

然而，对于其他产品，为了使质量描述准确、清晰和完整，必须指定数十个、数百个甚至数千个参数。让我们以便携式收音机为例，它有上千种型号。即使是在同一个国家、在相同的市场条件下，最昂贵的型号的价格也是最便宜型号的价格的数倍，这表明质量差异可能很大。而便携式收音机还是一种相对简单的设备。让我们想象一下工程和建筑行业中那些复杂得多的产品。我们将把这类商品称为**差异化产品**。

当然，区分标准大批量生产的商品和差异化产品是一个抽象的概念。显然，有许多中间和过渡的情况。尽管如此，对于大多数产品，我们稍加思考就可以说明它们属于这两类中的哪一类。如果只考虑这两种纯粹类型，从理论上思考这个问题就会变得容易一些。

即使在很长的历史时期内，标准大批量生产的商品数量也没有增加多少。它们大部分是传统产品。只是不时有新的产品加入其中（例如一些基本的合成纤维产品）。

另一方面，差异化产品的数量不断快速增加。**作为技术进步的后果，经济发展最重要的过程之一就是生产和消费的差异化。[①] 一些产品被淘汰，但是更多的新产品取而代之，然后这些留下来的产品再不断繁衍细分。差异化是一个可衡量的范畴，例如，如果能用尽可能最细的分类对产品进行区分，我们就可以说明一个国家在给定的一段时期内生产了多少种工业产品。可惜我们没有这样的数据。然而，这种差异化的增长速度可能远远超过总产量的增长速度。许多人不赞成差异化的快速发展，他们认为这是不必要的浪费，并认为这主要是对买方的操纵。另一些人尽管对差异化的过度发展持批评态度，但与此同时他们认为这是技术发展和生活水平提高的标志。我们认为没有义务进行价值判断。我们只是强调，正在讨论的历史进程似乎是**不可抗拒的**。

以上的论述引出了关于政府价格调控的重要结论。

标准大批量生产的商品的价格调控很容易实现，而差异化产品的价格调控则不容易实现。生产的差异化程度越高，以行政方式确定价格和执行价格就越困难。

对于差异化产品，生产者能够毫不费力地进行**隐性涨价**。[②] 隐性涨价有两种形式，但它们并不互相排斥。第一种形式是**与推出新产品相关的**隐性涨价。物价管理部门一旦确定了一种产品的价格，就同时确定了产品的所有质量参数。当成本增加的时

[①] 产品差异化与**不完全竞争理论**有关，成为人们关注的中心。见 Robinson (1933)和 Chamberlin (1933)的先锋著作。我们在这一点上的观察与不完全竞争理论的发现是一致的。在差异极大的情况下，严格统一价格的假设变得站不住脚。无论是原子化的市场还是行政部门，都不能保证它。

[②] 关于隐性涨价问题，可见 Csikós-Nagy (1975a)和 Radnóti (1974)。

第15章　企业间价格的形成

候,企业就想提高价格。为此它生产出一种新型产品。这种产品可能确实具有有用的新属性,但也可能只是为了外观而进行了更改。新型号产品的推出,为在新价格中确认增加的成本提供了机会。第二种形式是通过**降低旧型号产品的成本**来实现隐性涨价。这可能是合法的。在价格固定的情况下,质量并不是在每个细节上都有规定。例如,这就允许使用更便宜或质量较差的材料制造零件;或者,质量规定被违反,因为预计物价管理部门无法对产品的每一个细节进行检验。**生产越差异化,以这两种形式进行隐性涨价的可能性就越大。**

我们说过,国家很难对差异化产品定价,并不是说不可能。这在很大程度上取决于物价管理部门的能力。它取决于进行价格管理的工作人员的数量,以及他们的技术和商业技能。他们使用什么技术来简化复杂的价格形成和价格调控工作也很重要。无论如何,尽管管理能力能够提高,但它仍是有限的,而差异化的进程是持续和迅速的。考虑到这些相互依赖性,我们提出以下命题。

只要一个国家处于较低的经济发展水平,大多数产品的价格都很容易管理。但是,处于较高的发展水平,生产中会有越来越多的部分难以进行管理。如果物价管理部门的机构的增长幅度是有限的,例如,如果其增长速度不超过国家其他管理部门,那么,在所有价格中能够有效管理的比例就会不断减小。

我们对物价管理部门的机构应该增加还是减少的问题不采取任何立场。我们只是根据可观察到的趋势进行推断进而做出**预测**。

15.3 行政价格、伪行政价格与合同价格

在上一节中,我们讨论了用行政手段规定价格的**可能性**。在此基础上,我们将考察集中定价和分散定价的主要形式。

一种形式称之为**行政定价**。物价主管部门在实际上规定价格并同时准确、清晰、全面地规定质量参数;它在实际上控制和执行规定的价格和质量。

可以看到,我们在定义的每个术语中都添加了"在实际上"这一表述。如果一切仅仅停留在纸上谈兵是远远不够的,它必须发生在实践中,我们才能称之为真正的行政价格。

另一种纯粹类型的形式是**合同价格**。它的主要特征正好相反,它不是由行政命令规定的,而是由买卖双方商定的。在本章后面的部分,我们将研究影响买卖双方决定价格的因素,以及商定的价格是如何取决于缔约双方的相对实力。合同价格受一般经济政策和中央经济调控措施的影响;它还受到国家价格政策通过提取利润、税收、补贴、关税和其他措施的影响;也许还间接受到投入品或替代品价格的行政决定的影响。然而,根据定义,有关产品的行政定价在这里不能算作国家价格政策的一部分,否则它就应该属于第一类价格。

最后,还有一种中间形式,我们将称之为**伪行政定价**。**表面上看**,这种价格是由物价主管部门制定的,而**实际上**价格是由有关各方形成的,在大多数情况下,价格由卖方确定,并为消费者所接受。如果卖方事实上决定了他在成本之外想要得到的利润,并

向物价主管部门提交了详细的计算结果,以便使这个价格符合既定的价格形成原则,从而能为物价主管部门所接受;如果物价主管部门没有对产品进行详细的工艺成本分析,也没有对市场情况进行分析,而只是在生产者提出的价格上盖上一个橡皮图章,那么就会出现这种情况。

顺便说一句,我们注意到,这里正在讨论的问题不仅与价格确定有关,而且与每一项中央决策有关。在中央部门和下级组织之间有争议的情况下,可以清楚地区分集中决策与分散决策。如果前者说是 A,后者说是 B,而批准的决定是 A,那当然是集中决策。但是,如果中央部门只是为了自己的最大利益而批准下级组织提出的建议,该怎么办? 在这种情况下,对于这个决定是否事实上是集中的问题,没有明确的答案。更何况,在伪行政定价的情况下,这不是唯一的问题。正如后面将详细解释的那样,企业的建议往往与中央价格政策的总体目标相对立,例如与稳定价格水平的要求相对立。然而如果从书面上看,它与价格形成的原则和计算方法并不冲突,那么这个建议就会得到中央的盖章和签字,从此它就有资格成为行政价格。然而,该企业获得了它想要的东西,这本也是它可以公开获得的合同价格。实际上,这个价格与中央物价主管部门的真实原则背道而驰。为此,我们把这种形式称为伪行政价格。

这三种形式的分类与上一节的分类密切相关,即与产品价格是否易于管理密切相关。其相互关系见图 15.1。①

---

① 该图只表现这种相互关系的逻辑联系。各栏的宽度和各行的高度都不代表数量上的比例。

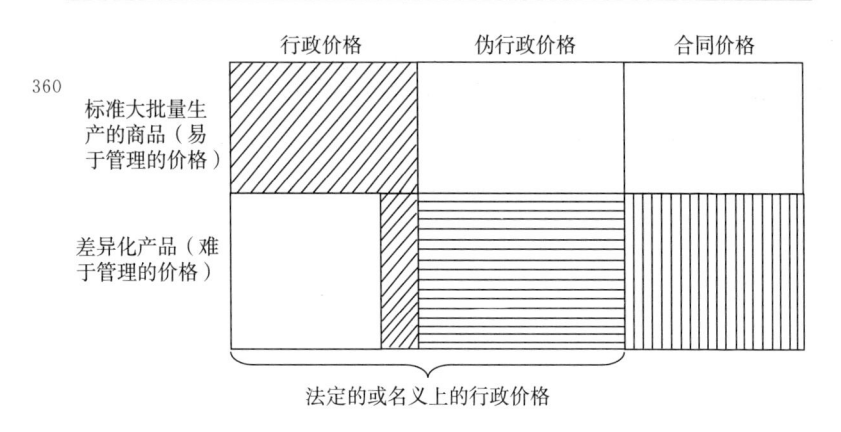

图 15.1 价格的管理及其可管理性

让我们假设价格主管部门希望尽可能地扩大行政价格的范围。它可以为标准大批量生产的商品（第一行第一栏）规定一个真正的行政价格，而不会有任何特别的困难。根据其行政能力，它还能对少数差异化产品（第二行第一栏的斜条纹部分）规定真正的行政价格。其他不容易管理的差异化产品的价格，都不会是真正的行政价格。这一点，要么是物价主管部门公开承认（第二行第三栏的竖线部分），要么是物价主管部门假装规定了行政价格，却无法执行（第二行第二栏的横线部分）。

产品的差异化和以行政方式规定价格的难度越来越大，这与定价法规无关。但是，是否公开承认这些困难，确实取决于经济管理的体制。例如，中央是否为差异化产品规定行政价格，而在这种情况下，只会出现国家价格确定的假象。匈牙利 1968 年的改革与以前的状况相比，迈出了重要的一步，它放弃了对相当一部分产品的这种幻想。例如，建筑业和工程业生产的、在国营企业之间进行交易的许多产品就是这种情况。物价主管部门无论如何也控制不了它们的价格。自改革以来,物价主管部门甚至不再假装这些价格是由中央制定的。

上述三种定价形式必须明确区分,因为经济管理者只能**自行**确定**真正的**行政价格。合同价格的形成是一个或多或少的分散化过程,受内部力量和特定机制的控制。伪行政价格的形成方式与合同价格类似。尽管有"官方批准",它们主要还是通过分散化过程形成的。因此,仅仅了解价格政策的意图是不够的,我们还必须了解分散定价过程的性质,才能清楚地看到影响这种中间定价形式的因素。

15.4 衡量价格水平

现在我们得绕个弯子,来谈谈衡量价格水平的问题。其中的困难是众所周知的,[1]而主要关注的正是上面讨论的问题,即质量的记录。当商品的产品构成在不断变化时,几乎不可能发现价格的变化是否表示质量的变化,以及是否真的是价格的变化。虽然这是所有制度的一个普遍问题,但在社会主义经济中却有特殊的额外困难。

在一些先进的资本主义国家中,已经成功地进行了计量经济

---

[1] 有关价格指数的理论文献见 Frisch(1936,1974),Köves-Párniczky(1973),Drechsler(1966,1974),和 Maunder(1970)。Marton(1976)对匈牙利和奥地利消费物价进行的研究,阐明了国际比较的实际问题。

学研究,以澄清质量和价格之间的相互关系。① 然而,只有在买方市场占上风的情况下,这种做法才能成功。在买方市场上,如果顾客判断 A 比 B 好,他就准备为 A 支付更高的价格。因此,A 和 B 之间的价格差异至少近似表达了消费者对两种产品之间质量差异的估价。

但是,在长期短缺的情况下,如果买方不能实施他的选择,如果他被迫用 A 代替 B,因为没有 B,任何可能的价格差异都不能说明质量差异。因此,通过观察购买方的实际选择来研究价格和质量的相互依存关系的计量经济学方法不能适用于短缺经济。

况且,即使在资本主义国家,这种调查也很少,通常只限于科学性的研究。官方价格统计未能成功地克服这一困难。它们也无法捕捉到隐性价格上涨的现象。后者在先进的资本主义国家并不少见,因为在这些国家,几家大企业可能不愿意宣布不受欢迎的涨价,而宁愿把涨价隐藏在产品变化的背后。尽管如此,我们的印象是,在社会主义国家,衡量价格水平的困难更大,这不是因为统计不够发达,也不是因为报告不够诚实,而是因为所观察的过程的性质。

让我们假设,在一个国家不干预价格形成的资本主义国家,统计数字只记录**跨期上可比较的**产品的价格变动,这些产品的所有质量参数在一段时间内保持不变。这组产品或多或少地与我们所说的标准大批量生产的产品相一致。在既定的社会条件下,

---

① 见 Griliches(1968)的著作以及他的大量文章(Griliches,1971)。Drechsler(1974)和 Zafir(1974)还用另一种方法分析了质量与价格的相互关系。

第 15 章 企业间价格的形成

这些产品可以很好地代表价格变动方面的全部产品。由于资本可以不断地重新配置,因此,标准大批量生产的产品不可能永远比其他产品的利润高得多或低得多。因此,可以假定,如果价格统计是根据对跨期可比较的商品的价格的观察来确定物价指数,那么所得到的估计将不会偏高或偏低。

在社会主义经济中,情况有所不同。**为编制价格统计信息而能够进行跨期比较的产品列表与价格易于管理的商品列表大致相同**。对于这些产品,物价主管部门能够执行行政价格;而采用合同价格和伪行政价格,则无法保证价格稳定。由于成本推动或需求拉动,后一类产品的价格可能会上涨,而通过行政价格,国家可以成功地抵消价格浮动的趋势。可以理解的是,如果价格统计集中在观察跨期可比较产品的价格变化,那么价格指数将会偏低。

如果部分或全部标准大批量生产的商品的价格是由行政部门确定的,而且行政价格是强制执行的,那么在资本主义国家的价格统计中也可能出现同样的偏低趋势。在这种情况下,跨期可比较产品的价格变化也不能如实反映总体价格水平的变化。

15.5 鼓励与抵消价格浮动的力量:企业利益的作用

在我们将注意力转向下一个主题(即对企业间价格变动的考察)之前,我们要利用第 15.2 至 15.4 节的结果。本章的其余部分将讨论第 15.1 节中描述的那类价格,尽管我们并不总是在"价格"一词之前加上"企业间"(或更确切地说,"非农业生产企业之间")。

首先,我们要做一个抽象的区分,我们把影响价格发展的**集中**效应与**分散**效应分开。在现实中,这两组效应可能会相互影响。但是,为了分析的明确性,我们将在抽象的层面上对它们严加区分。最初我们将只讨论分散效应。因此,真正的行政价格将被排除在分析范围之外,只讨论合同价格和伪行政价格。

当然,国家也能通过税收、给予企业财政支持等方式影响合同价格和伪行政价格的绝对值。但是,我们假设国家与企业之间的财务关系(税率、财政支持水平等)每年都不会发生变化。由于我们将在接下来的两节中准确地讨论这种变化的影响,所以暂时可以忽略政府措施的努力。

第一阶段的分析将是对**企业利益**的讨论。我们的出发点是以下命题。

社会主义企业,不论是作为卖方还是作为买方,都有提高价格的动机。在企业的行为中,既可以看出成本推动倾向(以提高价格的形式把增加的成本转嫁给买方),也可以看出需求拉动倾向(不满足的买方提出更高的价格)。①

上述命题与我们前面所说的社会主义企业对价格的反应不是特别灵敏,这两者之间没有逻辑上的矛盾吗?前面我们说过,在传统的经济管理体制下,企业的预算约束是软约束,即使改革后也没有变硬。但如果真是这样,卖方为什么要努力提高价格

---

① 关于成本推动和需求拉动通货膨胀的区别,可见 Machlup (1960), Radnóti (1974) 和 Csikós-Nagy (1975a)。

呢？而买方又为什么要试图通过开出更高的价格来影响卖方呢？

我认为,这在逻辑上根本不存在矛盾。我们只需谨防对书中早先的命题进行粗略而不准确的解释。我们强调,软预算约束不仅表现为企业将可能增加的成本转嫁给国家,而且表现为企业以提高价格的形式把增加的成本转嫁给自己的购买方。我们强调,尽管预算约束是软弱的,但企业并非对盈利能力无动于衷,在形成产出构成时,它确实在一定程度上对产出价格做出反应。[①]

矛盾的不是我们的分析,而在于企业的地位和价格形成中买卖双方的关系。我们的分析有两个方面,我们已经多次使用过,对我们理解这种关系有一定的帮助。一个是明确区分瞬时、短期和长期过程。另一个是买方和卖方之间的不对称性。

让我们首先考虑**传统**的社会主义企业,它作为生产者和销售者的双重角色。它在采取直接或间接有助于提高价格的行动方面具有双重利益。

(a) 企业得到一份紧张的短期**生产**计划。最重要的计划目标承载着最强的经济和精神激励,这就是总产出计划(见第 3.2 节)。如果企业尽可能多地生产价格较高的产品,那么它就更容易完成给定的短期计划。这种情况可能以上一章所述的方式发生;在给定价格的情况下,企业将尽可能多的相对较贵的产品纳入其经营性(每日或每周)生产计划。产出构成的这种转变可能有助于提高平均价格水平。

第二种方法可能与第一种方法同时运作,并与之相互影响。

[①] 关于企业定价对软化预算约束所起的作用的重要意义,见第 13.5 节;关于盈利能力,见第 13.9 节;关于对产出价格的反应,见第 14.6 节。

即公开或隐蔽的价格上涨。

(b) 中央规定的短期计划还包括**财务**、**成本和盈利目标**。诚然，这些通常比总产出的目标效果要弱，但它们的实现仍会影响企业的决策，甚至可能影响企业的财务状况。如果成本在实施短期计划过程中上升，如果盈利能力的发展达不到计划的要求，将对企业不利。这就促使企业的管理者至少以隐蔽的形式尝试提高价格（这里可以看出成本推动价格漂移的因素）。

这两个动机都不是特别强烈，它们只是在短期内影响企业。管理者意识到，当制订下一个短期计划时，已经取得的财务成果将作为上级部门制订下一个生产和财务计划的基础。而管理者也知道，最后无论是公司的生存还是发展，都不取决于财务成果。

虽然**生产者**提高价格的**努力**并不是很强烈，但**顾客**的抵触情绪更弱。他可能会觉得，如果他向卖方让步，就可能获得卖方的好感，并连带获得所需的投入（这是一种需求拉动价格上涨）。① 而企业在完成生产计划或实现工艺投资方面的回报可能会超过成本的增加，这只是因为顾客在他的另一个角色中也是卖方，它向其购买投入的企业对它所做的任何事情亦可如法炮制。

综上所述，价格浮动趋势虽然并不十分强烈，但仍然存在。

---

① 我们回顾第 4.7 节，在那里，我们首次了解了**买方态度**这一概念。我们在那里提到，买方为争取卖方的努力是这种态度的一个组成部分。在第 14 章关于买方对投入价格的反应中提到了更多的组成部分。这里我们描述另一个组成部分，即买方对卖方涨价努力的抵制力度。各个成分共同表征了买方行为的长期特征（同时也相互影响）。

为简明起见，**卖方态度**的类似成分将不再赘述。

第 15 章 企业间价格的形成

自从管理体制改革以来,企业没有再收到包括生产、成本、盈利或各种财务变量的短期计划目标。因此它不再为了完成或超额完成这些计划而提高价格。但是它对增加利润的兴趣却在增加。不论经济激励的实际形式如何(按利润支付给企业经理的奖金、工人的利润分成、用企业内部储蓄进行投资的可能性,等等),企业都希望获得更多的利润。这可能会刺激企业在生产安排上优先考虑那些能保证较高利润的商品,这可能会促进平均价格水平的提高。与此同时,它将尝试公开或隐蔽地提高价格。

生产者可能因自身成本上升而被迫这样做(这是成本推动的价格漂移)。的确,在不得已的情况下,企业可能会试图把更昂贵的投入的负担转嫁给国家。然而,如果它不需要请求国家的帮助,而是能够令人难以觉察地把负担转嫁给买方,它会感到更加自在。当然,即使成本没有增加,仅仅为了更高的利润,也值得尝试提高价格。

然而,我们必须补充一点,即使在利润动机起作用的情况下,提高价格的动机也不是很强。如果尝试成功,那就好办了,但如果不成功,也不会因此而产生致命的危险。

顾客由于本身对利润感兴趣,所以心情是矛盾的。一方面,抵制卖方是权宜之计,因为归根结底,成本上升会损害他自己的盈利能力。另一方面,他的抵制会有所松懈,原因已经说过了,他甚至可能会提出超过卖方所定的价格(这是需求拉动的价格漂移)。他生活在短缺经济、数量冲动和扩张冲动的氛围之中,这就是为什么对他来说最重要的是获得投入。如果确有必要,他宁愿支付更高的价格。如果这使他自己的成本增加,他也会试图把它转嫁给自己的买方①或者国家。

我们的假设如下：对利润的兴趣，如果不加上预算约束的大幅度强化，就会增加价格浮动的趋势。自改革以来，卖方提高价格的企图和顾客对提高价格的抵触情绪都在增加，但前者仍大于后者。

从上述内容中可以得出重要的一般理论结论。如果我们在**静态框架**中，在**亚微观层面**上观察价格形成中买卖双方的关系，他们的利益是截然相反的。我们在这里得到一个"零和博弈"。买方的损失和卖方的收益一样多，反之亦然。

但是，如果我们在一个**动态框架**中，在**微观层面**上研究这些过程，观察许多产品，以及买卖双方的循环关系和不断重复的购买和销售，那情景就会完全不同。这不再是一个零和博弈。买方的损失不会都成为卖方的收益，因为买方总是可以把自己一时的损失转嫁出去。

15.6 短缺与成本上升的影响

让我们暂时仍以**分散化**对价格的影响为例。我们假设，在某些社会主义经济中，经济管理体制、对企业实行的经济和精神激励形式，以及预算约束的正常硬度等都是既定的。**还有哪些解释变量会影响价格浮动的趋势？**

---

① 一个有趣的案例研究中的一段话很好地说明了这一点："企业……不断地寻找涨价的机会。在此期间发生的材料成本的上涨使之成为可能……。在各主管部门之间达成协议后，有关各方均大幅度地提高了价格。"[见 Vince (1977)，第 33 页]。

第15章 企业间价格的形成

不要求论述的完整性的同时,我们强调两类现象,即**短缺**的影响和企业外部**成本增加**的影响。这两种现象在上一节中已经多次涉及,现在我们对它们进行一些详细的讨论。

在上一节中,我们考虑了一个因素,即企业的动机,它几乎一**致地**影响着整个企业部门。现在我们来研究一下在特定市场中具有不同影响强度的因素。

我们从**短缺**的影响开始。在上一节中,我们明确指出,买方企业对卖方可能的涨价几乎没有抵抗力;事实上,它可能自己主动涨价。我们注意到,这种现象在传统企业中可能出现,但随着经济管理体制改革的推进,这种现象愈演愈烈。我们现在断言,这种现象的运作**程度**取决于有关投入品的短缺强度。**在某些特定市场上,短缺越严重,买方就越倾向于容忍卖方公开或隐蔽地提高投入品价格,他自己也越倾向于开出一个更高的价格**。这种长期短缺或吸纳的需求拉动效应,在投资品市场和劳务市场上表现得最为明显。建筑业价格的持续上涨可以作为一个例子。这是投资市场长期紧张的一个特有后果。

事实上,我们在这里得到了一个单向的因果关系。**高度短缺会引起价格上升,但并不存在反向关系,即较高的价格不会导致紧张状态的持久缓解**。在亚微观层面上,支付较高的价格可能对买方有利。他获得了他亟需的投入,也许他会比他的竞争对手更优先。对他来说,短缺的强度暂时减弱了。但是**在微观和宏观层面上**,对于持续进行采购的整个企业部门来说,正常的短缺强度没有减轻。在**供给**方面,相对价格可能会暂时影响产出构成,但基本上不会影响总产量(见第 6 章和第 14 章)。不过,最重要的不是供给,而是需求。所有企业的需求几乎是无法满足的,即使价格较高也是如此(见第5章、第13章和第14章)。因此,短缺的实际强度继续在正常水平附近波动。我们将在本书后面的章节中重新讨论这个非常重要的命题,即价格水平的普遍上涨不会降低正常的短缺强度。

我们现在来谈谈**成本上升**的影响。在买方-生产者企业外部起作用的,哪些因素可能导致成本上升?

(a)进口材料、中间产品或机器设备的国外价格可能上涨。如果国家不进行干预,国内价格按不变汇率折算,国外价格上涨可能导致国内成本上升。

(b)国内生产的材料、中间产品或机器设备的价格可能上涨。为什么会出现这种情况,这是一个不同的问题;上一节和本节提到的每一个因素都可能起作用。但是,如果价格上涨,就会增加我们企业的成本。

(c)名义工资和税收与工资成本挂钩的可能由于企业无法控制的原因而增加,例如,由于政府采取措施,对工资进行调控,其增加幅度可能大于企业内部生产率的提高(工资的确定将在第16章详细讨论)。

除了上述企业**外部**的因素外,企业**内部**的因素也可能起作用。

我们回顾一下第12.5节描述的关系。企业的边际成本曲线是U形的。随着产能的充分利用,边际成本的上升日益加剧。生产越来越频繁地碰到资源约束,并造成一些有害的后果。强制替代发生的频率更高,成本增加。加班增多,浪费增多,粗制滥造增多,机器

第 15 章 企业间价格的形成

老化,等等。囤积投入品存货的倾向越来越严重,进一步增加了保管费用和应付利息。最后,一方面是产能充分利用和短缺,另一方面是边际成本陡增,两者之间存在着密切关系。短缺通过需求拉动机制和成本推动机制这两个因果链,促使价格上涨。

为了便于我们考察这种因果之间的相互关系,我们绘制了图 15.2。图中每一个框都象征一组现象。各框都由大写字母(M、Z,等等)表示。字母旁的下标 i 指第 i 个产品组,而那些无下标的字母指整个企业间的领域。除了最右边的框以外,每个框都代表一个**解释**变量。右边的框代表**被解释**变量,即由分散因素 $P_i^{\text{decentr}}(t)$ 导致的价格浮动倾向,这是一个国家价格指数,它指的是第 i 个局部市场在 $t-1$ 年和 t 年之间,如果价格只受分散因素影响时的情形。

事实上,图 15.2 说明了解释变量和被解释变量之间的关系。也就是说,它概述了**价格浮动函数**。上面的解释表明了依赖关系的方向及其某些特征。但是我们对这种关系的性质和数量特征并没有足够的了解,因此无法准确地描述它。

图中从左到右用箭头表示因果关系的主要方向。① 但我们要提请大家注意的是,有两种相互作用;即从右到左也有箭头。

其中之一是**价格-成本-价格的螺旋**。框 C_i、P_i、C,然后又是 C_i,由一个环连接在一起。产品组 i 的生产者的成本增加,这就提高了价格指数 P_i^{decentr},增加了产品组 k、j 等的成本,并提高了这些产品的价格;这可能再次增加产品组 i 的生产成本,依此类推。这种现象在成本通货膨胀理论中众所周知。

---

① 为了简化这幅相当复杂的图形,我们没有说明前几章广泛论述的预算约束的软硬程度与短缺之间的相互关系。

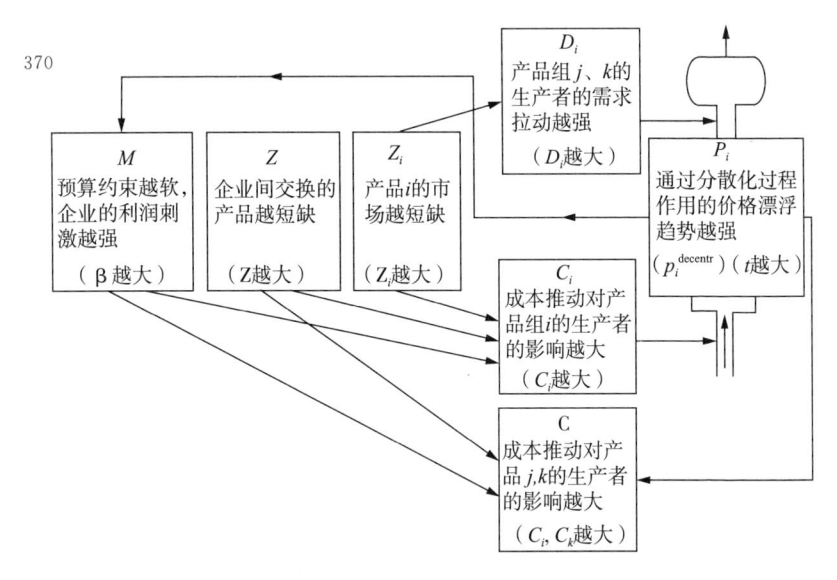

```
┌─────────────┐
│     D_i     │
│ 产品组 j、k 的│
│ 生产者的需求 │
│   拉动越强   │
│  （D 越大）  │
└─────────────┘

┌─────┐ ┌─────┐ ┌─────┐           ┌──────────────┐
│  M  │ │  Z  │ │ Z_i │           │     P_i      │
│预算约│ │企业间│ │产品i│           │通过分散化过程│
│束越软│ │交换的│ │的市 │           │作用的价格漂浮│
│企业的│ │产品越│ │场越短│          │  趋势越强    │
│利润刺│ │短缺  │ │缺   │           │($p_i^{decentr}$)│
│激越强│ │(Z越大)│ │(Z_i越│          │  (t 越大)    │
│(β越大)│ │     │ │ 大) │           └──────────────┘
└─────┘ └─────┘ └─────┘

                        ┌──────────────┐
                        │     C_i      │
                        │成本推动对产  │
                        │品组 i 的生产者│
                        │的影响越大    │
                        │  (C_i 越大)  │
                        └──────────────┘

                        ┌──────────────┐
                        │      C       │
                        │成本推动对产  │
                        │品 j、k 的生产者│
                        │的影响越大    │
                        │(C_j、C_k 越大)│
                        └──────────────┘
```

图 15.2 价格浮动倾向图解

另一个相互作用发生在价格浮动倾向（框 P_i）与预算约束的软性程度（框 M）之间。我们从一开始就强调，软预算约束可能表现为两种形式。企业可能将其损失转嫁给国家，也可能转嫁到顾客身上。约束越软，顾客对这种转嫁行为的容忍度就越高（因为他能够把自己的损失转嫁给他自己产品的顾客或国家）。预算约束之所以变得更软，正是因为这种作用无处不在。在这个意义上，框 P_i 和 M 所指的现象**既是因，又是果**。

15.7 国家对企业间价格的干预

在图 15.2 中介绍了推动生产者交易的商品价格上涨的分散

化过程之后,现在让我们把注意力转向对价格的集中控制。不仅官方声明,而且实践经验也证明,**在社会主义经济中,国家价格政策最重要的目标之一是价格稳定**。如果国家不能或不能完美地实现这一目标,至少它可以有力地抵制物价的螺旋式上升,努力给物价上涨设定一个上限,使其保持在计划水平上。价格政策也有其他目标,但如果目标之间有冲突,**那么在大多数情况下,优先考虑稳定性**。[①]

我们用 $P_i^{\text{centr}}(t)$ 来表示中央价格部门在 t 时刻所**期望的价格指数**。这表达了经济领导层所设定的期望水平。**实际价格指数** $P_i(t)$ 如下:

$$P_i(t) = \rho_i \ P_i^{\text{centr}}(t) + (1-\rho_i) \ P_i^{\text{decentr}}(t) \tag{15.1}$$

| 实际价格指数 | 阻力参数 | 中央期望的价格指数 | 通过分散化形成的价格指数 |

等号左侧的价格指数 $P_i(t)$ 是一个**事后**量级,而指数 $P_i^{\text{centr}}(t)$ 和 $P_i^{\text{decentr}}(t)$ 均为**事前**量级。

在这个公式中,参数 ρ_i 衡量了国家抵制市场 i 中价格浮动的有效程度。如果 $\rho_i=1$,抵制是彻底的,国家所期望的价格水平得以实现。如果 $\rho_i=0$,中央部门方面没有阻力,价格水平完全是分散化过程的结果。在阻力参数取中间值的情况下,存在一定的阻力,但在分散过程中产生的价格浮动也在一定程度上起作用。这种中间情况 $[0<\rho_i<1]$ 是企业间价格形成的最大特点。

---

① 我们强调上句中"大多数"的限定。也许有这样的时期,由于各种考虑,经济政策并不把价格稳定放在首位。但是,如果我们纵观任何社会主义国家几十年的历史,上面所说的时期似乎只是例外,它们并不可能使优先考虑价格稳定的规则失效。

公式(15.1)类似于下一章关于工资的关系式(16.11)。在那里,我们描述了一种自发的工资浮动趋势,而在这里描述了一种自发的价格浮动趋势;与这里一样,在那里的参数 ρ_i 也表示国家对这种趋势的抵制。我们要强调的是,**在社会主义经济中,不存在这种保证价格或工资稳定的内在机制。相反,企业的内在机制和激励机制会对价格和工资的通货膨胀起作用**。如果价格保持稳定,这是积极抵制上涨的结果。① 如果抵抗力减弱(即 ρ_i 减小了),价格和工资浮动的趋势可能会进一步加强。

在第 11 章中,我们指出,消除失业是社会主义制度最伟大的成就之一,但最终这并不是经济管理或经济政策的结果。这种制度的内在运行规律,迟早会导致失业的消除。社会主义经济制度的另一个成就是,尽管在某些发达的和发展中的资本主义国家中通货膨胀加剧,但是社会主义国家成功地保持了价格的稳定,或者至少防止了任何缓慢爬升的通货膨胀。与消除失业相反,这第二个成就并不是自动产生的。它不受内在运行规律的保证,而可能只有通过政府的积极措施才能实现。

中央价格政策的工具有哪些?

(1)最明显的干预方法就是规定行政价格。虽然这种方法的适用范围确实不太广,但它仍可能是非常有效的。我们只需回顾一下,最重要的原材料、能源和半成品的价格很容易管理,而且确

---

① Csikós-Nagy 认为:"……在大多数社会主义国家,如果政府不调控价格,物价水平会更高。换句话说,货币关系的运作方式是,只有通过固定价格才能防止其通货膨胀的影响……。从长远来看,一些社会主义国家的物价水平虽然不时地降低个别产品的价格,但却不降反升。"(见 Csikós-Nagy,1975b,p146,p151,1974)

第15章 企业间价格的形成

定这些价格对用于这些产品的成本和价格具有稳定作用。

在经济发展处于较低水平,通过规定行政价格来确保价格稳定比较容易,因为大部分商品的价格很容易管理。经济越发达,产品的差别越大,因此,正如第 15.3 节所指出的,能够管理的价格的比例越小。如果物价主管部门仍企图主要靠固定价格来实现价格稳定,那么伪行政价格就会越来越多地出现,价格浮动的趋势可能会以变相的形式突破。这也可以表述为,**政府对价格浮动的阻力**,即公式(15.1)中的参数 ρ_i,是产品差异化的递减函数。

(2) 如果成本推动的趋势很强,中央有关部门可以通过国家再分配来改善企业财务状况,从而防止价格上涨。它们可以对整个企业或特定产品给予补贴。或者,如果企业已经在接受这类补贴,则可以提高补贴额度。也许可以通过免税或其他方式减轻企业的负担。这就好比从过热的锅炉中释放出一些蒸汽,内部压力就会减小。

但这是一个矛盾的工具。一方面,它可以**瞬间**阻止麻烦的蔓延。政府在适当的地方和适当的时机给予补贴,可以打破"成本、价格、成本"的螺旋式上升。另一方面,企业因国家补贴而士气低落,从而不再被迫降低成本。预算约束变得软弱无力,正如我们反复强调的那样,这直接导致短缺的长期化,从而扩大了**短期和长期**的价格浮动倾向(见图 15.2 所示的相互关系)。

(3) 除了上面介绍的直接方法外,还有计算成本的间接方法,规定哪些成本可以计算,以及在这样计算的单位生产成本上可以增加多少利润。如果经常进行彻底核查,以确保规则得到遵守,并对违反规则的行为进行惩罚,必将抑制企业提高价格的努力。

国家干预可以辅之以舆论、新闻界和政治组织的控制影响。形成了一种谴责公开或隐蔽涨价的"社会风气"。

这些间接作用的影响是有限的。它们可以限制价格浮动的趋势,但无法遏制这种趋势。

(4) 关键的问题是,买方的需求约束能否抵御卖方的涨价努力。我们现在还不能回答这个问题。我们把对家庭需求的调查和对进入企业和非营利机构手中的货币总量的讨论推迟到以后进行。只有在这之后,我们才能对需求进行**宏观**分析。但是,从对企业部门的**微观**分析中已经可以看出,企业对当前生产的投入,特别是对投资的需求几乎是无法满足的,这主要是因为它们的预算约束并不硬,而且它们的财务状况对它们的购买意向没有设置有效的限制。注意到这一点,我们就有理由,甚至在全面的宏观经济论述之前,提出以下主张:

在社会主义经济中,主管部门不是用财政和货币政策,而是用价格和工资政策来抵御企业内部产生的价格浮动倾向。这些政策在一定程度上是成功的,尽管,正如我们所见,其效果是有限的。

现在让我们回到公式(15.1)。

在价格形成中,集中和分散的因素之间存在着相互作用。一方面,导致价格浮动的分散趋势影响到政府措施。在许多情况下,行政价格只是"批准"了无论如何都会由分散化过程形成的价格,如图15.2所示。或者,如果行政价格与企业期望的价格有很大的偏差,则可以向企业提供财政支持,以免企业抵制导致损失的行政价格。事实上,我们可以说,在公式(15.1)中,国家价格政策所期望的价格指数 P_i^{centr}，从一开始就与由企业之间的合同所形成的价格指数 P_i^{decentr} 相差无几。

另一方面，中央政府对物价上涨的积极抵制和社会风气具有制约作用。企业做得太过分对它没有好处，因为可能会规定一个严格的行政价格，或者用税收征走超额利润，或者将推动价格上涨的企业公开揭发。这种自我约束可能会使 P_i^{centr} 和 P_i^{decentr} 这两个价格指数彼此靠拢。

15.8　关于价格理论的背景

在即将结束对企业间价格的研究之前，我们对这个问题的**理论**背景做几点评论。理论喜欢纯粹的情形，如(a)单位成本加正常利润的价格，[①]或(b)供求平衡的瓦尔拉斯均衡价格，或(c)完全专制规定的行政价格。这是三种纯粹情形的例子。然而，尽管这

---

① 古典经济学家的价格理论尽管彼此之间存在着实质性差异，但它们一致认为，**资本主义经济**的价格形成至少都是按照成本加正常利润的规则运行的，至少这是一种普遍趋势。这一点在马克思的**生产价格**模型和**新李嘉图学派**的价格理论中都有详细的阐述(见 Marx, 1867—1894a, b)。在用数学方法建立模型方面有几种尝试，Bródy(1964, 1969, 1970)做出了突出的贡献。此外，还可参见 Kalecki(1964), Kaldor(1960a, 1960b), Robinson-Eatwell(1973), 和 Sraffa(1960a, b)。P. Erdös(1976)发展了一种具有类似精神的方法，对此，T. Erdös(1977, 1978)进行了进一步的阐述。

成本加成规则也是由几位经济学家在经验观察的基础上阐述的，尽管这些经济学家就其理论渊源而言与李嘉图和马克思思潮相去甚远。

但还应当指出，同样依靠经验观察的另一些人，否认成本加成的价格形成规则在资本主义经济中起作用，甚至一种主导趋势。

描述资本主义经济中价格的发展，不在本书的范围之内。但可以肯定的是，成本加正常利润的原则并没有像我们现在所表明的那样，成为**社会主义经济**中价格形成的主导规则。

些模型有利于从理论上分析问题,但它们都不能令人满意地描述社会主义经济中企业间价格的形成。前面的论述包含了这三种纯粹模型的要素。这并不是因为作者特别喜欢折衷理论而不喜欢与之相对的纯粹模型,甚至也不是因为他想根据个人的价值判断对不同的价格模型进行某种综合。这只是因为,正如我们现在所展示的,实际经验显示的是各种纯粹的价格形成原理的奇特混合。

根据(a),成本的增加会推高价格。这就确立了价格的实际发展与以成本为基础的价格形成规律之间的关系。但是,承认这种关系并不意味着社会主义经济运行的原则是价格=单位成本+正常利润。事实并非如此,仅仅是因为在这个体系中没有**正常利润**。[①]

我们重申前面强调的内容,在我们的框架中,正常标准不是一个简单的统计平均值。当然,个别利润率确实具有统计平均值。但是,只有当一种社会机制运作起来,促使偏离正常利润率的个别利润率回到正常利润率附近时,这才成为**正常利润率**。在社会主义经济中,这种机制的要素可能以政府干预的形式存在。严重亏损不会被长期容忍,但在一般的价格调整过程中,迟早会试图消除这些亏损(尽管存在相当多的例外情况)。"超额"利润迟早也会被税收征走。但通过"间歇性"干预,这一机制的运行存在许多摩擦和滞后。而且,在任何情况下,只有利润才会被重新

---

① 在这里我们不阐述单位产出利润(以单位价格或单位成本的百分比表示)与利润率(以资本的百分比表示)之间的确切关系。讨论这种关系可能是多余的,因为我们的命题是否定的命题,即在这两个变量中的任何一个方面都不存在正常值。

第 15 章 企业间价格的形成

分配。在这一过程中,资本并没有重新配置;实际资本并没有从亏损或利润较低的地方流向利润较高的地方。在这种情况下,不可能形成统一的、社会普遍认可的利润率的正常标准。

根据(b),未得到满足的需求可能促使买方提高价格。这就在实际价格发展与建立供求均衡的瓦尔拉斯价格机制模型之间建立了一种关系。但是需求拉动通货膨胀趋势本身,即使政府的价格政策对此没有阻力,也不能保证持久的瓦尔拉斯市场均衡状态。如果使短缺持续的社会经济条件、控制机制、激励机制和行为规则已经确立,**价格上升趋势与使短缺高度加剧的非瓦尔拉斯正常状态便可同时共存**。①

根据(c),国家制定的商品行政价格,可能与成本加正常利润的价格或瓦尔拉斯均衡价格有本质区别。在这一点上,现实与第三种纯粹的专制行政定价模型有某种相似之处。但事实上,在产品差异化的发达经济中,很多价格是无法行政化的。实际价格在很大程度上受到分散过程的影响。

三种纯粹的价格形成规则的组合比例可能不同。它们在任何时候都取决于经济管理形式、价格政策、经济发展水平、经济现状等。但是,三种纯粹规则总是结合在一起,这似乎是价格形成的一般属性。在社会主义经济中,企业间交易产品的价格既是政府价格政策的结果,也是分散化过程运行的结果。

---

① 关于货币的第 20 章和讨论宏观相互关系的第 21 章将详细论证这个陈述。

第16章 工资

16.1 引 言

虽然我们在第 1 章中指出,匈牙利经济是全书的背景,但在关于工资的一章中,一开始就应该强调,我们在这里主要写的是匈牙利的经验。① 这在多大程度上可以推广到其他社会主义国家,尚无定论。

我们将只讨论**国有**部门,即国有企业和非营利机构支付的工资,②不讨论合作社向其成员支付的货币收入。同样,我们将忽略从企业或非营利机构以外得到的个人收入。

我们所要分析的主题之一是**中央工资政策**,大政方针是由最高政治领导层和政府在与工会中央领导层协商之后确定的,其执行是整个经济系统的强制执行。

当今世界各国政府都有工资政策,不论其是否是强制性的。在社会主义经济中,中央的工资政策实际上是强制性的,因此,对工资分析必须从中央工资政策开始。几乎没有一个指标比工资

---

① 同时,我们避免过分详细地描述匈牙利的现状,而是试图从其经验中得出更具一般有效性的结论。

② 匈牙利的经济学术语与其他国家一样,对蓝领雇员的工资和白领雇员的薪水做了区分。在以下的论述中,工资一词将作为这两种收入的通用术语。

的指标完成得更精确,或者相对偏差更小。这是一个经验性的事实,很容易被数据所证实。

之所以如此,不仅是因为规划者在这方面的预测特别准确,378 尽管这也有一定的作用。政府手中掌握着有效手段来保证强制贯彻中央工资政策。我们不讨论为什么相比计划中其他重要指标(如投资支出),经济职权部门希望并且能够更准确地执行与工资有关的指标的问题。在这里,我们只说明事实本身,并提请注意用于执行工资计划的一些手段。

工资性货币和非工资性货币是彼此分离的。夸张一点说,即使在国内,货币也不能完全自由兑换。企业或非营利机构打算或实际用于工资的货币是被贴上标签的,并与已经或将要用于其他用途的货币有明确的界限。经济活动的每个方面都是如此。这要从**计划**开始说起,在货币流通的计划中,作为工资支付的货币是一个单独核算项目;同样,在生产成本中,工资也是单独核算,等等。**信贷**也是如此,为工资发放的信贷与任何其他任何类型的信贷都是截然分开的。① 无论在哪一级管理部门,在每一个**实际的支出决策**中都要实行严格的分离。"1 福林＝1 福林"的原则不再适用。每次都要问:"我们应该把这些福林用于工资,还是其他项目?"划分最终表现为各种形式的**会计核算**。当然,工资在企业和非营利机构的账户中是单独核算的;银行系统单独记录为支付工资而发放的贷款;官方统计中也对工资给予特殊处理。

这种彻底分离的方法本身就很重要。它不仅有助于清晰地

---

① 目前,匈牙利的企业利润**税制**也将用于投资的利润和用于个人收入的利润严格区分开来。

陈述事实,而且使每个决策者考虑他的行为是否直接有助于提高民众的购买力。但是,除了起到教育和纪律方面的提示作用之外,这种分离的主要目的是强化在两种货币自由兑换方面的各种行政障碍。在许多情况下,为了防止本应用于支付工资的钱被用于支付非工资的目的,或者反向的操作,在这**两个**方向上运作的限制并不是绝对的。大多数情况下,我们有一个"阀门",它只在一个方向上起作用,以防止非工资性货币被用于支付工资。这种禁止的形式是多种多样的;各部门,甚至各时期,也不一定统一。在传统的经济管理时期,工资基金用严格的条款规定下来,对每一个企业都有约束力,任何名目下的工资基金都禁止超过一个确切规定的数额。事实证明,限制企业总支出的总预算约束确实很软,但对于支出的重要组成部分之一的工资,预算约束却很硬,它有效地限制了企业的行动自由。

在改革后的经济管理体制中,工资基金不再做绝对的规定,但工资支付仍受到若干限制。有一些基金不得用于工资,或者只有在详细规定的明确条件下才能用于工资支付。因此,例如,每个企业都必须积累所谓的储备基金。虽然这些资金是企业的节余,但管理者无权简单地以增加工资的形式将其分配给工人。国家预算不仅为非营利机构确定了总支出的限额,而且确定了它们在这个限额内可以用于工资的数额。我们将不再继续讨论,因为这几个例子只是为了说明各种行政禁令是如何防止将非工资性货币转化为工资性货币的。

法定的禁令与**激励**制度相辅相成。支付给企业主管们的奖金,一直与遵守工资纪律等密切相关;只是随着时间的推移,这种联系的实际形式几经变化。最初,奖金是以遵守绝对工资基金为条件的。后来各种相对指标发挥了作用,例如,遵守按企业全部职工计算的人均工资。还出现了一些奖金方案,在可接受的工资增长和劳动生产率的提高之间建立了一种函数关系,并对没有生产率提高支持的工资增长进行歧视。自从经济管理方法改革以来,主要通过经济激励等间接方式来维持工资纪律的做法日益突出。例如,把企业利润的累进税作为个人工资收入增长的函数。我们同样没有篇幅进行详细的描述,只想强调一下这类计划最重要的共同特征。上述所提到的激励形式及其与之类似的各种激励形式,都使管理者不仅仅在节约福林上,而且在节约"工资福林"上获得了经济利益。这种经济激励还辅之以多种道德激励。每一个管理人员,从车间主任到政府部长,都一定要向他的上级说明工资支付情况。如果超过了预算,他将受到责备。每一个管理人员都会感到,无论何时对他的工作进行评价和评判,遵守工资纪律都是一条非常重要的标准。

在改革前的讨论中,这种做法常常受到尖锐的批评。批评者指出,这种做法很容易造成浪费。如果能使工资开支保持在规定的工资性支出范围内,决策者就容易对非工资性投入漫不经心。值得注意的是,不少西方社会主义经济观察家也明确承认了**同样的现象**。[①] 通货膨胀是当代资本主义经济最严重的问题之一。尽管各经济学流派对它的解释有分歧,但至少有一些经济学家认为,由提高工资的压力所引起的工资-价格螺旋上升是主要原因

[①] 例如,见 Wiles(1974)。一个英国经济学家意识到社会主义经济管理体制的这一特征,这是可以理解的。因为它是英国经济中存在着的一个关键性问题。

（或主要原因之一）。对于按照这种思路进行推理的人来说，社会主义经济领导层的做法和实践可以作为一个范例。他们认为，工资性支出和非工资性支出不尽相同，从最小的决策到最大的决策的各个管理层级上都应当给予工资开支以**特别**关注，这种做法是有道理的。对工资膨胀的恐惧，在社会主义企业的日常管理中比在当今的资本主义企业中更加根深蒂固。

从社会主义经济的中央部门拥有贯彻其政策的有效手段这一事实来看，**并不意味着**这些政策就是专制的。中央部门不会因为希望某些决策得以贯彻，就制定出任何一种决策。政策虽然有一定程度的自由，但毕竟有限。本章余下的部分主要讨论这些限制。特别是我们将试图证实，工资政策的形成过程是否具有长期的规律性。政治家不是一部机器的外部操纵者，可以随意按下按钮和转动手柄。**政治家是系统的一部分**，[①]他对明确的信号做出**明确的反应**。在工资政策的形成过程中，是否存在任何经验法则或者决策路径？作为决策起点的信号和反馈是什么？

最后一个问题又与另外一系列问题密切相关。工资对就业和劳动力配置的影响是什么？这是最重要的反馈要素。如果既定的工资政策导致的劳动力分配与相关部门的要求不符，那么，要么修改分配计划，要么修改工资政策，或者两者都要修改。

工资政策确定过程中的行为规则与工资对劳动力配置的影响，这两组问题将是下面讨论的主要课题。本章的后半部分明确了开头的几节与本书的主题——短缺和数量调整之间的关系。

[①] Lindbeck（1976）在论文中，用数学模型构造者的语言谈到了内生的政治家，并与标准的模型建立原则形成对比，后者认为政策总是作为系统的外生因素。

16.2 短期工资政策的确定

我们将尝试描述确定短期工资政策的算法。[①]"算法"这一术语之所以被使用,是因为我们在这里面对的不是一个单一的庞大的同步决策,而是一连串的局部决策,其顺序部分来自它们之间的关系逻辑,部分来自政治和经济方面的考虑;只有在解决了另一个问题之后,才能做出一个选择。虽然我们要讲算法,但我们不想给人这样的印象——在社会主义计划实践中,工资政策是用形式化的程序和计算机来决定的。当然,计划者首先进行数字分析,但随后又试图通过个人讨论来协调他们的预测和计算。争论和讨价还价,必定需要对最初的计算结果再三加以修改。我们的算法是一个**抽象的描述性模型**[②],描述了这种由现实的人进行的协调过程。

规划是一个迭代过程。下面我们将描述一个由七个步骤构成的循环,如果参数发生了一些实质性变化,这些步骤可以全部或局部重复若干次。例如,如果规划者获得了新的信息,或者如果关于将工资规划与计划的其他部分联系起来的参数出现了新的观点。

[①] 在展开论述第 16.2 节时,我利用了 Kovács 的论文(Kovács,1975)。
[②] 这个描述极其粗略。它所表明的内容并不比标题多出多少。大多数公式是定义性的恒等式。只在若干地方出现决策规则。
表述简略的原因之一是,一些相互关系将在以后关于家庭消费、消费价格和货币的章节中详细解释。现在回顾的算法是对后面讨论的概要。另一个原因是篇幅有限。我们不得不忽略几个极其重要的问题,因为这些问题远远超出本书的主题。

步骤 1：家庭消费总量。计划者在这里是根据实际量值来处理；货币方面的问题将在以后讨论。[①] 家庭消费水平的预测与计划的其他基本指标(生产、投资、实际外贸收支等)一起制订。我们不能在这里分析计划过程中的这一部分,尽管它是至关重要的。我们只强调那些从消费方面限制最高领导部门可接受的计划范围的相互关系。

在规划匈牙利的实际消费时,过去的一二十年来一直坚持了以下两个假设：[②]

$$\boxed{\text{人均实际消费增长率}} \geqslant \boxed{\text{人均实际消费增长率的容忍下限}} \quad (16.1)$$

$$\boxed{\text{人均实际消费增长率}} \approx \boxed{\text{人均实际消费的正常增长率}} \quad (16.2)$$

这两个公式右边的量值是该系统特定的参数,它们视具体的政治经济条件而定,可能大一些,也可能小一些。在过去的十年至十五年里,许多匈牙利的计划者认为,实际消费水平每年增长 3% 至 4% 是正常的,增长 2% 是可以容忍的。

我们之所以用"假设"这个词,因为在经济政策制定者的**意识**中,它似乎是一个必要条件或目标,是一种理想的水平。我们所面对的不是硬性的物质约束,而是经济政策制定者的行为约束,这种约束可能会被一定时期的特殊决策所超越。但它的意义远不止于此。然而,问题是在计划者的意识中形成的,我们在这里

[①] 为了进行宏观规划,生产、消费等的实际水平是按固定价格汇总计算的。
[②] 见 Hoch (1977)。

看到的是**一种在历史上可观察到的实际运行的趋势**。这一假设可以通过实证检验。如果人均消费水平的时间序列数据显示出递增趋势,并且各数值围绕该趋势的离散度不太大,并且这种增长几乎在所有情况下都具有单调性,那么该假设得证。根据我们的假设,公式(16.1)和公式(16.2)的相互作用按随机规律运行。这是该系统的一个基本成就。当然,人均实际消费水平停滞甚至下降的情况不能从理论上的分析可能性中排除。然而,对这些情况的考虑将导致对决策机制的研究与本书所研究的决策机制大不相同。

与前面讨论的**正常值**一样,在这里我们也可以说,正常标准不仅意味着一个随时间波动的变量具有某种时间趋势。如果存在一种**控制机制**,在系统偏离正常标准的情况下将其推向正常标准,那么我们就有理由谈论正常标准。存在这样一种机制,涵盖了生活水平的提高,不过对它的分析会远远超出本书的范围,会引向政治社会学的领域。阻碍生活水平的提高,或者绝对降低生活水平,突破了(16.1)的下限,迟早会带来严重的政治和社会后果,造成局势紧张,甚至震荡,①而经历过或长或短的滞后期,会迫使人们进行修正。相反方向的偏离,则与投资饥渴和扩张冲动发生冲突(也许造成对外贸易及其支付的困难)。一个国家入不敷出的想法通常会导致消费增速放缓,因为消费增速已经超过了正常水平。

虽然假设(16.1)和(16.2)很重要,但应注意它们与下列现象

---

① 这一点已经在第 9.10 节中结合投资周期进行了讨论。我们在那里强调,生活水平的提高存在最低的"容忍限度"。

相一致。

(a) **人均消费增长率没有规律性**,减速期和加速期交替出现。

(b) 增长在居民的各阶层之间并非均匀分布。

(c) **在人均消费水平提高的同时,短缺现象可能持续存在,甚至愈演愈烈**。实际消费的增长并不必然导致短缺的加剧。这两者之间既不存在正相关,也不存在负相关。在消费者继续排队、等待和强制替代的同时,消费量也有可能逐年增加。这些将在第18章中加以讨论。

步骤2:家庭消费商品总量。应当从家庭消费总量中扣除居民不购买但作为附带福利获得的物品。在接下来的章节中,我们将更详细地讨论这种区别。计划经济(采用马克思主义政治经济学的术语)把家庭购买商品的消费,称为商品消费。

在这一阶段的计划中,要制定一个向居民出售商品的平衡表。平衡表中的每一项都是按不变价格计算的总额:

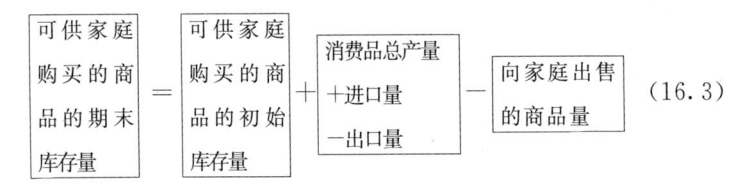

$$\boxed{\begin{array}{c}\text{可供家庭}\\\text{购买的商}\\\text{品的期末}\\\text{库存量}\end{array}} = \boxed{\begin{array}{c}\text{可供家庭}\\\text{购买的商}\\\text{品的初始}\\\text{库存量}\end{array}} + \boxed{\begin{array}{c}\text{消费品总产量}\\+\text{进口量}\\-\text{出口量}\end{array}} - \boxed{\begin{array}{c}\text{向家庭出售}\\\text{的商品量}\end{array}} \quad (16.3)$$

总产量、进口量和出口量的数字来自计划的其他部分。如果在编制计划的过程中对这些指标进行了修改,则必须对上述算法进行新的迭代。

在编制年度计划时,对初始库存量有相当可靠的预测,但确定期末库存量应该是多少会引起问题。库存的规模(当然,还有其构成)影响到对居民的商品供应。在第5章和第8章中关于生产领域所作的论述,在细节上做必要修改后,也适用于家庭消费。如果库存减少,则排队将变得更频繁、队伍排的更长、等待和搜寻将会增加、更为痛苦的强制替代的可能性会增加,依此类推。但是,如果单单是库存本身增加,而库存的构成没有任何改善,可能会使计划者担心这会不必要地占用了可以派其他用场的资源。

步骤3:家庭商品消费的名义价值。消费价格指数很容易预测,这是因为预期价格水平在很大程度上是由计划中规定的政府(干预)价格的措施决定的。现在,这一价格指数取代了用于汇总实际变量的初始固定价格:

$$\boxed{\begin{array}{c}\text{对家庭销售额}\\\text{的名义价值}\end{array}} = \boxed{\begin{array}{c}\text{消费价格}\\\text{指数}\end{array}} \times \boxed{\begin{array}{c}\text{对家庭的实际}\\\text{销售量}\end{array}} \quad (16.4)$$

步骤4:家庭部门的现金平衡表。首先,我们把家庭部门作为一个整体描述总量平衡,然后在步骤5中描述如何在不同的居民群体中对其进行分解。实际上,总量预测和分量预测差不多是同时进行的:

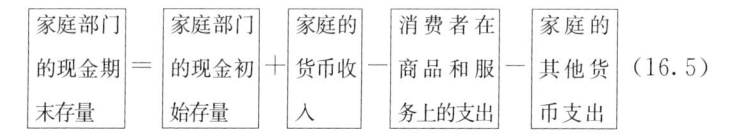

$$\boxed{\begin{array}{c}\text{家庭部门}\\\text{的现金期}\\\text{末存量}\end{array}} = \boxed{\begin{array}{c}\text{家庭部门}\\\text{的现金初}\\\text{始存量}\end{array}} + \boxed{\begin{array}{c}\text{家庭的}\\\text{货币收}\\\text{入}\end{array}} - \boxed{\begin{array}{c}\text{消费者在}\\\text{商品和服}\\\text{务上的支出}\end{array}} - \boxed{\begin{array}{c}\text{家庭的}\\\text{其他货}\\\text{币支出}\end{array}} \quad (16.5)$$

这是对平衡表的一个极其粗略的描述。现金存量包括家庭手头的现金和银行存款两部分。由于每个家庭的银行存款都可以立即支取,所以实际上存款的功能相当于现金。家庭货币存量(即家庭货币储蓄)的增加,将在第18章讨论。

货币收入包括家庭从企业和非营利机构获得的任何收入。

等式右边的第三项,即消费者在商品和服务上的支出,必须等于等式(16.4)的左边,这又与商品平衡表(16.3)相关联。这里必须进行方法论上的评论,这具有一定的理论意义。在计划过程中,消费者在商品和服务上的支出额是从两个方面得出,分别是(16.3)和(16.4)中的**卖方**和(16.5)中的**买方**。由于这两个值取自不同的初步计算结果,因此一开始它们不一定相吻合。然而,规划者会修改和改进他们的计算,直到他们最终得出双方相同的数字。规划者必须保证使它们相等,因为这是一个**恒等式**。即使计划没有完全实现,这个恒等式也成立。向家庭销售与家庭购买显然是同一事件。计划工作中的这种等同与消费品的供给与需求是否相等毫无关系。即使家庭部门购买的商品量在卖方和买方编制的平衡表中是相同的,市场上仍然可能存在短缺或滞存。

步骤 5:现金平衡表的分解。必须对(16.5)中的家庭货币收入总额进行分解:

$$\begin{array}{|c|}\text{家庭货币收入总额}\end{array} = \begin{array}{|c|}\text{对在国有企业和非营利机构中的劳动所支付的工资总额}\end{array} + \begin{array}{|c|}\text{家庭部门的其他货币收入}\end{array} \quad (16.6)$$

其他货币收入包括合作社支付的货币收入、家庭自留地上的销售收入、个体手工业者和个体商贩的收入、退休金、病假工资、助学金、家庭补助、产假津贴等。它们的金额一部分由各种法律规定或由政府的计划措施预先确定,一部分由它们作为计划期间生产和流通的函数而形成。后者如,农业工人的收入是生产的函数。

分解式(16.6)不仅需要准确预测单个项目,在进行总量分解

第 16 章 工资

的过程中,中央经济部门还努力贯彻其**收入分配政策**。在分解式(16.6)的过程中,要就以下问题作决定:货币收入应该如何在国营部门、合作社部门和私营部门的劳动者之间、在制造业工人和农业工人之间、在城乡之间、在劳动年龄人口和领取退休金的人口之间等进行分配。

虽然详细跟踪规划其他货币收入接下来的阶段非常有益,但鉴于本章开头所指出的限制,在接下来的两个步骤中,我们将只探讨等式(16.6)右侧的第一项,即工资。

步骤6:工资基金中的已承诺部分和未承诺部分。计划者要权衡在下列情况下,企业和非营利机构在工资上的支出额。

(a) 产出水平按计划增长,劳动生产率也按计划增长。
(b) 实施政治和经济领导层已经承诺的工资变动(通常是增加)。
(c) 除了(b)项的变动外,工资率保持不变。

因此,国有企业和非营利机构应支付的工资可分为两部分:

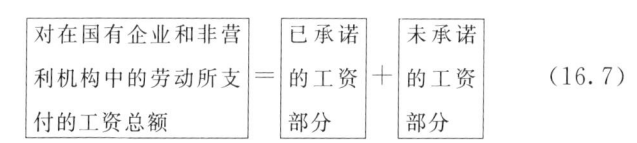

$$\boxed{\text{对在国有企业和非营利机构中的劳动所支付的工资总额}} = \boxed{\text{已承诺的工资部分}} + \boxed{\text{未承诺的工资部分}} \quad (16.7)$$

右侧第一项是自动形成的。诚然,它主要受到政治和经济因素的影响,特别是在与消费普遍增长有关的第1步和与收入分配有关的第5步中。但是,当做出这些早期的决策后,工资总额中的已承诺部分就已给定了。只有剩余的部分,即未承诺的部分,才是计划者可以自由支配,用以改变**相对**工资。[①] 未承诺部分通

[①] 在计划经济中,"工资政策"这一术语经常仅仅指确定相对工资的阶段。

常只占总工资中的很小的一部分,因此修改相对工资的可能性相当有限。如果仅从这一点上看,以前确定的相对工资就具有相当的刚性。

步骤7:相对工资。首先必须确定一个比率。它的分子是公式(16.7)左侧的项目,即对在国有企业和非营利机构中的劳动所支付的工资总额。它的分母是这些部门的雇员人数。其结果是每个雇员的年平均名义工资。习惯上是按月进行分析的。让我们用 $\omega(t)$ 表示在接下来的时期 t 中,由国有企业和非营利机构组成的部门中每个雇员的月平均名义工资。

下一步是按职业进行分解。我们用 $\omega_i(t)$[①] 表示职业 i 中每个雇员的月名义工资。因此,为简洁起见,"每个雇员"和"每月"这两个限定词将被省略。但是,当我们谈到**平均名义工资**或**按职业分类**的平均名义工资时,指的就是上述定义的 ω 和 ω_i。

在规划中,要特别注意各职业之间的工资**比率**,亦即**相对工资**。形成相对工资的因素将在本章后半部分讨论。这里只回顾两个制约因素。一个是政治和社会的容忍限度:

$$W_i(t) \quad = \omega_i(t)/\omega_i(t-1) \geqslant 1, 对于每个 i. \quad (16.9)$$

职业 i 中的名义工资指数	在 t 到 $(t-1)$ 期间的名义工资

名义工资减少的情况几乎从未发生过,即使在计划相对削减

---

① 当然必须满足下面这个平常的条件:
$$\sum_i \omega_i(t) N_i(t) = \omega(t) \sum_i N_i(t), \quad (16.8)$$
其中,$N_i(t)$ 是指职业 i 中的计划就业人数,$\omega(t)$ 是与该算法前面几个步骤相适应的月平均名义工资水平。

第16章 工资

工资的职业中也是如此。的确,即使对于这些职业,工资政策也试图确保名义工资至少略有增加。因此,约束条件(16.9)中的不等式几乎对所有职业都成立。这本身就减少了改变承袭下来的相对工资格局的可能性。

正如步骤6所示,虽然工资**下调**呈刚性,但先前已承诺的部分限制了工资**上调**的可能性。只有工资总额中未承诺的部分可以用来改变相对工资。正是这部分金额被规划者在各职业间进行分配。

我们对该算法的考察可以在理论上提出以下结论。关于工资的两种极端观点似乎都没有得到验证。一种极端的观点认为,工资、家庭的实际消费和对生活水准的预测水平是规划的主要出发点,在一开始就由政治决策固定下来。只是在此之后的余额,才可以用于所有其他用途。另一种极端观点是将工资(或家庭的实际消费量)看作一剩余物,在满足投资、生产性消费、非营利机构的消费和出口的要求之后剩余的部分仍然用于家庭消费。家庭消费是用来补偿其他使用项目(特别是投资)的波动的缓冲器。也就是说,如果投资猛涨,家庭消费就相应缩减,反之亦然。

这两种极端观点似乎都无法准确地描述实践。从以上七个步骤可以看出,实际消费和名义工资都有**自己的运动**,以及自己的生命。对它们的发展起作用的一些变量都有正常值,并且存在着一种控制机制,可以随着时间推移强制执行正常标准。存在有效的上限和下限约束。因此,实际消费量和名义工资既不是缓冲器,也不是剩余物。

另一方面,与家庭争夺资源使用权的其他部门,即企业和非营利机构,也受到若干上限和下限制约;在那里,也是规范控制在发挥作用。家庭消费和名义工资是通过这些实际过程和金融过程的**相互调整**而发展起来的。

计划者试图预先协调这些过程。我们已经看到,虽然他们有一定的回旋余地,但他们的手脚却被束缚着。

16.3 名义工资和实际工资对劳动力总需求和总供给的影响

在工资和劳动力供求之间存在着错综复杂的相互作用。下文将对这种相互作用进行分析。毫无疑问,相对工资与劳动力在行业、职业和工作之间的**分配**有密切关系。这一点将在第16.4节中进行研究。然而,首先,我们要讨论的是总量层面的相互作用。寻求对下列问题的回答。

在企业或非营利机构中,[①]一方面,平均名义工资和平均实际工资之间的关系是什么?另一方面,总的(初始的和修正过的)劳动力需求和供给之间的关系是什么?这两方面的之间又是什么关系?我们并不是要提供一个具有普遍意义的答案,而只是要提供一个适用于社会主义经济的答案。

这种关系在**现实领域**中是单向发挥作用的。生产的增长伴随着就业的增加,直到碰上劳动力供给约束。从那时起,生产的扩张就伴随着充分就业和劳动力短缺[②]。生产的这种增长使家庭

---

① 这些命题也适用于忽略非营利机构,宏观指标仅与企业部门有关的情况。
② 以下,我们的论证延续第11章开始的思路,并且采用在那里引进的概念。

第16章 工资

实际消费增加,从而使实际工资增长。这种因果关系微不足道,这里不需要进一步讨论。

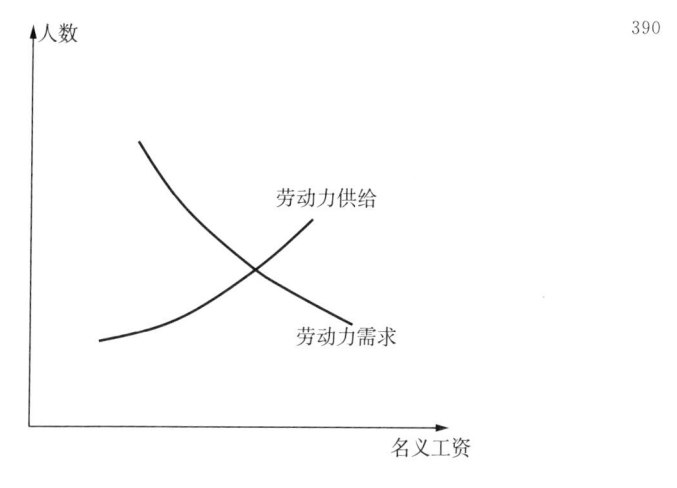

图 16.1 劳动力市场的传统模型

在**控制领域**中,工资和劳动力供求之间的关系就不是这样简单了。在解释我们的命题之前,让我们先看图16.1,这是表示劳动力市场的传统图形,标准的马歇尔十字曲线(即供求曲线)。消费品的价格水平被假定为不变。总需求和总供给都以人数来衡量的。需求是价格的递减函数,而供给是价格的递增函数,价格在这里就是工资。工资与劳动力的供求在宏观上层面是相互依存、相互决定的。① 一些宏观经济学的著作将这个模型作为资本主义经济中真实劳动力市场的有效描述。尽管这种看法似乎也令人怀疑,对它进行分析不在本书的范围之内。但是,我们应该

---

① 我们提醒读者,三个未知数由劳动的需求函数、供给函数和均衡条件这三个关系联系在一起。

联系社会主义经济来考虑这个问题,特别是在文献中已经出现了这样一种观点,认为图 16.1 的模型同样适用于社会主义体制下的劳动力市场。[1] 我们试图驳斥这种观点,因为经验表明,用马歇尔十字曲线来描述社会主义经济中的劳动力总量市场的特征并不合适。

众所周知,认为工资是黏性或下调刚性的论调改进了传统模型。即使市场上劳动力供给过剩,削减工资的情况也不常见。确实如此,它在社会主义经济中的工资规划中也是这样操作的[见算法中的约束条件(16.9)]。然而,我们的论点远不止于此。我们指出,在社会主义经济中,宏观层面上的劳动力总需求和劳动力总供给或多或少都对工资水平缺乏弹性。这些变量对于平均名义工资和平均实际工资的变化几乎没有任何反应。

这一假设可以通过**计量经济学的研究**来检验。一方面,我们有名义工资和实际工资的时间序列数据。虽然它们都会增长,但增长速度并不均衡。另一方面,我们有就业的时间序列数据。就业的增加,时疾时缓,直到劳动力储备被全部吸收。而当平均就业水平稳定下来之后,就业量继续在平均水平附近波动。看来,无论是考察同步关系还是滞后关系,这两个时间序列的变化之间似乎不存在实质性的关联。就业的波动不取决于工资的波动,而是取决于其他因素(这些推测需要仔细检验)。

然而,除了宏观层面的统计检查,最重要的还是要回到微观经济基础,回到企业和家庭行为的规律性上去。让我们首先来看

---

[1] 例见 Barro-Grossman (1971)和 Howard (1976)。

第 16 章 工资

需求方面。在第 14 章中已经说明,由于各种原因,但主要是因为预算约束的软弱性,社会主义企业对投入品的相对价格反应微弱。投入品的相对价格对企业的短期和长期决策几乎没有什么影响。这也许是因为对工资成本的行政约束暂时限制了劳动力需求。然而,从最终结果来看,企业和非营利机构受制于扩张冲动,而劳动力价格上涨根本遏制不住扩张冲动。

我们现在考察**供给**方面。根据传统理论,这是由工作与闲暇之间的选择决定的。让我们简单总结一下选择理论的背景。工作具有负效用,而休闲暇具有正效用。个人获得的工资越高,用工资购买的商品的效用就越能补偿工作的负效用和他所放弃的闲暇的效用。

首先,让我从方法论的角度谈一下。以上的推理是否正确描述了对劳动力供给的选择,这**不是演绎逻辑的问题,而是一个经验问题**。而在我看来,如果我们试图构建一个描述性模型,就必须抛弃那种用单一方案来描述不同类型的劳动力供给决策的想法。

有一类决策与上述模型相差无几。例如,一个已经受雇于企业或非营利机构的工人,按照正常时间工作,领取正常工资,可能不得不决定是上夜班还是在星期天加班。这些肯定令人不快,而且缩短了他的闲暇时间,但如果额外工作的报酬丰厚,他可能会得到补偿。因此,如果是以工时数而非雇员总数来衡量劳动力的总供给,那么加班费率与基本工资率的比率将作为解释变量之一发挥重要作用。

一个与此相关的问题是,决定一个人除了在正规部门为企业或非营利机构工作外,还应该在"非正规部门",即在"第二经济"中做多少工作。例如,他在正式工作时间以外,应该在自家的农业自留地上投入多少劳动,应该为私人提供多少劳务,比如说,干多少机械修理工作?这显然取决于第一经济所支付的名义工资水平和第二经济提供的收入可能性等。正如第1章所指出的,对第二经济的分析超出了我们的范围,因此我们不讨论劳动力市场的这一重要方面。

但是,还存在着其他几种与劳动力供给有关的选择情况,它们不是按照上述工作-闲暇方案发展的。如果我们现在仍然就缩窄了的主题,即社会主义经济中的劳动力市场而言,可以观察到**三种典型的决策情形**。

(1) 在吸收潜在的劳动力储备的时期,他们中的大多数人除了到合作经济部门、国营企业或非营利机构**找一个工作之外**,**实际上没有任何选择的余地**。我们先考虑最大的一个群体,以前是个体农户的农民,在所有制改变之后,**不得不**参加工作,否则他们就没有任何生活来源。由于对劳动力的需求很大,他们被雇用了。选择的可能性局限于他们应该从事一份什么样的实际工作(这是下一节的主题,讨论劳动力配置和相对工资)。简而言之,从个体农民的生活方式向一个合作社、国营企业或非营利机构雇用工人的生活方式的转变,是**不依赖**于当前名义工资率和实际工资率及其增长率的。

有相当一群人的情况与此类似,他们以前是手工业者、零售商贩或他们的雇员,或者属于以前靠财产生活的阶层。

(2) **女性**的情况则不同,她们以前只做家务劳动,但后来在企业或非营利机构工作。与第(1)点所述的情况不同,这些女性一般具有选择权。她们不仅能够决定在哪里工作,而且能够就她们是否愿意接受一份工作这样一个更深层次、更基本的问题作出决定。对这个问题的个人答案通常是在几个因素的共同影响下形成的。我们将重复第 11 章中的一些内容,列出其中一些因素。

(a)最重要的一个因素是机会本身。在男性找工作都很艰难的情况下,女性是不会想到找工作的。但当劳动力需求量大时,特别是当劳动力种需求变得明显时(例如,如果附近有一家新的工厂开工),或者如果信息以令人印象深刻的方式传来(例如,如果本人被要求接受某项工作等),女性更倾向于接受一份工作。**在这个领域,需求创造出自己的供给**。

(b)如果女性在白天照料孩子方面得到某些机构(幼儿园、学校的日间照料等)的帮助,如果从家里到工作地点的交通条件得到改善等,女性就业的倾向就会增加。女性劳动力供应的主要解释变量之一是减轻工作以外的实际负担。[①]

(c)在这里要特别强调一个普遍的事实,工作不仅具有负效用,而且可能在很多时候给许多人造成负担。但除了工资之外,工作也有许多吸引人的地方。一个在企业或非营利机构就业的女性可能会发现,新的工作比家务劳动更具挑战性和趣味性。她结识了很多人,加入某个团体,并且变得更加自信和独立。这一切已是老生常谈,作为个人,每个经济学家都非常清楚这一点。

---

① 一些母亲长期或永久返回家庭是一种显著的相反趋势。这里起作用的因素与(b)所提到的因素类似。例如,一位女性认为,如果她回去工作,她将无法照顾她的孩子。
这一决定还受到生育津贴和家庭津贴数额的影响。但这涉及相对工资。

问题就在于,当他在工作＝负效用、闲暇＝效用这种对立关系的基础上构建对劳动力供给的阐释时,他没有将其纳入一般微观经济学理论的体系中。女性就业的这些长期影响也促使社会环境发生变化。**新的规范**将会出现;女性对参加工作犹豫不决,这在很大程度上是由于在她所处的环境中,现在越来越多的人认为工作是正常的。

(d) 关于家庭收入的讨论与上述问题密切相关。让我们考虑一些彼此熟悉的家庭。在这些家庭中,丈夫的收入大致相等(比如,他们都是熟练工人);其中,有些家庭的妻子参加工作,其余家庭则没有。妻子参加工作的家庭收入是妻子不工作的家庭收入的一倍半或两倍。随着妻子参加工作的家庭比例的增加,他们的收入成为其他类型家庭收入的**理想水平**。而后,当绝大多数家庭的妻子都参加工作的时候,这就成为**正常的**家庭收入。而那些没有达到这一收入水平和与之相应的生活水平的人则认识到,他们的收入低于他们的理想水平,甚至低于正常水平,因为妻子没有工作。

在这里,我们确定了工资的影响。如果女性找到了一份工作,这会使家庭收入突然增加一倍半或两倍。该女性是否希望这种收入的突然增加,取决于刚刚所讨论过的所有因素。但是,如果她在权衡所有因素之后决定要增加收入,那么目前的名义工资在这一特定的决定中就不算什么了。上一年工资的增加同样如此,甚至影响更小。更何况,由于人们有理由期望实际工资和名义工资在未来都会正常增长。

(3) 所有**习惯于就业**的人[包括在一段时间后,第(1)点和第(2)点中所讨论的那些人],都以**任何工资率**在市场上提供劳动力。这一点在第 11 章已经做了详细的解释,在此无须单独说明。

让我们总结第(1)点至第(3)点中的共同之处。我们已经分析了**宏观模型的微观经济基础**,并确定了在社会主义经济中,无论短期还是长期,宏观层面的劳动力总供给都不能被视为名义工资和实际工资的函数。

这一结论是一系列推理链中的最后一环,值得总结一下。

劳动力的总需求、劳动力的总供给和总就业(均以人数来衡量)都是"数量"过程,它们会相互调整,并根据其他非价格信号和激励因素进行调整。①

根据我们的分析,对照传统模式的图 16.1 里提出的另外两个图形,我们认为,这两个图形更准确地反映了社会主义经济中总量劳动力市场的运行状况。图 16.2 适用于经济从时间 t_0 开始到 t_2 结束的粗放增长的过渡时期(见第 11.7 节),在这个过渡期里,潜在的劳动力储备被吸收。水平线表示在 $t_0 < t' < t'' < t_2$,不同日期的短期总需求函数。需求函数随时间变化向上移动,但它在任何时候都是水平的,并不依赖于名义工资。需求约束是有效的,这决定了就业。与此同时,名义工资和实际工资都会随着时间的推移而增加。

---

① 上述关于**就业量**(以人数计算)和短期和长期调整过程的陈述,与以下关于**工作时间**(以小时计量)和瞬时调整过程的陈述是一致的。

劳动的瞬时供给总时数(包括在企业或非营利机构的加班时间以及在第二经济中花费的时间)取决于企业和非营利机构对正常工作时间内的劳动所支付的名义工资与加班收入以及在第二经济中工作所获得的收入之间的关系。这些是补充的或次要的解释变量。而劳动**时数**的宏观供给主要还是由宏观劳动供给(以工人人数计算)的数量信号和激励机制所决定。

当我们在论证开始时讨论工作-闲暇的两难选择时,就已经指出了这个问题。

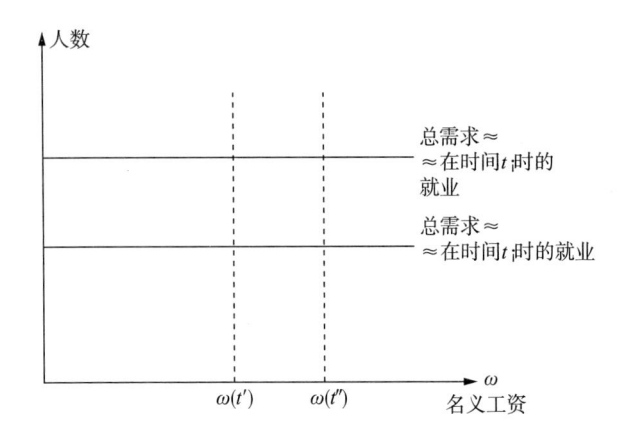

图 16.2 社会主义经济粗放增长时期的劳动力总需求和名义工资

图 16.3 用来说明经济的集约增长时期：$t_2 < t''' < t''''$，潜在的劳动力储备已经被吸收。从那时起,或多或少稳定的供给约束（由一条水平线表示）开始生效,并决定了以人数衡量的总就业。劳动力需求可以用若干指标来衡量,可以观察到短期初始需求或者经过强制替代修正后的需求,其中任何一种需求都会超过供给。尽管劳动力供给和就业的平均水平在一段时间内相当稳定,[①]名义工资和实际工资却会随着时间的推移而增长。

到目前为止,对于社会主义经济条件下马歇尔十字曲线的有效性,我们只是从第一种因果关系的角度提出了质疑,也就是名义工资决定劳动力总需求和总供给。我们对这一传统理论中的因果关系的另一个方向,即对劳动力的总需求和总供给决定名义

---

① 为简单起见,上图假定劳动年龄人口不随时间发生变化。在劳动力资源不断增长的情况下,同样的观点就得用相对变量或率数来解释。这不会使说明发生明显改变。

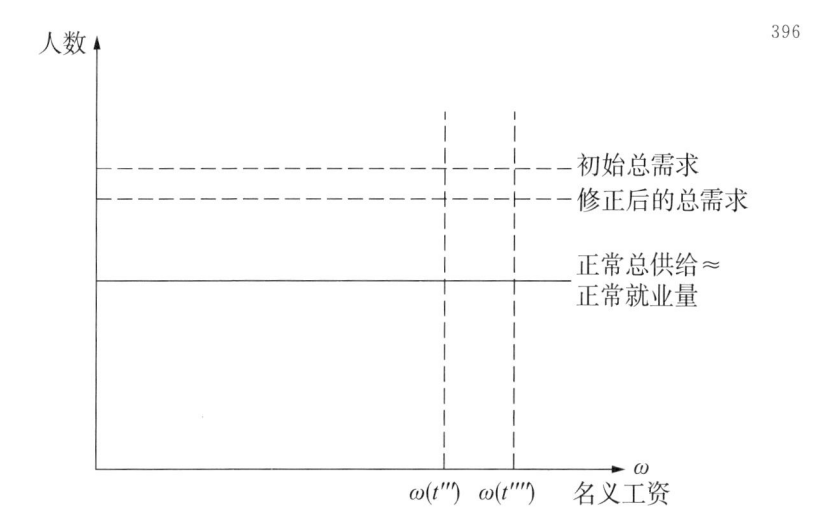

图 16.3 社会主义经济集约增长时期的劳动力总供给、劳动力总需求和名义工资

工资的批判,将放到本章末尾的部分讨论。

16.4 相对工资对劳动力配置的影响

上面一节考察了国民经济范围内的平均名义工资和平均实际工资对劳动力总需求和总供给的影响之后,我们现在来讨论**相对工资**。

(1) **相对工资对劳动力需求的影响**。我们可以简单地总结一下这种影响,提醒读者注意在第 13 章和第 14 章分析企业行为时所说的话。那里已经表明,社会主义企业的预算约束是相当软的。主要是由于这个原因,同时也由于其他(非价格依赖的)选择标准的优先性,虽然企业对投入的相对价格并非漠不关心,但它对这些价格的反应并不特别敏感。这一说法也同样适用于相对工资。

在瞬时和短期调整过程中,如果有必要,生产管理者随时准备进行强制替代,他们会用较贵的劳动力暂时替代较便宜的劳动力。在长期调整中,特别是在工艺的选择上,他们对相对工资的重视程度不高。其他考虑因素,例如工艺上的偏好或短缺的直接信号,对选择的影响更大。

在图 16.3 中,**宏观层面**的劳动力需求函数用水平线表示,说明需求没有弹性。这一点同样适用于微观层面;如果不是完全适用,也是大致适用。**只要符合工资纪律,企业对劳动力的需求几乎不会对相对工资做出任何反应。**

(2) **相对工资对劳动力供给的影响**。在这里,影响是强有力的。[①] **与企业的软预算约束相反,家庭的预算约束是硬约束**。诚然,家庭可以免费得到一些利益,而且这些利益是不容忽视的(它们将在下一章中讨论)。但是,家庭消费的大部分产品和服务必须用货币来购买。家庭并不完全是靠自己的力量。在遇到某些特定困难的情况下,例如疾病或自然灾害,国家会提供帮助。但**在正常情况下,家庭的物质福利主要取决于其货币收入。**

预算约束的硬度解释了为什么家庭必须对相对工资做出反应。相对工资强烈影响**个人对职业或专业的长期选择**。当然,这一决定还受到其他一些因素的影响,比如个人的爱好,在学校崭

[①] 例见 Falus-Szikra (1978)。

露头角的才能,各种职业的社会声望、时尚、模仿,等等。选择在一定程度上受到限制,特别是受个人能否进入培养他从事某种职业的教育机构的限制。然而,除了所有这些考虑因素外,最近和现在的相对工资也表现出了显著的吸引或排斥作用。大多数人都倾向于根据最近和现在的经验来决定自己的期望。一些职业受欢迎或不受欢迎的程度与其相对工资之间的密切关系可以被实证证明。

短期决定是对实际工作的选择。长期严重的劳动力短缺使劳动者能够在现有的工作中进行挑选,而不以最先碰到的就业机会为满足。因此,**劳动力短缺增加了相对工资对工作选择的影响**。通常情况下,即使是工资微不足道的增长也会引起变化。

对劳动力需求和供给的比较将显示出与第14.7节所述的需求和供给的显著相似之处。在那里,对企业之间的关系进行了分析,并观察到一种**不对称性**,作为买方的企业比作为卖方的企业对相对价格的反应要弱。**在卖方市场上,对价格有反应的主要是卖方**。在劳动力市场上也可以观察到类似的不对称性。作为买方的企业对相对工资的反应不强,而作为卖方的工人对相对工资的反应极其敏感。之所以如此,是因为在资源约束型经济中,劳动力市场也是一个卖方市场。

(3) **劳动力的配置**。① 劳动力在行业、企业和非营利机构、职

---

① 劳动力配置和劳动力市场的运行(包括第11章和第16章所描述的许多现象),可以像第7.1至7.4节以及数学附录A那样,建立形式化的模型。这里不再占用篇幅来证明这一点。

文献中有若干与此相关的模型。例如所谓的搜寻模型,就被用来分析工人寻找工作的行为。见第4.3节中的参考书目。

业和地区之间的配置,是社会主义经济中"价格型信号"及其相关的激励机制影响比较大的少数领域之一(至少从供给方面看是如此)。但除了相对工资外,其他因素对劳动力配置的影响也很大。在不要求完整性的情况下,我们将列举几个其他过程。

(a)即使存在卖方市场,劳动力归根到底也只能分配给由企业和非营利机构所创造的工作岗位。本书前半部分试图详细说明,各部门的实际结构(它们的固定资本、投入-产出组合、瞬时产出计划)是在调整过程的框架内形成的,而价格和工资在其中的作用很小。

(b)试图根据企业和非营利机构对劳动力的预期需求调整教育计划。教育系统的容纳能力从一开始就限制了寻求进入特定专业和职业的人数。

(c)个人的决定在供给方面受到非工资信号和激励的强烈影响。如上所述,长期决定受到职业的社会声望和其他非物质考虑的影响;短期决定受到工作场所、工作条件、上级的个性等"风气"的影响。

(d)工作地点的选择与住房条件的关系密切。虽然这一点与上一点有关,但由于它极其重要,我们把它单独列出。如果一个企业支付的**货币工资较低**,却比另一个支付较高工资的企业更有希望帮助个人解决他的住房问题(例如提供给他一套房子,或者提供长期贷款帮助他建造自己的房子,等等)。那么这个人也许会更倾向于选择前者,而不是后者。而一旦他接受了一份工作,居住情况又会影响他决定是否换工作。如果他在另一个村镇得不到房子,无论工资多么诱人,他也很难搬到那个村镇去住。他可能正是因为雇主在获得房屋方面给予他的帮助而与目前的工作捆绑在一起。如果离开，他就会失去他的房子，或者不得不立刻偿还长期贷款。长期的住房短缺减少了劳动力的流动性，也降低了相对工资在劳动力配置中的作用。

(e)在不同国家和不同时期，行政分配几乎总是无处不在地在某种程度上起作用，或者至少有一些行政控制手段在干预市场配置。分配形式可能是多种多样的，按职业划分的企业强制性就业配额；换工作时必须到劳动介绍所登记；在一些部门实行劳动力集中分配；个人从一种工作调换到另一种工作的强制性流动；对变更工作的行政限制，等等。

似乎上述各因素以及本文未提及的其他因素对劳动力分配的综合影响，并不亚于相对工资的影响。这种说法的有效性需要实证检验。

读者可能会问，在第 16.3 节和第 16.4 节之间是否存在矛盾。上一节否认名义工资和实际工资的影响，而这一节却在一定程度上承认了相对工资对劳动力供求和就业的影响。我们认为，这两者并不矛盾。这些说法是一致的，这不仅是因为第 16.3 节讨论的是**总量变量**，第 16.4 节讨论的是**分量变量**，而且因为前者是在**宏观**层面上分析劳动力就业的需求和供给，而后者在**微观**层面上研究劳动力的具体配置。主要的区别是这两节讨论了**不同的决策问题**。

我们将只从供给方面说明这一点。个人的劳动力供给决策不是一个单一的庞大的同步决策体系，而是分为若干个不同的选择问题。**第一个**决定的是究竟是否要在企业或非营利机构工作。

有些人在这方面没有真正的选择,而另一些人有。如果这个问题解决了,**第二个**问题就是选择什么职业,**第三个**问题是实际从事什么工作。① 第16.3节只讨论第一个决定,并指出它对工资没有反应。第16.4节讨论第二和第三项决定,并确定它们与工资水平有关。

16.5 工资紧张与工资浮动

接下来,我们来看看"反馈",或者说反方向发生作用的因果联系。工资是如何受到劳动力供求关系或劳动力市场状况影响的?

很显然,无论社会制度如何,世界各地的工人总是希望从他们所从事的工作获得尽可能多的报酬。在这种情况下,每个人总是对自己的工资不满意。这可能还伴随着两种特殊的不满。一种与**实际工资的动态**有关。如果消费物价水平上升,特别是在通货膨胀加速的情况下,提高名义工资的要求会更加迫切。这是一个众所周知的现象,我们不需要做更详细的分析。另一种特殊的不满出现在某些群体中,例如企业或国家层面上同一职业的所有工人,或者整个行业的所有工人,认为他们的工资低得**不相称**。这个群体通常把它的不满建立在与一个或更多的参照群体相比较的基础之上,相称或者不相称对于它来说就是很明显的了。比

---

① 当然,在一个人的一生中,可能会有一个时刻,同时出现两个或所有三个需要决定的问题。例如,一个完成了中等教育的年轻已婚女性可能会决定是待在家里还是参加工作。如果她的决定是后者,她就必须同时决定实际的职业,也许还要决定实际的工作。

第16章 工资

如说,如果一位中学教师把自己的工资与一位工程师相比较,他的理由是,他同样必须上这么多年大学,而且他的工作责任心和重要性不亚于工程师,于是他问为什么他的工资却低得多。在匈牙利的计划经济中,这种场合下就使用**工资紧张**这一术语。如果某个群体对自己在相对工资级别中的地位不满意,就会发生这种情况。

我们认为我们的任务不是澄清这种相对的不满在经济或道德标准上是合理的或不合理的。我们只是说,**相对的工资紧张确实存在,并持续存在着**。其强度在就业人员中的分布是不均匀的。

正如本书所讨论的其他许多现象一样,工资紧张的强度无法直接衡量。但是可以通过观察和衡量其**后果**来间接描述。

工资紧张最重要的后果是迁移现象,这表明,从长期来看,一种职业越来越不受欢迎,从短期来看,一个工作场所越来越不受欢迎。此外,由于工资紧张,抱怨和反对也变得频繁。因此,按照赫希曼的分类法,退出和声音这两种反馈同时出现。①

工资紧张通过迁移加剧了劳动力短缺的严重程度,并具有劳动力排斥效应。这又反作用于工资紧张本身。那些留下来的人的处境往往更加困难,因为他们不得不承担那些离开的人的一些

---

① 在短缺经济中,作为消费品购买方的个人,负担不起"退出"或"声音"这样的奢侈品。如果他一气之下离开了这家服务恶劣的商店,或者与售货员争吵,他会使自己受损失。因为其他地方的服务也许更糟,供应量可能会更少。但是,同一个人,在他的工作场所作为劳动力的卖方,在大多数场合下可以使用"退出"或"声音"的武器,风险较小。他之所以敢与他的上司争吵,正是因为他知道他随时可以退出,并在其他地方找到一个工作。

工作。而恰恰是因为他们意识到自己的坚忍和忠诚,使他们越发觉得工资不相称和不公平。

让我们回顾一下第 16.2 节中描述的工资计划算法的第 7 步,也是最后一步,即确定相对工资。上面提到的下限保证了任何职业的名义工资都不会遭到削减。上限是根据工资总额中只有未承诺的部分可以用于相对工资的修正这一事实而设定的。在上下限之间,决定相对工资的主要行为准则是,首先**必须缓解工资紧张**。这一准则主要在中央工资规划工作中起作用,但在中、低级管理层也可以发现类似的效果。任何一个拥有未承诺工资基金拨款的组织,都会首先利用它来缓解工资紧张状况。

上述现象在许多方面类似于论述投资的第 10 章中所说的延期现象,以及后来所说的实现延期的行动。如同投资的情况一样,久拖不决的部分工资上涨被推迟了。在任何时候,每个部门都有累积的工资紧张。正如很大一部分投资资源被在建的活动和已经承诺的新投资抢占了,而且未承诺的部分相对较小一样,工资总额的相当一部分也被自动加薪和早期承诺抢占了。剩下的太少了,无法消除所有已经积累的工资紧张状况;一些纠正措施将被推迟。它少到,不仅无法消除**过去**遗留下来的比例失调现象,而且无法阻止预计未来可能会出现的比例失调。

矫正的方法往往是"跳跃式"的。第一组的工资落后于第二组,前者就把后者作为参照组。这种情况迟早会被纠正,甚至是被第一组跳过第二组而过度纠正。于是就产生了一种新的工资紧张,现在,第二组将会感到其工资与第一组不相称,等等。

这并不是说,直接受影响的工人靠自己或者通过工会,与管理人员进行斗争,以调整工资紧张的局面。管理人员也在争取纠正各层级的相对工资。工长希望消除车间一级的不满,企业总经理希望消除企业一级的不满,部长或副部长别希望消除整个行业的不满。他们都直接感受到了工资紧张。正是他们感受到种种抱怨,而劳动力的迁移使他们难以履行职责。

在纯粹的古典资本主义中,资本所有者和工会领导人在争取工资的斗争中有着明确的角色分工。后者作为工人代表努力提高名义工资,而前者则抵制这种努力。从工长到总经理的管理层都认同资本所有者的利益,并对提高工资的努力进行强烈的抵制。[①] 与此相反,**在社会主义经济中,企业和非营利机构的管理层以及国家机关的中低级官员,在与上级机关进行工资谈判时,是作为工会领导而不是作为雇主行事的。**上级和下级之间可能会在一些问题上发生冲突。但是,就每一个管理人员都会设法从上级那里为自己的车间、部门等争取更高的工资这一点来说,他们都是一致的。

对这一现象有几种解释。人们通常会提到这样一个事实,在社会主义制度的早期,许多管理人员以前曾是工会领导,或者说,至少他们在工人运动的活动中已经形成了一种要求"给工人加

[①] 在现代资本主义中,情况绝非如此明确。一方面,雇主对提高名义工资的抵触情绪并不强烈,因为他认为他可以通过抬高价格将较高的成本转嫁给购买方。这在一定程度上是通货膨胀预期的结果,同时也是通货膨胀的原因。这与现代资本主义中可以看到预算约束软化的信号有关。另一方面,根据实际的政治局势,工会可能会克制自己提高名义工资的努力,因为它们认为这对通货膨胀进而对实际工资的影响是不利的。对现代资本主义的详细分析不是我们的任务。我们回顾纯粹资本主义时代,只是为了使社会主义经济管理者的作用更加明确。

薪"的倾向。这种看法当然有一定的道理,不过这种现象肯定不限于有工运经验的领导人。

另一些人则从管理层糟糕的个人品质中寻找解释,认为原因在于他们软弱无能,或者他们追求人气。这种说法或许也有一定道理。但是还应当看到,管理者理所当然地认为,人气有助于他完成任务。假使他的下属喜欢他,他也许更容易促使他们遵守纪律、更加勤奋,以及承担困难的任务。而事实上,他的受欢迎程度首先取决于他在多大程度上代表了下属的切身利益,尤其是在工资方面。我们使用利益代表这个词绝不是因为流行的缘故,它反映了情况的一个基本特征。**工人当然期望他们的上级能代表他们的利益**,上级履行**这一职能**的好坏,是工人评判他的一个重要标准。

管理者的行为不是取决于他的品质好坏,而是取决于他所处的**地位**。管理者认为他主要负责解决委托给他的那部分系统的问题。他认为自己不是对整个经济负有责任,而是对其中一个明确指定的部分负有责任,并把自己与这一部分结为一体。如果他所在部门的紧张局势得到缓解,这些局部问题就比较容易解决。所以,一切都在鼓励他提倡这项政策。与此同时,考虑到企业或非营利机构的利益,没有什么能**阻止**他这样做。提高名义工资率的成本方面的后果,可以转嫁出去。

当然,中低层管理者很清楚,不可能处处加薪,所以,他赞成在**其他地方限制工资**。但是,他自己的内心却相信,**在自己的部门,涨工资是合理的**。他越是把自己与本部门结为一体,这种信念就越坚定。

有两个因素可能会制约中低层管理者总是提出高工资的要

求。其一是他们健全的经济洞察力,认识到国家工资基金(及其背后的消费品供应)是有限的。受责任感支配的自我克制得到了战术考虑的补充或支持。过分的要求会产生更多的阻力,他可能会受到严厉的谴责。谨慎的要求即使暂时不能满足,也不会招致反感。

另一种制约力量是对跳跃式增长的恐惧。每一次加薪都是针对并改善某一群体或职业的相对地位。过大的跳跃会产生新的紧张关系。

即使存在鼓励自我约束的因素,基本趋势仍然是来自底层的加薪压力或**工资**浮动。要求提高工资,是在劳动力长期短缺的情况下,受影响的工人、工会和中低层管理人员的自然行为,详见第11章。

读者可能已经注意到,我们的推理与之前提出的推理类似。事实上,在第9章关于**投资**方面,我们已经描述了相关的现象。在那里,我们注意到人们对投资有一种贪得无厌的渴望。每一位中低层管理者都认为,在自己的部门进行投资是完全合理的。现在我们看到的是对提高名义工资的几乎是贪得无厌的要求。每一个中低层管理者都认为,调整他所在部门的工资是完全合理的。

归根到底,我们在这里观察到的现象是对总需求的两个主要分量,即投资和消费的几乎永无止境的饥渴。就消费而言,这种饥渴不仅体现在雇员身上,也体现在雇主,即企业和非营利机构的中低层管理者身上。就整个经济而言,这两种饥渴显然是矛盾的。在其他条件不变的情况下,一个国家投资越多,用于家庭消费的剩余就越少,反之亦然。体制内资源的实物约束使这两方面的总需求不能同时得到满足。但是,在资源的这两种主要用途之间的冲突,仅仅最高政治和经济领导层**内部**才能体会到。在制订中央计划的主要宏观经济指标时,无法回避这样一个问题,在资源约束型经济中,分配给投资的越多,留给消费的就越少。但是,经济体制中最高层**以下的**其他每个人,即做出局部决策的每个人都认为,只要另一个部门得到更少的投资和更低的工资,自己的部门就既能得到更多的投资,又能得到更高的工资。因此,对他来说,投资和消费的两难选择是**外在的**。他知道在投资和消费之间要有一个选择,但他个人不需要做出这种选择。

在这种情况下,只有最高经济决策者才会受到自身实际地位和社会角色的驱使而抵制工资浮动,正如只有他们才会被驱使抵制投资饥渴一样。其他人只有在受到指示和禁令的强迫,或者在经济和精神的激励下,才愿意抵制。

从上述内容中可以得出经济理论和经济政策方面的重要结论。分析这些结论将远远超出本书的主题,因此我们将集中论述一种观点,即**工资浮动是社会主义经济中导致通货膨胀的一个内在因素**。这种趋势之所以特别强有力,是因为中低层经济管理者只要不受工资纪律的约束,就不会抵制工资浮动,而是支持它。企业和非营利机构的预算约束越软,这种情况就越严重。工资浮动倾向并不是导致通货膨胀的唯一内在因素(其他因素已经在前面的章节中论述过),但无论如何,它是最重要的因素之一。因此,物价水平的稳定在很大程度上取决于(1)**制定**中央工资政策时,对工资浮动的阻力是否足够强大;如果是,(2)中央有关部门是否有能力**执行**工资政策,并遵守工资纪律。

维持工资纪律的指令以及相关的经济和精神激励制度,可以说内化了中低层管理者的选择问题。诚然,这种内化的产生是由于**行政**原因,而不是**经济**原因,是上级指示、禁令、奖金等措施的结果。① 然而一旦这种情况出现,低中级管理者同样要面对。他是应该屈服于**来自底层**推动工资上涨的压力,还是屈服于**来自上层**试图将名义工资的涨幅控制在一定范围内的压力? 通常他会有两种不同的行为方式(这与他在投资方面的行为类似),对下属严格,对上级苛求。对下属,他要遵守工资纪律,同时也要从上级那里为他所在的部门争取更多的工资。微观组织(企业或非营利机构)与其上级主管部门之间在按照绝对工资基金计算的平均工资、与工资有关的政府税收和福利以及其他方面如何进行讨价还价,取决于经济管理制度和工资控制的具体形式。结果是一样的,管理者希望在他的企业或非营利机构中支付更高的工资。

由于工资浮动及其阻力,一般会出现以下情况。

在整个经济的工资计划正式通过**以后**,各项工资指标仍然被突破了,虽然这种情况不常发生,也不多见。但更重要的是,下级要在工资计划和中央工资政策确定**之前**施加压力,并试图说服上级通过提高名义工资来缓解工资紧张状况。这些现象在不同国家、不同时期出现的频率和强度都是不同的。

---

① 我们早在第9章提到,匈牙利改革后的经济管理制度部分地试图通过与利润挂钩的激励措施将困境内部化。企业至少是在各种法规确定的框架内处置剩余的那部分利润。它可以决定是将其用于企业发展,还是用于提高个人收入。因此,这里出现了投资与消费的两难选择,虽然是以较小的规模出现的。

16.6 鼓励与抵制工资浮动的力量之间的妥协

让我们以某种方式总结一下对工资浮动倾向的论述,使它与上一章所讨论的价格浮动之间形成突出的对比。我们假定,实际实现的名义工资指数是两种假定量(**由分散因素决定的名义工资指数和由集中因素决定的指数**)的加权平均数。对于在 t 年的职业 i,名义工资指数用 $W_i^{\text{decentr}}(t)$ 表示。它是基于这样的假设,即名义工资完全是由工人和企业或非营利机构的当地管理者之间的协议决定的。这些管理者可能会受到政府税收和信贷政策的影响,但他们在工资方面的行为不受行政规定的限制。分散的因素归纳如下:

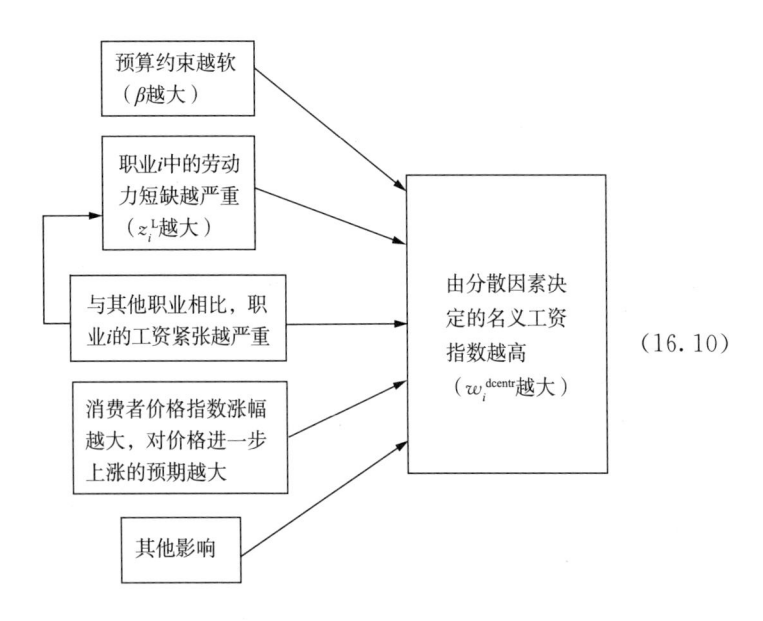

$$
\begin{array}{c}
\text{预算约束越软}(\beta\text{越大}) \\
\text{职业}i\text{中的劳动力短缺越严重}(z_i^L\text{越大}) \\
\text{与其他职业相比,职业}i\text{的工资紧张越严重} \\
\text{消费者价格指数涨幅越大,对价格进一步上涨的预期越大} \\
\text{其他影响}
\end{array}
\Rightarrow
\text{由分散因素决定的名义工资指数越高}(w_i^{\text{decentr}}\text{越大})
\quad (16.10)
$$

公式(16.10)用语言形式描述了**工资浮动函数**。然而,由于我们只知道因果关系的方向,而对这种关系的数量性质了解不够,因此我们无法用公式准确地表示这个函数。

解释变量中的第一个,是预算约束的软度。如果约束是硬约束,就会出现强大的抵制工资增长的分散力量。**预算约束越软弱,名义工资增长所造成的通货膨胀影响就越能以物价上涨的形式转嫁给国家或买方,抵制工资上涨的分散力量就越弱。**①

接下来的两个解释变量,即劳动短缺力和工资紧张,其影响应该是显而易见的。由于工资紧张也可能加剧劳动力短缺,这两个解释变量也存在相关关系(图表左边的箭头代表了这一点)。投入(包括劳动力)的短缺是通过本书中多处讨论的相互关系而不断维持的。企业和非营利机构的管理者认为,提高工资可以缓解本单位的劳动力短缺,因为这将吸引人才(这也许是对的,但这样做会把其他地方的员工吸引走,因此劳动力短缺仅仅是更换了地点而已)。因此,**劳动力短缺、工资紧张和工资浮动之间的因果关系不可避免地要在资源约束型经济中发生作用。**

第四个解释变量象征着一种众所周知的相互关系。消费物价水平的上涨会加强提高名义工资的努力。这就是在资本主义经济中导致工资-价格螺旋上升的原因。由于消费品越来越贵,工人要求的名义工资越来越高;如果名义工资的增长速度超过生产力的增长速度,单位生产成本就会上升,这迟早会导致物价上

---

① 我们的命题似乎也可以扩展到现代资本主义制度。我在此只提出这个想法,考察现代资本主义条件下工资的形成,将会超出本书的范围。

涨。在社会主义经济中,这种螺旋式上升可能会被国家干预所打破。企业间价格水平的上升并不自动导致消费价格水平的上升。我们在第19章讨论消费物价时,再来讨论这个问题。我们在这里只是强调,消费物价的上涨会加强分散力量提高名义工资的尝试。

列入图表中的解释变量并不力求完整。标有其他影响的方框表明还有其他因素在起作用。

因变量 $W_i^{\text{decentr}}(t)$ 是一个假设量值,因此不能直接衡量,它象征着一种不能完全运作的**倾向**。但我们可以得出关于其大小的间接结论。在不同层次的工资谈判中,工资要求是由下而上提出的,工资浮动的趋势甚至可以在这些数字上反映出来。

现在让我们来谈谈集中效应。让我们用 $W_i^{\text{centr}}(t)$ 表示短期计划中职业 i 在第 t 期名义工资的增长。[①] 它表示中央工资政策的期望水平。在第16.2节中详细描述了它是如何发展的,这是一个包含七个步骤的决策算法。

问题仍然是,在计划完成时,中央经济管理部门在多大程度上抵制或让步于来自底层的工资浮动的分散倾向。通过比较 $W_i^{\text{centr}}(t)$ 和 $W_i^{\text{decentr}}(t)$ 的值,可以估算出事前的抵制或让步的大小。

让我们假设,中央工资政策提供的名义工资涨幅,远远低于单独在分散力量的影响下所产生的涨幅。**实际发生的名义工资**

---

① 如果国民经济计划没有给职业 i 单独列出具体指标,与计划中表示的一般工资政策相应的 W_i^{centr} 仍然可以确定下来。

第 16 章 工资

的指数可以描述如下：[①]

$$W_i(t) = \rho_i^{(W)}(t) \cdot W_i^{\text{centr}}(t) + (1-\rho_i^{(W)}(t))W_i^{\text{decentr}}(t) \quad (16.11)$$

| 实际发生的名义工资指数 | 抵制参数 | 中央强制决定的指数 | 分散力量决定的指数的数量 |

不带上标的 W_i 是可以直接观察到的事后量值，而带有 centr 和 decentr 的 W_i 却是事前量值。参数 $\rho_i^{(W)}(t)$ 表示管理部门在执行工资计划的过程中对工资浮动的阻力。如 $\rho_i^{(W)}(t)=1$，表明计划是 100% 执行的。如 $\rho_i^{(W)}(t)=0$，表明分散力量不受阻碍地发生作用。在现实中，这两种极端情况都不会出现。每个职业中政府抵制的参数值和抵制阻力程度不一定完全一致。有些部门、职业和专业容易抵制，而有些部门、职业和专业的压力则更难抵制。

抵制参数 $\rho_i^{(W)}(t)$ 的取值是体制的一个重要特征。在社会主义经济中，参数值相当接近于 1。这里，我们用公式（16.11）以符号的形式表述了第 16.1 节中用词语表达的内容。中央经济领导层能够行之有效地贯彻其工资政策。

值得一提的是，在第 16.3 节结尾处提出了一个问题，但没有得到回答。我们对简化的劳动力市场模型提出了质疑，该模型借助于马歇尔供求曲线描述了劳动力供求与工资之间的关系。在第 16.3 节中，我们讨论了因果链的一个方向，即工资决定了劳动力的供求关系。现在我们准备讨论另一个方向，即劳动力供求的关系决定工资。我们认为，劳动力需求和供给之间的关系，确实

---

① 公式（16.11）与描述抵制价格变动的公式（15.1）类似。

对工资有重要影响,它是作为一个解释变量。实际因果机制要复杂得多。一方面,正如我们在第 16.2 节的算法中所明确的那样,中央工资政策的制定是一个复杂的决策过程,由许多步骤组成,并体现了若干相互关系。另一方面,我们在图(16.10)中说明了工资浮动的分散倾向,这是由经济系统中的个人、企业和非营利机构的管理者的行为规则以及他们之间的社会关系所造成的。名义工资的实际水平,是这两类主要力量之间妥协的结果,正如公式(16.11)所示。

最后,我们可以从中得出关于**短缺**(本书的主题之一)的另一个普遍性经验,即工资政策对短缺现象有具体的影响。降低某个部门的工资紧张程度,可以阻止劳动力从该部门移出,甚至可以吸引劳动力进入该部门。此外,可以设想一种相对工资体系,在不同行业、职业、企业和地区之间更均匀地分配短缺。这样一种政策将减少在职失业,也就是减少不可动用的内部劳动力滞存,这一切都极端重要。**但是,一旦形成了不断维持劳动力短缺的社会条件,就没有任何工资政策能够消除长期的劳动力短缺。**

第17章 商品和服务在家庭之间的分配

17.1 引　言

由企业和非营利机构组成的部门与家庭部门之间存在双向联系。首先，家庭向企业和非营利机构"出售"劳动能力，并因此获得工资；这是关于就业的第 11 章和关于工资的第 16 章所讨论的主题。其次，企业和非营利机构生产商品和服务，供家庭消费。家庭或者支付零售价格购买这些消费品和服务，或者免费获得。这第二种联系将在本章和第 18 章中讨论。

这个主题在两章之间划分如下。本章讨论商品和服务从企业和非营利机构流向家庭的**分配机制**。下一章描述流向的终点，**讨论家庭的行为**以及支配家庭消费和储蓄的规律。

虽然第 17 章的理论和方法论思想被设定为适用于从企业和非营利机构流向家庭部门的商品，但其中一些思想也适用于企业和非营利机构之间的商品流动。[1] 但我们在这里只能提请注意这种潜在的应用，因为没有篇幅进行详细的说明。

---

[1]　论述企业行为的第 4 章至第 8 章以及第 14 章应以第 17 章作为补充。

必须在术语上做两点初步说明。为简洁起见，本章中商品一词经常用以指家庭使用的消费品和服务。家庭和消费者这两个词可以互换使用。

17.2 免费分配、名义价格和有效价格

我们从**价格**开始讨论。假设消费品价格是给定的。其中包含价格向量中的某些分量为零的可能性，因此消费者免费获得一些商品。我们对价格决定和消费者价格如何受家庭行为影响的分析推迟到第 19 章。在这里，我们只讨论反向关系，即价格一旦给定，如何影响家庭。

正如在第 16.4 节所证实的，家庭预算约束是硬性的。事实上，消费者对价格的反应强烈。但是，这种反应性有一个感知阈值，应该先分析一下。

需求价格的概念在一般微观经济学中很常见。需求价格是指在其他条件不变的情况下，某个消费者愿意为某种产品支付的价格。这个限定非常重要。需求价格是一个局部均衡的范畴。其他每一个价格、收入和家庭预算约束都是给定的。需求价格的纯粹解释意味着，家庭在所有其他项目上的支出与需求价格是一致的。

观察需求价格是极其困难的，因为正如我们很快注意到的那样，无法确定消费者是否为任何实际购买支付了需求价格。也许实际价格低于他准备支付的价格。但是，如果我们放弃对消费者行为的直接观察，而只考虑消费者所说的话，那么很容易发生他

第17章 商品和服务在家庭之间的分配

们对采访者的回答并不准确。一个消费者可能会声称愿意为某一产品支付这么多钱，但到时候，他可能无法将这笔钱从其他商品的支出中直接取出来。但是，让我们假设观察的问题已经解决，并且从抽样调查中得出了一个令人满意的一般性结论。[①] 我们知道潜在消费者对某种产品或产品组的需求价格的分布情况。

这可以从图17.1中看出，该图完全是为了说明性，并不是基于实际调查。为了简化说明，让我们假设我们处理的是幼儿园的名额。纵轴绘制的是数量，以某一日期的幼儿园名额数量来衡量（我们把服务质量视为既定的）。横轴绘制的是需求价格，用 p_d 表示。图中曲线表示需求量是需求价格的函数。[②] 也就是说，$d(p_d)$ 表示所有愿意**至少**支付需求价格 p_d 的一切潜在购买方的需求总量 d。[③]

$p_d = 0$ 对应于**充分满足水平** d^{sat}。我们假定需求是**有限的**。在目前的情况下，这是微不足道的，因为幼儿园适龄儿童的数量也是有限的。然而，我们可以假设充分满足水平低于这个最大值。即使免费提供服务，许多家长也不会让孩子上幼儿园。

在需求价格区间 $[0, p_d^{nom}]$ 内，函数 $d(p_d)$ 是一条表示充分

[①] 通过使用适当的测试题，可以提高访谈调查的可靠性。我们知道，有许多旨在找出消费者的需求价格的有趣的研究。例如，瑞典曾就家庭对不同类型和不同位置的公寓的"需求房租"（出价房租）进行了调查。（见 Gustafsson-Hårsman-Snickars，1976。）

[②] 在画连续的凸形曲线时，我们遵循需求理论的惯例。从我们自己的推理角度来看，这并不是本质性的。假使曲线的形状不同，这并不影响我们的命题。

[③] 标准需求函数的参数是根据对消费者实际购买的观察估计出来的，只有在满足一定条件的情况下，才能被认为是近似于图17.1所示的理论曲线。而且即使是这样一种近似描述，也只能在实际价格附近才是有效的。

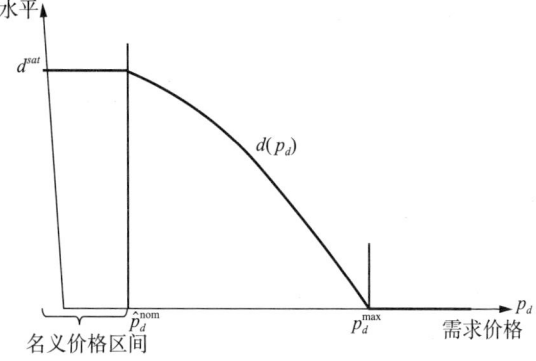

图 17.1 需求价格与需求量之间的关系

满足水平的水平线。这些仍然是**名义价格** *。如果每月收费5福林或者10福林，那些愿意让自己的孩子上免费幼儿园的人仍然会让他们入园。**在名义价格区间，价格是无效的；需求完全缺乏价格弹性**。只要不达到临界值 $\hat{p}_d^{nom}$，提高价格不会使需求降低到充分满足水平以下。（即使是名义价格也会减少可用于其他支出的收入，但这是另外一回事）。

临界值 $\hat{p}_d^{nom}$，是"感知阈值"。超过这一点，价格对需求方是**有效的**。①价格越高，使用幼儿园服务的人就越少，直到最后，没有人愿意支付超过需求价格 $\hat{p}_d^{max}$ 的费用。超过这个价格，需求就完全缺乏价格弹性。因此，有效价格区间为 $[\hat{p}_d^{nom}, \hat{p}_d^{max}]$。就目前而言，我们暂时不讨论在有效区间内是否存在"均衡价格"的问

---

* 在本章中，名义价格一词指的是对消费者行为影响小到无法觉察的价格。它并不是指以货币衡量的价格。—— 英文版编者

① 本章不讨论价格对供给方面的影响。这在第14章已经讨论过了。

题。我们只是说,低于或高于这个区间的价格是无效的。

家庭消费中,家庭免费或以名义价格获得的商品与必须支付实际价格的商品之间的分类是一个非常重要的指标。社会主义经济的特点之一是免费或几乎免费的消费比例相对较高。

17.3 充分满足水平

如果实物供给达到(或者,为了安全起见,略为超出)充分满足水平,产品的分配就不会造成问题。让我们更仔细地研究一下这个问题。

我们可以说,只要其他条件不变,**任何个人的需要都能在短期内得到充分满足**。对"满足"的解释如下。

(1)有些需要在**生理或生物方面或者在这两个方面是有限的**。例如,营养和取暖。

(2)消费**需要时间**,而个人可利用的时间是有限的。例如,即使娱乐都是免费的,娱乐所需的时间也会限制需求。

(3)消费可能**伴随着烦琐的负担**,希望避免这些负担的发生,就会抑制需求。例如,即使城市公交免费,也没有人仅仅为了享受免费待遇而出行。

(4)有些商品或服务只能和互补性投入一起消费。对有关产品的需求,可能会受到互补性投入的限制。让我们回顾一下,我们是在处理单一商品的满足问题。例如,即使公寓是免费的,或者房租与房间数目完全无关,住户仍不愿意要求过大的房屋。他们会因为没有那么多家具,或打扫卫生的工作量太大,而受到限制。

各种原因可以综合起来找。无论如何,决定充分满足水平的是四个限制中最小的那个限度。

虽然每一种需要都有各自的充分满足水平,但**总体需要是无法满足的**。之所以如此,部分原因在于随着技术和文化的变化,需要正变得越来越差异化;新的需要不断出现,而其他需要却不复存在。还可以通过扩大补充性投入来提高充分满足水平。如果人们能够负担得起更多的家具和家用设备,对公寓大小的充分满足水平就会提高。

传统上,社会主义运动将共产主义最高阶段的社会分配原则定性为按需分配。这将允许一种完全消除货币的分配制度。在实践中,社会主义经济公开或暗地把这一思想搁置一边,理由是我们还需要时间来考虑。但事实上,客观地分析这个非常重要的问题,比出于虔诚或愤世嫉俗地忽略它要好得多。

事实上,社会也许能够满足**一些人**的**所有**物质需要,但这样就会剥夺另一些人的权利,迫使他们进入相对较低的消费水平。或者说,社会能够满足**所有人**的**一些**需要,但它会满足他们的某些其他需要,远远低于充分满足的水平。但是,一个能够令**所有公民**的**所有**需要达到充分满足水平的社会,不仅在今天,在将来也是不存在的。无论物质福利如何增加,技术和文化的发展总是会增加物质需要。

在这种条件下,社会面临着几个相互关联的决策问题。[1] 首

---

[1] 我们使用社会决策这一表述时,我们没有说明这种选择是**如何**做出的。它可能是在不知不觉的历史进程的框架内做出的,也可能是在有意识的规划活动之前做出的。社会决定可以以任何政治、法律和组织形式做出。

先，是否要使什么特别的需求要达到充分满足水平？事实上，仅仅从物质可行性和资源的角度来看，任何一个处于中等发展水平的国家都可以承担起满足一些重要的个人需要的任务，使其达到充分满足水平。高度发达的国家可以在更大范围内做到这一点。让我们假设在这样的国家里，决定给每个家庭免费提供一部电话，而且该地理区域内的本地通话也是免费的。要在几年内建成一个可以充分满足需要的通话系统也不是不可能。即使免费，大多数人肯定也不会日夜使用电话。

但是，即使这在物理意义上并非不可能，建立这样的电话系统还是需要大量的资源，并使它们不能用于其他用途。因此，**任何制度对于增加任何商品或服务的供给，使之达到充分满足都是极为谨慎的。**

但是如果实物供应量达不到充分满足水平，同时产品的价格又不是有效价格，就必然会出现产品短缺的情况，即使产品的价格是有效的，仍然**可能**出现短缺（下面我们再来讨论这个问题）。但如果价格不是有效价格，在供给量低于充分满足水平的条件下，就**一定**会出现短缺。在免费分配或近乎免费分配的情况下，短缺**肯定**比在有效价格的情况下更严重。

既然我们是通过简单的演绎推理得出这个结论的，那么最重要的是，我们迈出的任何一步都不应该违反逻辑。根据以上所述并**不能**得到**任何**明确的结论。我们的推理思路还留下了这样一个问题，供给量低于充分满足水平的商品，如果免费分配或近乎免费分配，对社会利益是有益还是有损？社会可以为了其他社会利益而接受短缺的成本，例如按照特定的标准进行分配。但是，我们应该认识到,在这种情况下,短缺是**必须**付出的代价。

17.4 分配方案

稍后我们将重新讨论价格问题。目前,我们对它们的了解已经足够,可以开始我们研究**分配方案**。让我们首先了解一下关系式(17.1)。在这里,我们关注的是对单一产品或一组产品的分配。

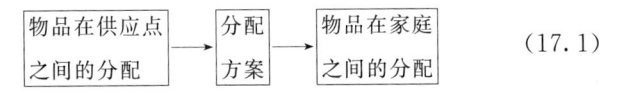

$$\boxed{\text{物品在供应点之间的分配}} \rightarrow \boxed{\text{分配方案}} \rightarrow \boxed{\text{物品在家庭之间的分配}} \quad (17.1)$$

从数学意义上讲,分配方案是一个函数,它建立了实物供应与产品在家庭之间的分配之间的对应关系。这通常不是由一个单一的综合决策决定的,而是由一系列包括若干步骤并按照确定的规则所做出的决策决定的。因此,分配方案可被视为一种决策算法。

该分配方案通常不以明确确定方式来决定产品的分配,而是作为一种随机规则来起作用。

有时,分配形式是经过我们审慎规则的,例如,一种旨在满足明确标准而设计的配给制度;在另外一些时候,它却是一种未经筹划的、毫无特点的社会过程。

分配方案构成了一个经验性的范畴。在现实中,可以观察到各种各样的形式,但为了理论分析的目的,我们将考虑以下三种纯粹的方案。

(i)拍卖;

(ii)配给；

(iii)排队。

在现实中,这些方案要么以纯粹的形式出现,要么,更为常见的是,作为组合方案中的构成要素。此外,还有一些不同于上述三种方案或它们的组合的其他方案。强行收购货物就是一个例子。在较早的历史时期,这些甚至可能比上述三种方案起着更重要的作用。然而,在每一个当代社会制度中,上述三种基本方案或它们的组合都占主导地位。即使不排除其他社会制度(即使将其他社会制度都包括在内),大多数物品也是借助它们分配给各家各户的。

17.5 拍 卖

第一种方案被称为**拍卖**,简记作 A。我们的目的不在于一般性的描述,而仅限于讨论实物供给给定时的特殊情况。[①]

最能说明问题的场合就是真正的拍卖,例如一件艺术品的销售。所有潜在的买方同时在场,出价最高的买方将得到该商品。

但是,所有的潜在买家没有必要在同一地点相互竞价。至少在理论层面上,一个等价的分配方案在其他几种情况下也可以起作用。通过拍卖进行分配的模式将借助于图 17.2 来说明,这是

---

① 如果仅仅就企业之间商品的流动而言,按需求调整供给已经在第 3、6、8、9 以及 14 各章中讨论过了。但是,经过必要的修改,那些章节说明的观点也可以应用于企业部门向家庭部门提供商品的情况。在第 19 和 21 章,将会对以上所述内容再做一些补充说明。

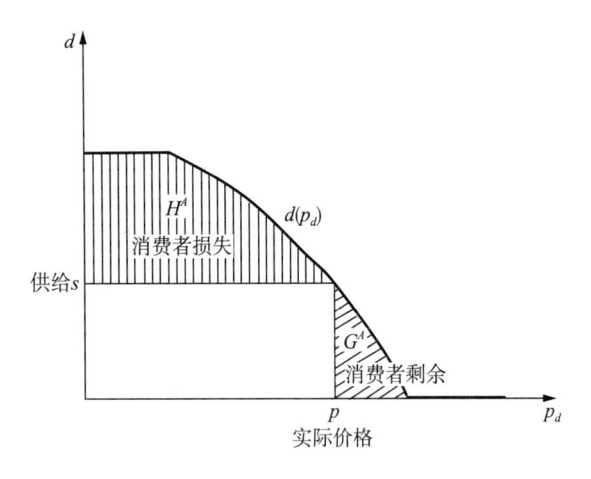

图中纵轴为 d,横轴为 p_d (实际价格)。图中标注:H^A 消费者损失、$d(p_d)$、供给 s、G^A 消费者剩余、p。

图 17.2　拍卖方案中的分配

对图 17.1 的再现和补充,因此,最简便的方法就是沿用我们先前对该模型的解释。让我们假设一个国家或地区的所有幼儿园名额都通过拍卖方式出售给潜在的申请者。申请者按照提供的需求价格排序,从右到左依次进行。在第一位,我们可以找到出价最高的人,例如每月收费 1 000 福林,第二位是出价 990 福林的人,依此类推;在名单的最后,是那些最多只愿意支付名义价格或根本不愿意支付的人,但他们仍然希望得到一个名额。

幼儿园的名额,或实物供应量是有限的,而且低于充分满足水平。它用 s 表示,在图中用一条水平线表示。价格 p 位于这条水平线与需求曲线的交点处。**选择过程**开始了。分配方案将所有的要求者分为两组,即**获得产品的人**和**不能获得产品的人**。拍卖方案的**唯一选择标准**是需求价格。只有在满足以下两个条件的情况下,这个标准才能以纯粹的形式起作用。

第17章 商品和服务在家庭之间的分配

（1）买方已严格按照其需求价格排序。

（2）实际价格恰好定在供应完全分配给愿意支付这个价格的人的水平上。

这就是**瓦尔拉斯市场均衡价格**。提起瓦尔拉斯有着双重意义。这一价格不仅仅以瓦尔拉斯学派思想体系中的均衡价格而著名。这个名称也是有道理的，因为正是瓦尔拉斯描述了价格形成和分配的拍卖模型[①]。他这样做是正确的，因为这是一种纯粹的按照出价排序的情况。

在拍卖方案中，每一个个人需求价格低于实际价格的买家，会**自动**停止购买。通过将这些买方排除在外，达到市场出清（即市场处于或趋向于供求相等的一般均衡状态）。我们已经得出了一般微观经济学的一条基本定理。无论这一定理多么基本和众所周知，只要是为了考虑它是有效的特殊条件，这里都应该强调它。**当购买方的预算约束是硬性的，价格是有效的，一些渴望该产品的购买方，会主动放弃购买**。而且，如果这一价格是通过拍卖方式形成的，也就是说，如果是瓦尔拉斯均衡价格，那么，潜在的购买方就会自愿地回避，而供应量恰恰能满足没有退出的购买方的需求。

所有愿意支付高于实际价格 p 的人，用马歇尔的术语来说，都会得到**消费者剩余**[②]。图中斜线阴影区域给出了消费者剩余的总和，用 G^A 表示（A 代表拍卖）。

在实际价格 p 点退出需求市场的人将遭受损失。这种损失

[①] 在瓦尔拉斯（Walras）的模型中，需求和供给都对拍卖过程中的叫价做出反应。

[②] 早期文献使用消费者租金这个术语。

可以称为**消费者损失**或者**负消费者剩余**。图中垂直线阴影区域给出了这一消费者损失的总和,用 H^A 表示。这就是被排除在消费之外的购买方为获得产品而愿意支付的金额。

新古典经济学喜欢把产品**分配**和收入**分配**问题区分开来。前者涉及**产品**在购买方之间的分配,后者涉及货币**收入**在社会各阶层、群体和个人之间的分配。我们在这里不讨论收入的来源和分配与社会关系和生产关系相关联的问题。我们只是强调,**每一种产品分配机制都会产生收入分配的后果**。在拍卖方案中"有钱能使鬼推磨"。愿意支付更多的人处于优势地位。他不仅得到了产品,还得到了消费者的剩余[①]。

按需求价格排序不一定与按财富或收入排序相对应。可能有一些比较贫穷的家庭,对他们来说,把孩子送进幼儿园是非常重要的,因此他们以其他项目的支出为代价,提出了比较高的价格;相反,可能有一些比较富裕的家庭只愿意支付少量的费用。似乎可以肯定的是,家庭的财富和收入与所给出的需求价格之间存在着密切的正相关关系,这一点可以通过经验进行检验。恰恰是这一方案的该特性引起了一些人的反对,他们认为这一分配原则在政治上和道义上都是不可接受的(我们将再回到这个问题,即通过将拍卖方案与其他方案结合起来,这些后果可以在多大程度上得到纠正)。

[①] 如果每一个人都必须按出价支付,而不是按统一的瓦尔拉斯均衡价格支付,这种好处就可能出于价格歧视而丧失。但在这种情况下,就应当有一个不同的分配方案。

第 17 章 商品和服务在家庭之间的分配

17.6 配　给

第二种基本的分配方案称为配给，用 R 表示①。我们将再次将讨论限制在各家各户之间分配的实物供应给定的情况下。

根据决定配给的人或机构的不同，有两种主要的变形。一是由**生产者配给**，商品或服务的生产者自己决定其产出在潜在用户之间的分配，但不是根据提供的需求价格，简记为 R^{supplier}。另一种主要变形是**行政配给**，用 R^{adm} 表示。例如，政府部门可能会决定企业应该把产品分配给哪个家庭。因此，在这种情况下，生产者和分配者的角色是分开的，各自的动机和行为规则不同。②

在实践中，配给制度在细分的不同程度上差异可能会很明显。我们将只讨论一种纯粹的形式，即按最细分的情况进行配给，例如，将一个特定的单位分配给一个特定的家庭。在综合分配的情况下，补充方案（例如，排队）会进行分类分配。但这是一种组合方案，而不是纯粹的形式。

各种配给方案在家庭在最终分配中的主动或被动程度上有所不同。消费者的要求是否事先表达过？如果表达过，实际的配给在多大程度上符合他们的要求？

---

① 最先给配给建立数学模型的尝试出现于几年以前。例见 Drèze（1975），Manove（1973），Shaw（1976）和 Grandmont（1977）。有些文献讨论了配给与价格体制之间的关系，值得注意。例见 Tobin（1970a）和 Weitzman（1977）。

② 可以想象这两种变形结合起来的情况。比如说，起初是由生产者决定配额，如果要求者不同意这个决定，他可以求助于行政部门。

在配给过程中使用一种或多种**选择标准**。根据定义,这些标准**不能包括需求价格**。配给这一概念本身就意味着,**根据非价格标准进行分配**[①]。如果在真正的分配机制中,**既**采用需求价格标准,**又**采用下列一项或几项标准,则应将其视为一种组合方案($A+R$)。

在不要求完整的情况下,我们将在此列举几个在实践中经常使用的特色选择标准。

(a)迫切需要;

(b)功绩;

(c)家庭背景;

(d)社会地位;

(e)政治表现;

(f)个人与分配者的亲缘关系或友情;

(g)对分配者的回报;

(h)贪污。

很少有人会否认标准(a)**迫切需要**的道德合理性。如果从伦理角度比较拍卖和配给,这一选择标准有力地支持配给,反对拍卖。如果一家医院的容量有限,那么,从医学的角度来看,应该给那些需要住院治疗的人治疗,即使他无力支付治疗费用,还是给那些也可以在家治疗但有能力支付住院治疗费用的人治疗?迫切需要作为选择的标准,特别是在下列经常同时发生的情况下,显得尤为突出。

---

① 我们的定义还有一种否定含义:这些选择标准不包括先来后到的次序在内。后者将在下面一节作为排队这样一个独立的纯粹方式加以描述。另外,在谈到选择问题的时候,我们还要提及第 4 章和第 6 章已讨论过的一些问题。

（ⅰ）必须满足每一个社会成员的**基本需要**。必须保证每个人的最低限度的衣食住行、健康和教育。也就是说，按需分配的分配原则必须至少在基本层面上得到应用。

（ⅱ）根据社会正义的原则，必须满足家庭中**无收入成员**的需要。即使父母的收入是对其劳动表现的一种可接受的报酬，但为什么子女的教育标准或住房条件要取决于此？

从上述内容来看，配给制并不是解决这些问题的唯一方法。[①] 然而，我们从经验上观察到，正是迫切需要的标准促使一些国家的决策者实行配给制。在卫生、教育和住房等部门，以及在经济发展水平较低的国家，在粮食分配方面，这种动机尤为强烈。

标准（b）、（c）、（d）和（e）比标准（a）更容易受到质疑。没有人从道德的角度反对后者，人们只是对迫切需要的准确定义提出质疑，并对这一原则是否应该通过配给来实施提出质疑。但还有更多的人怀疑，在分配消费品时，是否应该将功绩、家庭背景、社会地位和政治表现等考虑在内。

我们只能再次提出一个基于经验观察的看法，即没有一个社会在商品分配中完全不采用这些选择标准。各种制度之间的差别包括：（1）这些标准是**公开地**起作用，还是**隐蔽地**通过非正式机制发生作用；（2）是由**行政部门**还是由**生产者**自己决定配给；（3）以这些标准为基础的配给方案应用的范围有多大；最后，也是最重要的是（4）这些特定的标准在**实践中**是如何规定的。让我们以大学入学为例。没有一种大学制度是只根据所提供的学费或

---

① 可以使用几种组合方案。其中一些已在实践中应用，另一些则在文献中提出。

需求价格来决定是否录取的。申请入学者的价值,从中学的成绩报告单可以反映出来,起到了一定的作用。但是他的家庭背景(他的肤色、宗教信仰、国籍或父母的职业)可能是优势或劣势,他的家庭的社会地位和他的家庭或他自己的政治表现也可能是优势或劣势。在配给制中如何使用标准(b)、(c)、(d)和(e),是任何社会经济制度性质的一个重要指标。正因为如此,我们不可能完全从经济或技术官僚的角度来判断某种配给计划不受政治考虑的影响。是否接受或拒绝任何实际的配给方案,与做出判断的人的政治和道德价值观是分不开的。

使用标准(f)、(g)和(h)受到任何公开宣布和普遍接受的道德规范的谴责。这通常也是法律所禁止的。然而,没有一种制度可以完全避免这种滥用。问题只是这些标准在多大程度上很少或多频繁地被使用,以及是否在重要或关键的决定中被使用。[①]

配给方案的实际变形不计其数,社会科学的任务就是提供一个事实性的经验描述。[②] 由于如前所述,选择标准并不总是公之于众,因此这项任务就更加困难。而即使选择标准是公开宣布的,实际选择过程也可能偏离所宣布的原则。

任何配给方案都会影响收入的分配。[③] 它总会使社会上的某些成员得到优待。因此,配给进行的是一种再分配,它凌驾于

[①] 见 Hankiss(1978)关于贿赂问题的出色论文。

[②] 瑞典学者已经研究了住房分配的问题,例见 Lindbeck(1967);美国的研究人员分析了医疗服务的配给问题,见 Cooper-Culyer(1973);匈牙利论述住房分配问题的文献,见 Konrád-Szelényi(1969)和 Dániel(1978)。

[③] 关于免费分配和配给对收入分配的影响,见 Ferge(1975a,b), Ladányi (1976)和 Dániel(1978)。

第17章 商品和服务在家庭之间的分配

货币收入的分配之上。这种再分配的效果可以用许多指标来描述。在这种情况下,有一个指标也值得注意,那就是**消费者剩余**或者**消费者损失**(负消费者剩余)。图 17.3 和图 17.4 说明了这一点;两者都延续了图 17.1 和图 17.2 的思路。让我们假设已经进行了一次行政分配;地方议会已经决定如何分配该地区的幼儿园名额,得到这些名额必须支付名义费用 p^{nom}。

配给方案将所有申请者分为两组,得到名额和没有得到名额的人。如果幼儿园的名额被"拍卖",每一组成员根据他们愿意支付的需求价格分别进行排序。第一组的情况见图 17.3。在价格区间 $p_d > p^{\text{nom}}$ 以上的区域是得到名额那些人的消费者剩余,用 G^R 表示。其中 R 表示配给。这是第一组为了得到名额愿意支付的超出名义价格以上的总额。消费者剩余是既定的配给制在名义价格 p^{nom} 上对他们的社会贡献。

图 17.3 得到配额者的消费者剩余

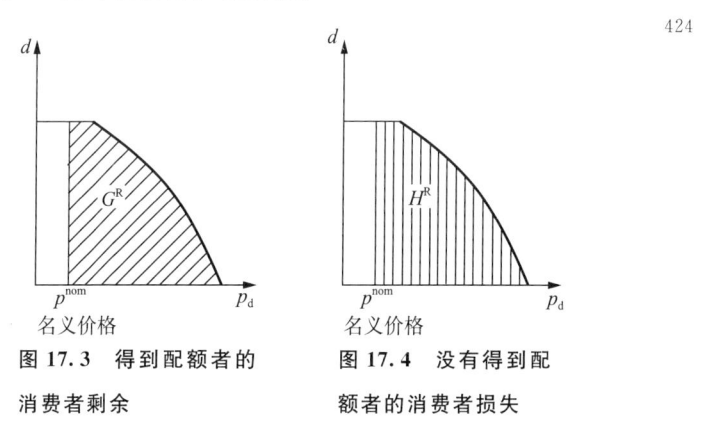

图 17.4 没有得到配额者的消费者损失

图 17.4 显示了第二组的情况。在这里,价格区间 $p_d > p^{\text{nom}}$ 以上的区域表示**没有分配到名额的那些人的消费者损失**,用 H^R

表示。这是被拒绝的人愿意支付的高于名义价格的数额。

将图17.2与图17.3和图17.4进行比较,不能得出一般性的结论。其结果取决于有关的名义价格 p^{nom} 以及实际配给方案中使用的选择标准。与假设的纯粹拍卖制相比,是否已经发生了一种真实的再分配,还不确定。也许相对较多的能够或者愿意支付高价格的家庭得到了名额。由于他们不仅获得了服务,还是以名义价格获得了服务,他们增加了消费者剩余。

消费者损失 H^R 从两个角度来看是非常重要的。首先,它是一个重要的**短缺指标**,因此,它可以包括在表明消费品短缺强度的向量 z 的分量之中。它表达了消费者对所受损失的主观判断。除此之外,它还间接反映了消费品市场的**通货膨胀压力**。被拒绝的申请者会愿意花费 H^R 的金额来获取这项服务。这可能成为推高私立幼儿园、保姆等价格的一个因素。

然而,我们必须提醒读者,在解释指标 H^R 时必须**谨慎**,不仅因为如前所述,观察它很困难。即使能够精确衡量 H^R,我们也应该记住它是一个**局部**指标。让我们假设有 m 个产品和 n 个家庭。当第一个家庭宣布它愿意为第1个产品支付的需求价格时,它做出这个声明的前提是第 $2,3,\cdots,m$ 个产品的价格保持不变,并且它的预算约束是给定的。也许,在这样的条件下,该家庭愿意比先前第1个产品的价格多支付20%。但是,如果第 $2,3,\cdots,m$ 个产品的价格同时上涨,该家庭将无力支付涨价的金额。因此,所有家庭对所有产品的消费者损失总和 $\sum_{i=1}^{m}\sum_{j=1}^{n}H_{ij}^{R}$ 就是一个没有意义的概念,它当然不能衡量家庭的总的过剩需求。

17.7 排　队

第三种基本方案的名称是**排队**,用 Q 表示。排队问题在第 4 章和第 7 章中已经提到过,在数学附录 A 中也有讨论[1],但这主要是从企业作为买方如何对排队做出反应的角度出发的。现在我们把排队作为一种分配方案来考虑。

如同前面两种纯粹的方案一样,我们将不试图进行一般性描述。我们的论述将限于给定家庭之间分配的实物供应的情况。可以区分为三种主要类型。

(a)**有形**排队。那些等待被服务的人确确实实在提供商品或服务的人面前排队。

(b)**按号**排队。申请者取得序号后,可以离开,轮到自己时再回来。

(c)**按到达顺序分配**。在供应点可能永远不会有两个申请者同时出现,因此不会形成队列。但是,随着消费者的到来,他们每个人都可以得到他想要的产品,直到产品售完为止。

这三种类型的共同特征是,**到达供应点的顺序**(或相当于提出要求的顺序)**是唯一的选择标准**。因此,先到的人比后到的人有优势。

到达的顺序可能是严格随机的。但是,在某些条件下,到达顺序可能是某些解释变量的函数。例如,退休人员或家庭主妇与

---

[1]　我们早已给出论述排队问题的丰富文献的参考书目。

在职人员相比可能处于更有利的地位,可能仅仅由于他们有**更多的时间排队**。

近年来发表的关于非均衡理论的研究,经常把"配给"作为一个集合名词,指的是 R 方案和 Q 方案。我们认为,将这两种方案严格分开更加适宜。在 R 方案中,一个确定的**人**(个人或者一个机构)根据备选的可能标准进行选择。与此相反,在 Q 方案中,选择的过程**不受个人感情影响**,完全基于到达时间。这是一个非常重要的区别,它影响到决定配给方案的人和接受配给货物的人之间的社会关系。

买方所能掌握的信息起着相当大的决定性作用。如果产品到达供应点的时间不定期,那么供应商可以帮助申请者,告诉他什么时候来取产品。在这种情况下,排队方案只是在表面上起作用。实际上正在进行的是配给制,分配者根据他自己的选择标准决定谁应该排在队列的最前面。

17.8 一个思想实验:用纯粹拍卖方案进行分配的条件

在现实中,以上三种基本方案中的任何一种以纯粹形式起作用的情况很少发生;它们通常是以组合的形式发生作用。如果我们首先进行一次思想实验,以澄清按照纯粹拍卖方案进行产品分配所必需的理论条件,就会有助于理解使方案的组合成为必要的社会条件。在 17.5 节中,我们确立了两个必要条件,但这些条件还不够充分,特别是在那里我们只讨论了实物供给的特殊情况。现在,我们把这个问题放到一个更广阔的范围内探讨,尽管现在我们还不力求完整性或最大限度的普遍性。我们将研究某个特定市场中的一个抽象的市场过程。买和卖的行为是定期重复的。这个市场是分散的,即相互独立的卖家和买家都参加,没有行政当局干预分配①。我们将把市场起作用描述为一系列事件。由于这是一连串不断重复的事件,所以我们从哪里开始都没有区别。

(1) **需求价格和供给价格的决定**:出价。当事人根据他以前的经验为下一次交易出价。价格的确定在第15章和第19章中有更详细的论述。我们在这里只想说,出价对市场的影响有多迅速、多完美,取决于市场的具体特征。讨论资本主义经济的描述性著作在无数场合强调,价格在许多地方常常反应迟钝,具有长黏性或具有刚性,即使并非总是如此、处处如此。对于社会主义经济中的价格来说,这一点甚至在更大程度上是成立的。我们用 ξ 来表示描述**价格刚性**的各种指标组成的向量。我们不想详细说明衡量带来的困难,而只想建立这样一个通常的观念,即 $\xi=0$ 描述的是当价格体系不存在任何刚性时的状态,以便需求价格、供给价格和买卖双方协议的实际价格立即完全地对市场做出反应的实际状态。价格越具有刚性,ξ 的各个分量所取的值就越大②。

(2) **对报价的感知**。每一个感知都具有两个方面,一方面取

---

① 这个特定市场究竟是在资本主义经济制度下还是在社会主义经济制度下运行的问题暂不考虑。

② 定义变量 ξ(以及本章后面引入的类似变量)时将沿用本书前面各章使用的惯例。瓦尔拉斯系统将用相应指标的零值描述;对瓦尔拉斯参照点的偏离用指标的正值表示。

决于感知的对象,另一方面取决于感知者本身。我们举一个交通方面的例子。一辆汽车已经到了一个十字路口。司机的直接感知取决于什么?取决于是否有红绿灯,取决于是否能看到可能逆着红灯过马路的骑车人,因为如果是漆黑一片,骑车人没有车灯,那么在他到达司机自己的车灯之前,客观上是看不到他的。这些都是影响感知的**客观**条件。而汽车司机是否注意红绿灯,是否逆着红灯误闯,则是主观条件。

指标 Θ 描述的是感知的两个方面。$\Theta=0$ 的情况在以下条件成立,如果(a)市场对于所有的买家来说是**完全透明的**,因此**可以客观地知道所有潜在卖家的供应价格**(对卖方也必须做适当的修正);(b)每个买家都注意每个潜在卖家的供应价格,因为他有充分的理由这样做(这一点对卖方也同样适用)。衡量对价格缺乏反应能力的指标 Θ,其取的正值越大,对价格的感知受到客观或主观障碍的影响就越大。①

(3)**真实交易根据价格信号进行的调整**。在第 8 章中,我们介绍了用来描述调整**摩擦**的指标 w。在那里,这个指标被作为一种综合性的范畴使用。如果对任何信号或者反馈进行的调整不完全并且有延迟,这就用某个指标 w_i 的正值来表示。现在我们只把向量 w 中那些阻碍对价格信号进行完全调整分量纳入分析范围。我们用 w_p 来表示它们。

因此,如果买方(或卖方)能够完全适应价格信号而不产生任何摩擦,则 $w_p=0$。w_p 取的正值就越大,阻碍这种调整的摩擦就

---

① 上述价格反应指标 Θ 与在第 14 章中采用的因素 ϑ 有联系,但不相同。

第 17 章 商品和服务在家庭之间的分配

越强。现在的重点是客观摩擦。到目前为止，买家一直从卖家 X 那里购买，因为卖家 X 的价格比卖家 Y 的价格更便宜。现在，Y 提供了一个更便宜的价格。然而，由于使用 Y 提供的产品所需的补充性投入不能立即获得，买方无法转向 Y。因此，w_p 衡量的不是他**愿意**对价格做出多大的调整，而是他**能够**做出多大的调整。

在用公式表示我们的命题之前，我们再引入几个符号。

设 $\alpha[K]$ 为任何方案 K（纯粹方案或组合方案）在分配中的份额。具体来说，$\alpha[A]$ 是纯粹拍卖方案 A 所分配的份额，它的补数是 $\alpha[\mathrm{non}-A]=1-\alpha[A]$。补数的份额因此给出了所有其他方案的组合份额。在这些方案中，A 不再以纯粹方案的形式出现，而是与其他方案组合起来出现，或者根本不出现。份额 $\alpha[K]$ 是可观察和可衡量的量级。它们是系统的重要特征。了解它们可以深刻地了解经济的运行方式。我们首先说明以下几点。

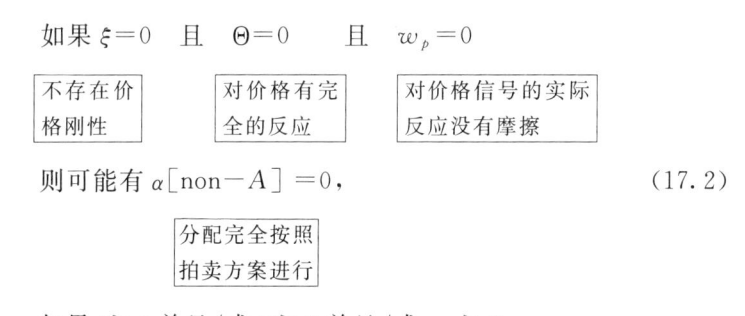

如果 $\xi=0$ 且 $\Theta=0$ 且 $w_p=0$

> 不存在价格刚性　对价格有完全的反应　对价格信号的实际反应没有摩擦

则可能有 $\alpha[\mathrm{non}-A]=0$，　　　　　　　　　　(17.2)

> 分配完全按照拍卖方案进行

如果 $\xi\geq 0$ 并且/或 $\Theta\geq 0$ 并且/或 $w_p\geq 0$

则不可能有 $\alpha[\mathrm{non}-A]=0.$　　　　　　　　　　(17.3)

现在，我们对经济制度的描述将引入一个新的维度。我们可以说明在某一特定市场中，各种分配方案完成了总贸易量的多大比例。这样，对于抽象的瓦尔拉斯参照点 $\alpha[\mathrm{non}-A]=0$，我们就得到了一个新标准。**瓦尔拉斯拍卖方案只有在价格完全具有灵活性、当事人完全感知价格,并据此进行完全调整的情况下,才能自行分配产品。**

但是,即使是公式(17.2)和(17.3)也只是谈到完全使用拍卖方案的可能性或不可能性。这种可能性也必须加以考虑。如果要专门使用拍卖方案,还必须使每个当事人都**希望**采用这一方案。如果无论出于何种原因,买方(或卖方)偏爱社会声望较高的卖方(或买方),或与他有私人友谊的卖方(或买方),或向他行贿的卖方(或买方),尽管他的价格不那么有利,拍卖方案也不再以纯粹的形式发生作用了。

即使条件(17.2)在其他方面得到满足,也**可能**发生这种情况,因此可以使用拍卖办法。但是,如果满足公式(17.3)左侧的任何一个条件,那么除了价格之外的选择标准也**必须**发挥作用。这可能是因为价格不是完全灵活的,或因为当事人对价格不是完全敏感的,或因为调整不是完全没有摩擦的。

在公式(17.2)中,我们根据当事人的行为和这种体制的**控制机制的特征**,阐述了唯一使用瓦尔拉斯拍卖方案的条件。但这个问题也可以从另一个角度出发,从市场的瞬时状态出发考察这个问题。这次我们用静态而不是动态的观点来看待市场调整的过程,分析一个单一调整的瞬间。让我们观察市场 i 在时间 t 日的情况,并考虑所有买家和卖家的行为。如果现行价格 $p_i(t)$ 恰好是瓦尔拉斯均衡价格,这就保证了总供给正好等于总需求。因此,拍卖方案可以自行进行分配。所有愿意支付价格 $p_i(t)$ 的买家都可以满足他们的需求,而那些不愿意支付 $p_i(t)$ 的买家则被

第 17 章 商品和服务在家庭之间的分配

排除在外。另一方面,所有愿意以价格 $p_i(t)$ 出售商品的人都可以这样做,而坚持以更高价格出售的人则被排除在外。

但是,如果在给定的价格 $p_i(t)$ 下,仍有不满足的需求或过剩的供给,情况就不同了。让我们以短缺的情况为例。在这种情况下,必须排除一些愿意支付现行价格的买方,或者至少不能满足他们的初始需求。由于价格不能单独完成这一选择任务,所以使用其他选择标准是**不可避免**的。在相反的情况下,情况也是类似的。因此,我们可以从市场的状况出发,制定出排他性使用瓦尔拉斯方案的条件。

如果 $z_i(t)=0$ 且 $q_i(t)=0$

无短缺　　　　　　　无滞存

可能有 $\alpha[\text{non}-A]=0$, (17.4)

完全按照拍卖方案进行分配

如果 $z_i(t) \geq 0$ 且/或 $q_i(t) \geq 0$

则不可能有 $\alpha[\text{non}-A]=0$. (17.5)

本书多处讨论了条件(17.2)—(17.3)和条件(17.4)—(17.5)之间密切的因果关系,我们现在不希望离题太远。在这里我们只强调后两个条件的一个重要启示。

如果任何市场在任何时刻偏离了完全的瓦尔拉斯均衡,就必须使用非瓦尔拉斯方案。这些方式可以是完全排除 A 的方案,也可以是与 A 的组合。让我们更仔细地研究一下这些组合。

17.9 组合方案

表 17.1 列出了各种方案的组合。该表中所列的不是全部可能的组合，但列出了对我们的论证最重要的组合。

表 17.1 纯粹的和组合的分配方案

	存在有效价格，且拍卖方案起作用		有效价格不存在；拍卖方案不起作用	
	R^{adm} 不起作用	R^{adm} 起作用	R^{adm} 不起作用	R^{adm} 起作用
	I	II	III	IV
无短缺无滞存	A			R^{adm}
短缺	$[A+R^{seller}]$		$[R^{supplier}]$	$[R^{adm}]$
	$[A+Q^{buyer}]$	$[A+R^{adm}]$	$[Q^{user}]$	$[R^{adm}+R^{supplier}]$
	$[A+R^{seller}+Q^{buyer}]$	$[A+R^{adm}+Q^{buyer}]$	$[R^{supplier}+Q^{user}]$	$[R^{adm}+Q^{user}]$
	$[A+R^{buyer}]$			
滞存	$[A+Q^{seller}]$			
	$[A+R^{buyer}+Q^{seller}]$			

首先，我们对各列进行解释。在第 I 列和第 II 列中，一个共同的特点是有效价格和拍卖方案 A 都起了作用，而在第 III 列和第 IV 列中，它们都不起作用。因此，标准并不在于货币是否出现在交易过程中。只要交换是以名义价格进行的，货币交易也会出现在第 III 列和第 IV 列中。

第一行显示了**在完全调整的情况下可以执行的分配方案**。

在上一节中,我们详细讨论了方案 A 的排他性支配的条件。现在我们可以在类似的抽象层次上补充说明,在"完全集中控制"的情况下,所有的分配都可以通过 R^{adm}(即行政配给)进行①。因此,表格中的第一行显示了两个抽象的参照点。在现实体制中,这两种情况都不是以纯粹的形式出现的,也不是在长期不变的普遍适用的基础上发生作用的。在现实中,不存在完全通过方案 A 分配商品的**真实的**市场,也不存在完全通过 R^{adm} 进行分配的**真实的**中央计划经济。

第二行包含在**短缺**的情况下可以进行分配的方案。让我们从第Ⅰ列开始。在第Ⅰ列中,行政配给没有发挥作用。在这种情况下,有效价格(低于瓦尔拉斯均衡价格)通过排除那些不愿意支付现行价格的人,从买方中进行初级选择。但需求仍然过高,有必要进一步选择。这可以由卖方采用第 17.6 节所列的 (a) 至 (h) 标准的某种组合来完成,或者以先到先得的方式为买方提供服务②;或者将两种非价格选择程序与价格选择结合起来。

我们沿着这一行继续往下看。在第Ⅱ列中,我们发现拍卖方案和行政配给方案的组合。一些社会主义国家用这种办法来分配汽车,或分配由国营企业建造但提供给私人的公寓。这两种物品都必须支付有效价格,但仍然存在短缺。汽车和公寓单位的供应量(或部分供应量)以行政方式分配给愿意支付价格的人。也许提出要求的日期也有一定的作用;换句话说,方案 Q^{buyer} 参与了

---

① 我们早在第 8.7 节就指出,完全的集中控制可以成为完全调整的一个抽象的参照点。本表第一行出现行政配给方案是从那里开始的论证过程合乎逻辑的继承。

② 数学附录 A 中描述的市场,按照分配方案 $[A+Q^{buyer}]$ 运行。

分配过程。

有时还存在另一种组合 $[A+R^{adm}+A]$ 的可能性,有幸得到配给商品的人把它卖给另一个买家换钱。

沿着这一行,我们来看第Ⅲ列。这一列包括在短缺情况下进行分配,但没有有效价格或行政配给的分配方案。在第 7.8 节中,我们曾提到了对生产的**植物性控制**。这是一种数量调整,它在没有价格信号的情况下进行,同时又是分散的。第Ⅲ列中的方案在分配领域内与这一制度很相似。它们在没有有效价格信号和没有行政配给的情况下分配某些商品和服务。当一家医院根据自己的标准决定接纳谁为病人或一所大学决定录取谁为学生时,就会发生这种情况。配给可以根据配给方案中使用的各种标准进行,或者也可以考虑将申请的先后次序作为进一步的标准。

很多免费或象征性收费的服务,都是专门通过排队来分配的,例如免费的娱乐场所、运动场地、免费停车位等的使用。如果免费的海滩或者免费停车场已满,迟到者便不能使用。

排队方案的重要性还表现在它填补了其他方案留下的真空地带。所有那些其他有组织的分配方案没有覆盖的产品和服务,都必须以某种方式进行分配。事实上,先到先得的选择标准是一种相当文明和公平的分配形式,它依靠的是所有符合条件的使用者的自愿约束。在 A 方案和 R 方案不起作用的情况下,在 Q^{user} 排队方案**无法**填补真空的情况下,取之有道式的更粗暴、更激进的选拔标准必然会占据上风。继续沿用上面的例子,流氓将平静的浴客赶出免费海滩。

最后,第Ⅳ列中关于短缺问题的最后一部分是也包含行政配

第 17 章 商品和服务在家庭之间的分配 521

给的分配方案。当然,这里出现的是纯粹的 R^{adm} 方案。但这可能与供应商的配给相结合。例如,如果是由中央教育部门分配大学的某些名额,而大学自己分配其他名额,就属于这种情况。行政配给也可能与排队相结合;如果配给当局考虑到申请的提交日期,以及其他选择标准。

为简洁起见,我们对表格最下面一行,即**滞存**的情况不再进行详细评论。

在表 17.1 中应增加三条一般性意见。

(1)判定这里描述的方案中哪些应被视为具有**市场**性质是个问题。在经济学中,很少有像市场概念这样的范畴可以有如此多不同的,甚至部分相互矛盾的解释。这里将强调两种解释。①第一种是**广义**的,根据这一解释,在交易中连接卖方和买方的每一种横向关系都应被视为市场,即使有效价格在其中没有任何作用。据此,即使买卖双方只对彼此的信号做出反应,市场机制也在发生作用。另一种解释是**狭义**的,它将市场一词限定为买方和卖方之间的关系,在这种关系中,有效价格在控制当事人的行为方面起着实质性作用。

如果采用**广义**的解释,第 Ⅰ 列和第 Ⅲ 列中的方案都是具有市场性质的分配程序。但在**狭义**的解释中,只有第 Ⅰ 列中的方案可以被认为是市场方案。

大概每一位经济学家都会同意,第 Ⅳ 列中的方案是**非市场分配程序**,而第 Ⅱ 列中则是**市场分配方案和非市场分配方案**的

---

① 第一篇已对此做了说明(见第 7 章脚注)。

组合。

(2) 表 17.1 的分类系统没有把不同方案的**法律**地位考虑在内。让我们看一下第Ⅰ列,其中列出了有效价格下进行交换的方案。在某一特定国家,在某一特定时间,法律允许某些商品和服务的交易,而禁止其他商品和服务的交易。[①] 在后一种情况下,要么是法律规定得到严格执行,以至于违反这些规定就意味着"黑市",要么是在实践中没有如此严格地遵守法律,那么我们就有了一个灰色市场(有各种不同程度的灰色)[②]。在任何情况下,我们都必须认识到,黑市和灰市也在进行市场分配,以有效价格向买方提供商品。[③] 因此,它们的作用可以用第Ⅰ列中的方案来描述。

(3) 在同一经济体系中,在同一时期,有许多商品和服务通过许多种方案进行分配。这就是所谓的**并行分配**。在许多情况下,并行分配是一种**双重分配**,产品并行地通过两条渠道。也会出现三种分配方案,甚至更多种的分配方案并列发生作用的情况。

以医疗服务的供给为例。在有一般社会保险和国家保健服务的国家,与之并行的(在法律上或至少在灰色市场上)也有私人医疗服务。在这种情况下,虽然某些服务可能被社会化部门垄断,但其他服务(例如个人去普通开业医生那里去看病)却可以通过这两种方案进行分配。每一种分配程序本身就是一个组合方案。我们用 E_1 表示第一种方案,它由 $[R^{adm} + R^{suppiler} + Q^{user}]$ 组

---

① 每一种制度下都有被禁止的商品。即使在"自由市场"最发达的国家,像白奴买卖、雇用刺客谋杀、毒品买卖一类也是被禁止的。

② 见 Tarnói "Shortage and Black Market" (1975)。

③ "黑市"和"灰市"是本书其他地方提到的第二经济的重要组成部分。

成，第二种方案用 E_2 表示，它由 $[A+Q^{buyer}]$ 组成。方式 E_1 和 E_2 向使用者提供相同的产品和服务，或者至少是接近的替代品；在某种意义上，它们是相互竞争的。它们之间的差别可能在于所提供的产品或服务的质量或价格（免费或名义价格与有效价格），以及非货币成本，即伴随着使用的负担现象（排队时间等）。最后，但同样重要的是，他们可能在社会关系的获得上有所不同，至于这种**社会关系**是从属关系还是隶属关系，除其他因素而外取决于用户是否受供应商的支配。

17.10 各种方案的相对范围：一般性的相互关系

表 17.1 并不是一个菜单，我们可以根据偏好从中选择最有吸引力的分配方案。特定社会经济制度的性质从根本上决定了哪些分配方案应在哪些领域中发生作用，或至少它缩小了决策者可从中选择的备选方案的范围。在本章的其余部分，我们将研究是什么影响了各种方案在分配过程中的相对份额。分析将分两步进行。在本节中，在**抽象**的层面上，利用全书的结论，特别是本章的结论，我们研究影响分配机制的因素。在这里，我们仍然讨论比较笼统的相互关系，我们既不区分社会主义经济和资本主义经济，也不区分两者的不同形式。这些区别将在第 17.11 节中凸显出来，因为在那里我们将描述经验上可观察到的**历史趋势**。

在理论分析过程中，我们强调指出四种因素（并非全部）的影响。

（ⅰ）**价格对买卖双方行为的影响越小，拍卖方案 A 的配置作用就越小，就越会被其他方案所补充或取代**。这个命题是第 17.8 节开始的推理的逻辑延续。根据公式(17.2)、(17.3)，并使用同样的符号，我们说明以下关系。

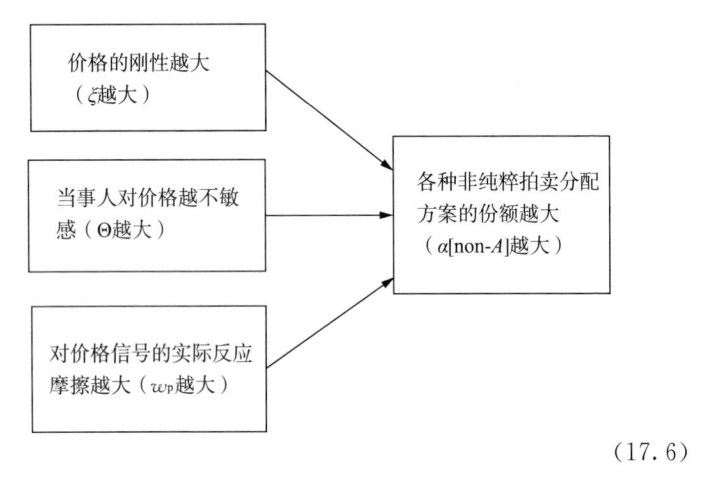

$$\left.\begin{array}{l}\text{价格的刚性越大}\\(\zeta\text{越大})\\[4pt]\text{当事人对价格越不敏感}(\Theta\text{越大})\\[4pt]\text{对价格信号的实际反应摩擦越大}(w_p\text{越大})\end{array}\right\} \longrightarrow \begin{array}{c}\text{各种非纯粹拍卖分配}\\\text{方案的份额越大}\\(\alpha[\text{non-}A]\text{越大})\end{array}$$

(17.6)

公式(17.6)只是概述了这种关系。由于所有变量都是**可观察的和可衡量的**，因此，它似乎既可以根据更严格的演绎推理进行理论论证，也可以根据经验数据进行估计。

（ⅱ）**通常短缺越严重，行政配给或供应商的配给以及买方或用户的排队的分配作用就越大**。在这里，可以继续采用第 17.8 节中公式(17.4)—公式(17.5)的推理方法。

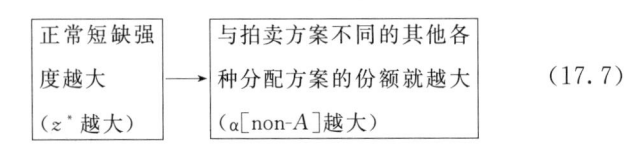

$$\begin{array}{c}\text{正常短缺强}\\\text{度越大}\\(z^*\text{越大})\end{array} \longrightarrow \begin{array}{c}\text{与拍卖方案不同的其他各}\\\text{种分配方案的份额就越大}\\(\alpha[\text{non-}A]\text{越大})\end{array} \quad (17.7)$$

与公式(17.6)一样，公式(17.7)仅仅是用语言形式表示一种

第17章 商品和服务在家庭之间的分配

函数关系。但是它似乎也可以从理论上加以说明,也许也可以通过对变量的经验观察来估计。

我们提请注意,我们的陈述包括正常的限定条件。公式(17.4)、(17.5)指出,对瓦尔拉斯市场均衡的**瞬时**偏离,使得非瓦尔拉斯方案不可避免地被纳入分配过程。但是,如果市场的正常状态偏离瓦尔拉斯均衡不太远,那么其他非拍卖方案(non-A)所起的作用仅仅是对方案 A 的补充,基本上是有效价格将坚持购买意向的买方与放弃购买意向的买方、坚持出售意向的卖方与放弃出售意向的卖方分开。在这种情况下,方案 R^{seller},R^{buyer},Q^{buyer} 和 Q^{seller} 只起了微小的修正作用。

如果市场**正常状态**在本质上偏离了瓦尔拉斯市场均衡,情况就不同了。如果出现持久和严重的短缺,那么方案 R 和 Q 就不再起补充或者辅助作用,而是成为主导。

在伴随吸纳状态的资源约束型经济中,配给方案和排队方案的作用有增加的内在趋势;而在需求约束型经济中,拍卖方案的作用有增加的内在趋势。

(iii)企业或非营利机构的垄断程度越高,它在分配自己的商品和服务时就会越多地使用方案 R^{seller}、$R^{supplier}$ 以及方案 Q^{buyer}、Q^{user}。

按照卡莱茨基的看法①,垄断程度不仅影响企业决定价格的能力,而且影响企业在分配其产出时可能采用非价格标准的程度。

(iv)国家的经济作用越大,家庭收入再分配在国家经济政策

---

① 见 Kalecki(1964)。

中的重要性越大,方案 R^{adm} 的分配作用就越大,无论它是单独还是与其他计划相结合。

上述各种相互关系都极为重要。各种分配方案的相对比例不能完全由狭义的经济因素来解释,它们还受到制度的政治权力结构的影响。但对这一问题的研究超出了本书的范围。

在这里我们要提到的是,社会普遍接受的道德观、规范和传统在决定分配方案的范围时发挥了重要作用。不存在永恒的边界。在奴隶制社会,活人是通过拍卖来买卖的。有的时候,妻子或丈夫是以有效价格买来的。虽然有些分配问题是通过这样或那样的方案来解决的,但有些问题却不再是这样。但这就引出了下一节的主题,即对历史趋势的讨论。

17.11 各种方案的相对范围:历史趋势

人们普遍认为,历史趋势明确指向某种分配方案,或方案的组合。例如,许多新自由主义学派的拥护者认为,由市场进行分配是历史上的绝唱。从历史上看,随着时间的推移,市场的作用始终在不断增强。曾经也有过并将继续有停顿和倒退,但这些都只是暂时的,因为市场迟早会占上风。无论是在资本主义国家的社会主义运动和其他左派运动中,还是在社会主义国家的思想生活中,都一再出现一种截然相反的观点。根据这一观点,中央分配,即配给方案 R^{adm} 将越来越占主导地位。改革以来社会主义国家市场范围的扩大,无论在政治上是合理的还是应受谴责的,都只是一种过渡性的退却,这种退却迟早会被行政配给所扭转。

第17章 商品和服务在家庭之间的分配

至于长期的趋势,未来历史的实际进程将提供真正的证据。仅仅考虑到几十年的时间,就可以观察到资本主义制度和社会主义制度内部的矛盾倾向。如果有的话,从**长期**来看,哪种趋势将占主导地位?无论这个问题多么令人激动,答案都属于预言的范畴,而不是科学的范畴。在本书中,我们只限于确定过去几十年中实际可以观察到的部分矛盾的趋势,我们不打算将任何一种趋势推断为长期趋势。

对**资本主义经济**的详细分析不在我们的讨论范围之内,因此只简单地指出几个著名的现象。

(a)即使在那些基本上通过市场进行分配的领域(经济的大部分属于这里),**纯粹的**瓦尔拉斯拍卖形式也是罕见的,而各种组合方案更为常见。例如,在不完全竞争的条件下,卖方会考虑到需求价格以外的许多其他选择标准。卖方越是垄断或准垄断,他就越能在潜在的买方中"配给"他的产品。

(b)政府机关和非营利机构(包括军队)通常不完全按照拍卖方案进行购买,只比较价格,他们也采用许多其他选择标准。在主要政府部门和大企业之间也存在着许多私人关系和其他联系。

(c)国家干预许多领域的商品和服务分配,因此出现了既有市场因素又有非市场因素的综合方案。例如,许多大城市的公寓就是这样分配的。

(d)非营利机构的作用越来越大,特别是在卫生、教育等服务领域。在这些领域中出现了行政分配、供应商配给,以及每种分配方案不同的组合形式。通常实行并行分配制度,市场程序和非市场程序所占的比重因国家而异。

表 17.2　社会主义经济中家庭消费品不同分配方案的作用

产品组	I 革命后初期；内战或对外战争时期	II 传统经济管理体制下的相对和平时期	III 经济管理体制改革之后的时期
食品	许多产品非市场分配；某些食品市场分配（合法市场或黑市）	市场分配	市场分配
服装	少数产品非市场分配；大部分产品市场分配	市场分配	市场分配
其他工业品	市场分配	市场分配	市场分配
城市住宅	非市场分配	大多数情况是非市场分配；少数情况是市场分配（主要是灰市和黑市）	很多情况是非市场分配；市场分配越来越多（主要是合法市场，也有部分灰市和黑市）；少数情况是"混合方案"
小汽车	—	主要是"混合方案"；少数情况是市场分配	主要是市场分配；少数情况是"混合方案"
娱乐、旅游	—	主要是非市场分配；少数情况是市场分配	部分是非市场分配；部分是市场分配
教育	非市场分配	主要是非市场分配；少数情况是市场分配	主要是非市场分配；少数情况是市场分配
卫生	非市场分配	主要是非市场分配；少数情况是市场分配（或者是合法市场或者是灰市）	主要是非市场分配；少数情况是市场分配，但市场分配的情况越来越多（或者是合法市场或者是灰市）

第 17 章 商品和服务在家庭之间的分配

那些基本上赞同资本主义制度而批评其现状的经济学流派，对这些现象并没有明确的立场。凯恩斯主义者在许多方面同意并支持这些改变；他们发起了其中一些改变。自由派声嘶力竭地反对并流露出对竞争更自由的时代的怀念。他们经常把目前的状况归咎于凯恩斯主义者。事实上，虽然凯恩斯主义无疑具有强大的影响力，但这些变化并不是由一种或另一种思想体系的影响造成的，而是由更为根深蒂固的社会力量带来的。

现在我们来看看**社会主义**制度。在表 17.2 中，我们试图提供一个概览。我们不想过分详细地介绍。因此，我们不试图描述各国之间存在的许多差异。相反，我们只以某种概括的或风格化的形式区分三个历史时期。第一个时期包括革命后的那些年，以及内战或与外敌交战的时期。第二个时期是在武装冲突之后，处于传统经济管理框架下的相对和平时期。第 I 列和第 II 列大体上涵盖了东欧社会主义各国。第 III 列是改革以后的状况，这里我们主要是指 1968 年以后匈牙利的情况。

表中的若干行所涉及的部门的范围很广。有些项目在家庭消费总额中所占比例较低，但其分配形式却发生了显著变化，因此将其单独列出来。但是，这些行并不包括家庭消费总额。

该表的条目采用了第 17.9 节介绍的术语。狭义的市场分配一词只适用于有效价格起作用的方案，其中至少有一个组成部分是拍卖方案 A。我们不是为纯粹的瓦尔拉斯拍卖方案保留市场分配这一名称，而是在这里包括了 A 与 R 和 Q 的各种组合。因此，在我们的表格中，我们发现市场分配一词涵盖了发生非常严重短缺的市场，如卖家从买家中进行选择、买家排队等现象，但前提是买家以有效价格购买有关产品,而且没有行政当局利用配给方案参与分配。(与此有关的各种组合方案见表 17.1 第 I 列。)

"非市场分配"一词用于价格没有发挥任何有效作用的情况,以及单独通过行政配给或与其他方案相结合进行分配的情况。(这些情况的列示在表 17.1 的第 IV 列)。

"混合"制度包括有效的价格和行政配给同时出现的情况[$A + R^{adm}$ + 也许是其他方案]。(见表 17.1 第 II 列)

该表格本身是不言自明的;我们只限于得出三个较为一般性的结论。

(1) 在任何一个社会主义国家,在任何一个历史时期,配给制都没有在家庭部门的供应中起过独一无二的作用,无论是以其纯粹的形式还是与其他方案相结合。市场方案在分配中总是起着一定作用(事实上,市场分配可能已经远远偏离了瓦尔拉斯参照点,这是另外一回事。这将在下一章中讨论)。

(2) 从第 I 列看到第 II 列,再从第 II 列看到第 III 列,我们发现表中完全非市场的分配程序的条目越来越少,而有市场起作用的条目越来越多,市场要么单独执行分配功能,要么至少与非市场程序并列出现,消除了后者的垄断地位。

(3) 在以上的陈述中,我们只观察一列中的条目**数量**,而没有**考虑它们的相对比例**,以及这些比例的动态变化。在这方面,各种趋势是矛盾的。在支出中所占比例越来越大的产品群体,如汽车或旅游,尤其是住房,其分配已变得越来越市场化。另一方面,教育和卫生等支出比例也在不断增加的产品群体,仍采用非市场分配方案。

这个表格概括了**迄今为止**的事态发展。在社会主义国家，人们正在讨论未来的分配形式方向。鉴于本书的一般性主题，我不愿卷入这场辩论。我只想在本章分析的基础上发表一点意见。不少人在辩论中犯了一个逻辑错误，即把**实践经验**与他们所批评的分配方法进行比较，与他们**所期望和提出的抽象理论模型**进行比较。与此相反，反对市场的人则有理有据地指出，市场的运行伴随着摩擦，会造成浪费，而且对信号的反应经常是延迟的；如果采用纯粹的瓦尔拉斯体系，会导致社会不公，会导致对富人的偏袒，等等。他们还将纯粹的配给制方案与市场相比较，而那些方案只适用于按照社会认可的选择标准，由头脑敏捷、能力过人和道德品行无可指摘的人们来进行操作。

这种讨论是徒劳的。大多数富有成效的讨论都是将一种方案的实际经验与另一种方案的实际经验相对比。我们应当努力对各种分配方案在活生生的人们手中和在有关制度的组织框架内，已经或可能如何起作用进行合理的评价。

第18章 家庭：消费者行为

18.1 引　言

本章的主题是消费者行为。[①] 到目前为止，我们已经说明了大部分的分析工具，我们将用这些工具来描述家庭在短缺经济中的地位。本章在一定程度上重复了已经涉及的材料。可以将其看作把我们更为一般性的研究发现应用于家庭的特殊情况。这种应用自然需要一些转变和补充。

本章的主要部分讨论了在社会主义经济中，同样出现在**传统的**和**改革后**的经济管理体制下的现象。有差异的地方，我们将分别指出。

在描述家庭行为的特点时，我们从下列假设出发。

(1) 家庭的货币收入总额是既定的。第16章讨论了其最重要的组成部分，即工资。家庭虽然还有其他形式的收入，但本书不考虑它们。

(2) 正如我们前面所强调的，在社会主义经济中，**家庭的预算约束是硬约束的**。

这不是我们为了简化分析而做出的假设，而是一个可以通过实证检验的事实。我们提醒读者注意第13.3至13.4节，在这两

[①] 消费者和家庭这两个词是同义词，用来描述商品或服务的使用者。我们不讨论在一个由几个人组成的家庭中如何做出决定，也不讨论在这样的家庭中如何分配商品。

节中，我们指出了一个经济单位的预算约束什么时候应该被认为是硬约束或几乎是硬约束。根据那里所规定的标准，毫无疑问，我们在这里讨论的是一种硬约束。确实，有些产品和服务，家庭是免费获得的。这些在上一章已经讲过了，现在要再次提及。家庭可以努力获得更多的免费服务，从而增加其消费，即使在给定的预算约束下也是如此。但家庭只能在它能负担得起的范围内，支付货币购买到尽可能多的产品。至于**需要用钱才能得到的产品**，家庭在它能负担得起的范围内，购买尽可能多的产品。在发生像自然灾害或其他特殊困难等情况的严重冲击下，一个家庭可能会获得国家援助。但是，一旦这种特殊的或常规的国家财政援助的范围确定下来，它就会成为家庭收入的一个特定组成部分，因此，预算约束仍然是硬约束。

这种约束在社会主义经济中可能比在资本主义经济中更强硬，因为提供给家庭的信贷范围要窄得多。个人贷款是存在的；一些耐用消费品可以分期付款购买；自建住宅可获得银行信贷。但即使把这些信用贷款加到一起，也只是构成家庭总支出中相当小的一部分。得到贷款的可能性受到多种约束的限制。贷款的偿还非常严格，只有在特殊情况下才允许延期。除了极少数例外情况外，家庭不能透支。

当我们说家庭预算约束是硬约束的时候，我们此时的推理与新古典家庭理论不谋而合。[①]

[①] 承认这种一致，就容易理解分歧。新古典学派通常从对家庭行为的描述开始，并以这种方式说明其概念体系。而且，在(正当地)引入了家庭的硬预算约束的假设之后，这一假设也被毫不犹豫地扩展到企业。但事实上，对后者的约束可能是软约束。

(3)消费品的供给是既定的。我们将研究消费者的行为如何受供给的影响,但不讨论反馈。我们不分析销售者如何受消费者行为的影响,也不分析当销售者不是生产者时,生产者如何受消费者影响。

(4)假设家庭将消费价格视为既定的。在现实中,家庭常常是,但肯定并不总是价格的接受者。许多种类的消费价格都是由真实的讨价还价形成的结果。而且即使价格是针对单个家庭给出的,所有家庭的行为也可能共同影响价格。所有这些相互关系将在第19章中加以研究。

(5)最后,我们把上一章所描述的不同分配方案的范围视为既定的。已经确定了一个家庭可以通过哪种方案或哪几种方案获得产品。

第18.2至18.4节描述了买方在**亚微观**层面上的**瞬时**调整。从第18.5节开始,我们进入**微观**层面,并且也分析了买方的**短期**和**长期**的决策与行为。

我们以回顾**采购过程算法**开始讨论。在前面的第4章和第7章中,已经对买方是企业并且采购过程不受价格影响的特殊情况做了类似的描述。现在我们再来看一下这个算法,但这次家庭将是买方,价格将被包括在影响采购过程的各种因素中。我们不能忽视价格,因为家庭的预算约束是硬约束,它们无法逃避价格的影响。①

在关于社会主义企业的第4章中,我们确定企业对价格的反

---

① 数学附录A中对采购过程的描述可以看作对企业或者家庭购买的描述。

应很弱。但是,本章提出的一些命题也可以扩展到企业对价格的反应。这里不打算占用篇幅来阐述这种延伸。

18.2 过程的开始:
解决并行分配方案的两难困境

与第 4 章一样,我们将借助描述计算机算法的流程图来说明采购过程。为了便于参考,各框将以大写字母表示。目前,我们将描述单个买家在一次购买某种产品的情况。我们描述买家如何进行瞬时调整以适应既定的供给。他的每一个决定和行动都是**亚微观层面**的一个基本事件。稍后我们将讨论重复进行的过程,以及所有买方和所有产品的综合情况。

我们完全不讨论那些**完全**由行政配给来分配的产品。在这个问题上要说的话,我们都已经说过了。①

我们在上一章中指出,在社会主义经济中,若干商品和服务是通过两个或多个计划**并行分配**的。在今天的匈牙利,如果有人想买房,可以向主管部门提出申请,要求分配一套国有廉租公寓。或者,他可以要求分配到一套集体公寓,尽管大部分建筑成本由国家承担或作为大额贷款预付,但他必须为此支付一大笔钱。他也可以用自己的资源开始盖房,然后申请贷款以作为自己资金不足的补充。或者,他还可以在自由市场上以高价购买私人公寓或整套住宅。还有许多种其他形式,但这足以说明有几种并行的分

---

① 在第 17.6 节中,我们指出,得到行政配额的人,可能会想方设法影响分配使之对他有利。

配方案在同时起作用。

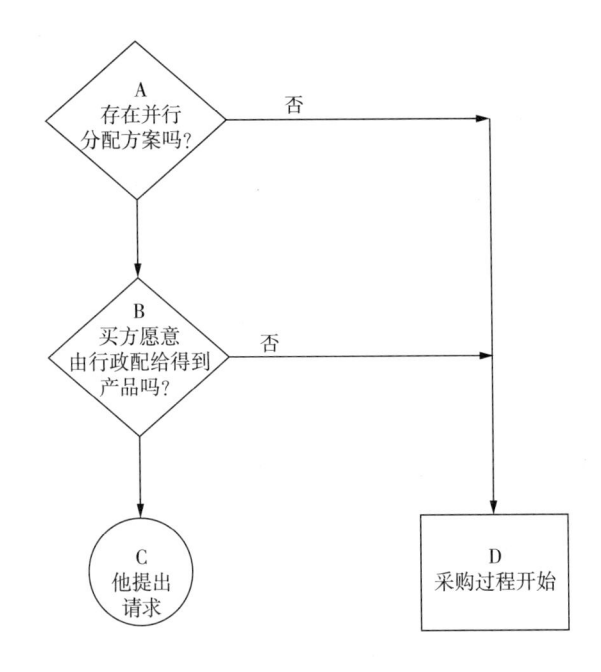

```
        ┌─────────────┐
        │      A      │       否
        │  存在并行    ├─────────────┐
        │  分配方案吗?  │            │
        └──────┬──────┘            │
               │                    │
               ▼                    │
        ┌─────────────┐             │
        │      B      │   否        │
        │  买方愿意    ├─────────┐   │
        │  由行政配给   │         │   │
        │  得到产品吗?  │         │   │
        └──────┬──────┘         │   │
               │                 ▼   ▼
               ▼               ┌─────────┐
          ┌────────┐           │    D    │
          │   C    │           │ 采购过程 │
          │ 他提出  │           │  开始   │
          │  请求   │           │         │
          └────────┘           └─────────┘
```

图 18.1 并行分配方案情况的分支

在图18.1中,框A只是确定我们所讨论的产品是不是由几种(至少两种)方案并行分配的。继续沿用上面的例子,如果是住房,答案是肯定的;如果是食品,答案是否定的。在今天的匈牙利,食物不是通过票证定量配给的,而是通过市场广泛地卖到家庭。在这种情况下,我们就略过了中间的框,直接跳到框D。但让我们留在确实存在并行分配方案的情况下。对于行政配给的产品,提出申请的方式通常是由法律规则来规定的。让我们假设,该家庭有权提出要求,它必须决定是否这样做。然后,我们来到算法中的框 B,提出参加哪种分配方案的问题。① 这是一个意义深远的选择,尤其是在关系到一个重要的消费项目面临利害攸关的时候。事实上,非市场方案和市场方案并行出现的频率最高的正是这类重要项目,特别是在分配住房、某些医疗服务、儿童护理设施等方面。

行政配给方案的吸引力是显而易见的。家庭可以以比在市场上购买更便宜的价格获得所需的商品或服务。国有公寓的租金几乎是名义上的;社会保险制度提供的医疗服务是免费的,国立幼儿园的收费是名义上的,等等。

在具有经济优势的同时,也存在着严重的弊端。某些服务,特别是住房,等待的时间可能会很长。此外,在提出申请时,家庭也不知道是否会被拒绝。在某些领域,通过配给获得的商品或服务的质量比市场计划分配的商品质量差。

许多家庭并没有真正的选择,因为以他们给定的财富和收入,他们无法诉诸更昂贵的市场方案。不管伴随而来的条件多么令人恼火,他们也**不得不**选择行政配给方案。然而,对于其他人来说,这个问题并不是一开始就决定的。这显然也取决于具体的产品或服务的问题。这些项目可能是自由市场上价值达几十万福林的一套住房,或者只是需要花一二百福林去找私人医生看一次病。几乎每个人都能偶尔负担得起后者,所以这是一个相当普

---

① 某些情况下,可能会利用法律中的漏洞,合法或半合法地同时参与数种方案。在这样的情况下,又产生了新的难题:这个家庭是否愿意立刻同时对几匹马下赌注,支付必要的钱并接受有关的麻烦和风险? 为了简化讨论,这种特殊的选择问题没有被包括在算法的流程图中。

遍的两难问题。

并行分配方案的出现和发展引起了许多讨论。市场方案的许多有益影响似乎是对行政配给的补充。分配变得更加灵活。生产商品以供不同方案分配的部门之间可能会形成良性竞争。市民日益增长的购买力可能会被部分吸收。一个诚信挣钱的人，有机会把钱花在自己真正有需求的地方。同时，在市场方案之外活动的配给制越来越能够在分配中执行按需分配和择优分配标准。但遗憾的是，这两种方案的共生关系并不和谐。并行分配加剧了不平等；或者更确切地说，由于使不平等变得显而易见，从而加剧了不平等的感觉。分配原则变得纠缠不清。那些多年来一直在等待行政配额的人，对那些有能力在市场上买到的人反感不已。而一个为某种商品或服务花费了大量金钱的人也怨气十足，因为他为这些东西做出了超乎寻常的牺牲，而另一些人得到它们是作为国家的馈赠，几乎分文未付。

提出切实可行的解决方案不是本书的任务，在这里我们只想提请大家注意这个问题的重大意义。但让我们回到购物算法上来。由框 B 表示的选择问题不能借助于一般微观经济学的家庭模型来描述。我们不会在每一种物品或一篮子商品都有确定的货币价格的条件下选择替代品。在这里，我们必须同时权衡以当前价格用货币衡量的成本和收益，以及不能用货币衡量（甚至可能**无法**衡量）的成本和效益。

只要该家庭决定（不管是迫于其经济状况还是自由权衡利弊），通过行政配给获得产品，它就已经排除了进一步购买的可能性。这由以框 C 代表的最后一个圆形表示。到了这一步的家庭已经不再是一个购买方,而是一个等待由配给当局拨给配额的申请人。

只要该家庭选择了市场方案,它就必须进入框 D;并开始真正的**采购过程**。

18.3 过程的继续:相对价格的影响

在图 18.2 中继续进行前图的算法。前图中右下角的框 D 又出现在左上角。由于从现在开始我们只讲市场分配,所以可以用家庭主妇买肉做晚饭的例子来说明这个故事。这是一个简单的日常行为,而不是像家庭决定买房、选择医生或托儿所那样的重大决定。

框 E 表示第一步,在这里要确定初始需求。与企业相反,在企业中,这一决定几乎不受投入的相对价格的影响(见第 5 章和第 14 章),家庭对消费品的相对价格非常敏感。让我们从一种抽象的情况的开始讨论,简化的假设将在以后逐步解除。我们假设家庭主妇期望在她打算去的商店里找到她想买的所有东西作为晚餐,并且她知道价格。因此,决定完全受家庭的口味、收入和价格的影响(也就是说,受其偏好排序和预算约束的影响)。①

我们可以在这里提出,只要家庭处于算法中的框 E,该家庭的行为就是新古典方式。② **它根据价格信号自愿地进行选择。**由于

---

① 数学附录 A 中叙述的模型包含了框 E 中叙述的决策问题。
② 我们把家庭的行为表示为一个**动态过程**(或者,更准确地说,表示为一个由许多重复和相互联系的基本过程组成的过程序列)。在这个过程中,可以用新古典主义方式解释的事件和不能解释的事件都是相互联系和相互影响的。

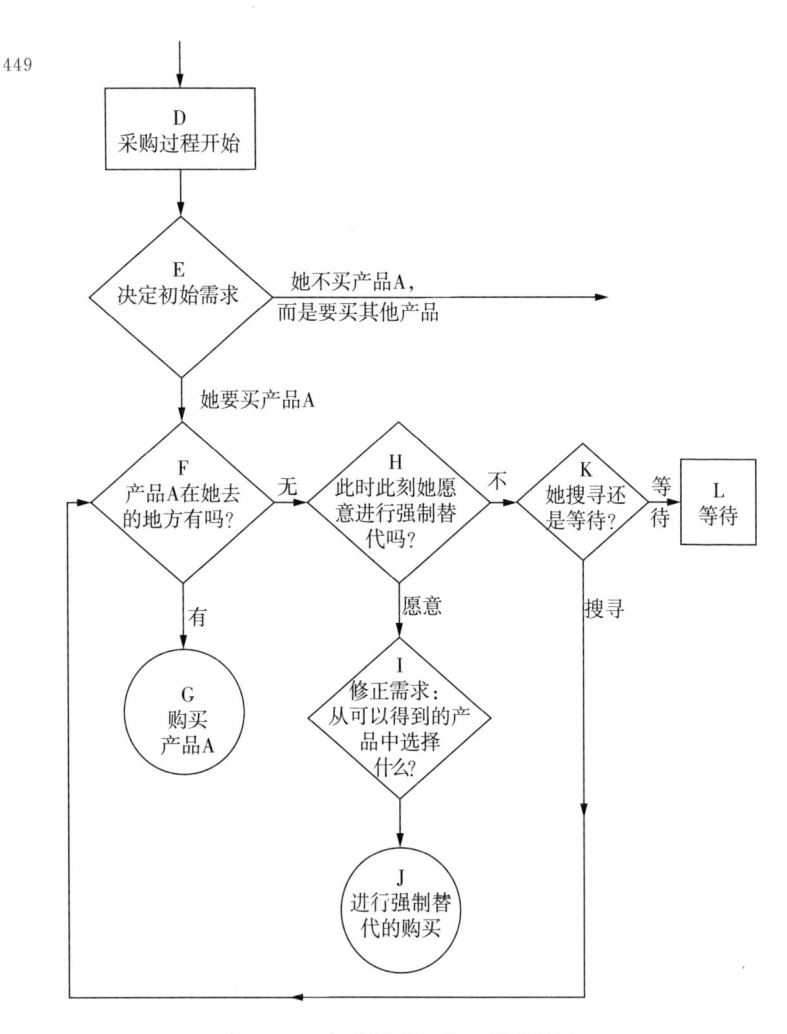

```
                    ┌─────────┐
                    │    D    │
                    │ 采购过程开始 │
                    └─────────┘
                         │
                    ┌────◇────┐      她不买产品A,
                    │    E    │──────而是要买其他产品──────→
                    │ 决定初始需求 │
                    └─────────┘
                         │ 她要买产品A
```

图 18.2 初始需求和修正需求的形成

选择是从替代品(香肠、火腿、意大利香肠等)中选择的,这个决定可以称为**自愿替代**。

决定已经做出了。让我们假设家庭主妇打算购买一定数量的产品 A，比如说是 250 克火腿。她手里拿着购物单，也就是说，带着初始需求出发去她经常光顾的商店。这样，她就到达了流程图中的框 F。这就提出了这样一个问题，即在她所去的商店里能否买到产品 A？如果答案是肯定的，家庭主妇就成功地到达了她购物路线的终点，框 G，这表明购买成功。

标准的微观经济学模型到此为止，因为它甚至没有问框 F 所提出的问题，即产品是否可以得到。它默认假设产品总是可以得到的。但实际上，这在任何体制下都不是必然的。即使在那些面临最少短缺的系统中，消费者也不会在第一次去的商店里找到所有的东西；会出现一些搜索或强制替代。而这一点在短缺经济中更是适用。

在这一点上，我们回顾一下我们在第 5.5 节中所说的关于需求的衡量。为了弄清买方是否真的买到了他想要的东西，仅靠供给与需求完全匹配是不够的。只有卖方保留 A 和 B 两种产品的存货，才能证明买方确实对他购买 A 和 B 的比例做出了自由决定。**每一种产品的过量供应，是消费者主权的必要条件**。

我们现在再回到框 F 中问题的答案是"否定"的情况。产品 A 在第一次去的商店里找不到。框 H 是下一个两难题，我们的买方是否愿意在她所在的商店里立即进行**强制替代**？如果愿意，她就来到框 I，在这里她必须说出她的**修正需求**。她会从现有的商品中选择什么？她是否放弃最初的选择，即产品 A（250 克火腿），而从可供选择的产品 B、C、D 等中做出退而求其次的选择？如果我们忽略前因后果，这第二个选择似乎又是一种新古典决策情景，因为从这样范围缩小的一组替代物中，她再一次根据自己的偏好，考虑到相对价格，确定了修正需求，实施了框 J 中的决策。

如果这位主妇不愿意立即实行强制替代，她就进入了框 K，这时又怎样呢？她可以选择，要么**等待**；要么今天下午什么也不买，而是从家中的存货里选点东西做晚饭。等待（框 L）将在下一节讨论。或者，她的其他可能选择是开始**搜寻**。这可以用算法中的一条循环线来表示。买方再次回到框 F，从那里重新开始。这个循环一直重复，直到家庭主妇找到她最初需求的商品，或者耗尽了时间，或者失去了耐心，决定修改她的需求，进行强制替代，或者直到她决定推迟购买。

在经过反复搜寻之后，可能会发现某类产品绝对短缺，而该类产品作为一个整体是没有替代品的。例如在肉类产品中，无论买方如何强制替代，可能会发生即使全部肉类供应也不能满足需求的情况。这显然是一种比**相对**短缺要严重得多的短缺现象，因为相对短缺多少可以通过强制替代得到补偿。

即使在绝对短缺的情况下，也会产生一个问题，即家庭应该如何处理打算用来购买缺少的产品的钱。这就引出了下一节的主题。

18.4 过程的货币反映：强制消费或未消费的货币

图 18.3 延续了前图的内容，前图中的最后事件又出现在本图左上角。框 L 表示没有任何特定目的的被动等待；买方已经推

第 18 章 家庭：消费者行为

迟了决策。① 也许,经过一段时间后,她会再次尝试按照她的初始需求行动。她也有可能改变主意。

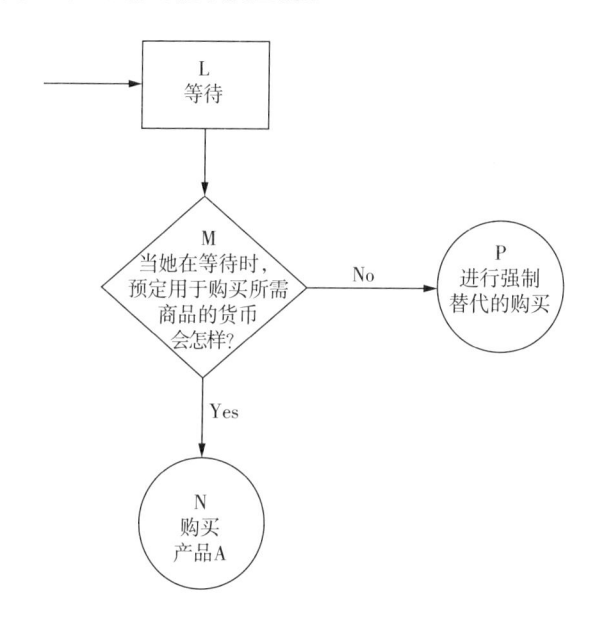

图 18.3　强制消费和未消费的货币

框 M 说明的问题是,当她在等待时,预定用于购买所需商品的钱会怎样?有两种可能性,即框 N,代表强制消费,和框 P,代表货币仍未消费的情况。

理论上的考虑促使我们区分强制**替代**和强制**消费**。我们不接受效用论中的如下命题,即每一种对消费者来说边际效用为正的消费品或服务都是广义上的另一种替代品。这就意味着,即使我们减少消费 A 产品,如果我们用额外消费任何其他边际效用为

---

① 排队是等待的一种特殊情况(见第 4.5 节和第 17.7 节)。本章的图中未显示。

正的 B 产品来补偿这一损失,效用函数的值也可以保持不变。我们自己的观点更重视消费品的主要类别组是互补的这一事实。如果我们在一类产品中大大落后,就会损害由其他类别的产品带来的满足感。

那些在纯理论层面上主张普遍可替代性原则的人,如果知道他们的论点与那些试图掩盖短缺经济中消费品市场上的麻烦的人的推理完全吻合,也许会感到羞愧。那些试图掩饰问题的人的通常理由是,诚然,肉类供应存在问题,但每家每户都有电视机。住房短缺,但商店中有大量的衣服出售。事实上,消除某一类产品的短缺并不能补偿由于另一类产品的短缺所造成的损失。

我们不打算划出一条鲜明的分界线。强制替代和强制消费这两个范畴,就其本身而言似乎在逻辑上是清晰的,许多事件可以毫不含糊地归入一个或另一个范畴。继续沿用前一个例子,如果我们的家庭主妇买了香肠而不是火腿,这就是强制**替代**。如果她两手空空地离开商店,在回家的路上,她给孩子买了一个玩具,而不是买了原本要买的火腿,这就是强制**消费**。强制替代立即填补了一个缺口,而强制消费则留下了一个缺口,也就是我们这个例子中对肉的需求没有得到满足。当然也有一些边缘性的情况,①但我们不需要在我们的理论分析框架中进行讨论。

强制消费是指在最初打算的商品之外的其他商品上的支出;它正是由于最初的意图受挫而引起的。我们没有规定从提出初始意图到进行替代活动之间的严格时间单位,因为后者仍被视为

---

① 使用 Lancaster 消费者行为模型,我们可以更准确地描述不同产品在一个或几个属性上是如何相互替代的。见 Lancaster(1957、1966)。

前者的继续。它可能是一个小时、一天或一年,这取决于初始需求的产品的性质和价值。为准备晚餐的不成功的购买,马上就会进行强制消费。但如果有人因为短缺,完全放弃了购置一些比较昂贵的耐用消费品的想法,那么他可能会犹豫较长时间才决定把剩余的钱花在什么地方。

关于强制消费,我们强调其三个原因。

(1) **消费者的不耐烦。** 许多消费者觉得,即使他们没有得到他们想要的东西,但总也买到了**东西**。"让我们把钱花在任何能带来乐趣或满足感的东西上。"

(2) **消费者的机动性。** 在短缺经济中,警惕性高的购买方并不是在实际需要商品时购买,而是在有商品时购买。他可能在需要它之前好几个月就买入。事实上,他甚至会积累一个安全边际,因为有关商品也许以后就没有了。这在家庭领域相当于我们在企业领域所说的囤积①,不同的是,家庭囤积商品的财力更为有限。

因此,如果家庭主妇在食品商店里没有买到她最初打算买的东西,甚至也没有买到接近替代品的东西,她还是会四处看看有什么东西可以买。如果她发现了一些有趣的东西,她就会买下它,即使这与她最初打算购买的东西大相径庭。

(3) **通货膨胀的预期。** 消费者越是害怕货币贬值,就越是急于花钱。当然,这种动机的强弱取决于通货膨胀率(或者更准确地说,取决于这种通货膨胀率与银行存款利率之间的差异)。在

---

① 见第 5.6 节。

物价缓慢地、渐渐上升的情况下,没有人会跑去花钱。但即使在这样的条件下,对通货膨胀的恐惧也可能鼓励消费。

什么时候消费者会进入框P,也就是说,什么时候尽管有上述三个原因,什么情况下货币仍然留在手里未被花掉?我们强调四种原因,它们既可能单独出现,也可能同时出现而彼此加强。

(a)摩擦。买方慢慢地、艰难地适应供给。尽管他意识到自己不能按预定的方式花钱,但仍需要一段时间才能寻找新的消费渠道。购买方的惰性削弱了强制消费。

(b)在广泛的商品和服务上,短缺越严重,就越难找到要购买的商品。而这与上述(a)有关,特别是一个比较保守或惰性的购买方更不愿意着手强制消费。

尽管可能无法通过定量观察将它们区分开来,但从理论上讲,以下现象(c)至少应该与(a)和(b)的情况分开。

(c)根据消费品市场上短缺的严重程度和普遍程度,买方可能会发现他的钱是**无法消费的。如果许多个别市场的短缺非常严重,而且如果短缺,或许还有行政法规也使人们无法将储蓄用于昂贵的耐用消费品,如汽车、旅游,或者建造集体公寓或私人住宅,那么家庭中积累的一些钱就会成为狭义上的无法消费的钱。这就是短缺造成的极端形式的强制储蓄。**

在过去的十年或十五年里,匈牙利几乎没有出现过这种现象。在经济管理改革之后,随着增长速度的减缓,市场的正常状态发生了变化。在一些消费领域,虽然存在短缺,但其严重程度已经减弱。消费品的供应范围更广。货币可以用于旅游、兴建集体公寓或住房,等等。虽然消费品市场上仍然有相当程度的吸纳，也经常发生强制替代和强制消费的现象，但消费者几乎都能找到一种商品作为强制替代或强制消费的对象。新闻界对这种状态的描述通常是：没有普遍的短缺，只有局部的短缺。因此，以**无法消费的货币**形式出现的强制储蓄，已不是当今匈牙利消费品市场的特征之一。

（d）这些钱之所以没有花出去，抛开刚刚概述的购物过程不谈，可能是因为消费者有着强烈的储蓄愿望。因此，他坚决拒绝进行任何计划外支出。因此，如果一项特定的购买意向失败，他就会把剩余的钱存起来。这种现象与另一种现象密切相关。等待和排队经常涉及甚至要求保持货币的流动性。货币储备的形成将在下一节详细讨论。我们在这里只注意到，到目前为止，关于家庭如何到达框 P，我们只给出了一半解释。我们强调了消极的原因，它之所以去框 P 是因为它不去框 N 进行强制消费。积极的动机，将在下一节解释。

综上所述，我们可以说，短缺**可能**会导致钱没有花光，但并不一定会造成这种情况。

18.5　家庭储蓄的动机

我们解释钱为什么不花，必须从澄清概念开始。"储蓄"一词有多种含义。我们使用以下定义，某一时期的储蓄，是指某个经济单位在期初与期末持有的货币存量之间的差额。[①] 因而，储蓄

---

① 我们指的是净"货币存量"，它被解释为：现金存量＋债权存量－债务存量。假设最终存量不小于初始存量，即差额是非负数。只要期末存量小于期初时，就产生了负储蓄。

是指在这一时期内货币存量的增加额。①

我们现在要寻求答案的是这样一个问题,是什么动机促使社会主义经济中的家庭持有和积累货币并进行储蓄?② 我们不打算给出一个完整的答案,我们只列出几个重要的动机。

(1)**交易动机**。货币是间隔性地流入家庭。货币到达的时间可能与付款到期的时间不同。为了弥补这一缺口,需要有一笔货币存量。这本身是微不足道的事实。交易动机在任何货币经济中都能起作用。但在短缺经济中增加的特殊性是,由于搜寻和等待,交易时间延长。这可能有助于增加货币持有量。

(2)**自愿事先储蓄**。随着生活水平的提高,昂贵的耐用消费品或服务的消费变得更加重要。先是购置冰箱、电视机和洗衣机;后来又花钱买小汽车和出国旅游。这些都是一次付清的大额消费项目,其中很少有可以分期付款购买的③,绝大部分必须用现金支付。这样,购买用款必须预先储蓄起来。在一些社会主义国家,私人资金在住宅建筑总额中的比重越来越大。住宅建筑成本中只有少数是由银行信贷提供资金的,大部分必须通过事先储蓄来支付。在这里,我们不仅指未来公寓主人的储蓄,还包括他们的父母和其他亲属的储蓄。

---

① 对"储蓄"一词通常有三种解释:(1)某经济单位**在某时点**的货币总存量;(2)某个时期净货币存量的**增加额**;(3)某时期在计划开支和实际支出之间的(正)差额。我们采用第二种解释,而不涉及关于另外两种解释是否合理的概念之争。

② 关于对资本主义经济中储蓄动机的经典分析可以在 Keynes(1936a, b, ch.9)中找到。为了解释社会主义经济中家庭储蓄,我使用 Lackó(1975,1976)的研究成果。

③ 我们应该提醒读者,这里的讨论适用于社会主义国家的储蓄,在发达资本主义国家,情况会有所不同。——英文版编者

动机(2)与短缺有关,但只是间接的。在卖方认为销售存在困难的系统中,他试图通过租购和其他形式的消费信贷来促进和刺激购买。短缺经济中消费信贷水平低,反映了在这里销售不是问题。无论如何,家庭往往会愿意通过事先的储蓄做出巨大的牺牲,以获得所需的产品或服务。消费信贷与销售总额的比率是一个相当可靠的间接指标,它表明销售困难有多大,也表明短缺有多严重。

储蓄动机(2)将三个解释因素联系起来。恩格尔定律(随着消费总额的增加,用于昂贵的耐用消费品的支出比例在增加);市场计划在分配中的比例越来越大(特别是随着利用个人资源建造更多的住房时);最后,还有短缺。关于动机(2),我们还想强调指出,一个家庭为购置汽车或住房而储蓄,并不会因为这些钱花费不掉而把它们留存起来,而恰恰是因为在经过漫长的等待之后,可能会有一个极具吸引力的消费机会。

(3) **强制事先储蓄**。有一些组合的分配方案要求买方必须预先存入部分或全部购买用款,才能加入排队或提出申请。这就是大多数社会主义国家排队购车的情况。

上面所说的动机(2)也适用于这个动机。显然,这不是花不完的钱变成了储蓄,尽管这种现象与短缺密切相关。正因为这些都是短缺商品的排队,所以买家可以被迫提前支付部分购买价格。

(4) **购买方的警觉性**。上文我们在讨论强制消费时提到,在短缺经济中,警觉性高的买家不是在他想消费某种商品的时候才购买,而是在可以得到这种商品的时候购买。通常来讲,应该建议每个家庭成员都带一个购物袋，以防他发现值得购买的东西。如果他看到排队，为了安全起见，应该加入队伍；他可以稍后询问分配到了什么。如果这么多人想要好东西，他肯定也会想要。

但这样警觉行事的人，不仅需要一个采购袋和好眼力，还要有钱。一旦他加入了排队，轮到他时，他就得付钱。各家各户在处于警觉状态的数量上有所不同。一个只留意食品或其他廉价消费品的人，只需持有少量的流动货币储备。有人要寻找更有价值的耐用消费品，比如录音机、唱片机或其他家庭设备等，就必须积蓄更多的货币储备，以便能够抓住任何可用的机会。用现金购买一套公寓、一块土地或一座度假别墅，就必须持有非常大的金额，以免错过有利的机会。

对大多数项目来说，供应确实是变幻莫测，时断时续，市场是不可预测的。当然，这正是短缺的反映。从某种程度上来讲，为动机(4)而进行的储蓄也是由短缺产生的。供应越是不稳定和不可预测，家庭就越是被迫积累货币储备，其规模取决于其愿望水平。但即使在这里，钱也不是不能消费，只是不知道适当的时机而已。

(5)**预防性动机**。这种动机出现在每一种系统中。人们攒钱是为了防老，或为了意外、疾病或不可预见的困难而引起的意外支出。诚然，病假工资、养老金等都由国家保障。但是，它们的规模跟不上大部分人口日益增长的期望，也跟不上他们希望在生病或退休后保持的生活水平。事实上，私人保险也是有的，但所提供的替代方案可能不够多样化或缺乏吸引力。无论如何，许多人都会为自己安排投保,以应付上述的意外状况。①

长期以来,家庭以**货币**存量的形式形成安全储备似乎是不言而喻的。然而,随着收入的普遍增加,收入较高的阶层越来越多地以实物形式积累安全储备,如珠宝、艺术品、度假别墅等。这样,他们就同时满足了几个目的。

(a) 只要上面所讨论的物品在他们手中,他们就能享用这些物品,而金钱并不具备这种好处。

(b) 在需要的时候,上述物品或其他类似物品很容易出售,这意味着它们可以发挥保险储备的作用。

(c) 这些商品比货币更能保值,因为货币可能会受到不断上升甚至加速的通货膨胀的威胁。我们已经提到通货膨胀预期是消费的动机之一。现在我们可以补充一点,凡是彻底考虑过这个问题的人,都不会把钱花掉,而是把钱投资在能够保值甚至可以增值的商品上。因此,很快将作为动机(6)而单独讨论的投机动机已经存在。认识到某些实物商品具有这种特性的人越多,对它们的需求就越多;而且其增长速度远远超过其供给的增长速度。众所周知,土地、私人拥有的家庭住宅和度假别墅以及工艺品的价格上涨速度远远超过一般价格指数。

在社会主义社会,投资理财的机会并不广泛,没有债券和股票。在实践中,家庭的预防性储备金有两种形式,一是货币存量(现金或储蓄存款),二是可以迅速出售甚至可能升值的实物资

---

① 在资本主义制度下,对失业的恐惧也鼓励人们建立预防性余额(precautionary balances)。这种动机在社会主义经济中并不适用,因为社会主义经济是在保证充分就业的条件下运行的。

产。由于后者并不具有完全的流动性,即使其出售并不特别困难,家庭根据自己的流动性偏好,以两种方式进行储蓄。① 这两种储备在过去和将来的增长率应该通过实证研究来明确。

(6)**投机动机**。银行的法定利率最多只能诱导人们不要让钱闲置在家里,而要开一个储蓄账户。据我们所知,银行利息作为一种收入来源,并不能鼓励任何人去储蓄。

有时我们听说有私人以高于银行的利率借出钱来,但这种情况似乎相当罕见。

如果说投机动机对储蓄有任何影响的话,这种情况主要是以第(5)项下提到的形式发生的。任何人都希望自己的钱能产生利润,就把钱投资于土地或度假别墅等实物资产。

我们可以得出以下总体结论。在抽象的层面上,我们可以将短缺造成的强制储蓄和独立于短缺的自愿储蓄区分开来。除非短缺非常严重,否则,货币无法消费的事实在短缺带来的强制储蓄中的作用相对较小。而通过动机(2)、(3)和(4)运作的短缺的间接影响则发挥更大的作用。

在现实中,储蓄的钱不可能根据动机贴上标签。此外,这些动机往往是相互联系的。例如,父母可能为防老而存钱[动机(5):预防性储备],但当他们的儿子在排队买汽车时,他们可以暂时借钱给他[动机(3):强制的事先储蓄],这两种原因是同时起作用的。自愿储蓄和由短缺引起的储蓄之间的区别是一个抽象的概念,它使得对

---

① 从流动性的角度来看,在匈牙利,私人储蓄存款的各种形式之间不存在重大区别。活期储蓄利率为2%,一年定期储蓄利率为5%。后者也可在不通知的情况下提取,但存款人在一年内提取的任何金额都会失去利息。

这一问题的理论考察更加容易,但也不能肯定在实践中通过观察和衡量,是否就能将二者进行定量地区分开来。

18.6 买方态度

在谈到家庭的储蓄时,我们已脱离第18.2至18.4节的方法。在那几节,我们描述了亚微观层面的基本事件的顺序,即购买方在一次购物过程中的**瞬时**调整。而在储蓄的情况下,我们开始研究家庭行为的连续特征,即它的**短期和长期调整**。让我们沿着这条路继续往前走。接下来我们研究**影响买方需求的长期因素,或者更一般地说,影响买方的态度的长期因素**。对于企业的情况,这个主题已经在第4、5、7和14章中进行详细分析。由于篇幅所限,我们无法将那里所阐述的思想逐项应用于家庭的情况,并做必要的修改。我们只得满足于提出几个观点。

公式(18.1)用逻辑关系图的形式解释了家庭行为的相互关系。

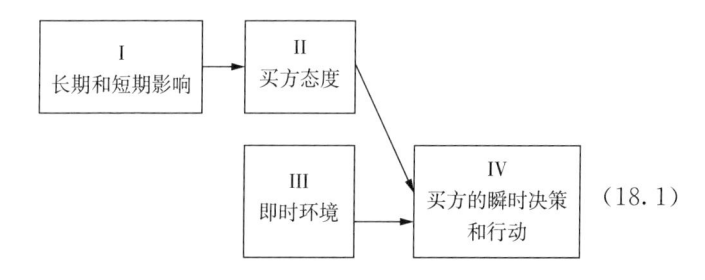

$$\begin{array}{c}\boxed{\begin{array}{c}\text{I}\\\text{长期和短期影响}\end{array}}\longrightarrow\boxed{\begin{array}{c}\text{II}\\\text{买方态度}\end{array}}\\\boxed{\begin{array}{c}\text{III}\\\text{即时环境}\end{array}}\longrightarrow\boxed{\begin{array}{c}\text{IV}\\\text{买方的瞬时决策}\\\text{和行动}\end{array}}\end{array} \quad (18.1)$$

箭头表示因果关于的方向。让我们反方向继续讨论。框Ⅳ包括我们在购物算法中所描述的那些决定和行动。这些决定和行动是两组因素的结果。一组是即时环境的影响（框Ⅲ指向框Ⅳ）。这里可以列举以下变量作为例子，现行价格；买方对于前不久和即时供应的直接经验和信息；商店里的排队长度；预期的排队时间；等等。

影响购买方瞬时决定和行动的另一组因素包括他的本性，即他的行为的长期特征，这些可以概括为他的态度（框Ⅱ指向框Ⅳ）。其中包括**他的常规的行为模式、正常标准和容忍限度、决定和行动的惯例、经验法则以及决定他的行为特征的参数**。在不要求完整的情况下，我们在此列出构成买方态度的全部组成因素中的几个：

(1) 在并行分配的情况下，他使用不同分配方案的倾向；

(2) 他的自愿替代倾向和初始需求函数；

(3) 他的强制替代倾向和修正需求函数；

(4) 他的搜寻倾向；

(5) 他的等待倾向；

(6) 他的排队倾向；

(7) 他的强制消费倾向；

(8) 他的储蓄倾向；

(9) 描述他为赢得卖方所做的努力的参数。

读者可以追溯态度的组成部分和购物算法的步骤之间的对应关系。

买方的排队倾向、强制替代倾向以及事实上他的态度的任何其他组成部分，可能会每时每刻都在波动。然而，如果我们观察到许多买家在许多场合重复购买，我们就可以确定明确的随机行为规则。也许我们可以建立决定态度的随机变量的概率分布。或者至少我们可以说明在一些较长的时期内,不同的购买方子群体的平均行为特征。①

家庭人口②的平均态度是由既在长期又在短期内发生作用的许多因素形成的。这种影响在图中由框Ⅰ对框Ⅱ的影响表示。同样,在不要求完整的情况下,我们粗略地提到几个具有长期影响的因素。

(a)**家庭的社会地位**:家庭所属的社会阶级、阶层或社会群体。这包括其通常的货币收入、家庭成员的职业、教育水平、性别、年龄、居住地(大城市或小城镇、村庄)等。一般的微观经济学强调的是货币收入。这当然是消费的一个极重要的决定因素,但可以通过实证检验,两个货币收入相同的家庭,其消费习惯可能会因所列因素和其他根本没有提到的因素而出现很大的偏差。

(b)**通常的供给构成**。只有在瞬时调整的模型中,才会认为需求和供给函数是独立的。实际上,**从长期来看,需求主要是供给的函数**。人们的需求是由生产者提供给他们的产品和服务所决定的。

(c)**市场正常状态**。我们在这里只讨论吸纳经济。如果偶尔

---

① 框Ⅱ、Ⅲ和Ⅳ以及它们之间的关系可以用多种方式建模。我们在此不赘述这个问题的细节。买方态度及其与瞬时行动的关系的可能的形式化,可以在数学附录 A 中找到。

② 人口一词在这里可以表示所有的购买方,也可以表示其中一些相对同质的群体。在后一种情况下,框Ⅰ(长期影响)和框Ⅱ(态度)之间的关系可以通过对不同群体(子群体)的分析来澄清。对框Ⅰ和框Ⅱ之间的关系进行更细分的探讨,自然会对形成购买方行为中长期特征的因素做出更丰富的解释。

的强制替代频繁地反复出现，它迟早会成为一种习惯。正如在(b)中我们提到，从长期来看，新产品使消费者**习惯**于新商品，所以现在我们在(c)中要强调指出，短缺使消费者**不习惯**于旧商品。因此，在这方面，从长期来看，需求也是供给的函数。

(d)消费品的正常相对价格。实际上，在社会主义国家中，某些商品和服务的消费价格通过政府补贴或免税而固定在一个较低的水平上，而其他商品和服务的消费价格则通过高于平均税率而保持在较高的水平上。下一章将更详细地讨论消费品价格。在此，我们只想强调，长期相对价格对消费习惯有着重大影响，即使相对价格的长期比例在瞬间发生变化，消费习惯也不会轻易改变。

公式(18.1)及其解释只勾画出了家庭行为理论的极其简单的轮廓。但它清楚地说明了这种方法与一般微观经济学的家庭模型之间的异同。为了便于比较，我们可以用类似于公式(18.1)的方式，图解新古典模型。①

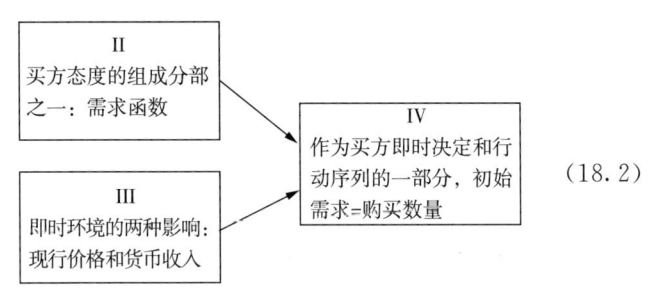

$$
\begin{array}{c}
\boxed{\begin{array}{c} \text{II} \\ \text{买方态度的组成分部} \\ \text{之一：需求函数} \end{array}} \\
\\
\boxed{\begin{array}{c} \text{III} \\ \text{即时环境的两种影响：} \\ \text{现行价格和货币收入} \end{array}}
\end{array}
\Bigg\} \longrightarrow
\boxed{\begin{array}{c} \text{IV} \\ \text{作为买方即时决定和行} \\ \text{动序列的一部分，初始} \\ \text{需求=购买数量} \end{array}}
\qquad (18.2)
$$

---

① 这种重新表述相当随意，这很不幸，却也难免。一般微观经济学通常不明确它的概念(需求、价格、收入)是瞬时调整、短期调整还是长期调整的变量，不明确说明它在满足需求方面不存在供给约束的假设，等等。因此，为了使(18.2)式和(18.1)式可比，我们不得不任意引入附加假设。

框Ⅳ在我们的多阶段购物算法中挑出框E。这是决定初始需求时的基本事件;在第18.3节中,我们注意到,在这里买方的行为暂时是新古典主义的。该模型假定,从这里开始,买方立即进入框G,即他进行购买交易,因为供给方不构成任何障碍。

只要对于该事件的这种解释成立,在框Ⅱ中,我们只发现构成买方态度的诸多因素的其中之一,即需求函数。而在框Ⅲ中,同样在影响消费者选择的即时环境中,只挑出了两种变量,即价格和货币收入。

最后,最重要的区别也许是框Ⅰ没有了,它与框Ⅱ的相互关系也不存在了。换句话说,形成家庭态度的短期和长期因素的影响被排除在模型的范围之外。①

18.7 消费品部门的短缺指标

本书前面阐述的观察和衡量的原则,也适用于消费品部门短缺现象的衡量。这里没有必要详细回顾这些原则。我们只想再次提请大家注意**汇总**原则。

如果要全面地描述这种情况,就需要百万个数字,但是汇编这些资料的成本太高,其结果也无法进行汇总。因此,我们进行衡量必须是凝缩的。我们不必反对局部的汇总。但是,对于那种

---

① 我们在这里的思想与《反均衡论》(Kornai,1971a,b,第10章和第11章)中阐述的关于偏好次序的思想密切相关。
尽管我们的术语不同,但在若干点上我们与其他作者的观点一致。例如,可参见Hoch(1962,1972,1979),Hoffmann(1977),Andersson(1978)和Shackle(1972)。

把相反符号的数值合并为净值得出的总量,我们应当警惕。如果偶数日出现短缺,而奇数日出现滞存,我们不应该说,就平均而言,在一段时间内是平衡的。

表18.1 说明了各种指标,它们可以用来描述消费品部门短缺现象的特点。我们不谈如何观察和衡量的实际问题。该表格大部分不言自明,只需做简短的注释。

表18.1 消费品部门的短缺指标

普遍现象	特殊现象	指标的具体内容
1. 行政配给产品的短缺	1.1. 行政分配的住房短缺	排队人数
		等待时间长度
		强制替代(所要求的住房和分配的住房之差)
	1.2. 托幼机构和教育机构短缺	被拒绝的申请人数
		工作人员承受负担的指标
		建筑物和房间拥挤的指标
	1.3 医疗服务短缺	在候诊室里花费的时间
		排队时间(按顺序排队)
		建筑物和房间拥挤的指标
	1.4. 电话短缺	等待安装电话的人数和等待时间
		线路超负荷指标

续表

普遍现象	特殊现象	指标的具体内容
2. 市场分配产品的短缺	2.1. 绝对短缺:对不存在替代品的各类产品的未满足需求	短缺范围
		短缺频率
		短缺的时空分布
	2.2. 备件短缺	频率
		时空分布
		用机器停工时间来衡量的损失
	2.3. 强制替代	按替代品接近的程度分类
		频率
		分布
	强制替代所造成的消费者损失	可以客观衡量的损失
		用货币表示的消费者对损失的主观感受
	2.4. 搜寻	为买到如意的东西去过的商店数
		搜寻时间
	2.5. 等待、排队	实际排队时间
		实际排队长度
		按序号排队时花费的时间
		按序号排队的长度
		商品不正常的库存;交货间隔时间

续表

普遍现象	特殊现象	指标的具体内容
3. 间接表示短缺的指标	3.1. 行政配给和市场分配的产品的相对价格	
	3.2. 黑市和"灰"市	黑市和"灰"市的交易额
		合法、半合法和非法交易的相对价格
	3.3. 购买耗费的全部时间	
	3.4. 卖方争取买方所作的努力	广告
		包装
		送货上门
	3.5. 买方争取卖方所作的努力	小费的增加
	3.6. 消费信贷,分期付款	
	3.7. 消费品在销售点的库存	
	3.8. 家庭储蓄的增长	根据原因和动机分类
4. 短缺对民众普遍意见的影响	4.1. 动态观察:公众意见随时间的变化	
	4.2. 与渴望和期待的比较	
	4.3. 根据人们感觉到的不满足程度对各种短缺现象的排列	

1. **行政配给中的服务项目**。我们提请读者注意第12章解释的概念。当产能被高度利用,边际社会成本急剧上升,这在一定程度上可以用这里提到的指标或类似的指标来量化。

2.3 **强制替代所造成的消费者损失**。在访谈过程中,我们可以问一个消费者,如果他用B代替了缺失的产品A,那么为了得到A,他愿意支付超过B的价格多少钱?如果答案是可靠的,那么它就表达了强制替代所造成的"消费者损失"。① 虽然个别答案的可靠性可能值得怀疑,但访问许多人可能会对强制替代的主观成本有所了解。

2.4 和 2.5 **搜寻、等待、排队**。对一个买家在购买前必须去多少家商店,以及花了多少时间等待和排队,可进行许多随机观察。②

3. **间接指标**。这些指标不衡量短缺本身,而是衡量其后果或者伴随的现象。

3.2 **黑市和灰市**。这些市场的规模和价格水平,首先取决于短缺的严重程度,其次取决于主管部门和社会对这些非法或半合法活动的打击力度。大量的事故和高价格可能使我们得出短缺严重的结论。价格高而发生频率相对较低,可能也意味着价格是由于严惩的风险而被迫上升的。

3.4、3.5 和 3.6,**相对市场力量**。这几个指标间接显示出是卖方还是买方处于更有力的地位。

---

① 在第17章中已经解释过消费者损失(负消费者剩余)的概念。
② 在由搜寻、等待和排队引起的消费者损失方面,可见 Pryor (1977)。Pryor 文中数据的主要来源之一是 Szalai (1972)。

3.7 **消费品的库存**。在第 6 和第 8 章中,我们强调,从产成品库存的增长中只能得出有关市场状况的谨慎结论。非生产性库存的变化不会立即影响到消费者。只有生产性库存的增加才直接意味着短缺在减少,反之亦然。

3.8 **家庭储蓄**。必须通过访谈来补充,以试图澄清储蓄的原因和动机。(见第 18.4、第 18.5 和第 18.6 节)只有这样才能确定,储蓄的增长在多大程度上与短缺强度的变化有关。

4. **公众意见**。1—3 组指标描述了短缺的强度。我们用第 4 组的指标来说明给定的短缺程度如何影响民众的情绪和意见。① 社会学家、社会心理学家和舆论研究者已经研究出了几种方法,可以相当可靠地了解民众的主观反应,以及他们满意或不满意的程度。

虽然表 18.1 只是说明性的,但它表明**消费品部门的短缺是可以观察和衡量的**。② 也许这很难做到,结果也肯定不会精确。然而,这种努力可能会揭示出非常重要的现象。令人遗憾的是,**至今还没有人普遍地、经常地尝试以统计学上的可比方法来观察和衡量短缺现象**。顶多只能得到一些零零散散的数据。这给理论分析造成了极大困难。不仅如此,它还使经济政策失去了一个重要支撑。这是我们对包括社会主义社会在内的不同社会制度认识上的严重不足。

---

① Dániel(1977a)的文章提请注意,需要同时平行地观察不同的社会经济进程的**主观和客观方面**,将其作为相互关联的因素。换句话说,必须同时观察这些现象本身以及它们在人们情绪中的反映。

② 对于消费品市场上短缺的衡量,请参见 Pálos-Pintér(1978)和 Radnóti(1978)的文章。

改革以来的十年间,匈牙利报刊曾多次表示,"消费品市场上的平衡状况有所改善"。① 这一表述大概是想表明,今天许多短缺现象的运行强度降低了,有的甚至已经消失了。根据我的印象,这种说法是有道理的。但遗憾的是,由于缺乏全面、定期和可比较的观察和衡量,这仍然只是一种印象,无法严格核实。

18.8 消费品价格与短缺强度:初步探讨

以上关于家庭行为进行的研究,使我们现在可以从另一个角度来研究消费问题。我们已经多次谈到了价格的影响,现在我们来专门讨论这个问题。在回顾买方的算法时,我们已经描述了亚微观层面的事件,包括消费者如何在进入框 E 时通过权衡相对价格来确定他的初始需求。现在,我们在一个更**综合**的层次上研究价格和短缺之间的关系。

我们的出发点是经常提到的事实,即家庭受到硬预算约束。因此,它以消费理论中众所周知的方式对价格变化做出反应,**需求是价格的递减函数**。

虽然这种基本关系是成立的,而且文献中也有详细的分析,②但我们不能仅仅满足于这种说法。我们面对的是一个频繁出现各种短缺现象的市场。图 18.4 说明了短缺强度与价格之间的相

---

① 这种表述本身已在第 7.9 节中进行了讨论。
② 见 Hicks(1939a, b)或 Samuelson(1948a, b), Henderson-Quandt(1958), Green(1976)的教科书、文献。

互关系。在构建该图时,我们从以下假设出发。[1]

(1)我们考察了一个涵盖**一组**消费品的特定市场。这组产品中的各种产品或多或少都是彼此的替代品。包括生肉和肉制品组成的肉类可能是一个例子。

(2)我们描述市场在一段较长时期内的行为,例如一年。在整个期间,我们进行**比较静态分析**。

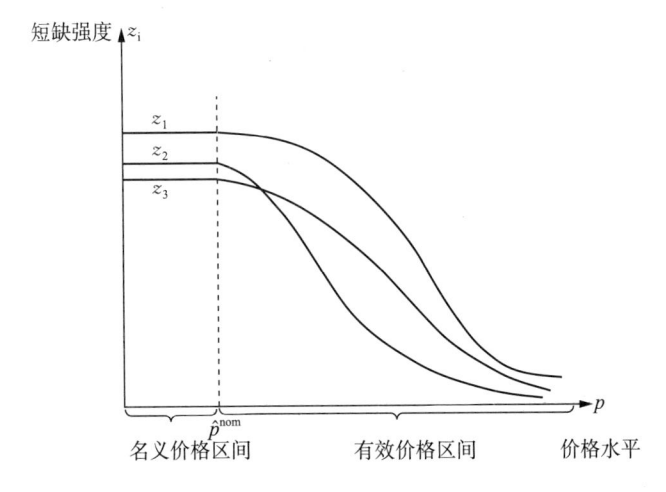

图 18.4 消费品价格和短缺间的相互关系

(3)在观察期内,卖家的初始库存是既定的,同样,交货量也是既定的。我们只考察买方如何应对价格变化,而不考察卖方的反应。

(4)供应是为家庭保留的,不能由其他经济部门购买。

---

[1] 与采购算法中使用的假设和第 18.1 节中列举的假设相比,这里的假设稍微有些不同。

(5)家庭的预算约束(他们的初始货币存量和他们在观察期内获得的货币收入)是既定的。因此,他们打算在待考察的特定市场上总共支出的金额也是既定的。

(6)在既定的价格和名义收入下,家庭的初始需求是既定的。

(7)影响市场调整的摩擦是既定的。① 这些是由于买方在制订自己计划时的不确定性,他们缺乏关于供给在时间和空间上分布的信息,也缺乏卖方对买方意图的信息,等等。

(8)在该特定市场以外交易的所有其他消费品和服务的价格是既定的。

(9)任何一个产品组内的相对价格都是既定的,属于该组的每种产品的价格统一乘以正的价格因子,用 p 表示。相对于组外产品的价格,p 的上升或下降会提高或降低组内每种产品的价格。因此,p 称为该组产品的**价格水平**。

假设(3)至(9)共同意味着我们正在研究当其他条件不变时,价格水平 p 的变化所产生的影响。

(10)短缺用指标集合:$z_1, z_2, \cdots$ 来描述;这些指标已在上一节中详细讨论过。其中三个指标如图18.4所示。由于该图只是为了说明问题,所以我们没有具体说明是哪些指标。

现在我们来研究一下图中函数 $z_1 = z_i(p)$ 的性质。

价格轴可以分为两个区间。我们从第17.2节中回顾,如果价格小于临界值 $\hat{p}^{\text{nom}}$,家庭就不会对价格做出反应。在**名义价格**区间内,短缺指标有一个特定的水平,在图中以水平线表示。它

---

① 第8章中已讨论了摩擦。在第8.7节中我们引进了指标向量 w 来衡量它。

们之所以是水平线,是因为只要价格低于临界值 $\hat{p}^{\text{nom}}$,它们就与价格无关。

然而,如果价格处于**有效价格**区间,那么每一次连续的价格上涨都会阻止新的买家购买。这里我们讨论一个复杂的随机现象,我们继续上面提到的一个例子来说明这个问题。假设在价格为 p_1 时,100 个家庭主妇中有 40 人希望购买火腿,但只有 10 人的需求可以得到满足。供应品以随机的方式分布在不同的商店中,而家庭主妇也会以随机的方式光顾商店。她们每个人都有 1/4 的概率得到一些火腿。让我们假设所有不能得到火腿的人都进行了强制替代。因此,可以预期进行这种替代的比例是 0.75。我们把这种比例作为短缺指标之一。如果现在,在价格为 $p_2(p_2 > p_1)$ 时,40 人中有 10 人自愿放弃购买火腿的打算,那么其他的人有 1/3 的概率成功购买。那么,预计进行强制替代的比例将下降到 0.67。

如果有排队,排队的长度同样会缩短;等待的时间也会缩短,等等。① 归根结底,**短缺强度是价格水平的递减函数**。

我们可能会问,图 18.4 中的函数 z_1,为什么不和横轴相切?难道找不到一个可以完全消除短缺的价格水平 p 吗?

为了回答这个问题,我们引入图 18.5。我们从上图的三个短缺指标中选择一个,现在用一般的符号称其为指标 z_1。但现在我们画出的是这个指标的三个函数,而不是一个。

我们必须修改图 18.4 的几个基本假设,即假设(3)、(6)、(7)和(9)。我们希望考虑到,在观察期内,供应、需求和相对价格可

---

① 更详细的说明请见数学附录 A。

第 18 章 家庭:消费者行为

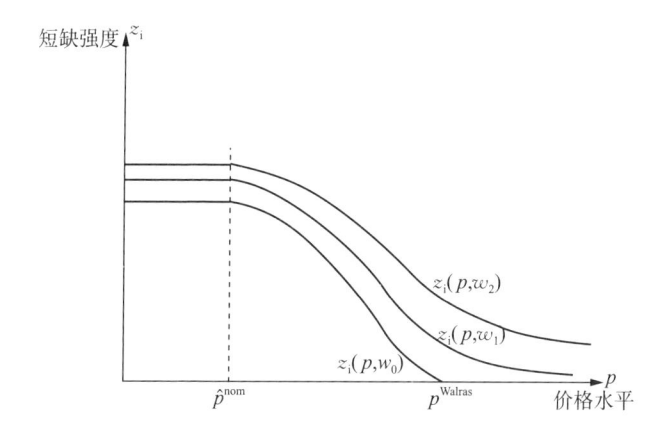

图 18.5 短缺、摩擦和价格水平之间的三重关系

能会以或多或少的摩擦力相互调整。描述摩擦程度的指标向量 w,现在不仅包括非价格变量,还包括影响相对价格调整的摩擦。除此之外,其解释与第 8 章相同。因此,$w=0$ 代表完全没有摩擦的调整。

关于假设(3),我们继续假设,在观察期内按基期价格等衡量的总供给是既定的。在调整过程中,只有总供给中的产品组合可能发生变化。

图 18.5 中的横轴继续代表该产品组的价格水平,而纵轴上则标出了第 i 种短缺指标的数值。我们观察到三条等摩擦曲线。如果调整是完全的:$w=0$,则最低的一条曲线有效。需求、供给和相对价格彼此进行完全调整,没有任何滞后。这条曲线与水平轴相切,表明短缺可以完全消除。与这一点相对应的价格水平用 p^{Walras} 表示。这就是所考察的特定市场上的瓦尔拉斯均衡价格水平,在这个价格水平上,短缺是可以完全消除的。

然而，在现实中，调整永远不会没有摩擦。供给、需求和相对价格的调整会有一个时滞，这是由惯性、决策者的摇摆不定和当事人对彼此决定的不确定性造成的。因此，短缺现象在任何实际市场中都必然出现。指标 w_1 的值象征着一个调整公平但不完美的市场，w_2 则象征着一个调整较差的市场。在这两种情况下，我们都无法找到一个合理的价格水平 p，在这个价格水平上，所有的短缺现象都会完全消除，对于有关市场上的每一个买主，在每一个时刻都是如此。这就是为什么函数 $z_i(p, w_1)$ 和 $z_i(p, w_2)$ 都不与横轴相切。

在一切其他因素，特别是总供给和名义家庭收入保持不变的情况下，如何才能减少短缺？我们借助于图 18.6（该图重复了图 18.5 的部分内容）来回答，图中选择了两条等摩擦曲线，或者更准确地说，是各取了其中的一段。短缺强度由指标 $z_i^{(I)}$ 表达。从这一点出发，我们可以通过两种方式达到不那么强烈的短缺状态 $z_i^{(II)}$。我们可以安于调整不会改善的事实；换句话说，**我们可以沿着与摩擦指标 w_2 相对应的等摩擦曲线前进**。但在这种情况下，价格水平必须从 $p^{(A)}$ 提高到 $p^{(B)}$。另外，我们不改变价格水平 $p^{(A)}$，而是改善供给、需求和相对价格彼此间的相互调整。换句话说，**我们要从与 w_2 相对应的等摩擦曲线跳到与 w_1 相对应的等摩擦曲线**。如果我们同时进行这两种变化，短缺强度将进一步降到水平 $z_i^{(III)}$。

假如我们成功地从与 w_2 相对应的曲线跳到与 w_1 相对应的曲线，这对买方来说就是一种净收益。他的服务在没有涨价的情况下得到了改善。排队现象减少了，强制替代的频率和严重程度降低

第18章 家庭：消费者行为

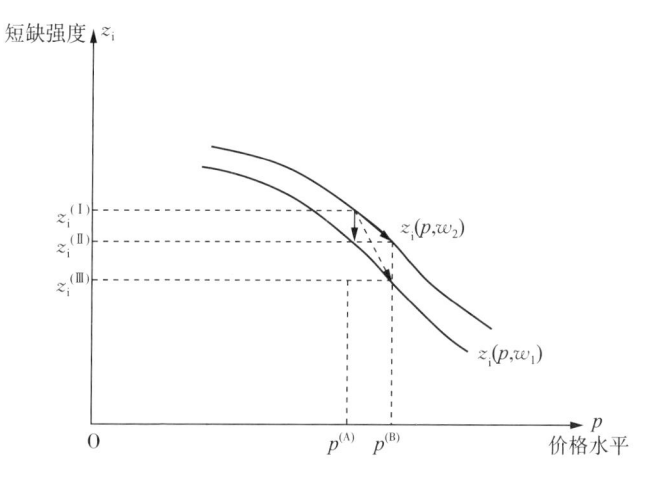

图 18.6 缓解短缺的两种可替代方法

了，而且由于不确定性降低了，各方对市场的信息得到改善，惰性小了，调整的时间滞后也小了。但是，无论这种改变有多可取，都不能简单地加以决定。如果要减少调整过程中的摩擦，就必须满足若干体制和组织条件。与此相反，价格的上涨（也就是沿着图中曲线的移动）可以通过一项单一的决定来实施。这样做也可以减少短缺，但代价是做出牺牲，因为这会将一些买方赶出市场。

因此，在提高消费价格水平和减少摩擦之间存在着一种权衡。无论哪种方式都可以达到降低短缺强度的目的，尽管这两者确实会导致不同的后果。

最后，我们再次提请大家注意"其他条件不变"这一假设。我们提出的问题（怎样才能减轻短缺强度？）过于全面和笼统，而我们借助于图 18.6 所给出的答案只有在非常特殊的条件下才是正确的。只有在所有的假设都适用的情况下，它才是有效的。其中以下几个假设特别重要：假设(3)，即供给是既定的；假设(4)，即供给只为家庭保留；以及，假设(5)，即家庭的名义收入是既定的。如果我们放宽这些严格的假设，相互关系就会变得复杂得多。这将在后面的章节中进行讨论。

18.9 消费品部门的一般状况

下面我们就消费品部门的一般状况提出一些假设。我们并不考虑任何一个东欧国家在任何特定时间的具体问题，而是考虑该制度的一般抽象形式。正如在第18.7节中所指出的那样，还没有进行过经常性的全面观察，以明确地证明或否定我们关于短缺强度的假设。零散的观察似乎支持我们的假设。让我们先简单总结一下，然后再详细评论。

假设1：从长期来看，社会主义国家的实际消费大幅增长。同时，在消费品部门的一些领域，长期短缺的现象依然存在。

假设2：通过行政配给，家庭免费或以名义价格获得一些商品和服务。其中一些商品是满足那些在可预见的未来将得到充分满足的需求；另一些商品则是满足那些永远无法得到充分满足的需求，而在这方面的长期短缺是无法消除的。

假说3：家庭通过市场，以有效价格购买其他商品和服务。这些商品也存在长期短缺。在这些市场上，一种正常的短缺强度正在形成。

关于假设1，一般公众，有时甚至是没有充分深入研究这个问题的经济学家，都倾向于把两类截然不同的问题混为一谈。第一个问题关于消费水平的问题,即一个人或全体人民,是富裕还是贫穷?第二个问题是,消费者是否花钱就能得到他想要的东西?如果能买到,他是很容易就能得到还是很困难?这两个问题之间没有因果关系,这本书的整个论点都试图证明这一点。**短缺不是一个国家经济落后的结果**。短缺经济存在于人均实际消费水平和产出水平都高的地方。有这样的国家,那里人均消费水平和产出水平都低,但基本上它们都是买方市场在起作用的需求约束型体制。

不仅不存在**因果关系**,在后果方面也没有**权衡**。生活在买方市场的穷人,口袋里空空如也,站在摆满商品的商店橱窗前,他不会因为"只要有钱,就什么都能买"这一想法而得到安慰。反过来也是一样,一个生活在短缺经济中花了数小时排队、搜寻和与粗鲁的售货员打交道的消费者,或者一个也许要等待数年才能买到某种配给品的消费者,他们也不会因为认识到实际消费水平已经逐年提高而感到安慰。作为对效用理论的批判,我们讨论了优势和劣势之间的替代和互补性,我们在另一个语境中反复提出的一个观点在这里也同样成立。**一种烦恼、痛苦或损失是无法用一种不同性质的快乐和满足来抵消的**。

经济学家、社会学家和社会哲学家越来越认识到,仅仅观察实际消费是不够的,应该对生活水平或生活质量进行更广泛的解释。家庭如何获得它想要的商品,是生活质量的一个重要组成部分。而在这里,我们不得不强调短缺经济对人的影响,它对人们日常生活的影响。[①] 它剥夺了人们很多的自由时间,它造成神经

---

① 社会学家也研究排队和等待的社会影响。例见 Schwartz(1975)。

紧张和烦躁,它一次又一次地使人们在被认为是合理的欲望上感受到失败和挫折。人们不仅要承受不能得到物品的物质损失,而且要经常忍受卖方、提供服务或分配配额的人经常地漫不经心和粗暴无礼。当人们知道他要受那些应该为他服务的人的摆布时,会常常感到恼怒和羞辱。这是消费品部门短缺的一个不可避免的后果。当然,努力地教育卖家,让负责配给的官员表现得更有礼貌是有益的。**但是,短缺的客观事实却持续不断地维持一种社会关系,在这种关系中,买方受卖方的摆布,而且他自己也感到是这样的。**

因此,短缺不断地削弱(尽管并不会消除)人们对实际消费水平正常增长的满足感。

关于假设 2,我们注意到,通过行政配给免费或以名义价格分配的商品和服务,应该分为两类。第一类包括那些可以在可预见的未来满足其欲望的商品和服务。这类商品和服务的短缺是暂时的,尽管它们可能会持续很长时间。

这类商品和服务的一个典型例子是教育。在一定的经济发展水平上,每个国家都有能力为每一个希望接受教育的人提供 12 年的免费教育。在更高的发展水平上,甚至可以给予更长的时间的免费教育。

第二类包括那些需求永远不能得到充分满足的商品和服务。最重要的例子是国有公寓。**这方面的短缺不是暂时的而是长期的**,只要有关商品和服务是免费或以名义价格提供给申请者,短缺就会持续存在。

在第 17.6 节中,我们讨论了赞成或反对配给的考虑因素;现在没有什么可补充的。决策者可以决定赞成接受短缺作为配给制的社会成本,以便顾及到该方案被认为是有利的特点。这个决定可能会受到质疑,但它并非不合理。但是,必须放弃这种幻想,即通过定量配给可以消除对那些商品的需求无法得到充分满足而造成的短缺现象。

大多数经济学家很容易接受上述假设。显然,如果一种需求无法得到充分满足的产品被免费分配,就会出现短缺。但是假设3指出了一个远不是显而易见的现象。我们在前面看到,家庭的预算约束是硬约束。在第16章中,我们明确指出,到达家庭的货币收入总额是由经济领导层牢牢控制的。因此,总需求是以名义价格给出的。此外,我们还指出,市场分配的商品价格是有效的,因为它限制了需求。那么,为什么在这一领域会一再出现短缺呢?难道不单纯是因为短缺商品的价格定得太低吗?或者,如果价格是既定的,那么,问题的出现不就是因为家庭总购买力和消费品总供给之间的关系被错误地规划了吗?[①]

很想对这些看似简单的问题做出简单的回答。然而,我们必须推迟我们的回答,或者说是推迟我们对回答的尝试。首先,我们必须在接下来的章节中分析价格和货币的作用,以得到我们澄清上述问题所需要的所有部分结果。因此,在这个关头,我们只能提出假设3,并提出一些问题而不给出答案。

---

① 我们可以回顾一下第16.2节中描述的规划算法。据此,对这一现象的解释既可能是因为对(16.3)、(16.4)和(16.5)所述各种关系的规划不周,也可能是因为对正确目标的偏离。

18.10 对"克洛尔-巴罗-格罗斯曼"学派的评论

我们所阐述的关于消费品市场的观点,可以作为对克洛尔-巴罗-格罗斯曼学派提出三点质疑的起点。

第一个问题关系到**总需求过剩**这个范畴。[①] 为了更清楚地证明这个问题,在下面的论证中,我们坚持以家庭部门为单位,只考虑个人消费,而不考虑企业和非营利机构的需求。通常对总需求过剩的解释是家庭部门手中的货币存量,家庭原本打算消费,但在给定的供给下无法消费。

在我看来,应当区分两种情况。第一种是经济体系的情况,其中严重的短缺**不是典型特征**。在正常情况下,短缺是间歇性、暂时性和适度的。例如,德意志联邦共和国的情况就是如此。让我们假设,作为一个思想实验,联邦德国从今天起实行严格的价格控制,并严格执行。同时,每个工人的名义工资立即提高50%。后果不难预料,库存很快就会被抢购一空。许多家庭将无法花掉口袋里积攒的钱。**这种情况可以恰当地称为总需求过剩**,其程度可以用突然积聚在居民口袋里的,以及无论各家各户的意向如何但仍然没有花掉的货币数量来实际衡量。我们再补充一点,这种情况可以恰当地称为非均衡,因为该系统偏离正常状态。

[①] 我们已经在第5.4节和第7.9节中提到了这个问题,但现在,在分析了消费部门之后,我们可以更全面地解释我们的观点。

另一种是**长期短缺经济**的情况,与前一种情况在本质上有所不同。在这里,频繁的、长期的和严重的短缺已经成为该系统的正常状态。买家已经调整了他们对长期短缺的态度。他们试图满足自己的初始需求,而这种需求从一开始就已经考虑到了短缺的问题。但是,如果他们不成功,那么也许在经过一番搜寻和等待之后,他们就会进行强制替代或进行强制消费。他们能否完全成功,取决于短缺的强度。第 18.4 节讨论短缺引起的强制消费,已经对此做了详细的解释,所以我们在这里只提一下。在宏观层面上,什么应该被称为总需求过剩,这一点并不清楚。难道只能是根本花不完的钱吗?但这种情况只有在一般非常严重的短缺情况下才会出现[见 18.4 节中的现象(c)]。如果答案是肯定的,那么在一些长期短缺的经济中,可以发现大量的强制替代、强制消费和排队,但几乎没有真正的**花不完的钱**,因此不存在总过剩需求。或者我们应该更广义地解释这一概念,把所有没有按照**初始**需求花掉的钱都包括在内?看来,总需求过剩这个词**不是一个可以在长期短缺经济中使用的范畴**。正如我们在本书前面所解释的那样,短缺必须由一个非总量指标的向量来描述。

在讨论第一个问题时,我们已经触及了争论的第二个问题,利用**家庭储蓄**的时间序列来描述市场的一般状态的特征。人们试图从家庭部门储蓄的时间路径中得出结论,在宏观上消费品市场是处于总需求过剩还是总供给过剩的状态。[1] 上述克洛尔

---

[1] 例见 Portes-Winter (1978)。

—巴罗-格罗斯曼的思路为这一论点提供了理论背景。他们认为,家庭储蓄的时间路径部分由标准因素解释,特别是收入的变化。如果储蓄结果高于这些因素所解释的水平,这就是总需求过剩的标志,反之亦然。在我看来,这个结论是没有道理的。诚然,在短缺与家庭储蓄之间存在着因果关系。但是,由于它通过若干条因果链(其中有些是相互矛盾的)来发生作用,所以根本无法肯定家庭储蓄的增长反映的是短缺的增长还是减弱。例如,如果这笔钱确实不能花,而储蓄**因此**增加了,那么这就表明短缺日益严重。但是,如果旅游或私人建造房屋的机会刚刚开放,**这**就阻止了人们进行强制消费,并促使他们进行更多的自愿事先储蓄,那么家庭储蓄的增加反映了短缺的减少。只有在具体问题具体分析的基础上,才能理解家庭储蓄随时间变化的经济内容。

克洛尔-巴罗-格罗斯曼学派的功绩之一是试图将凯恩斯理论一般化。然而,值得担心的是,与此同时他们建立了过于简单的"对称性"。把他们的推理路线简化一些,我们可以将这种对称性的特征描述如下。

凯恩斯主义失业的关键问题是总需求不足。当总需求过高时,显然会出现相反的情况。到目前为止,这条推理思路还没有特别的错误。当把这种相反的情况作为社会主义经济中市场状态的理论模式时,麻烦就来了。[1] 事实上,社会主义经济的一个极

---

[1] Barro-Grossman (1971,1974) 的文章明确指出,他们所描述的总需求过剩在东欧社会主义国家的经济中普遍存在。这一学派的其他追随者,(如 Portes, Howard) 则直接将克洛尔-巴罗-格罗斯曼理论应用于社会主义经济。

其重要的特点是,它的运行模式、管理体制及其当事人的行为都适应了由制度关系不断维持的长期短缺。如果简单地把这种体制说成改变了符号的凯恩斯主义模式的对称性逆转,仅仅说符号发生了改变是完全错误的。

要讨论的第三个问题是**短缺对劳动力供给的影响**。如果说在短缺的条件下,钱真的不能花在任何事情上,那就不值得为了额外的钱而工作。相应地,日益严重的短缺毫无疑问会导致劳动力供给的减少。[1]

这个问题基本上是一个经验性的问题。只要短缺还没有严重到几乎没有任何希望花费额外的货币收入的程度,它就不会阻止人们去找工作。如果它对劳动力供给有任何影响,那就是相反的影响。有些人甚至寻求更多的钱,因为他们相信,如果他们有更多的钱,即使在短缺经济中,他们也可能更容易获得他们想要购买的东西。举例来说,如果他们不得不进行强制替代,他们更容易买得起质量更好的昂贵的替代品,而不是质量更差的廉价的替代品。他们更容易付得起灰市或黑市上的价格。当然,无论是

---

[1] 参见 Barro-Grossman (1971,1974)。Howard (1976)用苏联的数据对克洛尔-巴罗-格罗斯曼理论进行了计量经济学验证"。在我看来,这种验证是没有说服力的,因为计量分析的理论基础是错误的。

Howard 假定:消费品生产的增加或减少,或者其生产增长率的加速或减速,反映了消费品市场上短缺的减少或增加。事实上,正如我们在本章前面所强调的那样,消费品生产和消费的变化可以和短缺强度的变化相互背离。

我们所研究的时间序列表明,消费品生产和就业是同向变动。这是不言自明的,因为消费品在总产出中的份额相当稳定,而劳动生产率随着时间的推移相当稳定。从消费品的产出和就业同向变动这一事实来看,得不出任何关于短缺和劳动力供给之间关系的结论。

在短缺加剧或不太严重的时候,他们都会有这种感觉。归根结底,我们可以说,不管是从正向关系还是从反向关系来看,短缺强度都不是解释劳动力供给的变量之一。①

---

① 关于解释劳动力供给的变量,见第11章和第16章。

第19章 消费品价格和消费品部门的短缺

19.1 引　言

在第 17 和 18 章中,我们多次提到价格对家庭行为的影响,以及消费品部门的市场状况。本章系统地总结了我们对消费品价格的看法。

在这一系列范围极为广泛的问题中,我们只讨论与我们的主题,即社会主义经济中的短缺问题关系最密切的几个问题。同以前在第 15 章中论述企业间价格的情况一样,我们在这里不提出政策建议;我们将完全以**描述性的方式**来讨论消费品价格问题。

我们不可能讨论所有种类的消费品价格。我们一般不考虑由合作社和私营部门生产并直接出售给家庭的产品的价格。除本章最后一节外,我们将只讨论国营企业提供给家庭的商品的价格。如果为了简洁起见,我们不加说明地使用"消费品价格"这一表述,我们总是指这类商品的价格。

我们在第 15 章中关于企业间价格的许多论述,包括关于价格浮动和国家干预倾向的评论,都适用于本章讨论的产品。然而,我们必须强调消费品价格的几点特殊性质。

最重要的区别特征是显而易见的。消费品价格水平对千百万人生活的影响比企业间价格水平的影响要密切得多。后者是经济管理层的内部事务,它们只在有限的程度上(例如通过利润分配)影响工人的经济状况。因此,消费品价格的变动对所有制度来说都是一个微妙的政治问题。

我们在谈到公司间价格时说过,买方通常不能或不敢抵制卖方提高价格的努力。而且对买方来说,这也不是一个生死攸关的问题,因为他的预算约束并不是硬约束,他尽可能地通过提价把增加的投入成本转嫁给自己的买方,或者要求国家预算给予支持。对消费品价格来说,情况就不一样了。家庭的预算约束是硬约束。如果家庭的名义收入是既定的,那么每一次涨价都会使名义收入缩水,令他感到切肤之痛。因此,买方试图抵制价格上涨。如果没有其他办法,他就用声音来抵制;发牢骚,提抗议。这正是消费品价格成为政治问题的原因。

由于这个原因,国家在这一领域的干预比对企业间价格的干预更为广泛。[①] 干预的可能性也更多。最重要的大宗消费品,特别是基本食品和公共服务,属于我们在第15.2节中规定的标准大批量生产的商品类别,因此它们的价格很容易管理。但在价格不太容易管理的情况下,价格政策(如果想这么做的话)也能够成功地抵制价格浮动的趋势。这个过程可以从企业推高消费品价格开始。消费品的流转税税率既可以是正数也可以是负数(负数即为维持某些商品的价格而给予的补贴),是为每一种产品或每

---

① 财政部长 L. Faluvégi 在他的书(1977,第71页)中写道:"我们的总目标是:首先保证消费品价格的相对稳定,同时生产者价格可以允许有更大的灵活性。"

一类产品单独确定的,并不时加以修改。正负流转税制度使企业间价格(以及一般的生产者价格)的变动与消费品价格的变动可以分开。生产者价格的上涨虽然对消费者价格造成压力,但不会自动迫使后者上涨。

鉴于国家干预对消费价格形成的极端重要性,我们把注意力集中在这方面。卖方的价格浮动倾向无论多么强烈,都可以在某一点上被国家干预所制止。[①] 我们试图回答的问题是,**为什么它会恰恰在这个点上停止**?为什么各组消费品的价格水平正是如此,而不是更低或者更高?

在第19.2至19.8节中,我们试图回答这些问题。因此,我们只讨论能够充分管理并且在正常情况下容易管理的消费品价格。我们在最后一节(19.9)中,简要地讨论了不易管理的价格以及生产者自发的价格浮动倾向。

本章的大部分内容讨论消费品的相对价格。第19.4至19.6节是个例外,因为它们研究的是整个消费品市场平均价格水平的变化,以及这些变化与其他市场现象之间的相互关系。

本章第一部分的主题是消费品价格的**短期**影响以及需求和供给的短期控制和调整。从第19.7节开始,又对一些**长期**的相互关系进行了补充说明。

我们的许多观点同样既与**传统**的,又与**改革后**的社会主义经济中的价格变化有关。在我们希望区分不同制度的地方,我们将分别提请注意这一事实。

[①] 在这一点上,我们回顾对(15.1)式所做的评论。

19.2 一个说明性的例子

我们将从上文第 18.8 节中使用过的某一特定市场的简单模型开始进行推理。我们将不重复我们在那里所做的详细假设,而只回顾其中最重要的几个假设。我们将使用适当的指标来描述一定时期(例如,一年)内的市场行为。我们在**假设其他条件不变**的情况下,把供应量、所有家庭在这一特定市场上的预期支出水平、市场内的相对价格、所有其他市场的价格以及调整中的摩擦都作为给定因素,进行**比较静态分析**。在所研究的特定市场上,只有家庭进行购买。要研究的问题是,随着所讨论的一组产品的价格水平的变化,短期内短缺的强度如何变化。

图 19.1 与图 18.4 至图 18.6 相似。横轴表示一组消费品的价格水平,纵轴衡量市场状况的两个指标,一个是**短缺**指标 z,它是向量 z 的一个代表分量;另一个是**滞存**指标 q,它是向量 q 的一个代表分量。(后一个指标超出了第 18 章中的图,那里没有表示滞存。)

对每一个价格水平 p 来说,都有相应的一对向量 $[z(p), q(p)]$,也就是短缺指标和滞存指标的一组值。短缺是价格水平的递减函数,而滞存是它的递增函数。我们不问这个市场什么时候会处于一个完全的瓦尔拉斯均衡,这是因为我们必须考虑到调整中的摩擦。我们只考虑如果把价格水平从初始价值 $p^{(A)}$ 大幅度提升到更高的价值 $p^{(B)}$,会发生什么情况。

我们用为家庭提供干洗、洗衣和类似服务的行业作为第一个说

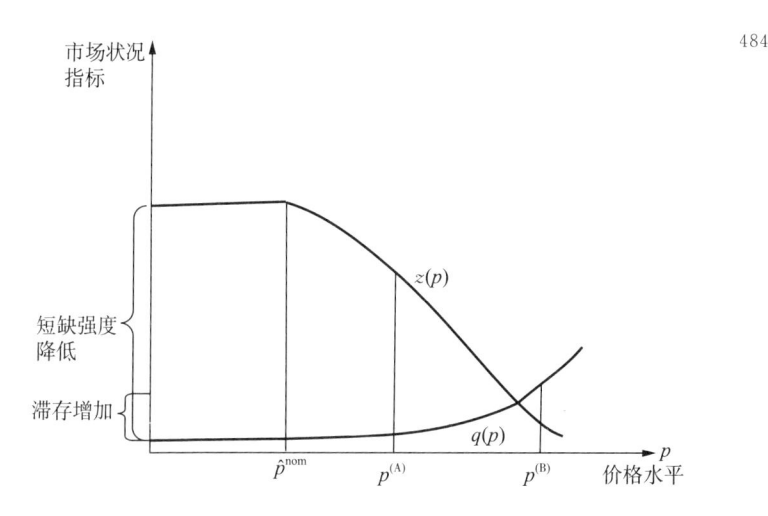

第 19 章 消费品价格和消费品部门的短缺 **583**

图 19.1　价格水平、短缺和滞存之间的相互关系

明的例子。这是消费中一个相当重要的因素，尽管不是必不可少的。

由于价格大幅上涨，家庭对该行业服务的需求将大大减少。因此，**短缺强度将大幅度下降**，尽管它可能不会完全消失。在商店等待服务的时间会减少，交货时间也会缩短。除了这些立竿见影的变化外，我们还可以期待长期的影响。洗衣店的机器和员工的利用率会降低。现在，如果卖家有兴趣扩大销售，他就会努力为顾客提供更好的服务，让顾客继续使用他的服务。洗衣店之间**会通过提高服务质量、更加关注顾客以及推出新的服务等方式展开相互竞争**，也会与其他希望吸引消费者购买力的行业进行竞争。

这些**优势**位于天平的一端，然而，在另一端也产生了以下**劣势**。

第一个劣势是物价上涨的简单事实。正因为相当高的价格稳定性是社会主义经济的最大成就之一,所以人们**期望**价格保持不变;稳定本身对人们是有价值的。仅仅是物价上涨的事实就会引起动荡,这比那些加速通货膨胀使人们习惯于物价持续上涨的国家要严重得多。在那里已经形成了通货膨胀的预期,社会认为普通的物价上涨是正常的。

价格上涨会导致滞存增加。我们在第一篇中详细解释过,在短缺经济中,短缺和滞存可能同时出现。以前,由于缺乏互补性投入,洗衣店里可能存在不可动用的滞存;可能一个工人缺勤了,或者一种化学品用完了,或者一台机器坏了。然而,在价格急剧上涨的情况下,可能会造成**可动用滞存**,劳动、材料和资本可能会立刻全部闲置起来。每一种互补性投入都会有供给储备。这其实可以算作一种优势,因为它可以更灵活地调整,以应对不可预测的需求波动。但很多人却觉得这是一个缺点。社会主义经济中的公众舆论认为,这种可动用滞存的长期存在是一种**浪费**,"脏衣服成堆,但工人和机器却没事干……"

提高价格的结果是,**消费水平瞬间降低**。这种关系是微不足道的。在特定的时刻,清洁行业的产出和家庭消费被减少了,减少的数量与增加的滞存所能生产的数量一样多。即使在涨价之后,使用清洁行业服务的人也能更容易、更方便地获得服务,但有些消费者却被排除在服务之外。[①] 后来,随着洗衣店的工作在买

---

① 我们将再次回顾 Robinson-Eatwell 的诙谐言论(1973,第 269 页):"在购物力方面承诺的巨大经济效益似乎无法弥补货币购买力的直接损失。"

类似的观点出现在 Goldman(1977)的书中。他指出,限制购买力可以提高消费的"效率"。

方市场中得到改善,效率提高,最终能够产出更多更优质的产品,这些消费者可能会间接地得到补偿。然而,这是一种滞后的和不太确定的后果,而通过创造可动用滞存来减少产出,则是立即发生的。

更重要的是,这种消费的减少有**再分配效应**。那些能够并且愿意支付较高价格的人,可以更容易和更方便地获得服务。那些不能或不愿支付较高价格的人则被剥夺了以前使用过的服务,即使这种服务只有在等待、排队之后或通过强制替代才能得到。

在决定是维持还是改变产品组的价格水平时,主要考虑的是上述利弊。但我们就此打住,因为我们的思路很容易在此时误入歧途。人们可能会产生这样的印象,一组产品的价格水平本身就决定了市场的形势。然而现实际情况并非如此。在上述模型的简化世界里,价格水平是唯一的控制变量,因为我们的分析是比较静态的,而且是建立在非常严格的假设基础之上的。现在是跳出这个模型的局限的时候了。

19.3 其他部门的虹吸效应

首先,让我们放宽模型中的假设(4),即该市场只许家庭进入。沿用上文仍以清洁行业为例,实际情况就不是这样了,它的服务不仅为家庭所用,还为餐饮业、美容店和工厂清洗员工的工作服。同样的价格上涨,促使家庭主妇们回到家里洗衣服,但这丝毫不会影响餐馆或工厂。

比起清洁行业的例子,让我们以更普遍的形式来研究这个问题。有一些产品和服务专门由家庭购买。例如,家庭是理发店和电影院的唯一用户。要找到这些例子并不容易,因为只有少数产品和服务,由于产出品的物理性质和使用方式,只对家庭有用,而根本无法用来作为企业或非营利机构的投入品,并且无法用来出口。家庭、企业(包括出口部门)和非营利机构之间相互竞争的情况要多得多。

假如任何人都可以在零售市场上购买,都可以在不受行政限制的情况下进行购买,这种竞争就可能是对最终产品本身展开的竞争。例如,私人顾客、企业和非营利机构都可以在同一家文具店或者家具经销商购买物品,也可以使用同一辆出租汽车或同一间车库。

然而,竞争可能在更早的阶段就开始了。假设工业生产了砖头和水泥。产品应该交付给为私人客户销售建筑材料的商店,还是交付给正在建造工厂的建筑单位?食品工业或轻工业的产出品应交给国内零售商业,还是应该出口?

家庭部门与其他部门对产品进行竞争,**但这是不平等条件下的竞争。家庭预算是硬约束,而企业的预算约束是软约束**。[①] 同样的说法,也可以用在出口企业身上,即使一些出口产品以本国货币计算出现了损失,国家也可以像补偿生产者企业一样对它们进行补偿。(正如我们在14.9节中所解释的,从这个角度看,非营利机构处于中间地位。)家庭对价格变化的反应很敏感。如果

[①] 更确切地说,软硬程度取决于经济管理的实际形式。但是,正如第13章中所解释的那样,即使在改革之后,企业的预算约束在与家庭所受的约束进行的上述比较中,也是相当软弱的。

价格上涨,家庭需求将减少。与此相反,企业对投入价格的反应较为迟钝。如果它需要的东西有货,它就会购买。①

只要企业和非营利机构的行为不改变,只有在这些部门抽走的数量受到**行政**限制时,②消费品价格水平的提高才会降低短缺强度。换句话说,必须有某种限制,以防止企业和非营利机构占用由家庭需求减少而释放出的可动用滞存。

在一些领域,这种行政上的禁止是可以执行的。在其他领域,这样做要困难得多。如果生产者抽走的不是最终产出品,而是生产这种产出品的直接投入,那么强制执行这种限制就特别困难。例如,如果工业部门将劳动力从零售部门抽走,从而使提供给家庭的服务恶化,就会发生这种情况。

在第15.8节末尾,我们强调在提高企业间价格水平和减轻企业间贸易短缺的强度之间,并不存在自动的权衡。现在我们补充如下,**在提高消费价格水平和减轻消费市场短缺的强度之间,并不存在自动的权衡**。我们将提出若干论点来支持这一说法,而我们已经谈到了第一个论点。**由于企业和非营利机构对投入价格的上涨反应迟钝,尽管价格上涨,它们仍可以从对价格上涨反应灵敏的家庭部门抽走消费品和服务或其可用于生产的投入**。

---

① 在匈牙利,由企业和非营利机构购买消费品的增长速度远远高于家庭的增长速度。参见 Pálos-Pintér(1978)。

② 这是必要条件之一,我们在后面会看到还有其他条件。

19.4 中央宏观消费计划:初步探讨

我们现在进一步放松本章迄今为止所做的简化假设。在上一节中,我们指出,企业和非营利机构可能会以分散的方式,将原定用于消费者的最终产品或工业部门本该为家庭部门生产的投入转移走。但这只是一个派生现象。让我们来研究一下首要问题,即中央计划者为家庭部门分配了多少东西。

本节和下一节的主题是短期的中央宏观消费计划,我们将提出一个抽象模型。它只是用来描述社会主义经济中发生的计划过程。这个模型既不需要,也不适合作为规划的实际工具使用。在这个程度上,这两节就像本书前面的一些部分,如第3章、第9章、第10章以及讨论计划者条件反射的12.1节,还有描述中央工资计划算法的16.2节。现在,我们同样希望找出规划者行为的一些规律性。

与工资政策的情况一样,我们将详细制定一个**进行规划决策的算法**。我们并不认为在实际的规划过程中,各种事件会按这个顺序相继发生。这个算法只是一种简单的方法,用来说明错综复杂的决策序列的内在逻辑。

这个算法由五个步骤组成。我们假定算法是迭代的,如果决策者认为结果不令人满意,或有新的信息可供利用,他就可能重复全部或某几个步骤。在本节中,算法以最简单的形式呈现。在下一节中,将在某些方面做更详细和更完整的描述。

假设我们现在讨论的规划阶段的目的是确定下一年的五个

宏观目标,并从中推导出一些分解的计划目标。我们先把这五个宏观变量列出来。

（Ⅰ）家庭部门实际可供购买的商品和服务总量。用符号 s 表示,简称为**供给**。

它是一个**实际**的数量,在规划实践中,通常是指用被称为"基准年"的较早的某个时期的实际价格来计算的总量。

数量 s 包括商品和服务的供给。就商品而言,它包含计划年年初的初始存量和这一年内的总交付量。就服务而言,它是可能提供的最大服务量。因此,变量 s 并不是计划者打算出售的商品,没有人认为家庭会实际购买数量为 s 的商品。如果家庭能够并且愿意购买他们实际可以得到的一切东西的话,s 是家庭可以购买的产品和服务的最大数量。

为了简化推理,我们从一开始就排除了家庭部门免费获得的商品和服务。① 因此,数量 s 只包括可以用**货币**购买的**商品**的供应量。同样,我们也排除了中央计划者指定为企业（包括出口部门）和非营利机构提供的消费品。因此,如果某些消费品部门出现了进一步的虹吸现象,就等于偏离了计划。②

（Ⅱ）家庭部门购买的商品量。用符号 g 代表,简称为**消费**。这个简称虽然常用,但实际上并不准确。在购买和实际消费之间可能存在一个时间差；此外,家庭还免费获得一些消费品。

像 s 一样,这也是一个**实际**的数量,是一个以基准年价格计

---

① 我们还必须扣除那些与免费分配的商品和服务有关的库存和备用能力。
② 我们提请注意,仅在第 19.4 节和第 19.5 节讨论规划消费的算法时忽略了这种"虹吸效应"。而在后面的第 19.6 节中,它被重新纳入分析中。

算的宏观总量。

（Ⅲ）**家庭部门用于购买商品的货币量**。用符号 y 表示,简称为**支出**。它是家庭部门在计划年度的总货币收入,[①]减去预期的储蓄值。（或者,在相反的情况下,再加上家庭货币存量的减少额,即负储蓄。）

（Ⅳ）**消费价格指数**,用符号 P 表示。它是计划年与基准年消费价格水平的比率。[②]

（Ⅴ）**指定用于家庭部门的国产和进口消费品的总量**。用符号 x 表示,简称为**产出**。至于它的计算方式,以及包括或不包括哪些产品,则与其他两个数量指标 s 和 g 类似。

在这些变量之间存在两种一目了然的相互关系：

$$g \leqslant s \qquad (19.1)$$

消费水平　　供供给水平

并且

$$g \equiv y / P \qquad (19.2)$$

消费水平　　支出　　消费价格指数

通过设定算法,我们要找出决定上述变量的因素,并确定其在决策过程中的相对影响或权重。

步骤 1:消费。这一步与工资算法的步骤 1 相对应,体现了一

---

① 我们忽略了一个家庭向另一个家庭提供的以金钱为回报的服务。我们进行宏观分析的唯一目的是研究家庭部门作为一个整体与其他经济部门之间的关系。

② 构造数量和价格指数的困难是众所周知的,我们在第 15.4 节中提到过后者。但是,由于这些指标仅用于理论分析,就无须在此讨论这些困难了。

第19章 消费品价格和消费品部门的短缺

个内容相同的决策。我们回想一下在那里说过的话。[①] **人们认为,规划的一项重要原则是,实际消费水平的增长不应低于既定的社会容忍限度,而应尽可能地接近实际消费的正常增长速度。** 目标计划 g 的规模就是由此而来的。

步骤 2:消费价格指数。正如我们在第 19.1 节中所强调的那样,政府的价格政策是以实现价格稳定为目标的。然而由于各种原因,宏观计划可能会不可避免地导致消费价格水平的提高。一方面,它可能屈从于导致价格上涨的分散化力量。另一方面,它也可能在中央可以很好地处理的行政性消费价格范围内计划涨价。所有这些问题在第 15 章中已经涉及,本章余下部分将对该讨论做一步的补充。

这样,在算法的这一步骤中就得出了 P 的计划目标。

步骤 3:支出。名义收入的规划过程已经在第 16.2 节中做了详细说明。我们解释说,它不能由中央经济政策随意确定,因为必须遵守几种相互关系。正如我们指出的,准确地计划名义收入是可能的;计划的实现通常与计划数字相差无几。家庭储蓄的目标有较多的不确定性。预测中的一个错误就可能导致偏离计划,但我们不需要处理这个问题,因为我们现在只关心描述计划。

计划目标 y 在算法的这一步骤中出现了。

让我们在此稍作停留。到目前为止所讨论的三个计划目标

[①] 变量 y 并不包括全部消费,因为我们排除了免费分配的那部分。对比之下,在工资算法的步骤 1,后者被列为实际消费的一部分(虽然那里使用的是**人均**消费,而这里使用的是总消费)。为了简明扼要,我们将不指出本算法中的五个变量与工资算法中相同或相似变量之间的异同。它们之间的关系已在定义中明确指出。

g、P 和 y 的确定,受到若干种独立运行的情况的影响,在这里和本书中的其他地方都已经指出了这一点。但是,这三个数字当然是密切相关的,最后但同样重要的原因是恒等式 19.2 的存在。如有必要,由步骤 1、2、3 组成的循环可以重复多次,直到三个目标相互协调一致。

步骤 4:供给。在这一步骤和后续的步骤中,我们初步制定一个刚性规则作为第一近似值,并在以后的分析中使描述更精确、更符合实际。但首先必须明确一个重要的思想。

我们将下面的比率称为供给的**利用度**,并用 κ 表示。

$$\kappa \quad = \quad g \quad / \quad s. \qquad (19.3)$$

$\boxed{\text{利用度}} \qquad \boxed{\text{消费}} \qquad \boxed{\text{供给}}$

选择 κ 这个符号,是为了使大家想起第 12 章中介绍过的利用社会产能的概念。(19.3)中定义的量值是一个与此有关的概念,是将那里介绍的范畴应用于为消费目的而购买的商品。从客观上讲,$\kappa = 1$ 是可能的,家庭购买所有可以买到的商品,直到买光最后一件;并最大限度地利用提供服务的机构的产能。然而,在现实中,这种情况从来没有发生过。κ 总是小于 1。

本书试图从多个角度证明这样一个命题,即市场的正常状态在每个社会经济体系中都会发展和确立。**相应地,消费品部门存在着正常的短缺程度、正常的滞存程度,同时也存在着正常的供给利用率。**这些数量之间是相互关联的。我们用 κ^* 来表示 (19.3)式中定义的正常利用率。因此,$(1-\kappa^*)$ 就是正常滞存和总供给的比率。

在本书第一篇中,主要是在第 5 章和第 6 章中,我们提请注

第19章 消费品价格和消费品部门的短缺 593

意生产性滞存和非生产性滞存之间的区别。前者可以使用,后者不能使用。正常的滞存程度($1-\kappa^*$)既包括生产性滞存,也包括非生产性滞存。我们假设生产性滞存与非生产性滞存的正常比例是固定的。

我们还想回顾一下在第8章中所说的话。我们在那里解释说,短缺强度和生产性滞存水平之间存在着密切的关系。在给定正常调整摩擦的情况下,生产性滞存越小,短缺强度越大;反之亦然。[1]

在进行了上述说明之后,我们可以进行算法的步骤4了。根据我们的假设,适用以下规则:

$$s \quad = \quad g \quad / \quad \kappa^* \qquad (19.4)$$

$\boxed{供给} \qquad \boxed{消费} \quad \boxed{正常利用率}$

这个简单的公式表达了一个重要的经济思想。规划将正常利用率 κ^*,以及正常的滞存程度和正常的短缺强度,视为既定的外生量。换句话说,**在宏观层面上,从事前的角度来看,消费品市场的正常短缺强度既不是价格水平的函数,也不是名义收入的函数,而是宏观规划过程中的一个既定的参数**。在算法中,确定变量 s 的步骤4,与确定 P 和 y 的步骤2和步骤3之间,没有直接联系。变量 s 是直接从步骤1所确定的 g 和外生量 κ^* 中得到的。

步骤5:产出。宏观变量 x,即国内产量和进口量之和,分为两部分:

$$x \quad \equiv \quad x^{\text{good}} \quad + \quad x^{\text{serv}} \qquad (19.5)$$

$\boxed{产出} \qquad \boxed{商品的产出} \qquad \boxed{服务的产出}$

---

[1] 见第8.7节和第8.8节以及那里使用的图。

上标"good"(商品)和"serv"(服务)在下面的代号中也使用。我们先来看看决定商品生产目标的规则。①

$$x^{good} = g^{good} + \left(\frac{1}{\kappa^{good*}} - 1\right)g^{good} - u^{good} \quad (19.6)$$

| 商品产出 | 商品消费 | 商品正常库存 | 商品实际初始库存 |

式(19.6)式表示**规范控制**。一旦市场偏离了正常状态,规划者就会试图通过适当地确定宏观变量,迫使市场回归正常。这与第7章中提到的规范控制有关。这里一样,对正常水平的短缺和滞存的偏离,起到了反馈作用。区别在于,第7章描述的是一种**分散的微观层面的**控制机制,而我们现在考察的是**集中的宏观层面的**控制机制。这两类机制相互假设,相互补充。它们共同确保滞存和短缺的正常标准变成对人们来说习以为常的事。

对于服务,产出和消费在定义上是恒等的②:$x^{serv} \equiv y^{serv}$。正常标准控制在这里起作用,决定了产能的增加。

$$\Delta s^{serv} = \left(\frac{1}{\kappa^{serv*}}\right)g^{serv} - s^{serv} \quad (19.7)$$

| 服务产能的增量 | 正常产能利用率 | 年初实际产能 |

这样就完成了算法。我们还确定了产出目标 x^{good} 和 x^{serv},可能会发现这些目标与计划中的其他产出和外贸目标不一致,与企业和非营利机构的投入需求不一致,等等。那么,在对起点进行

---

① 我们并不试图将(19.6)和(19.7)的表达式重新排列成尽可能简单的数学形式。相反,我们只想将其表示成一种能够最清楚地表达其经济含义的形式。

② 为简化起见,我们假设不进口任何供家庭消费的服务。

适当修改后,这个过程将重新开始。正因为这个过程具有迭代性,所以不值得去问它的出发点是消费目标还是生产目标。

对该算法的描述足够一般化,可以涵盖传统的和改革后的经济管理体制中的规划工作。差异主要表现在**贯彻执行规划的方法上**。在传统体制中,规划的宏观目标由中央各部委分解,然后由中层组织分解,最后由企业和非营利机构分解。在每一个层级的控制下,信息的接收者都会得到执行规划中属于他们负责的部分的指示。但家庭是一个例外,在供给的约束下,可以按照自己的意愿支配自己的钱。在这些条件下,中央计划所规定的内容,对于决定消费品市场的状况显然是非常重要的。

在**改革后**的经济管理体制中,企业不接受强制性的指令,这就增强了通过价格或独立于价格运作的分散化过程的作用。但是,在这种体制下,中央控制机构仍然有办法贯彻执行与消费品市场有关的目标。首先,他们对投资的分配施加巨大影响(见第9章、第10章和第13章)。如果这一点在短期中不起作用,那么从长期来看,这将在很大程度上决定有哪些产能可用于消费品的生产。上层和中层组织通过各种间接手段(给予或拒绝信贷、给予或撤销财政支持等)影响企业的短期计划。他们可以强调地传达他们的期望。他们可以有力地控制消费品的进出口,从而影响国内市场的形势。由于所有这些原因,我们可以断言,中央宏观消费计划并不是简单地产生一个对分散化过程结果的预测,而是政府采取积极措施的出发点。中央计划中的消费目标,对消费品市场的状况产生了重大影响,即使在改革之后也是如此。

19.5 中央宏观消费计划:进一步说明

算法的步骤 4 和步骤 5 所表达的行为规则,对于我们的论点是至关重要的,即**在规划过程中,利用率、滞存和短缺的正常标准是既定的参数**。在保留这一想法的实质内容的同时,在进一步探讨中,我们可以将其表述得更精确一些。

我们并不认为正常利用率 κ^* 和过去讲到的其他正常标准是唯一确定的常数。我们应该说,表达消费品市场状态的指标有一个取值区间,在特定的历史时期,计划者认为这个区间是正常的。假设它们为常量,只是为了简化公式。

同样,我们也不认为短缺、滞存和利用率的正常标准永远保持不变。如果经济政策和经济管理方法发生了本质上的变化,正常标准也会发生变化。正如我们在本书前几章所指出的那样,匈牙利已经发生了这样的变化,短缺强度比十年或十五年前要轻得多。在本章讨论的领域,即消费品市场,尤其能感受到这种变化。然而,在特定的体制框架、长期的经济政策和特定的经济管理体制下,正常标准是相当稳固的。

我们把算法的步骤 4 和 5 所表达的行为规律性的描述称为**假说**,因为我们无法严格地证明它们。但一些证据至少间接地支持了这一假说的有效性。

在本章的开头,我们举了一个说明性的例子,询问洗衣店价格上涨会带来什么后果。除了别的之外,我们指出,如果由于价格上涨而出现可动用滞存,这将引起许多人的不满,他们会觉得这是一种浪费。我们在那里对微观层面的解读,在宏观层面也是成立的。例如,如果家庭部门实际收入的计划目标(即不考虑储蓄,由算法的前三个步骤确定的变量 $g=y/P$)增加了 4%,那么规划者就会努力用商品来弥补这一增长,规定产出 x 增长 4%。他们也许会在一定程度上偏离这个目标。例如,如果规划者认为库存异常膨胀,他们就会规定低于 4% 的增长。但是,不会有人提出,应该让实物供给的目标 s 的增长速度比实际需求 g 的增长速度快得多的势头保持更长一段时间,这样,利用率 κ 就会显著下降。[①] 这一点甚至没有被作为一个重要的两难问题明确提出来,这一显而易见的事实间接证明了这样一个命题,即正常的利用率 κ^*,以及与之并存的正常的滞存和短缺水平,是宏观消费规划中的既定参数。

政策制定者和规划者们都知道,各方对资源的要求都很迫切。对投资的渴望渗透到企业和政府生活的每一个层面,从商店经理到部长,都在为投资目的获取资源。从事对外贸易和国际金融关系的人,希望尽可能地把国内生产总量转为出口,同时减少进口。如果宏观计划能够成功地捍卫实际消费的增长,而不受诸如此类的要求的影响,它就已经取得了重大的胜利。人们可以更进一步,在既定的实际消费目标下,仅仅只是为了减缓消费品市场上的短缺而从投资、出口等方面抽走资源,这似乎是不可能的,也没有人会严肃地提出这样的建议。

[①] 在这种情况下,人们通常**希望**改善滞存的构成,其非生产性部分应该减少,而生产性部分应该增加。显然,实现这一愿望是是令人向往的。利用第 8 章中介绍的分析工具,我们可以将这种思想表示如下:该体制应当向着存在较少摩擦的等摩擦曲线移动。但这无法简单地实现,必须满足有关经济管理、奖励制度等若干条件。

19.6 几个一般性的结论

从前面两节的论断中，可以得出几个更一般性的理论结论。为了便于比较，让我们列出一个特定市场的新古典主义的比较静态模型。一边是卖方，其供给量作为价格的函数而增加。另一边是买方，其需求量作为价格的函数而减少。如果价格低于瓦尔拉斯均衡价格，就会出现短缺。将价格提高到瓦尔拉斯均衡价格水平，就会消除短缺。

我们不打算讨论这种模型是否正确地描述了现代资本主义经济中的市场。让我们立即转向我们现在的主题，即社会主义经济中的消费品市场。它与上述模型所描述的市场有什么不同？

让我们忽略需求方的非营利机构，同样，也忽略在需求方和供给方都存在的小型私人工厂和"第二经济"的其他要素，①从而更容易回答这个问题。因此，我们在市场上有三种当事人，作为买方的家庭、作为买方的企业，以及作为卖方的企业。我们讨论的是由企业部门投放到国内市场上的消费品总量。我们希望阐明这三种当事人是如何按照他们自己的动机和行为规则行事的。

家庭的预算约束是硬约束。因此，所有家庭对消费品总量的需求表现为一种新古典主义方式，需求曲线向下倾斜。如果只是因为收入效应的话，这是不言自明的。在给定名义收入和给定储蓄率的情况下，较高的价格水平显然会导致家庭能够购买的消费

---

① 将我们在分析中排除的领域纳入分析范围之内，只会使论述变得冗长，但不会改变最后的结论。

第19章 消费品价格和消费品部门的短缺

品数量减少。

相比之下,企业不论是作为买方还是卖方,都不以新古典主义方式行事。[①] 虽然企业的预算约束的软弱度取决于实际的经济管理体制,但即使在改革之后,预算约束仍然相当软弱。而在传统体制下,则更是如此。

在**需求**方面,不存在任何自动机制能够确保消费价格水平的上升会减少企业对作为投入的消费品的需求。因此,第19.3节所描述的虹吸效应可以独立于价格水平运作。否则,它也不过是次等重要的现象。企业在消费品市场上以买方身份所做的事情,与他们以卖方身份所做的事情相比,其重要性几乎相形见绌。

在供给方面,我们重申,不存在自动机制能够确保消费价格水平的上升会增加企业的供给。相对销售价格的变化可能会影响产出的构成,但不会影响"瓶颈"所允许的总产量,也就是说,在资源限度的范围内。

因此,就微观组织的自发行为而言,并不存在确保消费品价格水平上升能消除短缺的行为规律。如果企业对消费品的供给和需求都没有价格弹性,那么家庭对价格上涨的反应(实际需求的减少)本身就不足以消除短缺。[②]

我们的结论是基于**微观组织**(企业和家庭)的行为规律。利用第19.4至19.5节的分析,我们现在将通过从中央规划者的行

---

① 参见第14章。
② 我们已经尝试明确地阐明这种关系。因此,结论并没有扩展到一定程度(degrees)。为了使其更加准确,我们可以再增加一点补充性说明,例如,供给的实际构成取决于相对价格,如果投入的价格变得更贵,企业的瞬时需求可能暂时减少,等等。但这些补充并不改变上述论断的实质。

为规律中得出的结论来证实这一点。

社会主义经济中的宏观规划,不存在自动机制来确保实际总供给目标立即对平均消费价格水平的变化做出反应。在短期的宏观消费规划中,需要进行数量调整。消费品的生产和对外贸易目标与实际家庭消费目标以及企业和非营利机构的供给目标相协调。[①] 所有这些调整都是以一种默认正常的短缺、滞存和利用率水平持续存在的方式进行的。

消费品市场上的短缺之所以能维持在正常的强度,原因之一是,偏离正常状态对于那些在中央的宏观层面和企业的微观层面控制供给的人来说,都是一个重要的信号。

在匈牙利的经济讨论中,有人提出,价格上涨(无论是一次性上涨还是稳定的通货膨胀性上涨)可能会减少甚至消除短缺,并且"可能会恢复供求均衡"。因此,在通货膨胀和短缺之间会有一种权衡。通货膨胀的速度加快,就会导致短缺的减少,反之亦然。如果我们上面的推理是正确的,它就会驳斥这个观点。**在一个方向上存在着因果关系,即短缺加强了价格浮动倾向**(见第15章和本章最后一节),**但是,在相反方向上却不存在因果关系。**

在我的印象中,那些相信从价格上涨到消除短缺之间存在因果关系的人想到的是马歇尔十字曲线,即作为本节的起始模型所概述的标准市场模型。在那个模型中,因果关系是双边的,即短缺提高价格,价格上涨消除短缺。但是,正如刚才所解释的那样,在社会主义经济中的消费品市场上,没有这样的自动机制来强制

---

① 用第19.4节的思想,实际指标 g 和 x 彼此调整并适应。但不存在表示从 P 到 κ 的因果关系的宏观供给函数 $\kappa(P)$。

执行第二种因果关系,即因价格上涨而消除短缺。

价格水平不变、价格下降和价格上涨,与长期维持正常的短缺强度是同样相容的。短缺的常态并非永恒的,但从长远看,价格无论怎样变化都无法任凭此就改变短缺常态。

19.7 产品组之间短缺强度的差异:历史起点

第19.4至19.6节中对整个消费品市场的汇总说明是在高度抽象的层次上进行的,这种抽象使得消费品市场的不同部分可能处于不同的状态这一事实被置之不理。本章的其余部分将对这些分歧进行分析。除了讨论相对价格的短期影响外,我们还将讨论其长期影响。

表19.1 不同产品组在价格水平和短缺强度上的差异

Ⅰ	Ⅱ	Ⅲ	Ⅳ	Ⅴ
产品组	与成本相比的价格	价格有效吗?	需求是否充分满足?	短缺强度
1. 面包、牛奶、糖和其他大量消费的大宗食品	低	有效	是	低
2. 国有住房的租用	低	无效	否	高
3. 大量消费的纺织品和其他成衣	高	有效	否	低或中
4. 私人小汽车	高	有效	否	高

表19.1说明了我们的想法。该表主要是基于匈牙利的经验,但我们认为,它也适用于其他一些东欧社会主义国家的消费

品部门。该表格并没有涵盖所有的消费品;我们只选择了几个例子来支持我们的论断。

首先,我们解释一下第Ⅱ栏的含义。在这里,我们将价格的高低与生产成本的大小进行比较。如果一组产品的价格包含了生产成本,还带来了平均水平的利润和国家税收,那么它对消费者来说就是中等价或平均价。与成本相比如果价格远远低于中等价,那么,价格就被称为低价;如果高于中等价,它就被称为高价。① 用任何产品组都可以用这种方法进行分类,几乎一目了然。第三类和第四类产品的价格为国家带来了很高的净收入(流转税、关税等),而为了平衡第一、二类产品的损失,国家支付了大量的负流转税或补贴。

如果不是将国内相对价格与国内成本进行比较,而是与任何先进资本主义国家的相对价格进行比较,我们将在我们的表格中得出同样的分类。当然,这些数值会受到我们所比较的国家的价格体系的影响。但在每一次比较中,面包和国有住房的租金会显得相对便宜,而小汽车和衣服则显得相对昂贵。

虽然第一、二组产品的价格低,第三、四组产品的价格高,但这种分类与表中第Ⅴ栏中所显示出来的短缺强度并不一致。在第一组产品中,短缺可以消除;但在第四组产品中,短缺却长期存在。这是对"相对价格过低的地方存在短缺"这一观点的新的实证论据。

---

① 这是一个相当粗略的定义,因为它没有解决平均的确切方法,也没有解决我们所说的远远偏离平均数的问题。然而,现在的分析不要求更精细的分类。无论我们选择什么样的定义,第一组和第二组产品的价格仍然非常低,而第三组和第四组产品的价格则非常高。

第 19 章 消费品价格和消费品部门的短缺

对这一现象的解释,逻辑上源于我们在第 17 章中关于需求的充分满足的论述,以及本章前面部分关于价格水平、供给和短缺之间的联系的论述中,合乎逻辑地得出。让我们从这个角度考虑一下表中所选的四个产品组。

第一组。需求理论的一个众所周知的发现是,对基本食物的需求相对容易满足。因此,只要农产品的生产和进口增长令人满意,即使价格低,短缺也可以消除。

第二组。对住房的需求实际上是永无止境的。如果房租不是有效的,短缺必然会成为非常严重的长期现象。下一节我们将详细讨论房租和住房短缺的问题。

第三组。供大众消费的纺织品和成衣价格居高不下,限制了家庭需求。供给已经或多或少与之相适应。诚然,纺织品的实际构成、质量以及在时间和空间上的分布,离满足要求还差得远。因此,出现了短缺,表现为搜寻、强制替代等;然而短缺的强度并不是特别高。

第四组。私家车价格昂贵,限制了家庭需求。然而,供给永远落后于需求。这个市场的特点是长期排队和多年等待。供给逐年增加,但只能维持**正常的短缺程度**。私家车作为一个**特定**市场的例子,非常清楚地说明了我们在前几节中对**整个**消费品市场的看法。一旦发展并形成了正常的短缺程度,就可以确定供给量(无论价格是高还是低),以便不断恢复正常的短缺强度。[①]

在这里,我们可以就消费品市场内的**相对价格**做出陈述,它

---

① 见第 6 章,在那里我们引用了匈牙利汽车进口公司经理的话。

与我们在前几节就整个消费品市场的**整体**价格水平所做的陈述相比,类似但不完全相同。

在供给的约束下,**家庭**需求以高度敏感的方式对相对价格做出反应。(这一点已在第18章中详细讨论过。)

企业在瞬时或短期内供应的商品构成对相对价格也相当敏感(见第14.6节)。

长期供给(通过投资配置部分,取决于上级主管部门,部分取决于企业)间接地受到相对价格的影响。相对价格在决定消费者长期需求的构成方面发挥了一定的作用,而长期供给的规划也考虑到了这一构成。因此,它考虑到了相对价格。但无论是在中央还是在企业的层面,都没有自动运行机制来迫使长期供给的构成根据相对价格进行调整。这一点已在表19.1中得到证明。**一方面是供给的内部构成,另一方面是消费品相对价格,可能会长期保持不变,这就造成了在不同市场上正常的短缺强度分布极不均匀。**

表19.1还提出了另外一个问题。为什么某些组别产品的价格低,而其他组别的价格高?为了回答这个问题,我们必须回到**历史起点**,即确定这些相对价格的时期。现行匈牙利消费价格体系的主要比例是在1946年大通货膨胀后的稳定过程中确定的,几年后才彻底修订过一次。此后又做了若干重要的小修改,但主要比例仍带有1946年和1951年价格改革的痕迹。虽然当时考虑了很多观点,但我们在此只回顾两个主要原则。

(i)相对价格应反映相对成本。由于计算受到通货膨胀的干扰,因此必须使用第一次世界大战前(1938年)的相对成本和消费品价格。

(ii) 偏离相对成本是允许或必要的,以便维护某些社会偏好,特别是对收入再分配方面的社会偏好。这个想法是为了让满足基本需求的商品能够廉价地获得。这些商品包括面包、牛奶、糖、电力、中央分配的住房以及医疗保健服务。

我们认为,今天没有必要分析第二个原则是否实现了有利于大多数人的再分配。[①] 只须强调,当时根据经过深思熟虑的原则而建立的价格体系的比例,自那时以来**已变得刚性**。让我们用今天的眼光来考察一下当时适用的两个原则。

(i) 相对成本显然发生了很大的变化。让我们回想一下,我们今天与1938年的成本和价格比例相隔的四十年。正如我们在本章最后一节中所看到的,在价格不易管理的地方,价格一直在不断调整,以适应成本的上升。另一方面,许多易于管理的价格(因此也受到更严格的控制),却被固定在当时所设定的水平上。

(ii) 社会偏好在若干方面也发生了变化。现行的经济政策不可能对消费者需求的自发发展做出被动和无动于衷的反应,而是要推动它向特定的方向发展。[②] 但这些方向在今天,在实际消费水平更高的情况下,与三十年前有很大不同。仅举一例,在我们这个时代,大多数人对食物的基本需求已经得到满足,没有任何社会利益要求通过经济手段鼓励暴饮暴食。然而,国家对许多食品的补贴却带来了这样的结果。

[①] 迄今收集到的经验材料并没有明确确定消费品价格政策是实现了最初确定的再分配目标,还是导致了相反的结果。关于这方面的争论,可见 Ladányi (1975),Ersek (1976) 和 Ferge (1975a, b, 1978) 的文章。

[②] 见 Hoch (1977) 和 Hoch-John-J. Timár (1975)。

虽然相对成本同社会偏好一样，随着时间推移而不断变化，但刚性和惰性使消费品的相对价格无法适应新的条件。① 我们要在下面的内容中说明，这不是由于没有认识到这个问题造成的，甚至也不是由于制定价格政策的人特别僵化或保守造成的。价格刚性的原因是更为深层次的，我们将通过一个实际例子，即**房屋租金**的发展过程，来说明为什么消费价格体系变得刚性。在下一节，我们将研究租金与住房短缺之间的相互关系。

这个问题使我们有机会再次总结我们对消费品价格的看法，并分析价格变得刚性的原因。在消费品市场上的所有短缺之中，城市住房的短缺是最严重和最令人苦恼的。前面讨论过的所有问题，都可以在这里以集中和非常明显的形式表现出来。

19.8 住房短缺和房租

我们再次强调，我们只是从众多问题中挑选出少数几个。② 我们并没有提出任何解决问题的建议，而只是试图考虑在争论过程中出现的一种或另一种政策选择的实施后果。这是一个极其困难的问题，因为严格意义上的经济后果与社会和政治后果紧密交织在一起，深刻影响着千百万人的生活方式。

许多人期望通过建造越来越多的国有公寓来消除住房短缺，

---

① 见 Vincze (1971)。

② 最近，匈牙利出现了一些关于这一问题的若干重要研究和讨论文集。例如，参见 Liska (1969)、Konrád-Szelényi (1969)、Breitner (1976)、Halmos (1977)、Mihályi (1977,1978)和 Dániel (1978)。

第 19 章 消费品价格和消费品部门的短缺

同时将这些住房的租金维持在名义水平上。我们认为，**在维持名义租金水平的同时，旨在从供给方消除短缺所做的一切努力都是无望的**。尽管面包的价格低廉，但面包的短缺是可以消除的，因为对它的需求是可以充分满足的。相反，对住房的需求**几乎是贪得无厌的**。[①] 如果每个人都住在至少有两个房间的住房里，很多人就会想要一个至少有三个房间的住房；有住房的人可能还想有一个避暑山庄；住房房间数足够多的人希望有一个更大的房子，设备更好，环境更健康、更优美。也有不少人不会离开自己现在的家，哪怕是以更便宜的价格换一个更大更好的家。他们之所以依恋着旧房子，因为他们生病、年迈或者只是不愿意搬家。但大多数人都会为自己的住房条件得到改善感到高兴。即使是比匈牙利富裕得多的国家，其住房供应也远没有达到这样的程度，即无须考虑住房租金，而仅仅是缺少家具和保持房间整洁的问题，才会使本来可以流动的大多数人"自愿"地限制自己的需求。[②]

另一些人则认为，住房短缺可以通过大幅度提高国有住房的租金来解决。虽然房租提高的幅度确实会影响结果，但在我们的

---

① 关于充分满足，参见第 17.2 节。当生产力在几十年间按照预期发展的同时，如果一种需求不可能满足到消费者**出于自己的意愿**不再想要超过一定数量的东西的程度，即使它是**免费提供**的，这种需求也被认为是无法充分满足的。

② 例如，**瑞典**的经验就清楚地证明了这一点。第二次大战后，那里的房租被固定在一个相对较低的水平上。大战中未遭到损坏的、保留下来的公寓积存很多，而且住宅建设以世界上最高的**人均**速度开始。尽管如此，还是出现了严重的住房短缺，人们要排队多年。直到房租水平突然提高，新的房租确定下来之后，这种情况才停止。关于这个问题，可参见 Lindbeck (1967)。Lindbeck 提到他以前与 Bentzel 和 Ståhl 合作用瑞典语写的研究报告，发表于 1963 年。Dániel (1977 b) 用匈牙利语对瑞典的住房情况和经济学家在这个问题上的争议进行了概述。

思想实验中,我们只选一种情况,即新的更高的租金水平符合下列标准。

(a) 租金对于需求量(即住房**数量**)是**有效的**。假设那些住在(或申请住在)一套独立的、只有名义房租的住房的人,但没有能力或不愿支付实际的房租,因此自愿放弃他们的需求,就会出现这种情况。① 因此,这种租金将需求限制在可提供的住房数量以内。

(b) 租金根据住房的质量被**有效地**区分。假设有些家庭住在(或申请住在)一套面积大、设备好具有其他质量优势的住房,如果增加的房租是名义上的,但实际的租金差异使他们放弃了原来的需求,就会出现这种情况。他们自愿搬到设备不太好或有其他质量缺陷的住房中去。

(c) 由于新的租金水平,住户需求下降,以致部分可供使用的住房(至少 2%—3%)不再需要。如果空房没有被其他部门占用,将会形成**住房滞存**。

当我们在下文中谈到**高租金**时,我们指的是符合标准(a)、(b)和(c)的租金水平。其中,(c)是专门根据对**需求**的影响而制定的。我们还没有讨论租金与房屋维修或更换公寓的费用之间的关系(我们稍后再讨论这个问题)。

对国有住房采用高租金的影响可分为四个方面。

(1) **短期市场对住户的影响**。在这一点上,我们专门研究作为买方(即市场上的一个经济当事人)的住户,如何对租金上涨做出反应(人的后果将在我们分析第四组影响时讨论)。

---

① 例如,和原来的打算相反,他们搬到了分租房或合租房,或者和家人住在一起,等等。

第19章 消费品价格和消费品部门的短缺

我们不考虑租金上涨的收入效应。这显然取决于是否通过名义工资进行补偿。例如,为了我们的思想实验的目的,我们可以假定,家庭部门的年名义收入的增长正好与租金的年增长完全相等。换句话说,租金与其他消费品价格的**比率**发生了变化(此外,还发生了一种再分配,这也将在第四组影响中加以研究)。

我们暂且假设行政禁令阻止企业和非营利机构占据住户腾出来的住房(这将与第二种影响一起讨论)。

这方面的短期可以认为是一年或两年。在房产部门,固定资本具有广泛性和持久性,在一到两年内补充的净增量与现有存量的比率相对较小。因此,根据上述假设,短期市场调整可以大致由**在供给既定的情况下,家庭需求适应新的更高租金**来描述。大多数人只有在困难的情况下才会主动搬家。然而,高租金是一种**经济力量**。当我们谈到租金的有效性标准时,我们提到了需求的自愿变化。当然,在这种情况下,采取行动是自愿的,只有当租户不是为了服从行政命令而搬出原有住房,也不是通过行政配给而得到更小或质量更差的房子。驱动力是家庭的硬预算约束。

所有的搬迁迟早都会完成。经过上述假设的调整过渡期后,**短期内房屋短缺将不再激烈**。

当然,将来也可能出现这种情况,一个人找不到他最初想要的住房,于是就进行了强制替代。他也可能需要搜寻和等待,才能得到选定的住房。因此,对于住房市场短缺指标向量 z,并不是每一个分量都是零。之所以如此,是因为在这个市场上,调整不可能完全没有摩擦(用第 8 章的符号,就是 $w > 0$)。但是,最严重的短缺信号(数年的排队)已被消除。既然存在房屋滞存,任何人都可以毫不拖延地租到一套房子,只要他能够并且愿意支付高额的租金,并且,如果马上空置的住房不能在每一个细节上都符合他原来的想法,他还可以进行强制替代。

这种情况是否会持续下去,是否会成为市场的新**常态**?

(2)**企业和非营利机构的虹吸效应**。目前还不清楚,上述临时简化的假设,即行政禁令阻止企业和非营利机构租用住户腾出的住房,是否会在实践中得到满足。如果没有这样的禁令,住户需求的下降意味着对投入价格几乎没有反应的企业和非营利机构会立即扑向空出来的房屋。由于办公室短缺,他们无论如何都承受着压力,而且他们可以轻松支付对于家庭来说是沉重负担的高昂租金。

而且,如果**存在**行政禁令,要始终如一地执行也不太容易。匈牙利的经验表明,尽管有行政禁令,建筑物内办公室的数量却一直在增加,而这些房屋原定用于私人住宅。要想保护滞存(等待出租的空置房舍)不被企业和非营利机构染指,将会特别困难。

(3)**相对比例的长期变化**。让我们假设国有房屋的租金已经固定在新的、更高的水平上。为了理解长期出现的问题,我们必须回顾第19.4至19.6节的思路,并加上一个限制,即现在它不是适用于整个消费市场,而是只适用于其中的一部分,即住房市场。

长期来看,居民的名义收入增加,对住房的需求也会同步增长。[1] 随着家庭收入的增加,他们希望租住更多面积更大、质量更

---

[1] 房屋需求可能增长得**更快**。至少根据先进资本主义国家的数据估计的需求函数表明了这一点。由于住房长期短缺,根据社会主义国家的统计数据,无法对收入弹性或住房需求做出明确的估计。

第 19 章 消费品价格和消费品部门的短缺

好的公寓。因此,即使租金上涨的主要作用是消除严重短缺,后续的过程也取决于实际供给的增长。国有住房存量的增长和质量的提高能否跟上需求的增长?

这种情况**可能**会发生,但没有任何自动机制可以保证它真的会发生。我们回顾表 19.1 中提到的私家车的例子。虽然小汽车价格昂贵,而且供给量也在增加,但由于供给量始终落后于需求量的增长,人们仍然需要排队等待数年。

国有住房存量的增长受到中央计划的控制,这取决于实际资源的允许程度。**这种供给并不是价格的决定性函数,也不是租金收入与建造和维修房屋成本之间的差额所产生的利润或损失的决定性函数。**国家可以调换收入。它可以从一个高盈利房产部门拿走净收入,也可以对一个无利可图的房产部门进行补贴。这就是新的高租金为何跟成本不挂钩的原因。

从上述论证中可以得出以下结论。

有效的高房租是消除住房严重短缺的一个条件。然而,有效的高租金并不能保证永久性地消除严重的住房短缺。住房市场的正常状态最终是严重短缺还是消除短缺,取决于国家的供应政策以及租金水平。

这一供给政策不能由规划者随意制定。花费在国有住房上的资源也被其他行业所需要,主要是用于投资促进发展。其他部门的这种吸纳效应可能会减缓国有住房供给的增长。但我们将在此停止我们的思路,因为这会使我们远离我们的直接主题——租金。

让我们从经济中庞大的、长期的宏观部分回归到租金上涨的直接微观后果对人民生活的影响上来。

(4)**再分配效应**。在短期内,家庭部门的实际消费总量会因释放的滞存量而减少。如果这个量达到,比如说 2%—3%,就不算太多。但不管怎么说,由于长期的住房短缺,人们已经如此不习惯于租房的想法,以至于仅仅这种现象的存在就会令人惊奇。在一个有 100 万居民的大城市,比如说有 20 万套住房,这将就意味着 4 000—6 000 户先前住在单独住房里的家庭,要被迫搬进与他人共用的一套住房中去。

滞存的发展将使换房变得更加容易,因为不需要为了搬家而建立复杂的住房相互调剂链。**社会的空间流动性将增加**;人们将不再被住房短缺"束缚在土地上"。不过,享受这些优势的不是那些因为租金上涨而不得不放弃单独住房的人,而是那些希望在未来搬家的人或组建新家庭的人。这样,就会产生利益和损失的重新分配。

这不是唯一的再分配效应。如前所述,租金的普遍上涨,以及根据质量而增加的租金差别,将导致人们向两个方向大量搬迁;一些人会搬到更大更好的住房,另一些人会搬到更小更差的住房。① 现在让我们考虑这样一个事实,一套住房不仅仅是许多商品中的一件,如衣服或冰箱。住房条件深深地影响着人们的生活方式、家庭生活和文化机会。随着再分配,一些人的住房条件

---

① 我们自始至终都没有解决一个问题,即在我们的思想实验中,房租提高到什么水平?以及,由质量不同而形成的房租差别达到**什么水平**?这些问题的回答取决于有多少人准备自愿恶化他们的住房状况(不是靠行政命令,而是靠经济力量),以及他们会在多长时间内这样做。

得到了改善,而另一些人的住房条件却在恶化。让我们考虑一下后者的处境。许多人对他们已经习惯了的家、邻居和周围的环境有着强烈的依恋。他们习惯了只和更亲近的家庭成员住在一起,或者独自生活;但现在他们不得不和其他人合住一套住房。因此,住房的再分配可能会深深困扰很多人。

但是,将要发生的再分配不仅涉及**住房**,还涉及**收入**。在包括匈牙利在内的东欧社会主义国家,住房领域存在着庞大的私营部门。私人拥有的家庭住宅和公寓属于这一类。其中大多数是业主自己使用,但也有私人出租房屋(例如,转租或将私人拥有的房屋或公寓出租给租户)。在不进行详细比较的情况下,我们可以说,私人房屋或公寓的最初建造者(如果是为出售而建造的房屋,则是买方)至少必须要支付建筑成本。另一方面,国有住房的租户只需支付一小部分维修费用,因为租金是由国家补贴的。

那些为一套国有住房支付名义租金的人,一直享受着相当可观的**消费者剩余**,而且他们实际上收到了国家的馈赠。① 这套房子可能是根据社会可以接受的选择标准分配给他们的,例如迫切需要或功绩。但他们也可能通过个人关系或贿赂得到,或者,更常见的是,他们可能是继承的。他们的父母可能曾经因为迫切需要或功绩而得到了一套国有住房,或者他们的父母或祖父母可能只是在资本主义自由市场时代就搬进了这套房子;后来这套房子被收归国有了,所以子孙们通过出生获得了这套住宅。国有住房的所有权与封建财产一样,通过继承的方式进行转让。消费者剩

---

① 关于伴随着配给的消费者剩余,以及配给中使用的标准,见第17.6节。

余同时从父亲传给儿子,就像过去的封建地租一样。

租金的普遍上涨将剥夺国有住房租户的这种消费者剩余。有些人会觉得他们被剥夺了应得的利益。① 有些人甚至不会去想自己以前所享受的利益,而只是记下自己在经济上受到了损失。

由于重新分配,家庭的总财务收入与其住房条件之间的正相关关系将变得更为显著。这实际上符合按劳分配原则。但问题还是在于,在特定的社会条件下,货币收入的分配本身能在多大程度上符合按劳分配原则。当然,住房是一种应该按劳分配的商品,还是按其他分配原则分配的一种基本必需品,也是值得商榷的。例如,人们可以问,子女的住房条件是否应该与其父母的收入无关。

尽管有相当多的问题尚未触及,这里我们将不再分析再分配的后果。但是,应该明确的是,一个乍一看明显是经济问题(租金水平)的问题,却会导致**严重的社会、政治和道德问题**。

有一点是肯定的,任何激进的再分配都会扰乱公众舆论。那些从中获利的人甚至可能不承认自己的收益。如果今天的年轻人已经习惯于不必为住房而排队,以后他们就不会认为这是一种特殊的利益。但即使今天认识到并享受到变化带来的利益的人,也只是**暗中高兴**。另一方面,那些遭受损失的人变得很苦恼,并且可能**发泄**他们的不满。这就是为什么人们不愿意改变租金,以及一般来说,不愿意彻底修改消费品价格;这是可以理解的,因为

---

① 当然,房租的普遍上涨可以通过个人房租补贴制度来加以补充。这种补贴可以发放给那些被判断为需要补贴或应该得到补贴的人。当然,获得这种补贴的人,不一定就是今天从国家那里获得低租金"礼物"的那些人。

这种改变会产生再分配效应。

这就使我们能理解一种现象,我们可以称之为**价格稳定性陷阱**。为了价格稳定,国家不愿意连续甚至频繁地对价格进行**微调**。人们习惯了稳定,一段时间后,他们甚至期望政府能保证稳定。任何重大的价格上涨都会引起动荡。一种体制越是试图证明它能够保持价格稳定,越是宣传这种意图,人们就越是期待它。因此,一旦涨价确实发生了,人们的反应就会更加紧张。

这就是价格刚性的舆论背景。如前一节所述,由于这种刚性,价格变得脱离了成本,脱离了最初确定价格时的国家偏好。多年来没有进行持续的微调,而现在有必要做一个大的变动。但是,这必然会引起一种震荡,它的再分配效应几乎无法估量,可能会使许多人产生强烈的敌对情绪。因此,经济领导层推迟了变动,但这使问题变得更加严重,因为现在调整价格会引起更大的冲击,等等。国有住房的租金就是这类冻结价格或刚性价格的一个典型例子,但绝非唯一的一个。

因此,我们得出了一个新的重要问题答案,即为什么某类产品的价格水平正是如此。它之所以是现在这个样子,是因为它曾经一度被固定在那里,也许是在十年以前,也许是几十年以前。当时,把它定在那个水平上,是有极为正当的理由的。然后价格落入了价格稳定性陷阱。现状一旦确立,就能维持下去。这并不意味着在任何情况下,价格都不可能发生剧烈变化。然而,可以肯定的是,相对消费价格的变化陷入了价格稳定性陷阱,不仅涉及经济决策,还会产生深远的政治影响。

19.9 不受管理的消费品价格

本章到目前为止,我们已经分析了政府的价格政策。这样做是有道理的,因为由中央价格主管部门严格控制的**行政价格**所涵盖的消费品比例非常高,比第 15 章中所讨论的企业间价格的比例还要高。然而,另外两类价格的作用在这里也是相当大的;这两类价格是由买卖双方自愿协议确定的**合同价格**,以及看似由价格主管部门决定但实际上由卖方确定的**伪行政价格**。[①]

在消费品的非管理价格的情况下,类似的**价格浮动**趋势也像第 15.5 至 15.7 节中对企业间价格的描述一样运动。我们不想重复前面所说的话,所以在此将只描述消费品"价格浮动"的几个特征。在这一领域也可能出现成本推动的发生;的确,政府的价格政策可能通过改变周转税或补贴进行干预。它可能会试图通过阻止物价上涨来制止成本上升。但成本推动还是会或多或少地让人感觉到它的存在。至于需求拉动,在一个特定的市场中,短缺越严重,买家就越会自己推高价格,也许会超过其他买家的出价。

我们在第 15.5 和 15.6 节中指出,在企业间交易的情况下,价格浮动趋势在需求方面不会碰到财务约束。在消费品部门情况则大相径庭。在这里,在**微观**层面上,预算约束对每个家庭来说都是硬约束。**宏观**层面也是如此,家庭部门的总名义收入被中

[①] 这种分类的更详细解释,可见第 15.2 和 15.3 节。这与第 15.4 节中关于价格水平计量的讨论有关。那里所说的也适用于消费品价格水平的计量。

第 19 章 消费品价格和消费品部门的短缺 617

央经济政策牢牢控制(见关于工资的章节,特别是第 16.1 节)。抵制通货膨胀趋势的不仅是买方的抱怨、舆论的敌视倾向以及价格管理部门的干预;最严重的障碍是家庭部门能用来购买消费品的货币数量受到限制。一些买方可能愿意推动某些产品的价格上涨,但所有家庭对一切商品的瞬时需求都受到手中现金的限制。

但这并不意味着,如果涨价是由其他因素造成的,那么限制家庭部门手中的货币量就可以使涨价**停止**。控制家庭的名义收入,是阻止消费品市场上通货膨胀的价格变动出现和加强的条件之一。但这本身是绝对不够的,还必须满足其他条件。有些条件已经提到过,其他条件我们将在本书的其余部分提到。

第20章 货币：货币政策和财政政策

20.1 引　言

前面对企业、非营利机构和家庭行为的分析，使我们可以讨论一些有关货币的问题。[1] 我们并不以完整为目的，货币理论有几个方面我们甚至没有触及。我们将集中讨论一个问题：在社会主义经济中，货币在多大程度上起着积极作用？

首先，我们要澄清所谓"货币是积极的"表示什么意思。[2] **如果一个决策者的实际行为取决于他所支配的货币数量，那么货币就是积极的。**

货币并非**要么积极、要么消极**。货币的积极程度可以用连续的等级来表示。在完全积极和彻底消极之间可能存在一些过渡阶段。

预算约束的硬度和货币的积极程度之间存在密切的关系。事实上，它们不是两种独立的现象，而是同一现象的两种不同的表述。在微观层面，我们在预算约束的右侧发现了微观组织可用

---

[1] 关于货币的作用，在匈牙利有大量的文献。在这些匈牙利作者的著作中，我特别想指出 Augusztinovics（1963）、Faluvégi（1976、1977）、Huszti（1971）、Riesz（1970）和 Tallós（1975a,b；1976）的著作。在撰写本章时，我从中借鉴了许多东西。

[2] Brus（1964）对我关于货币的积极和消极作用的思想的形成很有帮助。

于支出的货币,即国家货币总供给中分配给微观组织并由其支配的部分。如果约束是软约束,而且其值很容易增加(即如果可用于支出的货币根据不等式左侧微观组织对既定的货币需求进行调整),那么货币就是消极的。然而,如果约束是硬约束,而且左侧即微观组织对货币的需求必须适应既定的货币供给,那么货币就是积极的。相应地,货币的积极程度在**宏观**上反映了**微观现象**的总体(预算约束硬度的统计分布)。在第 13.6 节中,我们引入指标 β 来衡量预算约束的硬度,$\beta=0$ 表示完全硬的预算。预算约束越软,β 的正值越大。同样的衡量标准可以用来描述货币的积极程度。

我们在这里不讨论社会主义国家国内货币供给和外汇之间的联系。因此,除其他外,我们也不论及可兑换性问题。但是,即使我们只考察货币在国内经济中的作用,也可以观察到,**即使在国内,货币也不是完全可兑换的。货币是被贴上标签的**。金融系统将可用于支付工资的货币同企业和非营利机构用于其他方面的货币截然分开(参见第 16.1 节)。同样,可用于当前生产的资金与可用于融资投资的资金严格分开。中央银行系统时刻监督每个企业和非营利机构的所有货币交易,可以查明其规定是否得到遵守。当然,在三大主要部门,即企业、非营利机构和家庭之间存在着巨额的货币流通,但所有这些交易只能通过金融系统指定和核查的渠道进行。即使在规定中存在一些漏洞,也不能从根本上改变货币不是完全"可兑换的"的局面。在这种情况下,我们不可能对于货币的积极程度做出普遍有效的陈述,而必须分别论述货币流通的每一个部门,或受限制的"被贴上标签的"领域。

家庭具有硬性的预算约束(见第18.1节)。**相应地,在家庭部门内部,货币是完全积极的**($\beta=0$,或几乎为0)。

诚然,在制定针对家庭部门的国家经济政策时,出发点并不是制订家庭可支配的货币供给计划。真正的出发点是家庭实际消费计划,是家庭可购买商品的供给计划,以及对有关名义工资和消费价格水平的国家经济政策的制定。[①] 规划者首先要权衡这些变量之间的相互关系,以及它们与经济、生产、投资和对外贸易等经济中其他过程之间的关系。家庭可获得的信贷所起的作用相对较小,其数量也是经过严格规划的。此外,还有被贴上标签的信贷,这些信贷只能用于建造私人住房,或只能用于某些耐用消费品,因此它们可以逐项与这些商品的实际供应相匹配。

从上面列出的变量中,可以得出家庭可支配货币的总供给。但是,即使这是在规划过程中得出的数量,它仍然有独立的生命,有它自己塑造经济进程的作用。规划者要认真考虑全体居民可支配的货币数量。在为具体贯彻执行经济政策而起草年度计划时,规划者非常重视解决所谓购买力[②]与商品供给量的平衡。归根结底,不能说在对家庭部门进行规划时,货币供应量是根据需求调整的,也不能反过来说;而是,这些宏观估计是由规划人员共同做出的,**并互相调整**。

企业和非营利机构部门的情形则完全不同。预算约束在这里或多或少是软性的($\beta \geq 0$)(见第13章和第14.11节)。其软弱

---

① 参见第15.7、16.2、16.5、16.6节和第19.4至19.6节。
② 在规划实践中使用的居民购买力概念与这里使用的家庭可支配的货币总供给概念有关。我们不赘述这两个术语之间的技术差异。

程度因不同国家和不同时期而有所不同。自从经济管理体制改革以来,与传统体制相比,预算约束变得强硬起来。对当前生产的融资和投资的融资之间也存在差别(后者更软弱)。但是,即使在货币发挥实质性作用的时候和地方,**货币在企业和非营利机构部门中仍然是相当消极的**。它们的行动是在多层次的决策过程中决定的,与可支配货币供给无关。这些行动决定了对货币的需求。**在企业和非营利机构部门中,货币供给被动地根据货币需求进行调整**。

我们在以上关于家庭部门的陈述中没有必要深入细节。但在以下各节中,值得更仔细地考察货币在企业和非营利机构部门中,货币是积极的还是消极的。讨论的顺序如下。

在第20.2节讨论企业的**短期**融资问题,而第20.3节和20.4节将讨论企业和非营利机构的投资融资问题,即**长期**融资问题。最后,第20.5节讨论国家预算的一些问题。

20.2 企业的短期融资

让我们从社会主义企业的**短期**控制过程开始。在不同社会主义国家中,企业自有运营资本在企业总营运资金的占比不同,并且在历史发展的过程中发生过多次变化。但无论在哪里,始终不变的是,企业无法完全自负盈亏。在每一个国家和每一个时期,企业总要被迫通过信贷来支付一部分经常性支出。因此,需要澄清的最重要的问题是,企业在什么条件下可以获得短期信贷。在这方面,真正的问题也不是官方宣布的提供信贷的原则和规定,而是实际的做法。①

在第13章中,当谈到企业预算约束的硬度时,我们强调了信贷制度是硬还是软的问题。通过对实践经验的观察,我们提出了以下命题。

准予企业短期信贷的制度是软的。② 这些信贷总额不受上述任何刚性的有效约束所限制。事实上,短期信贷的总供给根据企业的信贷需求被动地进行调整。

企业对信贷的需求不是无限的,它表现出一定的自我克制。我们认为,原因不在于必须为信贷支付利息。**作为信贷成本的利息并不是一种有效价格,它不会使企业自愿克制其信贷需求**。正如其他成本的增加一样,可能增加的利息负担通常迟早可能会被企业转嫁到买方或国家预算中去(参见第13和第15章)可以从经验上验证,**企业的信贷需求受利率的影响不大**。③

对信贷需求的"自我克制"的解释是,仅仅因为必须要求信贷。不仅企业,就连银行也知道,从企业的角度来看,利息算不了什么。因此,获得信贷,并不是两个地位平等的合伙人之间的一桩简单的商业交易。双方都不觉得,债务人支付了利息,就等于为债权人提供的服务付出了代价。信贷在某种程度上成为一种恩惠(尽管必须偿还利息)。更何况,由于对信贷的需求总是非常

---

① 根据 Huszti(1971,第41页)所说:"……信贷的半自动性质和过剩货币的产生不是深思熟虑的财政信贷政策的结果。相反,尽管财政信贷政策制定者有明确的意图,但信贷的扩张及其半自动性质还是发生了。"

② Riesz(1964)对这种情形做了该谐的描述:"……银行是一个货币制造企业,它不能拒绝向有配额的顾客服务,有时它还必须向那些没有配额的顾客提供服务。"

③ 参见 Tallós(1976,第221页)。

第20章 货币:货币政策和财政政策

旺盛,银行从来不会为如何安置等待借出的资金而烦恼。信贷市场是卖方市场;寻求信贷的人在发放信贷的人面前排队等候。用第17章的术语来说,信贷不是通过拍卖而是通过配给来分配的。而且,即使企业认为某一些信贷是应得的,要申请得到那些信贷也并不是那么容易。因此,在中央银行和企业之间形成了一定的上级和下级关系。

自经济管理改革以来,银行的作用有所增强。信贷的发放与企业的投入和产出库存的变化有更密切的联系。但是,即使在改革后的情况下,一份解释得非常充分的信贷申请也确实总会被接受。

我们关于短期融资制度的软弱或消极的性质所做的论述,不能仅仅通过逻辑推理来验证。这是一个要求实证检验的假说。这可以通过验证各个部分的陈述来间接地完成。

(1)最重要的是观察企业在采购当前生产所需物品时的实际行为。最便捷的实证检验方法是通过问卷调查、个人访谈、案例研究等方式,从令人满意的具有代表性的样本中得到这些问题的答案:

"是否曾经发生过这样的情况:企业需要的某种投入,既是现成的,又是企业愿意购买的,但它只是因为没钱而没有买成? 如果是的话,它发生的频率有多高? 这些物品有多重要?"

我们的假说是,除了极少数无足轻重的例外,这种情况不会发生。**在信贷需求方面**,由于投入的长期短缺及其及交货存在不确定性,甚至热衷于盈利的企业也预计,白白放弃购买机会所遭受的损失要比支付信贷利息所遭受的损失大得多。而**在信贷供给方面**,如果该交易不能从企业自有资金中融资,那么存在实际投入的供给和使用企业的购买意向,通常已足以使银行为交易提供信贷。授信之前可能要进行一些讨价还价。企业可能不得不争辩并求助于它的"关系"。但最终,企业通常会成功地获得信贷。

从这个简单的观察中可以得出极其重要的结论。让我们回顾一下本书第 2 章,在那里我们把经济体制划分成两种主要的抽象类型,即需求约束型体制和资源约束型体制。在需求约束型体制中,单个购买方手中的货币数量对其总购买量设置了**有效的约束上限**。**在资源约束型体制中,购买方手中的货币不是有效的约束条件**。后者从给定的实物供给中能得到多少,就会购买多少,而不是有多少钱就买多少。[1] 如果他能得到自己想要的东西,那么他总是能够获得购买所需的资金。这就是在该体制中,资源利用达到瓶颈设置的上限的原因。[2]

(2)短期融资制度软的另一个间接表现是企业间信贷的泛滥。[3] 如果企业资金拮据,就会推迟向其投入品的供应商付款。

在传统的经济管理体制中,中央银行在短期信贷方面具有严格的垄断地位,企业之间不允许相互授信。银行本身奉行消极的信贷政策,总是根据数量冲动引起的信贷需求来调整信贷供给。

---

[1] 应该对上述内容补充一个基本的限定条件。这里所说的一切只与购买**国内**投入所需的**国内货币**的积极和消极作用有关,而不涉及购买**国外投入**所需的**外汇**。外汇支出的控制不在这里讨论。正如本书的其他部分一样,我们无法在此详细讨论对外贸易的特殊问题。

[2] 我们不需要重复在第一篇中详细解释的观点,虽然系统不断地碰到实际资源的瓶颈,并**在这个意义上**达到了利用率的上限,但总有一些未被利用的互补投入成为剩余。因此,在这里短缺和滞存并存。

[3] 参见 Tallós(1976)。

改革之后,这种信贷垄断变得更加宽松。**即使银行想奉行限制性政策,坚持信贷的计划供给,企业也可以通过容忍相互间的负债来自我帮助。**在万不得已的情况下,企业这样的也不会有什么特别的风险。正如我们在第(3)段中看到的那样,它们中没有一个企业受到金融灾难的威胁。

企业间信贷的扩张是一种经验上可观察的趋势。它具有双重作用。一方面它使伴随着实际投入品流动的货币流动更为灵活;另一方面,它使企业可以增加或限制其负债,而不必被迫求助于银行。

(3) 第三种也是最后一种间接的实证检验方法,就是观察企业是否可能发生全面破产或财务失败。

传统经济管理体制即使在其宣称的原则中也不能容忍这种情况,并自动避免哪怕是部分资产。所谓的强制信贷是一种熟悉的模式。如果企业一时无力偿债,它**不得不筹集信贷**,以便能够向其投入品的供应商付款。银行借助强制信贷,防止了破产蔓延到其他企业。

改革后的管理体制虽然没有明确宣布保留强制信贷的原则,而是在很大程度上继续实行。正如我们在第 13 章中详细解释的那样,彻底的无力偿还或真正的最终破产几乎从未发生过。

20.3 融资投资

现在让我们转向投资的长期融资。[1] 这将不可避免地与第

---

[1] 参见 A. Deák (1975,1978a、b),Soós (1975a、b)和 Bukta (1974)。

9、10、13和14章有一些重叠之处,在这几章中,我们对投资问题从不同的方面进行了讨论。现在,为了系统地分析与**货币**有关的问题,不得不再次提到投资的几个问题。

这里将企业和非营利机构放在一起讨论。当然,这两者之间也有区别。除了无关紧要的例外,非营利机构不能将自己的储蓄用于投资目的。相比之下,企业则可以将部分储蓄用于投资融资。企业部门自筹资金在总投资中的比例因时期、国家和部门而异。在传统经济管理体制中,这个比例很低;改革后,这一比例有所增长。但即使在改革后的匈牙利,投资决策和融资的权力已经大大分散,**完全**用企业自筹资金进行投资所占的比例仍然相当小。其他投资要么完全由长期信贷和(或)国家预算拨款,要么由不同形式的信贷和(或)国家资助来补充企业自有资金。因此,两个部门的情况在这方面是相似的,即**投资的资金绝大部分(或几乎全部)来自中央财政资源**。由于这种相似性,我们有理由在本节中将它们放在一起讨论。

我们对决定和控制投资的多层次过程的第一印象是,企业或非营利机构要钱,它们向**分配货币**的分配者①提出要求。似乎讨价还价就是为了钱,企业或非营利机构要求1.5亿,分配者开始只想给1.1亿,最后,他们商定1.25亿或1.4亿。在某个级别上扮演分配者角色的部门给人的印象是,严格坚持分配的金额不得

---

① 对于分配者概念的解释,参见第9章。

在传统的经济管理制度中,分配者分配投资配额,上级部门给中级部门配额,中级部门给下级部门配额,等等。在改革后的制度中,当决定国家支助的上级部门或提供信贷的银行批准总投资预算时,分配者的任务就完成了。

第20章 货币:货币政策和财政政策

超过其可支配的金额。

然而,这只是一种表面印象,**在多层级的投资决策和控制过程中,存在一种特殊的货币幻觉。在货币的面纱背后,我们发现实际的数量控制过程。**[①] 看起来好像是分配者在分配货币,而实际上他却允许着手进行明确的实际行动。如果真正的行动已经开始,则随之而来的货币支出可能远远超出最初允许的成本限制。**投资的预算约束是软约束。**

当然,我们没有声称,事前分配的原始财政预算与事后的实际投资成本之间没有联系。初步成本估算在一定程度上为执行者在实施过程中指明了方向。但最多只是对他们产生影响,并不能对支出设置有效的硬性约束。我们上面关于企业短期融资所说的话,更适用于投资,**货币只是起着消极的作用。**

我们的论述可以通过证明下面列出的几个部分假设来间接地进行实证检验。

(1) 最重要的是观察投资的执行情况。如同上一节第(1)段提到的部分假设一样,通过访谈、问卷调查和案例研究,我们可以对具有适当代表性的样本寻求对下列问题的答案。

"国家批准的投资项目在实际开工的过程中,是否曾经发生过这样的情况:一种必需的国产投入品[②]**(例如建筑施工能力、国产机器、劳动力等),供应商有货,投资者也有购买意向,但仅仅因**

[①] 这一问题在第9.3节已提到了。
[②] 在此,我们要重申上一节中提到的限定。我们只讨论购买国内来源的投入。投资者自然会用本国货币支付这些投入。对外汇支出的预算约束可能要难得多。但是,与上一节一样,我们不能在这里讨论这些问题。

为投资者买不起而没有实现购买？如果有的话，这种情况发生的频率有多高？这些投资项目的重要性又如何？"

我们的假设是,这种事件几乎从未发生过,即使发生,也只是相对不重要的项目受到影响。人们千百次地听到这样的抱怨,钱有了,但没有实施项目所需的建设能力,或者没有材料、机械或劳动力。但是,一旦投资的发令枪打响了,人们从来没有(或者几乎从来没有)听到相反的抱怨,建筑施工能力、机械、材料和劳动力都有了,但没有钱。因为钱总是能够设法弄到的。

（2）如果投资者在投资过程中遇到融资困难,如何获得资金,可以通过经验观察。虽然方法多种多样,但强调如下最重要的三种方法。

（a）最明显的方法就是**随着时间的推移重新安排进度**。如有必要,原来预计只能晚一点花的钱,可以早一点花。

如果为不是完全由企业内部资源提供资金的投资提供了国家资助或信贷,并且在批准了投资项目的预算时,通常会给出这些资助或信贷的时间安排。但是,如果有的投入品(也许以后才需要它)目前可以得到,投资者就可以毫不费力地将支出提前。

我们用 $K_i(t), K_i(t+1), \cdots, K_i(t+T_i)$ 表示在 t 年开始或在建的第 i 个投资项目的成本估算的**事前顺序**,其中 $(t+T_i)$ 是预计完成日期,这些不是最初的指标,而是扣除直到 t 年为止的实际支出后,根据最新的剩余资金使用计划表,重新计算的计划数字。

我们用 $I(t)$ 表示在第 t 年开始或在建的所有投资项目的集合。

第20章 货币:货币政策和财政政策

根据按年度划分的时间表,在第 t 年应付的投资支出为:

$$\sum_{i \in I(t)} K_i(t)$$

同时,投资者感到,而且这种感觉得到了经验的证实,他实际上支配的是**全部未使用的投资预算**。我们用 $K(t)$ 来表示估计的整个经济范围的未使用投资资金总额:

$$K(t) = \sum_{i \in I(t)} \sum_{h=t}^{t+T_i} K_i(h).$$

| 估计的未使用投资总额 | 在建投资项目的总和 | 项目所余年份的总和 | 估计在 h 年的投资成本 |

(20.1)

当然,不可能在 t 年花掉全部的 $K(t)$,只能花掉一小部分,因为实际商品的**供给是有限的。但在需求方面,未使用货币的总量** $K(t)$ **却在增加**。这种现象本身也许就足以解释为什么偿付能力几乎从不对投入品的购买或投资品的出售设置有效的上限。只要实际供给存在,并且只要它没有被 t 年应有的投资需求

$$\sum_{i \in I(t)} K_i(t)$$

所吸收,那么总有一个买方能够**提前**得到原定在 $(t+1)$,$(t+2)$,…年使用的某种信贷或国家资助。

(b) 与企业的短期融资一样,投资者可以向提供投资品的企业举债,从而缓解其即刻支付的困难。

(c) 如果成本确实高于计划,投资者可以要求增加最初允许的信贷额度或国家补贴。这种要求几乎总是得到重视。从统计上可验证的观察结果可以看出,绝大多数投资项目都不同程度地

超过了最初的成本估算,并且相当数量的项目大大超出了估算。

许多投资者把方法(a)和(c)结合起来使用。在实施之初,他们采用方法(a);也就是说,他们"停留"在最初核准的预算范围内,但也许会提前拿出财政资源来弥补成本的增加。同时,项目继续进行。越是接近完工,对有关部门来讲,如果因为原来的成本限制已经超支而停止该项目就越显得荒唐。然后,投资者(也包括银行和国家预算)就已经是追着钱跑了。因此,银行和/或国家预算承担起了补足原定估算的任务,并为之埋单。

523　在第(1)段中,我们询问,是否曾经发生过投资者仅仅因为没有钱而无法购买某些投入的情况,回答是否定的。现在,在实证分析的框架内,可以用一个更普遍的问题来补充这个问题:**是否有过因最初预算被用尽而完全停止的投资项目？根据迄今为止的观察,回答显然是否定的:它从未发生过**。诚然,在获取投入过程中的短缺现象和调整摩擦可能会减慢施工进度。在投资周期的限制性阶段,经济控制也许会干预并迫使项目放缓。有时甚至会出现工程暂时中断的情况。但是,项目迟早会最终完成的。

这就是为什么在投资饥渴的刺激下,打算进行投资的企业和非营利机构始终专注于在项目的实际开始时获得许可,而对规定成本限制不怎么在意。他们意识到自己迟早会超越这个限制。

(3)第三种间接的实证检验方法,是调查通过投资实现的新项目的后续财务结果。这个问题已在第13.8和14.8节中详细讨论过。这里我们只回顾一下那里的陈述。**从财务意义上讲,真正的投资失败从来没有发生过,这一事实表明货币是消极的。**

我们并没有宣称不存在错误的投资决策,也没有宣称不存在

第20章 货币:货币政策和财政政策

以杂乱无章和代价高昂的方式实施投资。当然,对一些不太成功的投资项目,我们会提出批评意见;甚至可能对决策失误或执行不力的责任人进行处罚。① 但是,投资作为一种经济行为会自动使自己合理化。它之所以总是合算的,是因为无论以货币计算的成本和财务收益如何,这些成本和收益迟早会相互调整,从而使投资不会最终导致无力偿债或破产。

而在这里,我们已经涉及一个与货币的消极性有关的基本问题。在本书的前面部分,我们解释过,**资源约束型体制最深刻和最强烈的内在倾向之一是其不可阻挡的扩张冲动,它导致了贪得无厌的投资饥渴。限制货币供应量永远不会成为这种扩张的障碍。**②

这里值得回顾一下凯恩斯主义对资本主义经济中投资决策的宏观分析。投资的风险是迫使资本主义投资者谨慎从事的主要制约力量。如果可能发生投资失败,从而可能导致利润低于预期水平,甚至导致部分投资资金流失,那么资金持有者在将资金投入该项目之前就会三思而行。投资不足可能是总需求水平不足以确保充分就业的主要原因之一。由于这个原因,潜在的投资者必须受到鼓励才会进行投资。这可以通过凯恩斯主义的经济政策来实现,其中包括旨在增加投资的利息和信贷政策、旨在促

---

① 但这种情况相当罕见。在等级制度中,许多级别较高或较低的机构既参与投资决定的准备工作,又参与实际决策本身。执行工作也是如此。通常,几乎不可能明确地确定谁对一个项目的成功或失败负责。参与决策和执行的机构和个人对澄清责任不感兴趣。

② 有一段引文很好地刻画了这种特性。根据匈牙利投资银行的说法,1957年匈牙利的投资计划不得不提高,"……由于我们无法将投资活动限制在必要的范围内,我们不得不扩大可获得的融资"。(由 Ungvárszki 引述,1976,第122页。)

进生产的政府投资,以及营造乐观的气氛。在经济全面高涨中,个体企业家将越来越有信心,认为值得他去投资。

在社会主义经济中,没有必要营造乐观的氛围,因为这种氛围会保证投资无风险。因此,没有任何因素阻挡投资项目的发起者。

总而言之,**在社会主义经济中,货币供应量既不限制也不控制实际扩张。毫无阻碍地增长的货币供给满足了实际扩张所产生的无限增长的货币需求。**

20.4 储蓄与投资

在投资融资的背景下,我们还应该对投资与储蓄之间的相互关系进行一些观察。如果这两个范畴都得到了适当定义的话,我们并不认为我们的任务是明确在一段时期内的货币储蓄与同一时期的投资之间的**事后会计恒等式**。[①] 虽然我们承认考察这个恒等式是国民经济核算的一个重要问题,但对它的分析超出了本书的范围。这里讨论的是这两组现象之间的**因果关系**。我们寻求的是以下问题的答案:**在一段时期内由储蓄所积累的货币存量对下一段时期的投资意向有何影响?** 由于关心社会主义经济财政的经济学家经常会问,信贷制度允许用于发放长期信贷的累积资金来源是什么,因此我们更有理由提出这个问题。我们认为,回答后一个问题不是我们的任务,更何况这个问题本身是否被正确

---

① 至于匈牙利会计制度的详细情况,参见 Arvay(1973,第 235—237 页)。

地提出来了，也是值得怀疑的。我们完全以**描述性方式**来探讨这些题目。我们将提出以下需要实证检验的假设。

我们先从微观层面来探讨这个问题。在**传统的**经济管理体制下，企业既没有能力积累，也不愿意通过积累货币储蓄来进行投资融资。

在**改革后**的管理体制中，情况发生了一定的变化。企业有权从利润中拿出一部分储蓄用于投资。有些投资项目的资金全部来自企业自身的储蓄，[①]在另一些投资项目中，这种储蓄则由银行长期信贷或政府资助来补充。

即使储蓄与投资之间存在正相关的关系，也可能被反作用抵消。由信贷或国家预算拨款资助的投资项目，也可能在一个没有货币储蓄积累的行业或企业中实施。似乎（尽管这需要进一步的实证检验）这种投资的比例很大。因此，归根结底，**在行业或企业之间的投资分配与这些行业或企业的货币储蓄积累之间似乎没有实质性的正相关关系**。

在宏观层面上，前期储蓄积累与对未来的投资意图之间也存在类似的**时间关系**。投资意向及其实施**有其自身的运动规律**，它与早期的储蓄积累无关。虽然这两个变量的基本趋势是扩张性的，但它们会加速和减速，也许还伴随着周期性波动。正如我们在第9.10节中明确指出的那样，有几个变量可以解释这种波动，

[①] 即使通过银行系统将企业的存款投资于其他企业更有利可图，该企业仍然要将其储蓄用于**自己的**投资。如前所述，该企业并不特别在意利息费用。并且，相应地讲，该企业也不热衷于收取银行存款的利息支出。人们认为，即使以较低的收益率扩大自己的工厂，也比通过贷款赚取储蓄存款的利息更重要。

但由于储蓄的积累而发生的货币存量变化,可能用于投资目的,不属于解释变量。如果投资活动增加,而没有足够的货币来进行融资,金融系统就会**创造**出必要的额外资金。如果投资活动放缓或停止,货币供应量的增长可能更加缓慢。货币存量可能会暂时增加。但是,增加和减少都只是投资意向在控制领域的波动和现实领域的实现的被动反映,它们不是这些波动的原因。

这里要简单绕两个弯子。首先是**理论评论,或者更确切地说是对经济思想史的评论**。在讨论资本主义经济的文献中,投资、储蓄和利润之间的因果关系的性质一直是一个备受争议的问题。卡莱茨基、凯恩斯、卡尔多的观点以及在匈牙利文献中 P. 埃尔德什的观点,[①]**在主要的解释变量是投资**这一点上彼此接近。正是实际的投资活动起着主要作用。用于实际投资活动的资金,可以通过货币因素或收入分配变化自动产生。

我不想判别这些理论在什么程度上符合**资本主义**经济的现实。但是,我们可以肯定的是,对社会主义经济而言,**实际投资是首要因素,而资金的可得性是派生现象**,前者是原因,后者是结果。这也可以表示为,金融资源在被动地起作用,以适应实际投资活动所带来的货币需求。但必须附加一个限制条件。

在正常状态下,资本主义经济是**需求约束型**,其扩张受到投资企业家的谨慎态度的限制,即他们能否成功地找到一个有利可图的市场,以满足投资带来的产出增加。这个体系的扩张不会达到资源约束的物理极限。除了特殊情况外,总是存在一些可动用

---

① 参见 Kalecki (1964),Keynes (1936a, b),Kaldor (1960a, 1960b)以及 P. Erdös (1976)。

的实际滞存,这为进一步扩张提供了现实可能性。这就是为什么人们会理所当然地产生一种印象,即增长率只**取决于投资倾向**。而且不管这种增长率有多高,它绝不是办不到的。事实上,实际投资越大,利润也就越高,这样,投资的资金来源就会增加,而更多的实际投资本身也可以从中获得资金,如此循环往复。

在社会主义经济中,情况就不同了,社会主义经济是**资源约束型**的,投资意向和企业、非营利机构以及中高层部门的增长饥渴几乎是无止境的,它们总是超过经济系统的物质资源约束。诚然,这里也不存在融资约束,货币总是可以被创造出来。但是,投资都不能在任何层面上进行;因为,在周期性波动的过程中,它一次又一次地碰到经济系统的物质约束和容忍限度。[1]

另一个脱离正题的论述是关于**家庭部门**。虽然在第 20.1 节中我们宣布,在第 20.2—20.5 节中我们将完全不涉及家庭,但我们现在破例简要地谈谈**家庭部门的储蓄和投资**之间的关系。

我们不想在术语上争论什么是投资。非经济学家的消费者经常把购买耐用品称为投资,特别是当他购买或建造房屋或别墅,或者购买小汽车、家具、冰箱、电视机等。我们在这里将采用这种习惯性用法,而不对概念进行准确的界定。

对于一个孤立的微观组织来说,相互之间的关系是显而易见的,家庭有条件将其通过储蓄[2]积累的货币存量用于家庭投资。

---

[1] 参见第 9.10 节中的投资周期的叙述,并参见 Bródy (1980)。
[2] 由于篇幅有限,我们无法讨论社会主义经济中私营生产部门投资融资问题。私营手工业者可以决定将自己的储蓄用于家庭投资(例如,建一幢住宅)还是用于生产性投资(例如,购买一台新机器)。但是,大多数家庭没有这种选择。

存在问题的是储蓄在家庭之间的再分配。家庭积累的储蓄中,少数是以居民手中的现金形式存在,多数是以储蓄存款的形式存在于国家银行系统。银行可以将这些存量存款以短期、中期或长期信贷的形式借给家庭。在这种情况下,我们可以提出以下经验性的意见。

没有自动规则规定可以向家庭发放或已经发放的消费信贷与家庭创造的存款之间的关系。这一比例是由政府的信贷政策决定的。相当一部分家庭储蓄流入了其他部门。

20.5 国家预算的盈余或赤字

我们不认为我们的任务是描述社会主义国家的预算结构。[①]我们只讨论国家预算的平衡、赤字或盈余在造成**普遍的长期短缺**方面的作用。[②]

作为第一种近似的说法,我们可以说,**国家预算平衡与资源约束型经济中普遍短缺(即生产投入、劳动力、投资资源、消费品和服务的短缺)的强度之间并不存在明确的或必然的因果关系。**

许多人认为,预算赤字必然加剧普遍短缺。但是事实并非如此。在传统的经济管理体制下,要确保国家预算不会出现赤字,甚至会出现盈余。当时,人们普遍认为,预算盈余是社会主义经济的某种内在规律。同时,众所周知,在传统的经济管理时期,大

[①] 这种描述可以在本章注①中所列的著作里找到。

[②] Bognár-Riesz-Schmidt 的研究包含了对这个论题的卓越思想,也可以参见 Hagelmayer (1976)和 Riesz (1976)。

多数生产和消费领域的短缺现象都非常严重。也可以观察到相反的现象。在一些社会主义国家,国家预算事前规定了预算赤字,甚至超过了事后的赤字,但与此同时,在一些领域的短缺现象却在减少。当然,我们并不能从这些观察中得出结论说,这个因果关系是负向关系。这只能证明,这两组从一开始就可以确定方向和符号的现象之间并不存在明确的因果关系。

经济活动的扩张伴随着信贷总额的扩张。在宏观层面上,这两个过程的关系影响到资源利用的总体水平。① 但是,国家债务增长得更快,企业债务增长得更慢,还是相反,这并不重要。在货币创造的过程中,某一方的负债是不可避免的。根本问题是,由国家预算直接资助的活动和由预算外资助的其他活动在多大程度上争夺实际资源。用第12章中介绍的术语来说,就是它们在多大程度上利用了社会产能?我们把图12.3复制成图20.1,它表明作为社会产能利用率函数的社会边际成本的U形曲线。

如果当前的生产、当前的公共消费、家庭消费和所有来源的总投资共同产生的初始需求水平几乎趋于无穷大,并且只受到现有的实际资源(这些资源造成了物质瓶颈)和社会容忍限度的约束,那么该体制就会处于U型曲线陡峭上升的部分。在国家预算出现盈余或赤字时,这种情形都可能发生。

社会产能的高度利用,经济系统的过热状态,以及短缺现象的频率和强度,并不取决于作为最大的货币持有者的国家的瞬时收支比率。长期短缺的强度取决于物质投入的预期使用量与实

---

① 它没有明确地控制它,而只是影响它。

际可得量之间的关系。由于在广泛的经济领域中，这些意向不受硬性货币预算约束的限制，所以意向会失控并增加，直到它们碰到真正硬的物质约束，即遭到该系统参与者可能的反对为止，他们为产能的利用确定了容忍限度。

我们的评论不是关于平衡在任何国家预算中作用的一般陈述。我们这里谈论的是一种国家预算，它出现在**半货币化的经济体制**中，其中包含一个预算约束较硬的**货币化**子系统和一个预算约束较软的伪货币化子系统。

现在出现的问题是，中央国家预算本身是受到硬预算约束还是软预算约束。我们认为，不能明确地把它归入这两个范畴中的任何一个。① 国家预算一经批准，有几个项目（特别是关于政府的经常性支出）将严格实施财政纪律，防止超过预算。**在这种程度上，约束是硬约束**。但是在以下方面，它似乎**是软弱的和无效的**。

（a）对于由国家预算支付或支持的投资，通常倾向于支付超出计划水平的增加成本（参见第20.3节）。

（b）国家预算负责补偿一些企业的亏损，通过承担部分成本使一些价格保持在较低水平，对一些无利可图的外贸交易进行补贴，等等。如果企业的预算约束相当软，中央约束可能就必须软化。

（c）遵守还是超过预先确立的平衡，取决于中央经济领导层的自我约束或自律，没有内在的法律或政治制裁。如果财政状况

---

① 当我们在第14.11节讨论由预算资助的非营利机构的行为时，我们在**微观**层面上提到了这个问题。我们正在论述的是国家预算，它为大多数非营利机构提供资金，并包括许多其他支出。

发展到使实际赤字大于计划赤字,中央银行会为超出的赤字提供资金。银行受到对计划预算平衡的遵守或违反进行监督的同一领导部门的管辖。

20.6 凯恩斯主义与货币主义争论的回声

先进资本主义国家的凯恩斯主义者和货币主义者之间的论战,在匈牙利经济学家之间关于国家预算是否允许出现赤字的讨论中听到了回声。[①] 本书对**资本主义**经济谁对谁错不持立场。我的言论只适用于**社会主义**经济。

在匈牙利的辩论中,有些参与者很熟悉凯恩斯和弗里德曼的观点,以及有关的文献资料,另一些人则只有第二手资料。但是,我们对讨论中的一些匈牙利参与者是否自觉或不自觉地是凯恩斯主义者或弗里德曼主义者,对于他们是否采纳、剽窃或独立地重新发现西方辩论中的各种观点,并不感兴趣。我们只对辩论的内容进行评论。为了阐明我们的论点,我们将重新画出图12.3并加以补充,它现在被称为图20.1。详细解释见第12章,这里不再重复。

这条曲线说明了社会成本的一个代表性要素;社会成本是社会产能利用率的函数。正如我们在第12章中详细解释的那样,大多数社会成本(无论是否可以用货币衡量)的一阶导数都可以

[①] 关于货币主义的观点,尤其要参见 Friedman(1953,1968,1975,1977b)。关于凯恩斯主义的观点,参见 Tobin(1970b,1972)。文献综述,例见:Laidler 和 Parkin 的文章(1975)。

用 U 型曲线表示；也就是说，随着产能利用率的提高，社会成本先是减少，然后以递增的速度增加。

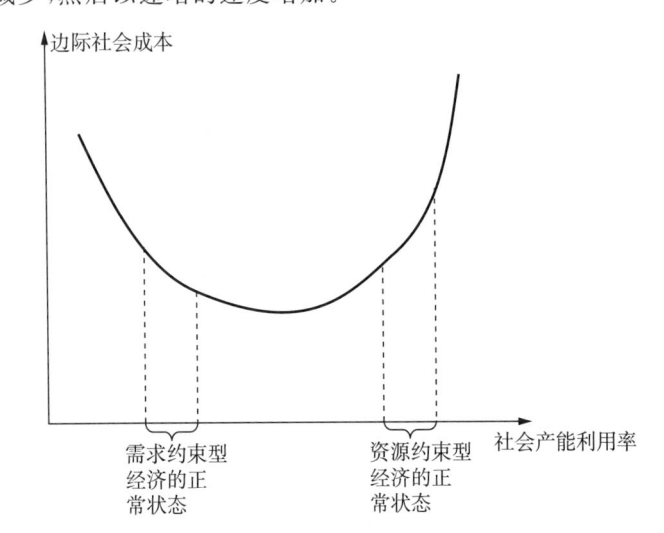

图 20.1 社会产能和两种正常利用

当凯恩斯主义思想首次出现时，资本主义经济的正常状态是处于 U 型曲线的下降部分。它们的特点是失业、固定资本利用不足和不断累积的库存。经济中的可动用的滞存量大大增加，即有互补性投入品可供利用。凯恩斯与其追随者详细阐述了增加总需求的建议。其中一个方法可能是增加政府支出（特别是投资支出），而不通过提高税率来减少总需求的其他组成部分。这就是为什么预算赤字是允许的，甚至是可取的，只要它有助于增加就业和更好地利用社会产能。

在一个没有失业，但长期存在劳动力短缺的经济中，提出凯恩斯主义的这一推理，是一种混淆了时间和地点的荒谬之举。这种经济的特征不是大量可动用的滞存,而是过热和长期短缺现象。这种经济的正常状态,如图所示,是在U型曲线的上升部分。

诚如我们在上一节中所强调的,国家预算余额的符号本身并不能确定短缺程度是增加还是减少,也不能决定我们在U型曲线上是向左还是向右移动。但是,**若其他条件不变**,预算盈余或赤字以及它们的大小绝非无关紧要。让我们做一个简单的思想实验。下列条件是既定的:(ⅰ)实际资源的可及性;(ⅱ)国家预算之外的所有其他部门的初始需求水平;(ⅲ)国家预算的收入;(ⅳ)价格水平。这样,在经济制度中唯一的自由变量就是国家预算的支出方面。在这种情况下,国家预算引起的需求水平确实很重要。在上述假设的基础上,政府支出的增加将把社会产能利用率进一步推向右边,在那里边际社会成本甚至会急剧上升。

当然,现实中从来都不遵守其他条件不变原则。因此,我们并不能说,预算赤字的增加就**必然**意味短缺更加严重,遇到瓶颈的频率越来越高,边际社会成本增加得更快。我们只能说,把凯恩斯主义关于预算赤字的思想运用于过热经济是荒谬的,因为处于U型曲线的上升部分,社会产能的利用率很高,并且正面临着劳动力短缺问题的困扰。事实上,短缺经济的正常状态是一种超凯恩斯主义的状态,永无止境地扩张冲动,贪得无厌的投资饥渴,以及几乎无法满足的需求。这种体制当然不需要进一步的凯恩斯主义的"增加需求"。

由此是否可以得出弗里德曼主义者的结论?在匈牙利的辩论中,出现了一种观点,认为货币太多是使投资紧张的原因,也许这还是短缺经济产生的原因。在我看来,这种观点是不成立的。

它只是描述了一种现象,并没有提供令人满意的因果解释。正如已经强调过的那样,这种体制只是半货币化的。在一个非常广泛的领域,尤其是在企业部门,货币只是一种消极的会计手段,而不是积极的行动塑造者。有很多深刻的制度上的原因使企业部门的预算约束不可能变得强硬。在既定的制度条件下,货币供给不得不随时适应从实际活动中产生的需求。中央银行不是一个可以自由决定是否接受弗里德曼主义处方的体制之外的机构,而是制度的内生要素,它必须满足货币需求。

我们将在第 22 章中回到这个问题的制度方面。

第21章 宏观相互关系:吸纳模型

21.1 引　言

本章是一个**部分摘要**,并不打算对本书的所有主要思想进行完整的概述,而只是重复和强调我们先前的一些观点。本章第一部分使用一个简单的模型来分析资源约束型经济中一些主要的宏观相互关系,而第二部分则用一两句一般性评论来补充由该模型引申出来的结论。

首先,在第21.1至21.6节中,我们以最简单的形式对模型进行解释,并在解释开始时说明我们的简化假设。之后,在第21.7至21.8节中,我们考虑,如果我们改变其中的一个或其他假设,我们的结论将在多大程度上被修正。

(1)生产和消费以总量形式描述。①

(2)生产分为两大部类:制造生产资料的第Ⅰ部类和生产消费品的第Ⅱ部类。②

(3)所有产品都可以储存,我们不考虑不能储存的服务。

---

① 可利用本书前几章中的假设进行汇总。[参见,例如第12.1节的假设(5),即总产出的商品构成是不变的。]

② 这种划分基本上与马克思再生产理论中的划分[见 Marx,1867-1894a,b,第Ⅱ卷]相对应。本模型中的定义与马克思的定义有一定的区别,因为分析的主体不同,所模拟的经济体系的制度特征也不同。

(4)没有初级资源。第Ⅰ和第Ⅱ部类的投入都来自第Ⅰ部类的产出。

(5)调整中的摩擦是既定的,它不取决于系统中的其他状态变量。

(6)该模型是动态的。我们研究的是一个静态经济,或者简单再生产。时间是一个连续变量。因此,这些变量描述了系统的瞬时控制和调整。

(7)这是封闭经济,不涉及对外贸易。

(8)在社会主义经济的微观组织中,我们只讨论公有制企业和家庭。我们不考虑非营利机构、私人企业以及由企业和非营利机构组成的正规部门之外的非正规的第二经济。

(9)经济在传统经济管理体制的框架内运行。企业的预算约束是软约束,家庭的预算约束是硬约束。

我们将不介绍这一过程的数学模型,而是以水力学作为类比,用图解的方式表示。将产品的流动用某种液体,例如水的流动来表示,而库存则用这种液体的积聚来表示。这个类比并不新鲜。几十年前,在伦敦经济学院,**菲利普斯机器**[①]用一个真正的液体流动模型展示了凯恩斯宏观经济变量之间的相互关系。[②] 我们还没有建立一个真正的模拟模型(尽管这样做并不困难),而仅仅

[①] 这台机器是由菲利普斯(Phillips)教授建造的,作为宏观经济学教学的视觉辅助工具;他后来因描述失业和通货膨胀之间关系的菲利普斯曲线而闻名。

菲利普斯机器显示(用我们的术语来讲)的是,液体由于挤压而流动,而我们将要讨论的流动是由于**吸纳**引发的。

[②] Samuelson(1948a,b)也用水力学类比描述过凯恩斯体系。水力学类比可以用来说明短缺经济中的市场这一想法是由 Jörgen W. Weibull 提出来的。

是借助图解来表示这些相互关系。①

21.2 第二蓄水池和水龙头

图 21.1 显示了一个蓄水池的侧视图。这就是第Ⅱ蓄水池。它可以被看作第Ⅱ部类所有企业的累计产出,产品在生产出来但尚未分配给家庭之前流向这里。按照我们的宏观方法,这就好比如果生产消费品的企业的所有成品库存和从事国内贸易的企业所储存的所有商品都聚集在一个巨大的仓库里。这样,储存在蓄水池中的液体数量就象征着产出的存量,②流入量表示产量,而流出量则表示家庭部门的购买量。

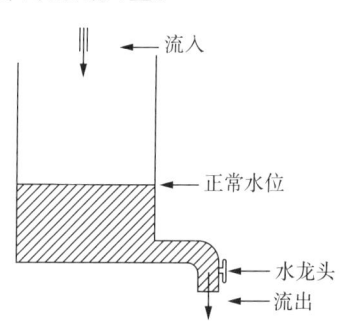

图 21.1 第Ⅱ蓄水池

---

① 在某些方面与我们的蓄水池问题类似的问题,在水力工程学中用数学术语进行了详细的阐述。这方面研究的先驱是 Moran (1959)。Anis-Lloyd (1975) 对目前的研究状况进行了调查。

② 我们的模型在抽象的层面上将投入库存和产出库存分开(我们在本书前面的部分,例如在第 7 章的模型中也做了同样的工作,积留在蓄水池中的液体象征产出库存)。

流入量、液体存量和流出量都代表着实际的规模或数量。①

目前,我们假定第Ⅱ蓄水池与第Ⅰ蓄水池完全隔绝,正如我们稍后将看到的那样,第Ⅰ部类的产出流入了第Ⅰ蓄水池。

让我们从这样假设开始分析,消费品的生产和贸易中存在着历史原因形成的、为社会所接受的滞存现象。在目前这个简单的模型中,这是通过储存在第Ⅰ蓄水池中液体的正常存量,即通过**产出的正常总存量**来表示的。

我们假设在某个初始时刻,实际产出存量与正常存量完全相等。要使正常状态保持下去,必须满足哪些条件?在图21.1中,有一定数量的液体积聚在第Ⅱ蓄水池中,这是正常的水平。在什么条件下,水平既不会上升也不下降?

第一个条件是微不足道的,如果在每一时刻流入和流出仓库的货物数量相同,则第Ⅱ部类的产出存量就保持不变。

$$\boxed{消费品生产量} = \boxed{家庭购买量} \quad 在每一时刻 \quad (21.1)$$

条件(21.1)是实际领域中第Ⅱ部类保持正常状态的条件。

现在问题是:如果要维持实际领域的正常状态,在控制领域必须满足什么条件?答案直接来自对第19.4至19.6节的分析,在这里我们只需回顾一下(并根据当前模型的结构重新表述)。

为确保稳定的状态,不断增加的产出存量要持续等于正常标准,必须时刻满足以下条件:

---

① 我们可以假设,例如,数量变量是按某基期的实际价格来汇总的。

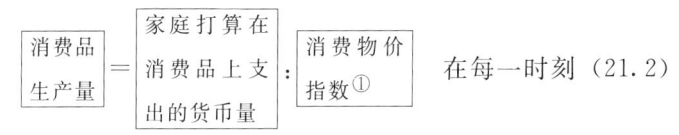

$$\boxed{\substack{\text{消费品}\\ \text{生产量}}} = \boxed{\substack{\text{家庭打算在}\\ \text{消费品上支}\\ \text{出的货币量}}} : \boxed{\substack{\text{消费物价}\\ \text{指数}^{①}}} \quad \text{在每一时刻} \quad (21.2)$$

条件(21.1)是第Ⅱ部类正常状态的需求条件。在我们的总量模型中,我们可以假设家庭储蓄完全取决于名义收入。在这种情况下,对名义收入和消费价格水平之间关系的控制就像蓄水池中的**水龙头**。如果关紧水龙头(例如,在价格水平上升时保持名义收入不变,或在价格水平不变时减少名义收入[②]),如果流入速度不变,蓄水池中的液面将开始上升,直到溢出池沿。这意味着库存在增加;销售危机出现,仓库中再也没有多余的空间存放积累的货物。

在与之相反的情况下,如果把出口处的水龙头开得更大(在价格水平下降时保持名义收入不变,或者在价格不变时增加名义收入),如果流入的速度不变,液面就开始下降。产出存量减少,并最终消失。当然,这种微不足道的关系仍然有效,即消费不可能超过生产。因此,如果水龙头总是保持大开着的话,则迟早会出现一种新的稳定状态,可以总结如下:

$$\boxed{\substack{\text{消费品}\\ \text{产量}}} = \boxed{\substack{\text{家庭}\\ \text{购买量}}} \quad \substack{\text{在每一时刻、产出库}\\ \text{存为零}} \quad (21.3)$$

---

① 这是按固定的产品构成进行宏观汇总,并且按固定的相对价格计算的目前价格水平同基期价格水平的商品。

② 我们在这里提到这两种纯粹状态,只是为了便于解释。在现实中,如同公式中证明的那样,有关的问题是用于购买消费品的货币量与消费价格指数之间的关系。

$$\text{消费品产量} < \frac{\text{家庭打算用于消费品支出的货币量}}{\text{消费价格水平}}\text{；在每一时刻}\quad(21.4)$$

条件(21.3)重复了微不足道的**实际条件**(21.1)，并增加了一点，生产和购买的一致是在产出库存为零的情况下实现的。

条件(21.4)取代了**需求条件**(21.2)。不等号表明家庭**总需求过剩**已成为消费品部门的正常状态。在第18章中，我们明确指出了这是一种极端情况，尽管确实可能发生。但是，在消费品市场上可能会出现非常严重的短缺，而实际上并没有出现(21.3)和(21.4)所表示的极端状态。在该状态实现之前，家庭需求一直是消费品销售的有效约束。在此之前，调节第Ⅱ蓄水池流出量的水龙头将真正地发挥作用。

以上关于第Ⅱ部类的观察是针对宏观经济学初学者的基本训练，所有的相互关系都是容易理解和不言而喻的。条件(21.2)右侧的变量是众所周知的需求管理方法。然而，我们希望以后能使读者相信，为了揭示出第Ⅰ部类和第Ⅱ部类在功能上的显著差异，简单地修改一下这些材料是有益的。

让我们假设生产性滞存和非生产性滞存的比例在宏观层次上是既定的。尽管有些库存卖不出去，但其他库存很容易找到买家。我们回顾一下本书已经从几个侧面提出的观点：**生产性滞存水平与短缺强度之间存在着密切的负相关关系**。[①] 如果商店里摆满了商品(在给定的买方和卖方意向不确定、给定的总体信息不

---

① 主要参见第8.7节中的图形。对这一关系更详细的描述，参见第8、12章和第19.4至19.6节。

足和给定的调整摩擦的情况下),那么,强制替代将比较罕见。家庭在经过短暂的搜寻后,无须等待或只需短暂的等待就能得到所需的商品。另一方面,如果商店是空的(同样是在给定的调整摩擦的条件下),强制替代将是频繁而严重的,这会导致长期搜寻,并不可避免地需要长时间的等待和排队。基于这种关系,我们可以说,**在我们的假设下,名义收入和消费价格水平随着时间的变化,即第Ⅱ蓄水池的水龙头,控制着短缺的强度**。

正如消费部门的正常滞存以及以此为基础的正常生产性产出库存已经形成一样,**消费品市场上正常的短缺强度**也已经被确定了。如果实际的短缺强度偏离正常水平,就会被驱使回到正常强度。根据我们的模型假设,**如果**(a)消费品的生产是给定的,并且(b)第Ⅱ部类的产出存量(一般而言,指的是第Ⅱ部类的滞存)与经济中的其他部门完全隔绝,那么,对名义收入和消费者价格水平进行充分校准就足以控制这个系统。我们强调如果一词,是因为正是这些条件,即(a)和(b)引起了这个问题。

21.3 第一蓄水池和抽水

在图 21.2 中,我们展示了第Ⅰ部类蓄水池。我们暂时还假定它与第Ⅱ部类蓄水池是隔绝的。这两个蓄水池之间有一个本质的差别:**这里的出口处没有水龙头**。

之所以第Ⅱ部类有一个水龙头,是因为买方,即家庭的购买意向受到预算的硬性约束。如果一个家庭很有钱,或者物价低,它可以购买更多的商品;如果家庭钱很少,或者物价高,它就买的

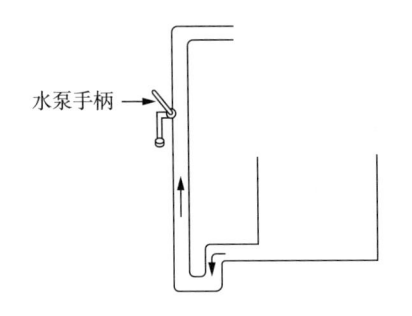

图 21.2　第Ⅰ蓄水池

少。另一方面,生产资料的买方(第Ⅰ和第Ⅱ部类的企业)的购买意向不受预算的硬性约束。它们的意向不取决于企业有多少货币,因为企业的资金或多或少会被动地适应其财务需求。[①] 它们不太依赖投入的价格,是因为企业对投入价格没有什么反应。[②] 这些购买意向在既定的生产计划和工艺下,实际上取决于所需要的投入是否可及。企业的需求几乎是无法满足的,[③]这一点在图中用一个没有水龙头的出口来表示。

因此,作为第一步,在目前的假设下,第Ⅰ蓄水池是空的,在我们宏观模型的抽象领域中,第Ⅰ部类的正常状态的特征是,其产出存量始终为零。在这种正常状态下,企业所购买的投入量在任何时刻都等于生产资料的瞬时产量。这是在高度抽象的宏观层面上表达了第一篇中我们在亚微观和微观层面上讨论过的现象,即生产不断面临资源约束。

当然,在现实中,第Ⅰ部类中也有正的产出存量,这一点我们

---

① 参见第 20.2 节。
② 参见第 13、14 章。
③ 参见第 5、9 章。

很快就会解释清楚。但是，库存有经常性耗尽的**强烈趋势**，随之而来的是**极度严重的短缺**。强制替代现象频繁发生，往往伴随着严重的损失、等待和排队。这就使得配给制在分配中广泛运用几乎是不可避免的。

当然，维持正常状态的**实际条件**在这里也适用，流出量必须与流入量相等。但由于购买方没有有效的预算约束，所以不存在有效的需求条件。

更重要的是，问题不仅仅是液体从蓄水池底部流出这么简单。在图中，我们可以看到一个向上的管道，上面有一个手柄，它代表了一个**泵**的杠杆。这个泵，会主动地从第I蓄水池中吸出液体。

什么是泵运转的**驱动力**？在本章中，我们将描述几种不同的驱动力，但在这里我们只列举一种。运转泵的主要驱动力之一是**数量冲动**[①]，及其不可分割的伴生因素，**囤积倾向**[②]。在固定资本既定的情况下，企业希望生产更多的产品，这是由紧张的计划指令以及顾客的敦促所鼓励的。为此，它需要越来越多的投入。因为供给的不确定性，它试图建立投入储备。因此，作为买方的企业急不可待地将卖方的产出存货一扫而空，要么是为了立即使用，要么是储备起来作为自己的投入库存。

21.4 漏洞和塞子

到目前为止，我们一直将两个蓄水池完全隔绝。然而，在现

[①] 参见第 3.2 节。
[②] 参见第 5.6 节。

实中，不会出现这样绝对的隔绝。图 21.3 显示了两个蓄水池在一起的情况。在隔墙上有**漏洞**，液体通过这些漏洞渗透。

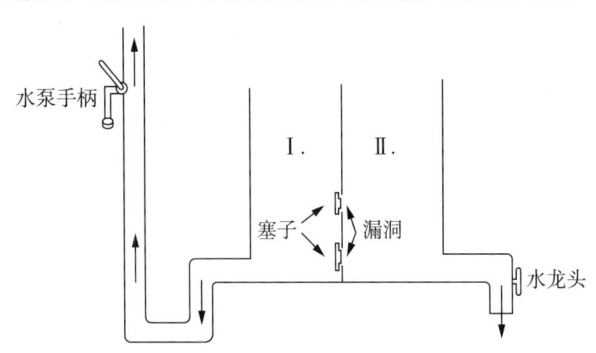

图 21.3 两个蓄水池之间的漏洞

我们已经在本书的多处，主要在第 19.3 节对这种现象进行了讨论。目前，在现有的模型框架内，我们满足于这种最简单的情况。有些商品的物理属性只适合消费，或者只适合作为生产的投入。然而，其他商品并不是由它们的物理属性预先决定的。如果在第 II 部类的仓库中有这样的产品，企业的采购员也能购买它。例如，他可以在家庭部门买到汽油、煤、文具、电灯泡等之前，就把它们全部买光。

根据连通器的规律，第 II 蓄水池的水位应该一直下降，直到与第 I 蓄水池的水位相同为止。换言之，**第 I 部类会抽走第 II 部类中所有的滞存**。这种趋势实际上是存在的，但是，它受到**相反的趋势**的阻抑；在我们的水力学类比中，这类趋势用塞子来象征。渗漏被各种堵漏机制所减少或堵塞。其中一些机制将在后面讨论，在这里我们只提到最明显的一个，中央有关部门试图通过**行政禁令**来防止这种抽取，例如，禁止企业和非营利机构在向家庭出售商品的商店里进行采购。

水可能会从任何一个方向流过漏洞。而这种情况在经济中可能确实会发生。例如，私家车车主会买断零配件，致使企业求货无门，反之亦然。但是，即使在实践中，两个方向都有可能发生泄漏，但流动通常是朝一个方向，主要是企业抽走商品供自己使用。

21.5　流入量和闸门

图21.4显示了从第Ⅰ蓄水池泵出的投入品的情况。它们通过垂直管道流向**分配者**。在分配之后，一些通过左侧的垂直管道到达的投入品被第Ⅰ部类使用。我们的宏观模型不涉及生产的控制，因此用一个黑箱来表示。在此黑箱内，投入转化成产出，然后通过垂直管道流入第Ⅰ蓄水池。类似的转化也发生在右侧，最后消费品流入第Ⅱ蓄水池。

两个流量的相对比例基本上由两根垂直管道的直径的相对比例决定。除此之外，由分配者控制的水闸实现微调。这可以增加或减少进入消费品生产的投入，从而控制第Ⅱ蓄水池的液体供给。根据我们的水力学类比，水闸代表了第19.4至19.6节中所描述的宏观消费计划。正如我们在那里解释的，消费品产出的计划目标是基于各种考虑来确定的，而滞存和短缺的正常标准被视作给定的。相应地，对水闸的控制与观测第Ⅱ蓄水池的水位有关。

如果液面上升，即产出的存量上升到超过消费品生产和销售

```
          ↓↓↓↓
  分配者 →     ↗ ← 水闸
         ╱ ╲
        ↓   ↓
       ┌─┐ ┌─┐
  生产→│Ⅰ│ │Ⅱ│← 生产
       └─┘ └─┘
        ↓   ↓
```

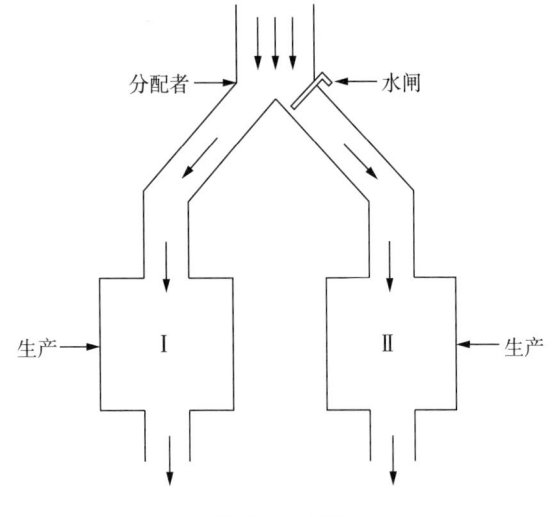

图 21.4　流入

的正常水平，水闸会关小，从而使库存水平回落到正常水平；反之亦然（例如，在连接河流和湖泊的水闸系统中也发现了类似的反馈，湖泊通过水闸从河流中接收供水）。

21.6　吸纳模型：初步探讨

现在，在我们面前，作为初步探讨，而采取简单形式的模型，该模型展示了复杂的社会现象，即所谓吸纳[①]。在图 21.1 至图 21.4 中相继展示了模型的各个组成部分之后，我们在图 21.5 中

---

① 这个范畴是我在《反均衡论（Anti-Equilibrium）》一书中介绍的（Kornai, 1971a,b）。虽然对这一现象的一般解释没有变化，但我们对它的说明和对其原因的解释在本书中变得更加详细，并在一定程度上做了修改。

第 21 章 宏观相互关系:吸纳模型

说明了整个系统。

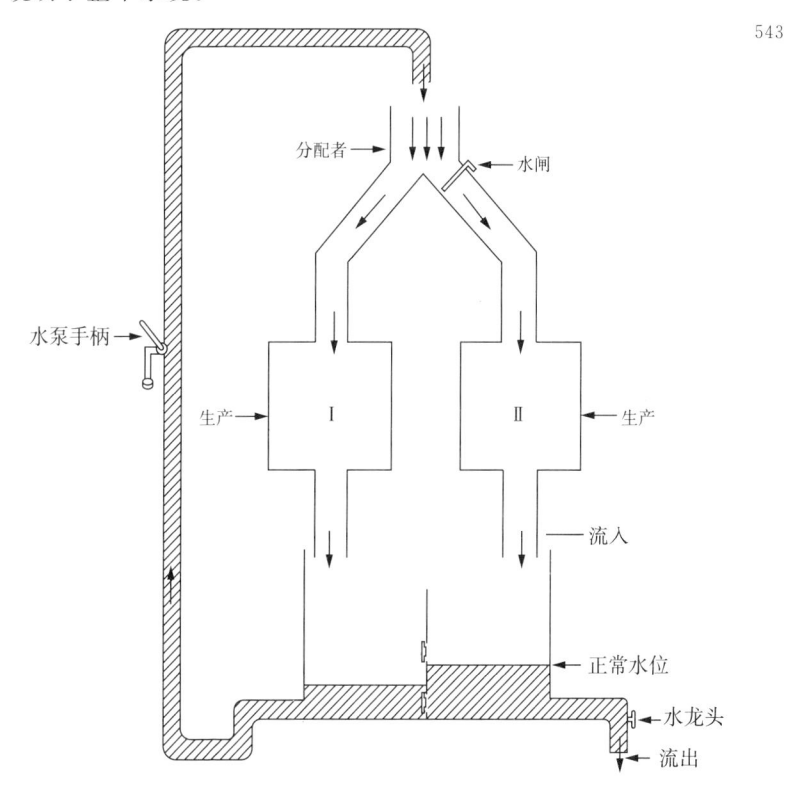

图 21.5 吸纳模型

我们首先考虑水力学的类比。这种流动可能通过迫使液体进入管道和蓄水池网络(压力)开始。然而,在我们的例子中,流动不是以这种方式开始的,而是通过不断地将液体从系统中泵出(吸纳)。在我们概述的方案中,**泵吸机制**起着核心作用。

从模型的类比回归到经济现实,我们希望强调吸纳的以下主要特征。

控制有效需求的经典方法(通过确定名义收入和消费价格水平)本身无法增加消费品部门的滞存数量,也无法减轻其短缺强度。它之所以不能做到这一点,是因为没有任何规则可以确保消费品的供给始终完全满足初始的消费者需求。一方面,消费品以一种保持正常滞存水平和正常短缺强度的方式投放到国内市场。另一方面,经济中完全货币化的部门并没有与仅仅在表面上货币化的企业部门并不是完全隔绝的。企业部门几乎无法满足的需求导致了持久的吸纳,这不仅在严格意义上造成了生产资料市场严重短缺,而且通过转移部分供给间接地造成了消费品部门的严重短缺。

我们现在开始考虑如果我们放宽第 21.1 节中列举的简化假设会发生什么。在我们看来,这样的叙述将变得更加具体和现实,但我们试图向读者传达的关于吸纳的总体印象将保持不变。

21.7 非总量的探讨

关于假设(1),即该模型只论述宏观总量。然而,作者希望提醒读者(也包括他自己)不要在书的结尾时忘记一开始就非常强调的那一点。短缺是由数以百万计的微观甚至亚微观层面的事件组成的统计现象。每时每刻都有某个地方出现短缺,要么是生产投入短缺,要么是家庭所需的消费品短缺。这些短缺与其他投入品和其他消费品的瞬时滞存共存。更重要的是,由于存在互补性,在生产和消费中,某种投入品的短缺必然导致其他互补性投入的瞬时滞存。仅仅因为这个原因,任何一个蓄水池中的液面都不可能完全降到零。即使在严重短缺的情况下，也会持续保持某种滞存。

我要特别强调以下观点。在我们的微观模型中，每个蓄水池中的液体储备，即第Ⅰ部类和第Ⅱ部类的产出存量，是代表**两个向量的实数**，一个是滞存向量，一个是短缺向量。这两个实数可以说明向量变化的方向，但是它们中的任何一个都不能解释为由众多滞存和短缺的明细指标形成的总量。

关于假设(2)，即存在两个部类。从宏观角度来观察原始模型，我们可以看到两个巨大的蓄水池。事实上，有成千上万的小蓄水池(同该体制中的企业一样多)，而且每个企业内部，还有个别产品的分蓄水池。如果我们认识到这一点，我们很快就会对渗漏和虹吸现象有更好的理解。不仅是第Ⅱ部类的**最终**产出在家庭获得之前就被采购员(第Ⅰ和第Ⅱ两部类的企业)买光，也许更重要的是，制造生产资料的企业可能会从制造消费资料的企业那里挪用电力或原材料。我们把第Ⅰ和第Ⅱ部类作为两个巨大的纵向一体化联合企业。这在图21.4中用代表生产的两个黑箱来表示。

归根到底，第Ⅱ部类的活动受到家庭有效需求的约束。与此相反，第Ⅰ部类的活动没有这种有效的需求约束。因此，如果联合企业Ⅰ在每一个生产阶段都能对联合企业Ⅱ在相应阶段使用的投入产生虹吸效应，这是不难理解的。

关于假设(3)，即只生产可储存的产品。对经济现实的分类描述不仅应包括可储存的产品，还应包括不可储存的服务。由于后者的显著特征恰恰是完全不可储存，所以蓄水池和水力学类比的其余部分就不能适用。然而,我们到目前为止所讲的实质内容也可以延伸到服务部门。

在服务中,不存在可分离的流入和流出。滞存以另一种形式显示,即可以得到实物,但尚未实际使用的能力。如果掌握了这一点,我们模型的一般结论,也可以重新用来表述为服务的情况。两大部类都产生服务。与商品需求一样,第Ⅱ部类提供的服务需求也受到买方有效预算约束的限制。另一方面,第Ⅰ部类生产的服务需求则没有这样的限制。这里也发生了虹吸效应。只要有可能,企业就会租用本来也适合作为住宅的房屋来办公,利用服务站为私家车服务,等等。

为了保持我们的图表表述,在本章余下部分我们将继续用水力学做类比,不单独讨论服务问题。

关于假设(4),**即所有的投入都是可以被再生产出来的**。当然,在经济中存在着初级资源,特别是劳动力、自然资源等。在一般的生产过程中,这些基本上是不能再生产的,因此不能在我们的水力学类比框架中加以阐明。但是模型所例证的相互关系也适用于它们。它们也会被社会再生产过程所吸纳,直到实物资源约束以瓶颈形式出现,或者直到碰上社会容忍限度为止(我们可以回顾第11章中分析劳动力短缺的内容)。

虹吸效应还体现在初级资源的使用上。例如,重工业和建筑业将一些工人从贸易或保健服务中吸引出来。

关于假设(5),**即不存在摩擦**。系统调整过程中的摩擦只能通过微观和次微观层面的高度分解模型来描述。在我们的类比中,我们描述了一种纯液体物质的流动。然而,在现实经济体系中发生的投入和产出的流动,更像是一些粉碎的或半液体的黏性物质的运动。这两个蓄水池都不会完全变空,因为有些储存在那里的物质会卡在里面。更换极少是连续的。在交货日期之间必须积累库存。除了这个不可避免的因素外,在第8章中详细讨论的摩擦迹象也会出现。让我们考虑一些例子。

即使在公式(21.4)所示的极端情况下,持续总需求过剩,第Ⅱ蓄水池也不会完全清空。买方无法确切知晓何时何地能够找到他们想要的东西。即使是在这种情况下,也有一些商品由于质量低劣或不受欢迎,以至于根本找不到买家。而第Ⅰ部类蓄水池也是类似的情况,无论泵的运转有多强劲,都无法将蓄水池完全抽干。总会有一些材料、半成品和零件毫无用处,当前已是如此,即使对最愿意进行强制替代的那些企业,作为库存积累起来也是如此。

摩擦也会减缓从第Ⅱ蓄水池向第Ⅰ蓄水池的渗漏。有可能发生的情况是,一个生产者可以在消费品部门购买一些投入,但他没有足够的信息,也不够迅速和灵活,可能无法做到这一点。

正因为如此,在图21.5中,甚至第Ⅰ蓄水池也不是空的。诚然,它的液面略低于第Ⅱ蓄水池。我们无意以此表明,在第Ⅱ蓄水池中,滞存的正常水平必然较高,短缺的正常强度较低。我们只是想表明,**不一定会出现完全的均衡**。

21.8 泵吸的动力

关于假设(6),即静态的经济。社会主义经济不是停滞不前,而是持续增长。扩大再生产不能用管道和蓄水池的快照来表示,而应该用**动态图表**来展示,其中管道的直径越来越粗,蓄水池的容量越来越大。

在本书的前半部分[①],我们曾解释过,在社会主义经济中,**扩张冲动**存在于每一个决策者的行为中,它导致了随之而来的贪得无厌、持续不断的**投资饥渴现象**。这是在泵吸过程中的**最重要的驱动力**。如果某处积累了一些适合投资的资源,出现了一些滞存,投资需求就会立即将其抽走。投资需求几乎是无法满足的,因为投资的预算约束是软弱的。

扩张冲动以及投资饥渴出现在分等级的多级控制系统的每一级。[②] 在经济史的某些时期,这一点在经济领导层的行为中表现得最为明显,即中央经济政策推动经济尽可能快速增长。在这种情况下,最强有力的泵是由中央掌控。然而,即使中央的经济管理比较温和,每个部门的控制者、每个企业的董事会,甚至每个车间的工长都想扩张,需要投资资源。他们每一个人都有一个泵,并试图从公有制的大蓄水池中为自己的单位抽取尽可能多的投资资源。

关于假设(7),即封闭经济。如果我们希望将对外贸易也纳入我们的分析,那么即使停留在宏观层面上,我们也必须在模型中至少增加一个蓄水池,[③]这在图 21.6 中得到了体现。在左侧开

---

① 参见第 9.2 节。
② 参见第 9 章,特别是第 9.9 节,关于投资紧张局势持续存在的充分理由。
③ 这仍然是基于一个高度简化的假设,因为可兑换货币和不可兑换货币实际上不能合计。

第21章 宏观相互关系:吸纳模型

始的液体向上流动的管道,与前面一些图中的出自第Ⅰ蓄水池的管道相同。两个泵中较高的那个在前面的图中也曾经出现过。

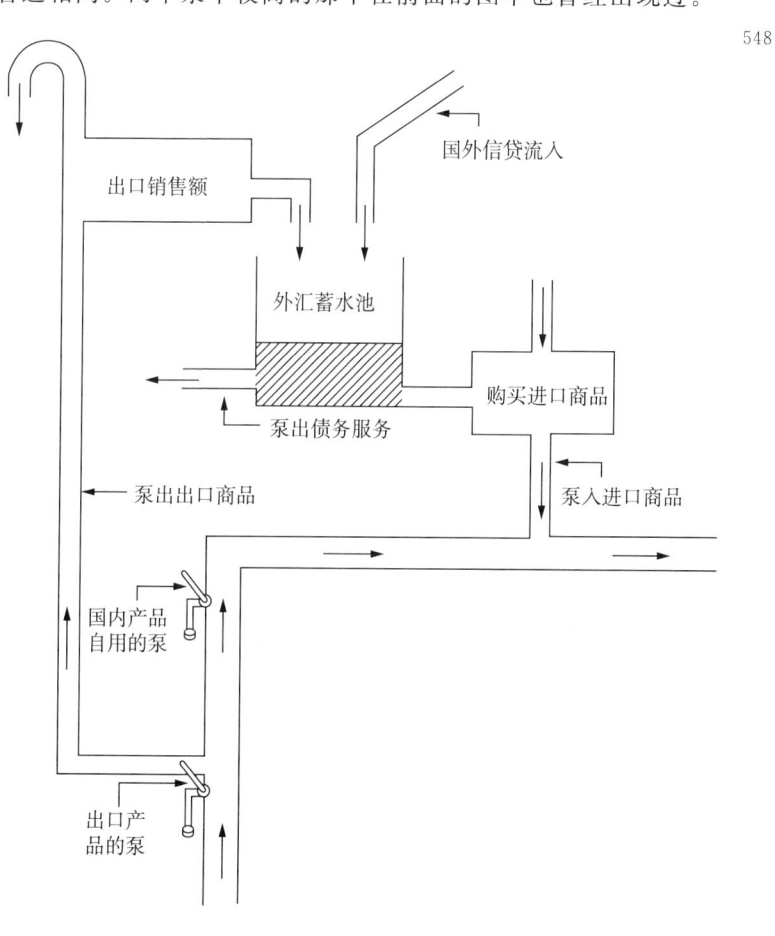

图 21.6 第Ⅲ蓄水池:外汇储备

新的第Ⅲ蓄水池位于图 21.6 中顶部的中间位置。该经济体通过出口赚取的外汇和外国信贷都流入其中。只要稍加想象,让我们假设每一个愿意发放信贷的潜在债权人都会提前把钱存入这个蓄水池。这个系统不断地吸出蓄水池里的液体,几乎一滴不剩。对用于当前生产的进口投入和用于投资目的的进口机器和设备的需求几乎是无法满足的。因此,进口的吸力,或者为进口而支付外汇的吸力,持续而强劲地发挥作用。它只受到出口赚取外汇的能力以及政治和经济对债务的容忍度(也许还受到外国方面提供信贷的意愿)的约束。

第Ⅲ蓄水池始终是空的,由于对进口的近乎贪得无厌的需求和偿还债务的义务,里面的液体将不断被吸走。因此,必须不断补充。这样我们又回到基本的吸纳模型。泵吸系统的主要的动力之一是极强有力的**出口冲动**,它可能会发展到强制出口的地步。事实上,几乎任何东西都可以出售。一些出口市场本身就是短缺经济体,需求几乎无法满足。① 但是,如果出口国提供其最有吸引力的产品,或者可能是不太有吸引力的产品,但价格低廉,那么一个需求约束强硬的外国市场也可以被打入。而且由于为出口而生产的企业以及国内的外贸组织都属于软预算约束,所以实际出口交易中可能出现的损失可以毫无困难地得到弥补。在出口这件事上,不存在企业拒绝出口的自愿约束,因为如果以本国货币计算,这样做就会造成损失。因此,**控制出口的外贸部门对产出有着几乎无法满足的需求**。在产品用于国内消费之前,外贸

---

① "长期的需求过剩……不仅存在于匈牙利,而且存在于整个经互会(CMEA)市场。社会主义国家直到最近一直是一些产品的几乎不受限制的卖方市场。超过潜在供给的出口可能性与国内需求过剩一样,对竞争条件产生影响。当所有商品在国外,(而不是在国内)都能卖掉的情况下,真正的竞争几乎不可能形成,卖方始终占据优势。"见 Falus-Szikra,1975,第 219 页。

第21章 宏观相互关系：吸纳模型

部门会尽可能地泵吸出多少就出口多少。

至于其动机,出口冲动不是吸纳背后的主要驱动力。它是由数量冲动和扩张冲动这些主要驱动力派生出来的**次要**驱动力。归根到底,是这两种冲动造成了对进口的几乎是无止境的需求。

将外贸纳入分析,也有助于我们理解虹吸机制。

事实上,企业的采购员从私人消费者的眼皮底下买走商品,这只是次要现象。一个更为重要的现象是,许多家庭想要的商品甚至没有到达商店的仓库,因为这些商品被虹吸用于外贸。

关于假设(8),**即只有企业和家庭**。让我们考虑一下,如果除了企业和家庭之外还有其他当事人,会出现什么情况。

我们已经解释过,非营利机构[①]在预算约束方面的情况并不相同。如果一个非营利机构的预算已经决定,它通常会作为一个硬约束。但所有的非营利机构都会在事前尽量争取尽可能多的当期投入,特别是尽可能多的投资。在非营利机构中,数量冲动(让更多的病人接受治疗,让更多的学生接受教育)和扩张冲动也同样在起作用。非营利机构也属于泵。由于了解家庭渴望得到它们的服务,使它们精力倍增;而这些服务是免费或以名义价格通过行政配给或排队进行分配的。免费或几乎免费的服务以及实物分配的虹吸效应,主要通过非营利部门的吸纳进行传递的。

由于我们对泵从左边的蓄水池中虹吸液体情况做了比初步探讨更完整的说明,我们还应该讨论一下右边的蓄水池。如果出现公式(21.3)和(21.4)中所描述的极端状态,也就是说,如果根

[①] 参见第14.11节。

本无法消费的钱开始在家庭中积累,那么右边出口处的水龙头也就不起作用了。那么,甚至是家庭的需求也不再是对销售的有效约束了。这就是家庭也控制了泵的手柄时的情形,他们的需求也变得几乎无法满足了。

在这一点上,我们应该做一个更为一般性的评论。在谈到并列的两个蓄水池时,必须强调的是,左边的蓄水池包含生产资料,右边的蓄水池包含消费品。更重要的区别是,从左边蓄水池流出的产品的购买方具有软预算约束,而从右边蓄水池流出的产品的购买方具有硬预算约束。属于哪种类型[①]的购买方,取决于系统的实际特征。

在首次描述我们的宏观模型时,我们只提到了单一的一个泵,在这一节中,我们介绍了**整个泵系统**。事实上,在经济中有许**多力量使吸纳过程持续进行**。在本书的几个地方,我们分别介绍了短缺经济中的一些局部自生过程或恶性循环。现在,我们把结果综合如下。**该模型显示了短缺背后的基本自生机制。短缺滋生短缺。短缺越严重,经济越能感觉到虹吸背后的驱动力,即扩张冲动和与此相关的投资饥渴、数量冲动和与此相关的囤积倾向、出口冲动以及对免费分配近乎贪得无厌的需求,每个泵的动力也就越大。而且,泵吸力越强,短缺就越严重。**

在任何历史时期,各种泵的相对比例都会形成特定的吸纳经济的重要特征。然而,在任何情况下,**投资之泵似乎都是最重要**

---

① 例如,在几个东欧社会主义国家,有一些使用少量雇工的私人小企业。虽然这些都是企业,但它们肯定有硬性的预算约束。如果要说明第二经济在宏观吸纳模型中的位置和作用,那就超出了本书的框架。

第21章　宏观相互关系:吸纳模型

的。当然,它总是与其他泵联系在一起。然而,出于思想实验的目的,如果它能长期独立运行,那么,**对投资近乎贪得无厌的需求本身就足以使这个系统成为一个资源约束型的吸纳经济体**。①

关于假设(9),即我们描述的是传统的经济管理体制。我们的图只显示了一两个大泵。事实上,经济中的每一个企业和非营利机构,以及多级控制系统中的每一个组织,都有自己的泵,或大或小,或弱或强。

随着经济管理体制的改革,大泵和小泵的相对规模,以及操作泵的决策者之间的关系,都发生了重大变化。企业使用泵,不再需要上级的指令或许可,它有权并能够自行决定。但是,由于企业仍是软预算约束,所以它不会由于经济的因素的制约而被迫抑制其贪得无厌的需求。因而,即使是现在,第Ⅰ部类的蓄水池的出水口也没有水龙头。

我们已经在本书的不少地方指出,随着匈牙利经济管理体制的改革以及由于经济政策的变化,匈牙利近十年或十五年来短缺强度已减轻。无论这种变化多么重要,用水力学类比说明的机制的主要特征仍然适用,流动是通过**吸纳**维持的。

如果回想一下我们所描绘的整个泵的系统,各种决策者每个人手中都有一个或大或小的泵,我们就会明白,吸纳现象不会由于告诫领导们要节制和自我约束而消失。假设他们中有一个人决定从现在起开始更加节制。他不会努力积累尽可能多的投入,他不会努力榨取尽可能多的投资资源;即使他不停止,他至少也

---

① 在这个程度上,它是凯恩斯主义的失业状态的对应物。后者也是由几个因素共同造成的,但从逻辑上可以看出,投资需求不足本身就足以造成这种状态。

会减少他的虹吸行为。其结果将是他所控制的单位得到的更少。而其他企业、非营利机构和管理部门则继续不断地榨取，他们也一并榨取出这位自我约束的管理者放弃的东西。如果他看到这种情况发生，他会重新开始，以比以前更大的力度继续泵吸。

21.9 短缺的分配

在进一步推论之前，我们先重复和总结一下我们所说的短缺的含义。在本书中，我们已经熟悉了它的四种主要形式。

(1)资源、商品或服务通过行政配给来分配。要求者提出的总量超过了分配者可用的数量。这就是一种出现在分配者与要求者之间的纵向关系中的纵向短缺。

(2)资源、商品或服务出售给顾客以换取金钱。卖方的供应量不能满足顾客的初始需求。这就是在卖方和买方之间的横向关系中出现的横向短缺，即卖方市场。

(3)生产企业或免费提供服务的非营利机构得不到完成其计划所必需的投入。这是在微观组织内部的短缺，即碰到资源约束。

(4)社会产能在生产中的高度利用，或者更普遍地被社会活动充分利用。出现了产能短缺。持续和扩张对产能的利用，就会导致边际社会成本急剧上升。

这四种现象是短缺的**直接**表现，并伴随着多种间接影响。它们经常重叠和交织在一起。上述全部现象都包括在短缺这一集合概念之中。

第21章 宏观相互关系:吸纳模型

在本章的水力学类比中所阐明述的吸纳机制造成了普遍和长期的短缺。当然,我们必须正确地解释"普遍"和"长期"。并不是时时处处什么都缺。我们已经多次强调,在亚微观层面上,短缺与某些资源和某些产品暂时的滞存是相容的,甚至是相伴随的。然而,我们却有理由谈论**普遍和长期的短缺**,原因有二。

首先,因为在许多地方,许多资源和产品经常出现相当严重的短缺。没有一个部门可以幸免于这种现象。

其次,因为无论何时何地出现短缺现象,**都可以随时随地追溯到一个共同的起因**。我们面对的是同一普遍现象的不同具体表现。今天短缺现象在这里停止了,但明天却会在其他地方出现,也许会更加严重。

经济学中基本的传统论题之一是可得资源和产品的分配。在此基础上,我们还可以增加一个新的课题,即**不可得**的资源和产品的分配,换言之,**短缺的分配**。短缺的分配意味着将处于特定短缺强度的**某物**(资源或产品)分配给**某人**(用户)。

让我们以更综合的形式而不是在亚微观层面上来考虑这个问题。我们首先考察**什么**是短缺。短缺在各大类资源和产品之间的分配会随着时间的推移而发生变化,部分原因是外部和内部经济的**实际**情况发生了变化。当然,许多小变化的共同影响也起到了一定的作用。但是,现在我们要指出的是长期大**趋势变化**的影响。

社会主义制度在其早期阶段继承了前一种制度的一种情况,即一些资源的利用率很低。最重要的例子是劳动力。我们在第11章中指出,在经济增长的粗放时期存在容易动用的潜在劳动力储备。但是，这种储备在较短或较长时期内，被社会主义经济增长所吸收，之后就是以长期劳动力短缺为特征的集约时期。

类似的过程也发生在使用以前未开垦的土地上，或者，举一个消费品部门的例子，吸收住宅区的闲置土地。

这些都是**单向的、不可逆的和不对称的**过程。它们是不可逆的，因为在吸收滞存和造成长期短缺之后，被吸收的储备并没有重新出现，也没有从根本上消除短缺。它们是不对称的，因为一种资源或产品组的短缺的发展并不伴随着另一种资源或另一个产品组的滞存的产生。劳动力仍是最好的例子。当匈牙利还处于粗放增长期时，投资资源严重匮乏。企业、非营利机构和它们的上级主管部门竞相要求得到投资，但没有特别需要为劳动力而竞争。有一种观点认为，由于劳动力目前已成为最严重的瓶颈，资本的滞存迟早会出现。然而，这种情况并没有发生。在亚微观层面上，如果我们观察生产的基本事件，可能会发生劳动供给过剩，**因为**资本此刻是一个瓶颈；或者反过来，某种资本可能过剩，**因为**劳动力成了瓶颈（工人可能因为他的机器坏了而无所事事；或者机器可能因为工人没来工作而停了下来）。在亚微观层面上，严格的、刚性的互补性在瞬间发挥作用，这会导致一种新的因果关系，即一种生产要素短缺引起另一种生产要素滞存。① 然而，在长期增长过程中，还有其他相互关系在起作用。② **虽然劳动力短缺已经形成并变得越来越严重，但投资饥渴并没有减弱，随之而来的投资紧张也没有减弱。**更重要的是，在关于投资的论据中

---

① 参见第 2 章。
② 参见第 3.3 节和第 14.9 节。

又增加了一个新的论点,需要解放劳动力。然而通过投资来释放劳动力,或者反过来说,通过增加劳动力来节约投资,只可能在局部和短时间内实现。许多职位空缺等待着被释放的工人(也许就在进行投资的同一家企业)。同样地,任何节约下来的投资都会被几个急切的要求者抢走。资源约束型经济的增长一旦进入了集约化阶段,必然伴随着劳动力和资本的长期短缺。[①]

不仅是上述那种客观可能性的长期变化能够改变短缺的分配方式。**经济政策能够积极干预这种分配,并且可以有意地对短缺进行再分配。**尽管在我们的说明中,长期变化会影响到短缺的**内容**,但我们将通过一个例子来证明经济政策的作用,在这个例子中,短缺的受害者的身份发生了变化。因此,我们将讨论短缺在**不同使用者**之间的再分配问题。

匈牙利经济领导层近年来为减少消费部门的短缺强度付出了重大努力。比照20世纪50年代同70年代的情形,我们可以说,这种努力是成功的,在许多消费品市场上,短缺的严重程度有所减轻。第19.4至19.6节和图21.5的分析说明了如何实现这种变化。(ⅰ)必须在名义收入和消费价格水平之间建立适当的关系;(ⅱ)必须防止或至少减少消费品部门的投入和最终产品及服务向其他部门的渗漏;最后(ⅲ)必须保证消费品商品供给的充分增长。在图21.4和图21.5中,流经有两个出口的管道,分别

---

① Marx指出,"过剩资本和过剩人口"可以**并存**(Marx,1867—1894b,第3卷第250页)。一种对称的现象是:在社会主义经济中,劳动力短缺伴随的长期资本短缺是一种对称现象。在近年来的匈牙利文献中Hoch(1978)讨论了劳动力短缺与资本短缺同时出现的问题。

向下流入左右蓄水池的数量,是有关消费品市场现状的最重要因素。

最灵活的,也是在短期内最容易的再分配短缺的方法,就是将国内市场的短缺转化为国际收支的赤字。在其他条件不变的情况下,可以通过减少产品出口或增加进口来减少国内消费者所感受到的短缺。图 21.5 和图 21.6 的水力学类比可能有助于我们理解这种相互关系。在这里,我们的蓄水池是连通的,可以通过降低第Ⅲ蓄水池液面来提高第Ⅱ蓄水池的液面。①

当然,这不是唯一可能的再分配。**在其他条件不变的情况下,如果允许投资品市场的紧张局势加剧,消费品市场的短缺强度也可以减轻。**

我们必须清楚地看到这种再分配的可能性和重要性,以及它所受到的约束。最重要的约束是,只要制度关系和行为模式存在,短缺就会持续存在。然而,即使是在普遍和长期短缺的情况下,短缺什么,以及强度如何,仍然很重要。中央经济政策有能力在一定程度上保护某些部门不受短缺的影响,并将其中最严重的部分转嫁给其他部门。中央经济政策也有能力增加或减少其自身活动(例如,增加或减少中央投资,或规划更快或更慢的增长率)所产生的总体吸纳强度。

在这一点上,我必须发表一下个人意见。自从我从事经济研究以来,下列三组现象的相互依存关系一直令我感兴趣。(a)长期短缺;(b)千方百计促进较快增长率的经济政策;(c)某些制度

---

① 这个问题在第 10.7 节中提到过。

关系,即高度集中、多级控制、行政配给以及货币和价格的从属作用。它们是如何相互影响的?哪些是因,哪些是果?或者,用不那么尖锐的话讲,哪种因素在体制中起主要作用,哪种只起次要作用?

在我的早先的两部著作《反均衡论》和《突进与和谐的增长》中,我认为现象(a)和(b)是主要的。[1] 许多人反对这种观点,强调是(c)中的那组现象[2]起着主要的因果作用。

从本书来看,我现在倾向于接受这种观点。长期短缺的主要解释在于制度条件,以及它们所导致的行为规则。与此相比,经济领导层的增长政策是一个次要的解释因素,其作用是加强或削弱主要因素的影响。

21.10 吸纳和通货膨胀

在回顾了吸纳机制中的主要宏观相互依存关系,并讨论了短缺如何再分配的问题之后,我们必须就这个问题的金融方面讲几句。我们在这里把我们要讲的与**通货膨胀**有关的内容集中起来。[3] 让我们从历史观察开始。

长期短缺与稳定或几乎稳定的价格水平相适应,但它也与通货膨胀和价格水平上升相适应。

伴随短缺的一个现象(也许也是一个刺激因素)可能是**抑制**

---

[1] 参见 Kornai (1971a, b, 1972a, b)。
[2] 例见 Bauer (1973)对《Anti-Equilibrium》的评论。
[3] 我们这里重复或总结了前面在第 15、16、19 和 20 章中解释过的某些思想。

型通货膨胀,①或者,更确切地说,某些经济部门中存在抑制型通货膨胀。短缺可能与抑制型通货膨胀有关,但不必如此。

历史观察支持这样的观点,即长期短缺经济和抑制型通货膨胀**不是**同义词。它们是两组不同的、清晰可辨而又复杂的现象,在某些历史条件下**可能会部分**重叠。我们之所以强调这一点,是因为有几位作者在他们的著作中把这两个概念混为一谈。这种混淆出现在社会主义国家的经济文献中,在一些西方作者的著作中也得到了极大的强调,其中包括克洛尔-巴罗-格罗斯曼学派的作者。② 我们试图提出反对后一种学派的论点。

让资本主义经济制度作为出发点。特别是,我们将考虑通常被称为凯恩斯失业的状态。资源利用率很低,普遍失业,并且产能过剩。主要原因是总有效需求不足。如果能在保持既定价格水平的同时增加需求,生产就会增加,就业和资源的利用也会增加。③ 在宏观层面上,经济以既定价格进行数量调节,需求增加由供给增加来解决。这种反应在发展的过程中通过加速器效应和乘数效应得到加强。

如同思想实验一样,让我们开始不断增加剂量,注射凯恩斯建议的针剂。国家投资项目越来越多地启动,政府也对私营部门的投资给予财政支持。当前政府对非营利机构投入的支出增加。例如,通过减税提高家庭可支配收入。这几乎不可避免地导致预

---

① 关于压抑型通货膨胀的理论分析,Hansen(1951)进行了出色的总结。
② 例见 Barro-Grossman(1974,1976)。
③ 关于这个问题的许多经验材料和有价值的分析可以在 Lundberg(1968)写的书中找到。

算赤字,赤字将持续增加。所有这一切都伴随着货币供应量的增加,而货币供应量的增长速度要快于产出的。但与此同时,价格却通过行政干预固定在原来的水平上。

这一过程的最终结果是抑制型通货膨胀。总需求的增加吸收了失业,刺激并逐步使经济过热。无法挥霍的钱开始在货币所有者的手中积累起来,需求过剩和短缺出现了。①

巴罗、格罗斯曼及其追随者将上述过度就业正好认为是凯恩斯主义失业的**对称对应物**。之所以说"正好",是因为**在同一制度条件和行为规律相同的体制中**,一个单一的主要参数(总需求)在从极低的数值到极高的数值的大范围内变化。

当他们把在凯恩斯主义过度注入的这种资本主义的固定价格制度等同的时候,他们的思想就误入歧途了。因为社会主义经济有不同的**制度条件,因此行为规律也不同**。

由于我们已经用数百页的篇幅解释了这一制度的许多具体特征,所以在这里只需用标题来说明巴罗-格罗斯曼学派的抑制型通货膨胀与在社会主义条件下成长起来的吸纳体制之间存在的差异。

(ⅰ)前者即使在过热状态下,仍然是**货币化**的体制,而后者只是**半货币化**的经济。后者的家庭部门是货币化的,而企业部门只是表面上如此。

(ⅱ)在资本主义制度下,企业有硬预算约束。在抑制型通货

---

① 这只能在理论上的宏观经济模型中保持较长的时间。在实际的现代资本主义经济中,在价格水平相对稳定的情况下,过热的状态是不可能长期维持的。在这种情况下通货膨胀不可能被压抑很久,它迟早会爆发。

膨胀条件下，货币持有者有时确实无法花掉钱。然而，如果他真打算花这笔钱，他将立刻面临自己的预算约束。正是对这一点的**认知**，形成了他的行为规律，甚至当钱突然变得充裕时，他也不会放弃这些规律。相比之下，在社会主义经济中，企业的预算约束是软的，**这种认知**在企业的行为上留下了印记。

由此可见，在前一种体制中，瓦尔拉斯定律占了上风。但在后一种体制中，至少在企业部门内部，**瓦尔拉斯定律无效**。

（iii）进一步的结论是，在前一种体制中，价格的高低，对企业至关紧要，即使价格是固定的。但在后一种体制中，不论价格是固定的还是可变的，企业对价格的反应都要小得多。

（iv）在巴罗-格罗斯曼的抑制型通货膨胀下，由于货币持有人不习惯短缺，无法支出的货币会在他们手中积累起来。他们的需求函数还没有适应短缺（顺便说一句，作者没有说清楚，这到底是一种过渡性的不平衡，还是一种新的永久性的正常状态）。然而，我们面对的是一个体制，在这个体制中，相当严重的短缺已经成为正常状态，而且买方的行为已经适应了它。要么是买方在制定他们的初始需求时已经考虑到了预期的供给；要么是，即使没有考虑，他们也会通过强制替代和强制消费来适应这种情形。

这几条虽然不完整，但足以表明我们讨论的是一个性质不同的体制，不能简单地通过颠倒凯恩斯主义失业的情况来描述和分析它。

这个论点提出了与全书相同的结论，即对长期短缺、吸纳以及资源约束型体制运行的解释，**不是存在于金融领域，也不是存在于价格信息的特殊特征之中**，而是存在于更深层次上，即存在于制度关系以及这些制度关系所形成的决策者的行为规律之中。尽管我们已经对这些问题做了一些评论,但我们将在最后一章中对这个问题再补充一些想法。

第22章 父爱主义的程度

22.1 引 言

正如第1章所强调的那样,本书没有着手详细分析对社会主义经济中的社会关系以及政治与权力结构。前面几章只涉及与本书经济内容密切相关的方面的几个方面。现在已经到了本书的终章,我们只讨论制度框架的一个方面,即国家与企业之间的关系。即使在这里,我们也不声称要进行全面的考察。最后一章之所以选择这个主题,是因为它有助于我们理解本书所研究的主要问题,即短缺问题。

我们以一个类比开始我们的论证,我们将研究**父母与子女之间的经济关系**。我们将区分五种不同的"纯粹"情形。

程度4[①]:**实物给予-被动接受**。新生婴儿和几个月大的婴儿无法用语言表达自己的需要。父母以实物的形式给予他食物和衣服,并负担他的全部物质需求。

程度3:实物给予-主动要求。孩子仍然与家人生活在一起,家庭为他提供一切实物。但他现在可以说话并表达自己的愿望。他不必提出请求就会得到很多东西;有时他请求得到某些东西,

---

① 为了便于后面的推理,按递减顺序给出序列号。

有时他提出要求。这取决于父母是坚持自己的意愿,还是与孩子妥协并满足他的愿望。真正的讨价还价在父母与子女之间产生。

程度2:货币津贴。孩子长大了,离开了家,但还没有谋生。例如,他在父母居住地以外的另一个城市上大学。他的生活费仍由父母负担,但现在是以一定数量的货币的形式给予他来维持基本生活。如果他想花更多的钱,就得必须向父母要、请求、要求、反抗、妥协;讨价还价并没有停止,只是转向另一个层面,争论的主题变成了津贴的数额。

程度1:自立-有助。孩子长大了,开始挣钱了。他基本上是靠自己的收入养活自己;他赚的钱越多,就有更多的钱花。但他的父母还健在,如果他遇到困难,请求帮助,父母会给他经济上的支持。

程度0:自立-无助。曾经的孩子已经长大成人,独立谋生,而他的父母已经不在人世了。他的经济状况完全取决于他的收入。如果他遇到困难,没有人会在经济上帮助他。他必须完全靠自己。

上述五种类型,在下面称为**父爱主义的程度**。在现实中,还可能会出现更多的类型,纯粹类型的组合也是相当多的。这五种程度将足以说明我们的思路。

22.2 企业在社会主义经济中的地位

现在让我们离开类比,把注意力转向对经济生活的分析。在我们的公式中,用国家代替父母,用微观组织(企业、非营利机构或家庭)代替子女。① **父爱主义的程度,存在于国家与微观组织②的关系中,是一种体制重要的本质特征。**

我们将以社会主义经济中的企业作为具体的例子,来证明父爱主义程度的经济含义。③ 表22.1概括了我们的主要论断。横行表示父爱主义的五种程度。

表22.1 社会主义经济中国家与企业的关系

父爱主义的程度	对当前生产的投入供给		投资分配	
	改革前	改革后	改革前	改革后
4. 实物给予-被动接受	+		+	
3. 实物给予-主动要求	⊕		⊕	
2. 货币津贴				⊕
1. 自立-有助		⊕		⊕
0. 自立-无助				

表中有两栏,一栏显示企业如何获得当前生产所需的投入,另一栏显示企业如何获得投资。在每一栏中,左边一列代表改革前传统经济管理体制下的情况,右边一列代表改革后的状态。从两个右列可以看到,1968年匈牙利改革后的发展状况。在表中,

---

① 与其他任何比喻一样,这个比喻也不应该按字面意思来解释。显然,父母把自己挣来的物质财富给了子女,而国家则进行了再分配。但我们在这里讨论的不是社会财富的起源,也不是国家的一般理论,而是讨论国家与微观组织之间关系的一些特征的有限话题。我们对这些特征的理解,可以通过父母与子女关系的类比来获得帮助。

② 父爱主义一词出现在一些著作中。例如,见Graaf(1957)和Papandreou(1972)。我们是在一种特殊的意义上使用这个词的,它多少不同于上述著作中的含义。

③ 由于篇幅所限,我们将不考虑不同程度的父爱主义是如何出现在国家与非营利机构或家庭的关系中的。

第22章 父爱主义的程度

符号"+",表示在投入配置方面父爱主义的程度,符号"⊕"表示这是占优势的或典型的程度。现在我们来逐行考察该表。

程度4:实物给予-被动接受和程度3:实物给予-主动要求。在这两种程度上,中央部门都通过实物和配给计划在企业之间配置投入,货币在此不起任何实质性的中介作用。程度4是最极端的情形,这代表着中央发号施令,没有询问用户,也没有认真考虑用户的意见。在传统的管理体系运行期间,在每个历史时期、每个国家和部门,这种程度出现的频率都有所不同。然而,传统时期最典型的是程度3,适用于分配当前的投入和投资品。中央部门作决策,但这样做时要考虑相关企业的意愿。如果企业对分配不满,将会要求更多,也许会提出随心所欲的要求或进行游说,以使自己的愿望得到满足。在这种经济管理形式中,对计划讨价还价的现象屡见不鲜。①中央有关部门希望企业提供更多产出,但投入更少;而企业则要求更多投入,并承诺更少产出。讨价还价正是发生在这个问题上。

程度2:货币津贴。② 这只是在改革之后才在企业部门以及投资分配中发挥重要作用。当投资项目发生在企业内部,甚至可能由企业发起,但其资金完全来自国家的中央资源时,国家和企业之间就会形成这样一种关系。进行投资的企业希望得到更多的资金,而决策部门要么拒绝要么答应企业的请求。③

---

① 见第3.2节。
② 这种程度在中央部门和非营利机构的关系中普遍存在。
③ 关于这方面以及投资领域中普遍存在的程度1的父爱主义,见第9章和第20.3节。

程度 1：自立-有助。这是改革后最普遍的形式。[①] 当前投入全部或几乎全部在此基础上进行分配。根据通常宣布的原则，企业是一个独立核算的单位。它有义务用自己的产出收入来弥补自己的支出。它靠自己的收入为生。然而如果遇到财务困难，国家将通过一种或多种财政支持来帮助企业摆脱困境。我们在分析预算约束的软硬程度时，曾详细讨论过这种现象。

企业用自有资金投资时，情况也是类似的。[②] 企业能够用自己的收入来弥补成本。但如果出现财务困难（如，超出计划成本），国家为企业提供帮助。这将确保投资项目不会因融资困难而受阻。

在匈牙利的经济生活中已经形成这样一种惯例，如果在经济中的某些方面（某些部门、某些产品的制造或对外贸易方面）出现财务困难，国家就会来救援，并由国家预算来负担。这正是程度 1 的父爱主义的表现。

程度 0：自立-无助。在表中这一行是空白。无论是在改革之前，还是改革实施以来，都没有出现过真正意义上的企业在可能无法克服困难的情况下自生自灭的情况。

22.3　倾向与反倾向

国家与微观组织之间的关系，即当前父爱主义盛行的程度，

[①] 见第 13 章，以及 Bauer（1975a，1978）和 Falus-Szikra（1975）。
[②] 投资信贷以及来自国家预算的资金和企业自有资金发挥了重要作用。还存在着各种形式的组合（见第 20.3 节）。各种具体的融资形式可以放在一个更细分的方案中，按照父爱主义的程度进行分解。然而，我们在这里只满足于勾勒出主要的轮廓。

第22章 父爱主义的程度

是社会关系中的一个重要因素。因此,表22.1对研究社会结构有着重要的借鉴意义。

程度0的父爱主义是弗里德曼-哈耶克学派的理想。事实上,即使在以私有制和独立的微观组织为基础的资本主义制度中,完全符合程度0的情况也从未出现过。19世纪中叶的英国可能已经接近它,但当代资本主义已经背离了它。国家以各种形式对经济进行干预。例如,在许多情况下,它以一种家长式的方式帮助那些出现亏损和面临破产威胁的企业,通过给予国家担保、优惠贷款、税收减免,甚至直接的财政支持。在失业率不断上升的时期,工会也会向政府施加压力,要求政府为了维持就业而支持陷入困境的企业。弗里德曼主义者将这种国家权力的增加归咎于凯恩斯主义者,因为它抑制了竞争以及随之而来的自然选择。[①] 凯恩斯主义的思想显然影响了经济政策制定者。但是,如果认为一种科学思潮能够产生如此强大的影响,那就大错特错了;除非社会发展的进程已经奠定了基础,并使政治家们容易接受凯恩斯主义的建议。在我们这个时代,生产高度集中,国家官僚机构不断增多,并且变得日益强大,微观组织已经无法进行完全自生自灭式原子式竞争了。[②] 指望一个依靠选民支持的政府告诉公众,失业、物价水平、经济增长等都是经济的内部事务,而它(政府)对此不承担任何责任,这是荒谬的。政府必须对经济形势

---

① 例如,见索引Friedman, Hayek等人提到的Hayek的著作(1974)。
② Kaldor在均衡经济学的无关性(The irrelevance of equilibrium economics)(1972)一文中对此做了提示性的描述。他特别强调了收益递增对摧毁完全分散体制的作用,以及国家活动的增长对确保经济增长的作用。

承担责任,它只能在不同的经济政策目标和工具之间进行选择。因此,企业和国家之间迟早会出现或多或少的父爱主义关系,这是不可避免的。[1]

而且,如果这是现代资本主义的情况,那么社会主义制度更是如此。生产资料的社会所有制伴随着国家权力在经济中的积极作用。这种活动可能是有限的,也可能是广泛的,但它始终存在。中央当局对经济形势负责,同时亦希望使用其认为有用的一切工具。[2] 在社会主义经济中形成了一个庞大而有影响力的多层级控制机制,并按照自身的规律不断发展壮大。它的成员认同自己的工作,这使他们有动力积极地塑造经济生活的进程。所有这些都解释了为什么父爱主义倾向是自上而下的。这些倾向与自下而上的对父爱主义的要求相辅相成。

低层经济管理人员(企业董事会和他们的直接上级)对父爱主义有着矛盾心理,他们既需要它,又反对它。我们首先解释他们为什么需要它。**父爱主义意味着绝对的保护和安全**。如果企业遭遇灾难,政府会减轻其影响,甚至全额赔偿损失。这是一种非常令人安心的感觉。这不仅保证了企业的生存,还确保了企业即使没有自己的财务资源也可以发展,前提是它成功地获得了国家的财政支持。

让我们转向相反的趋势。若干因素使这个体制脱离了极端程度的父爱主义。这里我们只强调其中三个。

---

[1] 这种现象在马克思主义文献中早已为人所知,但最近其他学派也开始认识到这一点。如 Galbraith(1973)在这方面谈到了官僚主义共生现象。

[2] 见 Tardos(1975a,b)。

第22章 父爱主义的程度

一是**低层管理人员对独立性的要求**。我们刚才强调,他们的感受是矛盾的。当他们欣然接受父爱主义提供的安全保障时,他们的另一半内心却在抱怨上级不断地干涉他们的事务,并对他们高人一等。凡事都得伸手要,这使他们感到屈辱。他们宁愿依靠自己的资源。这种愿望是推动改革的动力之一。正是这一点推动了国家和企业之间的关系走向成熟,或者换句话说,走向较低程度的父爱主义。

与此密切相关的是另一个有助于减少父爱主义的因素,**公众和高层领导经常对低层管理人员缺乏主动性表示不满**。让我们再回到这个类比上。众所周知,被父母过度保护的孩子会变得被动和无助。他会习惯于别人为他做决定,替他解决问题。在经济生活中,父爱主义的程度越高,其教育效应也越明显。消极被动、抱怨困难、乞求国家帮助而不是主动去应对困难,这都是众所周知的普遍现象。对这些现象的原因和后果的认识,使公众舆论支持分权改革。

上述两个因素都与经济管理者的行为有关。我们现在提出第三个因素,即组织问题。正如我们所看到的,在经济生活中,父爱主义程度越高,就越需要用配给制来分配实物与收入。只有在社会相对贫困、生产和消费差别不大的情况下,才能通过行政配给将资源和产品分配给企业、非营利机构和家庭。在这种情况下,实物配给是一项相对容易的任务。但是,随着生产和消费日益差异化,使用配给制来分配所有投入变得越来越困难。[①] **这种**

[①] 在第15.2节涉及经济管理的一个特殊方面,即价格形成时,我们遵循的是同一思路。

差异化迟早会导致决策和所需信息的显著分散化,从而导致微观组织更大的独立性。

反对极端形式的父爱主义的因素的影响表现在这样一个事实上,最高程度(即程度4)的父爱主义(实物给予-被动接受),似乎无法长时间在国家与企业之间的关系中保持支配地位或成为普遍形式。

长期以来,程度3(实物给予-主动要求)则一直是国家与企业之间的关系的主要形式。20世纪50年代末和60年代初开始的改革试图进一步降低父爱主义的程度。从表22.1可以看出,在匈牙利,程度2和1已经成为主流。

正如本节开头时所强调的那样,有关父爱主义的问题,在每个方面都有强大的倾向在发挥作用。历史的进程将会表明,在每个社会主义国家中,哪种倾向占支配地位,以及它在多大程度上发挥了支配作用。

22.4 父爱主义与预算约束的软化

让我们从历史预测回到现实上来。根据表22.1,程度1—3的父爱主义表现了社会主义企业的特征,同样也表现了非营利机构的特征(其实际分布可能因国家和时期而异)。而且,如果是这样的话,那么问题就出现了,父爱主义与短缺,即本书主题的关系是什么?

这两组现象之间最重要的联系是软预算约束。程度0的父爱主义意味着预算约束非常硬。无论企业财务平衡出现什么状况,国家一概不管。国家只管依法征税,仅此而已。国家不会怜悯企业,也不会帮它摆脱困境;如果企业破产,那是它自己的事。

程度1的父爱主义意味着,如果企业遇到财务困难,国家将通过税收减免、优惠贷款、财政补贴、承担亏损或允许涨价等办式来帮助它摆脱困境。国家也帮助不景气的甚至经营亏损的企业进行扩张。假如父爱主义的干预极为罕见,企业就不会指望它。但如果这种干预相当频繁,企业的行为准则就会建立在期望干预的基础上。这正是我们在第13.5节至13.6节中所说的预算软约束。**父爱主义是导致预算约束软化的直接原因。**而且,如果出现这种软化,就会产生与短缺有关的若干现象,即对劳动力几乎无法满足的需求和囤积劳动力的倾向、几乎永无止境的投资饥渴,等等。

在第21章中,我们提出了吸纳模型,其中泵吸是由企业和非营利机构完成的。这在两个方面与父爱主义密切相关。一方面刚刚解释过,父爱主义软化了对企业需求的财务约束(水龙头不起作用)。这就是买方企业从卖方的企业中尽可能多地泵吸投入品的原因。此外,正如我们一再指出的那样,一个多级控制系统在运行。现在让我们不仅考虑程度1,而且考虑程度2和3的父爱主义作风。**企业和非营利机构不仅从向它们供给投入的其他企业横向泵吸,而且从它们的上级部门纵向泵吸。**[①] 在匈牙利语中,这种表达正是用在亲子关系中,即子女泵吸他的父母。当孩子还小的时候,他会要求更多的巧克力和冰淇淋,当他长大了,他

[①] 按Tardos(1972)的说法,"……企业经常把国家看成摇钱树,国家尽管许诺要克服企业这种态度,但实际上并无建树。"

会要求更多的零用钱,之后他仍然会要求更多的家庭资助以便购买他的第一套公寓或第一辆汽车。这种泵吸出现在企业与其上级领导部门的父爱主义关系中。如果上级是以实物形式分配物资和劳动力(程度3),企业或非营利机构就会尽可能地榨取。如果是货币资金(程度2),企业和非营利机构就会努力争取尽可能多的资金。就像在亲子关系中一样,泵吸可以通过许多不同的方式来实现,好的情况是提出令人信服的论点,坏的情况则用抱怨或游说。

由以上论述可以看出,**在严格意义上的一组经济现象(软预算约束、几乎无法满足的需求、横向和纵向的泵吸)与一组制度现象(较高程度的父爱主义)之间存在着密切关系,后者会在很大程度上解释前者。**

22.5 结语:有意识行动的可能性及其局限性

我们的结语不仅与最后一章的主题有关,而且与整本书有关。

本书贯穿通篇的观点是:**一定的社会关系和制度条件产生一定的行为方式、经济规律和正常标准。这些不能因国家的决策而失效。**政府决策和国家计划没有规定投资紧张、长期劳动力短缺和价格漂移倾向等,只要存在维持这些现象的条件,任何政府决策或国家计划都无法消除这些现象。

愉快地接受这些规律所带来的有益影响,同时完全逃避那些我们认为是不利的后果,这是不可能的。事实证明,社会主义制度的各级当事人都受到扩张冲动的激励,任何人都不需要鼓励进行投资,这正是经济高速增长的主要原因之一。欣然接受后者,同时又希望完全消除投资紧张,这是不可能的。潜在劳动力储备在不断的扩张冲动下被吸收,这就导致了长期劳动力短缺。希望消除失业,同时又希望劳动力市场迟早会恢复均衡、劳动力短缺的负面影响会停止,这也是不可能的。同一过程在导致可喜的结果的同时,也会导致令人不安甚至是有害的结果。接受前者而拒绝后者是不可能的。

这并不意味着在面对制度的规律和内在趋势时,经济政策制定者、规划者和实际经济管理者会束手无策。**有意识行动的范围很广。我们只提出几种可能性。**

一些趋势可能得到加强,而另一些趋势由于受到抵制可能会被削弱。我们在上面提到了价格漂移的倾向,这不能靠命令从经济生活中消除,但它可以被抵制。吸纳机制的作用是不可避免的。但是,拥有最大水泵的中央计划者究竟是带领全体泵吸,还是抵制下属组织的泵吸,这是至关重要的。数量冲动必然会导致短缺,而短缺会加剧数量冲动。然而,重要的是,中央计划者本身是提出尽可能紧张的数量指令,还是试图施加缓和的影响。经济政策可能会影响短缺在各个部门之间的分配。

我们还能在一个更广泛的领域采取行动,即减少调整中的摩擦。更好的生产和贸易组织、更好的计划协调、更好的减少不确定性的信息,所有这些都属于这个领域。例如,如果更好地组织生产,可以释放出几千名工人,这并不会消除劳动力短缺。有大量的职位空缺等着他们,释放出的劳动力不可能超过不断扩张所能吸收的劳动力。然而,释放这些劳动力是非常可取的。这有助于确保国民经济的既定资源取得更大的经济效益。

最后我们来谈谈最重要的一点。**产生本书所描述的那些现象的制度条件、行为方式和规律性不是外部强加的或不可改变的。1968年的匈牙利改革本身就证明了这样一个命题,即深思熟虑的人类行动可以改变它们。这种性质的更深刻的变化可能在未来还会出现,从而修正本书所分析的那些现象。**

这本书没有阐述消除短缺现象的具体建议。正如第1章所指出的那样,本书中,我们只打算提供一种专门的描述性和解释性分析。我也相信,尝试对实际情况进行细致和负责任的分析,并更深入地阐明因果关系,可能有助于找到解决问题的实际办法。

数学附录 A：在市场上排队

合著者乔根·W. 韦布尔(Jorgen W. Weibull)

A.1 介绍

本附录是长期研究的节录。[①] 它与本书第 4 章,第 7.2—7.5 和 7.7 节以及第 18 章密切相关。它尽可能少地重复上述章节所述内容。故此附录除了在需要补充本书主题的地方,一般不涉及对假设和命题的经济解释。

我们主要关注的是描述一个偏离瓦尔拉斯均衡,然而又不断地恢复其基本属性,处于静止状态的市场。评估我们自己的结果,尽管得出了一些定理,但我们还是想要更多地关注于**分析框架**,即那些我们据以考察市场在长期短缺中运行的具体观点。附录 A 通过阐述一个非常简单的模型向读者介绍我们的框架。

这里应该对排队系统的确定性与随机性模型进行评论。与通常随机的其他队列模型相比,本模型具有确定性。这种方法的选择反映了我们的信念,即在长期短缺的情况下,与调节系统的相互依赖性和反馈机制相比,随机因素是次要因素。虽然一般模型也应该

[①] 这篇较长的论文是作者和 J.W. 韦布尔合著的；全文于 1977 年油印。节译本已经出版。见 Kornai-Weibull (1978a, b)。

包括随机元素，但一些基本关系可以在确定性中解释。① 我们的模型是一个确定的存量-流量模型，是由常微分方程表示的。

至于这里所描述的买家究竟是一家公司、一家非营利机构还是一个家庭，这个问题一直悬而未决。说明性的评论通常将其解释为家庭，但这并不意味着限制解释的范围。

A.2 市场框架

我们研究一个单一**商品** G 的交易市场。G 可以是一个特定商品也可以是由不同商品组成的一个集合。该商品是不可分割的商品；每个买家在购买时只会获得一件商品。

只有一个**卖家**（垄断者或者若干个别卖家的总体）。

有 n 个**买家**。整个买家群体可划分为多个子群体，称为买家**团体**。每个**团体**在市场上都有自己的特征行为。我们称团体 i 的代表成员为一名 i 类买家。现有 k 个团体，并且在团体 i 中有 n_i 个成员：

$$\sum_{i=1}^{k} n_i = n.$$

参与者人数（一名卖家，$n_1, n_2, \cdots, n_k$ 名买家）不会随时间而变化。

尽管此模型如 A.8—A.9 部分中正式定义那样，是确定的，但它可以被视为由各种随机分量的平均值之间的确定性关系的

---

① 我们感谢 L. G. Mattsson，是他最先提出这个观点。我们暂不考虑这里描述的买方是企业、非营利机构还是家庭的问题。在举例说明时通常把它说成家庭，但这并不意味着我们的解释只限于这个范围。

集合组成的混合模型。特别是,我们关注购物者在购物时做出的一系列决策。在每个这样的决策阶段,我们根据**流量**模拟买方群体的总体行为;买方流入决策阶段,流量份额流出决策阶段,与随机解释相对应。在关于随机排队模型的文献中,我们的方法有时被称为"流动近似法"。①

A.3 购物算法

正如在第 4 章和第 7 章中所说,通过进一步的规范,我们专注于一种特定的算法,我们认为它具有现实生活情境的一些成分,同时具有分析易处理性。在图 A.1 中,我们用框图来描述采购过程。图 A.1 与图 4.1 至 4.3 有关,它囊括了前面这几个图形的特点。

我们随同第一位 i 类买家去采购。他从标有"**开始**"的圆框出发。

他的第一个决策是,究竟该买在我们的市场模型中交易的商品 G,还是在另一个市场(在我们的模型范围之外)上交易的替代品 H(或者是一个复合体 H)?我们假定影响买家决策的收入及其他因素是给定的,并且不随时间变化。在这个决策阶段,唯一考虑的信号是价格,即**相对价格** $P = p_G / p_H$。

我们用 $\lambda_i(P)$ 表示买家**初始购买倾向**。这是 P 的一个非递增(通常是递减)函数。给定相对价格 P,$\lambda_i(P)$ 是决定搜寻商品 G 而非 H 的 i 类买家的份额。从微观的意义上讲,$\lambda_i(P)$ 可理

---

① 例见 Kleinrock (1976)。

解为买家偏好商品 G 而非 H 的概率。

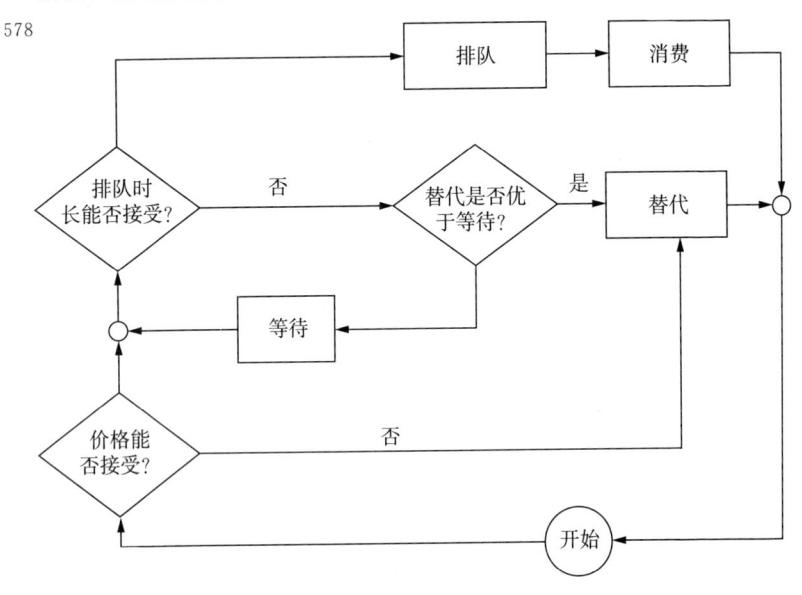

图 A.1 采购的算法

本附录中描述的模型目前偏离了第 4 章和第 7 章中给出的公式。在这里,初始需求不被视为给定需求,而是被描述为相对价格的函数。这与本书其他章节的主题是一致的。第 14 章指出,作为买家的企业可能对投入价格的比例做出反应,尽管在短缺经济中,这种反应颇为零星,并且不是很强烈。而第 18 章指出,作为买方的家庭对消费品和服务的相对价格反应强烈。事实上,由于包含了相对价格的某些影响的可能性,模型的一般性得到了提高。在缺少此类影响的情况下,$\lambda_i(P)$ 是常数,即对于某常数 λ_i,$\lambda_i(P)=\lambda_i$。

请注意形容词"初始的",它是指在购物路线开始时表示原始购买意向的事实——在$\lambda_i(P)$遇到短缺现象后,该意图会修正。

我们的买家前往销售点。那里正在排队。这个买家想知道他是否应该加入队列。我们假设只有一个因素影响他的决定,那就是预期的**排队时间**W。W越大,买家越不愿意加入队列。数量$\varphi_i(W)$表示**排队倾向**。这意味着对于购买商品G感兴趣的i类买家的总数,其中一部分人群$\varphi_i(W)$将加入队列,其余的,即$(1-\varphi_i(W))$的那部分人群不愿意加入队列。

让我们假设我们的买家属于第一部分人群并加入排队。他在队列中等待直到买好东西再回家。我们假设经过一段时间后,他想要获得另一单位商品G或H,整个过程又开始了。无论如何,我们假定在时间点t,在由商品G获得满足的买家中有$\gamma_i d_t$部分人在无穷小的时间间隔$(t,t+d_t)$中,会对其他商品(另一单位G或H)产生需求。为了技术方便,这里假设该分数与时间t无关。从微观意义上来看,这种假设意味着满意时间,即从买家获得商品G的日期到重新出现需求的日期之间的时间间隔,被视为随机变量。这个随机变量服从均值为$1/\gamma_i$的指数概率分布。数量γ_i被称为(得到G之后的)**需求更新率**,并且$1/\gamma_i$被称为**由G得到满足的平均时间**。

我们现在转向算法的另一个分支,转向害怕长时间排队的买家。他有不同的选择。他可能会坚持购买商品G,但他推迟决定是否加入队列。这种行为是合理的,如果确实存在真正的有形队列。[1]买家行为由两个特征来描述。首先,是存在一个**等待倾向**,

---

[1] 在名义上排队的情形下,这样做就不合理。例如,每个买家在拿到排队号之后就可以回家,等叫到号再来。

由 σ_i 表示；其次，是有一段**等待时间**。在这段时间过去之后，买家会返回并再次考虑是否加入队列。这里我们做出与由商品 G 得到满足的买家类似的假设，即在无穷小时间间隔 $(t, t+\mathrm{d}_t)$ 内，正在等待的 i 类买家总数中的一部分 $\psi_i \mathrm{d}_t$ 将返回重新考虑参加派对。在微观的意义上，等待时间是服从指数分布的随机变量，其平均值为 $1/\psi_i$。我们称 ψ_i 为**重新考虑率**，$1/\psi_i$ 为**平均等待时间**。

对于那些没有加入队列，又没有推迟购买决定的人来说，另一种选择是将商品 H 替换为商品 G。我们称之为**强制替换**。有些人，即 i 类买家的一部分 $[1-\lambda_i(P)]$，他们只是基于 G 和 H 的相对价格进行自愿替代。但现在除他们之外，又出现了一些额外的非自愿的替代者。我们用 $\mu_i(P)$ 表示强制**替代倾向**（与初始购买倾向一样，我们假设强制替代倾向只取决于相对价格）。

第三种选择是既不购买 G 又不购买 H，只是保留未花费的钱。这可以称为**因短缺而导致的强制储蓄**。①

注意到所有这些选择，我们对目前的说明模型做一些重大简化调整。我们排除因短缺而导致强制储蓄的可能性，并做出如下假设。如果买方既不愿意立即加入商品 G 的队列，也不愿意推迟同样的决定，那么他必须愿意接受强制替换并购买商品 H。商品 H 总是可以立即获得。我们假设的一种可能解释是，商品 H 代表除商品 G 以外的复合商品。即使处于最严重的短缺，商店里总有**某些东西**。不知何故，大多数买家总是愿意买点什么。对于短缺经济中大部分买家的决策而言，这是一个相当现实的假设。② 我

---

① 第一种选择，消极等待，即推迟决定是否排队买 G，也可以意味着**暂时强制储蓄**。
② 见第 18.4 至 18.5 节

们的假设用关系式 $\sigma_i + \mu_i = 1$ 表示。为简化符号,我们只用 μ_i 表示,而等待倾向用 $(1-\mu_i)$ 表示。

在购买商品 H(出于自愿的或强制的选择)时,买家同得到商品 G 时一样,会经历一段类似的满足时间。我们特别假定,在无穷小的时间间隔 $(t, t+d_t)$ 内,所有由商品 H 得到满足的 i 类买家的一部分 $\chi_i d_t$,会产生对另一单位 G 或 H 的需要。我们把 x_i 称为(得到 H 之后的)**需求更新率**,把 $1/\chi_i$ 称为**由 H 得到满足的平均时间**。

这样我们就走到了循环的终点。

A.4 买方意向

总而言之,**买家的态度**的特点是以下功能和参数的集合:

$\lambda_i(P) =$ 相对价格 P 的初始购买倾向;

$\varphi_i(W) =$ 排队时 W 的排队倾向;

$\mu_i(P) =$ 相对价格 P 的强制替代倾向;

$(1-\mu_i(P)) =$ 相对价格 P 的等待倾向;

$\gamma_i, \chi_i =$ (得到 G 之后的)和(得到 H 之后的)分别的**需求更新率**;

$\psi_i =$ 重新考虑率。

上面列出的功能和参数描述了 i 类买家的态度。可以注意到,态度(被视为向量)仅根据相对价格 P 和排队时间 W 这两个信号来规定。此外,我们将买家对这两个信号的考虑,分成在购物算法中连续的不同决策点。因此,一旦接受了价格,买家就只考虑排队时间而不考虑价格。(可以同时考虑价格和排队时间,这种分析并没有技术困难。)

现在按顺序与通常的市场模型进行简要比较。如前所述,我们在算法的第一步采用传统描述,即需求函数取决于相对价格。通常的模型到此为止,默认的假设是知道买家的意图就足够了。如果他想以卖家要求的价格下购买给定数量的商品,他肯定能买到。在**长期**短缺的情况下,同样的假设变得站不住脚,对买家行为的描述也不能止于此。在第一步之后,即在确定初始需求之后会发生什么? 在短缺经济中,由于考虑到原始决策以及之后的修正,在更多选项之间的选择等,购买可能仅仅被描述为一个随着时间推移的过程。因此,必须把加入队列、等待并接受强制替代这样几个决策点引入模型。

A.5 买家的状态变量

在任何确定的时间 t,每个买家都扮演四个不同角色中的一个。每个角色中的买家数量将通过以下四个**状态变量**在模型中表示:

$y_{1i}(t) = t$ 时刻正在排队的 i 类买家数,简称**排队的买家**;

$y_{2i}(t) = $ 先前已经得到一单位商品 G,在 t 时刻还不准备重新采购的 i 类买家数,简称**由 G 得到满足的买家**;

$y_{3i}(t) = $ 先前已经得到一单位商品 H,在 t 时刻还不准备重新采购的 i 类买家数,简称**由 H 得到满足的买家**;

$y_{4i}(t) = $ 先前已经推迟了加入排队的决策,在 t 时刻还不准备重新考虑做出决策的 i 类买家数,简称**等待的买家**;

$$y_{1i}(t) + y_{2i}(t) + y_{3i}(t) + y_{4i}(t) = n_i, \quad i = 1,\cdots,k, \quad t \geqslant 0.$$

$$y_j(t) = \sum_{i=1}^{k} y_{ji}(t), \qquad j=1,2,3,4, \quad t \geqslant 0.$$

在下面的分析中，上述所有变量都不是整数而是实数。在任何时间 $t \geqslant 0$，向量 $(y_{11}(t), \cdots, y_{1k}(t), y_{21}(t), \cdots, y_{2k}(t), y_{31}(t), \cdots, y_{3k}(t), y_{41}(t), \cdots, y_{4k}(t))$ 都将被称为 t 时刻买家总体的状态。反之，任何适用于所有 i 的能满足 $y_{1i} + y_{2i} + y_{3i} + y_{4i} = n_i$ 的非负实向量 (y_{11}, y_{12}, y_{4k}) 被称为买家总体的一个**可能状态**。

A.6 供给率与有效接待流量

我们现在转向对卖家的描述。在本模型的背景下，供给将由有效接待流量的供给率和交换来表示。

卖方的供给率由 S 表示。这是单位时间内能够接待买家的最大数量。就商店而言，S 取决于期初存货和对商店的供货。在生产企业而言，S 取决于期初存货和生产能力。我们不考虑存货，假定 S 不随时间变化，并且是外生固定的。

由于队列长度 y_1 在此被视为连续变量，理所应当让**有效接待流量**（即在单位时间内实际接待的买家数量），当 $y_1 > 0$ 时，等于 S；当 $y_1 = 0$ 时，等于零。换句话说，只要有队列就有充分的接待，没有队列就没有接待（受到接待的人员包含在队列中）。然而，有效接待流量 (r) 与队列长度 (y_1) 之间的这种转换规则，在 $y_1 = 0$ 处不连续。并且在对买方系统进行动态分析时，这种非连续性会在技术上造成困难。因此，我们通过连续关系和有限的自变量来替换这种非连续的关系。更确切地说：我们首先根据以下等式让

有效接待流量(r)取决于队列长度(y_1):

$$r(y_1(t)) = Sh_\omega(y_1(t)),\qquad (A.1)$$

其中,h_ω是一个连续函数,它在区间$[0,\omega]$上由 0 增加到 1,并且在区间$[\omega,+\infty)$上恒等于 1。这里称为"平滑系数"的参数ω,被假定为很小的正的常数。在稍后的分析中,我们让ω趋于零,从而让连续关系(A.1)接近最初的非连续的"转换规则"。

A.7 队列

卖家和买家的所有行为都是相互独立的,但有一个例外:排队会使经济系统的参与者产生相互依赖的联系。

在排队倾向$\varphi_i(W)(i=1,2,\cdots,k)$中,排队时间$W$作为参数出现,这并不意味着潜在客户必须正确地感知$W$,只说明他们的群体行为是$W$的函数。我们考虑一下不存在优先级的队列的情况,因而大家完全依照加入队列的先后次序受到接待。这激发了以下关系:

$$W(t) = y_1(t)/S. \qquad (A.2)$$

应当注意的是,这个等式也可以在排成若干队列购买商品 G 的情况下用作近似值。如果队列很多,而且新到达的客户总是选择排队时间最短的队列,那么不同队列的排队时间往往会趋于相等,而且方程(A.2)适用于队列的总和。

队列由来自不同买家组的成员组成。通常,这些组可能在队列中或多或少地混合在一起。然而,为了便于分析,我们假设它们是均匀混合的。设$r_i(t)$表示在时间t的i类买家的流出量:

$$r_i(t) = \begin{cases} \dfrac{y_{1i}(t)}{y_1(t)} r(y_1(t)), & \text{若 } y_1(t) > 0, \\ 0, & \end{cases} \quad (A.3)$$

换句话说,我们假设来自队列的 i 类买家的流出量,同这类买家占队列中所有买家的份额成比例。对于买家总体人口的初始或暂时状态,这可能确实是粗略的近似(例如,来自一个买家组的排队成员可以站在所有其他排队买家之前)。然而,在静止状态下,假定个体行为是彼此独立的,均匀性假设就是合适的。① 数量 r_i 被称为 i 类买家的**有效服务流量**($i=1,2,\cdots,k$),$r=r_1+r_2+\cdots+r_k$。

通过对队列的讨论,我们就完成了对模型的制度和微观经济要素的描述。(见 A.2—A.7 节)我们现在正式对模型进行总结。

A.8 模型概述:外生参数和函数

假设下述**参数**是外生给定的实数:$S, P, \gamma_i, \chi_i, \psi_i, (i=1,2,\cdots,k)$。$R_+$ 表示非负实数集,$[0,1]$ 表示单位闭区间。假定下述**函数**是外生给定的:$\varphi_i, \lambda_i, \mu_i, h_\omega (i=1,2,\cdots,k)$,它们在 R_+ 有定义,并且在 $[0,1]$ 区间取值。

A1. 参数 S, γ_i, χ_i 和 $\psi_i (i=1,2,\cdots,k)$ 全部为正。对所有 i,$\psi_i > \chi_i$。参数 P 非负。

A2. 函数 $\varphi_i (i=1,2,\cdots,k)$ 非递增,并有 $\varphi_i(0)=1$ 和连续

---

① 从逻辑上看,假定(A.3)有点问题,即在多于一组买家的情况下,它可能同(A.2)那种严格按顺序排队的说明相冲突。可以对(A.2)做另外一种与(A.3)相吻合的解释,即随机地抽出排队者并给予接待。假定被抽出的机会均等并且平均接待一位买家的时间为 1/S,那么,方程(A.2)给出了预期的排队时间,而方程(A.3)给出了不同组买家的平均流量。

性的一阶导数 φ'_i。

A3. 函数 $\lambda_i (i=1,2,\cdots,k)$ 非递增且连续,并有 $\lim_{P\to\infty}\lambda_i(P)=0$。

A4. 函数 $\mu_i (i=1,2,\cdots,k)$ 非递减且连续。如果对某个 i 和 P 有 $\lambda_i(P)=0$,则 $\mu_i(P)>0$。

A5. 函数 $h_\omega (\omega>0$ 固定$)$ 在 $[0,\omega]$ 区间递增。并且,对每个 $y\geqslant\omega$,h_ω 有二阶导数并满足 $h_\omega(0)=0$ 和 $h_\omega(y)=1$。

这些假设需要一些解释。[①] 首先,在 A1 中我们假设由 H 得到满足的平均时间 $(1/\chi_i)$ 超过平均等待时间 $(1/\psi_i)$。换句话说,我们考虑的是等待时间短于消费时间的情况。

其次,在 A.4 中我们假设,如果相对价格如此之高以至于 i 类买家的初始购买倾向为零,如果他们处于购物算法中"是否替代比等待更好?"的决策阶段,那么他们会有正的强制替代倾向(见图 A.1)。

最后,需要对平滑函数 h_ω 做些注释。在随后的分析中,我们首先推导出固定 $\omega>0$ 的任意平滑函数 h_ω 的结果。然后让 ω 向 0 递减,并求出这种限制情况的结果(区别于情况 $\omega=0$)。

A.9 模型概述:动态关系

如上所述,我们将用(非线性)常微分方程来描述人群总体状态的变量 $y_{1i}(t), y_{2i}(t), y_{3i}(t)$ 和 $y_{4i}(t), i=1,2,\cdots,k$,随时间的动态演变。方程组如下所列:$(i=1,2,\cdots,k)$:

[①] 如果 $y_1<y_2$,意味着 $\varphi y_1<\varphi(y_2)(\varphi(y_1)\leqslant\varphi(y_2))$,那么函数 φ 递增(非递减);如果 $y_1<y_2$,意味着 $\varphi y_1>\varphi(y_2)(\varphi(y_1)\geqslant\varphi(y_2))$,则 φ 递减(非递增)。

$$\dot{y}_{1i}=\lambda_i\varphi_i(W)(\gamma_i y_{2i}+\chi_i y_{3i})+\varphi_i(W)\psi_i y_{4i}-r_i, \quad (A.4)$$

$$\dot{y}_{2i}=r_i-\gamma_i \cdot y_{2i}, \quad (A.5)$$

$$\dot{y}_{3i}=[1-\lambda_i+\lambda_i\mu_i(1-\varphi_i(W))](\gamma_i y_{2i}+\chi_i y_{3i})$$
$$+\mu_i(1-\varphi_i(W))\psi_i y_{4i}-\chi_i y_{3i} \quad (A.6)$$

$$\dot{y}_{4i}=\lambda_i(1-\mu_i)(1-\varphi_i(W))(\gamma_i y_{2i}+\chi_i y_{3i})$$
$$+(1-\mu_i)(1-\varphi_i(W))\psi_i y_{4i}-\psi_i y_{4i}. \quad (A.7)$$

这里所有状态变量以及实际接待流量和排队时间，都是时间的函数，$y_{1i}=y_{1i}(t)$，以此类推。实际接待流量 r_i 已在方程(A.1)和(A.3)中定义，排队时间在方程中定义。λ_i 和 μ_i 是 $\lambda_i(P)$ 和 $\mu_i(P)$ 的缩写，相对价格是常数。符号 $\dot{y}=dy(t)/dt$. 表示对时间求导。注意时间导数的和为零，即 $\dot{y}_{1i}+\dot{y}_{2i}+\dot{y}_{3i}+\dot{y}_{4i}=0$。反映了每组中买家都是常数这个假设。此外，状态变量不能取负值；对任何可能的状态 y_{ji}（对某个 j 和 i，$y_{ji}=0$），根据方程(A.4)和(A.7)，我们有 $\dot{y}_i \geqslant 0$。因此，对的任何时刻，微分方程组的解是有界的。假定一阶导数 φ'_i 和 h'_ω 连续，对 $t \geqslant 0$ 的所有时刻，微分方程组的解均存在并且是唯一的。①

微分方程组(A.4)至(A.7)是对 A.3 节中个人购物行为描述的综合表述。该对应关系可以通过比较展示了微分方程组的作用的图 7.1 与演示购物算法的图 A.1 来进行研究。

A.10 市场的常态：存在与唯一

如果买家总体不随时间变化，即对所有 i 全部时间导数为

---

① 见 Hale(1969)第 I 章定理 3.1 。

零：$\dot{y}_{1i}=\dot{y}_{2i}=\dot{y}_{3i}=\dot{y}_{4i}=0$（这个微分方程组是自主存在的），那么，用状态变量 $y_{1i},y_{2i},y_{3i},y_{4i}(i=1,2,\cdots,k)$ 所描述的这个买家总体就被称为处于静止状态。在下文中，首先表明始终存在唯一的静止状态。此外，在 A.11 节中针对单个买家群体的特殊情况，表明这种静止状态在排队倾向函数的相当适度的条件下是稳定的。

命题 1. 对于满足假设 A1 至 A5 的任何参数和函数的集合，存在唯一的静止状态。[①]

我们现在详细研究当平滑系数接近于零时对静止状态有什么影响。上述命题的以下两个推论表明，队列接近某一正值或零，取决于给定的一组参数和函数。

令

$$D = \sum_{i=1}^{k} \frac{\gamma_i \chi_i \lambda_i(P) n_i}{\chi_i \lambda_i(P) + \gamma_i(1-\lambda_i(P))} \quad (A.8)$$

$$A_i(W) = \frac{1}{\chi_i}(1-\lambda_i(P)) + \frac{1}{\gamma_i}\lambda_i(P)$$
$$+ \left[\frac{\mu_i(P)}{\chi_i} + \frac{\lambda_i(P)}{\psi_i}(1-\mu_i(P))\right]$$
$$\left(\frac{1}{\varphi_i(W)}-1\right) \quad (i=1,2,\cdots,k) \quad (A.9)$$

$(0<A_i(W)<+\infty)$. 此外，令 $y_{1i}^*(\omega),y_{2i}^*(\omega),y_{3i}^*(\omega)$ 和 $y_{4i}^*(\omega)$，$i=1,2,\cdots,k$，表示对应于 $\omega>0$ 的任意固定平滑函数的静止状态的变量值。

[①] 简要证明见第 A.17 节。详细证明见 Kornai-Weibull (1977)。

推论 1.1 如果 $S<D$，那么 $\lim_{\omega\downarrow 0}y_1^*(\omega)=y_1^*$，这里 $y_1^*>0$，此外，y_1^* 是方程

$$\sum_{i=1}^{k}\frac{\lambda_i(P)n_i}{SA_i(y_i/S)+\lambda_i(P)y_i}=1。 \tag{A.10}$$

的唯一解。

令 $\varphi_i^*=\varphi_i^*(y_1^*/\lambda)$。对 $\lambda_i(P)>0$ 和 $\varphi_i^*>0$ 的 i 类买家，有

$$y_{1i}^*=\lim_{\omega\downarrow 0}y_{1i}^*(\omega)=\frac{\lambda_i(P)y_1^*n_i}{SA_i(y_1^*/S)+\lambda_i(P)y_1^*} \tag{A.11}$$

$$y_{2i}^*=\lim_{\omega\downarrow 0}y_{2i}^*(\omega)=\frac{Sy_{1i}^*}{\gamma_i y_1^*} \tag{A.12}$$

$$y_{3i}^*=\lim_{\omega\downarrow 0}y_{3i}^*(\omega)=\left[\mu_i(P)\left(\frac{1}{\varphi_i}-1\right)+1-\lambda_i(P)\right]$$

$$\times\frac{s}{\lambda_i(P)\chi_i}\frac{y_{1i}^*}{y_1^*} \tag{A.13}$$

$$y_{4i}^*=\lim_{\omega\downarrow 0}y_{4i}^*(\omega)=(1-\mu_i(P))\left(\frac{1}{\varphi_i^*}-1\right)\frac{S}{\psi_i}\frac{y_{1i}^*}{y_1^*} \tag{A.14}$$

对 $\lambda_j(P)=0$ 和（或）$\varphi_j^*=0$ 的 j 类买家，有 $y_{1j}^*=y_{2j}^*=0$，而 y_{3j}^*,y_{4j}^* 可以直接从静止条件计算出来。

推论 1.2 当 $S\geqslant D$ 时，对于 $i=1,\cdots,k$，有 $\lim_{\omega\downarrow 0}y_1^*(\omega)=0$。

$$y_{1i}^*=\lim_{\omega\downarrow 0}y_{1i}^*(\omega)=0, \tag{A.15}$$

$$y_{2i}^*=\lim_{\omega 0}y_{2i}^*(\omega)=\frac{\chi_i\lambda_i(P)n_i}{\chi_i\lambda_i(P)+\gamma_i(1-\lambda_i(P))}, \tag{A.16}$$

$$y_{3i}^*=\lim_{\omega\downarrow 0}y_{3i}^*(\omega)=\frac{\gamma_i(1-\lambda_i(P))n_i}{\chi_i\lambda_i(P)+\gamma_i(1-\lambda_i(P))}, \tag{A.17}$$

$$y_{4i}^*=\lim_{\omega\downarrow 0}y_{4i}^*(\omega)=0. \tag{A.18}$$

因此,在极限中,当我们让平滑系数接近零时,我们可以区分两种不同类型的静止状态。对于满足不等式 $S<D$ 的一组参数和函数,相应的静止状态接近具有排队的状态($y_1^*>0$),而对于满足相反不等式的参数和函数的集合,$S \geq D$,相应的静止状态接近一个没有排队的状态。这两种类型的极限状态将在第 A.13—A.16 节中详细研究。然而,为了使这样的研究有意义,我们必须验证静止状态在平稳系数为较小的正值时的稳定性。

A.11 市场的正常状态:稳定性

这里只考虑一组买家的特殊情况;因此 $k=1$ 并且下标 i 将去掉。而且,在讨论这种背景下的稳定性时,我们的意思是渐近稳定性。直观地说,如果在状态空间中远离静止状态的小扰动时,系统逐渐(在时间上)返回到该静止状态,则静态状态被称为渐近稳定。因此,渐近稳定性是局部特征,仅表明系统在静止状态邻域的活动。更确切地说,我们使用了常规微分方程的渐近稳定性的(标准)定义。[①]

上节已经表明,如果 $S<D$,则当平滑系数趋于零时,$y_1^*(\omega)$ 接近正值;而对于 $S \geq D$,则 $y_1^*(\omega)$ 接近零。因此,稳定性分析可以划分为两种情形。对于 $S<D$,稳定性的充分条件是排队倾向函数 φ 对于所有正排队时间是"平滑的"。反之,对于 $S \geq D$,在排队时间为零的那一点上,φ 是"平坦的"就是充分条件。

命题 2. 仅考虑由一个组($k=1$)组成的买家群体,并假设 λ

---

① 例见 Hale(1969)。

$(P)>0$。

（a）假设 $S<D$。如果假设 A1 至 A5 的条件成立，并且排队倾向函数 φ 对于每个 $W>0$ 都有二阶导数 φ''。那么，就存在 $\varepsilon>0$，使得对于每个平滑系数 $\omega\in(0,\varepsilon)$，静止状态是渐近稳定的。

（b）假设 $S\geqslant D$。如果假设 A1 至 A5 的条件成立，并且排队倾向函数 φ 在某个区间 $(0,\delta)$ 上恒等于 1。那么，对于每个平滑系数 $\omega\in(0,S\delta)$，静止状态是渐近稳定的。

如上所述，上述命题并未告诉我们系统如何对使之偏离其静止状态的大的扰动做出反应。到目前为止，我们还没有关于得出关于系统总体行为的一般结果。然而，对于排除等待可能性的特殊情况，可以证明，静止状态确实是总体稳定的，即系统在任意大的扰动之后能返回其静止状态。

命题 3. 考虑没有等待可能性的一组买家群体，即 $k=1$，$\lambda(P)>0, \mu(P)=1$，和 $y_4(0)=0$。如果满足假设 A1 至 A5，则系统就能从任何初始状态逐渐收敛于其静止状态。

为了补充关于一个买家群体（$k=1$）的特殊情况的稳定性分析研究，已经针对两个买家群体（$k=2$）进行了一些数值上的计算机模拟。虽然我们的模拟研究并不广泛，但我们可以说到目前为止所有的模拟都显示了系统的总体稳定性。典型的模拟结果如图 A.2 所示（参见 A.18）。在模拟的基础上，我们做出以下猜想。

推测：至少在两组买家（$k=2$）的情况下，存在相当广泛的能满足假设 A1 至 A5 的外生参数和函数，与此对应的静止状态是总体稳定的。

A.12 对正常状态的解释

当 $y_{1i}=y_{1i}^*,\cdots,y_{4i}=y_{4i}^*, i=1,\cdots,k$ 时，系统处于**正常状态**。有必要对正常一词做些解释（更详细的讨论见7.7节）。

在对模型的经验描述性解释中，正常值的含义是状态变量的**跨期**平均值。因此，我们的模型仅适用于静止状态的市场的描述。然而，我们的猜想是：这些结果可以推广到对于供给、交换和消费随时间变化（例如递增）的系统（例如，可能会考虑将新的潜在买家转移到获得商品G的市场）。在这种情况下，我们必须重新定义正常状态的概念，这一概念就将成为一个具有相对意义的术语 [对于所有 t 和每个 i,j，有 $y_{ji}(t)/n_i(t)$ = 常数]。在随后的说明中，我们就使用术语"正常状态"的这一广义解释，我们的静止状态模型只是其中的一个特例。

对一种有意义的解释而言，存在和稳定，这两个在形式上截然不同的问题，是完全相互关联的。把任何跨期平均值叫作"正常值"，只是意味着重复命名。实际上，正是**反馈机制**的运作使得跨期平均值成为"正常价值"，一旦系统偏离其正常状态，反馈机制将确保它恢复正常。在我们的简单模型中，引导反馈机制的信号是 W，即排队时间。

除了存在和稳定性之外，我们还有一个关于静止状态**唯一性**命题，这并不必然包含在正常状态概念的含义中。除了其他假设之外，我们的唯一性命题是由模型的确定性框架引起的。在随机环境中，当前确定性模型中的（唯一）静止状态必须由系统状态的（唯一）平稳概率分布来取代。

最后，再做一点说明。正如本书其他部分已经提到的，任何正常状态都可以是自我复制，自我延续，只是因为它被这个系统的成员**接受为正常状态**。排队、(尽管有可用的财务手段却)推迟购买、强制替代，这些是买家在以货币支付的正常价格之外支付的社会成本。因此，加入排队、实施强制替换、等待购买的倾向，即函数 φ_i, μ_i 和 $(1-\mu_i)$ 分别表示买家为获得所需商品所愿意支付的非财务成本的程度。它们表明市场上普遍存在的情况已成为惯例，并且为社会所接受。

A.13 函数和参数的变化

我们现在转向研究极限情况 $\omega \downarrow 0$ 时的正常状态，这样，状态变量在推论 1.1 和 1.2 中就被给定。我们将在 A.13 至 A.16 节，比较对应于满足假设 A1 至 A5 的不同组的参数和函数的正常状态的各种存量和流量。虽然我们正在讨论动态模型，但是系统的不同正常状态的比较会导致类似于通常的**比较静态**分析的结果。

首先，方程 (A.8) 中的关键参数值 D 必须详加说明。根据推论 1.1 和 1.2，这个量是**消除排队的最小供给率**。即如果供应率 S 小于这个数值，那么在正常状态下存在排队；而如果 S 等于或大于 D，则正常状态下不存在排队。注意，D 仅取决于相对价格 P，初始购买倾向函数 λ_i，需要更新率 γ_i 和 χ_i，以及买家群体规模 n_i 的大小；而它与排队倾向 φ_i，强制替代倾向 μ_i，重新考虑率 ψ_i，当然还有供给率 S 无关。因此，数量 D 反映了买家对价格和需要更新率的态度。由于 D 的这种作用，将其与需求概念联系起来是很自然的。对于不存在排队的任何正常状态，买家到卖家所在地的流入量(在每单位时间内)恰好为 D;参见推论 1.2。因此,如果系统处于没有排队的正常状态,对于描述买家的态度和行为的任何给定的一组参数和函数来说,数量 D 是该购买方群体在每单位时间内对商品 G 的潜在需求(数量 D 通常不同于存在排队的特定正常状态下的潜在需求的流量。后一个流量,包括如果他们不必排队则要求得到商品 G 的购买方,可以由推论 1.1 中的方程来计算)。

在考虑了数量 D 的含义后,我们现在回过头来研究正常状态对供给率、相对价格和买家态度的某些组成部分的依赖性。在这样的研究中,正常状态的许多方面都需要考虑。对正常状态的自然描述仅仅是买家在排队、由 G 得到满足、由 H 得到满足和等待这四种可能状态下的分布,由状态变量的正常值本身指定。但是,作为这些数量的补充,还可以考虑如果不排队也愿意购买商品 G 的买家的流量(图 A.1 中,在排队前,我想到的是进入最后决策点的流量)。一般来说,这个流量分为三个子流量:一个进入排队,一个进入强制替代,第三个进入等待。在正常状态下,这些子流量代表 i 类潜在客户的流动($i=1,2,\cdots,k$):

$$a_i^1 = \varphi_i(W^*) \text{(排队)}, \tag{A.19}$$

$$a_i^2 = (1-\varphi_i(W^*))\mu_i(p) \text{(强制替代)}, \tag{A.20}$$

$$a_i^3 = (1-\varphi_i(W^*))(1-\mu_i(p)) \text{(等待)}, \tag{A.21}$$

流量的这种划分可以看作买家在面对短缺时所选择的非财务成本。即,是否花时间排队,购买不太偏好的商品,或者不购买。在非短缺情况下,$S \geqslant D$,有 $W^*=0$,并且对所有 i,有 $a_i^1=1, a_i^2=a_i^3=0$。在"短缺情况"下,$S<D$,然而 $W^*>0$,并且所有份额都可以是正的。至于强制替代,不仅可以知道流量份额 $a_i^2(i=1,2,\cdots,k)$,还知道存量份额,即所有进行替代的人中接受强制替代的买家数量。对于任意正常状态,让 i 类买家的这一份额表示为 $R_i^*(i=1,2,\cdots,k)$。使用推论 1.1 和 1.2 中的方程,我们得到以下表达式:

$$R_i^* = \frac{\lambda_1(P)\mu_i(P)(1-\varphi_i(W^*))}{\mu_i(P)(1-\varphi_i(W^*))+(1-\lambda_i(P))\varphi_i(W^*)}, i=1,2,\cdots,k, \tag{A.22}$$

如果分子为零,则 R_i^* 定义为零。尤其是,我们看到在"非短缺情况"下,$W^*=0$,因而对所有 i,有 $R_i^*=0$。

至少可以说,对正常状态的所有方面的详细研究将是非常漫长的。然而,由于所有状态变量和指标的正常值或多或少与正常排队时间 W^* 直接相关,因此我们以下的分析就集中在这一基本特征上,而并不会在很大程度上损失对问题的全面分析。

在推论 1.1 和 1.2 中,正常排队时间 W^* 通过恒等式 $W^* = y_1^*/S$ 确定。为方便起见,我们在此重申结果。令函数 $K: R_+ \to R_+$ 由下式定义:

$$K(W) = \sum_{i=1}^{k} \frac{\lambda_i(P)n_i}{A_i(W)+\lambda_i(P)W}. \tag{A.23}$$

推论 1.3 如果 $S<D$,那么 $W^*>0$,并且 W^* 是方程 $K(W)=S$ 的唯一解。如果 $S \geqslant D$,则 $W^*=0$。

A.14 对供给率的依赖性

接下来,我们研究正常排队时间 W^* 如何取决于供应率 S,所有其他参数和函数固定不变（尤其是 D 为常数）。让我们将对应于较低供给率的正常排队时间与对应于较高供给率的正常排队时间进行比较。人们直观地认为，在供给率较高的情况下，排队时间会缩短。实际上就是这种情况，这直接取决于函数 K 的单调性。

结论 1　正常排队时间 W^* 是供给率 S 的连续函数。当 $S \in (0, D)$ 时，W^* 为正值并且递减；而当 $S \geqslant D$ 时，W^* 恒等于零。

正常队列长度 y_1^* 需要解释一下。乍一看，人们可能认为上面的定性结果也适用于正常的队列长度，即较高的供给率会产生较短的队列。但是，在目前的模型中，我们假设是排队时间而非队列中的人数，会影响潜在客户的排队倾向。因此，在关于排队倾向函数的相当合理的假设下，正常队列长度会以非单调方式与供给率相关。例如，如果在可接受的排队时间上存在有限的上限，或者更确切地说，如果存在有限的 W_0，使得对于所有 i，有 $\varphi_i(W_0) = 0$，就会出现上述情况。

结论 2　正常队列长度 y_1^* 是供给率 S 的连续函数。当 $S \in (0, D)$ 时，y_1^* 为正值；而当 $S \geqslant D$ 时，y_1^* 恒等于零。如果在可接受的排队时间上存在有限的上限，那么 $\lim_{S \downarrow 0} y_1^* = 0$。

因此，由于当 $S \in (0, D)$ 时，y_1^* 为正值并且是 S 的连续函数，它无法在整个 $(0, D)$ 区间单调递减。在图 A.3 中可见排队长度对供给率依赖性的典型例子（见第 A.18 节）。

总而言之，**较高的供给率会导致较短的正常排队时间，但不一定是较短的队列。**

A.15 对价格的依赖性

我们现在研究正常状态如何取决于相对价格 P,假定所有其他参数和函数固定不变(尤其是 S 为常数)。然而,在研究正常状态变量之前,我们应该对潜在需求 D 进行一些观察。从方程式(A.8)的定义来看,不难证明 D 是 P 的连续非递增函数,并且当 P 趋于无穷大时 D 趋于零。特别地,由于 S 取正值,这意味着存在有限的 P_0,使得对于每个 $P<P_0$,都有 $D(P)>S$;并且对于每个 $P \geqslant P_0$(有可能 $P_0=0$),都有 $D(P) \leqslant S$。根据推论 1.1 和 1.2,这将导致下列关于正常状态下队列是否存在的结果。

结论 3 对于任何固定供给率以及描述买家态度的参数和功能的集合,存在**消除排队的最低价格**,即有限的相对价格 P_0 能满足

$P<P_0 \Rightarrow y_1^* > 0,$

$P \geqslant P_0 \Rightarrow y_1^* = 0.$

换句话说,总是存在足够高的相对价格以使相应的正常状态不存在排队。无论这种正常状态看上去有多美,应当注意,虽然高于价格 P_0 就不存在排队,但就接待人数而言情况并不咋样。从推论 1.1 和 1.2 中很容易证实,正常有效接待流量 r^* 满足等式 $r^*=\min(S,D)$。因此,作为相对价格 P 的函数,正常有效接待流量在价格区间 $(0,P_0)$ 中恒定等于 S,而在价格区间 $(P_0,+\infty)$ 中随着 D 而下降。

由于**消除排队的最低价格** P_0 使得潜在需求 D 等于接待能力 S,因此可以将其视为瓦尔拉斯市场清算价格。该价格在本模型的确定性框架中是独一无二的。低于该价格将始终存在排队,

高于该价格将永远不存在排队,其他条件不变。

现在让我们考虑一下如果较低的相对价格被提高的话,正常排队时间会怎样变化。人们会直观地预期,对应于较高价格的正常排队时间不会超过对应于较低价格的正常排队时间。就目前的模型来看,这种关系确实成立。

结论 4 正常排队适间 W^* 是相对价格 P 的连续函数。对于区间 $(0, P_0)$ 内的价格,它取正值并且非递增;而对价格 $P \geqslant P_0$,则恒等于零。

总而言之,较高的相对价格永远不会导致较长的正常排队时间,并且始终存在足够高的相对价格以使相应的正常状态不存在排队。

A.16 对排队和强制替代倾向的依赖性

在前两节中,我们研究了正常状态如何依赖于诸如相对价格和供给率之类的市场控制变量。我们现在研究正常状态如何取决于买家态度的几个分量。

在所有其他参数和函数均固定不变的条件下,让我们首先考虑正常排队时间对买家排队倾向的依赖性。令 $\varphi_1, \varphi_2, \cdots, \varphi_k$ 和 $\eta_1, \eta_2, \cdots, \eta_k$ 表示两组可供选择的排队倾向函数。如果,当所有 $W > 0$ 时,对每一个 i,都有 $\varphi_i(W) \geqslant \eta_i(W)$,并且对某个 i,有 $\varphi_i(W) > \eta_i(W)$,那么就说这组函数 $[\varphi_i]$ 涵盖另一组函数 $[\eta_i]$。

结论 5 假定 $S < D$ 并且一组排队倾向函数 $[\varphi_i]$ 涵盖另一组排队倾向函数 $[\eta_i]$。那么,对应于第一组的正常排队时间超过对应于第二组的正常排队时间。

换句话说,较高的排队倾向产生具有较长排队时间的正常状态。①

接下来,在所有其他参数和函数固定不变(特别是相对价格固定不变)的条件下,让我们考虑正常排队时间对买方的强制替代倾向的依赖性。设$[\mu_i]$和$[\nu_i]$是强制替代倾向函数的两个备选组。

结论6 假设对于所有$P\geqslant 0$,一组强制替换倾向函数$[\mu_i]$涵盖另一组函数$[\nu_i]$。对任何固定的相对价格P,对应于$[\mu_i]$的正常排队时间小于或等于对应于$[\nu_i]$的正常排队时间。

换句话说,较高的强制替代倾向决不会导致较长的正常排队时间。

结论5和6支持第A.12节末尾做出的结论。状态变量族将取决于不同群体中买家的态度。此外,**在短缺所引起的各种非财务成本之间存在一些权衡**。排队、等待和强制替代,都属于这种成本。结论6说明了这种权衡。如果买家更愿意接受强制替代,他们可以缩短排队时间。一般而言,要想确保减少其中一项成本而不增加其他非财务成本,只能靠改变最终的决定因素,即一方面改变消费结构和自愿替代模式,和(或)另一方面改变供给率和价格。

最后,我们注意到"市场控制变量"S和P以及买家态度的变化,一般会对不同的买家群体产生分配效应。例如,相对价格的上

---

① 也许这听起来是不言而喻的。但是,我们想提醒读者注意因果关系的方向。排队倾向可以是买家的决策变量,但排队时间将是个人决策的共同结果,因此它对每个人是给定的。实际的短缺情况取决于买家的容忍度。

涨可能会令对价格更敏感的买家群体实行强制替代，而其他对价格不太敏感的买家群体可能只会缩短排队时间而不会改变消费模式。此外，一个买家群体中强制替代倾向的提高，可能会随之减少排队时间而使其他群体受益。

因此，除了文献中深入研究的收入分配问题之外，我们还要研究另一个重要方面：消费的非财务社会成本在不同群体之间的分配。

A.17 关于命题的证明

正如前注中已经提到的，详细的证明可以在我们早期的出版物中找到。在下文中，我们将对几个命题和结论做些不甚完整的证明。

命题 1 静止状态意味着方程 $F_\omega(y_1)=1$，这里

$$F_\omega(y) = \sum_{i=1}^{k} \frac{\lambda_i n_i}{A_i(y/S)Sh_\omega(y) + \lambda_i y}$$

按照假定 A1—A5，F_ω 是连续的并且（严格）递增，同时 $F_\omega(0)=+\infty$ 和 $F_\omega(n)<1$，因此方程 $F_\omega(y_1)=1$ 在区间 $(0,n)$ 内有唯一根 $y_1^*(\omega)$。

命题 2 在静止状态下，微分方程组是线性的。[①]

命题 3 结果可以通过 (y_1, y_2) 相位平面的几何分析得出。

结论 2 当 $S<D$ 时，y^* 是方程 $H_s(y)=1$ 的唯一根，这里 $H_s(y)$ 表示公式（A.10）的左边。根据有限上限 W_0 这一假定

[①] 见 Hale（1969）第 Ⅱ 章推论 6.1。

可以得出,对每个 $y \geqslant SW_0$ 必然有 $H_s(y)=0$,从而当 $S \to 0$ 时,$y_1^* \to 0$。

结论 4　单调性结果的充分条件是,对每个固定的 $W>0$,数量 $K(W)$ 不随 P 增加。该条件由对 $A_i(W)/\lambda_i(P)$ 的价格依赖性的研究给出。

A.18　计算机模拟说明

在下图 A.2 和图 A.3 的模拟中,使用下列参数值和函数: $k=2; n_1=n_2=50; \gamma_1=1; \gamma_2=0.5; \chi_1=1.5; \chi_2=1; \psi_1=2; \psi_2=3.$

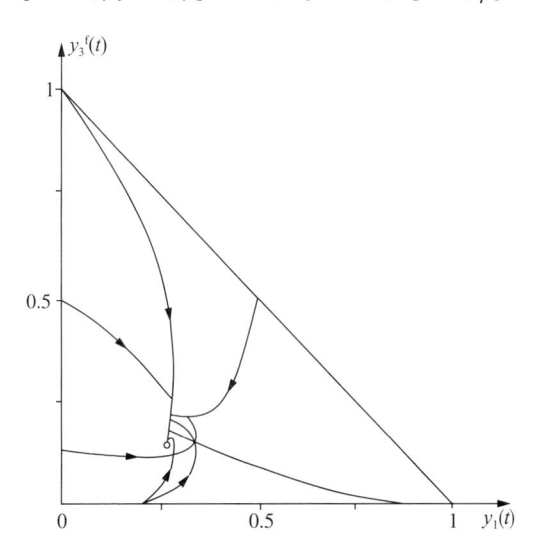

图 A.2　(y_1, y_3^t) 相位平面上的典型轨迹

$$h_\omega(y_1) = \begin{cases} 1-(y_1-\omega)^2 & y_1 < \omega, \\ 1 & y_1 \geqslant \omega \end{cases} \quad (\omega=1),$$

$$\phi_i(W) = \begin{cases} 1 & W < W_i/2, \\ 2(1 - W/W_i) & W \in (W_i/2, W_i), \\ 0 & W \geqslant W_i. \end{cases}$$

在图 A.2 中，y_1 是排队买家的总数，y_3^f 是强制替代的买家总数。小圆圈代表静止状态；所有轨迹都收敛于这一点。该模拟的数值规定是：

$$S = 30, \lambda_1 = 0.95, \lambda_2 = 0.90, \mu_1 = 0.5, \mu_2 = 0.25, W_1 = 1, W_2 = 2.$$

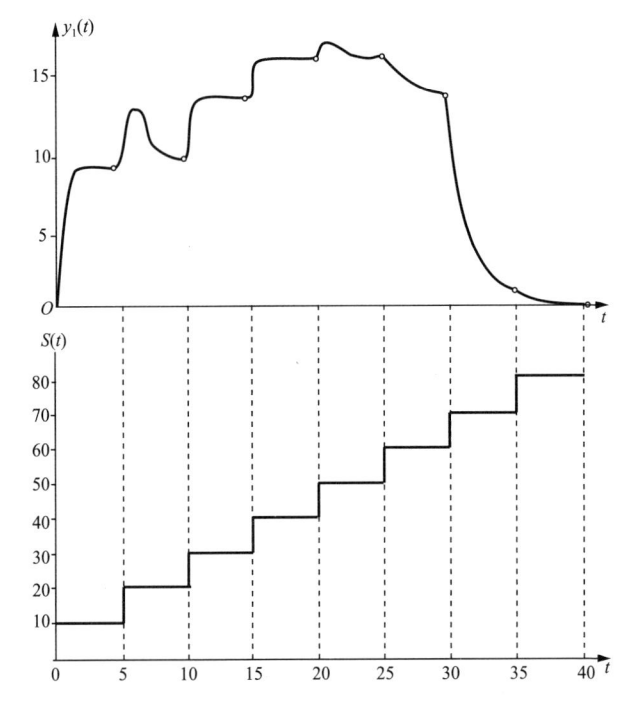

图 A.3　由于供给率的连续、突然增长所引起的队列长度的典型反应

在图 A.3 中,我们给出队列长度 $y_1(t)$ 对供给率 $S(t)$ 持续增长的反应的典型图示。在图中,t 表示时间,小圆圈表示连续的正常排队长度。该模拟的数值规定是:

$\lambda_1 = 0.95, \lambda_2 = 0.82, \mu_1 = 0.40, \mu_2 = 0.22, W_1 = 0.5, W_2 = 1.$

数学附录 B:
强制替代、存货和摩擦之间的相互关系

合著者安德拉斯·西蒙诺维茨(Andras Simonovits)

B.1 卖家的预测误差

在本附录中,第 8.3 和 8.4 节中讨论的模型将以数学方式和更一般的术语进行处理。假设附录 B 的读者已经熟悉第 8 章,因此我们可以使用其中介绍的几个概念,而不重复定义及其解释。

在本节中,我们将研究 8.3 节中分析的问题。

让我们首先简要总结一下这些假设。

假设 1 给定买家的**初始需求**向量 $d=(d_1,\cdots,d_m)$。其各分量的总和为 D。

假设 2 卖家对买家的初始需求 d^{pred} 做出**预测**并准确了解 D。预测误差结构向量 b 是常数,但其预测误差的大小 ε 可变:

$$d - d^{pred} = \varepsilon b. \tag{B.1}$$

为了简化说明,让我们对误差按递减(非增)排序:

$$b_1 \geq b_2 \geq \cdots \geq b_k > 0 \geq b_{k+1} \geq \cdots \geq b_m. \tag{B.2}$$

因此,卖家低估了对第一批 k 产品的初始需求,并正确估计或过高估计了其余产品。

为了强调经济含义,我们这样选取 b,以使其正元素之和等于 1:

数学附录 B:强制替代、存货和摩擦之间的相互关系

$$\sum_{i=1}^{k} b_i = 1 \tag{B.3}$$

在这种情况下,ε 表示低估数值的总和。该变量将被视为**预测误差指标**。

假设 3 卖家的产品 i 的库存与相关的需求预测成比例,但不超过总需求:

$$s_i = \begin{cases} (1+\lambda)d_i^{\mathrm{pred}}, \lambda > 0, & \text{当}(1+\lambda)d_i^{\mathrm{pred}} < D \text{ 时}, \\ D, & \text{其他情况}. \end{cases} \tag{B.4}$$

假设 4 买家愿意接受**强制替代**。购**买变量** y 满足下列条件:

$$y_i = s_i, \qquad \text{如果 } d_i > s_i (\text{短缺商品}), \\ s_i \geqslant y_i \geqslant d_i, \text{如果 } d_i \leqslant s_i (\text{非短缺商品}), \tag{B.5}$$

$$y = D. \tag{B.6}$$

可以看到,假设 3 和假设 4 都能被满足。

以下将说明**强制替代率** η,这里

$$\eta = \frac{\sum_{d_i > s_i}(d_i - s_i)}{Y}. \tag{B.7}$$

让我们把强制替代率表示为低估量的总和与存货参数的函数。对于给定的 d, b, ε 和 λ,d^{pred} 和 s 是唯一的,从而 η 也是唯一的。

$$\eta = \frac{\sum_{i=1}^{k}(\varepsilon b_i - \lambda d_i^{\mathrm{pred}})_+}{D}. \tag{B.8}$$

在分析过程中,我们令 d^{pred} 在允许值的集合内变动。① 只要 $\varepsilon < D/b_i (i = 1, \cdots, k.)$,则 $d_i \leqslant D$;因此,d_i^{pred} 的下限是 δ,上限是 $(D - \varepsilon b_i)$。

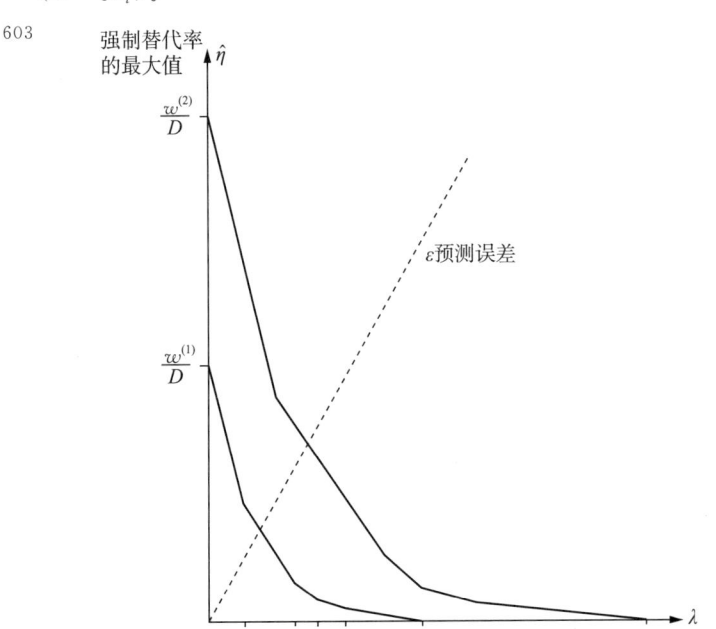

图 B.1　强制替代率、产品库存量与卖方预测误差之间的关系

显然,当且仅当 $b_i > 0$ 与 d_i^{pred} 取最小值,即 $d_i^{\text{pred}} = \delta$ 时,$(\varepsilon b_i - \lambda d_i^{\text{pred}})_+$ 取最大值。由于 η 是各项 $(\varepsilon b_i - \lambda d_i^{\text{pred}})_+$ 之总和(除了除数 D)。所以,只有在各项均取最大值时,η 才能取最大值。用 $\hat{\eta}$

---

① 需要注意的是,这里使用了与第 8.1 节中使用的模型不一样的模型。在第 8.1 节中,假设 d^{pred} 的每个元素都等于 D/m。

表示 η 的最大值,并称之为**强制替代率的最大值**,$\hat{\eta}$ 由下式求出:

$$\hat{\eta} = \frac{\sum_{i=1}^{k}(\varepsilon b_i - \lambda \delta)_+}{D}. \tag{B.9}$$

λ_i 是产品 i 的库存参数的临界值,它和最小需求预测(即 $d_i^{\text{pred}} = \delta$)在一起,正好消除了所讨论产品的短缺:

$$\lambda_i = \frac{\varepsilon b_i}{\delta}, \qquad i = 1, \cdots, k. \tag{B.10}$$

根据先前的假设:

$$\lambda_1 \geqslant \lambda_2 \geqslant \cdots \geqslant \lambda_k > 0 = \lambda_{k+1} = \cdots = \lambda_m \tag{B.11}$$

很显然,对 $\lambda \in [\lambda_i, \lambda_{i-1}]$,$(\lambda_0 = D/\delta - 1)$

$$\hat{\eta} = \frac{\varepsilon \sum_{h=1}^{i-1} b_h - \lambda \delta (i-1)}{D} \tag{B.12}$$

公式(B.12)对图 B.1($k=5$ 时的情况)进行说明。在图 8.2 中,当共有两种产品,并且其中一种产品的需求被卖家低估时(即 $m=2$, $k=1$),说明了特殊的情形。

B.2 买家的动摇不定

以下分析与第 8.4 节有关。上一节中提到的假设 1、3 和 4 将继续保留,而假设 2 将进行修改。因为需求预测的不准确性不仅来自卖家的无知,也来自买家的动摇。

将要引入两个新的假设。

假设 5 需求是一个随机变量。为了简化分析,我们假设需求的随机部分,即需求与其平均值之间的差异,属于给定的分布

族。更准确地说,设 h 是一个均值为零的随机向量。那么

$$d = \bar{d} + \gamma h \tag{B.13}$$

得到需求。标量 $\gamma \geqslant 0$ 称为**动摇参数**。

假设 6 h 的分布是连续的。

在假设 5 和 6 的基础上,我们现在修改前一节的假设 2。

假设 2′ 卖家确切地知道需求的平均值,但不知道需求本身,甚至不知道 h 的分布。$d^{\text{pred}} = \bar{d}$。

在分析问题时,我们知道 h 的分布,因此也知道了强制替代率的分布。作为强制替换的指标,我们使用 $\eta^{(\pi)}$ 分位数,强制替换比率的安全值与概率 π。由于 η 的分布也是连续的,因此 $\eta^{(\pi)}$ 完全可以由方程 $P(\eta < \eta^{(\pi)}) = \pi$. 确定。正如公式所证明的那样

$$\eta = \frac{\sum_{i=1}^{m}(\gamma h_i - \lambda \bar{d}_i)_+}{D} \tag{B.14}$$

如果 $\eta > 0$,则 η 是 γ 的递增函数和 λ 的递减函数。上述结论对 $\eta^{(\pi)}$ 也成立,只要 $\eta^{(\pi)} > 0$(当然,在 $\eta^{(\pi)} = 0$ 的情况下,γ 的减少或 λ 的增加不会并且不能减少 $\eta^{(\pi)}$)。这种关系如图 B.2 所示。

举例说明我们的推理过程:市场上只有**两种产品**,需求分布是均匀的。为简单起见,我们还假设两个平均值相等:$\bar{d}_1 = \bar{d}_2 = D/2$。由于 d_1 和 d_2 都是非负的,因此它们位于区间 $[0, D]$ 中。设 h_1 为区间 $[-D/2, D/2]$ 中均匀分布的随机变量。然后 d_1 和 d_2 都是随机变量,在区间内具有均匀的分布

$$\left[\frac{1-\gamma}{2}D; \frac{1+\gamma}{2}D\right], 0 < \gamma \leqslant 1$$

在两种产品的情况下(在给定的假设下),最多一种产品可能

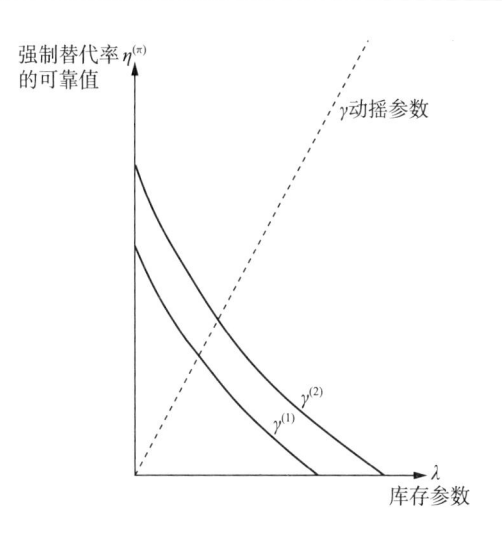

数学附录 B：强制替代、存货和摩擦之间的相互关系

图 B.2　强制替代率、产品库存量和买家动摇之间的关系

是短缺产品。由于对称性的假设，两者的短缺分布相同。因此，只要考察第一产品是短缺商品 $h_1>0$ 的情况就足够了。

$\eta<x$ 的概率是比率

$$\left(xD+\frac{\lambda}{2}D\right)/\frac{\gamma}{2}D.$$

（分子中的 xD 与小于 x 的正短缺有关，而 $(\lambda/2)D$ 与零短缺相关。分母中的 $(\gamma/2)D$ 表示当 $h_1>0$ 时的所有情况）。

由于事件 $\eta\geq x$ 的概率是 $(1-\pi)$，并且该事件可能同样在 $h_1>0$ 且 $h_1<0$ 时发生，

$$\frac{xD+(\lambda/2)D}{(\gamma/2)D}=1-\frac{1-\pi}{2}. \qquad (\text{B.15})$$

整理我们的方程，并用 $\eta^{(\pi)}$ 替换 x，就得到以下公式：

$$\eta^{(\pi)} = \left[\frac{\gamma(1+\pi)}{4} - \frac{\lambda}{2}\right]_+ 。 \tag{B.16}$$

公式(B.1.6)中的关系如图 8.3 所示。

我们注意到,当 $\pi=1, \gamma=1$ 时,有

$$\hat{\eta} = \left[\frac{1}{2} - \frac{\lambda}{2}\right]_+ 。 \tag{B.17}$$

参考文献

参考文献中使用以下缩写：Bp=布达佩斯，KJK= Közgazdasági és Jogi Könyvkiadó(经济与法律出版社)，UP=大学出版社。

在某些情况下，必须将一部作品的第一版与本书中所使用的后续版本区分开来。在这种情况下，括号内显示的是第一版的日期。所有其他数据，即出版地点、出版社名称以及最后的第二个日期，均指本书中所使用的后续版本。

用匈牙利语撰写的文章或书籍的英文翻译紧接在作品之后的括号内。

Allardt, E. (1973) *About Dimensions of Welfare*, mimeo., Helsinki: University of Helsinki.
Andersson, Å. E. (1978) "Structural and Functional Approaches to Consumer Theory", see A. Karlquist, L. Lundquist, F Snickars, J. W Weibull, eds. (1978), pp. 25–45.
Andersson, Å. E. and A. Holmsberg, eds. (1977) *Demographic, Economic and Social Interaction*, Boston: Ballinger.
Andorka, R. and J. Illés (1974) "A tarsadalomstatisztikai rendszer kidolgozásának kérdései" (Questions concerning the elaboration of a system of social statistics), *Statisztikai Szemle*, 52, 62–77.
Anis, A. A. and E. H. Lloyd (1975) *Stochastic Reservoir Theory. An Outline of the State of the Art as Understood by Applied Probabilists*, mimeo., Laxenburg: IIASA.
Arrow, K. J. (1951) *Social Choice and Individual Values*, New York: Wiley, 1963.
Arrow, K. J. and G. Debreu (1954) "Existence of an Equilibrium for a Competitive Economy", *Econometrica*, 22, 265–290.
Arrow, K. J. and F Hahn (1971) *General Competitive Analysis*, San Francisco: Holden-Day.
Arrow, K. J. and T Scitovsky, eds. (1969) *Readings in Welfare Economics*, London: Allen Unwin.
Árvay, J. (1973) *Nemzeti termelés, nemzeti jövedelem, nemzeti vagyon* (National product, national income, national wealth), Bp: KJK.
Augusztinovics, M. (1963) *Pénzügyek a szocializmusban* (Finances under socialism), Bp: KJK.
Augusztinovics, M., ed. (1979) *Nepgazdasági modellek a távlati tervezésben* (Economy-wide models for long-term planning), Bp: KJK.
Balassa, A. (1979) *A magyar népgazdaság tervezésenek elvi alapjai* (Theoretical foundations of Hungarian national economic planning), Bp: KJK.
Bálint, J., ed. (1970) *A nepgazdaság irányitási rendszere* (The system of economic management), Bp: KJK.
Barro, R. J. and H. I. Grossman (1971) "A General Disequilibrium Model of Income and Employment", *American Economic Review*, 61, 82–93.
Barro, R. J. and H. I. Grossman (1974) "Suppressed Inflation and the Supply Multiplier", *Review of Economic Studies*, 41, 87–104.

Barro, R. J. and H. I. Grossman (1976) *Money, Employment and Inflation*, Cambridge: Cambridge UP.
Bauer, T (1973) "Kornai, János: *Anti-equilibrium* – A gazdasági rendszerek elméleteiről és a kutatás feladatairól" (Kornai, János: *Anti-equilibrium* – On economic systems theory and the tasks of research – Book review), *Magyar Tudomany*, 18, 129–132.
Bauer, T (1975a) "A vallalatok ellentmondásos helyzete a magyar gazdasági mechanizmusban" (for English translation see T Bauer (1978)), *Közgazdasági Szemle*, 22, 725–735.
Bauer, T (1975b) *Overinvestment, Growth Cycles and Economic Reform in some CMEA Countries*, mineo., Bp: Institute of Economics, Hungarian Academy of Sciences.
Bauer, T. (1977) *A beruházási volumen a közvetlen tervgazdálkodásban* (The level of investment in the centrally planned economy), mimeo., Bp: MTA Közgazdaságtudományi Intézet.
Bauer, T (1978) "The Contradictory Position of the Enterprise under the New Hungarian Economic Mechanism", *Coexistence*, 13, 65–80.
Baumol, W J. (1977) "Say's (at Least) Eight Laws, or What Say and James Mill May Really Have Meant" *Economica*, 44, 145–162.
Belsley, D. A. (1969) *Industry Production Behavior: the Order-Stock Distinction*, Amsterdam: North-Holland.
Benassy, J. P. (1974) "Disequilibrium-elmélet" (Disequilibrium theory), *Szigma*, 7, 135–163, 241–270.
Benassy, J. P. (1975) "Neo-Keynesian Disequilibrium Theory in a Monetary Economy", *Review of Economic Studies*, 41, 87–104.
Benassy, J. P (1977) "On Quantity Signals and the Foundations of Effective Demand Theory", *Scandinavian Journal of Economics*, 79, 147–168.
Benassy, J. P (1978) "A Neo-Keynesian Model of Price and Quantity Determination in Disequilibrium" see G. Schwödiauer ed. (1978), pp. 511–544.
Berend, T. I. (1974) *A szocialista gazdasag fejlődése Magyarországon 1945–1968* (The Development of the socialist economy of Hungary, 1945–1968), Bp: Kossuth–KJK.
Berettyán, L. and J. Timár (1963) "Magyarország munkaerőhelyzete 1961 es 1971 között" (Labor situation in Hungary between 1961 and 1971), *Közgazdasági Szemle*, 10, 1257–1270.
Blitzer, C. R., P B. Clark and L. Taylor, eds. (1975) *Economy-Wide Models and Development Planning*, London: Oxford UP.
Bognár, J., M. Riesz and Á. Schmidt (1976) *A költségvetés meghitelezésének néhány monetáris összefüggese* (A few monetary interrelations in the financing of the budget), mimeo., Bp: Pénzügykutatási Intézet.
Branson, W H. (1972) *Macroeconomic Theory and Policy*, New York: Harper & Row.
Breitner, M. (1976) "Lakáspolitikánk kérdőjelei" (A few questions of Hungarian housing policy), *Valóság*, 19, no. 12, 31–41.
Bródy, A. (1964) *Az ágazati kapcsolatok modellje* (The input–output model), Bp: Akadémiai Kiadó.
Bródy, A. (1967) "Gazdasági növekedésünk üteme 1924-től 1965-ig" (The economic growth rate in Hungary from 1924 to 1965), *Közgazdasági Szemle*, 14, 417–431.
Bródy, A. (1969) *Érték es ujratermelés* (for English translation see A. Brody (1970)), Bp: KJK.
Bródy, A. (1970) *Proportions, Prices and Planning*, Amsterdam. North-Holland.
Bródy, A. (1980) *Ciklus es szabalyozás* (Cycle and control), under publication, Bp: KJK.
Brus, W. (1964) *Ogolne problemy funkcjonowania gospodarki socjalistycznej* (General problems of the functioning of the socialist economy), Warszawa. PWN.
Bukta, L. (1974) "A decentralizált szféra beruházási döntései" (Investment decisions in the decentralized sector), *Közgazdasági Szemle*, 21, 23–35.
Chamberlin, E. H. (1933) *The Theory of Monopolistic Competition*, Cambridge: Harvard UP, 1956.
Chikán, A. (1977) "Vállalati vélemények a tartalékolási magatartásról" (Opinions of firms about behavior regarding reserves), *Szigma*, 10, 167–184.

Chikán, A., E. Fábri and M. Nagy (1978) *Készletek a gazdasagban*, (Stocks in the economy), Bp: KJK.
Clower, R. (1965) "The Keynesian Counter-Revolution. A Theoretical Appraisal", see F H. Hahn, and F P. R. Brechling, eds. (1966).
Cooper, M. H. and A. J. Culyer, eds. (1973) *Health Economics*, Harmondsworth. Penguin.
Cox, D. R. and W L. Smith (1961) *Queues*, London: Meuthen.
Csikós-Nagy, B. (1974) *Szocialista árelmélet és arpolitika*, (for English translation see B. Csikós-Nagy, (1975b)), Bp: Kossuth.
Csikós-Nagy, B. (1975a) "Adalékok az inflációelmélethez" (Contributions to inflation theory), *Közgazdasági Szemle*, 22, 564–575.
Csikós-Nagy, B. (1975b) *Socialist Price Theory and Price Policy*, Bp: Akadémiai Kiado.
Csikós-Nagy, B. (1978a) "Tízéves a magyar gazdasagi reform" (For English translation see B. Csikos-Nagy (1978b)), *Közgazdasagi. Szemle*, 25, 10–15.
Csikós-Nagy, B. (1978b) "Ten Years of the Hungarian Economic Reform" *New Hungarian Quarterly*, 70, 31–37.
Dániel, Zs. (1977a) "Reflections on the Measurement of Living Standards and Social Welfare", *Acta Oeconomica*, 19, 149–164.
Dániel, Zs. (1977b) "Lakáspolitika, lakbér, lakáshiány" (Housing policy, rents, and the housing shortage), *Valóság*, 20, no. 12, 93–100.
Dániel, Zs. (1978) *A lakáselosztás elemzése és modellezese – Első részbeszamoló a kutatás állásaról és néhany problémájáról* (Analysis and modelling of the distribution of dwellings – A first and partial report on the state of research and some of its problems), mimeo., Bp: Tervgazdasági Intézet.
Day, R. H. and T Groves, eds. (1975) *Adaptive Economic Models*, New York: Academic Press.
Deák, A. (1972a) *Állami pénzügyi befolyásolás, preferenciák és diszpreferenciák* (Central financial influence, preferences and dispreferences), mimeo., Bp: Pénzügyminisztérium.
Deák, A. ed. (1972b) *Pénzügyi megkülönboztetések rendszere* (System of financial differentiation), mimeo., Bp: Pénzügyminisztérium.
Deák, A. (1975) "A vállalatok beruházási döntesi lehetőségeiről" (The firm's role in investment decisions), *Közgazdasagi Szemle*, 22, 97–103.
Deák, A. (1978a) "Vállalati beruházasi döntesek es a gazdaságosság" (for English translation see A. Deák, (1978b)), *Gazdasag*, 12, no. 1, 17–36.
Deák, A. (1978b) "Enterprise Investment Decisions and Economic Efficiency in Hungary" *Acta Oeconomica,* 20, 63–82.
Debreu, G. (1959) *Theory of Value*, New York: Wiley.
Dolan, E. G. (1976) "An Experimental Polycentric Model of the Soviet Economy", see J. Thornton, ed. (1976).
Drechsler, L. (1966) *Értékbeni mutatoszamok nemzetközi összehasonlitasának modszertana* (Methodology of international comparison of value index numbers), Bp: KJK.
Drechsler, L. (1974) *Az életszinvonal mérése es mérhetősége* (The measurement and measurability of living standards), Bp: Statisztikai Kiadó.
Drecin, J. and I. Hetényi (1970) "Growth Rate and Major Proportions of the Fourth Hungarian Five-Year Plan (1971–75)", *Acta Oeconomica*, 5, 173–192.
Drèze, J. (1975) "Existence of an Exchange Equilibrium under Price Rigidities", *International Economic Review*, 16, 301–320.
Ehrlich, É. (1967) "International Comparisons by Indicators Expressed in Physical Units and Per Capita National Income", *Acta Oeconomica*, 2, 107–148.
Ehrlich, É. (1968) "Nemzeti jövedelmek dinamikus nemzetközi osszehasonlitása naturális mutatókkal" (International comparison of national income over time using physical indicators), *Közgazdasági Szemle*, 15, 191–212.
Ellman, M. J. (1979) *Full Employment – Lessons from State Socialism*, Leiden-Antwerp: Stenfert Kroese.

Emery, F E., ed. (1969) *Systems Thinking*, Harmondsworth: Penguin.
Erdős, P (1966) *Adalékok a mai tőkes pénz, a konjunkturaingadozások es a gazdasági valságok elméletéhez* (for English translation see P Erdős (1971)), Bp: KJK.
Erdős, P (1971) *Contributions to the Theory of Capitalist Money, Business Fluctuations and Crises*, Bp: Akadémiai Kiadó.
Erdős, P. (1976) *Bér, profit, adóztatas* (Wages, profit, taxation), Bp: KJK.
Erdős, T (1977) "A profit nagyságának meghatározottsagáról a 'tiszta kapitalizmusban'" (The determination of the level of profit in "pure capitalism"), *Közgazdasagi Szemle*, 24, 1169–1182.
Erdős, T (1978) "Profitnagyság a mai kapitalizmusban" (The level of profit in contemporary capitalism), *Közgazdasagi Szemle*, 25, 204–217.
Ersek, T (1976) "Az arrendszer jövedelem- és fogyasztas-szabályozó szereperől" (The price system as a regulator of income and consumption), *Penzügyi Szemle*, 20, 263–275.
Fábri, E. (1973) "A vállalatok közötti kapcsolatok és erőviszonyok" (Linkages and power relations among firms), *Közgazdasági Szemle*, 20, 1011–1021.
Falus-Szikra, K. (1974a) "A gazdasági versenyről", (for English translation see K. Falus-Szikra (1974b)), *Közgazdasági Szemle*, 21, 275–289.
Falus-Szikra, K. (1974b) "On Economic Competition", *Acta Oeconomica*, 13, 49–64.
Falus-Szikra, K. (1975) *A termelékenység es hajtóerői* (Productivity and its driving forces), Bp: Kossuth.
Falus-Szikra, K. (1978) "A bér és a béren kivüli tényezők szerepe a munkaerő allokációjában" (Role of wage and nonwage factors in the allocation of labor), *Közgazdasági Szemle*, 25, 257–274.
Faluvégi, L. (1976) "Development of the Financial Regulators and the New Hungarian Five-Year Plan" *Acta Oeconomica*, 16, 19–34.
Faluvégi, L. (1977) *Allami penzugyek és gazdasagirányitás* (State finances and economic management), Bp: KJK.
Farkas, K. (1976) *Készlet és adaptació – Készletfolyamatok a nepgazdaság különbözö szintjein* (Stock and adaptation – Stock adjustment processes at various levels of the economy), mimeo., Bp: MTA Közgazdaságtudományi Intézet.
Fekete, Gy (1973) "A tavlatilag várható munkaerőhelyzet és a vállalatok magatartása" (The labor situation expected in the long-run and firms' behavior), *Munkaügyi Szemle*, 17, appendix no. 1-2, 1–14.
Ferge, Zs. (1975a) "Társadalompolitika, szociálpolitika és a központositott ujraelosztás tipusai" (for English translation see Zs. Ferge (1975b)), *Közgazdasági Szemle*, 22, 709–724.
Ferge, Zs. (1975b) "Societal Policy, Social Policy and Types of Centralized Redistribution", *Acta Oeconomica*, 15, 55–75.
Ferge, Zs. (1978) "Keresetek, jövedelem, adózás" (Earnings, income, taxation), *Valóság*, 21, no. 3, 27–41.
Fonál, S. (1973) "Epitőipari kapacitás és piac" (The capacity of the construction industry and the market), *Közgazdasági Szemle*, 20, 183–194.
Friedman, M. (1953) *Essays in Positive Economics*, Chicago: The University of Chicago Press.
Friedman, M. (1968) "The Role of Monetary Policy" *American Economic Review*, 58, 1–18.
Friedman, M. (1975) *Unemployment versus Inflation*, London: IEA.
Friedman, M. (1977a) *From Galbraith to Economic Freedom*, London: IEA.
Friedman, M. (1977b) "Nobel Lecture: Inflation and Unemployment", *Journal of Political Economy*, 85, 451–472.
Friedman, M., F. A. Hayek et al. (1974) *Inflation. Causes, Consequences, Cures*, London: IEA.
Frisch, R. (1936) "Annual Survey of General Economic Theory: The Problem of Index Numbers" *Econometrica*, 4, 1–38.
Frisch, R. (1974) *Kvantitativ és dinamikus kozgazdaságtan* (Quantitative and dynamic economics), Bp: KJK.

Friss, I., ed. (1962) *A Magyar Tudomanyos Akadémia Közgazdasagtudomanyi Intézetenek Evkonyve* (Yearbook of the Institute of Economics of the Hungarian Academy of Sciences), vol. III. 1960–1961, Bp: KJK.
Friss, I., ed. (1971) *Reform of the Economic Mechanism in Hungary*, Bp: Akadémiai Kiado.
Friss, I., ed. (1976a) *Gazdaságpolitikank tapasztalatai es tanulságai (1957–1960)* (Experiences and lessons of Hungarian economic policy (1957–1960)), Bp: Kossuth.
Friss, I. (1976b) "Gazdaságpolitikai tanulságok" (Lessons of economic policy), see I. Friss, ed. (1976a).
Gábor, R. I. (1979) "A második (másodlagos) gazdaság" (The second (secondary) economy), *Valóság*, 22, no. 1, 22–36.
Gábor, R. I. and P Galasi (1978) *A magángazdasagi tevékenység a mai szocialista gazdaságban* (Private economic activity in the present-day socialist economy), mimeo., Bp: Marx Károly Kozgazdaságtudományi Egyetem.
Gács, J. (1976) "Hiány es támogatott fejlesztés (Tendenciák az épitőanyagipar irányitásának történetében)" (Shortage and subsidised development: Tendencies in the history of management of the building materials industry), *Közgazdasagi Szemle*, 23, 1043–1060.
Gács, J. and M. Lackó (1973) "A Study of Planning Behaviour on the National-Economic Level", *Economics of Planning*, 13, 91–119.
Gács, J. and M. Lackó (1974) "A népgazdasági szintü tervezési magatartás vizsgálata" (Hungarian text of J. Gács and M. Lackó, (1973)), *Közgazdasági Szemle*, 21, 257–274.
Gadó, O., ed. (1972) *Reform of the Economic Mechanism in Hungary*, Bp: Akadémiai Kiadó.
Gadó, O. (1976a) *Közgazdasági szabályozó rendszerünk 1976-ban* (for English translation see O. Gadó (1976b)), Bp: Kossuth.
Gadó, O. (1976b) *The Economic Mechanism in Hungary. How it Works in 1976*, Bp-Leyden: Akademiai Kiadó-Sijthoff.
Galbraith, J. K. (1967) *The New Industrial State*, Boston: Houghton-Mifflin.
Galbraith, J. K. (1970) *Az uj ipari állam* (Hungarian translation of J. K. Galbraith (1967)), Bp: KJK.
Galbraith, J. K. (1973) *Economics and the Public Purpose*, Boston: Houghton-Mifflin.
Goldfeld, S. and R. Quandt (1975) "Estimation in a Disequilibrium Model and the Value of Information", *Journal of Econometrics*, 3, 325–438.
Goldmann, J. (1977) *A makroökonómiai elemzés és előrejelzés* (Macroeconomic analysis and forecasting), Bp: KJK.
Goldmann, J. and K. Kouba (1969) *Economic Growth in Czechoslovakia*, Prága: Academia.
Goldmann, J. and K. Kouba (1970) *Bevezetes a szocialista gazdaság növekedési elméletébe* (Hungarian translation of J. Goldmann and K. Kouba (1969)), Bp: KJK.
Gordon, D. F. and A. Hynes (1970) "On the Theory of Price Dynamics", see E. S. Phelps, ed. (1970a).
Graaf, J. de V. (1957) *Theoretical Welfare Economics*, Cambridge: Cambridge UP.
Grandmont, J. M. (1977) "The Logic of the Fix-Price Method", *Scandinavian Journal of Economics*, 79, 169–186.
Green, H. A. J. (1976) *Consumer Theory*, London: Macmillan.
Griliches, Z. (1968) "Hedonic Price Indexes for Automobiles: An Econometric Analysis of Quality Change", see A. Zellner, ed. (1968).
Griliches, Z., ed. (1971) *Price Indexes and Quality Change*, Cambridge, Mass.: Harvard UP.
Gustafsson, J. R., B. Harsman and F. Snickars (1977) "Intraregional Migration and the Housing Market", see A. E. Andersson and A. Holmsberg, eds. (1977), pp. 267–306.
Hagelmayer, I. (1976) "Költségvetési szufficit és deficit a szocialista gazdaságban" (Budget surpluses and deficits in the socialist economy), *Pénzügyi Szemle*, 20, 412–418.
Hahn, F H. and F P R. Brechling, eds. (1966) *The Theory of Interest Rates*, London: Macmillan.
Hale, J. (1969) *Ordinary Differential Equations*, New York: Wiley.

Halmos, B. (1977) "Több kisebb lakást vagy kevesebb nagy lakast" (More smaller flats, or fewer larger ones), *Valóság*, 20, no. 5, 71-77.
Hankiss, E. (1978) "Változatok a korrupcióra" (Variations on corruption), *Valóság*, 21, no. 6, 56-73.
Hankiss, E. and Gy. Manchin (1976) "Szempontok az élet 'minőségének' szociológiai vizsgálatához" (Points to consider in the sociological examination of the "quality" of life), *Valóság*, 19, no. 6, 20-34.
Hansen, B. (1951) *A Study in the Theory of Inflation*, London: Allen & Unwin.
Hayek, A. F. (1944) *Der Weg zur Knechtschaft*, München: Deutscher Taschenbuch Verlag, 1976.
Heal, G. M. (1973) *The Theory of Economic Planning*, Amsterdam. North-Holland.
Hegedüs, A. and M. Márkus (1978) "A kisvállalkozó és a szocializmus" (The small entrepreneur and socialism), *Közgazdasági Szemle*, 25, 1076-1096.
Hegedüs, Zs. and M. Tardos (1974) "A vállalati vezetők helyzetének és motivációjának néhány problémája" (A few problems of the situation and motivation of managers of firms.), *Közgazdasági Szemle*, 21, 162-173.
Henderson, J. M. and R. E. Quandt (1958) *Microeconomic Theory*, New York: McGraw-Hill.
Hetényi, I. (1976) "Growth and Equilibrium in the Fifth Five-Year Plan of Hungary for the Years 1976-1980", *Acta Oeconomica*, 16, 5-18.
Hicks, J. R. (1937) "Mr. Keynes and the 'Classics': A Suggested Interpretation", *Econometrica*, 5, 147-159.
Hicks, J. R. (1939a) *Value and Capital*, Oxford: Clarendon.
Hicks, J. R. (1939b) *Érték és tőke* (Hungarian translation of J. R. Hicks (1939a)), Bp: KJK, 1978.
Hicks, J. R. (1965) *Capital and Growth*, Oxford: Clarendon.
Hicks, J. R. (1974a) *The Crisis in Keynesian Economics*, Oxford: Blackwell.
Hicks, J. R. (1974b) *A keynesi gazdaságtan válsága* (Hungarian translation of J. R. Hicks (1974a)), Bp: KJK, 1978.
Hilferding, R. (1910) *Das Finanzkapital. Eine Studie über die jüngste Entwicklung des kapitalismus*, Berlin: Dietz, 1947.
Hirschman, A. O. (1958) *The Strategy of Economic Development*, New Haven: Yale UP.
Hirschman, A. O. (1970) *Exit, Voice and Loyalty*, Cambridge: Harvard UP.
Hoch, R. (1962) "Az indifferencia felületekről szóló tanítás elméleti alapjainak birálata" (Criticism of the theoretical foundations of the theory of indifference curves) see I. Friss, ed. (1962).
Hoch, R. (1972) *Fogyasztás és ár* (for English translation see R. Hoch, 1979), Bp: KJK.
Hoch, R. (1977) "Fogyasztáspolitikánk elméleti alapjaihoz" (To the theoretical foundations of Hungarian consumption policy), *Társadalmi Szemle*, 33, no. 9, 13-27.
Hoch, R. (1978) "További gondolatok a nemzeti vagyon fejlesztiséről és összetételéről" (Further thoughts on the development and composition of national wealth) *Gazdaság* 12, no. 4, 41-56.
Hoch, R. (1979) *Consumption and Price with Special Regard to the Theories and Practice of the Socialist Countries*, Bp-Alphen: Akadémiai Kiadó-Sijthoff and Nordhoff.
Hoch, R., E. John and J. Timár (1975) "Távlati fogyasztáspolitikánk cél- és eszközrendszere" (The aims and means of Hungarian long-term consumption policy), *Gazdaság*, 9, no. 1, 61-72.
Hoffmann, I. (1977) *A magyar háztartasok gazdálkodási modellje* (A model of the Hungarian household sector), Bp: KJK.
Holt, C. C. (1970) "Job Search, Phillips' Wage Relation, Union Influence", see E. S. Phelps, ed. (1970a).
Howard, D. (1976) "The Disequilibrium Model in a Controlled Economy: An Empirical Test of the Barro-Grossman Model", *American Economic Review*, 66, 871-879.
Howitt, P. W (1978) "The Qualitative Effects of False Trading" see G. Schwodiauer, ed. (1978), pp. 453-462.

Huszár, J. and M. Mandel (1975) "A beruházási rendszer muködésének néhány tapasztalata" (A few experiences in the functioning of the investment system), *Közgazdasági Szemle*, 22, 1387–1395.
Huszti, E. (1971) *Vállalati és nepgazdasági pénzfolyamatok* (Financial processes in the firm and in the national economy), Bp: KJK.
Iván, A. P (1975) "Foglalkoztatáspolitikánkrol" (Hungarian employment policy), *Gazdaság*, 9, no. 2, 37–47.
Jaiswal, N. K. (1968) *Priority Queues*, New York: Academic Press.
Jánossy, F (1963) *A gazdasági fejlettség merhetősege és uj mérési modszere* (The measurability of the level of economic development and a new method for its measurement), BP: KJK.
Jánossy, F (1966) *A gazdasági fejlődés trendvonala és a helyreállitasi periodusok* (The trend line of economic development and the reconstruction periods), Bp: KJK.
Jánossy, F (1969) "Gazdaságunk mai ellentmondásainak eredete és felszámolásuk utja" (for English translation see F. Jánossy, (1970)), *Közgazdasági Szemle*, 16, 806–829.
Jánossy, F. (1970) "The Origins of Contradictions in Our Economy and the Path to Their Solution", *Eastern European Economics*, 4, 357–390.
Jávorka, E. (1973) *Árak és jövedelmek* (Prices and incomes), Bp: Kossuth.
Johansen, L. (1977) *Lectures on Macroeconomic Planning, 1 General Aspects*, Amsterdam: North-Holland.
Juhász, Á. (1978) "Szervezés es keszletgazdálkodás" (Organization and stock control), *Nepszabadság*, 58, no. 299, 20 December, 10.
Kaldor, N. (1960a) *Essays on Value and Distribution*, London: Duckworth.
Kaldor, N. (1960b) *Essays on Economic Stability and Growth*, London. Duckworth.
Kaldor, N. (1972) "The Irrelevance of Equilibrium Economics", *Economic Journal*, 82, 1237–1255.
Kalecki, M. (1964) *Theory of Economic Dynamics*, London: Allen & Unwin.
Kalecki, M. (1970) "Theories of Growth in Different Social Systems", *Scientia*, 40, 1–6.
Kalecki, M. (1972) *Selected Essays on the Economic Growth of the Socialist and Mixed Economics*, Cambridge: Cambridge UP.
Karakas, L. (1976) "Az V otéves terv munkaerőgazdálkodasi feladatai" (Managing the labor force in the fifth five-year plan), *Társadalmi Szemle*, 31, 15–23.
Karlquist, A., L. Lundquist, F Snickars and J. W Weibull, eds. (1978) *Spatial Interaction Theory and Planning Models*, Amsterdam: North-Holland.
Keynes, J. M. (1936a) *The General Theory of Employment, Interest and Money*, London: Macmillan, 1961.
Keynes, J. M. (1936b) *A foglalkoztatás, a kamat és a penz általános elmélete* (Hungarian translation of J. M. Keynes (1936a)), Bp: KJK, 1965.
Kleinrock, L. (1976) *Queuing Systems*, vol. II, New York: Wiley.
Knudsen, N C. (1972) "Individual and Social Optimization in a Multi-Server Queue with a General Cost–Benefit Structure", *Econometrica*, 40, 515–528.
Koehler, W (1938) "Closed and Open Systems", see F E. Emery, ed. (1969).
Konrád, Gy. and I. Szelényi (1969) "A lakáselosztás szociológiai kérdései" (Sociological problems of the distribution of dwellings), *Valóság*, 12, no. 8, 28–39.
Kornai, J. (1957) *A Gazdasági vezetes tulzott központositása* (for English translation see J. Kornai (1959)), Bp: KJK.
Kornai, J. (1958) "Kell-e korrigálni a nyereségrészesedést?" (Is profit sharing to be corrected?), *Közgazdasagi Szemle*, 5, 720–734.
Kornai, J. (1959) *Overcentralization in Economic Administration*, London: Oxford UP.
Kornai, J. (1971a) *Anti-Equilibrium*, Bp: KJK.
Kornai, J. (1971b) *Anti-Equilibrium*, Amsterdam: North-Holland.
Kornai, J. (1972a) *Eröltetett vagy harmonikus növekedés* (Hungarian text of J. Kornai (1972b)), Bp: Akadémiai Kiadó.
Kornai, J. (1972b) *Rush versus Harmonic Growth*, Amsterdam: North-Holland.
Kornai, J. (1973) *A gazdasagi szerkezet matematikai tervezese* (for English translation see J.

Kornai (1975a)), Bp: KJK.
Kornai J. (1974) *Az adaptació csikorgó gepezete* (The creaking machinery of adaptation), with the assistance of A. Deák, K. Farkas, M. Lackó and A. Simonovits, mimeo., Bp: MTA Közgazdaságtudományi Intézet.
Kornai, J. (1975a) *Mathematical Planning of Structural Decisions*, Amsterdam: North-Holland.
Kornai, J. (1975b) "A hiany méréséről" (for English translation see J. Kornai (1976b)), vol. 53, 1208–1229.
Kornai, J. (1976a) "A gazdasági viselkedés normái es a norma szerinti szabályozás" (Norms of economic behavior and control by norms), *Közgazdasági Szemle*, 23, 1–14.
Kornai, J. (1976b) "The Measurement of Shortage", *Acta Oeconomica*, 16, 321–344.
Kornai, J. and T. Liptak (1962) "Ketszintu tervezés: Játékelméleti model és iterativ számitási eljárás népgazdasági távlati tervezési feladatok megoldására" (Two-level planning: A game theory model and an iterative computational method for the solution of long-term planning problems), *MTA Matematikai Kutato Intezetenek Közleményei*, 7, 577–621.
Kornai, J. and T Lipták (1965) "Two-Level Planning", *Econometrica*, 33, 141–169.
Kornai, J. and B. Martos (1971) "Gazdasági rendszerek vegetativ mükodese" (Vegetative functioning of economic systems), *Szigma*, 4, 34–50.
Kornai, J. and B. Martos (1973) "Autonomous Functioning of the Economic System", *Econometrica*, 41, 509–528.
Kornai, J. and B. Martos, eds. (1979a) *Szabályozás árjelzesek nélkül* (for English translation see J. Kornai and B. Martos, eds. (1979b)), under publication, Bp: Akadémiai Kiado.
Kornai, J. and B. Martos, eds. (1979b) *Non-Price Control*, under publication, Bp–Amsterdam: Akadémiai Kiadó–North-Holland.
Kornai, J. and A. Simonovits (1975a) "Szabályozási problémák Neumann-gazdaságokban" (Control problems in Neumann economies), *Szigma*, 8, 81–99.
Kornai, J. and A. Simonovits (1975b) "Rendelés-jelzesen alapuló szabályozás egy Neumann-gazdaságban" (Control based on order signal in a Neumann economy), *Szigma*, 8, 281–289.
Kornai, J. and A. Simonovits (1977a) "Decentralized Control Problems in Neumann Economies" *Journal of Economic Theory*, 14, 44–67.
Kornai, J. and A. Simonovits (1977b) *Piaci modell* (Model of the market), manuscript, Bp: MTA Közgazdaságtudományi Intézet.
Kornai, J. and J. W. Weibull (1977) *The Normal State of the Market in a Shortage Economy: a Queue Model*, mimeo., Stockholm: Institute for International Economic Studies.
Kornai, J. and J. W. Weibull (1978a) "The Normal State of the Market in a Shortage Economy: A Queue Model", *Scandinavian Journal of Economics*, 80, 375–398.
Kornai, J. and J. W Weibull (1978b) "A piac normál állapota hiánygazdaságban; egy sorbanállási modell" (Hungarian translation of J. Kornai and J. W. Weibull (1978a)), *Szigma*, 11, 1–32.
Kovács, J. (1974) "Teljes foglalkoztatás és munkaerőhiány" (Full employment and labor shortage), *Közgazdasági Szemle*, 21, 796–802.
Kovács, J. (1975) "Az életszinvonal-tervezés konzisztenciafeltételei" (Consistency conditions for planning living standards), *Közgazdasági Szemle*, 22, 60–64.
Köves, P and G. Párniczky (1973) *Általános statisztika* (General statistics), Bp: KJK.
Kritsman, L. N. (1925) "Geroichesky Period Velikoy Russkoy Revolyutsiya–Opit Analyza t.n. 'Voyennovo Kommunyizma'" (for German translation see L. N. Kritsman (1929)), *Vestnik Communistichskoy Akademii*, no. 9.
Kritsman, L. N. (1929) *Die Heroische Periode der Grossen Russischen Revolution*, Wien: Verlag für Literatur und Politik.
Kutas, J. and Zs. Mausecz (1976) "A nők foglalkoztatottságának és szakképzettségének valtozasa 1970–1990 között" (Change in the employment and qualificatons of women, 1970–1990), *Közgazdasági Szemle*, 23, 1153–1162.

Lackó, M. (1975) "Consumer Savings and the Supply Situation" *Acta Oeconomica,* 15, 365-384.
Lackó, M. (1976) "Lakossági megtakarítás és ellátási helyzet" (Hungarian text of M. Lackó (1975)), *Közgazdasági Szemle,* 23, 535-551.
Ladányi, J. (1975) "Fogyasztói árak és szociálpolitika" (Consumer prices and welfare policy), *Valóság,* 18, no. 12, 16-29.
Ladányi, J. (1976) "A gazdasági mechanizmus változásai, központi és vállalati szociális juttatások, szociálpolitika" (Changes in the economic mechanism, central and enterprise fringe benefits, welfare policy), *Valóság,* 19, no. 9, 33-46.
Laidler, R. E. W and I. M. Parkin (1975) "Inflation-A Survey" *Economic Journal,* 85, 741-809.
Laki, M. (1975) "Versenyhelyzet és vállalati termékszerkezet" (Competitive situation and firms' output structure), *Közgazdasági Szemle,* 22, 382-394.
Laki, M. (1978a) *Év végi hajrá az iparban és a külkereskedelemben,* (The end-of-year rush in industry and foreign trade), mimeo., Bp: Konjunktúra és Piackutató Intézet.
Laki, M. (1978b) *Növekedés és rugalmasság* (Growth and flexibility), mimeo., Bp: Szövetkezeti Kutató Intézet.
Lancaster, K. J. (1957) "Revising Demand Theory", *Economica* 24, 354-360.
Lancaster, K. J. (1966) "A New Approach to Consumer Theory", *Journal of Political Economy,* 84, 132-157.
Lapan, H. (1977a) *Price Changes, Price Uncertainty and Resource Allocation in an Open Economy,* mimeo., Stockholm. Institute for International Economic Studies.
Lapan, H. (1977b) *Price Uncertainty, Information and Resource Allocation,* mimeo., Stockholm: Institute for International Economic Studies.
Laslett, P and W G. Runciman, eds. (1967) *Philosophy, Politics and Society,* Oxford: Blackwell.
Layard, R. ed. (1976) *Cost-Benefit Analysis,* Harmondsworth: Penguin.
Leijonhufvud, A. (1968) *On Keynesian Economics and the Economics of Keynes,* New York: Oxford UP.
Leijonhufvud, A. (1972) *Classnotes on Say's Principle,* mimeo., Los Angeles: University of California, Los Angeles.
Lenin, V I. (1917) "Az imperializmus, mint a kapitalizmus legfelsőbb foka" (Imperialism as the highest form of capitalism), *Lenin Válogatott Művei I kötet* (Lenin, Selected Works, vol. I.) Bp: Kossuth.
Leontief, W (1953) *The Structure of the American Economy, 1919-1939,* New York: Oxford UP.
Leontief, W (1966) *Input-Output Economics,* New York, Oxford UP.
Leontief, W (1977) *Terv és gazdaság* (Plan and economy), Bp: KJK.
Lindbeck, A. (1967) "Rent Control and Housing Policy", see A. A. Nevitt, ed. (1967).
Lindbeck, A. (1976) "Stabilization Policy in Open Economies with Endogenous Politicians", *American Economic Review,* vol. 66, Papers and Proceedings, 1-19.
Lippman, S. A. and J. J. McCall (1976) "The Economics of Job Search", *Economic Inquiry,* 14, 155-189, 347-368.
Liska, T. (1969) "A bérlakás-kereskedelem koncepciója" (The concept of trade in rented flats), *Valóság,* 12, no. 1, 22-35.
Little, I. M. D. and J. A. Mirrlees (1974) *Project Appraisal and Planning for Developing Countries,* London. Heinemann.
Lundberg, E. (1968) *Instability and Economic Growth,* New Haven: Yale UP.
Luxemburg, R. (1913) *Die Akkumulation des Kapitals,* Berlin: Singer.
Machlup, F. (1960) "Cost Push and Demand Pull", *Review of Economics and Statistics,* 42, 125-139.
Malinvaud, E. (1967) "Decentralized Procedures for Planning" (see E. Malinvaud and M. O. L. Bacharach, eds. (1967)).

Malinvaud, E. (1972) *Lectures on Microeconomic Theory*, Amsterdam: North-Holland.
Malinvaud, E. (1977) *The Theory of Unemployment Reconsidered*, Oxford: Blackwell.
Malinvaud, E. and M. O. L. Bacharach, eds. (1967) *Activity Analysis in the Theory of Growth and Planning*, London: Macmillan.
Manove, M. (1973) "Non-Price Rationing of Intermediate Goods in Centrally Planned Economies", *Econometrica*, 41, 829–852.
Marschak, J. and R. Radner (1972) *Economic Theory of Teams*, New Haven: Yale UP.
Marton, A. (1976) *Az osztrák és a magyar fogyasztói árpolitika és áralakulása 1945–1972* (Austrian and Hungarian consumer price policy and price movements, 1945–1972), Bp: Akadémiai Kiadó.
Marx, K. (1867–1894a) *A Tőke* (Capital), Bp: Kossuth, 1973–1974.
Marx, K. (1867–1894b) *Capital*, Moscow· Foreign Languages Publishing House, 1961–1967.
Mátyás, A. (1973) *A modern polgári közgazdaságtan története* (History of modern bourgeois economics), Bp: KJK.
Maunder, W. F. (1970) *Bibliography of Index Numbers*, London: Athlone.
McCafferty, S. (1977) "Excess Demand, Search, and Price Dynamics", *American Economic Review*, 67, 228–235.
Megyeri, E. (1976) *Erőforrás-értékelés és jövedelemszabályozás* (Resource evaluation and income regulation), Bp: KJK.
Mihályi, P. (1977) "Történeti szempontok a magyarországi lakáshiány értékeléséhez" (Historical viewpoints for the evaluation of Hungarian housing shortage), *Valóság* 20, no. 5, 48–59.
Mihályi, P. (1978) "Egy tipikus veszteségforrás avagy az ingatlankezelés helyzete Budapesten" (A typical example of waste, or the unsatisfactory maintenance of council houses in Budapest), *Valóság*, 21, no. 2, 87–96.
Mishan, E. J. (1975) *Cost–Benefit Analysis: An Informal Introduction*, London: Allen & Unwin.
Moldován, T (1977) "Ez a helyzet az autópiacon – Interju Csüri Istvánnal, a Merkur vezérigazgatójával" (This is the situation of the market of cars – An interview with I. Csüri, general manager of Merkur), BP: *Autósélet-Képes Magazin*, p. 29.
Moran, P. A. P. (1959) *The Theory of Storage*, London: Methuen.
Nagorski, A. (1978) "Japan vs. the World", *Newsweek*, 42, 17 July, 8–12.
Nagy, T. (1967) "Az ár és a társadalmilag szükséges ráfordítások a szocializmusban" (Price and socially necessary inputs under socialism), *Közgazdasági Szemle*, 14, 141–154.
Nagy, T. and Zs. Esze (1963) "A 'többcsatornás' ipari termelői ártipus" (The "multi-channel" type of industrial producer's prices), *Közgazdasági Szemle*, 10, 15–29.
Nemes, F. (1976) *Érdekeltség – magatartás – tartalékok* (Interest – behavior – reserves), Bp: KJK.
Nevitt, A. A., ed. (1967) *The Economic Problems of Housing*, London: Macmillan.
Nikaido, H. (1975a) "Economic Adjustments under Noncompetitive Pricing", see R. H. Day, and T Groves, eds. (1975).
Nikaido, H. (1975b) *Monopolistic Competition and Effective Demand*, Princeton: Princeton UP.
Nordhaus, W D. and J. Tobin (1972) "Is Growth Obsolete?", *Economic Growth*, New York: National Bureau of Economic Research.
Novozhilov, V. V (1926) "Nedostatok Towarow", *Westnik Finansow*, no. 2.
Nyers, R. (1969a) *25 kérdés és válasz gazdaságpolitikai kérdésekről*, (for English translation see R. Nyers (1969b)), Bp: Kossuth.
Nyers, R. (1969b) *Economic Reform in Hungary: Twenty-five Questions and Answers*, Bp: Pannonia.
Nyers, R. (1978) "Gazdaság és politika kapcsolata a szocialista építésben" (The relation between economics and politics in the building of socialism), *Közgazdasági Szemle*, 25, 27–32.

Okun, A. (1962) "Potential GNP: Its Measurement and Significance" *American Statistical Association Proceedings*.
Olivera, H. G. (1960) "Cyclical Economic Growth under Collectivism", *Kyklos*, 2, 229-232.
Pálos, I. and T. Pintér (1978) "A kereslet kielégitettségének mérése" (The measurement of the satisfaction of demand), *Kereskedelmi Szemle*, 19, no. 10, 1-5.
Papandreou, A. G. (1972) *Paternalistic Capitalism*, Toronto: Copp Clark.
Patinkin, D. (1965) *Money, Interest and Prices*, New York, Harper-Row.
Péter, Gy. (1956) *A gazdaságosság és a jövedelmezőség jelentősége a tervgazdálkodásban* (The importance of economic efficiency and profitability in planned economy), Bp: KJK.
Péter, Gy. (1967) "On the Planned Central Control and Management of the Economy", *Acta Oeconomica*, 2, 23-46.
Phelps, E. S., ed. (1970a) *Microeconomic Foundations of Employment and Inflation Theory*, New York: Norton.
Phelps, E. S. (1970b) "Money Wage Dynamics and Labor Market Equilibrium", see E. S. Phelps, ed. (1970a).
Phelps, E. S. ed. (1973) *Economic Justice*, Harmondsworth: Penguin.
Phillips, A. W (1958) "The Relationship between Unemployment and the Rate of Change of Money Wage Rates in the United Kingdom", *Economica*, 25, 283-299.
Polányi, K. (1944) *The Great Transformation*, New York: Rinehart.
Polányi, K. (1976) *Az archaikus társadalom és a gazdasági szemlélet* (Archaic society and the economic approach), Bp: Gondolat.
Pongrácz, L. (1976) "Aktuális feladatok a munkaerőgazdálkodásban" (Present tasks in labor force management), *Gazdaság*, 10, no. 3, 62-67.
Portes, R. and D. Winter (1977a) "The Demand for Money and for Consumption Goods in Centrally Planned Economies", *Review of Economics and Statistics*, 60, 8-18.
Portes, R. and D. Winter (1977b) "The Supply of Consumption Goods in Centrally Planned Economies", *Journal of Comparative Economics*, 1, 351-365.
Portes, R. and D. Winter (1978) *Disequilibrium Estimates for Consumption Goods Markets in Centrally Planned Economies*, mimeo., Cambridge, Mass.: Harvard Institute of Economic Research.
Prékopa, A., ed. (1965a) *Colloquium on Applications of Mathematics to Economics*, Bp: Akadémiai Kiadó.
Prékopa, A. (1965b) "Reliability Equation for an Inventory Problem and Its Asymptotic Solutions", see A. Prékopa, ed. (1965a), pp. 317-327.
Pryor, F. L. (1977) "Some Costs and Benefits of Markets: An Empirical Study", *Quarterly Journal of Economics*, 41, 81-102.
Radner, R. (1975) "Satisficing", *Journal of Mathematical Economics*, 2, 253-262.
Radner, R. and M. Rothschild (1975) "On the Allocation of Effort", *Journal of Economic Theory*, 10, 358-376.
Radnóti, É. (1974) *A kuszó infláció elméleti problémái* (Theoretical problems of creeping inflation), Bp: KJK.
Radnóti, É. (1978) "Az egyensulyhiány megfigyelése a fogyasztási cikkek piacan" (The observation of disequilibrium in the market for consumer goods), *Kereskedelmi Szemle*, 19, no. 10, 6-8.
Rawls, J. (1967) "Distributive Justice" (see P. Laslett and W. G. Runciman, eds. (1967)).
Riesz, M. (1964) "A forgalom pénzellátása és a bankhitel" (Money supply and bank credit for trade), *Pénzügyi Szemle*, 8, 457-463.
Riesz, M. (1970) *Penzforgalom es hitel* (Currency circulation and credit), Bp: Tankönyvkiadó.
Riesz, M. (1976) "A hitel lejáratának elméletéhez" (On the theory of expiration of credit), *Penzügyi Szemle*, 20, 785-791.
Rimler, J. (1976) *Fejlődéselemzés ökonometriai modszerekkel* (Analysis of growth using econometric methods), Bp: KJK.

Robinson, J. (1933) *The Economics of Imperfect Competition*, London. Macmillan, 1961.
Robinson, J. and J. Eatwell (1973) *An Introduction to Modern Economics*, London. McGraw-Hill.
Roman, Z. (1973) *Termelékenysegunk az iparban* (Productivity in Hungarian industry), Bp: KJK.
Rothschild, M. (1973) "Models of Market Organization with Imperfect Information. A Survey", *Journal of Political Economy*, 82, 1283-1308.
Rothschild, M. (1975) "Further Notes on the Allocation of Effort" see R. H. Day and T. Groves, eds. (1975).
Samuelson, P A. (1945) *Foundations of Economic Analysis*, Cambridge: Harvard UP 1955.
Samuelson, P A. (1948a) *Economics*, New York. McGraw-Hill, 1973.
Samuelson, P A. (1948b) *Közgazdaságtan* (Hungarian translation of P A. Samuelson (1948a)), Bp: KJK, 1976.
Schwartz, B. (1975) *Queuing and Waiting*, Chicago: University of Chicago Press.
Schwödiauer, G., ed. (1978) *Equilibrium and Disequilibrium in Economic Theory*. Dordrecht: Reidel.
Shackle, G. L. S. (1972) *Epistemics and Economics*, Cambridge: Cambridge UP.
Shaw, J. A. (1976) "The Theory of Consumer Rationing, Pareto Optimality and the USSR: a Non-Linear Programming Approach", see J. Thornton, ed. (1976).
Simon, H. A. (1955) "A Behavioral Model of Rational Choice" *Quarterly Journal of Economics*, 69, 99-118.
Simon, H. A. (1959) "Theories of Decision-Making in Economics and Behavioral Science", *American Economic Review*, 49, 253-283.
Siven, C. H. and B. C. Ysander (1973) "Kornai János: *Anti-Equilibrium*, On Economic Systems Theory and the Tasks of Research" (book review), *Swedish Journal of Economics*, 75, 315-319.
Slutsky, E. E. (1915) "On the Theory of the Budget of the Consumer", *Giornale degli Economisti*, 51, 1-26.
Soós, K. A. (1974) *A beruházási feszültség fennmaradása Magyarországon az uj gazdasági mechanizmusban* (Maintaining investment tension in Hungary under the New Economic Mechanism), manuscript, Bp: MTA Közgazdaságtudományi Intezet.
Soos, K. A. (1975a) "A beruházások ingadozasanak okai a magyar gazdaságban" (for English translation see K. A. Soós (1975b)), *Közgazdasagi Szemle*, 22, 104-111.
Soós, K. A. (1975b) "Causes of Investment Fluctuations in the Hungarian Economy", *Eastern European Economics*, 14, no. 2, 25-36.
Sraffa, P (1960a) *Production of Commodities by Means of Commodities*, Cambridge; Cambridge UP 1973.
Sraffa, P (1960b) *Aruk termelése áruk révén* (Hungarian translation of P. Sraffa (1960a)), Bp: KJK, 1975.
Stone, R. (1975) *Towards a System of Social and Demographic Statistics*, New York: UN.
Svensson, L. E. O. (1977) *Effective Demand and Stochastic Rationing*, mimeo., Stockholm: Institute for International Economic Studies.
Szabo, B. (1977) "Vállalati adóztatás, nyeresegelvonás" (Taxation of firms, deductions from profits), *Valósag*. 20, no. 8, 91-95.
Szabó, K. (1964) *A szocialista termelés alapvonásai* (Basic features of socialist production), Bp: Kossuth.
Szabó, K., ed. (1975) *A társadalmi tulajdon és a szocialista vállalat* (Social ownership and the socialist firm), Bp: Akadémiai Kiado.
Szakolczai, Gy (1973) "Az erőforrások értékelése" (Resource evaluation), *Közgazdasági Szemle*, 20, 431-452, 538-554.
Szalai, S., ed. (1972) *The Use of Time*, The Hague: Mouton.
Szamuely, L. (1971) *Az első szocialista gazdasági mechanizmusok* (for English translation see L. Szamuely (1974)), Bp: KJK.
Szamuely, L. (1974) *First Models of the Socialist Economic Systems*, Bp: Akadémiai Kiadó.

Tallos, Gy. (1975a) Bedingungen der Kreditgewährung in der VR Ungarn", *West-Ost-Journal*, 5, 27-28.

Tallós, Gy. (1975b) "A hitelmechanizmus mükodéséről" (On the functioning of the credit mechanism), *Gazdasag*, 9, no. 3, 38-52.

Tallós, Gy. (1976) *A bankhitel szerepe gazdasagiranyitási rendszerunkben* (Role of bank credit in the Hungarian system of economic management), Bp: Kossuth.

Tardos, M. (1972) "A gazdasági verseny problemái hazánkban" (Problems of economic competition in Hungary), *Közgazdasagi Szemle*, 19, 911-926.

Tardos, M. (1975a) "Vállalati önállósag es központi irányitás" (for English translation see M. Tardos (1975b)), *Közgazdasági Szemle*, 22, 822-834.

Tardos, M. (1975b) "Enterprise Independence and Central Control", *Acta Oeconomica*, 15, 17-31.

Tarnói, G. (1975) "Hiánycikk és 'feketepiac'" (Shortage goods and the black market), *Valósag*, 18, no. 9, 86-91.

Thornton, J., ed. (1976) *Economic Analysis of the Soviet-Type System*, Cambridge: Cambridge UP.

Timár, J. (1964) *Munkaerőhelyzetünk jelene és távlatai* (The present situation and prospects for the Hungarian labor market), Bp: KJK.

Timár, J. (1977a) "Foglalkoztatáspolitikánkról és munkaerőgazdálkodásunkról" (for English translation see J. Timár (1977b)), *Közgazdasági Szemle*, 24, 129-150.

Timár, J. (1977b) "Employment Policy and Labour Economy in Hungary", *Acta Oeconomica*, 17, 123-144.

Timár, M. (1975a) *Gazdaságpolitika Magyarorszagon 1967-1973* (for English translation see M. Timár (1975b)), Bp: KJK.

Timár, M. (1975b) *Reflections on the Economic Development of Hungary 1967-1973*, Bp: KJK.

Tobin, J. (1970a) "On Limiting the Domain of Inequality", *Journal of Law and Economics*, 13, 263-277.

Tobin, J. (1970b) "Money and Income: Post Hoc Ergo Propter Hoc", *Quarterly Journal of Economics*, 85, 301-317

Tobin, J. (1972) "Friedman's Theoretical Framework", *Journal of Political Economy*, 80, 852-863.

Unvárszki, M. (1976) "Felhalmozási és fejlesztési politikánk néhány kérdése 1956-1960-ban" (A few questions on Hungarian accumulation and development policy in 1957-1960), see I. Friss, ed. (1976a), pp. 95-150.

Vince, P (1977) "Gazdálkodás és fejlesztés (A Ganz Villamossági Müvek példája)" (Management and development – Example of the Ganz Electrical Works), *Valóság*, 20, no. 5, 29-36.

Vincze, I. (1971) *Árak, adók, támogatasok a gazdaságirányitás reformja után* (Prices, taxes and subsidies after the reform of economic management), Bp: KJK.

Weitzman, M. L. (1977) "Is the Price System or Rationing More Effective in Getting a Commodity to Those who Need it Most?", *Bell Journal of Economics*, 8, 517-524.

Wiles, P (1974) "The Control of Inflation in Hungary, Jan. 1968-June 1973", *Economie Appliquec*, 27, 119-147.

Zafir, M. (1974) A mennyiség es a minőség szerepe a fogyasztás növekedésében" (Role of quantity and quality in the growth of consumption), *Statisztikai Szemle*, 52, 115-126.

Zellner, A., ed. (1968) *Readings in Economic Statistics and Econometrics*, Boston: Little, Brown.

人名索引

（索引中的页码为原书页码，即本书边码）

Allardt, E. 阿拉尔特, E. ,284
Andersson, A. E. 安德森, A. E. ,463
Andorka, R. 安多尔卡, R. ,284
Anis, A. A. 阿尼斯, A. A. ,534
Arrow, K. J. 阿罗, K. J. ,283, 319
Árvay, J. 阿沃伊, J. ,524
Augustinovics, M. 奥古斯蒂诺维奇,
　M. ,14, 513

Balassa, Á. 鲍罗绍, Á. ,14
Bálint, J. 巴林特, J. ,13, 353
Barro, R. J. 巴罗, R. J. ,90, 91, 94,
　98, 111, 147, 150, 151, 188,
　390, 476, 478, 479, 557, 558
Bauer, T. 巴乌尔, T. ,29, 63, 189,
　211, 315, 556, 564
Baumol, W. J. 鲍莫尔, W. J. ,320
Belsley, D. A. 贝尔斯利, D. A. ,58
Benassy, J. P. 贝纳西, J. P. ,90, 94,
　145, 188
Bentzel, R. 本策尔, R. ,504
Berend, T. I. 贝伦德, T. I. ,13, 208
Berettyán, L. 贝雷蒂扬, L. ,263

Blitzer, C. R. 布里策尔, C. R. ,14
Bognár, J. 博格纳尔, J. ,528
Branson, W. H. 布兰森, W. H. ,235
Breitner, M. 布赖特纳, M. ,503
Bródy, A. 布罗迪, A. ,139, 211,
　353, 374, 527
Brus, W. 布鲁斯, W. ,513
Bukta, L. 布克塔, L. ,519

Culyer, A. J. 凯尔, A. J. ,423
Chamberlin, E. H. 钱伯林, E. H. ,
　313, 356
Chikán, A. 奇于, A. ,48, 118
Clark, P. B. 克拉克, P. B. ,14
Clower, R. 克洛尔, R. ,90, 91, 94,
　98, 100, 147, 151, 188, 320,
　321, 476, 478, 557
Cooper, M. H. 库珀, M. H. ,423
Cox, D. R. 考克斯, D. R. ,74
Csikós-Nagy, B. 奇科斯-纳吉, B. ,
　13, 353, 357, 363, 372

Dániel, Zs. 丹尼尔, Zs. ,283, 423,

467, 503, 504
Deák, A. 戴阿克, A. ,189, 315, 519
Debreu, G. 德布鲁, G. ,187, 319
Dolan, E. G. 多兰, E. G. ,54
Domar, E. 多马, E. ,273
Drecin, J. 德雷琴, J. ,13
Drechsler, L. 德雷克瑟尔, L. ,361
Drèze, J. 德雷兹, J. ,90, 420

Eatwell, J. 伊特韦尔, J. ,288, 374, 485
Ehrlich, E. 埃尔利希, E. ,284
Ellman, M. J. 埃尔曼, M. J. ,236
Erdös, P. 埃尔多斯, P. ,235, 313, 374, 526
Erdös, T. 埃尔多斯, T. ,374
Ersek, T. 埃尔塞克, T. ,502
Esze, Zs. 埃塞, Zs. ,353

Fábri, E. 法布里, E. ,78, 118
Falus-Szikra, K. 法卢斯-西克拉, K. ,76, 397, 549, 564
Faluvégi, L. 福卢韦吉, L. ,189, 315, 482, 513
Farkas, K. 法卡什, K. ,118, 232
Fekete, Gy. 费凯泰, Gy. ,263
Ferge, Zs. 费尔盖, Zs. ,423, 502
Fonál, S. 福纳尔, S. ,201
Friedman, M. 弗里德曼, M. ,235, 242, 313, 530, 565
Frisch, R. 弗里施, R. ,361

Friss, I. 弗里斯, I. ,13

Gábor, R. I. 加博尔, R. I. ,14
Gács, J. 加奇, J. ,212, 220
Gadó, O. 加多, O. ,13
Galasi, P. 加拉西, P. ,14
Galbraith, J. K. 加尔布雷思, J. K. ,313, 566
Goldfeld, S. 戈德费尔德, S. ,98
Goldmann, J. 戈德曼, J. ,30, 485
Gordon, D. F. 戈登, D. F. ,164
Graaf, J. de V. 德格拉夫, J. ,562
Grandmont, J. M. 格兰蒙, J. M. ,90, 420
Green, H. A. J. 格林, H. A. J. ,325, 468
Griliches, Z. 格里利切斯, Z. ,361
Grossman, H. I. 格罗斯曼, H. I. ,90, 91, 94, 98, 111, 147, 150, 151, 188, 390, 476, 478, 479, 557, 558
Gustafsson, J. R. 古斯塔夫松, J. R. ,72, 412

Hagelmayer, I. 哈格尔迈耶, I. ,528
Hahn, F. H. 哈恩, F. H. ,319
Hale, J. 黑尔, J. ,586, 588, 597
Halmos, B. 哈尔莫斯, B. ,503
Hankiss, E. 汉基什, E. ,77, 284, 423
Hansen, B. 汉森, B. ,556

Harrod, R. 哈罗德, R., 273
Hårsman, B. 哈斯曼, B., 72, 412
Hayek, A. F. 哈耶克, A. F., 313, 565
Heal, G. M. 希尔, G. M., 149
Hegedüs, A. 赫格杜斯, A., 14
Hegedüs, Zs. 赫格杜斯, Zs., 62
Henderson, J. M. 亨德森, J. M., 319, 468
Hetényi, 1. 海坦尼, 1.
Hicks, J. R. 希克斯, J. R., 235, 245, 313, 319, 325, 468
Hilferding, R. 希尔弗丁, R., 313
Hirschman, A. O. 赫希曼, A. O., 30, 53, 76, 401
Hoch, R. 霍赫, R., 71, 353, 382, 463, 502, 554
Hoffmann, I. 霍夫曼, I., 463
Holt, C. C. 霍尔特, C. C., 72, 164
Howard, D. 霍华德, D., 150, 390, 478, 479
Howitt, P. W. 豪伊特, P. W., 94
Huszár, J. 胡萨尔, J., 189
Huszti, E. 胡斯提, E., 513, 516
Hynes, A. 海恩斯, A., 164

Illés, J. 伊莱什, J., 284
Iván, A. P. 伊万, A. P., 249

Jaiswal, N. K. 贾伊斯瓦尔, N. K. 74
Jánossy, F. 亚诺希, F., 13, 251, 284
Jávorka, E. 雅沃尔卡, E., 353
Johansen, L. 约翰森, L., 14, 54
John, E. 约翰, E., 502
Juhász, A. 尤哈斯, A., 118

Kaldor, N. 卡尔多, N., 374, 526, 565
Kalecki, M. 卡莱茨基, M., 5, 30, 374, 437, 526
Kapitány, Zs. 卡皮塔尼, Zs., 138
Karakas, L. 卡拉卡什, L., 249
Keynes, J. M. 凯恩斯, J. M., 5, 10, 29, 145, 235, 313, 342, 456, 526, 530, 531, 557
Kleinrock, L. 克莱因罗克, L., 577
Knudsen, N. G. 克努森, N. G., 74
Koehler, W. 科勒, W., 144
Konrád, Gy. 孔拉德, Gy., 423, 503
Kouba, K. 库巴, K., 30
Kovács, J. 科瓦奇, J., 236, 381
Köves, P. 科韦斯, P., 361
Kritsman, L. N. 克里茨曼, L. N., 29, 133
Kutas, J. 库塔什, J., 247

Lackó, M. 拉科, M., 212, 456
Ladányi, J. 拉达尼, J., 423, 502
Laidler, R. E. W. 莱迪尔, R. E. W., 530
Laki, M. 拉基, M., 63, 125, 193
Lancaster, K. J. 兰开斯特, K. J.,

人名索引

71，453
Lapan，H. 拉潘，H. ，175
Layard，R. 莱亚德，R. ，223
Leijonhufvud，A. 莱荣霍夫德，A. ，90，100，245，342
Lenin，V. I. 列宁，V. I. ，313
Leontief，W. 列昂惕夫，W. ，139，143
Lindbeck，A. 林德贝克，A. ，380，423，504
Lippman，S. A. 利普曼，S. A. ，72
Lipták，T. 利普塔克，T. ，149
Liska，T. 利斯卡，T. ，503
Little，I. M. D. 利特尔，I. M. D. ，223
Lloyd，E. H. 劳埃德，E. H. ，534
Lundberg，E. 伦德伯格，E. ，557
Luxemburg，R. 卢森堡，R. ，235，313

Machlup，F. 马克卢普，F. ，363
Malinvaud，E. 马林沃，E. ，90，145，149，319
Manchin，Gy. 曼钦，Gy. ，284
Mandel，M. 曼德尔，M. ，189
Manove，M. 马诺夫，M. ，420
Márkus，M. 马尔库什，M. ，14
Marschak，J. 马尔沙克，J. ，171
Marshall，A. 马歇尔，A. ，22，144，390，409，419，498
Marton，A. 马尔顿，A. ，361
Martos，B. 马托什，B. ，7，138—142
Marx，K. 马克思，K. ，10，29，109，191，235，240，313，374，533，554
Mátyás，A. 马蒂亚斯，A. ，235
Maunder，W. F. 莫恩德，W. F. ，361
Mausecz，Zs. 毛塞兹，Zs. ，247
Mattsson，L-G. 马特松，L-G. ，576
McCafferty，S. 麦卡弗蒂，S. ，132
McCall，J. J. 麦考尔，J. J. ，72
Megyeri，E. 梅耶里，E. ，353
Mihályi，P. 米哈伊，P. ，503
Mirrlees，J. A. 米尔利斯，J. A. ，223
Mishan，E. J. 米尚，E. J. ，223
Moldován，T. 莫尔多万，T. ，119
Moran，P. A. P. 莫兰，P. A. P. ，534

Nagorski，A. 纳戈尔斯基，A. ，318
Nagy，M. 纳吉，M. ，118
Nagy，T. 纳吉，T. ，353
Nemes，F. 内梅什，F. ，48
Németh，L. 内梅特，L. ，6
Nikaido，H. 二阶堂，H. ，313
Nordhaus，W. D. 诺德豪斯，W. D. ，284
Novoshilov，V. V. 诺维斯拉夫，V. V. ，29，30，133
Nyers，R. 尼尔什，R. ，13

Okun，A. 奥肯，A. ，254
Olivera，H. G. 奥利维拉，H. G. ，212

Pálos，I. 帕洛什，I. ，467，487

Papandreou, A. G. 帕潘德里欧, A. G. ,562
Parkin, I. M. 帕金, I. M. ,530
Párniczky, G. 帕尼茨基, G. ,361
Patinkin, D. 帕廷金, D. ,319
Péter, Gy. 彼得, Gy. ,13, 76, 319
Phelps, E. S. 费尔普斯, E. S. ,72, 164, 242, 283
Phillips, A. W. 菲利普斯, A. W. , 235, 534
Pintér, T. 平特尔, T. ,467, 487
Polányi, K. 波兰尼, K. ,77, 314
Pongrácz, L. 庞格拉茨, L. ,254
Portes, R. 波特斯, R. ,90, 94, 150, 478
Prékopa, A. 普雷科帕, A. ,88
Pryor, F. L. 普赖尔, F. L. ,466

Quandt, R. E. 昆特, R. E. ,98, 319, 468

Radner, R. 拉德纳, R. ,171, 232
Radnóti, E. 拉德诺蒂, E. , 357, 363, 467
Rawls, S. J. 罗尔斯, S. J. ,283
Riesz, M. 里尔斯, M. ,513, 516, 528
Rimler, J. 里姆勒, J. ,284
Robinson, J. 罗宾逊, J. , 288, 313, 356, 374, 485
Román, Z. 罗曼, Z. ,48, 76
Rothschild, M. 罗思柴尔德, M. , 72, 232

Samuelson, P. A. 萨缪尔森, P. A. , 319, 468, 534
Say, J-S. 萨伊, J-S. ,100, 320
Schmidt, Á 施密特, Á ,528
Schwartz, B. 施瓦茨, B. ,475
Schwödiauer, G. 施韦迪奥尔, G. ,90
Scitovsky, T. 希托夫斯基, T. ,283
Shackle, G. L. S. 沙克尔, G. L. S. , 144, 463
Shaw, J. A. 肖, J. A. ,420
Simon, H. A. 西蒙, H. A. ,26
Simonovits, A. 西蒙诺维茨, A. , 8, 138, 142, 160, 161, 166, 601
Siven, C. H. 西文, C. H. ,179
Slutsky, E. E. 斯卢茨基, E. E. ,319
Smith, W. L. 史密斯, W. L. ,74
Snickars, F. 斯尼卡尔斯, F. ,72, 412
Soós, K. A. 肖欧什, K. A. , 189, 211, 519
Sraffa, P. 斯拉法, P. ,374
Ståhl, I. 斯塔尔, I. ,504
Stone, R. 斯通, R. ,283
Svensson, L. E. O. 斯文松, L. E. O. ,90
Szabó, B. 萨博, B. ,315
Szabó, K. 萨博, K. ,13
Szakolezai, Gy. 萨科莱扎伊, Gy. ,353
Szalai, S. 萨莱, S. ,466
Szamuely, L. 萨默伊, L. ,29

Szelényi, I. 塞莱尼, I. ,423, 503

Tallós, Gy. 塔洛什, Gy. ,315, 317, 513, 517, 518

Tardos, M. 塔多什, M. ,13, 62, 205, 566, 569

Tarnói, G. 塔尔诺伊, G. ,435

Taylor, L. 泰勒, L. ,14

Timár, J. 蒂马尔, J. ,236, 249, 254, 263, 502

Timár, M. 蒂马尔, M. ,13

Tobin, J. 托宾, J. ,284, 420, 530

Ungvárszki, M. 温格瓦斯基, M. ,213, 524

Vince, P. 文斯, P. ,366

Walras, L. 瓦尔拉斯, L. ,320, 321, 418, 558

Weibull, J. W. 韦布尔, J. W. ,8, 78, 128, 534, 575, 587

Weitzman, M. L. 魏茨曼, M. L. ,420

Wiles, P. 威尔斯, P. ,380

Winter, D. 温特, D. ,90, 98, 150, 478

Ysander, B. C. 伊桑德, B. C. ,179

Zafir, M. 扎菲尔, M. ,361

名词索引

（索引中的页码为原书页码，即本书边码）

Acceptance constraint, see Tolerance limit 可接受的约束，请参见容忍限度

Adjustment 调整, 36, 41, 49, 63, 67, 111, 122, 148, 155, 163, 164, 166, 172—176, 179, 180, 183, 187, 196, 198, 218, 253, 270, 303, 308, 332, 333, 335, 349, 389, 473, 483, 501, 505, 523, 533, 538, 570

Instantaneous 瞬时调整, 21—24, 27, 32, 37, 39, 41, 43, 49, 50, 56, 67, 73, 80, 83, 86, 91, 103, 112, 113, 119, 128, 139, 155, 217, 236, 246, 253, 324, 325, 327, 332, 336, 337, 339, 340, 342, 343, 349, 394, 396, 431, 442, 445, 460, 462, 463, 533

Long-term 长期调整, 22, 27, 56, 80, 155, 198, 217, 219, 232, 236, 246, 263, 324, 343, 397, 460, 463

Short-term 短期调整, 14, 22, 27, 49, 56, 58, 61, 80, 103, 172, 189, 217, 236, 246, 263, 324, 325, 327, 333, 335—337, 339, 340, 342, 343, 349, 396, 460, 463, 参见 Forced adjustment, Quantity adjustment

Administrative price 管理价格, 参见 Price

Aggregate excess demand 总需求过剩, 参见 Demand

Aggregation, aggregates 加总, 23, 44—46, 49, 51, 66, 81, 94—97, 101, 106, 120, 149—151, 156, 195, 202, 213, 219, 244, 250, 252, 268, 270, 275, 280, 284, 285, 293, 301, 312, 340, 343, 364, 382, 389, 392, 394—396, 399, 421, 463, 468, 488, 489, 498, 499, 533, 535, 536, 544, 545, 576, 577, 583

Allocation schemes 分配方案, 416—419, 425, 428, 429, 431—436,

名词索引

440,442,444,446,447,457,461,539,567,参见 Allocation by auction, Rationing, Queuing

Allocation by auction, Walrasian auction scheme 拍卖分配,瓦尔拉斯拍卖方案,417,419,426,429,430,432,436,437,439,441,442

Almost-insatiable demand 几乎无法满足的需求,参见 Demand

Aspiration level 期望水平,43,104,123,208,371,382,397,408

Asymmetry 不对称性,61,109—111,113,118,237,244,245,253—255,265,340—342,364,397,553,554

Attitude 态度

　Buyer's 买方态度,78,80,81,89,124,125,131,132,134,136,332,334,341,365,460—463,477,581,591,594,595

　Seller's 卖方态度,124,125,132,134,341,365

Bankruptcy, loss, failure 破产,损失,失败,194,208,303,311,312,316,345,518,519,523,524,565

Behavioral regularity, behavioral rules, 行为规律,行为规则,26,48,140,141,217,221,259,290,293,

349,376,401,409,460,497,555,556,558,559,569,570

Black market, grey market,黑市,灰市 15,435,440,465,466,479

Budget constraint 预算约束 24,26,299,301,309,311,319—321,326,328,412,425,444,468,550,558

　Effectivity of,预算约束的有效性,102,539,545

　Hard,硬预算约束, hardness of,预算约束的硬度,25,27,28,109,210,302—304,307,310—314,316,318,319,321,323,325—327,329—333,342,348,350,351,364,366,367,379,397,407,412,418,443—445,468,476,482,487,497,511,513—516,520,529,532,534,538,550,558,564

　Soft,软预算约束, softness of,预算约束的软度,27,28,110,208,210,305—307,309,310,312—314,316—318,321,323,325—327,330,331,334,339,341,342,345,346,348,350,355,364,369,370,373,379,391,396,397,402,406,407,487,497,513,515,520,529,534,547,549,550,551,558,564,

568, 569

Buyer's attitude 买方态度,参见 Attitude

Buyer's market 买方市场,59, 61, 78, 125, 241, 244, 265, 342, 361, 474, 485,参见 Pressure

Capitalism, capitalist economy, system, firm 资本主义,资本主义经济,资本主义制度,资本主义企业, 3—5, 111, 133, 145, 194, 202, 214, 235, 239, 244, 248, 254, 257, 265, 276, 279, 291, 299, 311, 313, 314, 321, 341, 342, 348, 374, 390, 427, 436, 438, 439, 444, 456, 458, 526, 531, 557, 558

Classical 古典资本主义, 26—29, 47, 292, 312, 402

Modern, post-Keynesian 现代资本主义,后凯恩斯主义, 246, 342, 402, 407, 496, 557, 565, 566

Classical capitalism, 古典资本主义,参见 Capitalism

Cower-Barro-Crossman school 克洛尔-巴罗-格罗斯曼学派, 90, 91, 94, 98, 147, 151, 188, 321, 476, 478, 557

Complementarity 互补性, 31, 32, 35, 38, 139, 253, 414, 415, 453,

474, 544, 554

Consumer surplus, consumer loss 消费者剩余,消费者损失, 419, 420, 423—425, 466, 508, 509

Consumption, household consumption 消费,家庭消费, 207, 212, 214, 288, 381—384, 387—389, 404, 405, 411, 414, 441, 446, 455—457, 461, 462, 468, 474, 484, 485, 488—494, 496, 498, 502, 507, 514, 529, 537, 555

Contract price,合同价格,参见 Price

Control 控制

according to tolerance limit,容忍限度(或临界值)控制,参见 Tolerance limit

by norms 正常标准(或规范)控制, 53, 121, 141, 214, 384, 493, 538

by shortage signals,根据短缺信号控制,参见 Shortage signal

Multilevel 多级控制, 104, 148, 149, 199, 202, 203, 208, 519, 547, 551, 556, 566

Nonprice,非价格控制,参见 Quantity adjustment, quantity signals

Order-signal,订单信号控制,参见 Order-signal

Stock-signal 库存信号控制,参见 Stock-signal

Vegetative 植物性控制, 147,

名词索引

148，433

Control by norms 正常标准（或规范）控制，参见 Control, Normal state, Normal value

Control sphere 控制范围，43，53，114，140，190，264，302，308，335，389，526，536

Corruption, 腐败, 参见 Efforts to win over the seller

Credit, borrowing 信贷，借款，24，28，101，107，194，198，206—208，293，300，301，303，305，307，308，312，315，317，339，348，378，444，456，465，494，514，516—521，524，525，527，528，548，564，565，568

Cycles, cyclical fluctuations, business cycle 周期，周期波动，商业周期，72，73，75，212—215，227，228，231，232，241，243，251，265，294，451，526，527，580，参见 Investment cycles

Decision algorithm 决策算法，65，85，128，417，488，490

Delay 延迟，参见 Lag

Demand 需求

 Aggregate 总需求，389，390，395，396，404，478，531，546，557，558

 Aggregate excess 总需求过剩，425，476—478，537

 Almost-insatiable 几乎无法满足的需求，2，63，102，105，119，123，143，183，193，195，201，264，290，309，349，350，368，373，532，539，544，547，549—551，568，569

 Fictitious, Notional 虚假需求，名义需求，99，100

 Initial 初始需求，67，68，70，73，79，81，84，85，87，89—98，101，114，128，129，131，132，150，156—165，167，168，170，172—176，186，252，254，324，326—334，389，395，396，430，449—452，454，461，462，468，477，505，529，532，544，552，559，577，579，581，601

 Revised 修正的需求，68，70，73，90，93，94，96，98，114，254，324，327，331，333，334，389，395，396，449，451，461

Demand constrained market, system 需求约束型市场，体制，26，27，35，113，117，118，120，125，213—215，237，239，240，242—244，246，249—251，253，254，257，258，260，264，265，291，341，342，437，474，518，526，531

Demand constraint 需求约束，24，

26，27，28，55，119，202，291，340，395

Demand function 需求函数,81，85—89，109，122，124，140，326，327，335，338，395，397，413，462，506，558，581

Effective price 有效价格,参见 Price

Effectivity of constraints 约束的有效性,25—28，35，43，55，59，69，90，102，119，246，260，291，309，320，342，389，395，516，518，520，522，529，537，550,参见 Budget constraint

Efforts to win over the seller, Corruption 争取卖方的努力,腐败，76，77，81，106，124，203，330，342，344，365，421，423，461，465，509

Employment 就业，4，18，29，72，235—239，241，243，245，246，248，249，254，255，260—263，265，266，271，273，277，279，312，313，381，389，391，394—396，399，458，479，531，557，565

Expansion drive 扩张冲动,63，191，193，194，196，201，202，205，208，260—262，290，366，383，391，524，532，547，549—551，570

Expectation 预期,84，87，88，103，309，394，397，454，458，466，485

Export 出口,参见 Foreign trade

External slack 外部滞存,参见 Slack

Failure 失败,参见 Bankruptcy

Friedman-Hayek school 弗里德曼-哈耶克学派,参见 Monetarism

Forced adjustment 强制调整,39，45，52，55，57，70，91，93，94，253，254，256

Forced saving 强制储蓄,455，459，580

Forced spending 强制支出,451—455，457，461，477，559

Forced substitution 强制替代,36—40，42，44，50—52，55—57，67—70，72，84，91—94，96，131—133，136，138，143，146，150，156—159，161—163，165，166，168，169，175，182，186，194，244，245，275，279，287，324，332—334，341，361，368，384，395，449—453，455，462，466，470，473，477，479，486，500，506，538，539，559，580，581，590，596，598，601—603，605，606

Forced substitution propensity 强制替代倾向,81，89，93，128，130，131，135，136，170，253，288，294，461，464，546，580，581，585，591，592，595，596

Foreign trade, Export, Import 对外

贸易，出口，进口，14，30，107，196，199，201，206，212，220，231，232，261，262，269，293，312，315，317，325，344，346，347，353，368，384，486，487，489，492，493，494，496，500，514，518，530，533，547—550，555，564

Friction 摩擦，155，163，166，172，175，179—187，201，219，241，243，244，249—251，259，270，294，295，332，335，442，469，471—473，483，495，506，523，533，538，546，570，601

indicator 摩擦指标，176—179，188，200，241，242，258，264，335，336，338，428，430，436，454，468，471，473

function, Triple relationship of shortage, slack, and friction 摩擦函数，短缺、滞存和摩擦三者之间的关系，163，166，175—179，184，241，492

General equilibrium theory, see Neoclassical theory, Walrasian theory 一般均衡理论，参见新古典理论，瓦尔拉斯理论

Hard budget constraint 硬预算约束，参见 Budget constraint

Hardness of constraints 约束的硬度，26，参见 Budget constraint

Hoarding tendency 囤积倾向，100—102，107，143，183，193，252，256，290，321，368，454，540，551，568

Horizontal 横向

flow of information, relations, communication 横向信息流，横向关系，横向沟通，14，66，83，107，127，148，149，199，202—204，207，434，552

Import, 进口，参见 Foreign trade

Inertia 惯性，参见 Rigidity

Inflation 通货膨胀，291，363，372，380，425，454，485，501，510，534，556，557

Repressed, suppressed, 被抑制的通货膨胀，抑制型通货膨胀，1，111，556—558，参见 Price rises

Initial demand 初始需求，参见 Demand

Input combination, Choice of technology 投入组合，工艺选择，22，31，36—28，56—38，61，71，86，143，220，262，324，325，333—336，341，346—348

Input stock, see Stock 投入库存，参

见库存

Input-output combination, Input-output structure 投入产出组合，投入产出结构 22，26，39，41，60，61，84，86，87，253，303，308，312

Instantaneous adjustment 瞬时调整，参见 Adjustment

Intensity 强度，参见 Shortage intensity

Internal slack 内部滞存，参见 Slack

Investment 投资，22，25，43，66，83，100，112，183，189—199，203—208，210，212—214，218—221，224—230，232，233，261—263，265，273，288，289，294，300—303，308，311，314，317，325，343—349，351，365，373，378，388，401，404，405，493，496，501，507，514，515，519—524，526—529，531，549，552，554，555，557，563，564，570

cycles 投资周期，189，211，214，228，292，383，523，527

hunger 投资饥渴，191，193，201，204，208，210，260，261，290，322，348，350，383，404，496，523，524，532，547，551，554，568

tension 投资紧张，1，199—202，207—210，213，218，230，232，280，532，547，554，555，569，570

Keynesian macroeconomics, Keynesian theory 凯恩斯宏观经济学，凯恩斯理论，202，264，342，478，524，530，534，565，参见 Author index: Keynes

Keynesian unemployment 凯恩斯失业，参见 Unemployment

Keynesians, Keynesism 凯恩斯主义者，凯恩斯主义，11，150，239，291，313，439，530，531

Labor 劳动力

reserve 储备劳动力，参见 Potential labor reserve

shortage 劳动力短缺，2，5，45，56，134，220，241—243，249，262—265，346—348，389，397，401，406，407，409，531，532，546，553，554，569，570

slack 劳动力滞存，参见 Slack

Lag, Delay 滞后，延迟，56—59，117，137，172—176，219，263，270，332—335，402，442，453，473，506

Leontief economy 列昂惕夫经济，138，143

Long-term adjustment 长期调整，参见 Adjustment

Marshallian 马歇尔的 22
  cross 马歇尔交叉,245,390,396,409,498
Marxists, Marxism, Marxian,马克思主义者,马克思主义,马克思的,235,244,313,374,384,533,566,参见 Author index：Marx
Material rationing 物资配给,参见 Rationing
Measurement, Observation 衡量,观察,41—46,95,97,98,100,138,149,150,152,172,195,228,238,283,310,336,361,362,401,412,429,437,463,466,467,510,517,518
Mobilizable slack 可动用滞存,参见 Slack
Modern capitalism 现代资本主义,参见 Capitalism
Monetarism, Neoliberalism Friedman-Hayek school, Friedmanites 货币主义,新自由主义的弗里德曼-哈耶克学派,弗里德曼主义者,235,313,438,439,530,532,565,参见 Author index：Friedman, Hayek
Money 货币,参见 Role of money, Unspent money
Money incentives, Incentives 金钱激励,激励,参见 Motivation

Moral incentive 道德激励,参见 Motivation
Motivation, Motives, Incentives 动机,激励,2,18,23,56,57,61—63,190,192,193,195,207,214,217,255,260,318,319,339,344,349,350,364,365,367,370,372,376,379,394,395,404,420,454—459,465,467,497,549,570
Multilevel control 多级控制,参见 Control

Neoclassical theory, Standard microeconomics 新古典理论,标准微观经济学,11,65,70,71,85,86,90,109,112,113,150,187,188,237,319—321,325,326,328,338,339,342,348,393,412,418,419,444,448,450—452,461—463,474,496,497,参见 Utility theory,Walrasian theory
Neoliberalism 新自由主义,参见 Monetarism
Nominal wage 名义工资,参见 Wage
Nonmobilizable slack 不可动用的滞存,参见 Slack
Nonprice control, adjustment 非价格控制,非价格调整,参见 Quantity adjustment

Nonprofit institutions 非营利机构, 14, 18, 24, 176, 189, 190—194, 198—200, 202, 205, 207, 209, 222, 228, 236, 238, 241, 244, 246—248, 251—253, 255—258, 260, 264, 276, 277, 287, 298, 344, 345, 350, 351, 373, 377, 379, 385—389, 391—394, 398, 399, 402, 404, 405—407, 409, 411, 437, 439, 476, 486—489, 493, 494, 496, 505, 506, 513—515, 519, 523, 529, 534, 550—552, 554, 557, 562, 564, 567—569, 576

Norm 正常标准, 47, 54, 121, 123, 124, 184, 211, 214, 238, 383, 393, 460, 495, 536, 538, 569

Normal 正常的
  friction 正常摩擦, 177, 182, 201, 242, 250—252, 270, 295, 492
  shortage 正常短缺, 46, 47, 143, 177, 182, 201, 214, 368, 492—494, 496, 498, 501, 542, 544, 547
  slack 正常滞存, 46, 47, 143, 177, 182, 201, 214, 492—494, 496, 498, 538, 542, 544, 546
  state, value 正常状态, 正常值, 47, 48, 51, 117, 119, 127, 132—137, 141, 143—147, 153, 177, 180, 181, 200, 213—215, 242—244, 249—251, 258, 200, 264, 265, 291, 292, 294, 295, 311, 313, 314, 318, 336, 338, 367, 374—376, 382, 383, 389, 394, 396, 437, 455, 462, 477, 490, 491, 493, 506, 531, 532, 535, 536, 539, 558, 570, 586, 588, 590—595

Notional, Nominal 名义上的
  price 名义价格, 参见 Price
  wage 名义工资, 参见 Wage

Observation 观察, 参见 Measurement

Order signal, control, Backlog of unfilledorders 订单信号, 订单信号控制, 未完成订单的积压, 59, 117, 119, 121, 122, 124, 140—144, 146, 147, 214, 220, 334

Output combination, Output composition 产出组合, 产出构成, 22, 38—40, 42, 44, 50, 58—61, 84, 86, 253, 261, 294, 324, 340, 341, 343

Output stock 产出库存, 参见 Stock

Participation rate 参与率, 238—240, 243, 246, 249, 252, 257

Paternalism 父爱主义, 562—569

Plan, planning 计划, 规划, 27, 31,

名词索引

32,34,36,43,49—55,60,84,
112,123,148,164,179,191,
196—199,201,207,213,217—
219,236,251—254,275,285—
288,317,338,340,343,344,
364,365,377,378,381,382,
384—387,398,401,404,405,
408,476,488—496,498,501,
514,515,524,540,541,555,
569,570

Plan bargaining 对计划讨价还价,53,
54,105,106,316,563

Post-Keynesian capitalism 后凯恩斯
资本主义,参见 Capitalism

Postponement 推迟,133,159,226—
232,262,286,401,580,590

Potential labor reserve 潜在劳动力储
备,240,243,244,246,252,
257,259—261,265,279,348,
392,395,553,570

Pressure 挤压,117,341,342,534,
参见 Buyer's market

Price 价格

    drift 价格浮动,365—374,408,
481—483,498,510,569,570

    responsiveness 价格反应,61,321,
323,324,328—331,336,337,
339—342,345,347,349,351,
364,391,398,428,430,436,
445,450,487,501,506,596

    rises 价格上涨,363,365,367,
371,373,374,376,407,425,
473,484—487,490,495,497,
498,510

    signal 价格信号,148,332

    Administrative 行政价格,358—
362,372,374—376,482,490,
510,567

    Contract 合同价格,358—360,
362,363,510

    Effective 有效价格,412—414,
416,418,431—435,437,438,
441,469,470,474,476,500,
504,507,516

    Nominal 名义价格,413,414,
418,423,424,431,433,469,
474,475,508,550

    Pseudoadministrative 伪行政价格,
358—363,372,510

    Walrasian equilibrium 瓦尔拉斯均
衡价格,375,418—420,472,
496,594

Productive slack 生产性滞存,参
见 Slack

Profit, profitability 利润,盈利能力,
18,23,55,57,86,191,207,
267,268,298—301,303—305,
308,309,311,314—320,329,
330,338—341,345,358,359,
364—366,373—376,378,379,

405，507，524—527
Profitability 盈利能力，参见 Profit
Pseudoadministrative price 伪行政价格，参见 Price
Pumping，Leaking 抽水，泄漏，参见 Siphoning-off effect
Purchasing process 购买过程，参见 Shopping algorithm，process
"Putting out the fire" "灭火"，230—233

Quality 质量，37，66，69，71，73，106，109，125，128，156，288，355，361，362，412，435，474，475，484，500，504，507，546
Quantity adjustment, -signals, control by-signals 数量调整，数量信号，通过数量信号控制，7，19，53，60，61，67，86，127，138，143，148，149，175，189，217，220，232，245，246，262，263，293，327，333—335，342—346，381，394，395，433，434，498，557
Quantity drive, -attitude 数量冲动，数量态度，1，56，63，100，102，183，193，232，284，290，338，339，350，366，518，540，549—551，570
Queuing, queue 排队，队列，1，33，55，59，74，75，99，115，117，121，128，129，132—134，136，146，150，159，182，192，220，245，279，333，334，339，384，417，421，425，426，433—435，437，441，442，452，455，457，459，460，464—466，470，473，475，477，486，501，504，506，507，539，550，575，577—579，581—583，588，590—595，598
Queuing propensity 排队倾向，80，81，129，131，135，461，579，581，583，586，589，591，593
Queuing time 排队时间，133，137，138，464，578，579，581，583，586，589，590，592，593，595，596

Rationing 配给，43，66，76，101，103，105—107，203，417，420—424，426，431，433，434，437—439，441，442，445—448，464—466，474—476，508，517，539，550，552，555，563，567
Real sphere 实际领域，43，114，139，190，264，302，308，309，335，389，526，536
Real wage 实际工资，参见 Wage
Redistribution 再分配，304—306，309，310，314，316，321，423，485，502，507—509，562
Reform, Postreform socialist economy, see Socialist economy 改革，改

革后的社会主义经济,参见社会主义经济
Regularity,规律性,参见 Behavioral regularity
Repressed inflation 被抑制的通货膨胀,参见 Inflation
Resource-constrained market, Resource-constrained system 资源约束型市场,资源约束型体制,26,27,30,32,34,37,38,41,47,55,66,107,112,113,117,119,120,125,134,148,187,199,205,214,215,240,242,245—252,254,255,257,258,260—262,290,295,329,332,335,340—342,348,349,398,404,407,437,518,523,528,533,539,551,552,554,559
Resource constraint 资源约束,23,26,27,30,47,50—52,54,56,68,69,213,259,265,270,271,275,280,284,294,338,349,350,368,526,527,531,546
Revised demand 修正的需求,参见 Demand
Rigidity, Inertia 刚性/僵化,惯性,38,41,59,61,63,107,122,143,172,175,176,198,219,233,245,246,270,327,332,333,335,343,387,388,390,427,429,436,454,473,502,503

Role of money, Activity of, Passivity of 货币的作用,积极的货币作用,消极的货币作用,4,110,111,476,513—515,518,520,523,526,532,538
Rush 突击/赶工,参见 Quantity drive

Satiation level 充分满足水平,413—416,418,474,475,500,503
Saving 储蓄
 of firms 企业储蓄,228,317,365,379,519,524—526
 Household 家庭储蓄,385,411,455—461,465,467,477,478,489,491,495,497,527,536
Say's principle 萨伊定律,100,320
Search 搜寻,68,72—74,91,124,137,150,159,164,168,169,175,182,242,245,250,253,279,287,288,333,334,384,398,449—451,456,465,466,477,500,506,538
Search propensity 搜寻倾向,78—81,124,170,461
Second economy 第二经济,14,256,257,392,394,435,496,534,550
Seller's market 卖方市场,1,58,61,78,105,125,245,253,265,341,342,398,517,552,参见 Suction

Siphoning-off effect, Leaking, Pumping 虹吸效应,泄漏,泵吸,209,455,462,486,487,489,497,506,507,538,540,541,545,546,548—552,555,568,569

Shopping algorithm, -process 购买算法,购买过程,65,66,68,70,72,73,76,81,83,92,94,112,114,128,167,332—334,445—450,455,460,461,463,468,577—579,581,582,585,586

Shortage 短缺

  Horizontal 横向短缺,107,201,552

  indicators 短缺指标,32,38,42,46,47,149,150,157,159,160,163,167,177,178,186,200,214,215,259,280,425,463,464,470,473,483,506

  intensity 短缺强度,42,45,60,98,115,118—122,132—134,143,145,150—152,157,159,163,165,167,171,172,175,178,180—184,187,207,210,215,220,251,255,256,290,336,340,349,367,376,383,401,416,437,441,454,459,466—474,477,479,483,484,487,492,494,498—507,510,528,529,532,537—539,544,551,553—555,558,559,581

  signals 短缺信号,86,99,113,201,219,220,346,397,465

  Simultaneous appearance of shortage and slack 短缺与滞存同时存在,34,35,38,44,48,119,137,143,156,168,258,485,492,518,537,544,553

  Triple relationship of shortage, slack andfriction 短缺、滞存和摩擦三者间关系,参见 Friction function

  Vertical,纵向短缺,107,200,201,552

Short-term adjustment 短期调整,参见 Adjustment

Slack 滞存,33—35,38,44,45,47,48,114,115,137,143,150,151,162—164,167,168,172,175,179,180,185—187,200,213,245,291,430,432,434,484,485,491,495,507,544,545,547,553

  indicator 滞存指标,38,42,46,60,137,149,150,157—159,169,177,178,200,214,215,258,264,483

  Internal and external 内部和外部滞存,33,34,36,102,103,114,118,120,252,254,255,409

名词索引

Labour 劳动力滞存, 241, 243, 251, 252, 254, 258, 259, 409, 参见 Potential labour reserve

Mobilizable and nonmobilizable 可动用和不可动用滞存, 36, 43, 47, 103, 181, 182, 198, 200, 214, 215, 255, 290, 291, 409, 485, 487, 494, 526, 531

Productive and unproductive 生产性和非生产性滞存, 103, 118, 120, 159, 162, 163, 165, 167—179, 181—183, 200, 340, 492, 537

Simultaneous appearance of shortage and slack, see Shortage, Triple relationship of shortage, slack, and friction, see Friction function 短缺和滞存同时出现, 请参见短缺、滞存和摩擦三者间的关系, 请参见摩擦函数

Social 社会

benefit 社会效益, 223, 267, 268, 271—273, 277, 279—285, 287, 288, 291, 294

capacity 社会产能, 267, 270—273, 278, 279, 281—285, 287, 290—292, 294, 491, 528, 530—532

cost 社会成本, 220—224, 226—231, 267, 268, 271—285, 287—292, 294, 466, 475, 529—532, 552, 590, 596

Social relationship, social conditions 社会关系, 社会条件, 26, 62, 134, 193, 230, 269, 285, 286, 376, 409, 426, 435, 561, 565, 569

between the firms and the state 企业与国家之间的关系, 564—567, 569

of buyer and seller 买者和卖者之间的社会关系, 78, 124, 475, 552

of claimant and allocator 索赔人和分配者之间的社会关系, 195, 199, 552

Socialist economy, Socialist economic management system 社会主义经济, 社会主义经济管理系统

Post-reform 改革后的社会主义经济, 3, 4, 48, 54, 66, 86, 100, 107, 120, 122, 149, 183, 184, 190, 206, 207, 209—211, 218, 219, 235, 256, 292, 314, 317, 323, 336, 339, 343, 345, 347, 348, 355, 360, 364—367, 379, 405, 441, 443, 455, 467, 483, 494, 497, 515, 517—520, 525, 551, 563—565, 571

Traditional 传统的社会主义经济, 3, 4, 18, 27, 28, 30, 31, 41, 47, 49, 60, 63, 66, 86, 100, 104, 120, 122, 148, 149, 190, 192, 195, 199, 206, 207, 211,

214，218，235，256，290—292，314，316，323，326，336，338，340，343，345—347，355，364，367，379，441，443，483，494，497，515，518—520，525，528，534，551，563，565

Soft budget constraint 软预算约束，参见 Budget constraint

Softness of constraints 26 约束的软度，参见 Budget constraint

Standard microeconomics 一般微观经济学，参见 Neoclassical theory, Utility theory, Walrasian theory

State 国家

budget 国家预算，24，350，379，522，528，529，532，564

subsidy subvention, government subsidy, state grants 国家补贴，政府补贴，国家资助，28，190，194，206，207，219，300—302，305，307，308，312，315—317，337，339，358，373，482，502，508，510，519，520，522，525，530，557，564，566，参见 Redistribution

Statistical description, Stochastic description 统计描述，随机描述，45，137，138，252，258，311，590

Stock 存货

Input 投入存货，40，84，85，87—89，99，100，102，117，120，123，124，139，140，141，143，147，181，342，368，540，546

Output 产出存货，26，28，40，59，102，114，115，17—124，139，141，143，147，181，182，342，534—540，542

Stock signals, Stock-signal control 存货信号，存货信号控制，59，140—143，147

Submicro-level 亚微观层次，23，43—45，65，101，155，186，187，252，254，258，270，290，291，309，366，367，445，460，468，544，546，553，554

Substitution 替代，参见 Forced substitution, Voluntary substitution

Subvention, subsidy 资助，补贴，参见 State subsidy, subvention

Suction 吸纳，1，66，76，114，117，118，147，183，184，193，209，290，341，342，367，437，462，534，542，544，549，550—552，555，556，559，570，参见 Seller's market

Supply function 供给函数，109，112，113，120，122，124，140，141，340，462，498

Tautness, Taut planning, Taut utilization 紧度/紧张性，紧绷的计划，

紧张利用，1，50—52，54，55，105，183，195，198，207，209，267，271，275，280，283，284，288—292，338，364，368，466，532，540，552，570

Technology 工艺，参见 Input combination

Tolerance limit, Acceptance constraint, Control according to tolerance limits 容忍限度，可接受的约束，根据容忍限度的控制，26，51—54，101，105，211—214，227—231，240，246，248，249，252，257，259，280，382，383，460，490，529，546

Traditional socialist economy 传统社会主义经济，参见 Socialist economy

Unemployment 失业，4，33，145，239，241—244，250，251，255，260，265，279，280，321，458，531，534，557，565，566，570
 on the job 在职失业，254，256，409
 Keynesian，凯恩斯主义失业，111，145，271，478，551，557—559

Unemployment on the job 在职失业，参见 Unemployment

Unproductive slack 非生产性滞存，参见 Slack

Unspent money 未花费的钱，451，452，454，455，457—459，477，478，522，550，557，558，580

Utility theory, Utility function 效用理论，效用函数，70，71，452，474，参见 Neoclassical theory

Vectoral measurement 向量衡量，151，200，223，241，252，272，284，285，336

Vegetative control 植物性控制，参见 Control

Vertical 纵向的，62
 communication, flow of information, relationships 纵向沟通，纵向信息流动，纵向关系，14，62，66，83，149，191，203，218，552
 shortage 纵向短缺，参见 Shortage

"Voice" as signal 作为信号的"声音"，53—55，59，76，99，182，214，229，230，344，401，482，509

Voluntary substitution 自愿替代，37，69，93，129，130，328，450，461，596

Wage 工资，2，4，18，19，25，241，245，246，257，273，298，299，301，346，348，368，371—382，386—389，391，393，394，396，397，399，401—404，406，407，409，411，443，488，490，510，514
 drift 工资浮动，371，400，404—409

Nominal 名义工资, 245, 387—396, 399, 400, 402, 403, 405—409, 477, 505, 514

Real 实际工资, 245, 389, 391, 392, 394—396, 399, 400, 402

Waiting 等待, 1, 73—75, 91, 117, 119, 124, 128, 131, 182, 245, 253, 279, 287, 333, 383, 449, 451, 452, 455, 456, 465, 466, 475, 477, 486, 500, 506, 507, 538, 539, 578, 580, 581, 585, 589, 592

Waiting propensity 等待倾向, 124, 128, 130, 131, 133, 135, 461, 579—581

Waiting time 等待时间, 130, 131, 464, 470, 579, 580, 585

Walras's law 瓦尔拉斯定律, 320, 321, 558

Walrasian 瓦尔拉斯的, 332, 441
auction 瓦尔拉斯拍卖, 参见 Allocation by auction
equilibrium, -normal state 瓦尔拉斯均衡, 瓦尔拉斯正常状态, 87, 90, 132, 143, 145—147, 163, 170, 179, 180, 188, 264, 265, 331, 376, 431, 437, 575
price 瓦尔拉斯价格, 参见 Price
theory, microeconomics, -model, -general equilibrium theory 瓦尔拉斯理论, 微观经济学, 瓦尔拉斯模型, 瓦尔拉斯一般均衡理论, 113, 138, 320, 376, 427, 442, 参见 Neoclassical theory, Standard microeconomics, Utility theory, Author index: Walras

Welfare function 福利函数, 282

译后记

翻译是一项充满挑战且富有魅力的工作。无论翻译学术巨著,还是网络上的小诗,都需要与作者进行深入交流,逐字逐句理解其意图。而这往往是译者的独角戏,我们不断追问自己:作者为何如此表述?这个词语在当前语境中应该如何解释?我们无缘直接向作者求证,只能反复揣摩其文字,尽可能准确地理解并传达其思想。当我们将原文字斟句酌地重新表述出来,获得的喜悦和成就感难以言表,这也正是翻译工作的独特魅力所在。

翻译《短缺经济学》的过程中,这种挑战与魅力尤为显著。商务印书馆决定重新翻译《短缺经济学》,希望通过新一代人的视角对这部经典著作进行新的诠释。我从小在国营工厂长大,对原著内容有着更深的体会和理解,这也是我入选的原因之一。当出版社正式邀请我作为译者时,我毫不犹豫地接受了这一挑战。《短缺经济学》一书是科尔奈的代表作,也可以视为其核心思想的集大成之作。能够亲手翻译这样一部经典名著,对我而言不仅是荣幸,更是一种责任。

在反复研读《短缺经济学》的过程中,我越来越清晰地意识到,这不仅是一本经济学理论著作,更是对我小时候生活环境的生动描述。书中的许多内容让我联想起自己在国营工厂生活的经历和父母当时的工作状况,这些经验帮助我更好地理解科尔奈的思想。

《短缺经济学》采用非瓦尔拉斯均衡分析方法，以企业行为分析为重点，描述社会主义经济体制中普遍且长期存在的短缺现象，并揭示其不仅是经济资源分配的问题，更是整个经济体制系统性失灵的体现。作者科尔奈指出，高度集中化、指令性计划、垂直管理结构等体制特征，导致了资源配置的低效和短缺现象的普遍存在。这种系统性分析帮助我们理解，传统社会主义经济体制需要进行深刻变革。

"软预算约束"是科尔奈提出的一个重要概念。这一理论解释了在预算约束软化的情况下，企业缺乏效率和创新动力，导致资源浪费和短缺现象加剧。长远来看，软预算约束会导致一系列连锁反应。首先，企业在没有破产威胁的情况下，管理层的决策可能更加随意，不考虑成本效益，从而导致资源配置的低效。其次，政府频繁地干预会使市场信号扭曲，企业和投资者无法根据真实的市场需求进行决策。这不仅降低了经济的整体效率，还可能引发经济泡沫和危机。

软预算约束不仅存在于社会主义计划经济体系中，也可能在市场经济中出现。例如，美国等发达国家的政府在 1980 年至 2008 年对"大而不能倒"的企业进行长期救助，就是软预算约束的表现，这也可能是金融危机爆发的原因之一。

软预算约束理论对经济体制改革提供了重要启示。在任何一种经济体制下，建立健全的市场机制和严格的预算约束至关重要。政府应维护市场秩序，提供公平竞争环境，而非频繁介入市场，扮演"家长"角色。只有这样，才能激励企业不断创新，提高效率,实现经济可持续发展。

在翻译《短缺经济学》的过程中,我面临诸多挑战。首要的是语言障碍。尽管我的专业背景和生活经历为理解书中内容提供了帮助,但如何准确翻译这些深奥的经济学概念,仍需反复推敲和斟酌。科尔奈的写作风格严谨而学术,对细节描述精确且丰富,这要求译者不仅具备扎实的语言功底,还需要深刻理解经济学理论和实际。

在翻译科尔奈的理论时,文化和制度背景的不同是重要考量因素。书中描述的现象在中国的经济环境中也有相似之处,为了准确传达这些现象的背后逻辑和制度原因,我查阅了大量相关资料,阅读了许多东欧经济改革和中国经济改革的研究论文,并向在工厂生活过的长辈们请教。这样的努力不仅加深了我对原文内容的理解,也使我的翻译更准确和贴切。

在这个漫长而充满挑战的过程中,我得到了许多人的指导和鼓励。首先感谢编辑金晔老师,她自始至终向我强调保质保量、精益求精的要求,并在我遇到困难时给予了极大的支持和帮助。她的耐心和专业精神是我顺利完成这项工作的关键。诚挚感谢我的师兄李辉文博士,在翻译期间每每遇到困顿时,我总能得到他鼎力相助。特别感谢刘守英老师,他拨冗为本书作序,为本书增色不少,我深感荣幸。

感谢科尔奈教授提供了如此深刻的思想武器,使我们更好地理解传统社会主义经济体制的运行机制和改革必要性。他的经验分析方法通过丰富的理论模型和现象描述,揭示了社会主义经济运行中的深层次问题。通过对企业行为、预算约束、资源配置等具体问题的详细分析，科尔奈提供了一个全面理解社会主义经济体制问题的框架。

向《短缺经济学》国内第一版的译者们致敬。他们的不懈努力和对学术的执着精神，使得这部重要的著作在 20 世纪 80 年代得以在中国读者中传播。他们的工作为我提供了宝贵的参考。

从事自己热爱的工作是一种莫大的幸福。翻译《短缺经济学》不仅考验了我的翻译技能，更磨练了我的个人信念和毅力。尽管过程充满煎熬，但每当看到自己准确表述科尔奈思想的文字，我感到一切付出都是值得的。这项工作不仅是对伟大作品的致敬，也是对自身知识的提升和对经济学理解的深化。希望此书能为更多读者带来启发，让我们共同思考和探索如何构建高水平的社会主义市场经济体制。

全书 13 个表、70 张图、154 条公式，均由我先生蒋成荣博士一笔一划完成，并由家父进行首次校订。

最后，谨以此书纪念伟大的匈牙利经济学家雅诺什·科尔奈教授，也纪念我和我先生在莱姆河畔纽卡斯尔度过的相依为命的美好时光。

赵媛媛

2023 年 3 月于伦敦

经济学名著

第一辑书目

凯恩斯的革命	〔美〕克莱因 著
亚洲的戏剧	〔瑞典〕冈纳·缪尔达尔 著
劳动价值学说的研究	〔英〕米克 著
实证经济学论文集	〔美〕米尔顿·弗里德曼 著
从马克思到凯恩斯十大经济学家	〔美〕约瑟夫·熊彼特 著
这一切是怎么开始的	〔美〕W.W.罗斯托 著
福利经济学评述	〔英〕李特尔 著
增长和发展	〔美〕费景汉 古斯塔夫·拉尼斯 著
伦理学与经济学	〔印度〕阿马蒂亚·森 著
印度的货币与金融	〔英〕约翰·梅纳德·凯恩斯 著

第二辑书目

社会主义和资本主义的比较	〔英〕阿瑟·塞西尔·庇古 著
通俗政治经济学	〔英〕托马斯·霍吉斯金 著
农业发展：国际前景	〔日〕速水佑次郎 〔美〕弗农·拉坦 著
增长的政治经济学	〔美〕保罗·巴兰 著
政治算术	〔英〕威廉·配第 著
歧视经济学	〔美〕加里·贝克尔 著
货币和信用理论	〔奥地利〕路德维希·冯·米塞斯 著
繁荣与萧条	〔美〕欧文·费雪 著
论失业问题	〔英〕阿瑟·塞西尔·庇古 著
十年来的新经济学	〔美〕詹姆斯·托宾 著

第三辑书目

劝说集	〔英〕约翰·梅纳德·凯恩斯 著
产业经济学	〔英〕阿尔弗雷德·马歇尔 玛丽·佩利·马歇尔 著
马歇尔经济论文集	〔英〕阿尔弗雷德·马歇尔 著
经济科学的最终基础	〔奥〕路德维希·冯·米塞斯 著
消费函数理论	〔美〕米尔顿·弗里德曼 著

货币、就业和通货膨胀	〔美〕罗伯特·巴罗　赫歇尔·格罗斯曼 著
论资本用于土地	〔英〕爱德华·威斯特 著
财富的科学	〔英〕J.A.·霍布森 著
国际经济秩序的演变	〔美〕阿瑟·刘易斯 著
发达与不发达问题的政治经济学	〔美〕查尔斯·K.威尔伯 编

第四辑书目

中华帝国的专制制度	〔法〕魁奈 著
政治经济学的特征与逻辑方法	〔英〕约翰·埃利奥特·凯恩斯 著
就业与均衡	〔英〕阿瑟·塞西尔·庇古 著
大众福利	〔西德〕路德维希·艾哈德 著
外围资本主义	〔阿根廷〕劳尔·普雷维什 著
资本积累论	〔英〕琼·罗宾逊 著
凯恩斯以后	〔英〕琼·罗宾逊 编
价值问题的论战	〔英〕伊恩·斯蒂德曼　〔美〕保罗·斯威齐 等著
现代经济周期理论	〔美〕罗伯特·巴罗 编
理性预期	〔美〕史蒂文·M.谢弗林 著

第五辑书目

宏观政策	〔英〕基思·卡思伯森 著
经济学的边际革命	〔英〕R.D.C.布莱克 A.W.科茨　克劳弗德·D.W.古德温 编
国民经济学讲义	〔瑞典〕克努特·维克塞尔 著
过去和现在的政治经济学	〔英〕L.罗宾斯 著
1914年以后的货币与外汇	〔瑞典〕古斯塔夫·卡塞尔 著
政治经济学的范围与方法	〔英〕约翰·内维尔·凯恩斯 著
政治经济学论文五篇	〔英〕马尔萨斯 著
资本和收入的性质	〔美〕欧文·费雪 著
政治经济学	〔波兰〕奥斯卡·R.兰格 著
伦巴第街	〔英〕沃尔特·白芝浩 著

第六辑书目

对人进行投资	〔美〕西奥多·舒尔茨 著

经济周期的规律与原因	〔美〕亨利·勒德韦尔·穆尔 著
美国经济史 上卷	〔美〕福克讷 著
美国经济史 下卷	〔美〕福克讷 著
垄断资本	〔美〕保罗·巴兰，保罗·斯威齐 著
帝国主义	〔英〕约翰·阿特金森·霍布森 著
社会主义	〔奥〕路德维希·冯·米塞斯 著
转变中的美国经济	〔美〕马丁·费尔德斯坦 编
凯恩斯经济学的危机	〔英〕约翰·希克斯 著
就业理论导论	〔英〕琼·罗宾逊 著

第七辑书目

社会科学方法论探究	〔奥〕卡尔·门格尔 著
货币与交换机制	〔英〕威廉·斯坦利·杰文斯 著
博弈论与经济模型	〔美〕戴维·M.克雷普斯 著
英国的经济组织	〔英〕威廉·詹姆斯·阿什利
赋税论 献给英明人士 货币略论	〔英〕威廉·配第 著
经济通史	〔德〕马克斯·韦伯 著
日本农业的发展过程	〔日〕东畑精一 著
经济思想史中的经济发展理论	〔英〕莱昂内尔·罗宾斯 著
传记集	〔英〕约翰·梅纳德·凯恩斯 著
工业与贸易	〔英〕马歇尔 著

第八辑书目

经济学说与方法史论	〔美〕约瑟夫·熊彼特 著
赫克歇尔-俄林贸易理论	〔瑞典〕伊·菲·赫克歇尔 戈特哈德·贝蒂·俄林 著
论马克思主义经济学	〔英〕琼·罗宾逊 著
政治经济学的自然体系	〔德〕弗里德里希·李斯特 著
经济表	〔法〕魁奈 著
政治经济学定义	〔英〕马尔萨斯 著
价值的尺度 论谷物法的影响 论地租的本质和过程	〔英〕马尔萨斯 著
新古典宏观经济学	〔美〕凯文·D.胡佛 著
制度的经济效应	〔瑞典〕托斯坦·佩森 〔意〕吉多·塔贝林尼 著

第九辑书目

资本积累论	〔德〕罗莎·卢森堡 著
凯恩斯、布卢姆斯伯里与《通论》	〔美〕皮耶罗·V.米尼 著
经济学的异端	〔英〕琼·罗宾逊 著
理论与历史	〔奥〕路德维希·冯·米塞斯 著
财产之起源与进化	〔法〕保罗·拉法格 著
货币数量论研究	〔美〕米尔顿·弗里德曼 编
就业利息和货币通论	〔英〕约翰·梅纳德·凯恩斯 著 徐毓枬 译
价格理论	〔美〕米尔顿·弗里德曼 著
产业革命	〔英〕阿诺德·汤因比 著
黄金与美元危机	〔美〕罗伯特·特里芬 著

第十辑书目

货币改革论	〔英〕约翰·梅纳德·凯恩斯 著
通货膨胀理论	〔奥〕赫尔穆特·弗里希 著
资本主义发展的长波	〔比〕欧内斯特·曼德尔 著
资产积累与经济活动/十年后的稳定化政策	〔美〕詹姆斯·托宾 著
旧世界 新前景	〔英〕爱德华·希思 著
货币的购买力	〔美〕欧文·费雪 著
社会科学中的自然实验设计	〔美〕萨德·邓宁 著
马克思《资本论》形成史	〔乌克兰〕罗斯多尔斯基 著
如何筹措战争费用	〔英〕约翰·梅纳德·凯恩斯 著
通向繁荣的途径	〔英〕约翰·梅纳德·凯恩斯 著

第十一辑书目

经济学的尴尬	〔英〕琼·罗宾逊 著
经济学精义	〔英〕阿尔弗雷德·马歇尔 著
更长远的观点——政治经济学批判论文集	〔美〕保罗·巴兰 著
经济变迁的演化理论	〔美〕理查德·R.纳尔逊 悉尼·G.温特 著
经济思想史	〔英〕埃里克·罗尔 著
人口增长经济学	〔美〕朱利安·L.西蒙 著
长波周期	〔俄〕尼古拉·D.康德拉季耶夫 著

自由竞争的经济政策	〔美〕亨利·西蒙斯 著
社会改革方法	〔英〕威廉·斯坦利·杰文斯 著
人类行为	〔奥〕路德维希·冯·米塞斯 著

第十二辑书目

自然的经济体系	〔美〕唐纳德·沃斯特 著
产业革命	〔美〕查尔斯·A.比尔德 著
当代经济思想	〔美〕悉尼·温特劳布 编
论机器和制造业的经济	〔英〕查尔斯·巴贝奇 著
微积分的计算	〔美〕欧文·费雪 著
和约的经济后果	〔英〕约翰·梅纳德·凯恩斯 著
国际经济政策理论（第一卷）：国际收支	〔英〕詹姆斯·爱德华·米德 著
国际经济政策理论（第二卷）：贸易与福利	〔英〕詹姆斯·爱德华·米德 著
投入产出经济学（第二版）	〔美〕沃西里·里昂惕夫 著

图书在版编目(CIP)数据

短缺经济学 /(匈)雅诺什·科尔奈著;赵媛媛译.
北京:商务印书馆,2025. —(经济学名著译丛).
ISBN 978-7-100-24759-7

Ⅰ.F151.51

中国国家版本馆 CIP 数据核字第 2024WF6086 号

权利保留,侵权必究。

经济学名著译丛
短缺经济学
〔匈〕雅诺什·科尔奈 著
赵媛媛 译

商 务 印 书 馆 出 版
(北京王府井大街 36 号 邮政编码 100710)
商 务 印 书 馆 发 行
北京市白帆印务有限公司印刷
ISBN 978 - 7 - 100 - 24759 - 7

2025 年 3 月第 1 版　　开本 850×1168 1/32
2025 年 3 月北京第 1 次印刷　　印张 24⅝
定价:128.00 元